리더십

분석수준 관점

리더십
분석수준관점

Leadership
A LEVEL OF ANALYSIS PERSPECTIVE

| 김경수 저 |

전남대학교출판문화원

■ 머리말

1986년 1월 청운의 꿈을 안고 그리던 유학의 길을 떠났다. 버팔로에서 나의 유학생활은 이렇게 시작되었다. 눈이 너무 많이 와서 무릎까지 덮고 집으로 가는 길을 찾지 못하여 10분 거리를 2시간을 헤매던 끝에 동양식품점이 보였고 식품점 사장에게 집까지 바래다 달라고 한 기억이 생생하다.

학교에서 지도교수님의 분석수준에 대한 강의를 듣고 망치로 머리를 맞은 것 같은 느낌을 지울 수 없었다. 국내에서 한 번도 접하지 못했던 분석수준에 대한 강의, 조직은 부서로 이루어지고, 부서는 집단으로 이루어지며, 집단은 개인으로 구성되어 있기 때문에 조직행동을 연구하고 이해하기 위해서는 분석수준관점에서 이론을 만들고 분석수준관점에서 이론을 검증해야 한다는 말씀이셨다. 국내에서 조직행동을 배웠던 기억은 개인행동에 대한 이해, 집단행동에 대한 이해, 조직행동에 대한 이해를 각각 개별적인 것으로 간주하고 심리학, 사회심리학, 사회학, 인류학 등 사회과학 체계가 엇물려 있다고 주장한 피아제의 글을 피상적으로만 알았던 나는 조직에서 개인, 집단, 부서, 조직체가 어떻게 엇물려 있는지, 엇물려서 나타난 현상을 어떻게 이론적으로 설명해야 하는지, 구축된 이론을 어떻게 검증해야 하는지에 대해 눈을 뜨게 되었다.

버팔로에서 공부하는 동안 지도교수님께서는 기존의 패러다임을 넘어서는 새로운 패러다임을 만드셨으며 패러다임의 개념은 쿤이 말한 것처럼 이론을 만들 수 있고 이론을 검증할 수 있는 인지적인 틀로 기존의 패러다임은 변수들 간의 관계를 통하여 이론을 만들고 검증할 수 있는 반면(예를 들면 통계학적 패러다임), 새로운 패러다임은 변수들 간의 관계뿐 아니라 분석수준까지 고려하여 이론을 만들고 검증할 수 있는 즉 VARIables(변수)와 ENTity(연구대상 또는 분석수준)의 합성어인 VARIENT 패러다임으로 변수들 또는 변수들 간의 관계가 조직, 부서, 집단, 그리고 (또는) 개인에서 성립하는지에 대해 이론을 만들고 검증할 수 있다는 사실을 알게 되었다.

나는 유학하는 동안 새로운 패러다임을 통하여 조직행동분야의 이론들을 새롭게 정립하거나 재정립하려는 시도를 하였으며 특히 리더십분야에 있어서 기존에 변수들 간 관계에만 초점을 맞추어 개발된 이론을 분석수준까지 고려한 이론으로 재정립하려고 하였다. 대표적인 것이 리더십은 집단분석수준에서 나타나는 현상으로 리더는 자신의 스타일에 기초하여 동일한 집단에 속한 부하들을 하나의 전체로 보고 행동하고 그 결과 동일한 집단에 속한 부하들은 동질적으로 영향을 받는다는 평균적 리더십스타일 이론(average leadership style theory, Dansereau Graen, & Haga, 1975), 동일한 집단에 속한 부하들을 내집단과 외집단으로 구분하여 각 집단에 대해 차별적으로 영향력을 행사하여 내집단에 속한 부하들과 내집단에 속한 부하들이 리더로부터 각각 다르게 영향력을 받아 다른 성과를 나타낸다는 수직적 짝 연계이론(vertical dyad linkage theory, Dansereau Graen, & Haga, 1975), 동일한 집단에 속해있지만 리더는 부하들을 개별적으로 대하고 부하개개인이 어느 정도 공헌을 했는가에 따라 다르게 행동을 한다는 개별화된 리더십이론(individualized leadership theory, Dansereau et al., 1995)으로 구분하여 어떤 유형의 리더십이 타당한가에 대한 검증을 시도하였다. 검증결과 미국의 경우 평균적 리더십스타일 이론이나 수직적 짝 연계이론보다는 개별화된 리더십이론이 타당한 것으로 나타났다.

유학을 마치고 국내에 들어와서 검증한 결과 3가지 리더십 유형 중 수직적 짝 연계이론이 타당한 것으로 확인되어 아마도 국가의 문화에 따라 타당한 리더십이론의 유형이 존재할 수 있다는 생각을 가지게 되었으며, 이를 토대로 3가지 유형의 리더십이론이 국가문화에 따라 다르게 성립할 수 있다는 이론을 정립하였다(Kim et al., 2003). 또한 상황적 리더십이론 중 허시와 블랜차드가 주장한 SLT(situational leadership theory)가 분석수준을 고려시 기존의 이론들과 경쟁관계가 있다는 것을 밝혔고(김경수 등, 2000), SLT를 집단분석수준에서 이론화하고 검증한 결과 SLT가 집단분석수준에서 성립함을 밝혔다(김경수 등, 2005).

이후 나는 리더십을 조직체수준까지 확장하려는 시도로 카리스마적 리더십이론을 개발하려고 노력한 결과 카리스마적 리더가 보여주는 행동을 3가지 차원으로 정의하여 8가지 유형의 리더를 구분하였으며 카리스마적 리더를 사회화된 리더와 개인화된 리더로 구분하여 조직이 처한 상황과 부하들의 특성에 따라 사회화된 리더와 개인화된 리더의 영향력이 다르게 나타난다는 것을 이론화하였으며(Kim et al., 2003), 특히 사회화된 리더의 경우 조직이 처한 기회상황과 부하들이 높은 자긍심을 가질 때 리더십효과성이 나타난다는 것을 밝혔다(김경수 등, 2014).

또한 나는 집단분석수준에 국한되어 왔던 기존의 리더십을 부서수준과 조직수준까지 확장한 다분석수준에서의 리더십을 Pelz(1952)효과의 재검증을 통하여 연구했으며 이와 더불어 분석수준이 다른 두 개의 개념을 어떻게 통합할 수 있는가에 대한 시도로 집단수준의 개념인 리더십과 조직수준의 개념인 조직문화를 다분석수준에서 통합하였다.

리더십에 대한 수많은 이론과 연구가 이루어져 왔으나 리더십이 조직전체에서 일어나는 현상이므로 어떤 한 분석수준인 단일분석수준에서만의 이론과 연구는 조직전체에서 일어나는 리더십을 파악하는데 있어서 한계점을 가진다고 볼 수 있으며 이러한 한계점을 극복하려는 시도인 분석수준관점에서의 리더십은 반드시 연구되어져야 한다. 이 저서를 통하여 리더십을 학습함으로써 리더십에 대한 이해와 실천방안을 분석수준 관점에서 습득했으면 하는 바람이다. 이 저서가 나오기까지 도움을 준 전남대학교 박사과정 정승우군과 전남대학교출판문화원 관계자 여러분에게 감사의 마음을 전하며 저자의 부모님과 부인, 그리고 자녀들에게도 고마움의 마음을 전한다.

연구실에서
2019년 2월
저자 씀

■ 목 차

제1부 분석수준 관점

제2부 개인수준에서의 리더십

명장의 리더십

제3부 집단수준에서의 리더십

집단수준에서 상황적 리더십이론의 검증

리더의 배려행동이 부하의 성과에 미치는 영향 : 부하의 역량 및 도덕성의 조절효과 검증

제5장 ALS, VDL, IL 이론 211

개별화된 리더십 : 교수학생의 교환관계에 관한 연구

작업집단에서 상사의 편애에 대한 부하의 지각 : 개별화된 리더십을 중심으로

제6장 셀프리더십과 수퍼리더십 — 267

수퍼리더십이 부하의 셀프리더십 및 성과에 미치는 영향 : 매개효과 및 조절효과의 검증

제4부 조직수준에서의 리더십

제7장 카리스마적 리더십과 변혁적 리더십 이론 — 300

카리스마적 리더십이 부하의 자발적 수용에 미치는 영향 : 3-way 상호작용 효과의 검증

제5부 리더십이론의 발전

제1부

리더십의 이해

제1장 리더십이란 무엇인가?

제1장 리더십이란 무엇인가?

집단이나 조직의 리더가 리더십을 발휘할 때 집단이나 조직의 성과가 높아진다는 것은 자명한 일이다. 그러나 리더십과 성과와의 관계를 설명하기 위해서는 다음과 같은 세 가지 의문점을 해결해야 한다. 첫째, 리더는 무엇을 통해서 리더십을 발휘하는가? 둘째, 리더십을 발휘하면 모든 상황에서 성과가 높게 나타나는가? 셋째, 리더십을 발휘하면 어떤 과정을 통하여 부하직원이나 집단 또는 조직에 영향을 미칠까? 첫 번째 질문인 리더는 무엇을 통해서 리더십을 발휘하는가에 대한 물음에 답하기 위하여 학자들은 리더가 가지는 성격적 특성이나 리더가 보여주는 행동에 초점을 맞추어 리더가 가지는 성격적 특성과 행동이 부하들에게 어떻게 영향을 미치는가를 연구하였다. 두 번째 질문인 리더십을 발휘하면 모든 상황에서 성과가 높게 나타나는가에 대한 물음에 답하기 위하여 리더십 이론가들은 모든 상황에서 성립하는 보편적인 이론을 구축하려는 시도를 해왔으나 상황의 복잡성이 증가함에 따라 모든 상황에서 성립하는 보편적인 이론은 타당하지 않다는 결론에 도달하였다. 따라서 학자들은 상황에 적합한 리더십에 대한 이론을 구축하려는 시도를 하게 되었다. 세 번째 질문인 리더십을 발휘하면 어떤 과정을 통하여 부하직원이나 집단 또는 조직에 영향을 미칠까에 대한 물음에 답하기 위하여 학자들은 리더십과 성과간의 관계를 매개하는 변수에 초점을 맞추어 왔는데 예를 들어 리더가 부하를 신뢰하고 부하들이 가지는 능력을 확신하면 부하들은 자신이 수행하고 있는 업무에 대한 자신감을 가지게 되고 그 결과 성과가 높게 나타난다. 본 장에서는 이러한 물음에 대해 보다 구체적으로 답을 하기 위하여 우선 리더십에 대한 정의를 내리고, 리더십 이론들이 어떻게 발전해왔는가에 대해 살펴보고자 한다.

1. 리더십의 정의

리더십은 학자마다 다르게 정의되어 왔다. 리더십이론의 발달 초기에는 리더가 가지는 특별한 특성으로 정의되어 왔으며, 이후 리더가 보여주는 행동으로 정의되어 왔고, 최근에는 리더십을 리더가 부하에 대해 영향력을 발휘하여 부하들로 하여금 집단이나 조직의 목표를 달성하게 하는 과정으로 정의하였다. 이러한 정의를 종합하면 리더십은 리더가 가지는 특성과 리더가 보여주는 행동을 바탕으로 부하들에게 영향력을 발휘하여 부하들로 하여금 집단이나 조직의 목표를 달성하게 하는 과정으로 정의할 수 있다.

2. 리더십이론의 역사적 발전

리더십을 체계적으로 연구한 첫 번째 시도는 리더가 가지는 특성에 초점을 맞추어 연구해 왔다. 특히 리더가 가지는 특성은 리더가 아닌 사람이 가지는 특성과 구별됨과 동시에 효과적인 리더가 가지는 특성 역시 비효과적인 리더가 가지는 특성과 차이가 있다고 보았다. 또한 리더가 가지는 특별한 특성은 타고난 것으로 훈련이나 개발을 통하여 습득될 수 없는 것으로 보았다. 그러나 특성이론이 가지는 약점은 위에서 언급한 특성을 가진 리더라 하더라도 리더십효과성 측면에서 일관된 결과를 보여주지 못하고 있다는 점이다. 만일 리더십 특성이론이 타당하다면 조직에서 리더를 선발하는 것이 매우 용이해지는데 그 이유는 리더가 가지는 특별한 특성을 규명해 놓았으므로 이러한 특성을 가진 사람을 리더로 선발하면 되기 때문이다. 하지만 조직 내에서 리더가 이러한 특성을 가진다고 하더라도 리더가 보여주는 행동이나 상황에 따라 리더십효과성이 다르게 나타날 수 있으므로 리더가 가지는 특성에만 초점을 맞추어서는 효과적인 리더의 선발이라는 본래의 목적을 달성할 수 없게 된다.

리더십을 체계적으로 연구한 두 번째 시도는 리더가 부하들에게 보여주는 행동에 초점을 맞추었다. 리더십 행동이론에 따르면 리더는 부하들로 하여금 집단의 목표를 달성케 하기 위하여 부하들에게 고려행동과 구조주도행동(Stogdill & Coons, 1957) 또는 관계지향 행동과 직무지향적 행동(Katz & Kahn, 1952; Likert, 1961, 1967)을 보여야 한다. 리더의 배려행동 또는 관계지향적 행동은 리더가 부하에 대해 친근하게 대하고, 지원해주고, 부하에게 관심을 보여주고, 이들의 복지에 대해 신경을 쓰는 정도로 정의되어 왔다(Bass, 1981; Yukl, 1989). 리더의 구조주도행동 또는 직무지향적 행동은 업무가 수행되는 방식으로 정의되었는바(Bass, 1981), 이러한 행동은 성과표준을 유지하는데 심혈을 기울인다던가, 납기일을 맞춘다거나, 어떤 과업이 수행되어야 할 것인가를 세부적으로 결정하는 행동, 어떤 과업이 수행되어야만 하는가와 어떻게 수행되어야만 하는가에 대한 행동을 포함한다. 최근 들어 배려 행동과 구조주도 행동은 모든 리더십 유형에서 기본적이고도 중요하게 나타나고 있는 특성이므로(Fleishman, 1957, Yukl, 1971) 이를 재조명 하는 것은 최근 조직 내 리더십의 영향력을 보다 잘 이해할 수 있는 의미를 지닌다. 이러한 이유로 최근 여러 학자들(e.g., Judge et al., 2004; Derue et al., 2011; Holtz & Harold, 2013; Lambert, Tepper, Carr, Holt & Barelka, 2012)에 의해 배려행동과 구조주도행동에 대한 연구가 다시금 이루어지고 있으며, 이와 같은 연구들은 리더행동 패러다임이 새로운 리더십 이론의 기초가 될 뿐만 아니라 리더십 효과성의 중요한 예측변수가 된다고 가정하고 있다. 그러나 지난 60년 동안 오하이오 주립대학의 리더십이론은 다양한 분야에서 연구되어 왔음에도 불구하고(Bass, 1990; Chen, Hwang & Liu, 2009; Derue, Nahrgang, Wellman & Humphrey, 2011; Fleishman, 1995; Holtz & Harold, 2013; Johnson, Venus, Lanaj, Mao & Chang, 2012; Yukl, 1998) 현재까지 알려진 연구결과는 리더가 부하에게 배려행동을 보이는 경우 부하들은 만족한다는 것이다(Judge, Piccolo & Ilies, 2004).

리더십을 체계적으로 연구한 세 번째 시도는 상황적합성에 초점을 맞추었다. 보편적인 리더십 특성이나 행동을 찾아내려고 노력했던 리더십 연구자들이 이에 대한 정답을 찾아내지 못하게 되자 새로운 상황적합 접근법에 기초를 두는 리더십이론으로 전환되었다(Daft & Lane, 2008). 이와 관련된 연구들을 살펴보면 Fiedler(1964)는 상황적합모형에서 상황요인을 리더-구성원 관계, 과업구조, 지위권력을 들고 있으며 Hersey & Blanchard(1982)는 상황적 리더십이론에서 부하의 능력과 의욕과 같은 부하의 성숙도라는 상황요인을 고려하고 있다. 또한 House(1971)는 경로-목표이론에서 부하의 개인특성과 업무상황이라는 상황요인을 고려하여 리더십의 영향력 과정을 설명하고 있다. 이를 종합하면 상황적합 리더십이론은 여러 연구들을 통해 성과를 유발하는 요인으로 리더(리더스타일, 특성, 행동, 직위), 부하(욕구, 성숙도, 훈련), 상황(과업, 조직구조, 시스템, 환경) 등을 들고, 이들이 상호적합 관계를 이룸으로써 리더십 성과가 가능하다는 점을 강조하고 있다(Daft & Lane, 2008). 상황적합성이론은 리더가 처한 상황을 어떻게 정의하는가에 의해 지속적으로 발전하고 있는데 최근에 김경수 등(2015)은 부하가 가지는 역량과 도덕성에 따라 적합한 리더행동이 존재함을 밝히고 있다.

리더십을 체계적으로 연구한 네 번째 시도는 분석수준에 초점을 맞추었다. 보편적인 리더십 특성이나 행동을 찾아내려고 노력했던 리더십 행동이론가들을 넘어서려는 한 가지 방안으로 상황적합성이론이 등장하지만 다른 방안은 바로 분석수준에 근거한 이론이다. 리더십이 집단수준에서 일어나는 현상으로 집단수준에서 리더와 부하의 관계를 설명하는 리더십이론은 ALS(average leadership style)이론과 VDL(vertical dyad linkage)이론이다. 평균적 리더십스타일 이론(ALS 이론, Dansereau, Graen, & Haga, 1975)에 따르면 리더는 일정한 스타일을 가지고 부하들을 하나의 전체로 보고 영향력을 행사하므로 부하들은 리더의 행동에 대해 동일하게 지각을 하게 되고 리더십 효과성 역시 동일하게 나타난다는 것이다. 수직적 짝 연계이론(VDL theory) 혹은 리더-멤버 교환이론(leader-member exchange theory, Graen, Liden, & Hoel, 1982)에 따르면 리더는 부하들을 비교하여 내집단(in-group)과 외집단(out-group)으로 나누어 각각 다른 형태의 영향력을 행사한다는 이론이다. 부하들을 내집단과 외집단으로 나누는 기준은 부하들이 가지는 능력이나 매력, 집단에 대한 공헌도, 혈연이나 지연, 학연과 같은 요인들에 의하여 영향을 받으며 내집단에 대해서는 부하의 지위로서는 알 수 없는 기업의 중대한 정보의 제공, 자율성의 부여, 의사결정에의 참여권한 등을 부여하게 되고 이러한 혜택을 받은 내집단의 부하들은 리더가 원하는 성과를 보여준다. 그러나 외집단의 부하들에 대해서 리더는 리더로서의 공식적인 역할만을 수행하게 되므로 작업에 대한 감독이나 통제 등 최소한의 역할만을 보여주고 따라서 외집단의 부하들은 최소한 성과만을 보여준다. 리더와 부하의 관계는 리더-부하의 일대 일 또는 짝수준(dyad level)에서도 나타나는데 Dansereau 등(1995)은 개별화된 리더십이론을 제시하였다. 개별화된 리더십이론(individualized leadership theory, Dansereau et al., 1995)에 따르면 리더와 부하들 간의 관계는 일대 일로 이루어진다. 즉, 리더의 행동은 부하 개인의 행동에 의해 나타나며, 부하의 행동 역시 리더의 행동여하에 따라 나타난다는 것이다. 결국 리더가 부하의 자부심을 높여주는 행동을 보여줄 경우(이러한 행동이 부하 개개인의 행동여하에 따라 나타날 수 있다) 부하는 리더에 대해 고마움을 느끼면서 리더에게 만족할만한 성과를 보여준다. 부하의 행동 역시 리더의 행동을 일으키는 원천이 되어 이러한 일련의 교환관계가 하나의 싸이클을 이루면서 발전해 나간다.

리더십을 체계적으로 연구한 다섯 번째 시도는 부하들로 하여금 기대이상의 성과를 창출하도록 하는 리더십에 초점을 맞추었다. 기업이 처한 불확실한 환경에서 부하들이 단순히 기대한 것만큼의 성과를 내는 것은 기업의 생존을 담보할 수 없게 됨에 따라 부하들로 하여금 기대 이상의 성과를 내도록 하는 변혁적 리더십이론 (Bass, 1985)이 등장하였다. 물론 변혁적 리더십이 등장하기 이전에 House(1977)는 Weber(1947)의 카리스마 개념에 기초한 카리스마적 리더십이론을 제시하였다. 카리스마적 리더십이론에 따르면 카리스마적 리더는 비범한 자질과 특성을 가지고 조직이 나가야할 방향에 대한 비전의 설정과 부하들로 하여금 조직의 비전을 달성하게끔 부하들을 신뢰함으로써 리더를 믿고 따르게 함과 동시에 열정적인 노력으로 조직의 비전을 달성하게 된다(Yukl, 1989). 일부 학자들은 변혁적 리더십과 카리스마적 리더십을 동일한 개념으로 보고 있지만 Bass(1985)의 경우 카리스마는 변혁적 리더십의 한 구성요소로서 카리스마 그 자체로는 조직의 변혁과정을 설명하는데 있어 불충분하다는 견해를 가지고 있다. 따라서 Bass(1985)는 리더의 행동적 차원에서 카리스마를 변혁적 리더십의 한 구성요소로 보았으며 이와 더불어 지적자극과 개인적 배려 역시 변혁적 리더십을 구성하는 요소로 보았다. 변혁적 리더는 부하로 하여금 과업수행 결과에 대한 중요성을 인식하게 하고 부하자신의 개인적인 이익보다는 조직이나 팀의 이익을 우선시 하게끔 하고 부하가 가지는 욕구보다 더 높은 수준의 욕구를 활성화시킴으로써 애초에 기대했던 것보다 훨씬 높은 성과를 부하로 하여금 달성하게 한다.

리더십을 체계적으로 연구한 여섯 번째 시도는 조직구성원들의 자아(self)에 초점을 맞추었다. 조직의 성공을 위한 필수적인 요건으로 여겨지는 구성원들의 열정과 헌신은 구성원 스스로의 평가와 보상에서 비롯됨에도 불구하고 리더와 조직에 의한 외부통제로써 복종을 강요하여 구성원들의 잠재력과 창의성을 저하시켰다(Manz & Sims, 1989). 이러한 이유들에 기인하여, 기존의 탁월한 리더를 넘어서는 리더십이 절실히 요구되었는데, 이에 Manz & Sims(1991)는 다른 사람들로 하여금 스스로를 리드하도록 이끄는 수퍼리더십을 제안하였다. 수퍼리더십은 부하들로 하여금 효과적으로 자신을 이끌어 가도록 이들의 잠재력을 극대화시키는 리더십이라 할 수 있다. 수퍼리더십은 구성원들의 셀프리더십을 자극하고 촉진하여 이들의 잠재능력을 최대한 이끌어 내는 리더십이다. 여기서 셀프리더십은 성과를 위해 필요한 자기방향설정과 자기동기부여를 획득하기 위해 스스로에게 영향력을 발휘하는 것으로 자신에게 스스로 명령하고 지시함으로써 자기 스스로 높은 성과를 올리도록 이끌어주는 자율적인 힘을 뜻한다(Manz & Sims, 1989). 셀프리더십은 참여와 임파워먼트를 넘어서는 개념으로 자신을 변화시키고 기준을 평가할 수 있게 한다. 또한 조직이 무엇을 해야 하고, 왜 해야 하며 또 그것을 어떻게 할 것인지를 알 수 있게 해준다(Pearce & Manz, 2004; Konradt & Andreβen, 2009).

리더십을 체계적으로 연구한 일곱 번째 시도는 진정한 리더는 과연 누구인가에 초점을 맞추어 연구해 왔다. 진정성(authenticity)의 개념은 '너 자신을 알라(Know thyself)', '네 자신에게 진실하라(To thine own self be true)' 같은 고대 그리스 철학의 언명에 근거한다. 'authentic'의 어원은 그리스어 'authento'로서 모든 권한을 가진다는 의미이며 이것은 자신의 영역에서 주인이라는 진정성을 반영한다(Kernis & Goldman, 2006). 긍정심리학 연구에서 도출된 진정성은 '자신을 알라'는 언명과 관련된 자신의 사고, 감정, 욕구, 선호, 신념 등의 개인적인 경험을 가지는 것이며, 진정한 자아와 일치하게 행동하고 내재적 사고 및 감정과 일치하는 방식으로 자신을 표현하는 것을 의미한다(Harter, 2002). 진정성을 바탕으로 진정성있는 리더는 타인의 기대에 따라 행동하는 것이 아니라 자신에게 진솔하며, 지위, 부, 명예를 얻기 위하여 행동하는 것이 아니라 자신이 가지는 신념에 따라 행동한다. 따라서 자신감이 넘치고, 희망적이고 낙관적이며 투명하고 윤리적이며 미래지향적이다. 진정성있는 리더는 부하들에게 자신감과 희망을 불러 넣어주고 신뢰를 구축하여 부하들로 하여금 긍정적 태도를 가지도록 하며, 강한 책임감을 가지고, 공정하며 성실함은 물론 언행일치를 보인다. 진성리더십에 대한 초기연구는 진성리더십의 구성요소와 진성리더십을 측정할 수 있는 측정도구의 개발에 치중해 왔으며(Avolio et al., 2007), 이후 진성리더십과 효과성에 대한 연구가 이루어졌다. 진성리더는 자기인식을 통하여 타인의 눈을 의식하기 보다는 자신이 가지는 신념과 가치관에 근거하여 행동하고 의사결정시 자신의 감정과 생각을 솔직하게 표현하며 부하의 관점을 수용한다. 또한 진성리더는 투명하고 개방적인 자세로 부하와 관계를 형성하고 허심탄회하게 의사소통한다. 따라서 부하들은 진성리더를 신뢰하며 진성리더와 동일시하려고 한다. 물론 진성리더를 신뢰하고 동일시함으로써 스스로가 동기부여되고 직무에 대해 만족하며 높은 성과를 보여주게 된다.

3. 리더십 연구방법론: 새로운 패러다임

패러다임이란 이론을 만들고 검증할 수 있는 틀을 말한다. 이론을 만들고 검증할 수 있는 전통적 틀은 통계학적 패러다임이다. 통계학적 패러다임에서는 변수들 간의 관계를 통하여 이론을 만들며 설정된 이론을 검증함에 있어서도 통계학에 기초를 둔다. 예를 들어 변수 x, y, z 3개 변수가 있다고 가정해 보자. 이 때 이론가들은 변수들 간의 관계를 설정하여 이론을 구축할 수 있다. 예를 들어 어떤 이론가는 3개의 변수가 모두 유의적인 관계를 가진다고 주장할 수 있으며, 어떤 이론가는 3개 변수 중 2개는 유의적인 관계가 있는 반면, 나머지 1개 변수는 관계가 있는 2개의 변수와 관계가 없다고 주장할 수도 있다. 또 어떤 이론가는 관계가 없는 2개의 변수가 합해져 다른 1개의 변수와 관계가 있다고 주장할 수도 있다. 이들의 주장을 식으로 표시하면 대안 1, 2, 3과 같다.

대안 1: $x \leftrightarrow y \leftrightarrow z$: 3개의 변수가 서로 관계가 있음
대안 2: $(x \leftrightarrow y) \perp z$: 2개의 변수는 관계가 있으나 제3의 변수와는 관계가 없음
대안 3: $(x \perp y) \leftrightarrow z$: 관계가 없는 2개의 변수가 합해져 제3의 변수와 관계가 있음
("$\leftrightarrow$" 은 2개의 변수가 관계가 있음을 의미하는 반면, "$\perp$" 은 2개의 변수가 관계가 없음을 의미함)

이러한 3개의 이론적 대안은 통계학적 패러다임에 기초하여 변수들 간의 관계를 통하여 이론화한 것이며 이러한 이론들은 통계학적 패러다임을 통하여 검증할 수 있다. 예를 들어 첫째, 3개의 변수가 관계가 있을 것이란 이론은 3개의 상관관계가 유의적인가의 여부를 파악하면 되고, 둘째, 관계가 있는 2개의 변수가 제3의 변수와 관계가 없을 것이란 제 2의 이론적인 대안은 조절효과분석을 통해 검증될 수 있다. 셋째, 관계가 없는 2개의 변수가 합해져 제 3의 변수와 관계가 있을 것이란 제 3의 이론적인 대안은 회귀분석을 통하여 검증될 수 있다. 그러므로 통계학적 패러다임은 변수들 간의 관계를 통하여 이론(또는 가설)을 구축하고 동시에 구축된 이론을 검증할 수 있는 틀이라고 볼 수 있다.

리더십에서도 역시 통계학적 패러다임을 기초로 이론을 구축하고 검증해왔다. 예를 들어 리더의 리더십, 부하의 능력, 부하의 성과 3개의 변수가 있다고 가정해보자. 어떤 이론가는 리더의 리더십이 부하의 능력에 영향을 미치고 그 결과 부하의 성과가 높게 나타난다고 주장할 수 있다. 또한 어떤 이론가는 부하의 능력에 따라 부하의 성과가 나타나지만 능력과 성과의 관계가 리더의 리더십에 따라 다르게 나타난다는 주장을 할 수도 있다. 또한 어떤 이론가는 부하의 능력과 리더의 리더십이 합해져 부하의 성과로 이어진다는 주장을 할 수도 있다. 이러한 3가지 이론적 대안은 통계학적 패러다임에 의해 검증될 수 있는데 첫 번째 대안은 상관관계분석을 통해, 두 번째 대안은 조절효과분석을 통해, 세 번째 대안은 회귀분석을 통해 검증될 수 있다.

그러나 앞에서 밝힌 바와 같이 리더십은 조직전체에서 일어날 수 있는 현상이므로 리더의 리더십, 부하의 능력, 부하의 성과가 어느 분석수준에서 성립하는지 파악할 필요가 있다. 부하가 가지는 능력과 부하가 보여주는 성과는 부하마다 차이가 있으므로 개인수준의 변수라고 볼 수 있다. 또한 리더가 보여주는 리더십은 리더마다 차이가 나므로 개인수준의 변수라고 할 수 있다. 하지만 리더는 집단이나 팀을 리드하고 부하는 집단이나 팀을 구성하는 구성원이므로 리더와 부하를 동시에 고려하면 리더는 부하의 관계에서 부하들과 일대 일 관계를 형성하는 짝수준 또는 집단 전체의 구성원과 관계하는 집단수준의 변수로 볼 수 있다. 예를 들어 부하의 능력이 리더의 리더십 여하에 따라 고취된다면 동일한 집단에 속한 모든 부하들의 능력이 고취될 수도 있고, 부하 중 일부만 능력이 고취될 수도 있다. 만일 리더의 리더십에 따라 동일한 집단에 속한 부하들의 능력이 모두 고취된다면 리더의 리더십은 개인수준의 변수가 아니라 집단수준의 변수가 된다. 마찬가지로 리더가 동일한 집단에 속한 부하들을 집단 전체가 아닌 개별적으로 대하는 경우 부하 개개인은 리더의 리더십에 의해 개별적으로 영향을 받게 되므로 리더의 리더십과 부하의 능력은 한 명의 리더와 한 명의 부하로 이루어진 짝에서 같은 방향으로 움직이게 되므로 짝수준의 변수가 된다. 이 때 어떤 리더-부하의 짝은 다른 짝에 비해 리더십과 능력의 정도가 높게 나타나게 되어 짝들 간의 차이가 나타나게 된다.

이렇듯 리더십에서는 변수들 간의 관계에만 초점을 맞추어 이론을 만드는 것을 넘어서 변수 또는 변수들 간의 관계의 분석수준에 초점을 맞추어 이론을 구축할 수 있다. 그러므로 리더십에서 이론을 구축하는 틀은 전통적인 통계학적 패러다임을 넘어선다고 볼 수 있다. 그렇다면 변수들 간의 관계와 분석수준을 동시에 고려하여 이론을 만들 수 있는 틀이 과연 존재할까? 1980년대 초 뉴욕주립대의 프레드 댄스로 교수는 변수들 간의 관계(VARIables)와 분석수준(ENTity)를 고려하여 이론을 만들 수 있는 틀인 VARIENT 패러다임을 개발하였다(Dansereau, Alutto, & Yammarino, 1984). VARIENT 패러다임에 기초하여 리더의 리더십, 부하의 능력, 부하의 성과 3개 변수에 대한 이론을 구축하면 다음과 같다. 첫째, 어떤 이론가는 리더의 리더십이 부하의 능력에 영향을 미치고 그 결과 부하의 성과로 나타난다고 주장하면서 동시에 리더가 발휘하는 리더십에 대해 부하가 지각하고(이 때 리더의 리더십에 대해 부하들은 다르게 지각할 수도 있음) 이를 통하여 부하자신의 능력이 고취되고 그 결과 성과로 이어진다고 주장할 수 있다. 이것은 부하 개인수준에서 성립하는 3개 변수들 간 관계가 있는 이론이다. 즉 리더의 리더십, 부하의 능력, 부하의 성과간의 관계가 개인수준에서 성립하는 이론이다. 둘째, 어떤 이론가는 리더가 발휘하는 리더십은 동일한 집단에 속한 부하들에게 동질적으로 발휘된다고 주장하면서 리더가 발휘하는 리더십에 대해 동일한 집단에 속한 모든 부하들의 능력이 고취되고 그 결과 모든 부하들의 성과가 높게 나타난다고 주장할 수 있다. 이것은 리더의 리더십, 부하의 능력, 부하의 성과 3개 변수들 간의 관계가 성립하고 이러한 관계가 집단수준에서 성립하는 이론이다. 셋째, 어떤 이론가는 리더가 발휘하는 리더십이 동일한 집단에 속한 부하들에게 각각 개별적으로 발휘된다고 주장하면서 리더가 발휘하는 리더십에 대해 어떤 부하의 능력은 고취되어 성과로 이어지지만, 어떤 부하의 능력은 고취되지 않아 성과로 이어지지 않는다고 주장할 수 있다. 이러한 3가지 이론적 대안들은 변수들 간의 관계를 포함하면서 동시에 분석수준까지 포함하고 있다. 이것을 식으로 표시하면 다음과 같다.

대안 1: 리더의 리더십 ↔ 부하의 능력 ↔ 부하의 성과
(3개 변수들 간의 관계가 개인수준에서 성립)
대안 2: 리더의 리더십 ↔ 부하의 능력 ↔ 부하의 성과
(3개 변수들 간의 관계가 집단수준에서 성립)
대안 3: 리더의 리더십 ↔ 부하의 능력 ↔ 부하의 성과
(3개 변수들 간의 관계가 짝수준에서 성립)

이론적 대안 1, 2, 3은 동일한 변수들 간의 관계를 나타내지만 서로 다른 분석수준에서 성립한다는 것을 보여준다. 만일 통계학적 패러다임에 기초하여 리더의 리더십, 부하의 능력, 부하의 성과에 대한 관계를 나타내면 위의 3가지 이론적 대안은 모두 동일한 변수들 간 관계를 가지므로 동일한 이론이 된다. 그러나 변수들 간의 관계뿐 아니라 분석수준을 고려하면 3개의 이론적인 대안이 존재하고 이들은 서로 경쟁적인 이론이라고 볼 수 있다. 따라서 이론을 구축함에 있어서 변수들 간의 관계 뿐 아니라 분석수준을 고려하는 것이 보다 정확한 예측을 제시하다고 볼 수 있다.

따라서 VARIENT 패러다임은 변수들 간의 관계만을 가지고 이론을 구축하는 통계학적 패러다임을 넘어서 분석수준까지도 고려하여 이론을 구축한다. 이렇게 구축된 이론은 VARIENT 패러다임에 기초하여 검증할 수 있으며 3개 변수들 간의 관계가 과연 어느 분석수준에서 성립하는가의 검증을 통하여 알 수 있다. 예를 들어 3개 변수들 간의 관계가 개인수준에서 성립하는 반면 집단이나 짝 수준에서는 성립하지 않는다면 대안 1이 검증되었다고 볼 수 있다. 그러나 만일 3개 변수들 간의 관계가 집단수준에서는 성립하지만 개인수준이나 짝수준에서는 성립하지 않는다면 대안 2가 검증되었다고 볼 수 있다.

물론 어떤 이론가는 리더의 리더십, 부하의 능력, 부하의 성과 3개 변수들 간의 관계가 집단수준에서 성립하여 이것이 결국에는 한 명의 리더와 한 명의 부하로 이루어진 짝수준과 부하의 지각에 기초한 개인수준까지 확대되어 나타난다는 다분석수준(multiple levels of analysis)에서의 이론을 제기할 수도 있다. 이것은 위의 이론적인 대안 3개를 포괄하는 이론으로 한 개의 분석수준만을 고려하는 단일분석수준(single level of analysis)을 넘어서 2개 이상의 분석수준을 고려한 다분석수준(multiple levels of analysis)의 이론까지도 구축할 수 있으며 단일분석수준의 이론은 물론 다분석수준의 이론까지도 검증할 수 있다.

제2부

개인수준에서의 리더십

제2장 특성이론

제2장 특성이론

리더십을 체계적으로 연구한 첫 번째 시도는 리더가 가지는 신체적, 성격적, 능력/기술, 또는 사회적 특성에 초점을 맞추어 연구해 왔다. 특히 리더가 가지는 특성은 리더가 아닌 사람이 가지는 특성과 구별됨과 동시에 효과적인 리더가 가지는 특성 역시 비효과적인 리더가 가지는 특성과 차이가 있다고 보았다. 또한 리더가 가지는 특별한 특성은 타고난 것으로 훈련이나 개발을 통하여 습득될 수 없는 것으로 보았다. 특성이론가들은 리더가 가지는 특별한 특성이 과연 무엇인가에 초점을 맞추어 연구해왔으며 이론가들이 발견한 특성은 다음과 같이 요약할 수 있다(예, Northouse, 2013 참조).

1. 지능(intelligence)

지능(intelligence)은 지적인 능력으로 계산을 신속하게 할 수 있는 능력, 읽은 것을 이해하는 능력, 시각적으로 유사한 것을 찾아내는 능력, 귀납적으로 추론하고 연역적으로 추리할 수 있는 능력, 과거경험을 저장하고 회상할 수 있는 능력, 그리고 공간지각능력을 포함한다. 지능은 다양한 환경하에서 목표를 성취할 수 있는 능력이며, 상황을 분석하여 복잡한 문제를 해결할 수 있는 능력, 비판적으로 사고하는 능력, 그리고 다양한 관점에서 세상을 볼 수 있는 능력이므로(Ronthy, 2014) 지능은 리더가 수행하는 다양한 역할에 있어서 가장 필수적인 요소라 할 수 있다(Judge, Colbert, & Ilies, 2004). 특히 리더는 중요한 의사결정을 하는 위치에 있으므로 자신의 경험, 자식, 정보를 토대로 연역적 또는 귀납적인 방법을 통해 적절한 의사결정을 해야 하는데 이때 지능은 매우 중요한 역할을 한다.

2. 능력(ability) 또는 역량(competency)

최근에 능력보다는 우수한 성과에 직접적으로 영향을 미치는 일련의 요소을 역량이라고 정의하여 많이 사용되고 있다. Boyatzis(1982)에 의해 처음 사용된 역량(competency)은 직무를 수행함에 있어서 효과적이고 우수한 성과에 직접적으로 원인이 되는 개인이 가지고 있는 기본적인 특성으로 평균적인 성과와 우수한 성과를 구분해주는 일련의 요소들이 존재한다. 이러한 요소들은 개인적인 특성(지능, 기술), 경험, 모티브, 태도 등을 포함하는데 일반적으로 투입과 산출 측면에서 정의될 수 있다. 산출적인 측면에서 역량은 한 개인이 업무를 수행함에 있어서 목표를 초과달성할 수 있는 정도의 유능함이라고 정의할 수 있으며, 투입측면에서 역량은 한 개인이 과업을 수행하는데 필요한 능력에 영향을 미치는 일련의 지식, 태도, 기술이라고 정의할 수 있다(Heffernan & Flood, 2000). 특히 Spencer와 Spencer(1993)는 역량을 측정 가능한 것으로 보고 있는데 구체적인 업무에 대한 효과적인 성과와 직접적으로 연관이 있는 개인이 가지는 특성(예를 들면 지식, 기술, 자기개념, 특질, 모티브)이라고 정의하고 있다. 한국사회에서도 이와 유사하게 사람을 난사람과 든 사람으로 평가하는데 이러한 두 가지 차원은 역량의 개념과 유사하다고 볼 수 있다. 난사람의 특징은 '능력이 뛰어난', '지적 수준이 높은', '자신이 맡은 일처리를 잘 하는 사람' 등으로(한규석 등, 2004) 보아 왔으며 든 사람은 많이 배워서 지식이 축적된 사람으로 배운 것이 많아 지혜롭고 심중이 깊으며, 해결하기 어려운 문제를 쉽게 해결하는 특징을 가진다.

또한 리더는 업무를 수행하고, 부하직원과의 관계를 통해 목표를 달성하며 복잡한 문제를 해결해야 한다. 따라서 리더가 가지는 보다 구체적인 능력이나 역량은 업무를 수행하는데 필요한 기술적 기술(technical skill), 동료나 부하들과의 관계에 필요한 사회적 기술(social skill), 그리고 복잡한 문제를 해결하는데 필요한 개념적 기술(conceptual skill)을 갖추어야 한다.

3. 자신감(self-confidence)

자신감(self-confidence)은 자신이 가지는 역량과 기술에 대해 확신할 수 있는 능력으로 자신이 남들과는 다른 무엇인가를 이루어낼 수 있다는 믿음과 자긍심(self-esteem: 잘 할 수 있다는 신념), 자기확신 등을 포함한다. 또한 자신감은 개인 자신의 성과에 대한 기대, 자신의 능력과 성과에 대한 자신감의 개념으로 과업을 성공적으로 완수하는데 필요한 능력을 가지고 있다고 확신할 때 자신감을 가지게 된다. 자신감은 일반적인 자신감(general self-confidence)과 구체적인 자신감(specific self-confidence)으로 구분할 수 있는데(Lampert & Rosenberg, 1975) 일반적인 자신감은 어린 시절에 발달된 안정적인 성격특성으로 자신이 유능하고 중요한 존재이며 성공적이고 충분한 자격이 있다고 자신을 믿는 정도이다. 구체적인 자신감은 구체적인 과업이나 상황에 대한 마음의 상태 또는 정서적 상태를 의미하는데 예를 들면 특정한 시점에서의 의사결정과 관련된 자신감이 여기에 속한다.

일반적인 자신감은 개인의 사고, 정서, 행동에 영향을 미치며 특히 새로운 상황이나 비일상적인 상황에서 중요한 성격적 특성인데 반해 구체적인 자신감은 일상적인 과업에 대한 성과와 연관이 깊다. 이러한 두 가지 유형의 자신감은 효과적인 리더십을 발휘하는데 있어서 필수적인 요소이며 리더로 하여금 동료와 부하들에게 영향력을 행사할 수 있도록 해준다. 자신감이 있는 리더는 자신의 과업을 통제하려고 하며 자율적으로 행동하고, 독립적으로 의사결정하며, 성공에 대한 긍정적인 기대를 가지고 기꺼이 위험을 감수하려고 하며, 책임을 지려고 하고, 결정된 사안에 대해 몰입하여 실행함으로써 성공을 이끌어 낸다.

4. 결단력(self-determination)

결단력(self-determination)은 직무를 수행하는 능력으로 주도적이고 인내심이 많으며 긍정적이고 자기주장이 확고하며 장애요소가 있다고 하더라도 끈기있게 수행하는 능력 등을 포함한다. 따라서 자신의 목표를 스스로 설정하고 설정된 목표를 주도적으로 성취하기 위한 능력을 가진다. 결단력이 있는 사람은 자율적으로 행동하고 자신의 행동을 스스로 규제하며 자아를 실현하기 위해 부단한 노력을 기울인다(Johnson, 1999). 리더는 목표를 설정하고 설정된 목표를 달성하는 중요한 역할을 담당하므로 자기주도하에 목표를 설정하고 자율적으로 목표를 달성하는데 주력하는 결단력이 매우 필요하다.

5. 성실성(integrity)

성실성(integrity)은 정직하고 신뢰할만하며, 책임을 지려고 하고, 말한 것을 실행에 옮기며, 자신을 속이지 않는 자질을 의미한다. 성실한 사람은 자신이 옳다고 믿는 것에 대해 고수하는 경향이 있으며, 자신의 믿음과 행동 사이에 일관성을 유지하고, 말로 표현한 가치와 행동으로 표출된 가치와의 조화를 이루며, 진정성이 있고, 말과 행동의 일치를 보인다. 리더의 중요한 역할 중 하나는 비즈니스 하는데 있어 윤리가 가장 기초적이라는 것을 부하들에게 전달하는 것이다. 이것을 전달하기 위하여 리더는 신의와 성실의 원칙에 따라 도덕적 결과물을 얻기 위해 행동을 해야 한다. 특히 리더가 가지는 성실성은 윤리적 리더십이나 진성리더십의 기초가 되는 중요한 개념이다.

6. 사회성(sociability)

사회성(sociability)은 유쾌하게 사회적 관계를 추구하는 성향으로 타인에게 친절하고, 호의를 베풀며, 외향적이고, 타인의 욕구에 민감하고, 인간관계 능력이 뛰어나며 협조적인 관계를 창출하는 특성을 의미한다. 사교성은 사회지능(social intelligence)과 밀접한 관련이 있는데 리더가 가지는 사회지능은 리더십을 발휘하는데 있어서 중요한 개념으로(Zaccaro,

2002), 사회지능이란 사회적 차원에서 타인(부하)의 감정, 사고, 행동을 이해하여 가장 적절한 반응을 선택하는 정도를 의미한다. 사회지능이 높은 리더는 부하들의 감정을 이해하며 부하들의 감정을 이입하고, 부하의 감정을 조절하여 리더가 원하는 목표를 달성한다.

7. 감성지능

최근에는 리더가 가지는 중요한 특성으로 감성지능에 대한 연구가 활발히 이루어지고 있는데 감성지능이란 자신이나 타인의 정서를 파악할 수 있는 능력, 다양한 정서를 구별할 수 있는 능력, 사고와 행동을 이끄는 정서적 정보를 사용하는 능력 등으로 정의할 수 있다. 물론 감성지능이 정서적 정보를 처리하는 능력인지 아니면 행동적 기질을 포함하는 특성인지에 대한 논쟁은 있지만 최근에는 능력과 특성이 혼합되어 있는 것으로 본다. 감성지능이 높은 사람은 자신의 정서를 알며(자신이 화난 것을 앎), 정서적 실마리를 읽어내는데 능숙하며(규범을 위반하지 않고 자신의 정서를 어떻게 표출해야 하는지를 앎), 타인의 정서를 감지해낼 수 있고, 타인의 정서를 통제할 수 있으며 타인과의 사회적 관계를 잘 맺고, 높은 성과를 보이는 경향이 있다. 감성지능이 높은 리더 또한 인생에 있어 성공할 확률이 높을 뿐 아니라 부하직원을 헤아려 주어 만족을 높여주고 사기를 진작시킴으로써, 부하의 성과 나아가 조직의 성과를 높이게 된다. 리더들에게 중요한 기본적인 감성지능은 자기인식, 감정조절, 자기동기부여, 감정이입, 사회적 기술이라는 다섯가지의 요소로 구성되어 있으며 이들 각각을 간략히 설명하면 아래와 같다(Goleman, 1995).

1) 자기인식(self-awareness)

자기 인식은 감성지능을 구성하는 다른 요소들의 기초가 되는 것으로 기분이나 정서(감정)을 인식하고, 인식한 정서나 기분이 자신과 타인에게 미치는 영향을 이해하는 것을 의미한다. 감정을 이해한다는 것은 자신의 감정을 정확하게 지각하는 것과 인지적 활동을 촉진시키기 위해 정서와 기분을 사용하는 것, 타인의 정서나 기분에 대해 이해하는 것(타인이 화를 냈다면 왜 화를 냈는지 아는 것), 그리고 타인의 정서나 기분에 대해 적절하게 대응하는 것을 의미한다. 자신의 정서와 기분을 이해하고 다룰 수 있는 사람들은 자기 스스로의 삶을 보다 잘 이끌어 갈 수 있다. 자기인식력이 높은 사람들은 자신의 본능적인 직감(gut feeling)을 신뢰하고 그 느낌이 어려운 의사결정에 대해서 유용한 정보를 제공할 수 있다는 것을 깨닫고 있다. 어려운 문제에 대한 답들은 대체로 명확한 것이 아니다. 예를 들어, 거래요구를 받아들여야 할지, 종업원들로 하여금 떠나라고 해야 할지, 사업을 재조정해야 할지, 또는 직무책임을 재조정해야 할지 등 구체적이고 객관적인 대답을 얻기 어려울 때, 유능한 경영자는 자신의 직감에 의존하게 된다.

2) 감정조절(managing emotions)

감정조절이란 자신이 하고자 하는 것에 대한 걱정, 불안, 두려움, 화 등이 방해가 되지 않도록 자신의 감정상태(moods)의 균형을 이루는 능력을 말한다. 자신의 감정을 다룰 줄 아는 사람은 일을 보다 잘 수행할 수 있는데, 그 이유는 주어진 상황을 보다 명확하게 인식하고 생각할 수 있기 때문이다. 감정을 관리한다는 것은 감정을 억압하거나 부정한다는 것이 아니라, 그 감정들을 이해하고 이해된 감정을 바탕으로 주어진 상황을 보다 효과적으로 다루는 것을 의미한다. 즉 먼저 자신의 느낌이나 감정상태를 학인하고 그러한 감정상태가 자신의 행동에 어떠한 영향을 미치는지를 생각하고, 이어서 자신의 감정을 편안한 상태로 만든 후 어떻게 행동할 것인지를 선택한다.

3) 자기동기부여(motivating oneself)

자기동기부여란 장애, 방해, 차질, 실패가 있다고 하더라도 희망적이고 낙관적일 수 있는 능력을 말한다. 이 능력은 삶이나 사업에서 장기 목표를 추구하는 경우에는 매우 필수적인 능력이다. 실제 Metlife 생명 보험회사의 자문을 맡은 Martin Seligman은 평소의 판매적성테스트에서는 실패하였음에도 낙관성(optimism)에서 높은 점수를 받은 지원자들을 특수 그룹으로 고용할 것을 제안한 바 있다. 정상적인 판매적성검사를 통과하였지만 비관적인 성향(pessimism)이 강한 사람과 비교하여 그 특수그룹은 첫해에 무려 21%의 높은 성과를 얻어내었으며, 둘째 해에는 57%의 판매 차이를 보였기 때문이다(Daft, 2002).

4) 감정이입(empathy)

감정이입은 타인의 입장에서 타인이 느끼는 감정을 이해하는 능력으로, 타인이 말해주지 않아도 타인이 느끼는 느낌을 이해하는 능력이다. 대부분의 사람들은 자신들이 느끼는 것을 단어로 표현하기 보다는 목소리의 톤이나 몸짓, 그리고 얼굴표정으로 나타낸다. 감정이입은 자기 감정인식에서부터 출발하는데, 자신의 감정을 편안한 상태로 만들어 타인의 느낌을 읽어내고 이해하는데 보다 쉬운 상태로 자신의 감정상태를 조절하는 능력이라고 할 수 있다. 이와 같이 자신의 감정상태를 조절할 수 있을 때, 타인의 느낌을 제대로 읽어내고 이해할 수 있게 된다.

5) 사회적 기술(social skill)

사회적 기술은 타인과 관계하고 긍정적인 관계를 형성하며 타인의 감정에 반응하고 타인에게 영향을 미치는 능력을 말한다. 사람들은 인간관계를 이해하기 위해, 의견의 차이를 조절하기 위해, 갈등을 해결하기 위해, 그리고 공통의 목적을 향하도록 사람들을 묶어주기 위해 사회적 기술을 사용한다. 관계를 형성하는 능력은 팀 중심의 조직에서 매우 필수적이다.

이 장에서는 김경수 등(2004)이 국내외 40명의 명장들이 가지는 특성을 신체적, 골격적 특징, 능력과 기술 특성, 성격적 특징과 사회적 특성으로 구분하여 연구한 “명장의 리더십에 관한 연구”를 제시하고자 한다. 저자들은 이 논문에서 내용분석과 역량분석을 통해 신체적/골격적 특징과 사회적 특성은 리더십에 미치는 영향이 미약하다는 것을 발견하였으나 리더가 공통적으로 가지는 능력/기술 특성은 지략임을 발견하였으며, 리더가 공통적으로 가지는 주요한 성격적 특징은 주도적으로 일을 처리하고, 추진력이 뛰어나며, 창의력을 발휘하여 새로운 전술과 전략을 통하여 전투에서 승리로 이끈 사례가 많다는 것을 발견하였다.

명장의 리더십*

김경수**, 서미례***, 김병주****, 박래효*****, 조영만******, 장정하*******

본 논문에서는 리더십이론을 분석수준 관점에서 정의하려는 시도를 하였으며, 다양한 리더십 이론들 중, 개인, 집단, 조직체 각각의 분석수준에 초점을 둔 특성이론, 행동이론, 상황이론, 그리고 변혁적 리더십이론을 토대로 국내외 각각 20명 씩의 명장들에 대한 리더십을 연구하고자 하였다. 내용분석 결과 명장들은 첫째, 지략, 추진력이 뛰어나며 주도적인 것으로 나타났으며, 둘째, 상황에 적합한 리더십을 발휘하는 것으로 나타났고, 셋째, 변혁적 리더십 역시 발휘하는 것으로 나타났다. 또한, 명장들의 능력을 역량으로 정의한 후 3명의 대학원생들에게 학습을 시키고. 3명의 명장(이순신, 강감찬. 최영)에 대해 이러한 역량에 대해 분석하도록 한 연구결과 역시 3명의 명장들은 지략과 추진력이 뛰어났으며, 또한 주도적인 것으로 나타나, 내용분석의 결과를 일부 뒷받침하고 있다. 또한, 한국의 명장과 외국의 명장을 비교 분석한 결과 외국의 명장들은 학구적인 반면, 한국의 명장은 학구적인 명장이 별로 없는 것으로 나타났으며, 반대로 한국의 명장은 침착하고 청렴결백한 반면, 외국의 명장은 이러한 특징을 보이지 않는 것으로 나타나, 한국과 외국 명장들 간에 서로 공통점과 차이점도 있다는 점을 알 수 있다. 이러한 결과를 토대로 결론 부분에서는 명장이 되기 위한 요건들을 제시하였고. 또한, 본 논문이 가지는 한계점에 대해서도 논의하였다.

1. 서 론

조직(organization)이란 두 사람 이상이 모여 공동 목표를 달성하고자 조성된 하나의 유기체로서 조직목표를 효율적으로 달성하기 위해서는 조직 구성원의 협동심을 최대한 발휘할 수 있게 하는 효과적인 리더십이 필요하다. 또한, 현대사회가 다양화되고 복잡화 되어 갈수록 조직목표의 성공적 달성을 위한 리더십의 중요성이 증대되고 있다. 특히, 군대 조직에 있어서는 조직 자체의 특수성으로 인하여 어느 조직보다도 리더에게 많은 권한과 책임이 부여되어 있으므로 군 조직 내에서의 리더의 역할은 더욱 중요시된다고 볼 수 있다.

그럼에도 불구하고 기존의 리더십에 대한 연구는 주로 경영조직을 대상으로 이루어져

* 이 논문은 경영학연구 제33권 제2호, 2004, 1355-1396에 게재된 논문임.
** 전남대학교 경영대학 교수 (kskim@chonnam.ac.kr)
*** 전남대학교 경영학박사 (youego@hanmail.net)
**** 전남대학교 경영학 석사, 육군 268 포병대대 대대장 (yama49@hanmail.net)
***** 전남대학교 경영학과 박사과정 수료 (rhp2835@lgcaltex.co.kr)
****** 전남대학교 경영학과 박사과정 수료 (ymcho@lgcaltex.co.kr)
******* 전남대학교 경영학박사 (charijha@hanmail.net)

왔으며, 군대 조직을 대상으로 한 연구는 찾아보기 어려운 실정이다. 그러나 경영조직을 대상으로 한 현재까지 제시되어진 많은 리더십이론이 제시되기 이전에도, 군대 조직에서 많은 명장들은 리더십을 훌륭히 발휘하여 조직의 목표와 임무를 훌륭하게 수행하여 온 것 또한 사실이다.

따라서 본 연구는 지금까지 경영조직을 대상으로 연구되어 온 리더십에 관한 다양한 이론을 고찰하고, 역사를 통해 훌륭한 리더십을 발휘한 역대 명장들의 리더십을 이러한 다양한 이론들과 비교 분석하여, 기존의 리더십이론이 군대 조직에서도 적용 가능한가를 살펴봄과 동시에, 기존의 리더십이론과 역대 명장들의 리더십을 접목시켜 현대 군 조직에서의 효과적인 리더십을 제시해 보고자 하였다.

이러한 목적을 달성하기 위하여 본 연구에서는 우선 경영조직을 대상으로 연구되어온 기존의 리더십이론을 분석수준관점에서 고찰하고, 역사자료에서 나타난 명장들의 지휘 활동(역사자료를 통해서 제시되어진 역대 명장은 너무나 많이 있으나 그 중 한국 명장 20명과 외국 명장 20명을 일정한 기준에 의하여 선별하여 비교연구자료로 하였다)에 대하여 기존의 리더십 이론들을 기초로 비교 분석하여 경영조직을 대상으로 한 다양한 리더십 이론들이 과연 군대 조직의 명장들에게도 적용될 수 있는가를 살펴보았으며, 이러한 연구결과를 토대로 군대조직에서의 효과적인 리더십을 제시하고자 하였다.

2. 리더십 이론들

기존의 리더십이론은 너무 다양하므로, 이들의 이론 모두를 명장의 리더십을 연구하는데 사용하는 것은 불가능하다. 따라서 본 연구에서는 명장의 리더십을 연구하는데, 중요하다고 판단되는 리더십이론을 중심으로 분석하고자 한다. 특히 본 연구에서는 기존의 리더십이론을 분석수준에 기초하여 고찰하고자 하는바 그 이유는 분석수준에 기초한 분류가 이미 기존의 학자들에 의해 이루어져 왔기 때문이다. 예를 들어, Yukl(l999)이나, Daft(2001), 그리고 Yamrnarino(l998)와 Yammarino. Dubinsky, and Spangler(1998)의 경우 리더십을 개인 측면, 짝(사회적 교환) 측면, 행동(스타일) 측면, 조직체 변화 측면 등으로 구분하고 있다.

분석수준에 기초하여 리더십이론을 개인, 짝, 집단, 조직분석수준에 초점을 맞추어 살펴보면 다음과 같다(예, Klein, Dansereau, & Hall, 1994). 즉 개인 수준에서 리더십은 리더가 가지는 특성이나 성격에 초점을 맞춘 특성이론(e.g., Bass. 1985)과 부하가 가지는 리더에 대한 이미지로 리더십을 정의하는 내재이론(implicit theory, Keller, 1999)으로 구분할 수 있으며, 짝 수준에서 리더십은 리더와 부하 간의 관계를 일대일 교환관계로 정의할 수 있고 (Dansereau et al., 1995), 집단분석수준에서 리더십은 리더의 행동이나 스타일에 초점을 맞춘 행동이론 또는 평균적 리더십 스타일 이론(average leadership style theory, Dansereau, Graen.

& Haga, 1975), 집단을 외집단과 내집단으로 구분하여 각각의 집단에 대해 각각 감독과 리더십을 통해 이질적으로 영향력을 행사한다는 수직적 짝 연계이론(vertical dyad linkage theory, Dansereau et al.. 1975). 그리고 상황에 적합한 리더행동이 있다고 주장하는 상황적합성 이론을 들 수 있다. 또한, 조직 분석수준에서는 조직 전체의 혁신을 주도하는 변혁적 혹은 카리스마적 리더십이론(Wald man. Javidan. & Varella. 2004)을 들 수 있다. 그러나 본 논문의 목적인 과거 명장들의 리더십을 문헌을 통하여 살펴볼 경우 위에서 언급한 리더십이론을 모두 고려하는 것이 불가능해진다. 예를 들어 명장과 부하의 일대일 관계는 문헌고찰을 통해서는 파악하기 어려우며, 또한 집단 수준에서 명장이 부하들을 이질적으로 취급했다는 것은 찾아보기 어렵다. 뿐만 아니라, 상황 적합성 이론에서(Fiedler. 1967) 리더에게 유리한 상황인가, 불리한 상황인가를 구분하는 것 역시 문현상 찾아보기 어려우며, 부하의 성숙도를 고려한 상황적 리더십이론(situational leadership) 역시 고려대상이 되기 어렵다. 그러나 경로목표이론의 경우 리더가 보여주는 행동을 4가지로 분류하였으므로 문헌에서 명장의 행동을 4가지 유형으로 분류할 수 있다는 판단 하에 경로목표이론을 고려하였다. 그러므로 본 논문에서는 개인 수준에서 리더가 가지는 특성에 초점을 둔 (1) 특성이론과, 집단 수준에서의 경로목표이론(집단수준에서의 이론인 행동이론 〔Ohio State University Leadership〕 은 본 논문의 분량이 너무 많은 관계로 부록에 첨부하였음), 그리고 조직수준에서 (3) 변혁적 리더십이론 등을 고려하였다(카리스마는 특성으로 분류될 수 있지만, 최근에는 카리스마적 리더십이론과 변혁적 리더십이론을 동일하게 취급하는 경향이 있어 (Yukl. 1999) 변혁적 리더십이론에서 같이 고려하였다).

2.1. 개인분석수준(특성이론)

개인분석수준에서 리더십은 특성이론을 들 수 있다. 특성이론에 따르면, 리더십은 리더가 가지는 특성과 성격으로 정의할 수 있는 바, 리더십 특성이론에 따르면 리더가 가지는 특성과 성격은 리더가 아닌 사람들과 현저한 차이가 나며, 동시에 효과적인 리더와 비효과적인 리더 역시 특성과 성격 측면에 있어 현저한 차이를 보인다는 입장이다(Bass. 1990). 리더가 가지는 특성에 대해 Jago(1982)는 신체적/골격적 특징, 능력과 기술 특성(판단력, 지략, 어휘 구사력, 전투능력), 성격적 특성(성취동기, 야망. 적응력. 민첩성, 반권위주의 성격, 지배성향 등), 그리고 사회적/대인관계 특성(협동심, 대인관계기술, 사회경제적 지위 등)을 들고 있다. 이러한 특성들은 리더의 특성을 광범위하게 포함하고 있으므로, 본 연구에서는 Jago(1982)가 설명하고 있는 특성을 고려하고자 한다.

2.2. 집단분석수준(상황이론)

집단분석수준에서 리더십은 리더와 부하들 간에 나타나는 영향력 행사과정이라고 정의할 수 있다. 그러므로 집단수준에서 초점은 리더와 부하 양측에 있다고 볼 수 있다. 첫째, 리더에 초점을 맞춘 경우 리더는 자신의 스타일에 의거하여 같은 집단에 속한 자신의 부하들에게 동질적으로 영향력을 행사하므로 부하들은 동질적으로 영향을 받게 된다(average leadership style theory, Dansereau. Graen. & Haga, 1975: Schrriesheim. Cogliser & Neider, 1995, and see Yukl, 1989, for a summary). 둘째, 부하에 초점을 맞춘 경우, 리더십은 집단 구성원들에게 동질적으로 나타나는 영향력 과정으로 정의할 수 있다. 즉 같은 집단에 속한 구성원들은 리더에 의해 동질적으로 영향을 받는바, 다시 말하면 리더는 일정한 스타일에 기초하여 부하들에게 행동을 하므로 같은 집단에 속한 부하들은 동질적으로 리더의 행동에 영향을 받게 되므로 평균적 리더십이론이라고 볼 수 있다. 본 연구에서는 부하들 측면에서 동질적으로 영향을 받았는지에 대해 문헌상 찾기가 어려우므로 리더의 측면에서의 리더십이론을 고려하였다(이러한 리더십 행동이론은 본 논문의 분량이 많은 관계로 부록에 첨가하였음).

또한, 집단분석수준의 이론인 경로목표이론에 따르면, 리더는 4가지 유형의 행동(지시적, 후원적, 참여적, 성취지향적)을 보이고 부하의 특성과 과업 특성에 따라 효과적인 리더 행동이 다르게 나타난다. 그러므로 경로목표이론에 기초할 경우 명장의 행동은 물론 부하의 특성과 과업환경 특성을 고려해야 하지만, 문헌의 특성상 부하와 과업의 특성을 찾아보기 어려우므로 본 논문에서는 명장이 보여주는 행동이 4가지 유형 중 어디에 속하는가를 연구하였다.

2.3. 조직체분석수준(변혁적 리더십이론)

조직체분석수준에서 리더십은 조직 전체에서 일어나는 영향력 행사과정이라 할 수 있다. 즉 한 리더의 영향력이 조직전체에 영향을 미쳐 일어나는 과정으로 가장 대표적인 리더십이론은 변혁적 혹은 카리스마적 리더십이론을 들 수 있다(Bass, 1985, 1999: Bommer, Rubin, & Baldwin. 2004: Conger & Kanungo, 1988, 1998: House, 1999: Kent, Crotts, & Azziz, 2001: Kouzes & Posner, 1995: Price, 2003: Rafferty & Griffin, 2004: Shamir, 1999: Sosik, Godshalk, & Yammarino. 2004: Yukl, 1999). 변혁적 리더십이론에 따르면 리더는 카리스마적 행동, 개별화된 배려행동, 그리고 지적자극 행동을 통하여 조직 내 부하들의 욕구를 승화시켜주고(즉 저차원의 욕구수준을 고차원의 욕구수준으로), 다양한 욕구를 가지게 하며, 또한 부하들로 하여금 자신의 이익을 버리는 대신 조직을 위하여 희생할 수 있게 만든다. 또한, 김경수 등(Kim. Dansereau, & Kim. 2002)이 제시한 카리스마적 리더십이론에 따르면 리더는 비전관련행동, 개인희생행동이나 모범행동, 그리고 임파워링 행동을 보임으로써 부하들로 하여금 진정한 리더로 받아들이게 함으로써 조직전체의 변혁을 이루게 한다는 것이다(Berson, Shamir, Avolio. & Micha, 2001). 물론 중간관리자들도 변혁적 혹은 카리스마적 리더십을 발휘할 수 있다고 하더라도(Bass, 1985), 조직전체를 변화시키기는 어려우며, 따라서 최고경영자가 변혁적 혹은 카리스마적 리더십을 발휘할 때 조직전체를 변화시킬 수 있게 된다. 본 연구에서는 앞에서 밝힌 바와 같이 변혁적 리더십이론에 카리스마 개념을 추가하여 연구하였다.

3. 연구방법 I

3.1. 연구방법 1

본 연구의 목적은 역사자료를 이용하여 역대 명장들의 리더십을 연구하는 것이므로, 내용분석 방법(Kellinger, 1973)을 사용하였다.

3.1.1. 연구문제 선정

연구할 문제는 앞장 서론에서도 언급하였지만, 역대 명장들의 리더십 활동을 리더십이론에 입각하여 체계적으로 정리 분석하여 연구한 것이 없으므로 지금까지 주장되어온 리더십이론과 역대 명장들의 리더십 활동을 비교 분석함으로써 리더십이론의 타당성을 검증해 보고자 한다.

3.1.2. 내용분석 자료의 표집

3.1.2.1. 명장에 관계된 자료 수집

역대 명장들과 관계된 자료를 국내외를 망라하여 수집하였다. 아래 <표 1>과 같이 140명(외국 명장 94명, 한국 명장 46명)의 명장에 관계된 자료가 수집되었다. 위에서 수집된 140명의 명장을 모두 비교 분석하는 것은 상당한 시간이 요구되며, 많은 어려움이 있다. 따라서 비교 분석할 명장의 카테고리를 선정하였다. 역사자료를 통해서 수집 및 제시되어진 140명의 역대 명장 중 아래 기준으로 한국 명장 20명, 외국 명장 20명을 선별하였다. 40명의 명장에 대해 어떤 명장은 많은 기록을 가지고 있는 반면, 어떤 명장들은 적은 기록들을 가지고 있는 관계로 문헌상에 나타나는 오류를 줄이기 위하여 가장 중요하다고 판단되는 전기, 전쟁사, 역사기록, 일기, 자서전(예를 들면, 강창구 외, 1978: 나가이데히데오, 1989: 보브우드웨르, 1991; 이이화, 1988: 육군사관학교, 1991 등을 들 수 있다) 중 가장 핵심이 된다고 판단하는 한 개 내지 두 개의 자료를 인용하였다.

표 1. 수집된 역대명장에 관계된 자료

구 분	계	한 국	외 국
인 원	140	46	94
비 고		삼국시대 : 7명, 고려시대 : 19명, 조선시대 : 20명	유럽 : 60명, 미국 : 15명, 일본 : 10명, 기타 : 9명

역대 명장의 선별 기준은

첫째, 본 연구는 문헌을 이용한 내용분석 방법으로 연구하였으므로 리더십에 관한 자료 수집이 용이한 사람을 취급하였고,

둘째, 싸움에 있어서 동족과의 싸움보다는 이민족과의 싸움에서 나라의 운명을 걸고 크게 이겨 공헌한 명장을 우선 취급하였으며,

셋째, 어려서부터 왕후 자리에 앉은 사람은 빼기로 하되, 직접 지휘하여 진두에 나섰던 사람은 취급하였고,

넷째, 가급적이면 다양한 국가의 명장, 다양한 시대의 명장을 채택하도록 노력하였다. 위의 선별 기준에 의거 선정된 명장의 카테고리는 다음의 <표 2>와 같다.

표 2. 선정된 카테고리(선정된 명장)

구 분	계	한 국		외 국	
인 원	40	20		20	
대 상 (명장)	40	- 을지문덕	- 장고보	- 알렉산더	- 프레드릭
		- 김유신	- 양만춘	- 시저	- 징기스칸
		- 강감찬	- 윤 관	- 나폴레옹	- 웰링턴
		- 최 영	- 김종서	- 워싱턴	- 아이젠하워
		- 이순신 - 곽재우	- 김덕령 - 권 율	- 맥아더 - 쥬코프	- 패튼 - 윈게이트
		- 황 진	- 정기룡	- 야마모도 이소로꾸	- 롬멜
		- 김시민	- 임경업	- 야살	- 니미츠
		- 계 백	- 부분노	- 힌덴부르크	- 몽고메리
		- 조 중	- 김취려	- 모세다얀	- 슈와츠코프
국가별 시대별 분 포		고구려: 3명, 신라: 1명, 백제: 1명 통일신라: 1명, 고려: 5명, 조선: 9명		미국 : 6명, 영국: 3명, 독일: 3명 마케도니아: 1명, 카르타고: 1명 로마: 1명, 몽고: 1명, 프랑스: 1명 일본: 1명, 소련: 1명, 이스라엘: 1명	
비 고		- 조선시대의 명장이 많이 포함된 것은 가장 최근의 역사이므로, 가장 명장에 관계된 자료가 많았기 때문임. - 각 시대별, 국가별로 명장의 카테고리가 다소 불균형한 것은 자료의 제한 때문임.		- 시대별, 국가별로 명장의 카테고리가 다소 불균형한 것은 자료의 제한 때문임 - 미국의 명장이 많은 까닭은 한국군의 체계와 주요 군사 서적이 건국 당시 미국을 모방하여 이루어짐에 따라 미국 명장에 관한 기록이 다른 나라에 비해 다소 많기 때문임.	

3.1.3. 분석단위 결정

분석단위로 인물을 선정하여, 앞에서 언급한 바와 같이 역대 명장들의 전기, 전쟁사, 역사기록, 일기, 자서전 중 한 개 내지 두 개의 자료를 통하여 인물에 관하여 표현한 단어, 문장, 구 등을 분석단위로 하였다. 또한 문맥을 중심으로 문맥단위를 분석단위로 하였다. 이 문맥단위는 문헌을 읽어 나가면서 그 속에 있는 내용의 문맥을 중심으로 구분해서 이를 분석단위로 삼는 것을 말한다. 본 연구에서는 객관성을 높이기 위하여 두 명의 연구자가 각각 문헌을 읽고 제시한 사항 중 공통으로 지적한 사항을 고려하였다.

3.1.4. 집계체계의 결정과 실제 내용분석

본 연구에서는 집계체계의 종류 중 빈도와 내용의 존재유무를 집계체계로 하여 실제 내용분석을 하였다. 여기서 빈도란 어떤 분석 유목의 속성이 메시지에 나타난 모든 회수를 말한다. 예컨대 분석 대상인 전체 메시지 중에서 어떤 특정 단어가 몇 번이나 나왔는가 또는 각 유목에 해당하는 주제, 인물 또는 아이템이 몇 개 있는가를 세어서 집계한 것을 말한다.

본 연구에서는 각 명장들의 기록 중에 리더십이론에서 제시한 내용과 관련된 리더십 행위가 몇 번 어떻게 나타났는지를 분석하였다. '예'를 들면, 리더십이론 중 제1유형의 신체적 특징에서 각 명장들의 신장에 관계된 내용을 코딩하여 신장이 그 시대와 그 종족의 평균 신장보다 큰 명장이 몇 명이었고 작은 명장의 숫자들을 집계하였다. 이를 이용하여 역대 명장들의 신체적 특징을 도출하여 분석하였다. 이러한 자료는 비교적 객관적이라고 볼 수 있다. 집계체계 방법 중 내용의 존재유무는 분석해 보고자 하는 어떤 항목의 내용이 나타나 있느냐, 그렇지 않느냐의 이분법 집계 방법이다. 예컨대 알아보고자 하는 내용이나 사항이 메시지에 포함되어 있느냐 또는 포함되어 있지 않는가를 '있다, 없다' 식으로 집계해서 수량화하는 것을 말한다. 리더 이론 제1유형 중 능력/기술능력에서 명장들이 지략을 가지고 있었는가 혹은 그렇지 않았는가를 두 명의 연구자가 공통으로 지적한 사항을 고려하여 되도록 객관성을 확보하려고 노력하였다.

3.1.5. 내용분석자료의 분석

코딩된 결과(명장들의 특성이나 행동)를 본 논문에서 제시한 3가지 유형의 리더십이론에 비추어 분석하였으며, 질적인 자료를 두 명의 연구자가 공통으로 지적한 사항을 양적인 자료로 전환한 후 분석이 이루어졌다.

3.2. 연구결과 1

3.2.1. 리더십 특성이론

이 이론은 리더의 특성(traits)이 리더십 유효성에 관련된다는 관점이다. 리더십 특징은 사람 일반이 갖는 신체적, 성격적, 사회적(대인 관계적), 그리고 능력상의 특성들(이들을 일차적 특성변수라고 한다)로부터 추출된 효과적인 리더가 갖춰야 하는 특성들의 집합을 뜻한다. 이 이론을 기초로 역대 명장들의 리더십을 연구하여 보면 아래와 같다(이러한 특징들은 두 명의 연구자가 공통으로 지적한 사항임).

3.2.1.1. 신체적, 골격적 특징

Jago는 신체적, 골격적 특징으로 활동성, 정력, 외모, 차림새, 키, 몸무게 동을 제시하였다.

이를 기초로 각종 문헌(전기, 역사자료, 전쟁역사 등)을 통해서 본 역대 명장들의 신체적·골격적 특징은 아래와 같다.

"미국의 아이젠하워는 키가 크고 건강한 체질을 가지고 있었다. 독일의 롬멜은 체구는 작았으나 彈骨이었다. 소련의 쥬코프는 母系의 영향을 받아 체격이 컸다. 나폴레옹은 왜소하고 창백한 자였으며 알렉산더 대왕은 당당한 체구의 건장한 사람이었다. 영국의 몽고메리 원수는 깡마르고 볼품없는 체격의 소유자였다.[1] 제2차 대전 당시 영국 명장으로 윈게이트는 영국인치고는 몸집이 작았으며, 마른 편이었다. 앞으로 조금 굽은 듯한 걸음걸이이며 조용한 목소리 등 유별나게 눈에 띄는 특색이라곤 찾아볼 수 없는 겉으로는 빈약하다고 할 그였다.[2] "시저는 본디 체력이 약하고 흰 살결에 피부도 약했다. 잦은 두통으로 고통을 받았으며 약간의 간질병 증세도 있었다"[3] "니미츠 원수는 그 외모로 보아 일견 전원에 묻힌 농부를 생각게 하는 소박한 모습이었으며....[4]" "사우디의 '리야드'에서는 28개국이 참전하게 될 '다국적군' 통합사령부가 세워졌고 총사령관에는 미 육군대장 노먼 슈오츠코프가 정해졌다. 65만 명의 '다국적군'을 통솔하게 될 190cm 거구의 이 사나이는.....[5]" '장보고는 나이 15세가 되자 키가 6척에 기골이 위괴(偉翫)하고.....[6] "강감찬은 체격이 작고 모양은 추하며 의복은 때가 묻고 낡아서 겉보기에는 보통사람에 지나지 않았으나....."[7] <고려사> 열전 '최영 편'에 의하면 "최영은 기골이 장대하고 풍채가 늠름하였으며 힘이 뛰어났다'"고 한다.[8] '이순신은 체구는 보통 조선 사람보다는 큰 편이었으며, 힘도 세고 말도 잘 타는 등 무인으로서의 위용(偉勇)을 갖추고 있었다."[9] "의병장 김덕령은 체구는 아주 작으나 용맹이 뛰어났다.[10] 위의 내용을 표로 정리하면 <표 3>과 같다

1) 국방부, 지휘/통제, 1980, p.172.
2) 정능일우, 지휘관, 중앙문화사, 1973. p.97, 148.
3) 노병천, 도해세계전사, 한원출판사, 1996. p.77.
4) 정능일우, 지휘관, 중앙문화사, 1973. p.97.
5) 김선유, 걸프전쟁, 1991, p.17.
6) 황원신, 역사인물기행, 한국일보사. 1988, p.75.
7) 홍량호(국방부 전사편찬위원회 번역), 해동명장선, 1794, p.57, 194.
8) 황원신, 역사기행, 한국일보사, 1988, p.104
9) 조성도, 충무공의 생애와 사상, 1989, p.27
10) 홍량호(국방부 전사편찬위원회 번역), 해동명장선, 1794. p.355

표 3. 명장들의 신체적·골격적 특징

구 분	명 장	신 장			기타 신체적 특징
		큼	보통	작음	
한 국	장보고	○			
	강감찬			○	모양이 추하고, 겉모양이 초라함
	최 영	○			기골이 장대, 풍체 늠름
	이순신	○			힘이 세고, 무인으로서 위용을 갖춤
	김덕령			○	용맹이 뛰어남
외 국	알렉산더	○			당당한 체구
	시 저	-	-	-	체력이 약하고, 흰살결의 피부
	나폴레옹			○	왜소하고 창백
	아이젠하워	○			건강한 체질
	패 턴	○			어릴 때 병약, 자신을 연마시켜 건강유지, 올림픽 챔피언
	쥬코트	○			체격이 큼, 힘이 셈
	윈게이트			○	몸집이 작고 마른편
	롬 멜			○	강골이었음
	니미치	-	-	-	농부와 같은 소박한 외모
	슈와츠코프	○			190 cm의 거구
비 고		8	-	6	

각종 자료를 통해서 본 명장들의 신체적/골격적 특징은 <표 3>에서 보듯이 다양하다. 즉, 40명의 명장 중 신체적 특징이 문헌에 나타난 명장은 16명이었다. 이중 신장에 관계된 기록은 14명이었는데 14명 중 8명보다 신장이 큰 경우였으며, 6명은 보통보다 작은 신장이었다. 따라서 신체적/골격적 특징은 리더십에 영향을 미치는 것이 미약한 것으로 보인다.

3.2.1.2. 능력/기술 특성

Jago는 능력/기술 특성으로 행정능력, 판단력, 지식, 어휘 구사력 등을 제시하였다. 이를 기초로 각종 문헌(전기, 역사자료, 전쟁역사 등)을 통해서 본 역대 명장들의 능력/기술 특성 특징은 아래와 같다.

나폴레옹과 20년 동안 측근에서 지낸 탈레랑의 말에 의하면 "나폴레옹의 천재성은 정말 믿기 어려울 정도이다. 1천년 동안 나타난 수많은 인물 중에서 가장 탁월한 인물이었다." 나폴레옹전쟁 중 블루헤르 장군의 참모장으로서 일반 참모제도의 개척자 샤른 호르스트는 신중하고 예리한 통찰력, 서툰 화술과 침묵, 느릿느릿한 말투와 걸음걸이로 일관했다. 샤른 호르스트 장군의 해박한 군사학 지식에 의해 참모본부제도가 체계적으로 마련되었다. 나폴레옹과의 전쟁에 패한 프러시아는 1894년 파리조약에 의거 42.000명의 병력만 허용되는 제한

을 받았는데 이때 샤른 호르스트는 후일 젝트가 다시 이용했던 속성병제도를 도입했다.[11]

제2차 세계 대전시 일본의 명장 야마모도 이소로꾸 장군에 대한 문헌을 보면, "야마모도는 당시 주미 해군무관으로 미국에 갔다. 여기서 그는 미 해군 정보국에 의해 '대단한 능력을 가졌으며 비상한 추진력을 가진 자다. 사물에 대한 사고와 판단력이 빠르다.'라고 평가되었다."[12]로 묘사되어 있다. 카흐타고의 명장 하니발에 관한 문헌에는, "B.C. 218년 11월 한니발이 로마를 치기 위하여 알프스산맥을 넘어 결전 태세를 갖추고 그의 부하들에게 다음과 같이 연설을 했다. '제군, 우리의 앞에는 포강의 격류가 있고 위에는 알프스의 협객이 있다. 그리고 우리는 이제 싸우려고 한다. 로마인은 宿敵이다. 죽이느냐 죽느냐의 문제이다. 그들은 천하의 강군이라 자처하지만 우리가 정복한 가리아 인에게 참패당하지 않았던가? 승리는 우리의 손에 있다. 희망과 용기를 가지고 진격하자. 우리의 선조가 빼앗긴 시실리와 사르디나아를 탈환하자 로마의 광대한 영토와 로마가 세계에서 탈취해간 무한의 財寶를 우리의 것으로 하자. 이렇게 알프스를 넘어 피로에 지친 병사들을 적개심으로 불타게 만듦으로써 한니발은 그의 부하들로 하여금 막강한 로마군과 싸울 수 있게 하였던 것이다."라고 묘사되어 있다.

위의 문헌에서 나타난 한니발은 언어 구사력이 뛰어난 것을 알 수 있다. 또한 한니발은 칸네 전투에서 천재적인 능력을 발휘하여 수적으로 열세한 부대로 우세한 적을 포위, 섬멸하였다. "이 전투에서 결정적인 시기에 한니발은 중앙군의 퇴각을 중지시키고 동시에 양익군을 기동, 바로군(로마군)의 양측을 향해 무자비한 공격을 지시, 이때 좌익의 중기병은 차례로 바로군의 기병을 쳐부수고 일시에 바로군은 무너져 버린다. 이로써 6만 여명의 로마군의 시체가 칸네 지역을 뒤덮게 되었다"[13] 한니발은 지략과 전투감각이 우수함을 문헌을 통하여 알 수 있었다. 맥아더에 대한 문헌을 보면, "맥아더 원수 역시 그의 雄辯과 또 多辯으로 유명했는데 1944년 7월 대 일본작전의 주요 경로를 결정함에 있어 해군의 주장과 엇갈리게 되자 하와이에서 루즈벨트 대통령이 주재한 회의에서 무려 3시간이나 열변을 토하여 대통령을 설득시킨 적도 있다." "맥아더가 미국 육군 참모총장 시절, 큰 치적은 없었으나, 맥아더 총장은 그 매력적인 풍채와 능변 그리고 탁월한 기억력과 신속한 사무처리 등 여러 가지 방면으로 뛰어난 행정가로서 호평을 받았다. 그리하여 맥아더 총장은 당시 미국 관리 중에서 가장 우수한 사람으로 꼽혔던 것이다...."[14]

미국의 명장 패튼장군에 대한 기록을 보면, "조오지 패튼은 분명 싸움을 냄새 맡을 능력 즉, 전각(戰覺)이라고 할 수 있는 특수한 감각을 가지고 있다. 어느 때 그는 갑자기 부대의

11) 노병천, 도해세계전사, 한원출판사, 1994. p.80, 160, 163.
12) 노병천, 도해세계전사, 한원출판사, 1994, p.80, 160, 163.
13) 노병천, 도해세계전사, 한원출판사, 1994, p.69.
14) 정능일우, 지휘관, 중앙문화사, 1973, p.114.

전진 정지(前進停止)를 명령했다. 패튼은 말하기를 '증거는 없다. 그러나 위험하다.'고 강조한 다음 다시 집결을 지시했다. 그러나 다음 순간 집중 사격이 있었다. 마침 전투태세를 갖추고 있었기 때문에 적을 격퇴할 수 있었다. 그대로 진군을 계속했더라면 정말로 큰 피해를 입을 뻔했다."라고 브레들리 대장은 이렇게 회상하며 패튼이야 말로 실로 <군신의 아들>이라 칭송했다..... 패튼은 <브르타뉴 작전>에서 대담한 작전을 강행하여 역사상 유례없던 사방면으로의 공세로 휘하 부대를 투입시켜 눈부신 성공을 거두었다[15] 라고 기록되어 있다. 이는 패튼이 지략이 뛰어나고 전투감각이 뛰어남을 말해주는 것이다.

독일의 명장 롬멜은 지략과 전투감각이 뛰어났다. 문헌에 보면, "롬멜 원수에 대해서 그의 부하였던 독일 장교가 말해주는 한 가지 에피소드에 의하여 롬멜은 이상할 만큼 전투감각을 지니고 있었다. 예를 들면 제21 기갑사단장 라벤쉬타인 중장에 의하면, 어느 날 롬멜과 둘이 사령부 안에서 이야기를 주고받고 있노라니까 돌연 롬멜은 〔이 사령부는 이동하는게 좋을 듯하다. 기습의 가능성이 있다〕 라고 말했다. 정보를 살펴보아도 적에게 행동개시 징조는 전혀 없었다. 그러나 다음날이 되자, 롬멜의 예견대로 사령부는 기습을 받았었다. 또 사막에서 이야기를 주고받고 있을 때 롬멜은 〔여긴 위험해〕 하고 조금 떨어져 있자고 했다. 망망한 사막, 어디에 있던 무슨 대단한 일이 생기랴 싶었다. 그러나 우리는 롬멜이 하자는 대로 자리를 옮겼다. 그러자 불과 5분도 채 되기 전에 느닷없이 적의 포격을 받았고 날아온 포탄은 정확하게도 전에 우리가 서 있던 그 장소에 떨어졌다."[16]

"롬멜은 공식적이고 틀에 박힌 전술을 싫어했다. 이를 고집하는 어느 해군 참모에게 '전차단은 해군의 함대에 필적하며 해군의 군함이 포격을 하면서 전진하듯이 전차도 마땅히 전진하면서도 사격해야 한다'라고 하며 당시로서는 탄약의 낭비들로 생각 도 못했던 전차 기동간 사격을 실시했다. 제7기갑 사단장으로서 프랑스 작전 시 이와 같은 방법으로 질풍노도와 같이 전진하여 불과 2일 만에 적 전차 수백대와 만명의 포로를 획득했다....."[17]라고 기록되어 있다. 걸프전을 승리로 이끈 미 육군대장 노먼 슈와츠코프에 대한 기록을 보면, "1988년 중부 군사령관에 임명된 슈와츠코프는 페르시아만에 존재하는 위험은 이란이 아니라 이라크라는 사실을 간파하고 돌발적인 사태에 대한 준비를 계속해 왔다. 바로 이러한 배경 속에서 그는 사상 최초 최대의 실제 작전을 당황하지 않고 주도면밀하게 수행했던 것이다."[18] "스와츠코프는 목표를 공격하기 위한 각종 자원의 배치에도 가히 천재적이었다."[19] 라고 기록되었다. 스와츠코프는 행정능력과 지략이 뛰어난 것으로 보인다.

15) 정능일우, 지휘관, 중앙문화사, 1973, p.27.
16) 정능일우, 지휘관, 중앙문화사, 1973, p.46.
17) 노병천, 도해세계전사, 한원출판사, 1994, p.372.
18) 육군본부, 걸프전쟁 군사연구 109호, 1991, p.231.
19) 공군본부(걸프전쟁 분석평가위원회). 걸프전쟁분석, 1991, p.229.

[삼국사기]에 장보고와 을지문덕에 관한 기록이 실리게 된 경위에 대해서 김부식은 "을지문덕이 지략이 있고 장보고가 의리와 용맹이 있다 하더라도 중국의 사서가 아니면 그 자취가 없어져 이 사실이 알려지지 못할 뻔했는데......"[20]이라고 기록되어 있 다. 장보고에 대한 기록을 보면, "신라의 조정으로부터도 정치적으로 인정을 받았지만, 국왕의 신하로서가 아니라 장보고는 어디까지나 독립적이고 독자적인 방법으로 자신의 해상 왕국을 이끌어 나갔다. 거기에는 장보고의 천부적인 군사적 자질과 아울러 폭넓은 도량, 뜨거운 의협심과 사람들을 끌어당기는 독특한 인간미가 작용했을 것이다."[21] 을지문덕의 전공 이외에 그 일생의 배경을 알려주는 것으로는, "[삼국사기]에 그가 청천강 전투 당시 고구려의 大몸이었다고 한 것과 자질이 침착 용맹하고 지략이 뛰어나며 글 짓는 재능을 겸하였다고 한 것이 거의 유일의 자료라 하겠고..."[22] 조선시대 정조 18년(1794)에 홍량호가 저술한 해동명장전에 기록된 역대 명장들의 능력 면에 관계된 자료를 보면, 김유신 장군은 지략이 뛰어난 것으로 알려져 있다. 관계된 자료를 보면, "진덕여왕 원년(648), 고구려로부터 請兵에 실패한 김춘추는 당나라로 건너가서 구원병을 간청하였다. 이에 당태종은 김춘추에게 물었다. '그대 나라에 김유신이 유명하다는 말을 들었는데, 그의 사람됨이 어떠한가? 김춘추는 이렇게 대답하였다. 유신이 비록 젊고 지략이 뛰어나다 하더라도 폐하(당태종)의 위엄을 빌지 않으면, 어찌 이웃 나라의 환란을 없앨 수 있겠습니까?.....<중략>.......'[23]

고구려 시대의 명장인 부분노의 기록을 보면, "부분노는 고구려 사람으로서 지략과 용맹이 뛰어났다."[24] "안시성주 양만춘은 재주와 용맹을 함께 갖춘 인물로서..... 당 태종은 이세적과 더불어 안시성 공략계획을 상의하였다. "안시성은 지형이 험하고 군사가 강하고 그 성주(양만춘) 또한 지략있고 용맹스럽다"[25] "강감찬은 남달리 지략이 뛰어났으며...., 일단 정색을 하고 조정에 들어가서 국사를 처리하거나 국가의 계획을 결정할 때는 그 위엄과 수완이 남달리 뛰어나서 그야말로 나라의 기둥이요, 주춧돌이었다."[26] "최영은 약간 우직하고 또 학문이 깊지 않아......"[27] "이순신은 정읍 현감으로 부임하면서, 이웃 고을인 태인현의 현감을 일시 동안 겸임하게 되었는데, 이곳은 오랫동안 현감이 없어서 미결된 공문 서류가 산더미같이 쌓여 있었다. 이때 이순신은 태인현에 이르러, 그가 가진 文武兼全의 영재를 발휘하였다. 그는 공정하고, 또 지극히 백성을 사랑하는 마음으로 태인현의 실정을

20) 황원신, 역사인물기행. 한국일보사. 1988, p.73.
21) 황원신, 역사인물기행, 한국일보사. 1988, p.80.
22) 천관우, 인물로본 한국고대사, 1987, p.229.
23) 홍량호(국방부 전사편찬위원회 번역), 해동명장전, 1794, pp.7-26.
24) 홍량호(국방부 전사편찬위원회 번역), 해동명장전, 1794, p.33.
25) 홍량호(국방부 전사편찬위원회 번역), 해동명장전, 1794, pp.40-46.
26) 홍량호(국방부 전사편찬위원회 번역), 해동영장전, 1794, p.57, 61.
27) 홍량호(국방부 전사편찬위원회 번역), 해동병장전, 1794, p.218.

조사함과 아울러 모든 미결서류를 잠깐 동안에 정리하여 산더미 같은 사건들을 거침없이 해결했다."[28] "호남 지방의 피난민들이 타고 온 선박 1백여 척이 여러 섬에 흩어져 정박해 있었는데, 이순신은 이들을 집결시켜 수군의 뒤에 벌려 세워 성세를 돕게 하고, 자신은 10여 척의 전선을 이끌고 출전하여 진도의 벽파정 아래에서 왜적을 만나 싸웠다. 이때 왜선은 수백 척에 달하였으며, 그 기세는 태산이라도 짓누를 것 같았다. 그러나 이순신은 조금도 동요하지 않고," "子로 나란히 진용을 전개시키고 대포와 활을 쏘니, 왜적이 이리저리 흩어졌다. 마침내 이순신의 수군은 왜적을 대파하였으며...." 또한 이순신은 싸움에 임하여 부하들에게 한 훈시를 통하여 전투의지를 고양시켰다. 위에서 보듯이 이순신은 행정능력, 지략, 어휘 구사력, 전투감각이 뛰어난 것으로 판단된다.

조선시대 명장 권율에 대한 기록을 보면, "권율이 선봉부대로 하여금 왜적의 뒤를 급히 추격하게 하였다. 명나라 장군 이여송은 권율이 왜적을 추격하려 하자, '전라감사(권율)는 충성심이 강하고 싸움을 잘하여 군사들이 그의 명령에 잘 따르고 있다. 그가 만일 전병력을 출동시켜 왜병을 추격한다면, 우리가 추진하고 있는 和議는 틀림없이 깨어지고 말 것이다' 하고는....."라고 기록되어 있다. 이는 권율이 지략과 전투감각이 뛰어남을 의미한다. 조선 시대 명장 곽재우에 대한 기록을 보면, "왕은 教書 2통을 주어 호남과 영남의 장병들을 위로하고 또 이렇게 말하였다. '내가 들으니 곽재우는 뛰어난 전법을 써서 적을 많이 죽였으나 스스로 공을 내세우지 않는다 하니, 나는 매우 기특하게 여긴다..." 왕은 곽재우에게 유곡도찰방의 벼슬을 내렸다." "곽재우는 정진에서 승리한 뒤로부터 적이 오면 싸우고 반드시 이겨 전리품을 노획하게 되었다. 곽재우는 말위에서 북을 치며 천천히 다니기도 하고, 혹은 피리를 불고 호각을 울리어 적을 어리둥절하게 하였으므로 적은 감히 그에게 가까이 접근하지 못하였다. 적의 대병력이 몰려올 경우에는 산속 여기저기에(疑兵의병; 위장진지)을 설치하여 곳곳에서 나팔을 불고 북을 울려서 군사가 많은 것처럼 위장하였으며, 또 꼬리가 다섯 개인 횃불을 만들어 밤에 사방에서 일제히 들어 올리게 하여 군세를 웅장하게 보이도록 하였다 적은 이러한 형세에 놀라 싸우지도 못하고 그대로 달아나기가 일쑤였다."[29]라고 기록되어 있다, 문헌을 통해 보았을 때 곽재우는 지략과 전투감각이 뛰어남을 알 수 있다. "김덕령의 지혜는 제갈공명과 같고....."[30]라고 김덕령에 관계된 문헌을 보았을 때 김덕령은 지략이 뛰어남을 알 수 있다.

위에서 기술한 내용을 요약하면 다음 <표 4>와 같다.

28) 조성도, 충무공의 생애와사상, 명문당, 1989, pp.57-58.
29) 홍량호(국방부 전사편찬위원회 번역), 해동명장전, 1794, pp.7-274-291.
30) 홍량호(국방부 전사편찬위원회 번역), 해동영장전, 1794, p.355.

표 4. 명장들의 능력

구 분	명 장	능 력				기타 특징
		행정능력	지 략	어휘구사력	전투감각	
한 국	을지문덕		○	○		문장력 뛰어남
	부분노		○			
	장보고		○			
	김유신		○			
	양만춘		○			
	강감찬	○	○			
	최 영		△			
	이순신	○	○		○	문장력 뛰어남
	권 율		○		○	
	곽재우		○		○	
	김덕령		○			
외 국	한니발		○		○	
	나폴레옹		○	○	○	
	맥아더	○	○	○		
	패 튼		○		○	
	롬 멜		○		○	
	야마도도 이소로꾸		○			

각종 자료를 통해서 본 명장들의 능력/기술의 특징은 <표 4>에서 보듯이 다양하다. 즉, 40명의 명장 중 능력/기술이 문헌에 나타난 명장은 17명이었다. 위에서 보듯이 행정능력, 어휘 구사력, 전투감각 등은 명장이 갖춘 경우와 갖추지 않은 경우 다양하다. 하지만 특이한 것은 명장의 능력/기술에 관한 내용이 문헌에 나타난 17명의 명장 중 16명의 명장이 지략이 뛰어난 것으로 나타났다. 이는 동양의 유명한 병법서인 '손자병법'에 장군이 갖추어야 할 요소로 '智, 信, 仁, 勇, 嚴을 제시하였고, 그중에서 智를 가장 중요시한 것과도 일맥상통하다 하겠다.

참고로 손자(孫子)가 손자병법에서 말한 장군의 갖추어야 할 요건으로서 智, 信, 仁, 勇, 嚴을 풀이하면 다음과 같다. 지(智)란 임기응변하여 스스로의 불리한 조건을 극복할 수 있는 능력 또는 기지(機智)를 말하는 것이고, 신(信)이란 부하들로부터 신뢰를 받아야 한다는 것이다. 그러기 위해서는 먼저 신상필벌(信賞必罰)을 해야 한다고 생각했다. 인(仁)이란 명령을 엄격히 지켜 작전에 차질이 없도록 하는 것을 말한다.

3.2.1.3. 성격적 특징

Jago는 성격적 특징으로 성취동기, 야망, 적응력, 민첩성, 反권위주의적 성격, 지배성향, 자기제어, 열정, 외향성, 독립성, 주도력, 직관력, 성실성, 객관성, 창의성, 일관성. 인내력, 책임감, 자신감, 유머감각, 스트레스 저항력 등을 제시하였다. 이를 기초로 각종 자료 문헌(전기, 역사자료, 전쟁역사 등)을 통해서 본 역대 명장들의 성격적 특징은 아래와 같다.

제2차 세계 대전시 일본의 명장 야마모도 이소로꾸 장군에 대한 문헌을 보면, "야마모도는 당시 주 미 해군무관으로 미국에 갔다. 여기서 그는 미 해군 정보국에 의해 '대단한 능력을 가졌으며 비상한 추진력을 가진 자다. 사물에 대한 사고와 판단력이 빠르다.'라고 평가되었다."[31] "연합 함대 장관 시절에도 그는 수첩에 죽은 부하 장병의 이름과 기일을 적어 두어서 남몰래 공양(供養)을 게을리하지 않았다. 아침에는 4시경에 깨어나 당번병에 대한 염려로 정상적인 기상 시간인 6시 30분까지는 침대 속에 그냥 누워 있었다. 그의 상관이었던 요나이 해상은 그를 이렇게 평가하고 있었다. '야마모도는 무서운 것을 모르는 사나이였어. 깊은 골짜기 위에 걸린 좁은 다리를 건널 때에는 어지간한 사람도 별로 기분이 좋지 않은 법인데 야마모도라는 사람은 높은 벼랑 끝까지 가서 태연하게 골짜기를 내려다보고 있었지. '아닌게 아니라 진주만 공격 계획을 짤 때에도 그는 몸소 공격 부대를 진두지휘하겠다는 의향을 해군대신에게 피력했는데....."[32] "야마모도는 일변하여 언제나 '일등주의'의 사고방식과 함께 완벽하고 고집스러운 인물로 성장했다."로 묘사되어 있다.[33] 이 문헌을 통하여, 야마모도 이소로꾸의 성격적 특징으로 용기, 인간애, 침착, 주도력, 추진력을 들 수 있다.

제2차 대전에서 활약한 미국의 명장 패튼은 국방부에서 발간된 '지휘, 통솔'이란 문헌에서 보면 "패튼은 남아다운 성격을 지니고 있어 남에게 지는 것을 싫어했으며 특히 명예욕이 강하였다. 그는 다혈질이었으며 꿈을 꾸고는 울면서 남에게 꿈 얘기를 하는 감성적인 면도 있었다."로, '지휘관'이란 문헌에는 "패튼은 전속으로 진격하는 전차대의 지휘관이었을 뿐 아니라 부지런하고 사려 깊은 군사 연구가이기도 했다. 패튼의 전기를 쓴 셈즈 장군은 그를 이렇게 표현했다. '일반적으로 믿어지고 있는 사실이지만 군사령부는 패튼의 전술적인 재능을 높이 평가하면서도 또 한편으로는 그의 난폭성을 은근히 꺼려하고 있다.' 서부전선에서 룬트쉬테르 원수의 참모장을 지낸 베스트팔 장군은 그를 이렇게 표현했다 '패턴장군은 언제나 용맹 과감한 작전을 벌였 다....' 패튼은 역사상 유례없는 사방면으로의 공세로 휘하 부대를 투입시켜 눈부신 성공을 거두었다."라고 그의 성격적 특성이 묘사되어 있다. 위의 내용을 보면 패튼의 대표적인 성격은 용기, 창의력, 인간애, 외향적, 주도적, 추

31) 노병천, 도해세계전사, 한원출판사, 1994, pp.443-444.
32) 정능일우, 지휘관, 중앙문화사, 1973, p.70.
33) 노병천, 도해세계전사, 한원출판사, 1994, pp.443-444.

진력, 학구적임을 들 수 있겠다.

제2차 세계 대전시 독일의 명장인 롬멜은 국방부에서 발행한 '지휘/통제' 문헌에 보면, "롬멜은 역시 용감하고 남아다웠으나 자기의 본심을 있는 그래도 털어 놓으려고 좀처럼 하지 않았다. 그는 자신에게 매우 엄격하였고 자제력이 강하였다."로, '도해세계전사'문헌에는 "롬멜은 죽을 때까지 정신적인 결백과 가정생활에 대한 충실성을 보여주었다고 한다. 제1차 대전 종료 후 1929년 소령으로 진급, 드레스댄 보병학교 전술학 교관을 역임하였으며 이때 제1차 대전의 경험을 바탕으로 하여 유명한 '보병전술(步兵戰術)을 저술했다."[34] 또한 지휘관이란 문헌에는 "롬멜은 제1차 대전에서는 부하 2명과 함께 장교로 척후로 나갔을 때, 독단 공격을 하여 1.000명의 프랑스 군인이 득실거리는 촌락을 점령한 적이 있었다. 그리하여 독창성이 풍부한 용감한 장교로서 인정을 받았으나.... 롬멜원수는 토부르크 공격 개시를 11월 23일로 정하고 그 8일 전인 11월 15일, 로마에 부인을 불러 50세의 생일을 자축했다. 물론 파티 같은 것은 열었을 리가 없고 부인이 영화 보러 간 사이에 그는 온종일 호텔에서 병술 서적을 부지런히 읽으며 하루를 보냈다. 롬멜은 아프리카 전역에서 매일 6시 30분에는 부대 시찰을 출발한다. 롬멜의 시찰은 실로 소상했고 꼼꼼했다. 비행기, 전차, 장갑차, 그리고 걸어서 전선을 빈틈없이 시찰해 갔다."[35] "롬멜은 항상 전방과 후방 사이를 오가며 그의 예비대를 대담하게 운용하고 선두탱크에 자리 잡고 부하들을 격려하면서 다른 지휘관 같으면 공포에 질릴 그런 위험에 자신을 노출하였다. 또한 그의 부하였던 베스트팔(Westphal)의 회상에 의하면 롬멜의 전쟁에 대한 태도는 '전쟁을 함에 있어 가능한 최소의 사상자를 내는 것을 중시하였고 그가 입버릇처럼 한 말 가운데 독일은 전쟁 후에 역시 사람을 필요로 할 것이다."[36]라고 그의 성격적 특성이 묘사되어 있다. 위의 자료를 이용하여 름멜의 대표적인 성격적 특징을 분석하면, 성실성, 창의력, 책임감, 용기, 인간애, 주도적, 추진력, 학구적임을 들 수 있겠다.

제2차 대전 당시 미국 육군 총참모총장이었던 G.C. 마샬은 신중하고 세밀하면서도 엄격하였으며 옳다고 생각되는 것은 언제 어디서나 굽히지 않고 주장하였다. 제2차 세계대전 당시 미국 해군 제독이었던 R.A. 스푸레안즈는 자신감, 엄격, 침착, 세밀한 성격을 가지고 있었다. 소련군 총사령관을 지낸 바 있는 쥬코프는 자신도 시인했듯이 관료적인 성격이 강하였으며 매우 엄격하여 1944년 소련의 폴란드 반격 작전 시에는 군사령관과 제44 보병사단장을 즉석에서 범죄자 大隊로 보낼 정도였다. 그는 어려운 환경에서도 向上의 욕구에 가득차 있었으며 野心에 불타고 있었다. 제2차 세계대전시 활약한 미국의 명장 아이젠하워의 성격적 특징을 문헌을 통하여 알아보면 "아이젠하워는 어느 경우에도 모나지 않고 조화를

34) 노영천, 도해세계전사, 한원출판사, 1994. p.371.
35) 정능일우, 지휘관, 중앙문화사, 1973, pp.41-50.
36) 정능일우, 지휘관, 중앙문화사, 1973, pp.41-50.

이루는 성격을 지니고 있었다.... 아이젠하워 장군은 그가 40세가 넘었을 때도 자신을 여전히 군사적인 문제에 의문을 품은 학생으로 생각하고 그 자신은 修學의 자세를 견지하였으며...."[37] "소박하고 사교적이며 늘 친근감을 주고 공동의 목표를 향해 폭넓은 사고를 다양하게 수용할 수 있는 포용력을 가진 지도자 아이젠하워.... 그의 근무 자세는 매우 성실했고 인정을 받았다"[38] 로 묘사되어 있다. 이것을 통하여 그의 성격적 특징으로 성실성, 외향적, 인간애, 주도적, 추진력, 학구적임을 들 수 있겠다.

나폴레옹은 젊은 시절까지도 무척 반항적이었다. 나폴레옹은 "내가 작전계획을 수립할 때는 小心할 수 있으나 일단 결심한 것은 소신껏 계획대로 끝까지 밀고 나간다. 나폴레옹은 전쟁 중에도 상당한 도서를 지니고 다녔던 것은 수학적 자세를 말해주는 것으로 끊임없이 연구하여 자신의 능력향상을 위해 끊임없이 노력하였던 것이다. 나폴레옹만은 남을 모방하지 않고 자기 방식대로 전쟁을 하여 최초로 성공을 거두었다고 나는 생각한다"[39]라고 하였다. "징기스칸은 잔인성을 잘 나타내었다. 또한 그는 독창적인 윤번충번(전봉이 화살공격으로 일차 충돌을 가한 후 차대가 다시 전재포진하여 재차 충격을 가한다)전술과 납와전법(견고한 성에 있는 유럽군을 소수의 병력으로 유인하여 격멸시키는 전법)전 술을 구사하여 매 전투 시 승리로 이끌었다. 프레드릭 대왕은 잔인하고 불굴의 투지를 가지고 있는 한편, 몇 번씩이나 자살하여 하였고, 곧잘 감상적이 되어 울곤 하는 성격의 소유자였다."[40] "니미츠 제독은 겸손하고 모든 일에 있어서 앞으로 나서기를 꺼려하는 신중한 성품의 소유자였다."[41]

"알렉산더 대왕은 소년 시절 사나운 名馬 보우케 팔루스를 손쉽게 다루어(제 그림자를 보고 무서워 날뛰던 말의 고삐를 태양을 향해 돌려 그림자를 없애 버렸다) 부왕 필립과 신하들을 놀라게 했던 알렉산더는 心理를 가장 잘 인용한 명장 중의 하나였다. 또한 전투역사상 최초로 사용된 예비대의 투입 등 탁월한 전술을 구사하여 페르시아군을 격멸했다. 로마의 명장 시저는 창조적 사고로 늘 새로운 것을 발전시켰고 그 누구도 그의 차후 행동을 예측할 수 없었다. 그의 기동력과 철저한 추진력, 과감한 공격정신, 기선을 제압하는 대담성은 그가 명장임을 말해준다."[42] 제1차 대전 시 독일과 러시아의 전투인 탄넨베르크 전투에서 대승을 한 힌덴부르크 장군의 승리는 그의 끊임없는 노력의 결실임을 다음 자료를 통해 알 수 있다. "힌덴부르크는 보불전쟁 후 대위시절 프랑스를 굴복시킨 후 이제는 러시아만 남게 되었음을 인식, 러시아군을 연구하였으며 참모여행을 통해 탄넨베르크 소택지를

37) 국방부, 지휘/통제, 1980, pp.52-56.
38) 국방부, 지휘/통제, 1980, pp.52-56.
39) 노병천, 도해세계전사, 한원출판사, pp.408-409.
40) 로저 H 나이(김형모 역), 지휘의 도전, 1994. p.52.
41) 국방부, 지휘/통제, pp.177-178.
42) 노병천, 도해세계전사, 한원출판사, p.61. 77, 658.

장화를 신고 포를 끌면서 기동로를 일일이 답사/분석하였다. 그 후 군단장 예편 후에도 자주 그 지역을 답사한 러시아 문제의 전문가였다. 8월 28일 밤, 러시아 제1군이 남하한다는 정보에 접하자 그의 참모장 루덴돌프는 후퇴를 고려했으나 힌덴부르크는 단호히 이를 거부하고 최후의 책임을 질 자세로 냉철히 섬멸전을 강행했다.[43] 그 결과 한덴베르크 전투시 이 지역과 러시아에 대한 지식을 누구 못지않게 가질 수 있었다. 이 문장을 유추해보면 힌덴부르크 장군은 학구적이며 책임감과 추진력이 뛰어난 노력하는 장군이라 하겠다.

제2차 세계 대전시 영국의 명장이었던 몽고메리의 성격적 특징은 문헌을 통해보면, "1916년 1월 프랑스 전선에 투입되었고, 그의 부지런함은 여단장을 대신하여 지휘하고 있다는 착각을 일으키게 했다. 1920년 참모대학 수학 중에는 말 많고 불평 많은 학생으로 지목되기도 했지만..... 1976년 3월 24일, 89세의 일기로, '동기유발의 명수, 비판적 성격과 신중함, 완벽주의, 철저한 준비위주, 다소 소심하다는 평가'와 함께 20세기의 인물은 세상을 떠났다."[44] 명장 맥아더에 대한 문헌을 보면, "맥아더는 생도시절 매우 열성적이었고 학업과 군사학에 뛰어났다. 맥아더의 이름이 세상에 알려지기 시작한 것은 제1차 대전부터였는데 1917년 4월 미국의 참전이 결정되자 맥아더 소령은 미국의 全州'출신 병사들을 모은 1개 사단을 편성하여, 전 주민이 자기 주 출신 사병이 유럽 전선에 처음 스타트를 끊었다는 자부심을 가질 수 있는 계획을 고안해서 윌슨 대통령에게 진언했다. 이렇게 되면 모든 미국시민이 미국을 떠나 유럽으로 원정을 가게 되는 셈이었다. '마치 대서양에 레인보우(무지개)가 걸리듯이....' 이런 맥아더의 설명을 들은 윌슨 대통령은 큰 감동을 받았다. 그리하여 즉석에서<레인보우 사단> 창설을 결정하였고... 더구나 그는 용감했다. 경상이기는 했으나 두 번이나 부상을 입고 연이어 훈장을 탔다. 맥아더가 미육사의 교장이 된 후 내무반에서 담배 피우는 행위를 허용하는 등 자율적인 장교 육성에 노력했다. 맥아더가 가진 여러 가지 아이디어는 당시 군내부에서 받아들이기 어려운 진보적인 것이었다. 긍지와 자존심, 군대만의 일념, 영웅적인 개성, 카리스마적인 위엄과 탁월한 능력, 철저한 솔선수범형으로 집약되는 것이 맥아더의 평가이다."[45] 〔지휘관〕 이란 문헌에 보면, "현역시절의 맥아더 원수는 그 직무에 충실하여 전념함을 첫째 신조로 삼았고 청렴결백했으며 대체로 비사교적이었다"[46]로 묘사되어 있다. "웰링턴 장군은 전투 중에도 상당한 圖書를 지니고 다녔고, 修學적 자세를 유지하여 끊임없이 연구하였다."[47]

걸프 전을 승리로 이끈 미 육군대장 노먼 슈와츠코프에 대한 기록을 보면, "1988년 중부

43) 노병천, 도해세계전사, 한원출판사, 1996, p.197.
44) 노병천, 도해세계전사, 한원출판사, 1996, p.38.
45) 노병천, 도해세계전사, 한원출판사, 1996. pp.467-468.
46) 정능일우, 지휘관, 1973, p.155.
47) 국방부, 지휘/통제, 1980, p.288.

군 사령관에 임명된 슈와츠코프는 페르시아만에 존재하는 위험은 이란이 아니라 이라크라는 사실을 간파하고 돌발적인 사태에 대한 준비를 계속해 왔다. 바로 이러한 배경 속에서 그는 사상 최초 최대의 실제 작전을 당황하지 않고 주도면밀하게 수행했던 것이다."48) "슈와츠코프는 전쟁에 대한 계획이 짜여진 후에도 계속 컴퓨터 프로그램을 점검하면서 전술을 정비하고 있었다. 스와츠코프는 거칠지만 사려가 깊고 단호하며 솔선수범하는 사람이었고... 스와츠코프는 늘 부하들의 안전을 염려해 주고...,"49)라고 기록되어 있다. 자료를 통하여 본 스와츠코프는 창의력, 침착, 인간애, 주도적, 추진력, 학구적인 성격적 특징을 가졌다고 유추할 수 있겠다.

장보고에 대한 기록을 보면, "장보고는 성품이 강직해 외로운 일을 보면 물불을 가리지 않고 목숨도 아끼지 않아 사람들이 장수감이라고 혀를 내둘렀다고 한다. 신라인들이 장보고를 중심으로 뭉치게 된 이유는 그의 사람됨이 워낙 출중하고 포용력이 있는 탓도 컸겠지만.... 더욱 참을 수 없는 것은 그 같은 노예무역을 하는 해적들 가운데는 당구나 왜구 뿐 아니라 같은 신라의 해적들에게도 있어서 장보고의 의협심과 동포애의 불을 질렀다."50) 을지문덕 장군의 기록을 보면 〔삼국사지〕 에 을지문덕은 침착 용맹하다'라고 한 자료가 있다.51) 고려시대 명장 강감찬의 기록을 보면, "강감찬은 어려서부터 학문을 좋아하였고, 성품이 청렴하고 검소하여 재물에 욕심이 없었다."52)라고 기록되어 있다. 고려시대 명장 최영의 기록을 보면, "최영은 성품이 강직하고 충성스러웠으며 또한 결백하였다. 적과 싸울 때에는 마음이 안정되어 화살과 포탄이 좌우에 떨어지더라도 조금도 두려워하는 기색이 없었다. 그러나 그는 사람을 죽여 위엄을 세우기 좋아하였으므로 죽을죄를 짓지 않은 자들도 죽음을 당하는 경우가 많았다. 이 때문에 간대부 윤소종은 최영의 功過를 논하되, '功은 온 나라를 뒤엎었고 죄는 천하에 가득하다.' 한 바 있는데 세상에서는 이를 명언이라고 하였다."53) 이순신의 기록을 보면, "이순신이 몸소 대적하여 그의 두목을 거꾸러뜨리고 적당을 추격하여..군사 60여명을 탈환하였다"54) 그러나 모함으로 인해 죽음 앞에 놓였을 때 "죽고 사는 것은 운명이요.."55)라는 말과 함께 담담하게 말했다고 한다. 또한 이순신이 전라좌도 수군절도사로 있었을 때 위아래 할 것 없이 왜군의 침략에 대해 대비하지 않았을 때 "이순신만은 그러한 사태를 대단히 우려하여 방비에 전력을 들이였다. 거북선을 창제하

48) 육군본부, 걸프전쟁 군사연구, 109호, 1991, p.231.
49) 공군본부(걸프전쟁분석위원회), 걸프선쟁 분석, 1991. p.229, 231.
50) 황원신, 역사인물기행, 한국일보사, 1988, p.75.
51) 천관우, 인물로본 한국고대사, 정음출판사, 1987, p.228.
52) 홍량호(국방부 전사편찬위원회 번역), 해동명장전, 국방부, 1794, p.57, 61.
53) 홍량호(국방부 전사편찬위원회 번역), 해동명장전, 국방부, 1794, p.193.
54) 홍량호(국방부 전사편찬위원회 번역), 해동명장전, 국방부, 1794, p.193.
55) 홍량호(국방부 전사편찬위원회 번역), 해동명장전, 국방부, 1794. p.194.

였는데 그의 갑판에서 송곳 같은 못이 돌려 박혀 있어 적이 기어 올라오지 못하게 되었고 군사들은 갑판 밑에 들어서서 사면팔방으로 총을 놓게 되어 있었다."[56] 원균의 후원요청으로 지원을 나가 싸우다가 "왼편 어깨에 적탄을 맞은 채 활을 그대로 쏘면서 종일토록 독전하였다."[57] 고려시대 명장 윤관의 기록을 보면, "윤관은 여진족을 정벌하기 위하여 〔별무반〕을 설치할 것을 건의하였다. 그리하여 말을 가진 사람은 神騎軍, 말이 없는 사람은 神步軍, 승려들을 뽑아 降魔軍을 편성하였다"[58]라고 기록되어 있다. 이는 윤관이 창의성이 뛰어나고, 일을 주도적으로 하고 추진력이 뛰어났음을 유추할 수 있다. 조선시대 의병장 김덕령의 기록을 보면, "김덕령은 氣節이 굳세고 자부심이 아주 대단하였다. 그러나 가정이 한미(寒微)하였으며, 유학을 공부하여 용모가 단아한데다 행동이 겸손하고 침착하였기 때문에 친구들 중에서도 그의 능력을 아는 사람이 없었다."[59]

위의 내용을 요약하면, 다음 <표 5>와 같다.

표 5. 명장들의 성격적 특성

구분	명 장	창의력	책임감	용기	인간애	외향적	침착	주도적	추진력	학구적	기타특성
한국	을지문덕			○			○				
	장보고				○			○	○		강직, 정의감, 포용력, 의협심
	강감찬									○	청렴, 검소, 재물에 욕심이 없음
	최 영			○			○				강직, 충성, 겸손
	이순신	○	○	○			○	○			
	윤 관	○						○	○		
	김덕령						○				자부심 강함, 겸손
외국	프레드릭										불굴의 투지, 몇 번이나 자살기도, 감상적
	알렉산더	○					○	○	○		
	시 저	○						○	○		대담성
	징기스칸	○						○	○		
	웰링턴									○	
	나폴레옹	○						○	○	○	젊은 시절 반항적
	힌덴부르크		○						○	○	
	야마모토 이소로꾸			○	○		○	○	○	○	고집 강함, 일등주의 사고방식
	패 튼							○	○	○	명예욕 강함, 자제력 강함

56) 홍량호(국방부 전사편찬위원회 번역), 해동영장전, 국방부, 1794, p.195.
57) 홍량호(국방부 전사편찬위원회 번역), 해동영장전, 국방부, 1794, p.196.
58) 홍량호(국방부 전사편찬위원회 번역), 해동영장전, 국방부, 1794, p.68.
59) 홍량호(국방부 전사편찬위원회 번역), 해동영장전, 국방부, 1794, p.355, 365.

구분	명 장	창의력	책임감	용기	인간애	외향적	침착	주도적	추진력	학구적	기 타 특 성
	롬 멜							○	○	○	자신에게 엄격, 자제력 강함
	마 샬								○		엄격, 옳다고 생각하는 것은 굽히지 않음
	쥬코프									○	엄격
	아이젠하워				○			○	○	○	원만한 성격, 포용력
	니미츠										겸손, 신중한 성격
	몽고메리										부지런함, 비판적 성격, 완벽주의, 철저한 준비, 소심
	맥아더							○	○		긍지, 자존심, 영웅적인 개성

각종 자료를 통해서 본 명장들의 성격적 특징은 <표 5>에서 보듯이 다양하다. 즉, 40명의 명장 중 성격적 특징이 문헌에 나타난 명장은 22명이었다. 명장들의 성격/특성 면에서 공통적인 특징은 <표 5>에서 보듯이 매사에 주도적으로 일을 처리할 뿐 아니라 추진력이 뛰어난 점을 볼 수 있으며, 상당히 학구적인 명장이 많음을 볼 수 있다. 또한 창의력을 발휘하여 새로운 전술/전략을 구사하여 승리로 이끈 예가 많다. 일반적으로 일반에 인식된 장군의 이미지는 "외향적"인 것으로 되어 있으나, 연구결과 그와 상반되는 결과를 볼 수 있었다.

3.2.1.4. 사회적(대인관계) 특성

Jago는 사회적 특징으로 협동심, 대인관계, 기술, 민감성, 명예나 인기중시 성향, 사회경제적 지위, 다변성, 재치 등을 제시하였다. 이를 기초로 각종 자료문헌(전기, 역사자료, 전쟁역사 등)을 통해서 본 역대 명장들의 사회적 특징은 아래와 같다.

로마의 명장 시저에 관한 기록을 보면 "시저의 부하들은 상상도 할 수 없을 정도로 시저에게 충성을 다했다"[60]라고 적혀 있는데 이를 유추하면 시저는 부하들과 '인간관계면에서 좋은 관계를 유지한 것으로 판단할 수 있다. 카르타고의 명장 한니발 장군에 대한 기록을 보면 한니발은 한니발의 부하들에게는 이미 우상과 같은 존재로 떠올랐다. 15년간이나 이탈리아에서 고난을 겪고 떠도는 동안에 한 명의 탈주병도 생기지 않았다는 사실은 부하와 침식을 같이하고 일개 병사처럼 진두에서 싸우는 그의 모습 때문이었을 것이다.[61]

미국의 명장 패튼에 대한 기록을 보면, "패튼은 1차 대전 이후 20년 동안 10회나 전근을 다녔고 여러 부서에서 일을 했다. 그러나 변하지 않았던 것은 어디를 가나 직속 상관에 대한 혐오와 불신이 있었다. 패튼을 싫어해서가 아니야, 난 그놈을 아주 미워해' 이런 극언을

60) 노병천, 도해손자병법, 한원출판사, 1993, p.77.
61) 노병천, 도해손자병법, 한원출판사, 1993, p.65.

내뱉는 상관도 있었다. 지겨운 평시생활을 여유있게 보내기 위해 그와 같은 유복한 가정 출신인 아내 페트리시와 함께 자가용 요트를 달리고 경마용 말을 몇 필이나 가졌으며, 최고급 신형차를 몰고 다니는 등의 행동을 함으로써 동료 장교들의 질투와 모략을 받아 다소 시련과 고생을 치러야 했다. 시칠리 섬 공략작전인 <허스키 작전>이었다. 그러나 이 전쟁 행위 역시 독불장군 패튼으로서는 성미가 맞지 않는 것이었다. 그는 단위 작전이 아닌 보조적인 역할이나 외국과의 공동작전 따위는 아주 싫어했다"라고 기록되어 있다. 패튼은 평상시 협동심이 부족한 독불장군형이었으며 상관과 동료들과의 인간관계가 원만하지 않은 것 같다. 제2차대전시 일본의 명장 야마모도 이소로꾸의 사회적 특징과 관련된 문헌을 보면, "그의 장관재직기간은 1939년 8월 30일부터 1943년 4월 18일까지 약 3년 8개월이다. 연합함대 사령장관의 평균 재직 기간은 약 2년, 길어야 2년 3개월 정도였다는 사실을 감안한다면 그가 장관으로서 얼마나 두터운 신뢰를 받고 있었던가를 짐작할 수가 있다. 그가 전사했을 때 현지에 달려간 오다나베 야스쓰구라는 참모는 '몸에 손을 대는 것만도 황송해서'하는 감회를 가졌다고 한다. 이 와다나베 참모의 감상은 그가 장관에게 품고 있던 각별한 경의를 의미한 것인데..,"라고 기록되어 있다. 이는 인간관계면에서 상관과 부하들과 좋은 관계를 유지한 것으로 판단할 수 있겠다.

제2차 대전 당시 해군을 승리로 이끈 미국의 명장 니미츠 원수에 대한 기록을 보면, "니미츠가 함장시절 위험한 상황에 처한 부하를 목숨을 걸고 구한 사건이 있었다. 그 이후 그의 용감성과 부하를 사랑하는 마음은 전 해군에게 감명을 주었다. 그래서 전속원(轉屬願)을 제출했던 11명도 일제히 신청을 취소했다. 미 해군 작전부장 해롤드 스타아크 대장은 니미츠 소장의 능력을 높이 평가하여, 먼저 니미츠 소장을 아시아 함대 사령 장관요원으로 인선했다. 니미츠 소장에 대한 기대는 루즈벨트 대통령, 프랭크 녹스 해군장관도 지니고 있었다. 녹스 장관이 루즈벨트 대통령에게 상담하러 가자 그가 말도 꺼내기 전에 대통령은 지시했다. "프랭크, 태평양 함대는 그 텍사스 사나이(니미츠)에게 맡기도록 하지."[62] 라고 기록되어 있다. 니미츠는 인간 관계면에서 상관과 부하와 좋은 관계를 유지한 것 같다. 맥아더의 인간관계에 대한 문헌을 보면, '맥아더 원수를 관찰하면 가장 특징적으로 눈에 띄는 것은 그 특이한 참모 통솔법이다. 휘트니 소장의 경우도 그렇지만 원수의 참모진은 언제나 그와 군신 관계에 가까우리만큼 추종하는 심복들로만 구성되어 있었다."[63]

양만춘의 사회적 특징에 관계된 자료(신당서 고려전, 해동명장전)를 보면, "양만춘은 연개소문이 정변을 일으켰을 때에 안시성을 굳게 지키며 불복하였다. 연개소문은 군을 동원하여 안시성을 공격하였으나 성공하지 못하자, 안시성을 그대로 양만춘에게 맡겨 주었

62) 정능일우, 지휘관, 1973, p.97, 99.
63) 정능일우, 지휘관, 1973, p.116.

다"[64]라고 기록되어 있다. 이를 유추하면 양만춘의 인간관계는 그 당시 집권자였던 연개소문과는 좋은 관계를 유지하지 못하였고 안시성을 외침과 내침에서 지킬 수 있을 정도로 부하들과는 일체감이 조성된 것으로 유추할 수 있다. 강감찬과 관련된 자료를 보면, "강감찬은 청렴 겸손하고 사생활을 돌보지 않았다. 그의 체구는 왜소하고 용모는 초라하고 그의 의복은 남루하여 보통사람과 다른 점이 없었다."[65] 최영의 사회적 특징을 문헌을 통해 보면, "최영은 성품이 강직하고 충성스러웠으며 또한 결백하였다. 그의 직위가 장상(將相)을 도맡아 오랫동안 병권을 장악하고 있었으나, 뇌물을 일체 받지 않으니 세상에서는 그의 청렴결백에 탄복하였다. 우왕은 일찍이 최영에게 토지를 하사하려고 했으나, 최영은 국고가 고갈되었다 하여 받지 않았으며, 오히려 쌀 2백석을 내놓아 군량으로 쓰게 하였는데, 이때 또다시 80석의 곡식을 내어 군량에 충당하게 하였다."[66] 라고 기술되어 있다. 이순신의 기록을 보면, "이순신이 권원보 권관으로 있었을 때 여진족이 국경근처에서 귀찮게 하고 있었다. 이에 이순신은 교묘한 방법으로 적을 유인하여 붙잡아 서울로 보내었다. 그 지방 병사가 이순신이 저를 통하지 않고 그 일을 한 것을 미워하여..."[67]하고 나와 있다. 곽재우에 대한 기록을 보면, "곽재우는 가산을 전부 내놓아 군비로 쓰게 하니, 보는 사람들이 모두 그를 미쳤다고 하였다. 곽재우는 의병들에게 정의로써 격려하니, 군사들이 모두 감격하여 그를 따르기를 원했다."라고 기록되어 있다.

위의 내용을 요약하면 <표 6>과 같다.

표 6. 자료에 나타난 명장들의 사회적(대인관계)적 특징

구 분	명 장	협동심	대인관계			인기 중시	청렴 결백	기타 특징
			상 관	동 료	부 하			
한 국	양만춘		X		○			
	강감찬						○	
	최 영						○	
	이순신		X					
	곽재우				○		○	
외 국	시 저				○			
	한니발				○			
	패 튼	X	X	X				독불장군형
	야마모토 이소로꾸		○		○			
	니미츠		○		○			

64) 천관우, 인물로 본 한국고대사, 정음 출판사, 1987, p.215.
65) 홍량호(국방부 전사편찬위원회 번역), 해동명장전, 국방부, 1794, p.58.
66) 홍량호(국방부 전사편찬위원회 번역), 해동명장전, 국방부, 1794, pp.209-218.
67) 홍량호(국방부 전사편찬위원회 번역), 해동명장전, 국방부, 1794, p.93.

역사자료에 나타난 명장들의 사회적 특징은 위<표 6>에서 보듯이 다양하다. 즉, 사회적 특성이 리더십에 미치는 영향은 미약하다. 하지만 명장들의 인간관계는 솔선수범과 부하애 등을 통하여 부하와의 인간관계가 상관과 비교하여 좋은 경우가 많음을 볼 수 있다. 또한 한국의 명장과 외국의 명장을 비교하여 보면 한국의 명장은 청렴결백하게 살았음을 볼 수 있다.

3.2.1.5. 분석결과

이 이론은 리더십의 초점을 리더 개인에 두고 리더의 기능 수행과 그 지위 획득을 그 개인의 퍼스낼리티 또는 자질에 의해서 결정된다는 것으로서 리더 자신의 개인적인 특성으로부터 성공적인 리더십이 실현된다는 전제하에 리더가 구비해야 할 인간적인 특질과 리더의 퍼스낼리티 특성에 따라 집단의 효과가 좌우된다는 것이다. 따라서 역사 자료를 통해 역대 명장들이 어떠한 자질과 특성을 가졌으며 이것이 리더십에 어떠한 효과를 미쳤는가를 위에서 조명하여 보았다.

역대 명장들의 신체적/골격적 특성은 다양하였던 것으로 보아 신체적/골격적 특성이 리더십에 미친 영향은 미약한 것으로 유추하였다. 역대 명장들의 자질 면에서 본 특성도 다양하나 공통적인 특징은 대부분의 명장들이 지략이 뛰어났다는 것으로 보아 지략은 명장이 필히 갖추어야 할 필수 조건임을 유추할 수 있으며 이 요소는 어느 정도 리더십에 영향을 미친 것으로 보인다. 이는 동양에서 가장 유명한 병법서인 손자병법에서 장군이 갖추어야 할 자질로서 지(智), 신(信), 인(仁), 용(勇), 엄(嚴)을 들고 이 중 가장 중요한 요소가 지(智)라고 표현한 것과 어느 정도 관련이 있다고 얘기할 수 있겠다. 성격면에서 본 특성도 다양하다. 그 중 공통적인 요소로서는 일을 주도적으로 수행하며 추진력이 뛰어나고 창의력을 발휘하여 새로운 전략/전술 및 발전된 과학기술을 전쟁에 적용하였음을 볼 수 있다. 사회적 측면(인간관계)에서도 다양한 특성을 보인다. 공통적인 특징은 대부분의 명장이 부하와의 인간관계 측면에서 부하애 및 솔선수범을 통하여 부하와 좋은 관계를 유지하고 있음을 볼 수 있었다. 이 이론은 여러 가지 문제점이 있으나 역사자료를 통하여 역대 명장들을 조명하여 보았을 때 계속 연구되어야 할 중요한 가치가 인정된다.

3.2.4. 집단수준에서의 리더십(상황이론)

상황이론은 하우스(House. 1976)가 주장한 경로목표이론, 피들러가 주장한 상황적합성이론(contingency theory of leadership, 1967). 그리고 허시와 블랜챠드가 주장한 상황적 리더십이론(situational leadership theory, 1982) 등이 있는바, 본 연구에서는 역사자료를 통하여 부하의 특성을 나타내는 문헌은 거의 발견할 수 없는 관계로 리더행동자체에 초점을 맞추었다. 특히 경로목표이론은 4가지 다양한 리더행동을 제시하고 있으므로 본 연구에서는 경로목표이론에 초점을 두었다.

3.2.4.1. 역대 명장들의 리더십과 경로-목표이론 비교

3.2.4.1.1. 지시적 리더십

나폴레옹은 워터루 전역에서 패하였는데 이 패한 원인을 분석한 자료에 의하면 "명령에만 추종하는 부하 장수들의 경직된 사고, 융통성 결여(나폴레옹은 모든 일을 혼자 처리하려 했고, 탁월한 개인적 리더십으로 그가 직접 지휘하는 전역에서만 승리할 수 있었다."[68]로 보았다. 이를 유추하면 나폴레옹은 나폴레옹의 리더십의 많은 부분은 지시적 리더십을 발휘한 듯하다. 롬멜은 그의 탁월한 군사지식으로 전투시나 전장에서 지시적 리더십을 발휘한 경우가 많다. 문헌을 통해 보면, "롬멜이 취하는 전투 지휘방식은 전통적으로 규칙에 얽매인 참모들에게는 매우 고달프고 파격적인 것이었다. 그것은 그가 항상 최전선에 있으면서 임기응변의 결정을 내리기 때문이었다. 롬멜의 참모들은 그의 극단의 박력에 고통을 느꼈지만 그가 항시 승리로 결과를 맺음에 감복하고 따랐던 것이다."[69] 최영의 기록을 보면, "최영은 약간 우직하고 또 학문이 깊지 않아 모든 일을 자기 독단으로 처리하였으며...."라고 기록되었다.

3.2.4.1.2. 후원적 리더십

후원적 리더십은 추종자들의 욕구와 복지에 관심을 보이고 언제든지 친구처럼 대해 주며, 동지적 관계를 중시하는 리더의 행위를 말한다. 명장들은 부하들과 同居同樂라면서 부하들의 애로사항을 해결해 줄 뿐만 아니라 부하들과 동지적 관계 및 일체감을 조성하였다. 이러한 예를 문헌을 통하여 보면 다음과 같다. 미국의 명장 아이젠하워는 많은 경우 후원적 리더십을 발휘하였다. 문헌을 통하여 보면, "자신의 시간 중 3분의 1을 부하와 같이 보냄. 전장에서 겁을 내는 병사에게 '나도 겁이 난다. 자네는 나와 좋은 짝이군.'이라고 위로하고 임무를 독려했다. 번거로운 격식을 차리게 하지 않기 위해 불시에 예하 부대 방문, 다른 사람에 대한 진정한 관심, 부하를 오만하게 다루지 않는다. 전령의 결혼식에 참가한 아이젠하워..."[70]로 묘사되어 있다.

이스라엘의 명장 모세다얀 장군에 대한 문헌 중 몇 가지만 보면, "부하들과 친숙해지기 위해 부대를 일일이 방문하면서 예하 지휘관과 병사들의 애로사항을 듣고 해결에 노력했다."[71] "모세다얀 장군이 1967년 6일 전쟁 당시 국방상이란 지위에 있으면서도 官舍에 거주하지 않고 病舍에서 한때 부하들과 같이 생활함으로써 同居同樂을 몸소 실천하였던 것이다."[72] 프레드릭 대왕과 나폴레옹 및 리장군의 기록을 보면, "프레드릭 대왕은 긴 전쟁 기간

68) 노병천, 도해세계전사, 한원출판사, 1996, p.165.
69) 국방부, 지휘/통제, 1980, p.54.
70) 노병천, 도해세계전사, 한원출판사, 1996, p.532.
71) 노병천, 도해세계전사, 한원출판사, 1996, p.579.
72) 국방부, 지휘/통제, 1980, p.201.

을 통하여 그의 부하들과 함께 자주 야영 모닥불 곁에 잠자리를 청하곤 하여 항상 고생과 위험을 부하와 같이 나누어 그의 부하들은 그에게 친밀감을 느꼈다. 나폴레옹도 이집트 및 시리아 원정을 거치는 동안 자기도 텐트를 치고 야영을 하였으며, 남북전쟁 당시 미국의 리 장군 역시 부하들과 함께 먹고 자고 同居同樂을 통해서 부하들과 일체감을 형성했다."73)

"롬멜의 북아프리카 군단이 식량과 식수 부족으로 고생하면서도 결코 戰意를 상실하지 않았던 것 역시 롬멜 자신이 솔선수범하여 최소한의 식사와 식수로 고생을 견디어 나가면서 부대 지휘를 하였기 때문이다."74) "롬멜은 실로 무서우리 만큼의 스파르타식 생활을 강행했지만 롬멜은 결코 자기 생활을 부하들에게 강요하는 일은 없었고, 다만 50세가 된 장군도 이러한 생활을 할 수 있다는 사실을 보일 뿐이었다. 젊은 병사들에게는 그런대로 그들의 생활을 인정해 주었고, 시찰 도중에는 느닷없이 젊은 병사들 속에 끼어들어 농담 섞인 말을 주고받기도 했다. 이러한 롬멜의 솔선수범은 아프리카 군단 6만 명의 독일 군사들의 사기를 돋우고, 훈련의 성과도 올렸는데....."75) "미국 독립 전쟁이 한창이던 어느 날, 워싱턴 장군은 억수같이 쏟아지는 비속으로 진지를 순시하기 위해 사복을 입고 나섰다. 순시하다 전투 중 파괴된 진지를 보수하기 위해 몇 명의 병사들이 비를 흠뻑 맞으면서 작업에 전념이 없는 곳까지 이르렀다. 온몸이 진흙투성이인 채 병사들은 땅이 미끄러워 돌을 나르다 쓰러지며 진지 보수에 몰두하고 있었는데 그들의 지휘관인 한 장교는 나무 밑에서 우의를 쓰고 움츠린 자세로 멍하니 부하들을 바라보고 있었다. 워싱턴 장군이 그에게 다가가 '자네도 함께 힘을 더하면 일이 쉽사리 끝날 것 같은데,'라고 말을 하였을 때 그 장교는 '난 지휘를 맡았지 작업을 맡진 않았오.'하고 퉁명스럽게 대답했다 이때 워싱턴 장군은 雨衣를 벗어 제치고 병사들 속에 끼어 들어가 일을 거들었다. 곧 그의 옷도 비와 진흙투성이로 되었으나 즐거이 돌을 나르고 병사들을 도와 일을 마쳤다. 그 자리를 떠나면서 장군은 그 장교에게 '여보게, 앞으로 이런 일이 있으면 사령부의 워싱턴을 불러주게. 그는 아주 이런 일을 즐겨 하니까.'라고 말했다. 이 말에 병사들의 놀란 가슴으로 감동의 전류가 흐르고 장교의 얼굴은 부끄러움으로 붉게 변하였다.76)

"야마모도 이소로꾸 장군의 부하에 대한 그의 인정어린 미담은 많은 세월이 지나도록 잊혀지지 않고 교훈으로 전해 오고 있다. 아까기 함장 시절, 훈련 중에 귀함(歸農)이 늦은 파일럿이 있으면 언제까지나 함교에 서 있었다. 혹시나 순직했다는 사실을 알게 되면 눈물을 흘리면서 애도하였고 늦게 귀환한 경우에도 눈물로 맞아 주었다."77)· '1912년 3월, 니미츠 원수는 신형 잠수함 스킵재크의 함장으로서 해상훈련 중이었는데 이때 월슈라는 이

73) 국방부, 지휘/통제, 1980, p.201.
74) 국방부, 지휘/통제, 1980, p.290.
75) 정능일우, 지휘관, 중앙문화사, 1973, p.49, 50.
76) 국방부, 지휘/통제, 1980, p.55.
77) 정능일우, 지휘관, 중앙문화사, 1973, p.70.

름을 가진 2등 수병이 파도에 밀려 바다 속으로 떨어졌다. 월슈는 기관실 근무의 보일러 火夫로 헤엄을 칠 줄 몰랐다. 그는 순식간에 익사 지경에 빠졌으나 파도가 심해 던져준 구명대가 닿지 않았으며, 보트를 내릴 수도 없었다. 이쯤 되자 월슈를 위해 할 수 있는 일이 있다면 가슴에 십자를 그어 그의 명복을 빌어 주는 것밖에 없었다. 속수무책인 이 상황 속에 뛰어든 사람은 니미츠 함장이었다. 니미츠는 자신이 위기에 빠지면서도 월슈 수병을 구조했다. 니미츠 함장은 인명 구조 은성 훈장을 받았는데 동시에 그의 용감성과 부하를 사랑하는 마음은 전 해군 장병에게 감명을 주었다. 그래서 전속원(轉屬願)을 제출했던 11명도 일제히 신청을 취소했다."[78] "1950년 12월 공산군에 밀려 퇴각 중이던 미 제8군의 사령관으로 부임한 리지웨이 장군은 다음과 같이하여 침체된 8군의 참모부는 너무 심하게 타격을 입어 아무런 결정을 못 내리고 있었다. 전투중의 사단을 방문한 리지웨이 장군은 총탄이 빗발치듯 날아오는 위험한 상황속에서 직접 명령을 내리기 시작했다. 그는 직접 최전선을 찾아가 그 부대의 실정, 특히 그 능력과 취약점을 파악하며 각급 지휘관이 무엇을 생각하고 있나를 알아본 뒤 명령을 내리기 시작하였다. 미국의 저명한 전투관계 저술가인 마샬 장군은 리지웨이 장군을 가리켜 역사에서 어떠한 지휘관도 그러한 위험 속에서 그처럼 훌륭히 지휘를 한 적이 없다고 높이 평가하고 있는 것이다."[79]

"슈와츠코프는 솔선수범하는 사람이었고 부하들에게 항상 신뢰감을 주었으며..... 슈와츠코프는 늘 부하들의 안전을 염려해 주고 함께하는 시간을 주면서 그들과의 신뢰감을 형성함으로써 결과적으로 엄청난 플러스 효과를 내고 있었다. 슈와츠코프가 해병대원들과 함께 한자리에서 작업복(전투복)차림으로 브리핑을 하는 모습을 기억하는가? 슈와츠코프는 그와 같은 복장으로 그 자신과 부하 병사들 사이의 거리를 한층 더 가깝게 해주었다."[80] "조선시대 임경업 장군은 남한산성 構葉의 책임을 지고 있었다. 役事에 동원된 사람들이 돌을 나르면서 임경업 장군의 욕을 하자 허름한 차림으로 함께 돌을 나르던 한 건장한 사나이가 '임경업이도 여기 있소,'하고 대꾸하였다. 그 소문이 퍼진 뒤로는 누구도 불평 없이 산성 構葉의 역사를 마쳤다 한다."[81]

3.2.4.1.3. 참여적 리더십

미국의 명장 아이젠하워는 많은 경우 참모와 하급 지휘관의 의견을 존중하고, 그들을 의사결정에 참여시켰다. 문헌을 통하여 보면, "노르망디 상륙 작전은 1944년 6월 4-6일 사이에 실시하기로 예정되어 있었다. 그러나 예정일이 다가옴에 따라 기후는 날로 악화되어 폭풍우가 영불 해협과 북부 프랑스에 휘몰아쳐 왔다. 4,5일은 포기 상태였다. 만일 6일까지 놓쳐 버

78) 정능일우, 지휘관, 중앙문화사, 1973, p.88.
79) 정능일우, 지휘관, 중앙문화사, 1973, p.98.
80) 국방부, 지휘/통제(上), 1980, p.77, 78.
81) 공군본부(걸프전쟁분석위원회), 걸프전쟁분석, 1991, pp.229-231.

린다면 적어도 19일까지는 기상 조건도 맞지 않고 장기간의 연기가 불가피하였다. 기상반은 6일 아침 일시적인 好天候를 기대할 수 있으나 그 후에 다시 惡天候가 계속될 것이라고 말했다. 그 후 그는 노르망디 상륙작전을 예정대로 할 것을 결정했다"로 묘사되어 있다.

3.2.4.1.4. 성취지향적 리더십

나폴레옹은 부하들이 불가능하다고 생각하는 목표를 제시하고 그들에게 불가능에 도전하는 용기와 정열을 불어넣어 일에 도전하였다. 이를 극복했을 때 부하들은 자신감으로 충만되었다는 한 가지 사례를 들면 다음과 같다. "처음에 용맹을 떨쳤던 나폴레옹의 장병들도 나폴레옹의 무리한 계획(불리한 상황에서 나폴레옹 군이 오스트리아 군을 공격하는 것)에 놀라 '곤란하다! 교상돌격(橋上突擊)은 무모하다!'라는 소리가 여기저기서 들려왔다. 나폴레옹은 '우리 불란서인에겐 고난이란 단어는 없다!'고 외치고 그의 특유의 웅변으로 장병의 자신과 정열을 불러일으켜. 나가자! 死地로 돌입하자!'라고 격려하였다. 나폴레옹은 호기를 이용하여 돌격 명령하고 자신은 자기가 직접 선발한 정예 6천의 선두에서 적의 맹렬한 포화를 무릅쓰고 죽어 넘어진 死地를 넘으며 용진하여 다리를 건너 드디어는 적진의 중앙을 돌파하였다. 이리하여 나폴레옹은 로디에서 대승을 거두었다." 역대 명장들의 리더십을 이 이론에 비교 분석해 보았을 때 <표 7>과 같다.

표 7. 제4유형의 리더십 사례

구 분	인원	명 장	상황에 따른 효과
지시적 리더십	3	- 나폴레옹 - 롬멜 - 최영	- 전투 실시 단계에서 사용 - 부대 규모가 적은 경우 주로 사용됨 - 추종자(부하)들이 독단으로 작전 수행하는 능력이 부족하게 되어 연락 수단이 힘든 경우 작전에 실패한 경우 많음(예) 워털루전투(나폴레옹 패배)
후원적 리더십 후원적 리더십	12	- 프레드릭 - 나폴레옹 - 워싱턴, - 롬멜 - 아이젠하워 - 니미츠, - 몽고메리 - 야마모도 이소로꾸 - 모세다얀, 김유신, - 이순신, - 임경엽	- 추종자(부하)들이 여러 번의 전투에서 패배하여 자신감을 잃었을 때 후원적 리더십이 긍정적으로 작용하였음 예) *롬멜이 아프리카 군단을 최초 지휘하였을 때 *몽고메리가 패전하고 있던 아프리카 전선에 투입되어 지휘할 때 *니미츠가 진주만 공격을 받아 패배감에 사로잡힌 부대를 지휘할 때
참여적 리더십	1	- 아이젠하워	- 지휘관(리더)이 참모(추종자)에게 리더십을 발휘할 때 긍정적으로 작용하였음 - 연합 부대를 지휘할 경우 긍정적으로 작용하였음(아이젠하워가 연합군 사령관 임무 수행 시)
성취지향적 리더십	1	- 나폴레옹	- 지휘관(리더)과 하급 지휘관(하급 리더)을 지휘 통제할 때 긍정적으로 작용하였음

3.2.4.2. 분석 결과

House가 주장한 경로-목표이론을 역대 명장들이 발휘한 리더십에 적용한 결과는 4개의 리더십 중에서 후원적 리더십을 발휘한 명장이 22명 중 12명으로 가장 많았으며, 명장들은 상황과 추종자에 따라 다른 리더십을 구사했음을 알 수 있었다. 특히, 나폴레옹은 상황에 따라 지시적, 후원적, 성취지향적 리더십을 발휘하였다.

3.2.5. 변혁적 리더십이론

Bass(1985)의 변혁적 리더십이론에 따르면, 변혁적 리더는 카리스마, 지적자극, 그리고 개별화된 고려행동을 보여야 한다. 또한 Kim 등(2002)이 주장한 카리스마적 리더십이론에 따를 경우 카리스마적 리더는 비전관련행동, 희생행동이나 모범행동, 그리고 위엄행동을 보인다고 한다. 따라서 본 연구에서는 명장들이 이러한 행동을 보이고 있는가를 분석하였다.

역대 명장들의 카리스마적 리더십 혹은 변혁적 리더십을 비교하여 보면 아래와 같다.

3.2.5.1. 역대 명장들의 리더십 사례

역대 명장들이 변혁적(혹은 카리스마적) 리더십을 구사하여 성공한 경우는 많다. 변혁적 리더십이 리더십 유효성간에 유의한 상관관계가 있음을 전쟁사를 통하여 알 수 있다. 몇 가지 예를 들면 다음과 같다. "아이젠하워 사령관은 부대 내의 정신 교육의 강화를 지시했다. 특히 그는 미국이 민주주의를 수호하기 위해서 전체주의 나치와 싸우고 있으며 이를 종국적으로 나타내는 것이 그 목적이라고 하는 사명감을 철저히 이해시키도록 하였다. 또한 미국군인과 영국군인 간에 빈번한 충돌로 영국 국민에게 미국 군인에 대한 악평을 초래하게 되자 아이젠하워는 미국 군인에게 미국이 무엇을 위해 싸우는지, 전쟁 목적이 무엇인지에 대한 교육을 강화했다. 아이젠하워의 이러한 지휘 통솔에 대하여 휘하 부대 지휘관 중에서는 노골적인 불만을 표명하는 자들도 있었다. '실례가 되겠습니다만 각하, 민주주의 대 전체주의니 하는 아카데믹한 문제에 대해서 머리를 쓰라고 해서 병사들이 새삼스럽게 강해지는 것이 아닙니다. 그보다도 자기 부대에 대한 자랑, 전우애 적에 대한 증오감 이런 것들이 병사들의 사기를 북돋우는 것으로 생각합니다.' '귀관들은 자기 부하들을 지성(知性)을 갖춘 인간으로 보지 않고 그저 제복만을 입은 로봇 아니면 교양 없는 불량배로 간주한단 말인가?' 아이젠하워는 정신 교육을 철저히 하라는 지시를 휘하 지휘관들에게 거듭 강조했다. 한편 영국 정부와도 연락 협조하여, 미군들의 일반 영국인 가정 방문을 통하여 상호 이해의 폭을 넓혔다. 동시에 여러 부대에 대해서 엄격한 배급 제도하에 있는 영국 시민 생활에 부담을 주지 않도록 하라고 강조함과 아울러, 방문 시에는 반드시 휴대 식량을 지침하라는 자세한 지시를 했다. 그의 이러한 조치는 곧 큰 성과를 거두게 되었다. 나날이 영국 시민들의 미국에 대한 감정은 호전되어, 앞으로 미국군이 영국에 집결할 때에 대비하는 심리적 환경이 조성되어 갔다."[82)]

"이순신의 일기에 의하면 진해루[83]에 앉아서 명령이나 지시만을 내리지 않았다. 그는 관하의 5개 진(鎭)을 수시로 순시하여 전선, 무기, 병사(兵舍)등의 불비한 부분을 보수하게 하고, 군사들에게는 철저한 훈련과 점검을 실시하면서 앞으로 닥칠 문제들에 대책을 구상했다. 당시 좌수영 관하의 군사들은 거의 대부분이 고된 근무와 훈련에 대한 불평을 하고 있었으며, 또 제 몸만을 아끼는 뜻에서 나라의 앞날을 모르는 체, 거의 피동적으로 움직이고 있었다. 이러한 일반적인 심리를 파악한 이순신은 이들에게 정신무장을 강화할 필요성을 절실히 느꼈다. 그는 수사라는 직책으로써 엄격한 명령과 지시를 내릴 수 있었고, 또 명령을 위배하는 군사를 중형에 처할 수도 있었다. 그러나 모든 일을 명령과 지시만으로 수행하지를 않았다. 그는 위엄있는 몸가짐과 말로 보다 인간적인 면으로 접근하여 군사들의 그릇된 생각을 고치려고 노력했으며, 스스로 앞장서서 모든 군사들과 같이 일하면서 위로와 격려를 하기도 했다. 그리하여 전라 좌수영 관하의 군사들과 관리들은 점차적으로 스스로 맡은 직무에 충실하게 되고, 나아가서 자기에게 맡겨진 임무의 중요성과 더불어 나라의 앞날이 위급함을 뼈저리게 느끼면서 근무하는 것이었다. 또한 이순신은 무기나 전선 등을 준비하는데 있어서도 막연하게 옛 것을 따르지 않았다. 그는 '앞으로 왜군이 침범해 오면 어떤 형태의 해상전이 전개될 것인가? 하는 문제를 검토하여 보다 강하고 새로운 형태의 전선을 고안하여 만들게 하였는데, 이것이 역사상 유명한 거북선이었다."[84]

제2차 대전 당시 영국의 명장 몽고메리 장군은 독일 롬멜 군에게 계속 패배를 하고 있는 아프리카 군단에 부임되어 부하들의 패배 의식을 불식시키고 승리할 수 있는 영국군조직을 만들어 나갔다. 다음은 문헌에 나타난 몽고메리의 리더십이었다. "중동 지역 사령관 오친렉의 후임에 알렉산더 대장을, 제 8군사령관 리취의 후임에 몽고메리 중장을 각각 임명했다. 몽고메리는 제8군을 인수한 후 부대 제 정비에 박차를 가하였다. 그는 부하와의 일체감 조성을 위해 노력했고 철저한 훈련과 사기진작, 장병들의 복지향상, 지휘관들의 부대지휘기법 교육 등을 통해 롬멜의 악몽으로 피폐해진 제8군을 서서히 회복시켜 나갔다. 사막 공군 사령부와 제8군사령부를 한 지역에 위치시킴으로써 공지합동작전에 만전을 기했고 롬멜의 아프리카 군단에 대응할 수 있는 기갑 예비 군단을 별도로 편성했다. 이는 곧바로 승리를 보장해 주었다. 몽고메리는 부하들에게 롬멜의 신화적 두려움을 불식시키기에 노력하는 한편 롬멜의 공격에 대비한 전투준비에 착수했다. 처칠은 '엘알라메인(몽고메리 장군이 제8군사령관에 부임하여 얻은 승리) 이전에 우리에게는 승리가 없었고, 엘알라메인 이후에 우리에게는 패배가 없었다'라고 했다. 이 승리로 해서 동맹군의 중동 접근 위협이 제거되었고 연합군의 사기는 크게 高揚되었다."[85]

82) 정능일우, 지휘관, 아이젠하워, 중앙출판사, 1973, pp.316-319.
83) 사무실 또는 회의실과 같은 것
84) 조성도, 충무공의 생애와 사상, 명문당, 1989, pp.70-75.
85) 노병천, 도해세계전사, 한원출판사, 1996, pp.369-380.

"12세기에 세계를 정복한 징기스칸은 그의 제1의 원수인 순록족 출신의 수베데이와 함께 몽골인과 그들의 동맹자들에게 전에는 이룰 수 없었던 능력과 규율을 불어넣었고, 기마전의 신속성과 기마능력을 최고의 수준으로 끌어 올렸으며, 마침내 이를 바탕으로 이전의 어떤 민족이나 제국도 달성할 수 없었고 이후로도 달성할 수 없을 엄청난 규모의 승리를 얻어냈다."86) 나폴레옹이 이태리 전역 사령관으로 출정할 때 자료를 보면, "나폴레옹은 이태리에 있는 프랑스의 적인 피에드몬트와 오스트리아를 쳐부수기 위해 부르세의 초기 제안에 근거한 계획을 이미 발전시켰다. 이 출정에서 나폴레옹은 불만에 차 있으며, 일부는 반항적인 약 37.000명밖에 안되는 병력을 이끌고 적이 미쳐 반격할 수 없는 기동성과 기습 그리고 전략적 이동으로 완전한 승리를 추구하는 새로운 형태의 전투방식을 선보였다. 결과적으로 나폴레옹은 책략을 써서 적을 부적당한 위치에 있게 하여 부분적인 승리를 거두는 것 이상을 거의 모색(模索)하지 않던 구체계를, 적군을 전멸시키는데 주안을 둔 새로운 개념의 전쟁으로 순식간에 바꾸어 놓았다."87) "나폴레옹이 지휘한 이탈리아 제3군은 보급품도 나쁘고 병사들의 훈련 수준도 저조했다. 병사들의 눈에는 아직 나폴레옹의 모습이 키도 작고 창백하며 나이도 어리기 때문에 사실상 거의 깔보고 있었다. 이때 그는 특유의 나폴레옹 모자를 쓰고 나와 그 유명한 롬바르드디 평야를 향한 훈시를 한다. 장병 여러분! 여러분은 헐벗고 굶주렸으나 잘 참고 이겨냈다. 정부는 여러분들로부터 도움을 많이 받았지만 현시점에서 정부는 여러분에게 아무것도 보답해 줄 수가 없다. 여러분의 인내와 용기는 실로 경탄할 만한 것이었지만 여러분에게 어떠한 희망과 영광도 주지 못했다. 나는 이제부터 여러분을 세계에서 가장 풍요한 평원으로 인도하고자 한다. 여러분들은 그곳에서 수많은 대도시와 비옥한 전원을 보게 될 것이며, 행복과 영광과 부(富)를 발견하게 될 것이다. 이탈리아 원정군 장병들이여! 여러분에게 용기와 인내가 부족할 리가 없다' 이에 사기충천한 부대를 이끌고 알프스 산맥을 횡단하게 된다."88)라고 기록되어 있다.

위의 내용을 요약하면 다음 <표 8>과 같다.

표 8. 변혁적 리더십을 발휘한 명장의 리더십

구분	인원	명 장	내 용
변혁적 리더십	5	이순신	- 부하들에게 국가관, 임무의 중요성, 닥쳐올 국가의 위기 등의 교육을 통해 부하들의 안일한 자세 및 가치관을 변화시킴 - 부하들에게 개별적 관심으로 일체감 조성 - 거북선, 신무기 등을 제작 및 새로운 전술연구 등을 통하여 부하들에게 지적 자극

86) 노병천, 도해세계전사, 한원출판사, 1996, p.280.
87) 국방부, 지휘/통제, 1980, p.204.
88) 노병천, 도해세계전사, 한원출판사, 1996, pp.103-107.

구분	인원	명 장	내 용
		징기스칸	- 몽고인에게 능력과 규율을 부여하여 국가체제 정비 및 국력 결집 - 몽고인에게 비전 제시 - 새로운 전술 개발과 새로운 세계에 대한 정보수집 - 이러한 바탕 위에 정복 사업 실시함
		나폴레옹	- 부하들에게 비전 제시 - 새로운 전술 구사(집중과 기동) - 부하들과의 동고동락을 통하여 일체감 조성 - 이러한 바탕 위에 적은 병력으로 다수의 적을 격멸
		몽고베리	- 패배감에 젖은 부하들에게 패배 의식 불식 - 전투력을 효과적으로 발휘하도록 조직 개편 - 지휘관들에게 부대 지휘 기법 교육 - 가장 무서운 적인 롬멜에 대한 깊은 연구 - 이러한 바탕 위에 롬멜군 격파
		아이젠하워	- 병사들에게 국가관과 전쟁 목적 등의 교육을 통하여 병사들에게 사명감 부여 - 부하들에게 작전지역 국민(영국)을 이해할 수 있는 여건조성 - 작전 지역 주민과 일체감 유지 - 효과적인 연합 작전 분위기 조성

위의 전사상의 '예'에서 보듯이 이순신과 아이젠하워 같은 명장들은 부하들의 잘못된 의식, 가치관, 태도의 혁신을 추구하였고, 부하들에게 국가관 및 조직의 목표 등을 명확히 심어 주고 이러한 목표를 향하여 부하들이 모두 자발적으로 참여하도록 변혁을 주도하였다. 뿐만 아니라 부하들에게 가시적 보상보다는 부하들 스스로 얻는 내재적 보상을 느끼도록 하여 부하들이 조직에 몰입하도록 하였다. 또한 창의력을 발휘하여 새로운 전술/전략 및 무기개발을 통하여 조직의 힘을 강화하였다, 그 결과 부하들의 가치관을 변화시켜 전투에서 승리할 수 있었다. 징기스칸, 나폴레옹은 부하들에게 비전을 제시하고, 새로운 전술 등을 개발 할뿐만 아니라 훈련을 통하여 자신감을 부여하고 그들의 힘을 결집시켜 조직의 목표를 달성한 경우이다.

3.2.5.2. 분석 결과

군 조직은 외부로부터의 침략을 대비하기 위한 목적하에 형성된 조직이므로 무엇보다 강력한 정신적 무장을 요구하고 있다. 이것은 전쟁시에는 목숨을 희생해야 한다는 말도 포함하고 있다. 따라서 성원들 사이에는 긴밀한 상호신뢰가 요구된다. 이와 같은 군 조직에서는 역사 자료를 보았을 때 변혁적 리더십을 발휘하여 성공한 명장의 경우를 많이 발견할 수 있다. 이것은 비영리를 추구하는 군 조직에서는 변혁적 리더십이 효과를 발휘한다고 유추할 수 있다.

4. 연구방법 Ⅱ

4.1. 연구방법 2

4.1.1. 연구대상

내용분석을 통해 얻은 결과의 타당성을 검증하기 위하여 본 연구에서는 명장들이 가지고 있는 능력과 성격적 특성을 역량으로 정의한 후(물론 명장에게 없어서는 안될 성과에 영향을 미치는 요인들을 찾아낸 후 역량으로 정의하는 것도 한 가지 방법이지만, 본 논문에서는 기존의 리더십이론에서 주장 하는 성격과 특성을 다음의 두 가지 이유에서 명장의 역량이라고 정의하였다. 첫째, 연구방법 1에서 사용된 내용분석으로부터의 결과와 일치여부를 고려해야 하므로, 기존의 리더십이론에서 주장하고 있는 성격과 능력을 역량으로 정의하였다. 둘째, 역량을 새롭게 정의할 경우 새로운 리더십이론이 등장할 수 있어 리더십이론의 발전에 도움이 되는 것이 사실이지만, 본 연구의 목적은 명장들이 가지는 특징을 기존의 리더십이론과 비교하는 것이므로 기존의 특성이론에서 사용한 능력과 성격을 역량으로 정의하였다.

물론 리더십이론에서 중시하고 있는 모든 특징(특성과 행동 등)을 역량으로 정의하여 연구결과를 도출하는 것이 바람직하며, 많은 연구자들로 하여금 역량을 학습하게 하여 명장들이 가지는 역량을 응답하게 한다면 더욱 말할 나위 없이 좋지만 본 연구에서는 시간과 비용의 제약으로 인하여 3명의 명장에 대한 능력과 성격적 특성에 대한 정의를 3명의 대학원생들에게 학습하게 한 후 이들로 하여금 3명의 명장에 대한 능력과 성격적 특성에 대한 역량을 응답케 하였다(세 명의 명장 역량에 대한 연구자 세 명의 평균상관관계는 0,57($p<.05$)로 나타났다). 만일 이들이 응답한 결과가 내용분석의 결과와 일치한다면 내용분석의 결과가 타당하다고 볼 수 있다.

4.1.2. 역량의 정의

본 연구에서는 명장들이 가지는 능력과 성격적 특성을 역량으로 보고 다음과 같이 정의를 내렸다.

(1) **행정능력** : 행정(行政)이란 국가 기관에서 법에 따라 행하는 정무(政務)를 말하고, 능력(能力)이란 어떤 일을 해낼 수 있는 힘을 의미한다. 따라서 행정능력이란 국가 기관에서 법에 따라 정무를 잘 처리할 수 있는 것으로 정의하였다.

(2) **지략** : 지략은 슬기로운 계략을 의미하는 것으로, 본고에서는 적과의 전쟁에서 적의 공략에 대한 대비나 직접적으로 적과의 전쟁수행에 있어 적이 계획하고 있는 전략을 역이용 한다든지 미리 예측하여 수적 열세에도 불구하고 전쟁을 승리로 이끌어 내는 것으로 정

의하였다.

(3) **어휘 구사력** : 어휘는 어떤 사람 또는 어느 부문에서 사용되었거나 사용되고 있는 단어의 전체를 의미하고 구사력은 마음대로 다루어 쓸 수 있는 능력을 의미한다. 따라서 어휘 구사력은 어휘를 마음대로 다루어 쓸 수 있는 능력을 의미하고, 따라서 본 고에서는 구체적으로 어휘를 자유롭게 사용하여 결국은 상대(적이나 설득시켜야 할 대상)를 자기의 의지나 뜻에 따라 설득시켜는 능력으로 정의하였다.

(4) **전투감각** : 전투는 전쟁에서 이기기 위해 온갖 병기를 써서 직접 맞붙어 싸움, 또는 그런 무력 행동을 말하고, 감각은 사물의 가치나 변화 등을 알아내는 정신 능력을 말하는 것으로 전투감각은 전투상황에서 사물의 가치나 변화 등을 알아내는 정신능력을 의미한다. 따라서 본고에서는 전투상황의 변화에 따라 전투방식을 결정하여 전쟁을 승리로 이끄는 것으로 정의하였다.

(5) **창의력** : 창의력은 새로운 착상이나 의견을 생각해 내는 능력을 의미하므로 본고에서는 새로운 병기의 발명이나 상황에 따라 전술을 새로운 방법으로 기획하는 것으로 정의하였다.

(6) **책임감** : 책임감은 책임을 중히 여기는 마음을 의미하므로 자신에게 불리한 상황 즉, 부하의 잘못이나 과실로 또는 오해나 누명을 쓴 상황에서도 끝까지 자신의 그 모든 것을 받아들이는 마음으로 정의하였다.

(7) **용기** : 용기는 씩씩하고 굳센 기운을 말하므로 자신에게 이익이나 입지를 고려해 쉽게 나설 수 없는 상황(전쟁시나 임금의 앞)에서 올바르게 소신에 따라 행동하는 것으로 정의하였다.

(8) **인간애** : 인간애는 인간과 애가 합쳐 있으므로 둘을 분리하면, 인간(人間)은 사람, 인류(人類)를 의미하고, 애(愛)는 사랑을 의미한다. 즉 인간애란 사람을 사랑하는 마음을 의미한다. 본고에서는 인간애를 백성을 사랑하는 마음으로 정의하였다.

(9) **외향적** : 외향적인 성격은 사회적이고, 활달한 것을 의미한다, 따라서 본 고에서는 남들과 잘 어울리거나. 호탕한 성격으로 정의하였다.

(10) **침착** : 행동이 들뜨지 않고 조용함을 의미한다. 따라서 조용하고, 생각이 깊으며, 앞을 내다볼 줄 아는 것으로 정의하였다.

(11) **주도적** : 주도적은 주장이 되어 이끌거나 지도하는 것을 의미하는 것으로, 본고에서는 모든 일에 선두에 앞장서는 것으로 정의하였다.

(12) **추진력** : 추진력이란 앞으로 밀고 나갈 수 있는 힘을 의미하므로, 본고에서는 맡은 일에 대해 계획을 세워 강력하게 밀어부치는 것으로 정의하였다.

(13) **학구적** : 학구적이란 학문 연구에 몰두하는 것을 의미한다. 따라서 글공부를 게을리

하지 않고 책을 많이 읽는 것으로 정의하였다.

(14) **협동심** : 협동은 어떠한 일을 함에 있어 마음과 힘을 합하는 것을 의미함으로 협동심은 어떠한 일을 하는데 있어 함께 마음과 힘을 합하려 하는 것(성질)으로 정의하였다.

(15) **대인관계** : 남(타인)의 관계가 좋은가 또는 좋지 않은가로 정의하였다. 본고에서는 상사, 동료, 부하 간의 대인관계를 각각 살펴보았다.

(16) **인기중시** : 시류에 영합하지 않고 소신을 다해 의견을 피력하는 것으로 자신의 인기를 다른 무엇보다 중요시 하는가로 정의하였다.

(17) **청렴결백** : 청렴결백은 마음이 맑고 깨끗하며 재물 욕심이 없는 것으로 정의하였다.

4.1.3. 연구의 설계

대학원생들로 하여금 이러한 17가지의 역량에 대한 정의를 숙지하게 한 다음, 정확한 의미를 알게 하였다. 3명의 대학원생들로 하여금 각각의 정의에 대해 토론케 함으로써 보다 정확한 의미를 알 수 있게 하는 것도 바람직한 방법이지만 본 연구에서는 토론 후 나타날 수 있는 오류를 방지하기 위하여, 각자가 정의를 숙지한 후 이순신, 강감찬, 최영 등 세 명의 명장에 관한 저서를 읽게 한 후, 이들이 17가지 각각의 역량을 어느 정도 가지고 있는가를 아주 많음, 보통, 아주 적음의 세 가지로 응답하게 하였다. 이들이 응답한 결과를 수합하여 연구결과가 도출되었다.

4.2. 연구결과 2

4.2.1. 명장들의 역량(능력)에 관한 결과

<표 9>에서 보는 바와 같이 3명의 연구자들이 지각한 명장들의 능력(역량)은 이순신과 강감찬 장군들의 경우 지략이 매우 높은 것으로 나타났으며 최영의 경우 한명의 연구자는 매우 높게, 2명의 다른 연구자들은 보통인 것으로 응답하였다. 또한 전투감각의 경우 이순신 장군은 매우 높게 나타난 반면, 강감찬과 최영 장군의 경우 한 명의 연구자는 매우 높게, 나머지 두 연구자들은 보통으로 평가하였다. 또한 어휘 구사력의 경우 보통으로 응답한 결과가 많았지만 문헌상 언급이 없는 부분도 많은 것으로 나타났다. 행정능력 역시 이순신 장군의 경우 매우 높은 것으로 응답하였다. 이러한 연구결과는 내용분석에서 보여준 결과와 일치한다고 볼 수 있다. 예를 들어 내용분석 결과에 따르면. 이순신은, 행정능력과 지략 그리고 전투감각이 뛰어난 것으로 나타나 3명의 연구자들의 응답과 일치하였고, 강감찬의 경우 지략과 행정능력이 매우 높은 것으로 나타나 역량분석의 결과와 일치한다고 볼 수 있다. 또한 최영의 경우 지략은 보통으로 내용 분석결과와 역량분석의 결과가 일치하는 것으로 볼 수 있다.

표 9. 연구자들이 지각한 명장들의 역량(능력)

명 장	연구자	행정능력	지 략	어휘구사력	전투감각
이순신	R1	△	○	△	○
	R2	○	○		○
	R3	△	○	△	○
강감찬	R1	○	○	△	△
	R2	○	○		○
	R3	△	○		△
최 영	R1	△	○	△	○
	R2		△	△	△
	R3	△	△		△

o : 매우 높음, △ : 보통, X : 매우 낮음
공란의 경우는 연구자들이 문헌상 찾을 수 없는 경우를 말함

<표 10>에서 보는 바와 같이 3명의 연구자가 응답한 명장들의 역량(성격적 특성)은 이순신의 경우 창의력, 책임감, 용기, 인간애, 주도적, 추진력에 있어 매우 높은 것으로 나타난 반면, 강감찬의 경우 용기, 인간애, 주도적, 그리고 학구적인 면에서 매우 높은 것으로 나타났으며 최영의 경우 책임감, 용기, 침착, 주도적인 특성에서 매우 높은 것으로 나타났다. 이러한 연구결과는 내용분석의 연구결과와 유사하지 않은 면도 있지만 대체로 유사하다고 볼 수 있다. 예를 들어 내용분석의 결과에 따르면, 이순신은 책임감, 용기, 인간애, 주도적, 추진력인 측면에서 매우 높은 것으로 나타났고, 강감찬의 경우 책임감, 용기, 인간애, 주도적, 학구적인 면에서 매우 높은 것으로 나타났다. 최영의 경우, 용기, 주도적인 면에서

표 10. 연구자들(3명)이 본 명장들의 역량(성격적 특성)

명장들의 성격적 특성	연구자	창의력	책임감	용 기	인간애	외향적	침 착	주도적	추진력	학구적
이순신	R1	○	○	○	○		○	○	○	○
	R2	○	○	○	○	△	○	○	○	△
	R3	○	○	○	○	△	△	○	○	△
강감찬	R1			○	○			○		○
	R2	△	○	○	○	△	△	○	△	○
	R3	△	○	○	○		△	○	△	○
최 영	R1		○	○	○		○	○	○	○
	R2	X	○	○	△	△	○	○	△	X
	R3	△	○	○	○	△	○	○	△	△

o : 매우 높음, △ : 보통, X : 매우 낮음
공란의 경우는 연구자들이 문헌상 찾을 수 없는 경우를 말함

매우 높은 것으로 나타났다. 그러나 역량분석결과에 따르면 내용분석의 결과와는 달리 최영의 경우 인간적인 면과 추진력이 높은 것으로 나타났다. 이러한 결과는 내용분석의 경우 중요한 점을 생략할 수 있다는 점에서 향후 역량분석을 수행하는 것이 보다 구체적일 수 있다는 점을 말해준다.

4.2.3. 명장들의 역량(대인관계)에 관한 결과

<표 11>에서 보는 바와 같이 3명의 연구자들은 최영과 강감찬은 매우 청렴결백하다는 점에 동의를 하였다. 이러한 결과는 내용분석의 결과와 일치한다. 또한 이순신, 최영, 강감찬은 협동심, 대인관계, 인기중시에 있어서 비록 한두 개의 특성은 일치를 보이지 않으나 대체로 보통이거나 낮은 것으로 3명의 연구자는 보았다. 이러한 결과는 내용분석의 결과와 일치하는 것이다.

표 11. 연구자들(3명)이 본 명장들의 역량(사회적 특성)

명 장	연구자	협동심	대인관계			인기중시	청렴결백
			상관	동료	부하		
이순신	R1		△		○		△
	R2	○	△	△	△	X	○
	R3	△	△	△	△	X	△
강감찬	R1						○
	R2	○	△	○	○	X	○
	R3	△	△	△		X	○
최 영	R1						○
	R2	X	△	X	○	X	○
	R3	△	△	△	△	X	○

o : 매우 높음, △ : 보통, X : 매우 낮음
공란의 경우는 연구자들이 문헌상 찾을 수 없는 경우를 말함

5. 결 론

5.1. 연구결과

본 연구는 기존의 리더십 이론들을 분석수준에 기초하여 정리 요약하였으며, 리더십 이론들 중 명장에게 적용될 수 있는 특성이론, 행동이론, 상황이론, 그리고 변혁적 리더십이론을 중심으로 명장들이 가지는 특성과 행동에 초점을 맞추었다. 내용분석과 역량분석을 통하여 파악된 명장들의 공통된 특성과 행동은 다음과 같다.

첫째, 자질 면에서는 명장들의 특성은 다양하나 공통적인 특징은 대부분의 명장은 지략이 뛰어났다는 것이다. 지략은 슬기로운 계략을 의미하는 것으로 적과의 싸움에서 적의 공격에 대한 대비나, 적을 공격함에 있어서의 계획과 전략을 세워 전쟁을 승리로 이끌어 내는 것을 말한다, 이러한 지략은 명장이 되기 위한 필수적인 요인이 될 수밖에 없다. 예를 들어 전쟁을 승리로 이끈 장군(수)들은 명장이 되지만 전쟁을 승리로 장식하지 못한 장군은 명장이 되지 못하기 때문이다. 따라서 명장이 되기 위한 첫 번째 자질은 지략이라고 볼 수 있다.

둘째, 명장들이 보이는 가장 중요한 성격적 특성으로는 주도성, 추진력, 학구적으로, 명장들의 경우 일을 주도적으로 수행하며, 추진력이 뛰어나고, 학구적으로 연구에 힘씀으로써 전략/전술 및 발전된 과학기술을 전쟁/전투에 적용하였음을 볼 수 있다. 또한 대인관계에 있어서 비록 공통적인 요소는 아니지만, 부하와의 관계를 중시한 명장들도 있음을 보여주고 있다.

셋째, 명장들이 발휘한 리더십은 상황에 따라 다르게 나타난바, 주로 패배상황에서 명장들이 후원적인 리더십을, 연합부대를 지휘하는 경우 참여적 리더십을, 전투실시단계에서는 지시적 리더십을 발휘하는 것으로 나타났다. 예를 들어 롬멜이나 나폴레옹, 그리고 아이젠하워는 각각 다른 상황에서 다른 리더십을 발휘했지만(예를 들어, 나폴레옹의 경우 전투상황에서는 지시적 리더십, 패배상황에서는 후원적 리더십, 그리고 지휘관에 대해서는 성취지향적 리더십을 발휘했음), 그 외에는 대부분의 명장들이 후원적 리더십을 발휘하는 것으로 나타났다. 이러한 결과는 비록 상황에 따라 각기 다른 리더십을 발휘하는 것이지만 그 사례가 많지 않아 일반화시키기는 어렵다고 볼 수 있다.

넷째, 명장들은 변혁적 리더십을 구사하는 경우가 많은 것으로 나타난바, 예를 들어 이순신, 아이젠하워, 징기스칸, 나폴레옹, 몽고메리 등은 국가의 비전, 지적자극, 새로운 전술의 개발, 일체감 조성, 국가관, 개별적인 배려 등을 통하여 전쟁을 승리로 이끌었다.

5.2. 추가적 발견

5.2.1. 한국 명장과 외국 명장의 비교 분석

역사 자료를 통해서 본 역대 명장들은 각자의 개성차(個性差)가 나타나 있기는 하지만 동시에 국적, 인종, 사상, 문화, 시대 등의 차이를 초월하여 리더로서의 공통성을 엿볼 수 있었지만 한국 명장과 외국 명장들의 리더십에 관한 사상적 배경(리더십에 관한 접근)이 다소 차이가 있음을 발견할 수 있었다. 외국의 명장들의 리더십에 관련된 공통된 사상은 보편적인 상식과 실용적인 행동 규범으로 규명하는 것을 바탕으로 한 반면 한국의 명장들은 리더십을 도(道)의 경지로 규정하고 행동규범으로 삼았다. 즉, 장군은 지(智), 신(信), 인(仁), 용(勇), 엄(嚴)을 갖추어야 한다고 생각하고 또한 지휘활동시 이를 기준으로 하여 행동했음을 볼 수 있다. 이 사상은 현재 장교를 배출하는 육군사관학교의 교훈이 지(智), 신

(信), 용(勇)임을 보았을 때 아직까지 우리 군의 리더십에 관련된 사상으로 지, 신, 인, 용, 엄을 수용하고 있음을 부인할 수 없다.

참고로 손자(孫子)가 손자병법에서 말한 장군의 갖추어야 할 여건으로서의 지, 신, 인. 용, 엄을 풀이하면 다음과 같다. 지(智)란 임기응변하여 스스로의 불리한 조건을 극복할 수 있는 능력 또는 기지를 말하는 것이고, 신(信)이란 부하들로부터 신뢰를 받아야 한다는 것이다 그러기 위해서는 먼저 신상필벌(信賞必罰)을 해야 한다고 생각했다. 인(仁)이란 부하들의 노고를 이해하고 노약자를 동정할 수 있는 마음가짐을 말한다. 그렇게 했을 때 부하들은 그 지휘관을 위해 기꺼이 목숨을 바치게 되는 법이다. 용(勇)이란 적을 앞에 두고 두려워하지 않으며 어려운 처지에 놓이더라도 굴하지 않고 싸울 수 있는 마음가짐을 뜻한다. 엄(嚴)이란 명령을 엄격히 지켜 작전에 차질이 없도록 하는 것을 말한다.

따라서 한국의 명장의 경우 지휘통솔(리더십)을 할 때 신상필벌한 기록이 많이 나타났고, 신(信)과 인(仁)을 위해 솔선수범(率先垂範)한 행동과 부하들과 동고동락(同苦同樂)한 행동을 많이 했음을 볼 수 있었다. 이는 한국과 일본 명장의 공통점이기도 하다. 앞으로 동양에서 추구했던 리더십에 관련된 사상을 보다 구체적으로 학문적으로 연구 발전시킬 필요와 주로 서양에서 주장되어 온 리더십이론과 접목시킬 필요성이 있음을 지적해 두고 싶다.

조직 속에서의 인간은 상관, 동료와 부하들과 인간관계를 맺고 살아가고 있다. 역대 명장들 또한 이러한 인간관계속에서 조직의 효율성을 증진하기 위해 노력하였다. 이중 특이한 것은 대부분의 명장들이 상관과의 인간관계보다도 부하와의 인간관계에서 좋은 관계를 유지한 경우가 많았다.

5.3. 연구의 한계

본 연구에서는 역대 명장들의 리더십에 관한 자료의 제한으로 연구의 어려움이 있었다. 예를 들어 본 연구에서 사용된 40명의 명장 중 학자에 따라서는 명장으로 분류하지 않을 수도 있다는 점을 들 수 있다. 또한 한국 명장들의 기록은 실적 위주의 기록으로 리더십에 관련된 내용을 찾기에 많은 어려움이 있었으며, 아울러 역사 자료를 기술함에 있어서 한국의 역사 자료는 실질적으로 기록되어 있지 않는 경우가 많아서 아쉬움이 남았다. 또한 명장들의 리더십에 관련된 행위를 리더십이론에 따라 분류하는데 있어 기업의 리더들을 중심으로 개발된 리더십이론과 맞지 않는 부분들이 많아 어려움이 있었다. 뿐만 아니라, 변혁적 리더십이론에서 카리스마는 일종에 특성으로 볼 수 있지만, 본 연구에서는 특성이론과 변혁적 리더십이론을 구분하여 본점 또한 본 논문의 한계점이라 할 수 있다. 또한 질적인 자료를 양적인 자료로 전환하는데 있어 내용분석이 가지는 약점을 극복하기 위하여 두 명의 연구자가 관련 자료를 각각 읽고 공통의 지적 사항을 토로하는 과정에서 가끔은 기억이 희미하여 다시 원저를 뒤적이는 경우가 많아 연구결과에 조금은 영향을 미쳤을 것으로 판단된다.

이러한 단점을 극복하기 위하여 본 연구에서는 명장들이 가지는 능력과 성격적, 사회적 특성을 역량으로 정의하고 3명의 연구자들로 하여금 이순신, 최영, 강감찬의 저서를 읽고 3명의 장군이 가지는 특성에 대해 응답하였다. 역량분석의 결과는 대부분 내용분석의 결과와 일치한다는 점에서 상당히 고무적이나, 명장들이 가지는 능력을 오직 능력과 특성측면에서만 정의하고 분석을 하였다는 점에서 본 연구는 한계를 가진다고 볼 수 있다. 또한 다수의 연구자들로 하여금 응답을 하게 한 후 응답을 비교했다면 얻은 결과가 보다 타당성이 있을 것이다. 그러나 비용과 시간의 제약상 3명의 연구자를 사용했다는 점 역시 본 연구의 한계라 할 수 있다. 또한 3명 연구자의 응답에 관한 상관관계가 비록 통계적으로 유의하지만, 높은 상관계수를 보이지 않는다는 점에서 측정오류를 범할 수 있고 따라서 향후 많은 수의 평가자로 하여금 평가를 하게 하여 신뢰도를 높이는 연구가 진행되어야 할 것으로 판단된다. 또한 본 논문이 가지는 한계점 중 평가자들이 3명의 명장만을 평가하도록 한 것 역시 모든 명장을 분석하지 않았다는 점에서 또 다른 한계점이라 할 수 있다. 따라서 향후 역량을 분석하는데 있어 보다 많은 연구자와 명장들을 분석할 필요가 있다고 보여진다.

5.4. 결 론

본 연구에서는 기업의 리더들을 대상으로 개발된 리더십이론 중 특성이론, 상황이론, 변혁적 리더십이론을 중심으로 명장들이 가지는 리더십에 대해 살펴보았다. 이러한 연구결과를 토대로 명장이 되기 위해서는 다음과 같은 네 가지를 가지고 있어야 한다:

첫째, 지략을 갖추기 위해 항상 학구적인 습관을 견지하여, 불명확한 상황의 연속인 전투/전쟁시 해답을 줄 수 있는 능력(지략)을 구비하여야 한다.

둘째, 업무는 항상 주도적으로 추진력 있게 실시해야 한다.

셋째, 부하들과 동고동락하고, 어려운 상황에서는 진두지휘하여 부하들과의 신뢰를 구축해야 하고, 부하들이 지휘관에 대한 이미지를 강하게 가질 수 있게 인기에 영합하지 말고 소신껏 지휘하여야 한다.

넷째, 상황과 부하에 따라 다양한 리더십을 구사할 수 있는 능력을 구비해야 한다.

다섯째, 부하들에게 국가관과 전쟁목적, 그리고 비전을 제시하고, 새로운 전술을 통하여 새롭게 사물을 보게 하는 지적자극을 주며, 개별적인 배려로 일체감을 조성하고 전쟁을 승리로 이끌 수 있도록 동기부여를 하며, 철저한 교육 훈련으로 전투력을 향상시키도록 해야 한다.

참고문헌

강창구외 (1978), 명장 명언집, 병학사.

김경수, 김공수, 최광신, 김순영 (2000), 허시와 블랜차드의 상황적 리더십이론의 재고찰, 인사관리연구, 24집, 289-318.

김선유 (1991), 걸프전쟁, 청림출판사

김형배 (1995), 위대한 장군들은 어떻게 승리하였는가? 홍문당.

공군본부 (1991), 걸프전생분석, 공군본부.

국방부 전사 편찬 위원회 (1987), 海東名將傳, 국방부 군 홍보 관리소.

국방부 (1980), 지휘/통솔(上,下), 국방부.

_____ (1983), 정신전력 지도 지침서.

나가미데히데오 (1989), 제국의 혼, 을지서적.

노병천 (1996), 도해세계전사, 한원출판사.

_____ (1992), 세계전쟁사, 병학사.

_____ (1993), 도해 손자병법, 병학사.

리델 하이트 (1994), 발란타인-제2차 세계대전 시리즈(맥아더, 롬멜, 패턴), 백조출판사.

로저 H 나이 (김형모 역), 지휘의 도전, 한원출판사.

매듀 B 리지웨이 (1984), 김재관 역, 한국전쟁, 정우사.

보브 우드웨르 (1991), 사령관들, 중앙출판사.

이이화 (1988), 인물 한국사, 한길사.

육군사관학교 (1982), 지휘론, 서울대명사.

__________ (1991), 나라를 빛낸 명장들.

육군본부 (1990), 몽고메리 원수(군사 연구), 육군본부.

_______ (1991), 걸프전쟁 : 군사 연구 109호, 육군본부.

정일우 (1973), 지휘관, 중앙문화사.

조성도 (1989), 충무공의 생애와 사상, 명문당.

천관우 (1987), 인물로 본 한국 고대사, 정음문화사.

홍량호 (1794), 해동명장전, 국방부 전사편찬위원회 번역.

황원신 (1988), 역사 인물 기행, 한국일보사.

황인수 (1987), 한국적 지휘 통솔, 국군홍보 관리소.

Bass, B.M. (1985). Leadership and performance beyond expectations. New York: Free Press.

________. (1990). Bass and Stogdill's handbook of leadership: Theory, research and managerial expectation(3rd ed.). New York: Free Press.

________. (1999). On the taming charisma: A reply to Janice Beyer. Leadership Quarterly, 10. 541-554.

Berson, Y., Shamir, B., Avolio, B.J., & Micha Popper, M. (2001). The relation ship between vision strength. leadership style. and context. Leadership Quarterly 12, 53-73.

Bevin Alexander (1993). How Great Generals Win W.W. Norton & Company.

Bommer, W.H., Rubin, R.S., & Baldwin, T.T. (2004). Setting the stage for effective leadership: Antecedents of transformational leadership behavior. Leadership Quarterly 15, 195-210.

Conger, J.A., & Kanungo, R.N. (1988). Behavioral dimensions of charismatic leadership. In J. A. Conger & R. N. Kanungo (Eds.), Charismatic Leadership (pp.40-77). San Francisco: Josey-Bass.

__________________________. (1998). Charismatic Jeadership in organizations. Thousand Oaks. CA. Sage.

Dansereau, F., Graen, G., & H aga, J. (1975). A vertical dyad linkage approach to leadership within formal organization: A longitudinal investigation of the role making process. Organizational Behavior and Human Performance 13, 46-78.

Fiedler, F.E. (1967). A theory of leadership effectiveness. New York: McGraw-Hill

Graen, G.B., & Uhl-Bien, M. (1995). Relationship based approach to leadership development of leader-member exchange(LMX) theory of leadership over 25 years: Applying a multilevel and multi domain perspective. Leadership Quarterly, 6. 219-247.

Headerquaters (1990). Military Leadership. Department of the Army U.S.A.

Hersey. P. & Blanchard. K.H. (1984). The management of organizational behavior 'Englewood Cliffs. NJ : Prentice Hall

House, R.L. (1971). A path-goal theory of leader effectiveness. Administrative Science Quarterly, 16. 321-329.

__________. (1999). Weber and neo-charismatic leadership paradigm. A response to Beyer. Leadership Quarterly, 10. 563-574.

Keller. T. (1999). Images of the familiar. Individual differences and implicit leadership theories. Leadership Quarterly, 10. 589-608.

Kerlinger, F.N. (1973). Foundations of behavioral research London: Holt, Rinehart & Washington.

Kent, T.W., John C., Crotts, J.C., & l Azziz, A. (2001). Four factors of transformational leadership behavior. Leadership & Organization Development Journal. 221-229.

Kim, K., Dansereau, F., & Kim, I.S. (2002). Extending the concept of charismatic leadership: An illustration using Bass (1990) categories. In B.J. Avolio & F.J. Yammarino° (Eds.). Transformational and charismatic leadership: The road ahead Kidlington. Oxford. UK: Elselvier Science.

Klein, K.J., Dansereau, F., & Hall, R.J. (1994). Levels issues in theory development. data collection, and analysis. Academy of Management Review, 19, 195-229.

Kouzes, J.M., & Posner, B.Z. (1995). The leadership challenge: How to keep getting extraordinary things done in organizations. San Francisco: Jossey-Bass.

Price, T.L. (2003). The ethics of authentic transformational leadership. Leadership Quarterly 14, 67-81.

Rafferty, A.E., & Griffin, M.A. (2004). Dimensions of transformational leadership: Conceptual and empirical extensions. Leadership Quarter]y 15, 329-354.

Sarros, J.C., & Santora, J.C. (2001). The transformational-transactional leadership model in practice. Leadership & Organization Development Journal. 383-393.

Schriesheim, C., Cogliser, C.C., & Neider, L.L. 0995). Is it trustworthy? A multiple-levels of-analysis reexamination of an Ohio State leadership study. with implications for future research. Leadership Quarterly 6, 111-145.

Shamir, B. (1999). Taming charisma for better understanding and greater usefulness. Leadership Quarterly 10. 555-562.

Sosik, J.J., Godshall, V.M., & Yammarino, F.J. (2004). Transformational leadership. learning goal orientation. and expectations for career success in mentor-protege relationship. A multiple levels of analysis perspective. Leadership Quarterly 15, 241-261.

Waldman, D.A., Javidan, M. & Varella, P. (2004). Charismatic leadership at the strategic level : A new application of upper echelons theory. Leadership Quarterly 15, 355-380.

Wayne, S.J., Shore, L.M., & Liden, R.C. (1997). Perceived organizational support and leader-member exchange: A social exchange perspective. Academy of Management Journal. 40. 82-111.

Yammarino, F.J. (1998). Multivariate aspects of the Varient/WABA approach : A discussion and leadership illustration. Leadership Quarterly, 9. 203-228.

Yammarino, F.J., Dubinsky, A., Comer, L., & Jolson, M. (1997). Women and transformational and contingent reward leadership: A multiple levels of analysis perspective. Academy of Management Journal, 40, 205-222.

Yammarino, F.J., Dubinsky, A.J., & Spangler, W.D. (1998). transformational and contingent reward leadership: Individual. dyad. and group-levels of analysis. Leadership Quarterly, 9. 27-54.

Yuki, G. (1989). Leadership in Organizations. Prentice Hall International INC.

_______. (1999). An evaluation of conceptual weakness in transformational and charismatic leadership theories. Leadership Quarterly, 10, 285-305.

Leadership for Excellent Soldiers

Kyoung-Su Kim*, Mi-Rye Seo**, Byoung-Ju Kim***,
Rae-hyo Park****, Young-Man Jo*****, Jeong-Ha Chang******

Abstract

The purpose of this paper is to investigate leadership for excellent soldiers on the basis of current leadership theories such as traits. behavioral, situational, and transformational/ charismatic. For accomplishing the purpose, this paper defines current leadership theories in terms of levels of analysis - person, dyad, group, and collectivity. In addition. two different methods are used to investigate leadership for excellent soldiers. First. content analysis is conducted, in which two researchers respectively read numerous books for 20 excellent Korean and 20 foreign soldiers and attempt to investigate whether excellent soldiers show special traits and behaviors. Second. competence analysis is performed to show whether the results from content analysis are valid. in which 17 different competences are defined and in which three different researchers evaluate three Korean excellent soldiers(i.e .. Sunsin Lee, Gamchan Gang, and Young Choi) on the basis of those 17 competences.

The results from content analysis show that excellent soldiers have special traits such as resourcefulness (cleverness). taking the initiative. and drive The results also demonstrate that excellent soldiers show behaviors depending on situations. For example. they tend to show directive leadership behavior in war, supportive behavior in a defeat, and participative leadership behavior in commanding the allied forces. The results also show that excellent soldiers are transformational leaders, i.e., try to establish innovation for new values, beliefs, and attitudes. create a vision, and inspire and encourage followers to participate in changes.

The results from competence analysis show that 3 Korean excellent soldiers are resourceful (clever). taking the initiative. and being drive. These results are congruent with the results from content analysis. In addition, the results from competence analysis show that 3 Korean excellent soldiers are courageous and taking responsibility.

The additional results from this study show that Korean and foreign excellent soldiers have different traits, in which Korean excellent soldiers are being upright and self-obsessed, but foreign excellent soldiers are academic.

These results suggest that soldiers, to become excellent soldiers. have special traits such as resourcefulness, taking the initiative and drive, show appropriate leadership behaviors depending situations. and are being transformational. The results also suggest that there are common characteristics for being excellent soldiers in Korea and foreign countries, but there are different characteristics in Korea and foreign countries. These results and limitations of this are discussed

Key words : leadership, level of analysis, content analysis, competence analysis, excellent soldiers.

---

* Professor. Chonnam National University.
** Doctoral Degree, Chonnam National University.
*** 268 Army General.
**** Doctoral Student, Chonnam National University.
***** Doctoral Student, Chonnam National University.
****** Doctoral Degree, Chonnam National University.

제3부

집단수준에서의 리더십

제3장 행동이론

제4장 상황적합성이론

제5장 ALS, VDL, IL 이론

제6장 셀프리더십과 수퍼리더십

제3장 행동이론

리더십 행동이론은 집단구성원들에게 영향력을 발휘하여 집단이 목표를 달성하게끔 하는 리더행동을 규명한 이론이다. 리더행동에 대한 연구는 크게 3가지 흐름이 있는데 첫째, 오하이오주립대학의 리더십연구, 둘째, 미시간대학의 리더십연구, 셋째, 블레이크와 머튼의 관리격자(managerial grid) 또는 리더십 격자(leadership grid) 모형을 들 수 있다.

오하이오주립대학의 리더십 행동이론에 따르면 상사는 두 가지 행동을 보이는데 그 중 하나가 구조주도행동이다. 오하이오주립대학의 리더십 연구자들이 제시한 구조주도행동은 업무가 수행되는 방식으로 정의되었는바(Bass, 1981), 이러한 행동은 성과표준을 유지하는 데 심혈을 기울인다던가, 납기일을 맞춘다거나, 어떤 과업이 수행되어야 할 것인가를 세부적으로 결정하는 행동, 어떤 과업이 수행되어야 하는가와 어떻게 수행되어야 하는가에 대한 행동을 포함한다. 유클(Yukl, 1989)은 리더 자신이 집단의 목표를 달성하기 위하여 자신의 역할과 부하들의 역할을 정의하고 구조화하는 행동으로 구조주도행동을 정의하면서 부하의 저조한 성과에 대한 책망, 납기일을 맞추는 것의 중요성에 대한 강조, 부하들에게 과업을 할당, 성과에 대한 표준을 제시하는 것, 표준화된 절차를 따르도록 지시하는 행동, 새로운 문제에 대한 새로운 해결책의 제시, 부하들의 활동을 조정하는 행동, 그리고 부하들이 잠재력에 맞게 업무를 수행하는지 평가하는 행동이 포함된다고 하였다.

오하이오주립대학의 리더십 연구자들이 제시한 배려행동은 상사가 부하에 대해 친근하게 대하고, 지원해주고, 부하에게 관심을 보여주고, 이들의 복지에 대해 신경을 쓰는 정도로 정의되어 왔다(Bass, 1981; Yukl, 1989). 이러한 행동을 예로 들면, 부하에 대해 개인적으로 호의를 베풀어주는 행동, 부하가 가지는 문제에 대해 시간을 가지고 들어주는 행동, 부하를 지원해주고 후원해주는 행동, 부하에게 중대한 사건이 발생하기에 앞서 조언을 해주는 행동, 부하의 제안을 받아들이는 행동, 부하를 리더 자신과 동등하게 대함으로써 부하의 자부심(self-esteem)을 증진시켜주는 행동, 부하가 수행한 작업의 우수한 결과에 대해 인정하는 행동. 부하의 직무만족을 강조하는 행동, 부하로 하여금 편안함을 느낄 수 있도록 특별한 노력을 기울여주는 행동, 부하로 하여금 리더 자신에게 쉽게 접근할 수 있도록 하는 행동, 부하가 제안한 것을 실행에 옮기는 행동, 중요한 사항에 대해 부하의 승인을 사전에 받는 행동 등이다. 반대로 상사가 부하를 배려하지 않는 행동은 부하를 다른 사람 앞에서 비난하는 행동, 부하의 감정을 고려하지 않고 대하는 행동, 부하의 안전을 위협하는 행동, 부하의 제안을 받아들이지 않고 거부하는 행동 등을 들 수 있다(김경수 등, 2015; 박오수 등, 2008; 이경근·조용현, 2013).

미시간대학의 리더십 연구가들 역시 생산지향행동과 종업원지향행동 2가지를 리더행동으로 규명하였다. 생산지향행동은 직무의 기술적인 측면과 생산적인 측면을 강조하고 부하를 업무달성의 수단으로 보는 반면, 종업원지향행동은 부하들이 가지는 개인적인 욕구에 주의를 기울여주고 부하들의 개성을 존중해주는 행동이라고 볼 수 있다. 생산지향행동과 종업원지향행동은 오하이오 주립대학 리더십연구의 구조주도행동, 배려행동과 유사하다고 볼 수 있다.

관리격자 또는 리더십격자모형은 리더가 생산중심행동과 인간중심행동을 통하여 어떻게 집단의 목표를 달성하는가를 설명한 모형이다. 이 모형은 생산중심행동과 인간중심행동을 서로 독립적인 관계로 보고 격자모양의 그림을 제시하였으며 이를 토대로 5가지의 리더유형을 제시하였다.

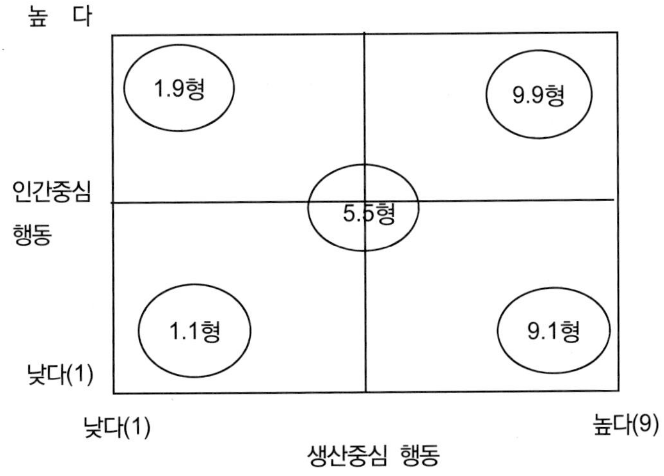

그림 3-1. 5가지 리더유형

(1-1형) : 리더는 부하직원을 배려하지 않고, 업무에 대한 명확한 지시도 하지 않으며, 목표달성에도 관심이 없고, 부하직원에 대해 무관심하다고 볼 수 있다.

(1-9형) : 리더는 지나치게 인간중심적으로 행동을 하는 반면, 부하의 업무에 대해서는 간과한다. 부하를 배려하기 때문에 부하의 만족은 높아지지만, 부하의 업무 지시에 소홀하므로 생산성은 그다지 높지 않다.

(9-1형) : 리더는 직무에만 초점을 맞추어 계획을 세우고, 마감시간을 정하며, 작업 스케줄을 짜고 지시하는 것에만 열중하지만, 부하직원들을 배려하지 않고 단순히 목표달성의 수단으로 본다.

(9-9형) : 가장 이상적인 행동을 보이는 유형으로, 리더는 직무에도 초점을 맞춤과 동시에 부하직원들을 배려함으로써 부하들로 하여금 참여를 유도하고 팀웍을 증진시키는데 초점을 두며 개방적인 마음을 가지고 행동하고, 부하들이 가지는 욕구를 충족시킴과 동시에 부하들로 하여금 업무수행에 몰입하도록 한다.

(5-5형) : 리더는 중간정도의 인간중심적 행동과 중간정도의 생산중심적 행동을 보임으로써, 부하들과 타협하는 것을 좋아하며 되도록 부하들과 갈등을 최소화하는데 중점을 둔다.

리더십행동이론은 성과를 증진시키는 최선의 리더행동을 구조주도(또는 생산중심)행동과 배려(또는 인간중심)행동으로 규명하고 리더행동을 측정할 수 있는 측정도구인 LBDQ (leader behavior descriptive questionnaire)를 개발하여 리더가 보여주는 행동에 대해 부하들로 하여금 응답하게 함으로써 리더가 보여주는 행동에 대해 리더로 하여금 인지할 수 있도록 하였다. 따라서 리더는 부하들로부터의 피드백을 통하여 자신이 보여주는 행동이 어떤 유형에 속하는지 알게 되며 훈련과 개발을 통하여 최선의 행동을 보여줄 수 있게 된다. 하지만 연구결과에 따르면 리더가 배려행동을 보일 때 부하들이 만족한다는 것은 발견하였지만 리더가 구조주도행동과 배려행동을 모두 보인다고 하더라도 리더십효과성은 높지 않은 것으로 나타나 상황에 적합한 리더행동이 존재할 수 있다는 것을 간접적으로 제시하고 있다.

배려행동과 구조주도행동은 모든 리더십 유형에서 기본적이고도 중요하게 나타나고 있는 특성이므로(Fleishman, 1957, Yukl, 1971) 이를 재조명 하는 것은 최근 조직 내 리더십의 영향력을 보다 잘 이해할 수 있는 의미를 지닌다. 이러한 이유로 최근 여러 학자들(e.g., Judge et al., 2004; Derue et al., 2011; Holtz & Harold, 2013; Lambert, et al., 2012)에 의해 배려행동과 구조주도행동에 대한 연구가 다시금 이루어지고 있으며, 이와 같은 연구들은 리더 행동 패러다임이 새로운 리더십이론의 기초가 될 뿐만 아니라 리더십 효과성의 중요한 예측변수가 된다고 가정하고 있다.

이 장에서는 두 편의 논문을 제시하고자 한다. 첫 번째 논문은 김경수와 오승희(2017)의 '부하의 능력과 도덕성이 부하의 성과에 미치는 영향: 상사 배려행동의 매개효과 검증에 관한 연구'로 이 논문에서는 부하의 능력과 도덕성이 부하성과에 긍정적인 영향을 미치는 것으로 나타났으며, 부하의 능력과 도덕성에 따라 상사가 배려행동을 보이는 것으로 나타났다. 또한 상사의 배려행동은 부하의 능력과 부하성과간의 관계를 매개하지 못하는 것으로 나타났지만, 부하의 도덕성과 부하성과간의 관계를 매개하는 것으로 나타났다. 이러한 연구결과는 상사의 배려행동이 부하에게 항상 유용하게 작용하지 않는다는 것을 의미한다. 즉 능력이 뛰어난 부하에 대해 상사의 배려행동은 유용하지 못한 반면, 도덕성이 뛰어난 부하에게 있어 상사의 배려행동은 매우 유용한 것을 의미한다.

두 번째 논문은 오승희와 김경수(2017)의 '리더의 딜레마: 구조주도행동의 부정적 효과 검증'으로 이 논문에서는 리더가 역량이 낮은 부하에 대해 구조주도행동을 보이지만 리더의 구조주도행동은 부하의 성과에 긍정적인 효과보다는 부정적인 효과를 보인다는 리더의 딜레마를 연구하였다. 리더의 딜레마는 경로목표이론과 경쟁관계에 있는 대안으로 경로목표이론에 따르면 부하의 역량이 낮은 경우 리더는 지시적 리더십(구조주도행동)을 발휘하여 부하의 성과를 높일 수 있다. 리더의 딜레마와 경로목표 이론 중 어떤 이론이 타당한가를 밝히기 위하여 공무원 조직, 교육기관, 일반기업에 재직하고 있는 665명의 직원으로부터 수집한 자료를 분석한 결과 부하의 역량과 리더의 구조주도행동은 부(-)의 관계를 가지는 것으로 나타났으며, 리더의 구조주도행동과 부하의 성과 역시 부(-)의 관계가 있는 것으로 나타났다. 그러나 분석결과 부하의 성과에 대한 리더의 지시적 리더십(구조주도행동)과 부하역량의 상호작용효과는 유의하지 않은 것을 나타났다. 이러한 결과는 경로목표이론보다는 리더의 딜레마가 타당하다는 것을 보여 준다.

부하의 역량과 도덕성이 부하의 성과에 미치는 영향: 상사 배려행동의 매개효과 검증*

김경수**, 오승희***

본 연구에서는 상사의 배려행동에 대한 유용성을 검증하기 위하여 부하가 가지는 역량과 도덕성에 따른 상사의 배려행동, 상사의 배려행동에 따른 부하의 성과, 부하의 역량과 도덕성 그리고 부하성과 간의 관계에서 상사의 배려행동에 대한 매개효과를 검증하였다. 공무원 조직, 교육기관, 사기업에 근무하는 665명의 자료를 분석한 결과 본 연구에서 예측한 바와 같이 부하의 역량과 도덕성은 부하성과에 긍정적인 영향을 미치는 것으로 나타났으며, 부하의 역량과 도덕성에 따라 상사가 배려행동을 보이는 것으로 나타났다. 또한 상사의 배려행동은 부하의 역량과 부하성과 간의 관계를 매개하지 못하는 것으로 나타났지만, 부하의 도덕성과 부하성과 간의 관계를 매개하는 것으로 나타났다. 이러한 연구결과는 상사의 배려행동이 항상 유용하게 작용하지 않는다는 것을 의미한다. 즉 역량이 뛰어난 부하는 자신의 높은 성과의 원인을 상사의 배려행동으로 귀착하는 것이 아니라 자신의 역량으로 귀착하므로 상사의 배려행동이 유용하지 못하다고 지각하는 반면 도덕성이 뛰어난 부하는 자신의 높은 성과의 원인을 상사의 배려행동으로 귀착하므로 상사의 배려행동이 유용하다고 지각한다. 결론 부분에서는 본 연구의 결과가 가지는 의미에 대해 이론적인 차원과 실무적인 차원에서 논의가 이루어졌다. 실무적인 차원에서 조직은 역량과 도덕성이 뛰어난 직원을 선발하고 개발하려는 노력을 기울여하며, 역량과 도덕성이 뛰어난 부하에 대해 상사가 배려행동을 보이는 것은 당연하지만 도덕성이 뛰어난 직원은 자신의 높은 성과에 대해 상사의 배려행동에 의한 결과라고 지각하는 반면 역량이 뛰어난 직원은 자신의 높은 성과에 대해 상사의 배려행동에 의한 결과라기보다는 자신의 역량 때문이라고 지각하므로 상사는 자신의 배려행동이 부하의 특성에 따라 다르게 지각된다는 것을 인식해야 한다는 점이 논의되었다. 이론적인 차원에서는 상사의 배려행동과 부하성과 간의 관계에 대한 이론이 재정립되어야 한다는 점과 향후 리더십을 연구하는데 있어서 상사의 입장과 부하의 입장이 동시에 고려되어야 한다는 점이 논의되었다. 또한 본 연구는 부하성과를 측정함에 있어서 주관적인 성과를 측정했으며, 상사의 배려행동을 측정함에 있어서 부하의 응답만이 사용되었고, 횡단설계로 이루어졌다는 한계점을 가지므로 향후 부하의 양적인 성과에 대한 측정과 상사의 행동을 측정함에 있어서 상사의 응답을 추가하고 종단적인 설계를 통한 연구가 이루어져야 한다는 점이 제시되었다.

주제어 : 배려행동, 역량, 도덕성, 자기유리 편견, 리더십 행동이론.

---

* 이 논문은 경영컨설팅연구 제17권 제3호, 2017, 23-34에 게재된 논문이며, 2015년 전남대학교 경영전문대학원 학술장학재단의 지원을 받아 수행된 연구임.

** 전남대학교 일반대학원 경영학부 교수(kskim@chonnam.ac.kr), 제1저자.

*** 전남대학교 일반대학원 경영학과 박사과정 수료(shohbook@hanmail.net), 교신저자.

1. 서 론

부하의 성과가 부하의 능력과 도덕성에 의해 영향을 받는다는 것은 이미 알려진 결과다(Komba, Kafanabo, Njabili, and Kira, 2012; Murphy, 1989; Schmidt, Hunter, and Outerbridge, 1986; Schwepker and Ingram, 1996; Sheehan, Husted, Candee, Cook, and Bargen, 1980). 또한 리더십 역시 부하의 성과에 영향을 미친다는 것은 이미 알려진 사실이다. 그렇다면 능력이 출중하거나 도덕성이 높은 부하에 대해 상사가 보여주는 리더십이 과연 효과적인가? 이러한 물음에 답하기 위하여 리더십 상황이론에서는 리더십이 가지는 조절효과에 대해 이론을 정립하고 검증해왔다. 그러나 본 연구에서는 리더십의 조절효과보다는 매개효과에 대해 이론을 정립하고 검증하고자 한다. 즉 능력이 출중하거나 도덕성이 뛰어난 부하에 대해 상사는 특정한 리더십을 발휘하게 되는데 상사의 리더십이 부하의 성과에 과연 영향을 미치는가를 예측하고 검증하고자 한다. 이러한 연구는 매우 중요한데 상사의 리더십 덕분에 성과가 높게 나타난다고 지각하는 부하와 상사의 리더십 덕분이 아니라 자신의 특성 때문에 성과가 높게 나타난다고 지각하는 부하는 상사의 리더십에 대한 유용성 지각에 있어서 차이를 보이기 때문이다. 예를 들어 자신의 성과를 상사의 덕분으로 귀착하는 부하는 상사의 리더십이 자신의 성과에 매우 유용하다고 지각하는 반면, 자신의 성과를 자신의 능력으로 귀착하는 부하는 상사의 리더십에 대한 유용성을 지각하지 않게 된다. 그 결과 전자의 경우 부하는 상사의 리더십을 수용하는 반면 후자의 경우 부하는 상사의 리더십을 수용하지 않게 된다.

따라서 본 연구에서는 능력이 출중하거나 도덕성이 뛰어난 부하가 상사가 발휘하는 리더십에 대하여 유용하다고 지각을 하는가를 가설로 정립하여 검증하고자 하며, 이를 위하여 능력이 출중한 부하와 도덕성이 뛰어난 부하에 대해 상사가 발휘하는 리더십이 부하의 성과를 매개하는가를 연구하고자 한다. 본 연구의 목적을 수행하기 위하여 우선 부하의 능력과 도덕성, 그리고 상사가 보여주는 리더십에 대해 논의하고자 한다.

2. 이론적 배경

2.1. 부하의 능력

부하가 가지는 능력은 업무를 수행하는데 필요한 적성과 잠재력을 의미하며 정신적 활동을 하는데 필요한 지적능력과 육체적 활동을 하는데 필요한 체력을 포함한다. 최근 들어서는 능력보다는 직무를 수행함에 있어서 효과적이고 보다 우수한 성과를 직접적으로 이끌어 내는 역량의 개념이 많이 사용되고 있는바(Boyatzis, 1982) 본 연구에서는 능력보다는 역량에 초점을 맞추고자 한다. 역량은 우수한 성과에 직접적으로 원인이 되는 개인이 가지는 기본적인 특성으로 정의되는데(김경수, 배현숙, 양동민, 2015) 이러한 특성은 기술, 경험, 모티브, 태도까지도 포함하는 개념으로서 일반적으로 투입과 산출측면에서 정의될 수 있다. 산출측면에서 역량은 한 개인이 업무를 수행함에 있어서 목표를 초과달성할 수 있을 정도의 유능함이라고 정의할 수 있으며, 투입측면에서 역량은 한 개인이 업무를 수행하는데 필요한 능력에 영향을 미치는 일련의 지식, 태도, 기술이라고 정의할 수 있다(Heffernan and Flood, 2000). 특히 Spencer와 Spencer (1993)는 역량을 측정 가능한 것으로 보고 구체적인 업무에 대한 효과적인 성과와 직접적으로 연관이 있는 개인이 가지는 특성, 예를 들어 지식, 기술, 자기개념, 특질, 모티브로 정의하고 있다. 이러한 역량의 개념 속에는 최근 기업전략론으로 등장한 조직의 핵심역량(core competence)을 개인 수준까지 분해하는 조직론적인 사고방식이 깔려있으며, 특별히 사람의 행동특성과 개념을 중시한 능력 개념이라고 할 수 있다. 즉 어떤 업무에 대해 높은 성과를 내는 사람의 행동특성(능력)의 공통점을 추출하고 모델화하여 이를 역량으로 명명한 것이다. 다시 말해 역량은 요구되고 있는 목표달성 혹은 문제해결을 위해 능력과 기술을 스스로 선택하여 성과에 연계시키는 행동능력이라고 볼 수 있다.

2.2. 부하의 도덕성

도덕성(morality)은 학자들에 의해 다양하게 정의되어 왔는데(김경수 등, 2015), 첫째, Kolberg의 도덕발달 5단계에 따르면 도덕성은 각 단계에서 다르게 정의되고 있다. 제 1단계에서 도덕은 규칙을 어기는 것을 피하는 것, 복종 자체, 타인과 사물에 해를 끼치지 않는 것으로 정의하고 있고, 제 2단계에서 도덕은 도구적 교환으로 정의되는바 자신의 이해관계와 욕구를 충족시키기 위해 행동하는 것은 물론 타인도 그렇게 하게끔 하는 것, 그리고 동등한 교환에 참여하는 것으로 정의하고 있으며, 제 3단계에서 도덕은 상호관계를 유지하는 것, 역할기대를 충족시키는 것, 선한 사람으로 보이는 것, 타인에 대해 관심을 보이고 타인을 보호하는 것으로 정의하고 중요한 덕목으로 신뢰, 충성, 존경, 감사를 들고 있다. 제 4단계에서 도덕은 한 개인이 혜택을 받는 사회적 체계를 유지하는 것으로 정의하고 있으며, 제 5단계에서 도덕은 자유롭게 동의하는 사회적 계약에 내재되어 있는 사회적 의무를 다하는 것으로 정의하고 있다. 둘째, 도덕발달단계이론과는 달리 도덕(성)은 도덕적 추론에 대한 기준이 사회적 영향력에 의해 받아들여질 수 있도록 유연해야한다는 주장(Bandura, 1986)이 제기되고 있는 바 사건이나 행동에 대한 도덕성을 판단하는 도덕적 기초(moral foundation)는 타인에게 해를 끼쳤는가의 여부(harm moral), 타인을 공정하고 공평하게 대우했는가의 여부(fairness moral), 자신이 속한 집단에 도움을 주었는가의 여부(loyalty moral), 권위(의무나 집단규범)에 복종했는가의 여부에 의해 이루어져야 한다는 입장이다.

이와 유사하게 Wojciszke (2005)에 따르면 도덕성은 한 개인의 목표가 타인에게 이득이 될 수도 있고 해가 될 수도 있다는 의미에서 타인에게 과연 이득이 되는가로 정의하고 있다. 예를 들어 한 개인이 정직하고 믿을만하고 이타적인 특성을 보여준다면 이는 곧 타인의 이익에 직결된다고 볼 수 있다. 셋째, 한국 사회에서 역시 인간을 3가지 차원(된 사람, 든 사람, 난 사람)으로 평가해 왔으며, 이중에서 가장 중요한 것은 된 사람의 차원이라고 볼 수 있다. 된 사람의 차원은 도덕성에 대한 판단으로 믿고 신뢰할만한 사람인지, 기본적인 양식을 가진 사람인지에 대한 판단이라고 볼 수 있다. 최근의 연구결과에 따르면 된 사람의 특징은 상대방을 배려하고, 예의바르고, 겸손하고, 대인관계를 두루 잘 맺고, 상대방을 잘 이해하고, 자신의 행동에 책임을 지고, 자신이 속한 집단의 이익을 위해 자신을 희생하고, 맡은 일에 최선을 다하는 것으로 나타난 반면, 못된 사람의 특징은 상대방을 배려하지 않고, 예의가 없으며, 상대방을 이용하고, 자신의 이익만을 추구하며, 불성실한 것으로 나타났다(한규석, 최송현, 정욱, 배재창, 2004).

2.3. 상사의 배려행동

오하이오주립대학의 리더십 행동이론에 따르면 상사는 두 가지 행동을 보이는데 그 중 하나가 배려행동이다. 상사의 부하에 대한 배려는 상사가 부하에 대해 친근하게 대하고, 지원해주고, 부하에게 관심을 보여주고, 이들의 복지에 대해 신경을 쓰는 정도로 정의되어 왔다(Bass, 1981; Yukl, 1989). 이러한 행동을 예로 들면, 부하에 대해 개인적으로 호의를 베풀어주는 행동, 부하가 가지는 문제에 대해 시간을 가지고 들어주는 행동, 부하를 지원해주고 후원해주는 행동, 부하에게 중대한 사건이 발생하기에 앞서 조언을 해주는 행동, 부하의 제안을 받아들이는 행동, 부하를 리더 자신과 동등하게 대함으로써 부하의 자부심(self-esteem)을 증진시켜주는 행동, 부하가 수행한 작업의 우수한 결과에 대해 인정하는 행동. 부하의 직무만족을 강조하는 행동, 부하로 하여금 편안함을 느낄 수 있도록 특별한 노력을 기울여주는 행동, 부하로 하여금 리더 자신에게 쉽게 접근할 수 있도록 하는 행동, 부하가 제안한 것을 실행에 옮기는 행동, 중요한 사항에 대해 부하의 승인을 사전에 받는 행동 등이다. 반대로 상사가 부하를 배려하지 않는 행동은 부하를 다른 사람 앞에서 비난하는 행동, 부하의 감정을 고려하지 않고 대하는 행동, 부하의 안전을 위협하는 행동, 부하의 제안을 받아들이지 않고 거부하는 행동 등을 들 수 있다(김경수 등, 2015; 박오수, 임유신, 고동운, 2008; 이경근, 조용현, 2013).

3. 가설의 설정

3.1. 부하의 역량과 도덕성 그리고 부하의 성과

3.1.1. 부하의 역량과 부하의 성과

부하의 역량이 높다면 역량의 정의에 따라 성과는 높게 나타날 것이다. 앞에서도 언급한 바와 같이 역량은 성공적인 직무 수행에 필요한 능력, 행동과 특성 등을 포함하는 것으로 Spencer와 Spencer(1993)는 역량을 통해 그 사람의 직무 능력을 예측할 수 있다고 주장하였다. 1990년대 말 이후에 역량 기반의 인적자원관리가 널리 퍼지게 되었으며 역량은 행동 및 사회심리적 특성과 함께 지식과 기술을 포함하는 더 넓은 개념을 갖게 되었다. 수 세기 동안 역량은 우수한 성과의 기준과 인과관계를 가지는 요인으로 인식되었으며 많은 학자들이 직원의 역량평가는 직무성과를 예측하는 효과적인 방법이라고 주장해왔다(McClelland, 1973; Levenson, Stede, and Cohen, 2006; Ryan, Emmerling, and Spencer, 2009). 실증연구에서는 팀 빌딩, 의사소통, 조정, 실행, 지속적인 학습 등의 특정 역량이 개인의 직무성과에 미치는 영향을 보여주고 있으며(Qiao, and Wang, 2009), 우수 성과자와 보통 성과자를 비교하여 성과를 예측할 수 있는 역량이 존재하며 성과 지향적 역량과 팀 리더십역량이 성과에 가장 중대한 영향을 미치는 것을 발견하였다(Ryan et al., 2009). 특히 영업사원의 사회적 역량이 성과에 중요한 영향을 미치는 것을 제시하였고(Verbeke, Dietz, and Verwaal, 2011), 부하 역량에 대한 직속상사의 평가를 통해 역량이 성과와 밀접한 관련이 있음을 보여주었으며(Jackson, Cooper-Thomas, Van Gelderen, and Davis, 2010), 청년창업가 역량이 창업성과와 관련이 있음을 밝혔고(임아름, 김형철, 김권필(2015), 종업원의 역량이 경영성과와 관련이 있음을 밝혔으며(손성곤, 장재식, 송용욱, 2013), 업무 성과는 인지적 능력과 관련이 있음을 밝혔고(Stillman, Baumeister, Vohs, Lambert, Fincham, and Brewer, 2010), 감정적 역량을 지닌 직원들이 높은 성과를 보여준다는 결과를 제시하였다(Aykan, 2014). 따라서 본 연구에서는 다음과 같은 가설이 설정되었다.

가설 1-1 : 부하의 역량이 높을 경우 부하의 성과는 높을 것이다.

3.1.2. 부하의 도덕성과 부하의 성과

도덕성이 뛰어난 부하는 자신에게 주어진 역할에 대한 타인의 기대를 충족시키고, 맡은 바 책무를 모두 완수하고, 자신이 속한 집단에 도움을 주며, 정직하고 믿을만하고, 이타적인 특성을 가지며, 신뢰할만하고, 기본적인 양식을 가지며, 상대방을 잘 이해하고 예의바르고 겸손하며, 집단의 이익을 위해 자신을 희생하고 맡은 일에 최선을 다한다. 그러므로 도덕성이 높은 부하는 낮은 부하보다 성과가 높게 나타날 확률이 높다. 기존의 연구결과 역시 도덕성이 뛰어난 직원이 그렇지 못한 직원보다 우수한 성과를 보이는 것으로 나타났다.

선행연구에서는 사람들이 도덕성을 자신의 삶에서 안내 역할을 하는 가장 중요한 원칙이며, 동기부여된 행동의 원천으로 본다는 것을 확인하였다(Brambilla, Rusconi, Sacchi, and Cherubini, 2011). Palanski와 Yammarino(2011)는 부하의 직무 성과에 영향을 미치는 리더와 부하 자신의 진실성(integrity)에 대한 연구에서 진실성(integrity)의 개념을 진실, 일관성, 언행일치, 도덕적 행동 등을 일컫는 것으로 정의하였으며, 경제적 교환관점에 따라 도덕적 행동이 결과적으로 높은 업무 성과를 보인다는 결과를 제시하였다. Van Nunspeet(2014, 2015)도 도덕성은 동기부여 과정을 확대하여 직무 성과를 향상시키는 것으로 보았는데 사회정체성이론(social identity theory)에 따르면 사람들은 도덕적인 집단과 강하게 동일시하며 그 집단의 구성원이 되는 것을 자랑스러워하고 외집단과 비교할 때 특히 내집단에서 도덕성을 강조하는 것이 자아개념에 영향을 주어 성과에 유의한 영향을 끼치는 것으로 나타났다. 또한 Ellemers 등(2008, 2012)의 연구결과는 도덕성에 근거한 집단 규범은 개인이 집단의 지위 향상을 위해 노력하도록 유도하는 것으로 나타나서 성과가 높게 나타날 것이란 예측이 가능하다. 따라서 다음과 같은 가설이 설정되었다.

가설 1-2 : 부하의 도덕성이 높을 경우 부하의 성과는 높을 것이다.

3.2. 부하의 역량, 도덕성 그리고 상사의 배려 행동

3.2.1. 부하의 역량과 상사의 배려행동

부하의 역량이 뛰어날 때 상사는 부하로 하여금 높은 성과를 나타낼 수 있도록 부하를 지원해주고, 후원해주며, 부하의 제안을 받아들여주고, 부하를 리더 자신과 동등하게 대함으로써 부하의 자부심을 증진시켜주는 등의 행동을 보일 것이다. 이러한 행동은 상사의 배려행동과 유사하다고 볼 수 있다.

집단에서 부하의 성과는 곧 상사의 성과이므로 높은 성과를 보일 것 같은 부하에 대해 상사가 특별히 관심을 가지고 배려하는 것은 당연하다고 보여진다. 그러므로 부하의 능력이 출중하여 높은 성과를 올릴 수 있는 부하에 대해 상사는 배려적인 행동을 보일 것이다. 수직적 짝 연계이론(Dansereau, Graen, and Haga, 1975)에 따르면 내집단(in-group) 관계를 가지는 부하에 대해 상사는 부하의 자부심을 증진시켜주고, 부하들이 가지는 욕구에 주의를 기울이고, 중요한 의사결정에 참여시키고, 부하직급에서는 접할 수 없는 정보를 제공하고, 부하가 가지는 아이디어를 지지해주는데 이러한 행동이 배려행동이라고 할 수 있다. 이 경우 내집단(in-group)에 속하느냐 아니면 외집단(out-group)에 속하는가를 판단하는 가장 중요한 기준 중 하나가 바로 부하가 가지는 역량이라고 볼 수 있다. 즉 상사는 동일한 집단에 속한 부하들의 역량을 비교하여 역량이 우수한 직원을 내집단으로, 역량이 우수하지 못한 부하를 외집단으로 구분하여 내집단에 속한 부하에 대해 관심을 기울여주고 지원해주고 배려해준다. 또한 개별화된 리더십이론(Dansereau, Yammarino, Markham, Alutto, Newman, Dumas, Nachman, Naughton, Kim, Al-Kelabi, Lee, and Keller, 1995)에 따르면 상사는 만족할만한 성과를 낼 수 있는 부하, 즉 역량이 뛰어난 부하에 대해 부하의 자부심을 증진시킬 수 있도록 지원해주고, 부하가 가지고 있는 아이디어를 지지해주고 지원해주며, 부하의 욕구나 관심에 주의를 기울여주는 행동을 보이는데 이러한 행동이 바로 배려행동이라고 할 수 있다. 따라서 다음과 같은 가설이 설정되었다.

가설 2-1 : 부하의 역량이 높을 경우 상사는 배려행동을 보일 것이다.

3.2.2. 부하의 도덕성과 상사의 배려행동

Wojciszke(2005)에 의하면 자아개념을 구성하는 내용물 중 역량은 자아의 지각을 지배하는 반면 도덕성은 타인에 대한 지각을 지배하므로, 타인을 지각함에 있어서 역량보다는 도덕성이 더 중요하다. 따라서 상사가 부하를 판단함에 있어서 가장 중요한 요소는 도덕성으로 만일 부하가 도덕성 수준이 낮다면 돼먹지 않은 부하로 지각하여 부하를 함부로 대하는 반면, 만일 부하의 도덕성이 높으면 된 사람으로 지각하여 부하를 함부로 대하지 않는다. 다시 말하면 부하가 정직하고 예의바르고, 맡은 바 책임을 다하고, 타인의 이익을 우선 고려하고, 집단의 이익을 위해 자신을 희생할 때, 즉 도덕성이 높을 때 상사는 부하를 자신과 동등하게 대하고 배려하고 후원해주는 것은 당연하다고 여겨진다.

기존의 연구결과 역시 부하의 도덕성이 높을 때 상사가 배려행동을 보이는 것으로 나타났다. Brower 등(2009)은 부하가 높은 도덕성을 가진 경우 상사는 부하를 신뢰하고 중요한 임무를 위임하며, 부하를 친근하게 대해주고, 지원해주며 배려해준다는 것을 확인하였다. 또한 Ruiz 등(2011)은 상사와 부하 관계가 최적이 되기 위해서는 상호 신뢰가 필요하며 신뢰는 도덕성을 필요로 함을 강조하였는데, 신뢰의 전제조건은 사회적 관계, 내집단 멤버십, 도덕성, 진실성, 특성, 의도 등이 포함되는 것으로 나타났다. 이러한 결과는 상사가 도덕성이 높은 부하와 최적의 관계를 유지하며 부하에게 배려와 지원을 아끼지 않는 것으로 판단할 수 있다. 따라서 다음과 같은 가설이 설정되었다.

가설 2-2 : 부하의 도덕성이 높을 경우 상사는 배려행동을 보일 것이다.

3.3. 부하의 역량과 도덕성, 상사의 배려 행동, 그리고 부하의 성과

3.3.1. 부하의 역량, 상사의 배려행동, 그리고 부하의 성과

역량이 뛰어난 부하에 대해 상사는 배려행동을 보이게 되고 그 결과 부하의 성과는 높게 나타난다. 이 경우 중요한 질문은 상사의 배려행동이 부하의 성과에 과연 기여를 했는가의 여부다. 이러한 물음에 대한 답은 상사와 부하의 자기유리 편견(self-serving bias)으로 설명할 수 있다. 우선 상사의 입장에서 보았을 때 상사는 역량이 뛰어난 부하에 대해 배려행동을 보였으므로 부하의 성과는 당연히 상사 자신의 배려행동에 귀인한 결과라고 판단할 것이다. 그러나 부하의 입장에서 부하는 자신의 우수한 성과를 상사의 탓으로 귀인하기보다는 자신의 역량 탓으로 귀인하므로 상사의 배려행동보다는 자신의 역량 때문에 나타난 결과라고 판단하게 된다. 또한 상사의 배려행동에 대해서는 자신의 역량이 뛰어나기 때문에 상사가 자신에게 배려행동을 보인 것으로 판단할 것이다. 그러므로 부하의 우수한 성과는 부하자신의 뛰어난 역량의 결과이며 상사의 배려행동 역시 자신의 뛰어난 역량 때문에 나타난 것이라고 판단하게 된다. 따라서 상사의 배려행동은 부하의 성과에 직접적으로 영향을 미치지 못하게 되며 부하의 역량과 성과 간의 관계를 매개하지 못하게 된다. 따라서 다음과 같은 가설이 설정되었다.

가설 3-1 : 상사의 배려행동은 부하의 역량과 성과 간의 관계를 매개하지 못할 것이다.[1)]

3.3.2. 부하의 도덕성, 상사의 배려행동, 그리고 부하의 성과

도덕성이 뛰어난 부하에 대해 상사는 배려행동을 보이고 그 결과 부하는 높은 성과를 보이게 된다. 이러한 관계식에 대해 위에서와 마찬가지로 상사의 배려행동이 과연 부하의 성과에 기여했는가에 대해 질문할 수 있다. 물론 상사의 입장에서는 자신이 유리한 방향으로 부하의 성과에 귀인하므로 상사 자신의 배려행동이 부하의 성과에 기여했다고 지각할 것이다. 부하의 입장에서도 부하 자신이 유리한 방향으로 자신의 우수한 성과에 대해 귀인하게 되는데 이때 자신의 성과를 귀인할 수 있는 요인은 두 가지로 자신이 가지는 도덕성과 상사의 배려행동이라고 볼 수 있다. 그러면 도덕성이 높은 부하는 두 가지 요인 중 어떤 요인으로 자신의 높은 성과를 귀인할까? 부하는 자신의 우수한 성과에 대한 원인을 규명함에 있어서 자신이 가지는 도덕성과 상사의 배려행동 두 가지 요인에 대해 생각하게 되는데 우선 자신이 가지는 도덕성을 고려시 예의 바르고 겸손하며, 정직하고 자신의 이익보다는 타인의 이익을 우선시한다는 것이 항상 자신의 성과와 직결된다고 생각하지는 않게 된다. 그러므로 자신의 성과에 대한 원인을 자신의 도덕성보다는 다른 요인 즉 상사의 배려행동에서 찾으려고 할 것이다. 즉 상사의 배려행동 때문에 자신의 성과가 높게 나타났다고 지각하게 될 것이다. 또한 도덕성이 높은 부하는 정직하고 겸손하며 예의 바르고, 자신의 이익보다는 타인의 이익을 우선시하므로 자신의 우수한 성과에 대해 귀인을 함에 있어서 자신이 가지는 특성 즉 도덕성 보다는 타인을 먼저 생각하는 입장 즉 상사의 배려행동에 의한 결과라고 판단할 것이다. 그러므로 도덕성이 높은 부하는 상사로부터 배려행동을 받고

1) 설 3-1은 영 가설(null hypothesis)에 해당하지만 가설 3-2와 비교시 경쟁가설이 될 수 있다.

높은 성과를 보임에 있어서 상사의 배려행동이 도덕성과 성과간의 관계를 매개하게 된다. 따라서 다음과 같은 가설이 설정되었다.

가설 3-2 : 상사의 배려행동은 부하의 도덕성과 성과 간의 관계를 매개할 것이다.

4. 연구방법

4.1. 자료수집 및 표본

본 연구에서 제시한 가설을 검증하기 위하여 공무원조직, 교육기관, 일반기업의 상사와 2명 이상의 부하로 구성된 부서에서 부하직원 1,000명을 대상으로 약 1개월간(2016년 1월 7일~2월 2일) 온라인 및 오프라인 설문조사를 실시한 결과 727명이 응답하였다. 이 중에서 자료가 미비한 응답을 제외하고 최종적으로 분석에 이용된 표본의 수는 665개이다. 표본의 인구통계학적 특성은 <표 1>과 같이 성별은 남자 492명(74.0%), 여자 173명(26.0%)의 비율에 연령은 35세~44세가 240명(36.1%), 학력은 학사가 440명(66.2%)명, 직급은 과장/차장이 238명(35.8%)으로 가장 많은 비중을 차지하였으며, 근속기간은 10년 이상이 464명(69.8%)으로 나타났다.

표 1. 표본의 인구 통계적 특성

(단위 : 명, %)

특 성	구분	표본수	구성비율
성 별	남자	492	74.0
	여자	173	26.0
연령별	25세 이하	22	3.3
	26세-34세	95	14.3
	35세-44세	240	36.1
	45세-54세	219	32.9
	55세 이상	89	13.4
학력별	학사	440	66.2
	석사	56	8.4
	박사	4	0.6
	기타	165	24.8
직급별	사원	167	25.1
	주임/대리	221	33.2
	과장/차장	238	35.8
	부장 이상	39	5.9
근속기간	1년 미만	55	8.3
	1년 이상-5년 미만	87	13.1
	5년 이상-10년 미만	59	8.9
	10년 이상	464	69.8

4.2. 측정도구

4.2.1. 부하의 역량

역량은 바람직한 결과나 성과를 이끌어내는데 중요한 역할을 하는 특성들로 Batram(2005)의 연구에서 사용한 항목들을 수정 보완하여 적응력, 분석력, 창의력, 인내, 지원, 협력, 상호작용, 조직화 및 실행력, 진취적 기상과 같은 8개 항목을 5점 척도로 측정하였다. Batram(2005)은 다양한 국가에 속한 조직을 대상으로 이루어졌던 역량과 관련된 29개의 연구를 대상으로 메타분석을 실시하여 8개 역량을 추출하였다. 이렇게 추출된 역량 항목들은 높은 신뢰도와 타당성을 가지며 성격, 동기, 능력 등을 모두 아우르는 개념으로 볼 수 있다. 본 연구에서 사용한 역량 측정항목 문항으로는 '나는 변화에 잘 적응하고, 어떤 문제점에 대하여 효과적으로 관리하고 대응한다.', '나는 명확한 분석적 사고로 복잡한 문제에 최선을 다하며, 나 자신의 전문지식을 효과적으로 적용한다.', '나는 새로운 아이디어와 경험이 요구되는 상황을 좋아하고, 창의적으로 대처하며, 전략적 사고로 조직의 변화를 지원한다.' 등이 포함되어 있다.

4.2.2. 부하의 도덕성

도덕성은 사회적 책임감, 이타성, 타인에 대한 고려와 공감, 도덕적인 결정과 행동을 말하는 것으로 본 연구에서는 Fagin-Jones와 Midlarsky(2007), Penner(1995)에 의해 신뢰성과 타당성이 확보된 도덕성 측정항목들을 본 연구에 맞게 수정하여 10개 항목을 5점 척도로 측정하였다. 관련 항목들은 '나는 어려운 이웃에 대한 봉사의 당위성 및 책임감이 있다.', '나는 자신의 희생을 통하여 타인을 돕는다.' 등이 포함되어 있다.

4.2.3. 상사의 배려행동

상사의 배려행동은 오하이오주립대학에서 개발한 LBDQ XII(Stogdill, and Coons, 1957)의 20문항 중 배려행동을 측정하는 10개의 문항을 5점 척도로 측정하였다. 상사의 배려행동은 부하에 대한 관심과 존중의 정도를 의미하며 관련 항목들은 '부하직원들이 가지는 능력에 대해 자신감을 가지고 있다.', '부하직원들의 아이디어를 잘 듣고 지원해준다.', '부하직원들을 자신과 같이 동등하게 대해준다.', '부하직원들이 가지고 있는 개인적 감정이나 욕구에 주의를 기울여준다.', '부하직원들 각자의 개인적인 형편까지도 신경을 써준다.' 등이 있다.

4.2.4. 부하의 성과

부하의 성과는 수행하는 업무에 대한 질적, 양적 우수성, 전문적이고 혁신적인 업무수행 능력, 다른 구성원들보다 뛰어난 업무수행 결과를 보이는 것을 의미한다. 본 연구에서는 기존 선행연구에서 제시한(김도영, 유태용, 2002) 성과 측정도구를 참조하여 개인이 수행하는 업무수행 결과의 질과 양, 업무수행 결과에 대한 평판, 목표달성도 등의 7가지 항목에 대하여 5점 척도로 측정하였다. 관련 문항으로 '나의 업무수행 결과가 질적으로 우수한 편이다.', '나의 목표에 대한 달성도는 높은 편이다.', '나의 작업효율성은 우수한 편이다.' 등이 포함되었다.

4.3. 분석방법

본 연구에 사용된 측정 변수들의 타당도를 검증하기 위하여 탐색적 요인분석(Exploratory Factor Analysis)을 주요인분석(Principal Component Analysis)에 의한 방법으로 실시하였고 회전방식은 직각행렬(Varimax) 방식을 사용하였다. 측정하고자 하는 개념의 타당성을 저해하는 것으로 나타난 문항들을 제외한 후 분석한 결과 모든 변수들에서 고유치(eigenvalue)가 1 이상인 요인이 도출되었고, 각 변수들을 측정한 항목들은 모두 요인적재량 .93 이상으로 각 변수들은 개념적 구분이 명확하게 나타났다. 본 연구에서 사용된 다항목척도 변수들의 신뢰도 분석을 위해 크론바흐 알파(Cronbach's alpha) 계수를 이용한 내적 일관성 검증방법을 이용한 결과 <표 2>와 같이 연구모형 내 다항목 척도 변수들의 신뢰도계수가 모두 .9이상의 신뢰할만한 척도로 나타났다.

표 2. 평균, 표준편차, 신뢰도 및 상관관계분석 결과

구분	평균	표준편차	1	2	3	4	5	6	7	8	9
1. 성별	1.26	.44									
2. 연령	3.39	.99	-.252**								
3. 학력	1.84	1.28	.098*	.239**							
4. 직위	2.22	.89	-.307**	.684**	.033						
5. 근속기간	3.40	1.00	-.118**	.682**	.117**	.587**					
6. 배려행동	4.30	.77	-.265**	.143**	.115**	.089*	.075	(.965)			
7. 역량	4.20	.69	-.331**	.270**	.100**	.179**	.157**	.642**	(.948)		
8. 도덕성	3.84	.82	-.199**	.255**	.177**	.148**	.151**	.493**	.696**	(.945)	
9. 성과	4.14	.69	-.259**	.290**	.145**	.178**	.201**	.561**	.865**	.698**	(.952)

* : p<.05, **: p<.01 ( )의 숫자는 신뢰도 계수(Cronbach's alpha)임.

주 : 성별은 '1=남자', '2=여자', 연령은 '1=25세 이하', '2=26세-34세', '3=35세-44세', '4=45세-54세', '5=55세 이상', 학력은 '1=학사', '2=석사', '3=박사', '4=기타', 직위는 '1=사원', '2=주임/대리', '3=과장/차장', '4=부장이상', 근속기간은 '1=1년 미만', '2=1년 이상-5년 미만', '3=5년 이상-10년 미만', '4=10년 이상'임.

또한 각 변수들의 하위차원 항목들의 타당성을 검증하기 위하여 추가적인 분석으로 확인적 요인분석(Confirmatory Factor Analysis: CFA)을 실시한 결과는 <표 3>이며, <표 4>는 확인적 요인분석에 사용된 모형의 적합도를 나타내는 것으로 χ^2=1938.420, df=458

표 3. 확인적 요인분석 결과

차원	측정항목	비표준화계수	S.E	C.R	표준화계수	AVE	개념신뢰도
역량[2)]	역량 1	1.000			0.803	0.783212	0.9665322
	역량 2	1.136	0.044	25.608***	0.841		
	역량 3	1.196	0.046	25.821***	0.846		
	역량 4	1.060	0.044	24.302***	0.811		
	역량 5	1.264	0.049	25.921***	0.848		
	역량 6	1.284	0.052	24.495***	0.815		
	역량 7	1.180	0.043	27.192***	0.876		
	역량 8	1.173	0.045	26.316***	0.857		
도덕성[3)]	도덕성 1	1.000			0.839	0.730465	0.94985961
	도덕성 2	0.983	0.034	29.114***	0.874		
	도덕성 3	1.034	0.043	23.889***	0.773		
	도덕성 4	1.051	0.037	28.550***	0.864		
	도덕성 5	0.975	0.035	27.509***	0.845		
	도덕성 6	0.911	0.032	28.546***	0.864		
	도덕성 7	1.033	0.036	28.373***	0.861		
성과[4)]	성과 1	1.000			0.769	0.822154	0.96994313
	성과 2	1.033	0.041	25.132***	0.872		
	성과 3	1.021	0.039	26.018***	0.895		
	성과 4	1.027	0.039	26.650***	0.911		
	성과 5	1.032	0.043	23.944***	0.839		
	성과 6	1.026	0.042	24.517***	0.855		
	성과 7	1.061	0.040	26.324***	0.903		
배려[5)]	배려 1	1.000			0.866	0.785897	0.9734055
	배려 2	1.000	0.034	29.249***	0.840		
	배려 3	1.057	0.032	33.507***	0.899		
	배려 4	1.103	0.031	35.173***	0.919		
	배려 5	0.936	0.028	33.142***	0.895		
	배려 6	1.039	0.031	33.075***	0.894		
	배려 7	1.019	0.034	29.693***	0.847		
	배려 8	0.849	0.030	28.477***	0.828		
	배려 9	0.819	0.029	28.638***	0.831		
	배려 10	0.772	0.032	24.222***	0.754		

***p<.001

2) 역량 1: 나는 사람들과의 관계에서 그들을 지원하고 존중하며, 조직을 보완하는 사람 중심의 가치에 일관되게 행동한다, 역량 2: 나는 체계적인 방법으로 일을 하고, 고객만족과 표준화된 서비스 제공에 집중한다, 역량 3: 나는 효과적으로 의사소통하며, 성공적으로 다른 사람을 설득하고 영향력을 미친다, 역량 4: 나는 개인적 업무 목표 달성에 최선을 다하며, 자기개발을 위한 기회를 찾는다, 역량 5: 나는 행동을 주도하고 방향을 제시하며 책임감 있는 리더십을 발휘한다, 역량 6: 나는 새로운 아이디어와 경험이 요구되는 상황을 좋아하고, 창의적으로 대처하며, 전략적 사고로 조직의 변화를 지원한다, 역량 7: 나는 명확한 분석적 사고로 복잡한 문제에 최선을 다하며, 자신의 전문 지식을 효과적으로 적용한다, 역량 8: 나는 변화에 잘 적응하고, 어떤 문제점에 대하여 효과적으로 관리하고 대응한다.

3) 도덕성 1: 나는 불우이웃돕기와 각종 봉사활동의 참여에 적극적이다, 도덕성 2: 나는 사회적 소외계층에 대한 봉사정신이 있다, 도덕성 3: 나는 자신의 손해를 감수하면서 타인의 행복을 추구한다, 도덕성 4: 나는 자신의 희생을 통하여 타인을 돕는다, 도덕성 5: 나는 어려운 상황의 타인에 대하여 물질적 도움을 준다, 도덕성 6: 나는 어려운 이웃에 대한 봉사의 당위성 및 책임감이 있다, 도덕성7: 나는 자신의 희생을

표 4. 연구모형의 적합도 검증

구분	χ^2	df	NFI	TLI	CFI	RMSEA	p
기준값	-	-	>.90	>.90	>.90	<.80*	>.05
연구모형	1938.420	458	.917	.930	.935	.070	.000

[Q=4.232], CFI=.935, TLI=.930, RMSEA=.070로 나타났다. χ^2값을 자유도로 나눈 Q값이 3보다 적어야 전반적인 적합도를 만족한다고 볼 수 있는데 Q값이 4.232로 나타났다. TLI와 CFI는 1에 가까울수록 바람직하며, RMSEA가 .08보다 작으면 어느 정도 양호한 편으로 판단하므로 어느 정도 양호한 것으로 볼 수 있다. 종합적으로 적합도 지수들을 보면 아주 만족스러운 수준은 아니지만 수용할 만한 수준으로 판단된다. 측정변수에 대한 잠재변수의 설명계수가 나타나 있는데, 측정변수의 모든 C.R.(critical ratio)이 유의확률 .001 수준에서 통계적으로 유의하고 모든 측정변수가 잠재변수의 개념을 잘 반영하는 것으로 나타났다. 따라서 측정모형은 적정한 것으로 판단되고 각 측정변수들은 잠재변수에 의해 설명되는 정도가 양호하였다.

본 연구의 분석에 활용된 모든 변수들은 한 명의 응답자로부터 측정되었기 때문에 단일 응답자 편차의 문제점이 제기될 수 있다. 따라서 이러한 단일 응답자 편차에 대한 통계적 사후 해결법으로 Harman의 일원검증(one-factor test)을 실시하였다(Podsakoff and Organ, 1986). 이는 연구에 사용된 모든 측정항목들을 대상으로 주성분분석을 진행하는 것인데, 고유치(eigenvalue)가 1 이상인 요인이 한 개만 도출되거나, 여러 개의 요인이 도출된다 하더라도 그 분산 설명력에 있어 한 요인의 설명력이 절대적이 된다면 동일방법에 의한 분산(common method variance)이 있다고 가정하는 것이다. 이에 따른 분석 결과, 가장 설명력이 큰 요인이 전체 분산의 30%를 설명하고 있으므로 본 연구에서 사용된 자료는 동일방법에 의한 분산 문제가 허용범위 내에 있다고 볼 수 있다. 각 변수들 간의 관계를 살펴보기 위하여 상관관계분석을 실시하였고, 독립변수가 종속변수에 미치는 영향을 검증하기 위하여 회귀분석을 실시하였다.

통하여 이재민 등을 돕는다.

4) 성과 1: 나는 높은 사기를 가지고 일을 수행한다, 성과 2: 나의 작업효율성은 우수한 편이다, 성과 3: 나의 목표에 대한 달성도는 높은 편이다, 성과4: 나의 업무수행 결과에 대한 평판은 좋은 편이다, 성과5: 나는 업무수행시 나름대로 혁신적인 방법을 고안하는 편이다, 성과 6: 나는 업무수행 결과가 양적으로 우수한 편이다, 성과 7: 나는 업무수행 결과가 질적으로 우수한 편이다.

5) 배려 1: 부하직원들이 가지고 있는 개인적 감정이나 욕구에 주의를 기울여준다, 배려 2: 부하직원들 각자의 개인적인 형편까지도 신경을 써준다, 배려 3: 근감이 있어 부하직원들과 쉽게 친해질 수 있다, 배려 4: 이야기를 나누다보면 편안함을 느낀다, 배려 5: 부하들의 제안을 받으면 그것을 의견에 반영하고 실행에 옮기는 편이다, 배려 6: 부하직원들을 자신과 같이 동등하게 대해준다, 배려 7: 친구처럼 대해주며 언제든 만날 수 있게 배려해준다, 배려 8: 부하직원들의 잠재력을 인정해준다, 배려 9: 부하직원들의 아이디어를 잘 듣고 지원해준다, 배려 10: 부하직원들이 가지는 능력에 대해 자신감을 가지고 있다.

5. 연구결과

본 연구에서 부하의 역량, 부하의 도덕성, 리더의 배려행동, 부하성과 간의 관계를 파악하기 위하여 상관관계분석을 실시하였다. <표 2>는 각 변수들 간 상관관계로서 부하의 역량은 부하의 성과와 정(+)의 관계를 가지는 것으로 나타났으며(r=.865, p<.01), 부하의 도덕성과 부하의 성과 역시 정(+)의 관계를 가지는 것으로 나타났다(r=.698, p<.01). 즉 부하가 역량이 높을 때 성과가 높으며, 부하의 도덕성이 높을 때 성과 역시 높다는 의미이다. 한편 부하 역량과 상사의 배려행동은 정(+)의 관계를 가지며(r=.642, p<.01). 부하의 도덕성과 상사의 배려행동 또한 정(+)의 관계를 가지는 것으로 나타났다(r=.493, p<.01). 본 연구에서 제시한 가설 1-1과 가설 1-2를 검증하기 위하여 부하 역량과 부하 도덕성을 독립변수로 하고 부하 성과를 종속변수로 한 다중회귀분석을 실시한 결과는 <표 5>에 제시되어 있다. 분석결과 부하 역량은 연령, 성별, 학력, 직위 및 근속기간을 통제하고도 부하성과와 정(+)의 관계를 가지는 것으로 나타나(β =.741, p<.001) 가설 1-1은 지지되었다. 또한 부하의 도덕성이 부하성과와 정(+)의 관계를 가지는 것으로 나타나(β =.171, p<.001) 가설 1-2는 지지되었다.

표 5. 부하 역량과 부하 도덕성의 부하 성과에 대한 회귀분석

변수	성과	
	B	β
성별	.037	.023
연령	.016	.023
학력	.014	.026
직위	-.018	-.023
근속기간	.039	.056*
역량	.745	.741***
도덕성	.143	.171***
R^2		.772
F		317.499***

*: p<.05, **: p<.01, ***: p<.001

가설 2-1과 2-2를 검증하기 위하여 부하 역량과 부하 도덕성을 독립변수로 하고 상사의 배려행동을 종속변수로 한 다중회귀분석을 실시한 결과 <표 6>에서 보는 바와 같이 부하 역량은 연령, 성별, 학력, 직위 및 근속기간을 통제하고도 상사의 배려행동과 정(+)의 관계를 가지는 것으로 나타났다(β =.563, p<.001). 따라서 부하 역량이 높으면 상사는 배려행동

을 보인다는 가설 2-1은 지지되었다. 또한 부하 도덕성은 연령, 성별, 학력, 직위 및 근속기간을 통제하고도 상사의 배려행동과 정(+)의 관계를 가지는 것으로 나타났다(β =.089, p<.05). 따라서 부하의 도덕성이 높으면 상사는 배려행동을 보인다는 가설 2-2는 지지되었다.

표 6. 부하 역량과 부하 도덕성의 배려행동에 대한 회귀분석

변수	배려행동	
	B	β
성별	-.154	-.087
연령	-.051	-.065
학력	.040	.066*
직위	-.012	-.014
근속기간	.006	.008*
역량	.628	.563***
도덕성	.083	.089*
R^2		.426
F		69.791***

*: p<.05, **: p<.01, ***: p<.001

부하의 역량과 부하성과 간의 관계에서 상사의 배려행동의 매개효과에 대한 가설 3-1을 검증하기 위하여 Baron과 Kenny(1986)가 제안한 3단계 매개회귀분석을 실시하였다. 매개회귀분석의 절차는 첫째, 매개변수에 대한 독립변수의 회귀 둘째, 종속변수에 대한 독립변수의 회귀 셋째, 종속변수에 대해 독립변수와 매개변수가 동시에 회귀되는 과정을 거치게 된다. 1단계의 회귀분석에서 독립변수는 매개변수에 유의한 영향을 미칠 것, 2단계에서 독립변수는 종속변수에 유의한 영향을 미칠 것, 3단계 회귀분석에서 매개변수는 종속변수에 유의한 영향을 미치고, 독립변수의 효과가 3단계 회귀분석에서 보다 2단계 매개회귀분석에서 더 클 경우 매개변수의 역할이 검증된다. 독립변수와 매개변수를 동시에 투입한 3단계에서 독립변수가 유의적이지 못하면 완전매개역할을 하는 것이며, 유의적이나 감속할 경우는 부분매개역할을 하는 것으로 판단할 수 있다. 아울러 매개효과를 확인하기 위하여 추가로 Sobel 검증을 실시하였다. Sobel 검증은 z값이 -1.96보다 작거나 +1.96보다 크면 매개효과가 있는 것으로 판단한다(Mackinnon, Lockwood, Hoffman, West and Sheets, 2002). 부하의 역량과 부하성과 간의 관계에서 상사의 배려행동에 대한 매개효과를 분석한 결과 1단계 및 2단계에서 부하의 역량이 매개효과의 조건을 충족시키고 있으나, 3단계에서 배려행동의 부하 성과에 대한 효과가 통계적으로 유의하지 않은 것으로 나타났다. 즉 부하의 역량과 부하성과간의 관계를 상사의 배려행동이 매개하지 않으므로 가설 3-1은 지지되었다.

표 7. 부하 역량과 성과 간의 관계에서 배려행동의 매개효과

	변수	
	배려행동 (매개변수)	부하성과 (종속변수)
제1단계(독립-매개) 부하역량	.630***	
R^2	.418	
제2단계(독립-종속) 부하역량		.861***
R^2		.756
제3단계(독립/매개-종속) 부하역량	.017	.850***
R^2		.756

*: p<.05, **: p<.01, ***: p<.001

다음으로 부하의 도덕성과 부하성과 간의 관계에서 상사 배려행동의 매개효과를 분석한 결과에 따르면, 1단계 및 2단계에서 배려행동의 효과가 매개효과의 조건을 충족시키고 있으며, 3단계에서 배려행동의 부하성과에 대한 효과가 통계적으로 유의한 것으로 나타나고 있는 조건하에서 부하 도덕성의 β 값은 .648에서 .525로 낮아져 부분매개변수로서의 역할을 하는 것으로 나타났다. 이러한 연구결과는 가설 3-2를 지지하는 결과이며 Sobel 검증결과도 유의한 매개효과가 있는 것으로 나타났다(z=7.39441, p<.05).

표 8. 부하 도덕성과 성과 간의 관계에서 배려행동의 매개효과

	변수	
	배려행동 (매개변수)	부하성과 (종속변수)
제1단계(독립-매개) 부하도덕성	.461***	
R^2	.273	
제2단계(독립-종속) 부하도덕성		.650***
R^2		.512
제3단계(독립/매개-종속) 부하도덕성	.272***	.525***
R^2		.566

*: p<.05, **: p<.01, ***: p<.001

6. 결 론

본 연구에서는 상사가 부하에게 발휘하는 배려행동에 대해 부하가 과연 유용하게 지각을 하는가에 대한 물음에 답하고자 부하가 가지는 역량과 도덕성에 따른 상사의 배려행동과 상사의 배려행동에 따른 부하의 성과, 그리고 부하의 역량과 부하성과 간의 관계와 부하의 도덕성과 부하성과 간의 관계에 있어서 상사의 배려행동에 대한 매개효과를 검증하였다.

상사의 배려행동에 대한 매개효과를 검증하는 것은 이론적인 측면에서 매우 중요한데 만일 상사의 배려행동에 대해 부하가 유용성을 지각한다면 부하는 상사의 배려행동을 수용하고 더 나은 성과를 보이려는 노력을 기울이지만, 만일 부하가 상사의 배려행동에 대한 유용성을 지각하지 않는다면 부하는 상사의 배려행동을 수용하지 않게 되고 상사외의 거리가 멀어지게 되며 그 결과 부하 자신의 성과에 좋지 않은 영향을 미치게 되기 때문이다.

실증연구결과 부하가 가지는 역량과 도덕성은 부하의 성과에 긍정적인 영향을 미치는 것으로 나타났으며, 부하가 가지는 역량과 도덕성에 따라 상사가 배려행동을 보이는 것으로 나타났고, 상사의 배려행동은 부하의 성과와 정(+)의 관계를 가지는 것으로 나타났다. 하지만 상사의 배려행동에 대한 매개효과는 부하의 역량과 부하성과간의 관계에서 나타나는 것이 아니라, 부하의 도덕성과 부하성과간의 관계에서 나타났다.

이러한 연구결과는 상사의 배려행동이 부하에게 항상 긍정적인 영향을 미치는 것이 아니라는 것을 보여준다. 즉 부하의 역량이 뛰어난 경우 상사는 부하에게 배려행동을 보이고 그 결과 부하의 성과가 우수하게 나타난다고 가정할 수 있지만, 부하는 자신의 높은 성과에 대해 상사의 배려행동에 의한 결과라기보다는 자신이 가지는 역량에 의한 결과라고 본다. 따라서 이 경우 부하는 상사의 배려행동이 자신의 성과에 유용하지 않다고 지각하게 된다. 그러나 도덕성이 높은 부하에 대해 상사가 보여주는 배려행동은 부하의 성과를 높이는데 결정적인 역할을 담당한다고 볼 수 있다. 즉 도덕성이 높은 부하에 대해 상사는 배려행동을 보이고 부하는 상사의 배려행동을 부하자신의 성과에 대한 원인으로 판단하게 된다.

위의 연구결과를 실무적인 차원에서 논의하면 다음과 같다. 첫째, 가설 1-1과 1-2의 검증결과 부하가 가지는 역량과 도덕성은 부하성과와 정(+)의 관계를 가지는 것으로 나타났으므로, 조직에서는 역량과 도덕성이 뛰어난 직원을 선발하고 개발하려는 노력을 기울여야 한다. 최근에 조직에서는 우수한 역량을 가진 직원을 선발하고 개발하려는 노력의 일환으로 국가직무능력표준(national competence standards: 산업현장에서 직무를 수행하기 위하여 요구되는 능력(지식, 기술, 태도)를 국가가 산업별, 수준별로 체계화한 것, 자격기본법 제2조)을 도입하고 있는데 이를 기초로 직무분석을 통해 평생경력개발, 직무기술서, 채용, 배치, 승진 체크리스트, 자가진단도구, 교육훈련에서의 활용이 이루어진다면 우수한 역량을 가진 직원을 선발하고 개발하는데 도움이 될 것으로 판단된다(임상호, 2016). 또한 조직에서는 인성검사를 통하여 도덕성이 우수한 직원을 선발하려는 노력을 기울이고 있는데 인성이란 일반적으로 사회성 및 도덕성과 관련된 인간의 품성으로 정의할 수 있다. 최근에 인성검사 도구의 개발도 활발히 이루어지고 있으며 인성검사를 구성하는 요소는 도덕성(정직, 책임, 준법), 사회성(공감, 소통, 봉사) 그리고 감성(자기이해, 자기존중, 자기조절)을 들 수 있다(예를 들면, 지은림, 이윤성, 도승이, 2014). 그러므로 조직에서는 적정한 인성검사 도구를 통하여 도덕성이 뛰어난 직원의 선발이 이루어져야 할 것이며 이와 더불어 적정한 인성교육을 통하여 직원들의 도덕성을 고취시킨다면 직원들의 성과 나아가 조직의 성과가 향상될 것이다. 둘째, 가설 2-1과 2-2의 검증결과 부하의 역량과 부하의 도덕성은 상사의 배려행동과 정(+)의 관계를 가지는 것으로 나타났는데 이러한 결과는 상사의 입장에서 당연한 결과라고 판단된다. 역량이 뛰어나 우수한 성과를 창출하는 부하에 대해 상사가 배려행동을 보이는 것은 당연하며 또한 도덕성이 뛰어나 책임감이 강한 부하에 대해 상사가 배려행동을 보이는 당연하다고 볼 수 있다. 셋째, 그러나 가설 3-1과 3-2의 검증결과 상사의 배려행동은 부하의 도덕성과 부하성과 간의 관계를 매개하는 반면 부하의 역량과 부하성과 간의 관계를 매개하지 않는 것으로 나타나 상사의 배려행동이 부하에게 항상 긍정적으로 작용하지 않는다는 것을 보여준다. 상사의 입장에서 부하의 높은 성과에 대해 상사는 자신의 배려행동에 의한 결과라고 지각하지만(self-serving bias) 부하의 입장 특히 역량이 뛰어난 부하의 입장에서는 자신의 높은 성과를 자신의 뛰어난 역량의 결과라고 지각하게 된다. 그러므로 상사는 자신의 배려행동이 도덕성이 뛰어난 직원에게는 긍정적으로 작용하지만 역량이 뛰어난 직원에게는 긍정적으로 작용하지 않는다는 점을 인식해야 한다.

본 연구결과는 이론적인 측면에서도 다음과 같은 측면에서 매우 중요하다. 첫째, 기존의 연구결과와는 달리 상사의 배려행동은 부하의 성과와 정(+)의 관계를 가지는 것으로 나타났다. 상사의 배려행동과 부하성과 간의 관계에 대한 기존의 연구결과는 정(+)의 관계를 밝히는데 있어 실패했고(Dionne, Yammarino, Atwater, & James, 2002; Wofford & Liska, 1993), 일부 학자들은 상사의 배려행동에 대한 효과에 회의적인 입장을 취해왔다(House & Podsakoff, 1994; Northouse, 1997: Yukl, 1998). 그러나 본 연구결과에서와 같이 상사의 배려행동이 부하성과와 정(+)의 관계를 가지는 것으로 나타난다면 향후 상사의 배려행동에 대한 이론이 재정립되어야 할 것이다. 둘째, 본 연구결과에 따르면 상사는 부하의 높은 성과에 대해 상사자신의 배려행동 때문에 나타난 결과라고 지각하는 반면, 역량이 뛰어난 부하는 자신의 높은 성과에 대해 부하자신이 가지는 뛰어난 역량 때문에 나타난 결과라고 지각하므로 향후 리더십을 연구하는데 있어서 상사의 입장과 부하의 입장이 동시에 고려되어야 보다 정교한 이론을 구축할 수 있다는 점이다. 특히 부하의 입장에서 도덕성이 뛰어난 부하와 역량이 뛰어난 부하는 자신의 높은 성과에 대한 원인을 다르게 지각하지만, 상사의 입장에서는 부하의 높은 성과가 상사자신의 배려행동에 의한 결과라고 지각하므로 상사의 입장과 부하의 입장에서 각각 다른 이론이 성립할 수 있다는 점을 유의해야 할 것이다

본 연구의 한계점 및 향후 연구방향을 살펴보면 다음과 같다. 첫째, 본 연구에서 부하의 성과는 양적인 성과를 측정한 것이 아니라 부하자신이 지각하는 주관적인 성과를 측정했다는 점에서 한계점을 가지며 따라서 향후 부하의 양적인 성과를 측정하여 부하 역량 및 도덕성과 부하성과간의 관계를 분석하는 것이 필요하다고 보여진다. 둘째, 상사의 배려행

동을 측정함에 있어서 상사의 응답보다는 부하의 지각에 기초한 응답이 사용되었으므로 향후 상사의 응답이 측정되어 분석에 사용되어야 할 것이다. 셋째, 본 연구는 횡단적인 연구설계로 인해 인과관계를 파악하는데 한계를 가진다고 볼 수 있으므로 향후 종단적인 연구를 통하여 부하의 역량과 도덕성이 상사의 배려행동에 미치는 영향과 상사의 배려행동과 부하성과간의 인과관계를 파악해야 할 것이다. 끝으로 본 연구에서는 변수 측정시 동일인의 설문응답에 의존하고 있어 동일방법에 의한 분산(common method variance)으로 인한 문제점을 가진다고 볼 수 있다. 따라서 향후 연구에서는 동일원천에 의한 오류를 배제한 연구 설계가 이루어져야 할 것이다.

참고문헌

김경수, 배현숙, 양동민 (2015). "리더의 배려행동이 부하의 성과에 미치는 영향: 부하의 역량 및 도덕성의 조절효과 검증," 조직과 인사관리연구, 39(1), 93-117.

김도영, 유태용 (2002). "성격의 5요인과 조직에서의 맥락수행간의 관계," 한국심리학회지, 15(2), 1-24.

박오수, 임유신, 고동운 (2008). "부하체면에 영향을 미치는 상사행위의 구성개념 및 측정에 관한 연구," 조직과 인사관리연구, 16(3), 109-159.

손성곤, 장재식·송용욱 (2013). "종업원 역량이 서비스지향성과와 경영성과에 미치는 영향," 경영컨설팅연구 13(2), 1-21.

이경근, 조용현 (2013). "상사의 비인격적 감독이 조직시민행동과 이직의도에 미치는 영향: 자부심과 존중감의 역할," 조직과 인사관리연구, 37(4), 65-92.

임상호 (2016). "국가직무능력(NCS) 적용이 직무몰입도에 미치는 영향," Industry Promotion Research, 1(1), 13-18.

임아름, 김형철, 김권필 (2015). "청년창업가의 역량이 창업행동과 창업성과에 미치는 영향," 경영컨설팅연구, 15(3), 143-154.

지은림, 이윤선, 도승이 (2014). "인성측정도구개발 및 타당화," 윤리교육연구, 35, 151-174.

한규석, 최송현, 정욱, 배재창 (2004). "한국사회에서의 사람 판단의 준거: 된 사람과 난 사람의 평가를 중심으로," 한국심리학회지, 18(1), 23-39.

Aykan, E. (2014). Relationship between emotional competence and task contextual performance of employees. *Problems of Management in the 21st Century*, 9 (1), 8-16.

Bandura, A. (1986). Social Foundations of Thought and Action. Englewood Cliffs NJ: Prentic-Hall.

Bartram, D. (2005). "The Great Eight Competencies: A Criterion-Centric Approach to Validation," *Journal of Applied Psychology*, 90(6), 1185-1203.

Bass, B. M. (1981). *Stogdill's Handbook of Leadership*. New York: Free Press.

Boyatzis, R. E. (1982). *The Competent Manager: A Model for Effective Performance.* New York: John Wiley & Sons.

Brambilla, M., P. Rusconi, S. Sacchi, and P. Cherubini (2011). "Looking for Honesty: The Primary Role of Morality (vs. Sociability and Competence) in Information Gathering," *European Journal of Social Psychology*, 41, 135-143.

Brower, H. H., S. W. Lester, M. A. Korsgaard, and B. R. Dineen (2009). "A Closer Look at Trust

Between Managers and Subordinates: Understanding the Effects of Both Trusting and Being Trusted on Subordinate Outcomes," *Journal of Management*, 35, 327–347.

Dansereau, F., G. Graen, and W. Haga (1975). "A Vertical Dyad Linkage Approach to Leadership in Formal Organizations," *Organizational Behavior and Human Performance*, 13, 46–78.

Dansereau, F., F. J. Yammarino, S. E. Markham, J. A. Alutto, J. Newman, M. Dumas, S. A. Nachman, T. J. Naughton, K. Kim, S. A. Al-Kelabi, S. Lee, and T. Keller (1995). "Individualized Leadership: A New Multiple-Level Approach," *The Leadership Quarterly*, 6(3), 413–450.

Dionne, S. D., Yammarino, F. J., Atwater, L. E., & James, L. R. (2002). Neutralizing substitutes for leadership theories: Leadership effects and common-source bias. *Journal of Applied Psychology*, 87, 454-464.

Ellemers, N., S. Pagliaro, M. Barreto, and C. W. Leach (2008). "Is It Better To Be Moral Than Smart? The Effects of Morality and Competence Norms on the Decision To Work at Group Status Improvement," *Journal of Personality and Social Psychology*, 95, 1397–1410.

Ellemers, N., and K. Van den Bos (2012). "Morality in Groups: On the Social-Regulatory Functions of Right and Wrong," *Social and Personality Psychology Compass*, 6, 878–889.

Fagin-Jones, S., and E. Midlarsky (2007). "Courageous Altruism: Personal and Situational Correlates of Rescue During the Holocaust," *The Journal of Positive Psychology*, 2(2), 136–147.

Heffernan, M. M., and P. C. Flood (2000). "An Exploration of the Relationships between the Adoption of Managerial Competencies, Organizational Characteristics, Human Resource Sophistication and Performance in Irish Organizations," *Journal of European Industrial Training*, 24, 128-136.

House, R. J., & Podsakoff, P. M. (1994). Leadership effectiveness. In J. Greenberg(Ed.), *Organizational behavior The state of the science* (pp.45-82). Hillsdale, NJ: Erlbaum.

Jackson, D. Jr., H. D. Cooper-Thomas, M. Van Gelderen, and J. Davis (2010). "Relationships among Developmental Competency Measures and Objective Work Outcomes in a New Zealand Retail Context," *Human Resource Development Quarterly*, 21(2), 169-186.

Komba, S. C., E. J. Kafanabo, A. F. Njabili, and E. S. Kira (2012). "Comparison between Students' Academic Performance and Their Abilities in Written English Language Skills: A Tanzanian Perspective," *International Journal of Development and Sustainability*, 1(2), 305–325.

Levenson, A. R., W. A. Stede, and S. G. Cohen (2006). "Measuring the Relationship Between Managerial Competencies and Performance," *Journal of Management*, 32(3), pp.360-380.

McClelland, D. C. (1973). "Testing for Competence Rather Than for Intelligence," *American Psychologist*, 28(1), 1-14.

Murphy, K. R. (1989), "Is the Relationship between Cognitive Ability and Performance Stable over Time?," *Human Performance*, 2(3), 183-200.

Northouse, P. G. (1997). *Leadership: Theory and practice*. Thousand Oaks, CA: Sage.

Palanski, M. E., and F. J. Yammarino (2011). "Impact of Behavioral Integrity on Follower Job Performance: A Three-Study Examination," *The Leadership Quarterly*, 22(4), 765–786.

Penner, L. A., B. A. Fritzsche, J. P. Craiger and T. R. Freifeld (1995). Measuring the Prosocial Personality. In. J. Butcher & C. D. Spielberger. (Eds.). *Advances in Personality Assessment*, 10, 147-164. Hillsdale, New Jersey: Erlbaum.

Qiao, J. X., and W. Wang (2009). "Managerial Competencies for Middle Managers: Some Empirical Findings from China," *Journal of European Industrial Training*, 33(1), 69-81.

Ruiz, P., C. Ruiz, and R. Martinez (2011). "Improving the Leader–Follower Relationship: Top Manager or Supervisor? The Ethical Leadership Trickle-down Effect on Follower Job Response," *Journal of Business Ethics*, 99, 587-608.

Ryan, G., R. J. Emmerling, and L. M. Spencer (2009). "Distinguishing High-Performing European Executives: The Role of Emotional, Social and Cognitive Competencies," *Journal of Management Development*, 28(9), 859-875.

Schmidt F., J. Hunter, and A. Outerbridge (1986). "Impact of Job Experience and Ability on Job Knowledge, Work Sample Performance and Supervisory Ratings of Job Performance," *Journal of Applied Psychology*, 71, 432-439.

Schwepker, C. H., and T. N. Ingram (1996). "Improving Sales Performance through Ethics: The Relationship between Salesperson Moral Judgment and Job Performance," *Journal of Business Ethics*, 15(11), 1151-1160.

Sheehan, T. J., S. D. Husted, D. Candee, C. D. Cook, and M. Bargen (1980). "Moral Judgment as a Predictor of Clinical Performance," *Education and the Health Professions*, 3(1), 393-403.

Spencer, L. M. Jr., and S. M. Spencer (1993). Competence at Work: Models for Superior Performance. New York: John Wiley & Sons.

Stillman, T. F., R. F. Baumeister, K. D. Vohs, N. M. Lambert, F. D. Fincham, and L. E. Brewer (2010). "Personal Philosophy and Personnel Achievement: Belief in Free Will Predicts Better Job Performance," *Social Psychological and Personality Science*, 1, 43-50.

Stogdill, R. M., and A. E. Coons (1957). Leader Behavior: Its Description and Measurement. Columbus: The Ohio State University, Bureau of Business Research, Monograph No. 88.

Van Nunspeet, F., N. Ellemers, B. Derks, and S. Nieuwenhuis (2014). "Moral Concerns Increase Attention and Response Monitoring during IAT Performance: ERP Evidence," *Social, Cognitive, and Affective Neuroscience*, 9, 141-149.

Van Nunspeet, F., B. Derks, N. Ellemers, and S. Nieuwenhuis (2015). "Moral Impression Management: Evaluation by an In-Group Member during a Moral IAT Affects Perceptual Attention and Conflict and Response Monitoring," *Social Psychological and Personality Science*, 6(2) 183-192.

Verbeke, W. D., B. V. Dietz, and E. Verwaal (2011). "Drivers of Sales Performance: A Contemporary Meta-analysis. Have Salespeople Become Knowledge Brokers?," *Journal of the Academy of Marketing Science*, 39, 407-428.

Wofford, J. C. & Liska, L. Z. (1003). Path-goal theory of leadership: A meta analysis. *Journal of Management*, 19, 857-876.

Wojciszke, B. (2005). "Morality and Competence in Person and Self Perception," *European Review of Social Psychology*, 16, 155-188.

Yukl, G. (1989). "Managerial Leadership: A Review of Theory and Research," *Journal of Management*, 15(2), 251-290.

Yukl, G. (1998). *Leadership in organizations*. Upper Saddle River, NJ: Prentice Hall.

The Effects of Subordinates' Competency and Morality on Subordinate Performance: An Investigation of a Moderating Effect of a Supervisor's Consideration Behavior*

Kyoung-Su Kim**, Seung-Hee Oh***

Abstract

A subordinate with high competency tends to perceive his or her supervisor's consideration behavior as useful because he or she attributes his or her high performance not to his or her supervisor's consideration behavior but to his or her competency. But a subordinate with high morality tends to perceive his or her suervisor's consideration behavior as useful, because he or she attributes his or her high performance to his or her supervisor's consideration behavior. In conclusion section implications of these results are discussed from theoretical and practical perspectives. From a practical perspective, the following three points are discussed: (1) organization should attempt to select and develop employees with high competency and morality and then (2) a supervisor would show consideration behavior toward subordinates (employees) with high competency and morality, and (3) a supervisor should recognize that his or her consideration behavior is differently perceived by subordinates with different characteristics, because subordinates with high morality tend to attribute his or her high performance to his or her supervisor's consideration behavior whereas subordinates with high competency tend to attribute his or her high performance to his or her high competency. From a theoretical perspective, two major points are discussed: (1) a theory on the relationship between a supervisor's consideration behavior and subordinate performance should be reestablished and (2) a supervisor's perspective as well as a subordinate's perspective should be simultaneously considered for future research on leadership. In addition limitations of this study are discussed in terms of measuring subordinates' subjective performance, using only subordinate responses in the measurement of a supervisor's consideration behavior, and designing a cross sectional design for this study. Finally directions for future research are suggested as follows: (1) subordinate performance should be measured quantitatively, (2) supervisors' responses should be used to measure their consideration behavior, and (3) a longitudinal study should be designed.

Key words : Consideration Behavior, Competency, Morality, Self-serving Bias, Behavioral Theory of Leadership.

---

* This study was supported by research fund from Graduate School of Business, Chonnam National University.

** Professor, College of Business Administration, Chonnam National University(kskim@chonnam.ac.kr), first author.

*** Ph. D. Student, College of Business Administration, Chonnam National University. (shohbook@hanmail.net), corresponding author.

리더의 딜레마: 구조주도행동의 부정적 효과 검증*

오승희**, 김경수***

본 연구에서는 역량이 낮은 부하에 대해 리더가 구조주도행동을 보이지만, 리더의 구조주도행동은 부하의 성과에 긍정적인 효과를 보이는 것이 아니라 부정적인 효과를 보인다는 리더의 딜레마를 제시하고 부하의 역량과 부하성과와의 관계, 부하의 역량과 리더의 구조주도행동과의 관계, 부하의 역량, 리더의 구조주도행동, 부하성과 간의 관계에 대한 예측을 통하여 리더의 딜레마를 검증하였다. 본 연구에서 설정한 가설은 다음과 같다. 첫째, 부하의 역량이 높을 경우 부하의 성과는 높을 것이다. 둘째, 부하의 역량이 저조할 경우 리더는 구조주도행동을 보일 것이다. 즉 부하의 역량과 구조주도행동은 부(-)의 관계를 가질 것이다. 셋째, 역량이 낮은 부하에 대한 리더의 구조주도 행동은 긍정적인 효과보다는 부정적인 효과를 가져 올 것이다. 본 연구에서 설정한 가설을 검증하기 위하여 공무원 조직, 교육기관, 일반기업에 재직하고 있는 직원들에게 설문서를 배포 회수하여 665명의 자료를 분석한 결과 본 연구에서 제시한 리더의 딜레마가 존재한다는 것을 확인하였다. 즉 역량이 낮은 부하에 대해 리더는 구조주도행동을 보이는 것으로 나타났지만, 리더의 구조주도행동은 부하의 성과에 부정적인 효과를 가지는 것으로 나타났다. 그러나 이러한 연구결과가 리더 딜레마의 경쟁대안 중 하나인 부하의 능력이 낮은 경우 리더는 지시적 리더십을 통해 부하의 성과를 높일 수 있다는 경로목표이론이 타당하지 않다는 것을 보여주는 것은 아니므로 계층적 회귀분석을 통하여 리더의 구조주도행동과 부하역량의 상호작용효과를 검증하였다. 검증결과 경로목표이론이 타당하지 않다는 것이 확인되어 리더의 딜레마가 존재한다는 것을 뒷받침하였다. 이러한 연구결과는 리더가 역량이 낮은 부하에 대해 구조주도행동을 보여서는 안된다는 것을 의미한다. 즉 리더가 당면한 딜레마를 극복하기 위하여 리더는 구조주도행동을 보이기보다는 왜 부하의 역량이 저조한가에 대해 고민을 해야 할 것이다. 부하의 저조한 역량이 수행하는 직무에 대한 문제인지 즉 어려운 직무를 수행하기 때문인지, 아니면 조직의 교육훈련 시스템의 부재 때문인지 원인을 파악한 후 부하의 역량을 높일 수 있는 방안을 강구해야 한다. 또한 역량이 낮은 부하에 대해 리더는 구조주도행동보다는 설득을 통하여 부하 스스로 역량을 높일 수 있도록 해주는 것도 한 가지 방안이라고 볼 수 있다. 이와 더불어 자기예언충족이론에서와 같이 리더는 언젠가 부하의 역량이 높아질 것이라는 믿음을 가지고 있다는 것을 끊임없이 보여주고 부하를 신뢰함으로써 부하의 역량을 높이는 것도 한 가지 방안이라고 볼 수 있다. 결론부분에서는 본 연구결과가 가지는 의미를 실무적인 차원에서 논의하였으며, 본 연구가 가지는 한계점과 이를 극복할 수 있는 방안에 대한 논의 역시 이루어졌다.

주제어 : 구조주도행동, 부하의 역량, 리더의 딜레마, 경로목표이론, 리더십 대체이론

---

* 이 논문은 대한경영학회지, 제31권 제2호, 2018, 265-284에 게재된 논문임.

** 전남대학교 경영학 박사수료.

*** 전남대학교 경영대학 교수.

1. 서 론

리더가 부하에게 보여주는 구조주도행동 또는 직무중심적 행동은 전통적으로 매우 유용하다는 주장이 제기되어 왔다(Hwang et al., 2015; Judge, Piccolo, & Illes, 2004; Lorinkova, Pearsall, & Sims, 2013; Martin, Liao, & Campbell, 2013; Rowold, Borgmann, & Bormann, 2014; Tschan et al., 2006). 예를 들어 산업혁명 시대에 부하들은 업무를 수행함에 있어서 어떤 업무를 어떻게 수행할 것인가에 대해 관리자가 지시하는 대로 따르는 경우 생산성이 극대화된다고 믿어왔다. 또한 리더십 행동이론에 따르면 리더가 부하들에게 높은 정도의 배려행동과 구조주도행동을 보여줄 경우 리더는 부하들을 하나의 팀으로 관리할 수 있게 되어 생산성이 극대화된다는 주장을 제기하였다(Powell & Butterfield, 1984; Yukl, 1971). 상황적합성시대에 들어서는 리더의 구조주도행동이 상황에 따라 효과적일 수 있다는 주장이 제기되었는데 예를 들어 경로목표이론에 따르면 부하의 능력이 저조한 경우 리더가 보여주는 구조주도행동은 부하의 성과를 높일 수 있다는 주장이 제기되었다(House, 1971; Stoker, 2008). 또한 상황적 리더십이론(situational leadership theory)에 따르면 부하의 성숙도가 낮은 경우, 즉 부하의 능력과 의지가 낮은 경우 리더의 지시적 리더십(리더가 높은 정도의 구조주도행동을 보이는 반면 낮은 정도의 배려행동을 보이는 리더십)은 부하의 성과를 높인다는 주장을 제기하였다(Derue, Barnes, & Morgeson, 2010; Hersey & Blanchard, 1982; Yun, Faraj, & Sims, 2005). 또한 Dansereau, Graen and Haga(1975)에 따르면 리더는 자신의 스타일에 기초하여 구조주도행동을 보일 수 있다고 주장하는데 이 역시 리더십 행동 이론과 마찬가지로 동일한 집단에 속한 부하들에게 리더가 가지는 스타일, 예를 들면 직무중심적 스타일에 기초하여 구조주도행동을 보이는 경우 부하의 성과를 높일 수 있다.

그럼에도 불구하고 리더가 보여주는 구조주도행동의 효과는 실증연구에서는 뒷받침되지 못하고 있다(Larson, Hunt, & Osburn, 1976; Nystrom, 1978; Piccolo et al., 2012; Schriesheim, 1982; Vera & Crossan, 2004). 예를 들어 산업혁명시대에 리더가 보여주는 직무중심적 행동은 근로자를 하나의 기계로 취급하며 근로자들로 하여금 소외를 경험하게 하여 인간적인 대우를 받아야 한다는 주장이 제기되었으며, 리더십행동이론이 주장한 높은 정도의 배려행동과 높은 정도의 구조주도행동은 부하의 성과를 높이는데 기여를 하지 못하는 것으로 실증연구결과 나타났다(Kerr & Schriesheim, 1974). 또한 상황적 리더십이론에 따르면 부하가 낮은 정도의 능력과 의지를 가지는 경우 리더의 구조주도행동 또는 지시적 행동이 높은 성과를 보여준다는 주장 역시 실증연구결과 뒷받침되지 않는 것으로 나타났다(김경수·김공수·김순영, 2006; 김경수·조용현·장준호, 2007; Blank, Weitzel, & Green, 1990; Vecchio, Bullis, & Brazil, 2006). 또한 경로목표이론에서 주장하는 부하의 능력이 낮은 경우 리더가 구조주도행동을 보일 때 부하의 성과가 높게 나타난다는 주장은 한편으로는 뒷받침되었지만(Hambleton & Gumpert, 1982; Norris & Vecchio, 1992; Silverthorne & Wang, 2001; Stoker, 2008; Vecchio, 1987), 다른 한편으로는 뒷받침되지 않아 구조주도행동의 효과성에 대하여 의문을 제기하기도 하였다(Goodson, McGee, & Cashman, 1989; Schriesheim, Castro, Zhou, & DeChurch, 2006).

본 연구에서는 능력이 낮은 부하에 대해 리더가 구조주도행동을 보이는 경우 왜 부정적인 효과가 나타나게 되는가에 대한 이론적인 설명을 제시하고, 리더의 구조주도행동에 대한 부정적인 효과를 검증하고자 한다. 이를 위하여 본 연구에서는 부하의 역량과 부하의 성과간의 관계, 부하의 역량과 리더의 구조주도행동 간의 관계, 그리고 리더의 구조주도행동과 부하의 성과 간의 관계를 가설로 정립하고자 한다. 가설을 정립하기에 앞서 본 연구에서 사용한 주요변수들에 대하여 우선 설명을 하고자 한다.

2. 이론적 배경과 연구가설

2.1. 부하의 역량

부하가 가지는 능력은 업무를 수행하는데 필요한 적성과 잠재력을 의미하며 정신적 활동을 하는데 필요한 지적능력과 육체적 활동을 하는데 필요한 체력을 포함한다. 최근 들어서는 능력보다는 직무를 수행함에 있어서 효과적이고 보다 우수한 성과를 직접적으로 이끌어 내는 역량의 개념이 많이 사용되고 있는바(Boyatzis, 1982), 본 연구에서는 능력보다는 역량에 초점을 맞추고자 한다. 역량은 우수한 성과에 직접적으로 원인이 되는 개인이 가지는 기본적인 특성으로 정의되는데 이러한 특성은 기술, 경험, 모티브, 태도까지도 포함하는 개념으로서 일반적으로 투입과 산출측면에서 정의될 수 있다(김경수·배현숙·양동민, 2015). 산출측면에서 역량은 한 개인이 업무를 수행함에 있어서 목표를 초과달성할 수 있을 정도의 유능함이라고 정의할 수 있으며, 투입측면에서 역량은 한 개인이 업무를 수행하는데 필요한 능력에 영향을 미치는 일련의 지식, 태도, 기술이라고 정의할 수 있다(Heffernan & Flood, 2000). 특히 Spencer and Spencer(1993)는 역량을 측정 가능한 것으로 보고 구체적인 업무에 대한 효과적인 성과와 직접적으로 연관이 있는 개인이 가지는 특성, 예를 들어 지식, 기술, 자기개념, 특질, 모티브로 정의하고 있다. 이러한 역량의 개념 속에는 최근 기업전략론으로 등장한 조직의 핵심역량(core competence)을 개인 수준까지 분해하는 조직론적인 사고방식이 깔려있으며, 특별히 사람의 행동특성과 개념을 중시한 능력 개념이라고 할 수 있다. 즉 어떤 업무에 대해 높은 성과를 내는 사람의 행동특성(능력)의 공통점을 추출·모델화하여 이를 역량으로 명명한 것이다. 다시 말해 역량은 요구되고 있는 목표달성 혹은 문제해결을 위해 능력과 기술을 스스로 선택하여 성과에 연계시키는 행동능력이라고 볼 수 있다.

2.2. 리더의 구조주도행동

오하이오주립대학의 리더십 연구자들이 제시한 구조주도행동은 업무가 수행되는 방식으로 정의되었는바(Bass, 1981), 이러한 행동은 성과표준을 유지하는데 심혈을 기울인다던가, 납기일을 맞춘다거나, 어떤 과업이 수행되어야 할 것인가를 세부적으로 결정하는 행동, 어떤 과업이 수행되어야만 하는가와 어떻게 수행되어야만 하는가에 대한 행동을 포함한다. Yukl(1989)은 리더 자신이 집단의 목표를 달성하기 위하여 자신의 역할과 부하들의 역할을 정의하고 구조화하는 행동으로 구조주도행동을 정의하면서 부하의 저조한 성과에 대한 책망, 납기일을 맞추는 것의 중요성에 대한 강조, 부하들에게 과업을 할당, 성과에 대한 표준을 유지하는 것, 표준화된 절차를 따르도록 지시하는 행동, 새로운 문제에 대한 새로운 해결책의 제시, 부하들의 활동을 조정하는 행동, 그리고 부하들이 잠재력에 맞게 업무를 수행하는지 평가하는 행동이 포함된다고 하였다.

2.3. 부하의 역량과 성과

부하의 역량이 높다면 역량의 정의에 따라 성과는 높게 나타날 것이다. 앞에서도 언급한 바와 같이 역량은 성공적인 직무 수행에 필요한 능력, 행동과 특성 등을 포함하는 것으로 Spencer and Spencer(1993)는 역량을 통해 그 사람의 직무 능력을 예측할 수 있다고 주장하였다. 1990년대 말 이후에 역량 기반의 인적자원관리가 널리 퍼지게 되었으며 역량은 행동 및 사회심리적 특성과 함께 지식과 기술을 포함하는 더 넓은 개념을 갖게 되었다. 수 세기 동안 역량은 우수한 성과의 기준과 인과관계를 가지는 요인으로 인식되었으며 많은 학자들이 직원의 역량평가는 직무성과를 예측하는 효과적인 방법이라고 주장해왔다(McClelland, 1973; Levenson, Stede, & Cohen, 2006; Mollel, Mulongo, & Razia, 2017; Ryan, Emmerling, & Spencer, 2009). 실증연구에서는 팀 빌딩, 의사소통, 조정, 실행, 지속적인 학습 등의 특정 역량이 개인의 직무성과에 미치는 영향을 보여주고 있으며(Qiao & Wang, 2009), 우수성과자와 보통성과자를 비교하여 성과를 예측할 수 있는 역량이 존재하며 성과지향적 역량과 팀 리더십역량이 성과에 가장 중대한 영향을 미치는 것을 발견하였다(Ryan et al., 2009). 특히 영업사원의 사회적 역량이 성과에 중요한 영향을 미치는 것을 제시하였으며(Verbeke, Dietz, & Verwaal, 2011), 지식, 기술, 자기개념, 특성을 포함하는 역량이 성과에 영향을 미친다는 것을 보여주었고(Aima, Adam, & Ali, 2017), 부하 역량에 대한 직속상사의 평가를 통해 역량이 성과와 밀접한 관련이 있음을 보여주며(Jackson, Cooper-Thomas, Van Gelderen, & Davis, 2010), 업무 성과는 인지적 능력과 관련이 있음을 밝혔고(Stillman et al., 2010), 감정적 역량을 지닌 직원들이 높은 성과를 보여준다는 결과를 제시하였다(Aykan, 2014). 국내에서는 1인 기업 창업자의 기술적 역량, 전략적 역량, 관리적 역량이 기업 경영성과에 유의한 영향을 미치고(김창봉·이승현, 2017), 창업자의 배경적 역량, 개인적 역량, 심리적 역량, 관리적 특성의 역량제고가 경영성과의 결과로 나타나는 것을 확인하였으며(성옥석·박승락, 2015), ICT 프로젝트의 성공요인에 대한 연구에서는 개인의 직무역량을 구성하는 업무지식과 의사소통이 프로젝트의 성과에 유의한 영향을 미치는 것으로 나타났다(김갑식·안태호·이현기·최대량·백인섭, 2015). 또한 조직구성원이 새로운 정보의 가치를 인식하고 이를 흡수하여 응용할 수 있는 능력이 업무성과에 유의한 영향을 미치는 것으로 나타났다(김정식, 2012). 따라서 본 연구에서는 다음과 같은 가설이 설정되었다.

가설 1. 부하의 역량이 높을 경우 부하의 성과는 높을 것이다.

2.4. 부하의 역량과 리더의 구조주도행동

부하의 역량이 낮은 경우 역량의 정의에 따라 부하는 낮은 성과를 보일 것이고, 리더는 부하의 성과를 높이기 위하여 구조주도행동을 보일 것이다. 경로목표이론에 따르면(Evans, 1970) 부하들의 능력이 저조하여 어떤 일을 어떻게 할지 모르는 경우, 그리고 성과에 대한 낮은 기대를 가지는 경우 리더는 지시적 리더십을 통하여 부하의 성과를 높일 수 있다. 이때 지시적 리더십은 리더가 부하에게 업무를 수행하는데 필요한 구체적인 가이드라인을 제공하고, 부하들로 하여금 규칙과 절차를 따르도록 하고, 업무수행에 대한 스케줄을 계획하고 조정하는 행동을 포함한다. 즉 리더의 지시적 리더십 또는 구조주도행동은 부하가 지각하는 역할 모호성을 줄여주고, 부하가 지각하는 노력과 성과간의 기대를 높여주며, 부하가 성과를 달성할 때 주어지는 보상을 명확히 해주고, 부하가 지각하는 성과와 보상간의 관계를 강화시켜 준다.

반대로 부하의 역량이 높다면 리더는 구조주도행동을 보이지 않을 것이다. 리더십 대체이론(Kerr & Jermier, 1978)에 따르면 부하의 능력이나 경험이 지시적 리더십을 대체할 수 있다고 보았다. 즉 부하의 능력이나 경험이 출중할 경우 리더가 보여주는 지시적 리더십 또는 구조주도행동은 부하에게 불필요하고 쓸모없게 된다. 리더십 대체이론은 국내연구결과에 의해서도 뒷받침 되었는데 신범구(2007)의 연구에 따르면 부하들이 가지는 능력과 경험이 리더의 지시적 리더십(역할명료, 과업지시, 명확한 절차제시)을 대체하는 것으로 나타났다. 따라서 리더십 대체이론에 따를 경우 부하의 능력과 경험이 출중할 경우 리더가 보여주는 지시적 또는 구조주도행동은 부하들에게 불필요하게 되므로 리더는 능력과 경험이 출중한 부하들에 대해 지시적 리더십 또는 구조주도행동을 보이지 않을 것이다. 즉 능력과 경험이 출중한 부하는 자신의 역할이 무엇인지에 대해 알고 있으며, 과업을 어떻게 수행하는지에 대해 알고 있다. 그러므로 리더의 구조주도행동, 즉 과업을 어떻게 수행해야 하는지 구체적으로 알려주고, 업무수행에 대한 스케줄을 계획하고 조정해주는 행동은 불필요하게 된다. 따라서 부하의 역량이 낮은 경우 리더는 구조주도행동을 통하여 부하의 성과를 높이려는 시도를 할 것이지만 부하의 역량이 높을 경우 리더는 부하에게 구조주도행동을 보이지 않을 것이다. 이것을 기초로 다음과 같은 가설이 설정되었다.

가설 2. 부하의 역량이 저조할 경우 리더는 구조주도행동을 보일 것이다. 즉 부하의 역량과 구조주도행동은 부(-)의 관계를 가질 것이다.

2.5. 리더의 구조주도행동과 부하의 성과

낮은 역량을 가진 부하에 대해 리더가 지시적 리더십 또는 구조주도행동을 발휘하는 경우 부하의 성과는 어떻게 나타날 것인가? 경로목표이론에 따르면 부하의 능력이 낮은 경우 리더는 지시적 리더십을 통해 부하의 성과를 높일 수 있다. 실증연구결과에 따르면 실제로 낮은 능력을 가진 부하에 대해 리더가 분명한 업적기준을 설정하여 과업지시를 하고 과정을 설명하는 지시적 리더십을 보이는 경우 성과는 높게 나타나고 있다. 예를 들어 Stoker(2008)는 근무경력이 짧아 능력이 낮은 부하에 대하여 리더가 지시적 리더십 또는 구조주도행동을 보일 때 성과가 높게 나타나는 연구결과를 제시하였으며, 한국과 중국 근로자를 비교한 실증 연구에서는 지시적 리더십이 높을수록 조직 구성원에 대한 리더 효과성이 높은 것으로 나타났다(이도화·위효외·이종법·박은철, 2011).

그러나 역량이 낮은 부하에 대해 상사가 지시적 리더십 또는 구조주도행동을 보이는 경우 다음과 같은 이유로 부하의 성과가 저조하게 나타날 수도 있다. 첫째, 역량이 낮은 부하에 대해 상사가 구조주도행동을 보이는 경우 부하는 어떤 업무를 어떻게 수행할 것인가에 대해 지시를 받고 이를 이행하려는 노력을 기울이지만 실제로 역량이 낮은 부하는 상사의 지시에 대해 명확하게 이해하지 못할 수도 있다. 예를 들어 역량이 낮은 영업사원에 대해 상사가 고객과의 면담에서 의사소통을 강조하고 편안한 자세로 고객에게 접근하면 성과가 높을 것이라고 지시를 한다고 해도 역량이 낮은 부하는 도대체 어떻게 편안한 자세를 가지고 고객에게 접근해야 하는지 이해할 수 없을 수도 있다. 이 경우 상사의 구조주도행동은 부하의 성과에 전혀 도움이 되지 않을 것이다. 둘째, 상사가 부하의 성과를 향상시키기 위하여 구조주도행동을 보이지만 상사 역시 정확하게 어떤 지시를 내려야할지 모를 수도 있다. 예를 들어 앞의 예에서 고객과의 면담에서 편안한 자세를 가지고 고객에게 접근하면 성과를 높일 수 있다는 지시가 실제로 성과를 높이는데 별로 도움이 되지 않을 수도 있다. 셋째, 부하직원의 잘못된 지각(self-serving bias)에 의해 상사의 구조주도행동이 부하의 성과에 영향을 미치지 않을 수도 있다. 예를 들어 상사는 부하의 역량이 낮다는 것을 알고 구조주도행동을 보이지만 부하 자신은 역량이 저조해서 성과가 낮게 나타나는 것이 아니라 상황이 좋지 않아 성과가 저조하게 나왔다고 자신이 유리한 방향으로 지각함으로써 상사의 구조주도행동을 수용하지 않을 수도 있다. 즉 상사는 부하의 저조한 성과를 부하의 역량에 기인한다고 보고 구조주도행동을 보이는 반면, 부하는 역량보다는 상황의 탓으로 자신의 낮은 성과를 귀인하는 경우라고 볼 수 있다. 이 경우 부하는 상사의 구조주도행동을 수용하지 않게 되고 결국 부하의 성과에 도움을 주지 않을 것이다. 넷째, 부하의 자존심과 관련되어 있을 수도 있다. 즉 역량이 낮은 부하에 대해 상사가 구조주도행동을 보일 때 역량이 낮은 부하는 상사의 지시를 따라야 함에도 불구하고 상사의 지시를 따르는 것이 부하의 자존심을 허락하지 않기 때문에 상사의 지시를 따르지 않을 수도 있다. 즉 상사의 지시를 받아들인다는 것은 부하가 자신의 능력이나 역량이 낮다는 것을 인정하는 것이 되므로 일종의 모욕감을 느끼게 되고 따라서 자신의 자존심을 유지하기 위하여 상사의 지시를 받아들이지 않게 된다. 이러한 4가지 이유를 근거로 다음과 같은 가설이 설정되었다.

가설 3. 역량이 낮은 부하에 대한 리더의 구조주도행동은 긍정적인 효과보다는 부정적인 효과를 가져 올 것이다.

이러한 가설 3은 경로목표이론에서 제시한 역량이 낮은 부하에 대해 리더가 구조주도행동을 보일 경우 부하의 성과가 높게 나타날 수 있다는 예측과 반대되는 경쟁가설이므로 본 연구에서는 구조주도행동과 부하성과간의 관계가 긍정적인지 부정적인지 검증을 통해 가설 3이 타당한가를 밝힐 예정이다.

3. 연구방법

3.1. 자료수집 및 표본

본 연구에서 제시한 가설을 검증하기 위하여 공무원조직, 교육기관, 일반기업에 재직하고 있는 1,000명을 대상으로 약 1개월간(2016년 1월 7일 - 2월 2일) 온라인 및 오프라인을 병행하여 설문조사를 실시하였다 이들은 모두 부하직원으로 자신이 속한 집단이나 팀의 직속상사에 대해 응답하도록 하였다. 응답자 727명 중 자료가 미비한 설문지를 제외한 665명의 설문지가 분석에 이용되었다. 표본의 인구통계학적 특성은 성별은 남자 492명(74.0%), 여자 173명(26.0%)의 비율에 연령은 35세~44세가 240명(36.1%), 학력은 학사가 440명(66.2%)명, 직급은 과장/차장이 238명(35.8%)으로 가장 많은 비중을 차지하였으며, 근속기간은 10년 이상이 464명(69.8%)으로 나타났다.

3.2. 측정도구

3.2.1. 구조주도행동

리더의 구조주도행동을 측정하기 위하여 오하이오주립대학에서 개발한 LBDQ XII (Stogdill & Coons, 1957)의 20문항 중 구조주도행동을 측정하기 위한 10개 문항을 5점 척도로 측정하였다. 구조주도행동은 목표 달성을 위하여 자신의 역할과 부하의 역할을 정립하고 조직화화는 정도를 의미하며 '부하직원들에게 인간 중심적이라기보다는 과업지향적이다.', '부하직원들에게 자신의 주장을 고집하는 편이다.', '부서 업무에 대해 부하직원들과 상의없이 혼자 결정하고 행동하는 편이다.', '부하직원들에게 근무외 시간에도 일할 것을 독려한다.' 등의 문항으로 측정하였다.

3.2.2. 부하의 역량

역량은 바람직한 결과나 성과를 이끌어내는데 중요한 역할을 하는 특성들로 Bartram (2005)의 연구에서 사용한 항목들을 수정 보완하여 적응력, 분석력, 창의력, 인내, 지원, 협력, 상호작용, 조직화 및 실행력, 진취적 기상과 같은 8개 항목을 5점 척도로 측정하였다. Bartram(2005)은 다양한 국가에 속한 조직을 대상으로 이루어졌던 역량과 관련된 29개의 연구를 대상으로 메타분석을 실시하여 8개 역량을 추출하였다. 이렇게 추출된 역량 항목들은 높은 신뢰도와 타당성을 가지며 성격, 동기, 능력 등을 모두 아우르는 개념으로 볼 수 있다. 부하의 역량을 측정하는 항목으로는 '나는 변화에 잘 적응하고, 어떤 문제점에 대하여 효과적으로 관리하고 대응한다.', '나는 명확한 분석적 사고로 복잡한 문제에 최선을 다하며, 자신의 전문지식을 효과적으로 적용한다.', '나는 새로운 아이디어와 경험이 요구되는 상황을 좋아하고, 창의적으로 대처하며, 전략적 사고로 조직의 변화를 지원한다.' 등이 포함되어 있다.

3.2.3. 부하의 성과

부하의 성과는 수행하는 업무에 대한 질적, 양적 우수성, 전문적이고 혁신적인 업무수행 결과, 다른 구성원들보다 뛰어난 업무수행 결과를 보이는 것을 의미한다. 본 연구에서는 기존 선행연구에서 제시한(김도영·유태용, 2002) 성과 측정도구를 참조하여 개인이 수행하는 업무수행 결과의 질과 양, 업무수행 결과에 대한 평판, 목표달성도 등의 7가지 항목에 대하여 과에 대한 평판, 목표달성도 등의 7가지 항목에 대하여 5점 척도로 측정하였다. 관련 문항으로 '나는 업무수행 결과가 질적으로 우수한 편이다.', '나의 목표에 대한 달성도는 높은 편이다.', '나의 작업효율성은 우수한 편이다.' 등이 포함되었다.

3.3. 분석방법

본 연구에 사용된 측정 변수들의 타당도를 검증하기 위하여 탐색적 요인분석(Exploratory Factor Analysis)을 주요인분석(Principal Component Analysis)에 의한 방법으로 실시하였고 회전방식은 직각행렬(Varimax) 방식을 사용하였다. 측정하려는 개념의 타당성을 저해하는 것으로 나타난 문항들을 제외한 후 분석한 결과 <Table 1>의 요인분석결과에서 보는 바와 같이 모든 변수들에서 고유치(eigenvalue)가 1 이상인 요인이 도출되었고, 각 변수들을 측정한 항목들은 모두 요인적재량 .5 이상으로 각 변수들은 개념적 구분이 명확하게 나타났다. 본 연구에서 사용된 다항목척도 변수들의 신뢰도 분석을 위해 크론바흐 알파(Cronbach alpha)계수를 이용한 내적 일관성 검증방법을 이용한 결과 연구모형 내 다항목 척도 변수들의 신뢰도계수가 모두 .8 이상의 신뢰할만한 척도로 나타났다.

Table 1. Results of Exploratory Factor Analysis

Scale items	Factor 1	Factor 2	Factor 3
Subordinate performance	.572	.549	-.140
	.832	.399	-.052
	.822	.391	-.054
	.793	.453	-.037
	.789	.418	-.048
	.768	.408	-.063
	.754	.428	-.007
Subordinate competency	.363	.761	-.084
	.407	.766	-.077
	.448	.762	-.100
	.418	.757	-.151
	.379	.749	-.130
	.500	.701	-.002
	.546	.656	-.044
	.523	.642	-.048
Leader's structuring behavior	-.105	-.123	.819
	-.019	-.215	.833
	.039	-.122	.809
	-.069	.151	.704
Eigen value	5.762	5.656	2.614
Explained variance (%)	30.326	29.767	13.758
Cumulative variance (%)	30.326	60.093	73.852

또한 본 연구에서는 변수들의 하위차원 항목들의 타당성을 검증하기 위하여 추가적인 분석으로 AMOS 23을 이용하여 확인적 요인분석(Confirmatory Factor Analysis)을 실시한 결과는 <Table 2>와 같이 나타났다. 확인적 요인분석은 측정변수들의 집중타당성과 판별타당성을 확인하는 단계로서 집중타당성 검증을 위하여 개념신뢰도(Construct Reliablity)가 .60 이상이고 평균분산추출값(Average Variance Extraction)이 .50 이상을 만족하는지를 평가하였다. 모형의 적합도를 평가하는 값들은 x^2=622.742, DF=149, cmIN/DF=4.179, CFI=.958, TLI=.952, RMSEA=.069로 나타났다. x^2값을 자유도로 나눈 Q값이 3보다 적어

야 전반적인 적합도를 만족한다고 볼 수 있는데 Q값이 4.179로 나타났다. TLI와 CFI는 1에 가까울수록 바람직하며 RMSEA가 .08보다 작으면 양호한 편으로 판단하므로 종합적인 적합도 지수가 수용할만한 수준으로 판단된다.

Table 2. Results of Confirmatory Factor Analysis

Scale items		Ustd. E	S.E.	C.R.	Std. E	AVE	CR
Subordinate performance	SP_item1	1			0.768	0.747	0.954
	SP_item2	1.028	0.039	26.578***	0.912		
	SP_item3	1.023	0.039	25.953***	0.895		
	SP_item4	1.063	0.040	26.298***	0.904		
	SP_item5	1.035	0.041	25.102***	0.872		
	SP_item6	1.026	0.042	24.427***	0.854		
	SP_item7	1.031	0.043	23.824***	0.837		
Subordinate competency	SC_item1	1			0.802	0.701	0.949
	SC_item2	1.134	0.045	25.394***	0.838		
	SC_item3	1.186	0.044	27.239***	0.879		
	SC_item4	1.170	0.045	26.084***	0.854		
	SC_item5	1.063	0.044	24.299***	0.813		
	SC_item6	1.196	0.047	25.681***	0.845		
	SC_item7	1.266	0.049	25.84***	0.848		
	SC_item8	1.288	0.053	24.487***	0.817		
Leader's structuring behavior	LSB-item1	1			0.739	0.528	0.813
	LSB-item2	1.093	0.058	18.946***	0.855		
	LSB-item3	0.958	0.053	17.942***	0.760		
	LSB-item4	0.690	0.057	12.085***	0.507		
Model Fit		cmIN=622.742, DF=149, Q(cmIN/DF)=4.179, CFI=0.958, TLI=0.952, RMSEA=0.069					

Note. Ustd. E: Unstandardized Estimate, Std. E: Standard Estimate, S.E.: Standard Error, C.R.: Critical Ratio, AVE: Average Variance Extraction, CR: Construct Reliability
***p<.001

본 연구의 분석에 활용된 모든 변수들은 한 명의 응답자로부터 측정되었기 때문에 단일 응답자 편차의 문제점이 제기될 수 있다. 따라서 이러한 단일 응답자 편차에 대한 통계적 사후 해결법으로 Harman의 일원검증(one-factor test)을 실시하였다(Podsakoff & Organ, 1986). 이는 연구에 사용된 모든 측정항목들을 대상으로 주성분분석을 진행하는 것인데,

고유치(eigenvalue)가 1이상인 요인이 한 개만 도출되거나, 여러 개의 요인이 도출된다 하더라도 그 분산 설명력에 있어 한 요인의 설명력이 절대적이 된다면 동일방법에 의한 분산(common method variance)이 있다고 가정하는 것이다. 분석결과 가장 설명력이 큰 요인이 전체 분산의 30%를 설명하고 있으므로 본 연구에서 사용된 자료는 동일방법에 의한 분산 문제가 허용범위 내에 있다고 볼 수 있다. 각 변수들 간의 관계를 살펴보기 위하여 상관관계분석을 실시하였고, 독립변수가 종속변수에 미치는 영향을 검증하기 위하여 회귀분석을 실시하였다.

4. 연구결과

본 연구에서 제시한 리더의 구조주도행동, 부하의 역량, 부하의 성과간의 관계를 파악하기 위하여 상관관계분석을 실시하였다.

<Table 3>은 각 변수들 간 상관관계로서 부하의 역량은 부하의 성과와 정(+)의 관계를 가지는 것으로 나타났으며(r=.865, p<.01), 부하의 역량과 리더의 구조주도행동은 부(-)의 관계를 가지는 것으로 나타났다(r=-.199, p<.01). 즉 부하의 역량이 높은 경우 리더는 낮은 정도의 구조주도행동을 보이고, 부하의 역량이 낮은 경우 리더는 높은 정도의 구조주도행동을 보이는 것으로 나타났다.

Table 3. Descriptive statistics, Correlations, and Reliabilities

Variables	Mean	SD	1	2	3	4	5	6	7	8
1. Gender	1.26	.44								
2. Age	3.39	.99	-.252**							
3. Education	1.84	1.28	.098*	.239**						
4. Position	2.22	.89	-.307**	.684**	.033					
5. Tenure	3.40	1.00	-.118**	.682**	.117**	.587**				
6. Structuring behavior	2.31	1.00	.059	.043	-.085*	.058	.043	(.806)		
7. Competency	4.20	.69	-.331**	.270**	.100**	.179**	.157**	-.199**	(.948)	
8. Performance	4.14	.69	-.259**	.290**	.145**	.178**	.201**	-.151**	.865**	(.952)

Note: Figures in diagonal are alpha reliabilities.
*: p<.05, **: p<.01

구조주도행동과 부하의 성과는 부(-)의 관계를 가지는 것으로 나타나(r=-.151, p<.01) 리더가 구조주도행동을 보일 때 부하의 성과는 낮아지는 것을 보여준다. 이러한 상관관계분

석 결과는 본 연구에서 설정한 가설의 방향과 일치하는 결과라고 할 수 있다.

본 연구에서 제시한 가설 1을 검증하기 위하여 부하의 역량을 독립변수, 부하의 성과를 종속변수로 한 회귀분석을 실시한 결과 <Table 4>와 같이 부하의 역량은 연령, 성별, 학력, 직위 및 근속기간을 통제하고도 부하의 성과와 정(+)의 관계를 가지는 것으로 나타나 (β =.858, p<.001) 가설 1은 지지되었다.

가설 2에서 제시한 부하의 역량과 리더의 구조주도행동의 관계를 검증하기 위하여 부하의 역량을 독립변수, 리더의 구조주도행동을 종속변수로 의 역량을 독립변수, 리더의 구조주도행동을 종속변수로 한 회귀분석을 실시한 결과 <Table 5>에서 보는 바와 같이 부하의 역량과 리더의 구조주도행동은 부(-)의 관계를 가지는 것으로 나타나(β =-.213, p<.001) 가설 2가 지지되었다.

가설 3을 검증하기 위하여 리더의 구조주도행동을 독립변수로 하고 부하의 성과를 종속변수로 한 회귀분석을 실시한 결과 <Table 6>과 같이 구조주도행동은 부하의 성과와 부(-)의 관계를 가지는 것으로 나타나(β =-.138, p<.001) 가설 3은 지지되었다.

Table 4. Regression Results for Subordinate Competency and Performance

Variables	Performance β
Gender	.032
Age	.021
Education	.044*
Position	-.025
Tenure	.050
Competency	.858***
R^2	.757
F	410.501***

*: p<.05, ***: p<.001

Table 5. Regression Results for Subordinate Competency and Leader's Structuring Behavior

Variables	Structuring behavior β
Gender	.036
Age	.109
Education	-.094*
Position	.038
Tenure	-.005
Competency	-.213***
R^2	.059
F	6.912***

*: p<.05, ***: p<.001

가설 3이 검증되었다고 하여도 부하의 역량이 낮을 경우 상사의 구조주도행동이 부하의 성과를 높일 것이라는 경로목표이론이 부당하다고 결론지을 수 없다. 따라서 부하의 역량이 낮을 경우 상사의 구조주도행동이 부하의 성과를 높일 수 있다는 경로목표이론을 검증하기 위하여 계층적 회귀분석을 실시하였다(Baron & Kenny, 1986). 계층적 회귀분석은 독립변수와 조절변수, 독립변수와 조절변수 간의 상호작용 항을 단계적으로 추가했을 때 회귀식의 설명력을 나타내는 R^2값의 변화를 통해 조절효과를 입증하는 방법으로 분석 결과는 <Table 7>과 같다. 본 연구에서는 계층적 회귀분석시 발생할 수 있는 다중공선성 문제를 해결하기 위하여 각 변수들의 원 자료들을 중심화시킨 후에 두 변수를 곱하여 상호작용 항을 도출하였다. 부하의 성과를 종속변수로

Table 6. Regression Results for Leader's Structuring Behavior and Subordinate Performance

Variables	Performance
	β
Gender	-.218***
Age	.232***
Education	.095*
Position	-.076
Tenure	.056
Structuring behavior	-.138***
R^2	.156
F	20.271***

***: *p*<.001

하고 상사의 구조주도행동과 조절변수인 부하 역량을 독립변수로 한 회귀분석 결과의 R^2 값과 상사의 구조주도행동과 부하 역량의 상호작용이 추가됨으로써 증가된 $R^2(\triangle R^2)$ 값을 비교하고, F 값이 .05이하인지 확인한 결과 R^2의 증가분이 유의하지 않은 것으로 나타났다이러한 결과는 구조주도행동과 역량의 상호작용 효과가 유의하지 않아 역량이 조절효과를 갖지 못한다는 것이므로 경로목표이론이 뒷받침되지 못한다는 것을 보여준다. 이러한 결과는 리더의 구조주도행동이 부하의 성과를 저하시킨다는 본 연구의 결과를 뒷받침하는 증거가 될 수 있다.

Table 7. Results of Hierarchical Regression Analysis

Variables	Model 1	Model 2	Model 3	Model 4
Gender	-.232***	-.218***	.028	.028
Age	.223***	.232***	.032	.030
Education	.110***	.095*	.044*	.045*
Position	-.084	-.076	-.026	-.024
Tenure	.057	.056	.056*	.056*
Structuring behavior		-.138***	.020	.024
Competency			.861***	.863***
Structuring behavior × Competency				-.011
R^2	.137***	.156***	.758***	.758***
$\triangle R^2$		.019	.602	.000

*: *p*<.05, ***: *p*<.001

5. 결 론

본 연구에서는 부하가 가지는 역량과 리더십(리더의 구조주도행동), 그리고 부하성과 간의 관계를 통하여 리더가 가지는 딜레마를 밝히고자 하였다. 부하의 역량이 성과에 중요한 요인이지만, 부하의 역량이 낮을 경우 리더의 구조주도행동이 부하의 성과를 높일 수 있다는 경로목표이론(House, 1971, 1996)과 달리 본 연구에서는 부하의 역량이 낮을 경우 리더는 구조주도행동을 보이지만 리더의 구조주도행동이 부하의 성과를 향상시키기 보다는 부하의 성과를 낮출 수 있다는 리더가 가지는 딜레마를 제시하였다.

분석결과 부하의 역량은 부하의 성과에 영향을 미치는 것으로 나타났고, 부하의 역량이 낮은 경우 리더는 구조주도행동을 보이는 것으로 나타났다. 하지만 리더의 구조주도행동은 부하의 성과를 높이는 것이 아니라 반대로 부하의 성과를 낮추는 것으로 나타났다. 이러한 결과는 리더의 딜레마가 존재한다는 것을 보여준다. 다시 말하면 역량이 낮은 부하에 대해 리더는 구조주도행동을 보이지만 리더의 구조주도행동은 부하의 성과에 긍정적인 효과를 미치는 것이 아니라 부정적인 효과를 미치게 된다.

이러한 연구결과는 리더의 구조주도행동이 부하에게 전혀 도움이 되지 않는다는 것을 보여준다. 역량이 출중한 부하에 대해 리더는 구조주도행동을 보이지 않고 보여서는 안되지만, 역량이 낮은 부하에 대해서도 리더는 구조주도행동을 보여서는 안된다는 것을 의미한다. 그럼에도 불구하고 본 연구결과에 따르면 리더는 역량이 낮은 부하에 대해 구조주도행동을 보이고, 이러한 구조주도행동이 부하의 성과를 저조하게 만드는 딜레마에 빠지게 된다.

리더가 당면한 딜레마를 극복하기 위하여 리더는 구조주도행동을 보이기보다는 왜 부하의 역량이 저조한가에 대해 고민을 해야 할 것이다. 부하의 저조한 역량이 수행하는 직무에 대한 문제인지 즉 어려운 직무를 수행하기 때문인지 아니면 조직의 교육훈련 시스템의 부재 때문인지 원인을 파악한 후 부하의 역량을 높일 수 있는 방안을 강구해야 할 것이다. 또한 역량이 낮은 부하에 대해 리더는 구조주도행동보다는 설득을 통하여 부하 스스로 역량을 높일 수 있도록 해주어야 한다. 이와 더불어 자기예언충족이론에서와 같이 리더는 언젠가 부하의 역량이 높아질 것이라는 믿음을 가지고 있다는 것을 끊임없이 보여주고 부하를 신뢰함으로써 부하의 역량을 높게 해주어야 한다(Raiz, Zubair, & Shahbaz, 2017; Weaver, Moses, & Snyder, 2016).

본 연구에서 제시한 가설이 검증되었다고 하더라도 경쟁이론인 경로목표이론이 타당하지 않다는 결론은 내리는 것은 성급하다고 보여 진다. 따라서 향후 다른 연구대상을 표본으로 설문자료를 수집하여 분석할 필요가 있으며 경로목표이론에서 제시한 구조주도행동의 유용성을 다시 한 번 확인할 필요가 있다고 보여 진다. 그리고 만일 경로목표이론에서 제시한 가설이 타당하다면 리더는 다음과 같은 점에 유의하여 구조주도행동을 보여야 할 것이다. 리더는 역량이 낮은 부하에게 구조주도행동을 보일 수밖에 없다면 다음과 같은 점에 유의하여 구조주도행동을 보여야 할 것이다. 첫째, 리더가 역량이 낮은 부하에 대해 구조주도행동을 보일 때 역량이 낮은 부하는 리더의 구조주도행동을 제대로 이해할 수 있는 능력이 없을 수도 있다는 점을 알아야 한다. 즉 리더가 어떤 일을 어떻게 해야 할 것인가에 대해 제시를 함에 있어서 리더 자신이 가지는 언어로 부하에게 지시를 하는 경우 부하는 리더의 언어를 제대로 이해하지 못할 수도 있으므로 리더는 부하가 이해할 수 있는 언어로 바꾸어 지시를 해야 한다. 예를 들어 리더가 지시를 함에 있어서 부하에게 지시한 과업을 리더 자신이 직접 수행함으로써 부하의 이해를 높여야 할 것이다.

둘째, 리더가 역량이 낮은 부하에 대해 지시를 함에 있어서 리더는 어떻게 지시를 내려야 할지 모를 수도 있다. 그러므로 리더는 부하에게 지시를 함에 있어서 어떤 방법이 최선의 방법인가를 끊임없이 연구하여 가장 최선의 방법을 부하에게 제시해야 한다.

셋째, 역량이 낮은 부하에 대해 리더가 구조주도행동을 보임에 있어서 역량이 낮은 부하는 자신의 역량이 저조하여 낮은 성과가 나타나는 것이 아니라 리더의 잘못된 지시에 의해 또는 상황에 의해 성과가 낮게 나타났다라고 왜곡할 수도 있다, 따라서 리더는 부하의 잘못된 지각(self-serving bias)이 존재한다는 것을 이해해야 하며, 때로는 부하가 자신의 낮은 성과를 상황 탓으로 돌릴 수도 있다는 점도 유의해야 한다. 이 경우 리더는 부하에게 다양한 정보의 제공을 통하여 부하의 낮은 성과가 부하자신의 역량의 부재로 나타난다는 것을 제시해야 한다.

넷째, 리더가 구조주도행동을 보이는 경우 부하는 리더의 구조주도행동을 부하자신의 역량의 부재로 인식하여 자존심의 문제로 볼 수 있다. 다시 말하면 리더의 지시를 따른다는 것이 곧 부하자신의 자존심이 걸린 문제이므로 리더의 지시를 따르지 않게 된다. 따라서 리더는 부하의 자존심을 건드리지 않는 방향으로 구조주도행동을 보여야 할 것이다.

본 연구의 한계점 및 향후 연구방향을 살펴보면 다음과 같다. 첫째, 본 연구에서는 리더의 구조주도행동과 부하의 성과간의 관계가 부(-)의 효과를 가지는 것으로 나타났다. 그러나 본 연구에서 부하의 성과는 양적인 성과를 측정한 것이 아니라 부하자신이 지각하는 주관적인 성과를 측정했다는 점에서 한계점을 가지며 따라서 향후 부하의 양적인 성과를 측정하여 리더의 구조주도행동과 부하성과간의 관계를 분석하는 것이 필요하다. 또한 리더의 구조주도행동을 측정함에 있어서 리더의 응답보다는 부하의 지각에 기초한 응답이 사용되었으므로 향후 리더의 응답이 측정에 사용되어야 할 것이다. 둘째, 본 연구는 횡단적인 연구설계로 인해 변수들 간의 인과관계를 파악하는데 한계를 가진다고 볼 수 있다. 따라서 향후 종단적인 연구를 통하여 역량이 낮은 부하에 대해 리더가 구조주도행동을 보이고 그 결과 부하의 성과가 낮게 나타난다는 인과관계를 파악해야 할 것이다. 끝으로 본 연구에서는 변수 측정시 동일인의 설문응답에 의존하고 있어 동일방법에 의한 분산(common method variance)으로 인한 문제점을 가진다고 볼 수 있다. 따라서 향후 연구에서는 동일원천에 의한 오류를 배제한 연구 설계가 이루어져야 할 것이다.

References

김갑식·안태호·이현기·최대량·백인섭 (2015). ICT 프로젝트 구성원의 개인 직무역량과 역할갈등이 성과에 미치는 영향: 프로젝트 관리자 역량을 조절효과로. 기업경영연구, 22(4), 137-159.

김경수·김공수·김순영 (2006). 상황적 리더십이론의 검증: 변수 간 관계와 분석수준을 중심으로. 경영학연구, 35(6), 1823-1851.

김경수·배현숙·양동민 (2015). 리더의 배려행동이 부하의 성과에 미치는 영향: 부하의 역량 및 도덕성의 조절효과 검증. 조직과 인사관리연구, 39(1), 93-117.

김경수·조용현·장준호 (2007). 집단 수준에서 상황적 리더십이론의 검증. 경영학연구, 36(5), 1233-1257.

김도영·유태용 (2002). 성격의 5요인과 조직에서의 맥락수행간의 관계. 한국심리학회지, 15(2), 1-24.

김정식 (2012). 리더의 지적자극과 직무혁신성이 조직구성원들의 흡수역량과 창의적 행동 및 업무성과에 미치는 영향. 생산성논집, 26(3), 287-317.

김창봉·이승현 (2017). 1인 기업 창업자 역량이 기업 경영성과에 미치는 영향에 관한 연구. 대한경영학회지, 30(8), 1387-1407.

성옥석·박승락 (2015). 소상공인 창업자특성이 경영마인드개선과 역량제고 및 성과에 미치는 영향. 대한경영학회지, 28(2), 581-599.

신범구 (2007). 리더십 대체이론에 대한 연구. 인적자원관리연구, 14(1), 97-108.

이도화·위효외·이종법·박은철 (2011). 지시적 리더십과 결과변수 사이의 관계에 있어서 권력격차의 조절효과: 한국과 중국 근로자의 비교 연구. 인적자원관리연구, 18(4), 47-67.

Aima, H., Adam, R., & Ali, H. (2017). Model of employee performance: Competence analysis and motivation. *Journal of Research in Business and Management*, 4(11), 49-59.

Aykan, E. (2014). Relationships between emotional competence and task- contextual performance of employees. *Problems of Management in the 21st Century*, 9(1), 8-17.

Baron, R.M., & Kenny, D.A. (1986). The moderator-mediator variable distinction in social psychological research: Conceptual strategic and statistical considerations. *Journal of Personality and Social Psychology*, 51, 1173-1182.

Bartram, D. (2005). The great eight competencies: A criterion-centric approach to validation. *Journal of Applied Psychology*, 90(6), 1185-1203.

Bass, B.M. (1981). *Stogdill's Handbook of Leadership*. New York: Free Press.

Blank, W., Green, S.G., & Weitzel, J.R. (1990). A test of the situational leadership theory. *Personnel Psychology*, 43(3), 579-597.

Boyatzis, R.E. (1982). *The Competent Manager: A Model for Effective Performance.* New York: John Wiley & Sons.

Dansereau, F., Graen, G., & Haga, W.J. (1975). a vertical dyad linkage approach to leadership within formal organizations: A longitudinal investigation of the role making process. *Organizational Behavior and Human Performance*, 13, 46-78.

Derue, D.S., Barnes, C.M. & Morgeson, F. P. (2010). Understanding the motivational contingencies of team leadership. *Small Group Research*, 41(5), 621-651.

Evans, M.G. (1970). The effects of supervisory behavior on the path-goal relationship. *Organizational Behavior and Human Performance*, 5, 277-298.

Goodson, J.R., McGee, G.W., & Cashman, J. F. (1989). Situational leadership theory: A test of leadership prescriptions. *Group & Organization Studies*, 14, 446-461.

Hambleton, R.K., & Gumpert, R. (1982). The validity of Hersey and Blanchard's theory of leader effectiveness. *Group and Organizational Studies*, 7(2), 225-242.

Heffernan, M.M., & Flood, P.C. (2000). An exploration of the relationships between the adoption of managerial competencies, organizational characteristics, human resource sophistication and performance in Irish organizations. *Journal of European Industrial Training*, 24, 128-136.

Hersey, P., & Blanchard, K.H. (1982). *Management of Organizational Behavior: Utilizing Human Resource*. Englewood Cliffs, NJ: Prentice-Hall.

House, R.J. (1971). A path-goal theory of leader effectiveness. *Administrative Science Quarterly*, 16, 321-338.

House, R.J. (1996). Path-goal theory of leadership: Lessons, legacy, and a reformulated theory. *The Leadership Quarterly*, 7(3), 323-352.

House, R.J., Filley, A.C., & Kerr, S. (1971). Relation of leader consideration and initiating structure to R and D subordinates' satisfaction. *Administration Science Quarterly*, 16, 19-30.

Hwang, S.J., Quast, L.N., Center, B.A., Chung, C.N., Hahn, H.J., & Wohkittel, J. (2015). The impact of leadership behaviours on leaders' perceived job performance across cultures: Comparing the role of charismatic, directive, participative, and supportive leadership behaviours in the U. S. and four Confucian Asian countries. *Human Resource Development International*, 9, 1-19.

Jackson, D. Jr., Cooper-Thomas, H.D., Van Gelderen, M., & Davis, J. (2010). Relationships among developmental competency measures and objective work outcomes in a New Zealand retail context. *Human Resource Development Quarterly*, 21(2), 169-186.

Judge, T.A., Piccolo, R.F., & Ilies, R. (2004). The Forgotten ones? The validity of consideration and initiating structure in leadership research. *Journal of Applied Psychology*, 89(1), 36-51.

Kerr, S.J., & Jermier, J.M. (1978). Substitutes for leadership: Their meaning and measurement. *Organizational Behavior and Human Performance*, 22, 375-403.

Kerr, S.J., & Schriesheim, C. (1974). Consideration, initiating structure, and organizational criteria—An update of Korman's 1966 review. *Personnel Psychology*, 27, 555-568.

Larson, L.L., Hunt, J.G., and Osburn, R.N. (1976). The great hi-hi leader behavior myth: A lesson from Occam's razor. *Academy of Management Journal*, 19, 628-641.

Levenson, A.R., Stede, W. A., & Cohen, S.G. (2006). Measuring the relationship between managerial competencies and performance. *Journal of Management*, 32(3), 360-380.

Lorinkova, N.M., Pearsall, M.J., & Sims, H.P. (2013). Examining the differential longitudinal performance of directive versus empowering leadership in teams. *Academy of Management Journal*, 56(2), 573-597.

Martin, S.L., Liao, H., & Campbell, E.M. (2013). Directive versus empowering leadership: A field experiment comparing impacts on task proficiency and proactivity. *Academy of Management Journal*, 56(5), 1372-1395.

McClelland, D.C. (1973). Testing for competence rather than for intelligence. *American Psychologist*, 28(1), 1-14.

Mollel, E.R., Mulongo, L.S., & Razia, M. (2017). The influence of performance appraisal practices on employee productivity: A case of Muheza District Tanzania. *Business Management and Economics*, 5(4) 45-59.

Norris, W.R., & Vecchio, R.P. (1992). Situational leadership theory: A replication. *Group & Organization Management*, 17(3), 331-342.

Nystrom, P.C. (1978). Managers and the hi-hi leader myth. *Academy of Management Journal*, 21(2), 325-331.

Piccolo, R.F., Bono, J.E., Heinitz, K., Rowold, J., Duehr, E., & Judge, T.A. (2012). The relative impact of complementary leader behaviors: Which matter most?. *The Leadership Quarterly*, 23(3), 567-581.

Podsakoff, P.M., & Organ, D.W. (1986). Self-reporters in organizational research: Problems and prospects. *Journal of Management*, 12(4), 531-544.

Powell, G.N., & Butterfield, D.A. (1984). The "high-high" leader rides again. *Group & Organization Studies*, 9(4), 437-450

Qiao, J.X., & Wang, W. (2009). Managerial competencies for middle managers: Some empirical findings from China. *Journal of European Industrial Training*, 33(1), 69-81.

Rowold, J., Borgmann, L., & Bormann, K. (2014). Which leadership constructs are important for predicting job satisfaction, affective commitment, and perceived job performance in profit versus nonprofit organization. *Nonprofit Management and Leadership*, 25(2), 147-164.

Raiz, M., Zubair, A., & Shahbaz, K. (2017). Leadership styles and pygmalion effect among banking employees. *Journal of Psychology & Psychotherapy*, 7(2), 292.

Ryan, G., Emmerling, R.J., & Spencer, L.M. (2009). Distinguishing high-performing European executives: The role of emotional, social and cognitive competencies. *Journal of Management Development*, 28(9), 859-875.

Schriesheim, C.A. (1982). The great high consideration-high initiating structure leadership myth: Evidence on its generalizability. *The Journal of Social Psychology*, 116(2), 221-228.

Schriesheim, C.A., Castro, S. L., Zhou, X., & DeChurch, L. A. (2006). An investigation of path-goal and transformational leadership theory predictions at the individual level of analysis. *The Leadership Quarterly*, 17(1), 21-38.

Silverthorne, C., & Wang, T.H. (2001). Situational leadership style as a predictor of success and productivity among Taiwanese business organizations. *Journal of Psychology*, 135(4), 399-412.

Spencer, L.M. Jr., & Spencer, S.M. (1993). *Competence at Work: Models for Superior Performance.* New York: John Wiley & Sons.

Stillman, T.F., Baumeister, R.F., Vohs, K.D., Lambert, N.M., Fincham, F.D., & Brewer, L.E. (2010). Personal philosophy and personnel achievement: Belief in free will predicts better job performance. *Social Psychological and Personality Science*, 1, 43-50.

Stogdill, R.M., & Coons, A.E. (1957). *Leader Behavior: Its Description and Measurement.* Columbus: The Ohio State University, Bureau of Business Research, Monograph No. 88.

Stoker, J. (2008). Effects of team tenure and leadership in self-managing teams. *Personnel Review*, 37(5), 564-582.

Tschan, F., Semmer, N.K., Gautschi, D., Hunziker, P., Spychiger, M., & Marsch, S.U. (2006). Leading to recovery: Group performance and coordinative activities in medical emergency driven groups. *Human Performance*, 19(3), 277-304.

Vecchio, R.P. (1987). Situational leadership theory: An examination of a prescriptive theory. *Journal of Applied Psychology*, 72, 444-451.

Vecchio, R.P., Bullis, R.C., & Brazil, D.M. (2006). The utility of situational leadership theory: A replication in a military setting. *Small Group Research*, 37(5), 407-424.

Vera, D., & Crossan, M. (2004). Strategic leadership and organizational learning. *Academy of Management Review*, 29(2), 222-240.

Verbeke, W.D., Dietz, B.V., & Verwaal, E. (2011). Drivers of sales performance: A contemporary meta-analysis. Have salespeople become knowledge brokers?. *Journal of the Academy of Marketing*

Science, 39, 407–428.

Weaver, J., Moses, J.F., & Snyder, M. (2016). Self-fulfilling prophecies in ability settings. *Journal of Social Psychology*, 156(2), 179–189.

Yukl, G. (1971). Toward a behavioral theory of leadership. *Organizational Behavior and Human Performance*, 6(4), 414–440.

Yukl, G. (1989). Managerial leadership: A review of theory and research. *Journal of Management*, 15(2), 251–290.

Yun, S., Faraj, S., & Sims, H.P. (2005). Contingent leadership and effectiveness of trauma resuscitation teams. *Journal of Applied Psychology*, 90(6), 202–210.

A leader's dilemma: An investigation of a negative effect of a leader's structuring behavior on subordinate performance

Seung-Hee Oh*, Kyoung-Su Kim**

Abstract

This study suggests a leader's dilemma that a leader shows structuring behavior toward subordinates with low ability, but a leader's structuring behavior has a negative rather than a positive effect on subordinate performance. And this study investigates the leader's dilemma through predicting and analyzing the relationships between subordinate competency and subordinate performance, subordinate competency and a leader's structuring behavior and among subordinate competency, a leader's structuring behavior and subordinate performance. The hypotheses of this study are as follows: first, subordinates with high competency will show high performance. Second, a leader will show structuring behavior toward subordinates with low competency. That is, subordinate competency will negatively relate to a leader's structuring behavior. Third, a leader's structuring behavior toward subordinates with low competency will show a negative effect rather than a positive effect. In order to test the hypotheses of this study questionnaires are distributed and data are collected from employees in different organizations such as public administration, educational institutions and private firms. Data from 665 employees in public administration, educational institutions and private firms support that the leader's dilemma exists. That is, a leader shows structuring behavior toward subordinates with low competency, but a leader's structuring behavior toward subordinates with low competency has a negative effect on subordinate performance. However, this result does not indicate that path-goal theory of leadership, one of competitive theories of leader's dilemma in which a leader is able to increase performance of a subordinate with low ability through structuring behavior, is not valid. So this study investigates the interaction effect of subordinate competency and leader's structuring behavior on subordinate performance through a hierarchical regression analysis. The results show that the path-goal theory is not supported. These overall results indicate that a leader's dilemma does exist. These results imply that a leader should not show structuring behavior toward a subordinate with low competency. In other words, a leader's structuring behavior is not effective to subordinates with low competency. So a leader should not use structuring behavior but has to think of why his or her subordinate has low competency: a leader should identify whether a subordinate's low competency is caused from job difficulty or a lack of educational training system in the organization. After that a leader should find a way to increase a subordinate's low competency. There is one way to increase a subordinate's low competency through using persuasion rather than using structuring behavior. In addition, as self-fulfilling prophecy does predict, a leader should believe that subordinates with low competency can improve their low competency in the future and so should continuously show trust toward them. In conclusion section, limitations of this study and directions for future study are suggested.

Key words : Structuring Behavior, Competency, Leader's Dilemma, Path-Goal Theory of Leadership, Substitutes for Leadership.

* Chonnam National University.

** Chonnam National University.

제4장 상황적합성이론

리더십을 연구하는 많은 학자들은 어떤 리더십이 부하직원들의 동기를 유발하고 성과를 높이는지에 대해 연구해 왔다. 이들 중에서 상황이론을 주장하는 학자들에 따르면 부하직원의 성과를 높이는 어떤 최고의 리더십 유형이 존재하는 것이 아니라 상황에 따라 적합한 리더십 유형이 있다는 주장이다. 예를 들어 능력도 부족하고, 업무수행 의지도 약한 부하직원에게는 작업일정을 수립해주거나 직무를 명확히 규정해 주는 지시적인 리더십이 가장 효과가 큰 것으로 나타났다(House, 1971). 또한 스트레스나 좌절감을 느끼고 있는 부하직원이나 수행하는 업무가 어려워 자신감을 가지지 못하는 부하직원에게는 친절하게 대해주고 자존심을 올려주며 개인적인 문제를 해결해 주려고 노력하는 후원적 리더십이 가장 효과가 큰 것으로 나타났다(House, 1971). 그리고 능력도 있고 하려고 하는 의지가 강한 부하직원에게는 되도록 간섭을 하지 않고 결정권한과 실행책임을 위임하여 주는 위임형 리더십이 가장 효과가 큰 것으로 나타났다(Hersey & Blanchard, 1982).

그럼에도 불구하고 관리자가 가지는 리더십은 일반적으로 어느 일정기간 동안 변하지 않는 속성을 가지고 있다. 즉 지시적인 리더십을 발휘하는 관리자는 상황에 관계없이 항상 부하들에게 구체적으로 업무를 지시하고 통제하게 되며, 후원적인 리더십을 발휘하는 관리자는 항상 친절하게 대하고 인간적인 문제에만 관심을 기울여 주게 된다는 것이다. 그러나 동일한 리더십유형이 모든 상황에서 동일하게 효과적이지는 못하다. 따라서 관리자는 자신의 리더십 스타일대로 모든 부하직원들에게 행동할 것이 아니라 부하직원들이 수행하는 업무가 어려워 좌절감을 느끼고 있는지, 능력과 의지를 가지고 있는지에 대한 상황을 파악하여 그 상황에 맞는 리더십을 발휘해야 부하직원의 성과를 높일 수 있다는 점을 명심해야 한다.

상황적합성이론에 따르면 리더는 상황에 적합한 행동을 보여야 부하직원들에게 리더십을 발휘할 수 있다. 상황에 적합한 리더행동이 과연 어떤 것인가에 대해 학자들은 상황을 정의하고, 정의된 상황에 적합한 리더행동을 밝히는데 초점을 두었는데, 피들러는 상황적합성 이론을, 하우스는 경로목표이론을, 허시와 블랜차드는 상황적 리더십이론을 주창하였다. 이러한 이론들을 설명하면 다음과 같다.

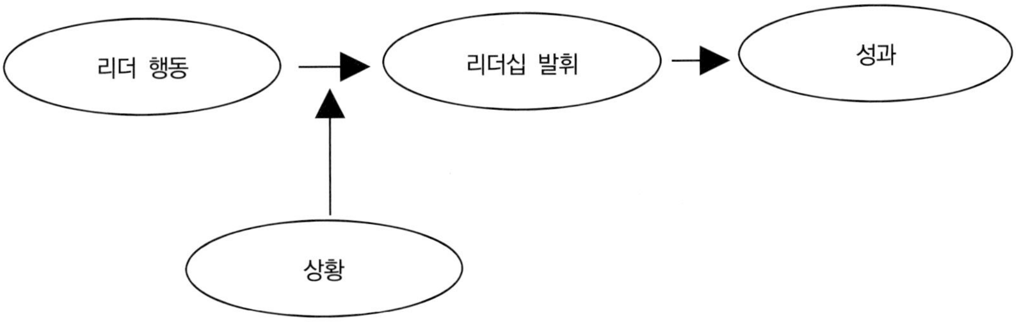

그림 4-1. 리더십 상황이론

1. 상황적합성 이론

피들러(1967)는 리더가 처한 상황을 자신에게 아주 유리한 상황, 아주 불리한 상황, 그리고 중간정도의 유리한 상황으로 구분하여 자신에게 유리한 상황에서는 리더가 직무 중심적 행동을 해도 부하직원들이 따라오며, 아주 불리한 상황에서는 인간 중심적 행동을 보인다고 하더라도 별로 상황이 좋아지지 않기 때문에 직무중심적 행동을 보여 성과를 높일 수 있다. 그러나 중간정도의 유리한 상황에서는 인간중심적 행동을 보임으로써, 상황을 더욱 유리하게 만들 수 있다.

상황유형

① 리더에게 아주 유리한 상황이란 : 리더가 부하들을 통제할 수 있고 리더의 지시대로 부하들이 움직이는 상황을 말한다.
② 리더에게 아주 불리한 상황이란 : 리더가 어떤 행동을 보여도 부하들을 통제할 수 없으며 리더가 지시를 해도 부하들이 잘 따라 주지 않는 상황을 말한다.
③ 중간정도의 유리한 상황이란 : 리더에게 어느 정도 유리하지만 부하들을 완전히 통제할 수도 없고 업무를 지시한다고 하더라도 완전히 따르지 않는 상황을 말한다.

1.1. 상황을 정의하는 세 가지 요소

리더가 처한 상황(아주 유리한, 아주 불리한, 중간정도 유리한)은 리더-부하의 관계, 과업구조, 그리고 직위권력이라는 3가지 요소에 의해 설명된다.

① 리더-부하의 관계 : 리더와 부하의 관계가 좋으면 리더에게 유리한 상황이며, 반대로 관계가 나쁘면 리더에게 불리하다.
② 과업구조 : 집단에서 수행되는 과업이 구조화되어 있다는 것은 수행해야할 업무가 무엇인지 명확하게 구체적인 절차와 명확한 목표를 가지고 있는 것을 말한다. 반대로

과업이 비구조화되어 있다는 것은 창의적인 업무로서 체계적인 절차에 의해 수행되지 않는 것을 말한다. 과업이 구조화되어 있으면 리더에게 유리한 반면, 비구조화되어 있으면 리더가 부하에게 의존해야 하므로 리더에게 불리하게 작용한다.

③ 직위권력 : 직위권력이란 리더가 부하직원에 대해 영향력을 행사할 수 있을 정도의 권력을 가지고 있는가를 의미하는 것으로 부하직원의 업무를 평가하여 보상과 처벌을 가할 수 있는 권력을 가진다면 높은 직위권력을 가지는 것이지만 부하직원의 업무를 평가할 수도 없고 평가하더라도 보상이나 처벌을 할 수 없는 정도의 권력을 가진다면 리더에게 불리하게 된다.

1.2. 3가지 요소에 따른 상황의 분류

리더-부하의 관계, 과업구조, 직위권력의 높고 낮음(강하고 약함)에 따라 8가지 상황으로 구분할 수 있고, 이를 다시 유리한 상황, 중간정도의 유리한 상황, 불리한 상황 3가지로 구분할 수 있다.

표 4-1. 3가지 요소에 따른 상황분류

<table>
<tr><th>리더-부하의 관계</th><th colspan="4">좋다</th><th colspan="4">나쁘다</th></tr>
<tr><td>구조화</td><td colspan="2">구조화</td><td colspan="2">비구조화</td><td colspan="2">구조화</td><td colspan="2">비구조화</td></tr>
<tr><td>권력</td><td>강하다</td><td>약하다</td><td>강하다</td><td>약하다</td><td>강하다</td><td>약하다</td><td>강하다</td><td>약하다</td></tr>
<tr><td>상황 호의성</td><td colspan="8">고←----------------------중----------------------→저</td></tr>
<tr><td>적합한 리더십 행동</td><td colspan="3">직무중심 행동</td><td colspan="4">인간중심 행동</td><td>직무
중심
행동</td></tr>
</table>

1.3. 상황에 적합한 리더 행동

앞에서 설명한 바와 같이 유리한 상황에서는 직무중심적 행동을 해도 리더에게 유리하므로 업무에 대한 명확한 지시 등을 통하여 성과가 높게 나타난다. 또한 불리한 상황에서는 인간중심적 행동을 보인다고 하더라도 상황이 유리하게 작용하지 않으므로 직무중심적 행동인 지시, 계획, 통제 등을 통하여 성과를 높일 수 있다. 그러나 중간정도의 유리한 상황에서는 직무중심적 행동을 보이는 경우 상황이 유리하게 되는 것이 아니므로 인간중심적 행동을 통하여 상황을 자신에게 유리하게 만듦으로써 성과를 높일 수 있다.

- 유리한 상황에서는 직무중심적 행동이 효과적이다.
- 중간정도의 유리한 상황에서는 인간중심적 행동이 효과적이다.
- 불리한 상황에서는 직무중심적 행동이 효과적이다.

1.4. 리더행동의 측정

피들러는 리더행동을 측정하는데 있어 리더 자신에게 같이 일하기 싫은 동료를 한 사람 생각하게 한 후 그 동료를 호의적으로 평가하면 인간중심적 리더이고, 그 동료를 비호의적으로 평가하면 직무중심적 리더로 구분하고 있다. 다음 설문은 LPC(least preferred coworker) 설문으로 귀하가 과거와 또는 현재 가장 일하기 싫어하는 사람을 한 명 생각하고 그 사람을 다음의 항목으로 평가하면 된다.

LPC 설문서

귀하가 함께 일하기 가장 싫은 사람을 한 명 생각하고(과거 혹은 현재), 그 사람에 대해 다음의 항목으로 평가하시오.

그 사람은	그렇다	그렇지 않다
1. 쾌활하고 명랑하다.		
2. 친절하고 다정하다.		
3. 무엇이든 수용한다.		
4. 여유있다.		
5. 냉정하고 냉담하다.		
6. 적대적이다.		
7. 화목하고 조화스럽다.		
8. 개방적이다.		
9. 신뢰할만하다.		
10. 관대하다.		
11. 비열하다.		
12. 성실하다.		
13. 사려깊다.		
14. 친근하다.		
15. 신사적이다.		
16. 싸우기 좋아한다.		

귀하가 함께 일하기 싫어하는 동료나 상사를 좋게 평가하면 귀하는 인간 중심적인 사람이고, 반대로 나쁘게 평가하면 귀하는 직무중심적인 사람이다. 일하기 싫어하는 사람을 나쁘게 평가한다는 것은 귀하가 직무중심적이기 때문에 모든 평가가 직무에 기초한다고 볼 수 있다.

2. 경로목표이론

하우스(1971)는 리더가 처한 상황을 부하직원들의 개인 특성과 과업특성으로 보고 각각의 특성에 적합한 4가지 리더 행동을 제시하였다. 4가지 리더행동을 표로 요약하면 다음과 같다.

표 4-2. 4가지 리더십 행동유형

리더십 행동유형	내 용
후원적 리더십	부하들이 가지는 욕구에 관심을 기울여 주고, 이들이 가지는 개인적인 문제에 대해 배려를 해주며, 보다 친근한 분위기를 창출하는 노력을 한다.
지시적 리더십	부하로 하여금 리더 자신이 무엇을 기대하는지 알게 하며, 구체적인 지시를 하고, 규칙과 절차를 따르도록 강요하며, 작업에 대한 스케줄을 짜고 조정한다.
참여적 리더십	부하들에게 의견을 물어보고 필요한 정보를 제공함으로써 의사결정에 대한 제안을 하도록 하며, 부하들이 제안한 것을 고려하여 의사결정한다.
성취지향적 리더십	도전적인 목표를 세우고 어떻게 하면 성과를 증진시킬까 고민하고, 우수한 성과를 내려고 노력하며, 부하들의 업적에 대해 확신한다.

예를 들어, 부하직원들이 '자신감'이 없을 때 리더는 후원적 행동을 보임으로써, 부하직원들의 자신감을 고취시킬 수 있다. 또한 부하직원들이 무엇인가 성취하려는 욕구를 가졌다면 성취지향적 행동을 보여야 하며, 기술이나 지식이 부족한 부하직원들에 대해서는 지시적 행동이 적합하고, 부하들이 참여욕구를 가졌을 때는 부하직원들을 의사결정에 참여시키는 참여적 행동이 적합하다고 볼 수 있다.

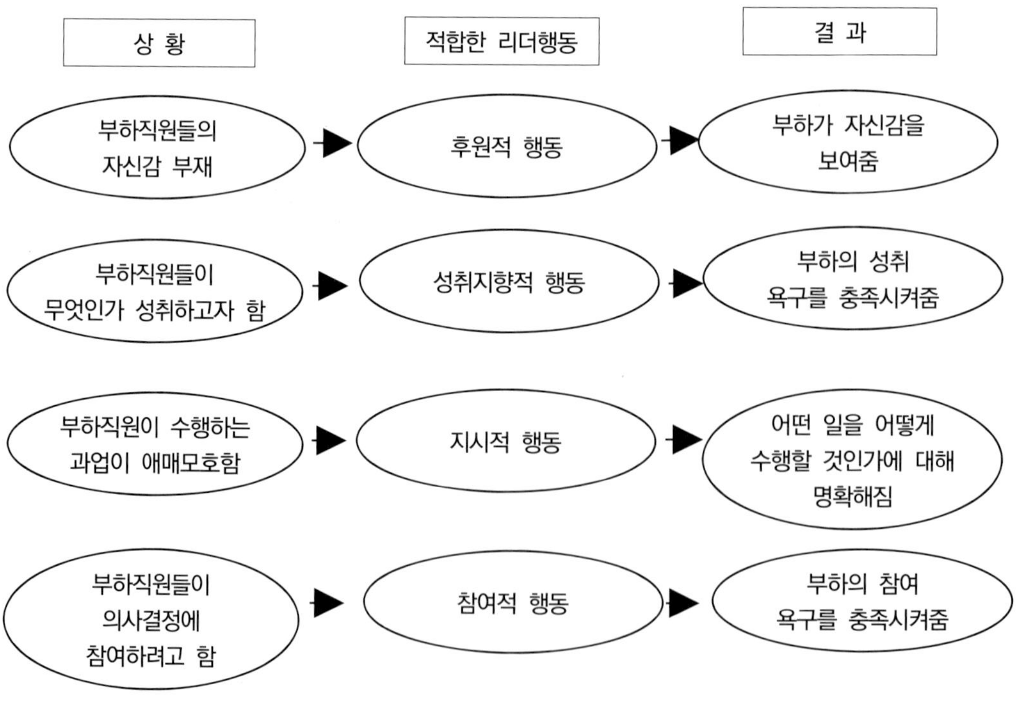

그림 4-2. 상황에 따른 적합한 리더 행동

과업특성의 경우, 부하직원들이 수행하는 과업이 명확하지 않고 애매모호할 때, 지시적 행동을 통하여 명확하게 해주어야 하고, 일상적인 과업을 수행하는 부하직원들은 매일 반복적인 업무로 인하여 사기가 저하되므로 리더는 후원적 행동을 통하여 사기를 높여 부하들의 노력과 만족을 이끌어 낼 수 있다.

3. 허시와 블랜차드의 상황적 리더십이론(Situational Leadership Theory)

3.1. 상황적 리더십이론의 발달과정

상황적 리더십이론은 그 이론적 근원을 레딘(Reddin, 1967)의 3차원 관리스타일 이론(3-dimensional management style theory)에 기초하고 있다. 그에 따르면 관리자의 스타일(전제적, 사명 제시적, 직무 유기적)이 관리자 혹은 관리자가 지휘 감독하는 집단이 처한 상황과 일치할 때 효과성이 극대화된다는 주장을 펴고 있다. 허시와 블랜챠드(1969)는 이를 더욱 발전시켜 1969년 리더십 수명주기이론(life-cycle theory of leadership)을 발표하였는데, 이는 바로 상황적 리더십이론의 초창기 이론이라고 할 수 있다.

이에 따르면, 효과적인 리더십을 발휘하기 위해서는 리더십 행동(직무지향적 대 관계지향적)이 부하의 성숙도에 맞게 발휘되어야 한다. 수명주기이론은 1982년에 이르러 보다 정교화되고 구체화되었는데, 허시와 블랜챠드는 이를 상황적 리더십이론(situational leadership theory; 이하 SLT)이라고 명명하였다. 이는 리더십 차원을 인간중심과 직무중심으로 나누고 상황변수를 고려한 상황모형이라 평가할 수 있으며, 이때부터 본격적인 상황적 리더십이론이 발전하게 된 것으로 볼 수 있다.

1982년 버전에서 부하의 성숙도는 능력과 의지의 함수로 표시되며 정도에 따라 4단계(M1, M2, M3. M4)로 구분되고, 리더의 행동은 지시형(Telling), 설득형(Selling), 참여형(Participating), 위임형(Delegating)으로 구분되며 부하의 성숙도와 리더의 행동이 일치할 때 리더십 효과성이 높아지게 된다.

1985년에 블랜챠드 등(Blanchard et al., 1985)은 기존의 상황 변수에 대한 모호한 개념을 명확히 하려는 시도의 일환으로 상황적 리더십이론을 수정하여 상황적 리더십Ⅱ(SLT Ⅱ) 이론을 제시하였다. 1985년도 버전의 가장 큰 특징은 상황변수가 재정의 되었다는 것이다. 기존의 상황변수인 부하의 성숙도정도(maturity level)를 발달정도(development level)로 수정하였으며, 성숙도의 구성요소인 능력과 의지를 역량(competence)과 몰입(commitment)으로 대체하여 발달정도를 정의하고자 하였다.

1988년에 발표한 상황적 리더십이론은 이전 연구와 비교해 볼 때 크게 두 가지 차이점이 있다. 하나는 상황변수의 변화로 기존의 발달단계라는 상황변수 대신 준비성(readiness)이라는 개념을 도입하였다. 여기서 준비성 개념은 직무에 대한 준비성(job readiness, 예를 들면 직무에 대한 경험, 직무수행에 필요한 지식 등)과 심리적 준비성(psychological readiness, 예를 들면 직무를 수행하려는 의지, 성취하려는 바램 등)으로 구분된다. 전자의 개념은 기존 성숙도의 능력(ability)과 후자의 개념은 성숙도의 의지(willingness)와 대응하는 개념이라 할 수 있다(Hersey, Blanchard, & Johnson, 1996).

또 다른 하나는 집단수준까지 확대하여 이론을 설명한 점이다. 기존에는 상황적 리더십 이론을 개인수준에만 적용되는 것으로 보았으나, 1988년에는 집단수준으로 이론을 확대하여 적용하고자 하였다. 즉, 개인수준에서 개인의 준비성이 있는 것처럼 집단에도 집단의 준비성이라는 개념이 있을 수 있다는 것이다. 그러므로 집단전체의 준비성 정도에 따라 효과적인 리더행동이 달라야 한다는 것이다. 가장 최근인 1996년에 와서는 상황적 리더십이론의 많은 비판을 의식한 듯, 상황적 리더십이론을 하나의 완성된 이론으로 보지 말고 하나의 모델로 보아달라고 주문하고 있다(Hersey, Blanchard, & Johnson, 1996). 이론의 타당성보다는 모델로서 갖는 유용성으로 평가해달라고 요구하고 있다.

이상과 같이 상황적 리더십이론은 1969년의 수명주기이론, 1982년도의 상황적 리더십 모형, 1985년도 버전인 SLT Ⅱ, 그리고 1988년도와 1996년에 수정된 버전으로 발전해왔으며 아직까지 현장에서 많이 이용되는 이론이라고 할 수 있다.

3.2. 상황변수의 발달과정

허시 등(1982)에 의하면 성숙도란 "높지만 달성 가능한 목표를 설정하는 능력, 기꺼이 책임을 맡거나 책임을 맡을 수 있는 능력 및 개인의 교육수준 혹은 경험"으로 정의될 수 있으며 이는 크게 직무에 대한 성숙도와 심리적 성숙도로 나누어서 설명이 가능하다. 심리적 성숙도는 의지와 대응되는 개념으로 부하가 가지는 의지, 동기부여정도, 자신감, 몰입, 책임감 등으로 설명될 수 있으며, 직무 성숙도는 능력과 대응되는 개념으로 지식, 경험, 기술 등을 의미한다.

여기서 능력(ability)이란 개인이나 집단이 특정한 업무나 활동을 수행하는 지식, 경험, 기술 등을 말하고 의지(willingness)는 특정한 업무나 활동을 완수하려는 의욕이나 자신감, 몰입 등을 뜻한다. 성숙도가 높은 부하는 자신이 수행하는 과업에 대한 능력과 자신감, 몰입, 동기 모두를 갖고 있으며, 많은 책임을 떠맡으려 하며 달성 가능한 범위 내에서 비교적 높은 수준의 목표를 설정하고 이를 달성하기 위해 부단히 노력하는 경향을 보인다. 반면 성숙도가 낮은 사람은 능력과 자신감 및 몰입과 동기수준이 모두 낮은 사람이며 반대의 경향을 보인다.

그러나 성숙도는 몇 가지 한계점을 가지고 있는데, 이러한 점은 기존연구(Blank et al., 1990; Fernandez & Vecchio, 1997; Yukl, 1996)에서도 지적한 바 있다. 우선 성숙도를 구성하고 있는 요소 간의 모호한 관계를 들 수 있는데(Graef, 1997; Yukl, 1996), 심리적 성숙도를 의미하는 의지와 직무 성숙도를 의미하는 능력의 구별이 명확하지 않다는 비판을 받고 있다. 또한 능력과 의지 중 어느 것이 더 중요한가에 대한 질문에도 충분한 설명을 못한다는 점에서 이론적 근거가 부족하다는 비판 역시 존재하며(Aldag & Brief, 1981), 능력과 의지가 서로 밀접한 관계를 보인다는 최근 연구결과(Chen, 2004)를 통해 개념적 정의가 명확하지 않음을 알 수 있다. 첸의 연구결과 능력과 의지는 서로 밀접한 상관관계를 갖는 것으로 나타났는데(r=.698), 특정과업에 대한 지식이나 경험 등은 과업 수행 의지에 영향을 미칠 수 있다고 해석할 수 있으며, 따라서 능력과 의지는 서로 독립적 요소가 아닐 수 있다는 가능성이 제기될 수 있다.

1985년 허시와 블랜챠드는 기존의 성숙도 개념이 가지는 이러한 비판을 극복하기 위해 발달단계(development level)라는 상황변수로 대체하여 이론을 설명하고자 하였다. 발달단계는 역량(competence)과 몰입(commitment)의 두 가지 요소로 평가하는데, 역량은 관련 직무에 대한 지식과 기술의 함수로 표현하며, 몰입은 자신감과 동기부여 정도의 함수로 표현할 수 있다. 그러나 이 역시 비판이 등장하는데, 발달단계를 구성하고 있는 몰입과 역량의 개념적 모호성에 대한 비판이 주를 이루었다(Graef, 1997; Yukl, 1996). 예를 들어 역량은 교육, 훈련, 경험 등으로부터 얻어지는 지식과 기술의 함수로 표현된다고 하지만, 그 개념이 그전의 변수인 능력과 명확하게 구분되지 않는다는 점을 지적할 수 있다(Randolph & Blackburn, 1989).

또한 비록 역량이 능력을 포함한 개념이라고 하지만, 실제로는 별다른 차이를 보이지 않는 유사한 용어라는 점도 비판의 대상이 되었다. 예를 들어 역량과 능력은 사전(Random House College Dictionary, 1975년 판)을 살펴보면 동의어로 나와 있는 것을 발견할 수 있다. 이러한 점들을 통해 개념상의 논리적 불일치가 있다고 지적할 수 있다(Yukl, 1996). 마찬가지로 몰입의 경우도 비슷한 점을 지적할 수 있다. 몰입은 자신감과 동기부여수준의 함수로 결정된다고 하지만 이 또한 개념이 명확하지 않다(Randolph & Blackburn, 1989). 이러한 비판을 극복하기 위해 최근에는 기존의 발달단계라는 상황변수 대신 준비성(readiness)이라는 변수를 도입하였는데, 준비성 개념은 직무에 대한 준비성과 심리적 준비성으로 구분될 수 있다. 전자의 개념은 성숙도의 능력(ability)과 후자의 개념은 의지(willingness)와 일치한다고 볼 수 있는데, 이 역시 기존 상황변수인 성숙도와 발달단계와 차이점이 없다는 비판을 받고 있다(Yukl, 1996). 기존의 상황변수 발달과정을 정리하면 다음의 <표 4-3>과 같이 정리할 수 있다.

표 4-3. 상황변수의 발달과정

상황변수	구성요소	내 용
성숙도 (Maturity, 1982)	능력	특정한 업무나 활동을 수행하는 지식, 경험, 기술 등
	의지	특정한 업무나 활동을 완수하려는 의욕이나 자신감, 몰입 등
발달단계 (Development Level, 1985)	역량	관련 직무에 대한 지식과 기술
	몰입	직무 수행에 대한 자신감과 동기부여 정도
준비성 (Readiness, 1988)	직무 준비성	직무에 대한 경험, 직무수행에 필요한 지식 등
	심리적 준비성	직무수행 의지, 성취하려는 바램 등

3.3. 부하성숙도와 리더행동

허시와 블랜차드는 리더가 처한 상황을 '부하들이 가지는 성숙도'로 정의한 후, 부하의 성숙도에 적합한 리더행동을 지시, 코치, 참여, 위임으로 구분하였다.

① 부하성숙도

성숙도는 부하가 가지는 능력과 업무수행의지에 의해서 결정되는데 능력과 의지가 높으면 성숙도가 높고, 능력과 의지가 낮으면 성숙도는 낮다. 또한 능력과 의지 중 하나만 높으면 성숙도는 중간정도라고 볼 수 있다.

② 리더행동

리더가 보여주는 행동은 직무중심적 행동과 인간중심적 행동의 높고 낮음에 따라 지시, 코치, 참여, 위임의 4가지 행동으로 구분하였다.

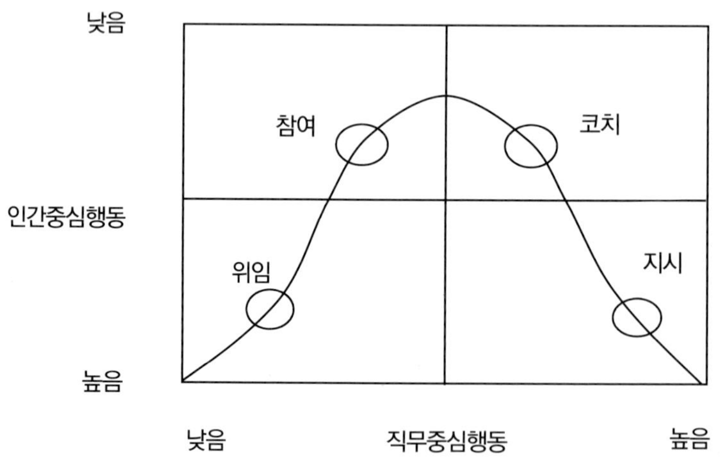

부하의 성숙도	능력	고	고	저	저
	의지	고	저	고	저

그림 4-3. 허시와 블랜차드의 상황적 리더십이론

3.4. 부하의 성숙도에 적합한 리더행동

<그림 4-3>에서 보는 바와 같이 부하의 능력과 의지가 모두 높은 경우 리더는 부하에게 위임함으로써 성과를 높일 수 있으며, 반대로 능력과 의지가 모두 낮은 경우 리더는 어떤 일을 어떻게 할 것인가에 대한 지시를 함으로써 성과를 높일 수 있다. 또한 부하의 능력은 높지만 의지가 낮은 경우, 부하를 중요한 의사결정에 참여시킴으로써 부하의 의욕을 높일 수 있다. 부하의 의지는 높지만 능력이 낮은 경우 리더는 코치를 하여 부하의 능력을 높이고 따라서 높은 성과가 나오게 된다. 농구시합에서 작전타임을 요청한 코치는 선수들에게 어떻게 하면 골을 넣을 수 있을까 또는 이길 수 있을까를 코치해 준다.

(예) 농구팀

A와 B팀이 농구시합을 하는데 B팀이 지고 있다. B팀 선수들은 열심히 하려고 하는 의지는 있지만 수비를 뚫지 못한다거나, 수비가 잘 되지 않는 경우(능력이 낮음) B팀 코치는 작전타임을 요청하여, 선수들을 불러 모은 후 공격하는 방법과 수비하는 방법을 코치함으로써 팀을 승리로 이끌 수 있다.

3.5. 상황적 리더십이론의 확장

허시와 블랜챠드의 상황적 리더십이론은 부하들의 성숙도 대신 집단의 성숙도를 고려하는 경우 집단수준으로 확장할 수 있다. 즉 한 집단의 리더는 집단이 가지는 성숙도 정도에 따라 효과적인 행동을 발휘할 때 집단의 성과를 높일 수 있다. 예를 들어 한 집단의 성숙도가 매우 높은 경우 리더는 위임행동을 통해서 집단의 성과를 높일 수 있으며, 반대로 집단의 성숙도가 매우 낮다면 지시적 행동을 통해서 집단의 성과를 높일 수 있다. 마찬가지로 집단의 성숙도 정도가 중간인 경우 리더는 코치형 행동이나 참여형 행동을 보여줌으로써 집단의 성과를 높일 수 있다.

상황적 리더십이론을 집단수준으로 확장하는데 있어서 가장 커다란 걸림돌은 집단성숙도를 어떻게 정의하는가의 문제이지만 만일 집단성숙도를 개인성숙도와 마찬가지로 집단이 가지는 능력과 의지로 본다면, 집단의 능력은 집단이 목표를 달성하는데 필요한 구성원들의 행동을 조직화할 수 있는 능력과 구성원들이 서로 조화를 이루어 목표를 달성할 수 있는 능력으로 볼 수 있는데 집단이 이러한 능력을 가졌다면 집단 구성원들은 자신의 집단이 성공적으로 집단과업을 수행할 수 있는 능력이나 역량이 있다고 믿게 되는바 이것이 바로 집단효능감(group efficacy)이다. 즉 집단효능감이 높다면 집단의 능력이 높다고 믿는 것이고 반대로 집단효능감이 낮다면 집단의 능력이 낮다고 믿는 것이다.

집단의 의지는 집단응집력과 깊은 관련이 있다. 집단응집력은 집단구성원들이 집단에 대해 가지는 매력이나 또는 집단에 머물고 싶어 하는 정도로 정의되어 왔으나 최근에는 집단응집력의 다차원성을 인정하면서 집단구성원들 상호간 매력의 정도(사회정서적 응집력)와 과업에 대한 몰입(과업지향적 응집력)으로 정의하고 있다(Caron, 1998; Zaccaro et al., 2001). 사회정서적 응집력은 집단 내에서 구성원들이 상호간 사회적 관계를 유지하고 발전시키려는 일반적인 경향이며, 과업지향적 응집력은 집단구성원들이 과업을 수행하는데 필요한 노력의 정도와 같은 연관이 있다고 보아왔다. 즉 집단구성원들 상호간 매력의 정도가 높은 경우 구성원들은 자신들이 좋아하는 집단 내 동료들을 위하여 집단목표를 달성하기 위한 노력을 경주하며, 과업지향적 응집력이 높은 경우 집단구성원들은 자신들이 즐기는 과업의 성취에 대한 내재적 기쁨을 맛보기 위하여 노력을 경주하게 된다. 그러므로 집단응집력은 집단구성원들이 과업을 달성하기 위한 공동의 노력의 정도와 깊은 연관이 있다고 볼 수 있다.

상황적 리더십이론을 집단수준으로 확장하는데 있어서 개인수준과 마찬가지로 다음과 같은 예측이 가능하며 연구결과 타당한 것으로 나타났다(보다 자세한 것은 김경수 등 [2007]을 참조). 한 집단에서 리더는 자신의 스타일에 따라 같은 집단에 속한 부하들에 대해 동일한 행동을 보여줄 것이며 이 때 집단의 성과는 리더가 집단성숙도와 일치하는 행동을 보이는가의 여부에 따라 달라지게 된다. 예를 들어 집단성숙도가 가장 낮을 때 즉 집단의 능력과 의지가 가장 낮을 때(다시 말하면 집단응집력와 집단효능감이 모두 낮을 때) 리더는 집단구성원들에 대해 목표를 제시하고 목표를 달성하기 위하여 구성원들이 해야 할 일이 무엇이며, 언제까지 해야 하고 구체적으로 어떻게 해야 하는가를 지시하는 지시적 행동을 보여야 효과적일 것이다. 반대로 집단성숙도가 가장 높을 때 즉 집단의 능력과 의지가 모두 높을 때(다시 말하면 집단응집력과 집단효능감이 모두 높을 때) 리더는 구성원을 일일이 간섭하기 보다는 이들을 신뢰하여 스스로 목표를 설정하게 하고 스스로 목표를 달성하기 위한 방법을 제시토록 위임함으로써 목표를 달성토록 할 수 있다. 그러므로 집단성숙도가 가장 높은 경우 리더가 위임형 행동을 보일 때 집단의 성과는 효과적일 것이다.

집단성숙도가 중간정도인 경우, 예를 들어 집단응집력은 높으나 집단효능감이 낮을 때 집단구성원들은 목표를 달성하려고 하는 의지는 응집력으로 인하여 확고하지만 어떻게 목표를 달성해야 하는가에 대한 능력 측면에 있어서는 뒤떨어지므로 리더는 어떻게 목표를 달성할 것인가에 대한 방법을 제시하는 코치형 행동이 효과적일 것이다. 예를 들면 농구경기에서 게임에 지고 있는 팀의 감독은 작전타임을 요청할 것이고 작전타임에 어떻게 상대팀을 공략할 것인가에 대한 노하우를 선수들에게 코치함으로써 게임을 반전시킬 수 있다.

반대로 집단효능감은 높으나 집단응집력이 낮은 경우 집단구성원들은 집단의 목표를 달성할 수 있는 능력은 있으나 수행하려는 의지가 부족하므로 리더는 구성원들의 의지를 북돋워 주어야만 하는바 집단목표를 설정하는데 있어 또한 목표를 달성하기 위한 방법을 결정하는데 있어 구성원들을 집단의 목표와 방향설정에 참여시킴으로써 이들의 수행의지를 높일 수 있다. 따라서 집단효능감은 높으나 집단응집력이 낮은 경우 리더는 참여적 행동을 보여야 효과적일 것이다.

이 장에서는 최근까지도 기업현장에서 많이 쓰이고 있는 상황적 리더십이론에 대한 두 편의 논문을 제시하고자 한다. 첫 번째 논문것김경수 등(2006)의 '상황적 리더십이론의 검증: 변수간 관계와 분석수준을 중심으로' 논문으로 이 논문에서는 상황적 리더십이론을 분석수준과 변수들 간의 관계를 토대로 비교하여, 개인수준에서는 리더의 부하개개인에 대한 행동이 부하성과에 영향을 미치며 이들 간의 관계가 부하개인의 성숙도에 의해 조절되는 반면, 집단전체수준에서는 리더행동과 집단성과간의 관계가 집단의 성숙도에 의해 조절되며, 집단부분수준에서는 리더행동과 부하성과간의 관계가 부하들의 상대적인 성숙도에 의해 조절된다는 세 가지 유형의 이론으로 구분하였다.

또한 변수들 간 관계에 초점을 맞추었을 때 상황적 리더십이론에서는 리더행동과 성과간의 관계가 부하의 성숙도에 의해 조절되는 반면, 평균적 리더십스타일이론에서는 성숙도에 관계없이 성립하고, 개별화된 리더십이론과 수직적 짝 연계이론에서는 리더행동에 영향을 미치는 변수로 작용함으로써 분석수준으로 구분한 상황적 리더십이론에 대한 각각의 경쟁가설로서 개인수준에서는 개별화된 리더십이론을, 집단전체수준에서는 평균적 리더십 스타일 이론을, 집단부분수준에서는 수직적 짝 연계이론을 제시하여 검증하였다.

검증결과 개인수준에서 성숙도(능력, 의지)가 높은 부하에게 상사는 인간중심적 행동을 보여줄 때 부하의 성과가 높아지며, 성숙도가 낮은 부하에게는 직무중심적 리더행동을 보여야 성과가 높게 나타난다는 가설(상황적 리더십이론a)과는 달리 성숙도의 높고 낮음에 상관없이 인간중심적 리더행동을 보일 때 부하의 성과가 높게 나타남으로써 개인수준에서의 상황적 리더십이론은 뒷받침되지 못하였다. 반면에 경쟁가설인 부하성숙도, 리더행동, 부하성과 간 유의적인 관계를 가진다는 개별화된 리더십이론은 타당한 것으로 밝혀졌다. 즉, 성숙도가 높은 부하에 대해 리더는 인간중심적 행동을 보여주게 되며, 이러한 행동이 부하의 성과를 높여주게 된다. (또는 앞에서도 밝힌 바와 같이 리더행동이 부하의 성과에 그리고 부하의 성숙도에 영향을 미칠 수도 있다).

그러나 집단전체수준에서의 경우 리더행동과 집단성과 간의 관계가 집단의 성숙도에 의해 조절된다는 가설(상황적 리더십이론b)을 검증한 결과 유의한 결과가 나타나지 않아 집단전체수준에서 상황적 리더십이론의 가설과 그의 경쟁가설은 모두 기각되었다. 집단부분수준에서의 경우 역시, 성숙도가 높은 집단의 경우 인간중심적 리더행동에서의 상관관계가 높고, 성숙도가 낮은 집단의 경우 직무중심적 리더행동에서의 상관관계가 높을 것이라는 가설(상황적 리더십이론c)은 분석결과 성숙도의 고·저에 관계없이 리더가 인간중심적 리더행동을 보일 때 성과가 높게 나타나 상황적 리더십이론에서의 가설과 그의 경쟁가설은 모두 기각되었다.

비록 상황적 리더십이론에서의 가설과 경쟁가설들이 모두 기각되었다고 하더라도 상황적 리더십이론 자체가 타당하지 않다는 결론을 섣불리 내릴 수는 없다. 가설의 검증결과는 샘플의 특성이나 측정도구에 따라 다르게 나타날 수도 있는데 예를 들어 집단의 성숙도를 확연히 반영하는 샘플을 대상으로 상황적 리더십이론을 집단수준에서 검증했다면 연구결과는 다르게 나타날 수도 있다. 또한 집단의 성숙도를 측정함에 있어서 개인성숙도를 측정하는 항목을 단순히 집단이나 과로 수정하여 응답하게 함으로써 집단이나 과의 의지와 능력으로 측정한 것이 반드시 집단이나 과의 성숙도를 측정했다고 보기 어려울 수 있으며 실제로 두 번째 논문의 연구결과에서 집단이나 과의 성숙도 측정도구가 집단이나 과의 의지와 능력의 두 개 요인보다는 한 개의 요인으로 나타난 것은 집단이나 과의 성숙도를 정확하게 측정하지 않아서 나타난 결과일 수 있다.

두 번째 논문은 김경수 등(2007)의 '집단수준에서 상황적 리더십이론의 검증' 으로 이 논문에서는 리더가 동일한 집단에 속한 부하들에게 리더 자신이 가지는 스타일에 기초하여 동질적인 행동을 보인다는 가정에 기초하여 리더가 보여주는 행동과 성과 그리고 성숙도를 집단수준에서 이론화하고 검증하였다. 우선 집단이 가지는 성숙도(집단성숙도)는 집단이 목표를 성취할 준비가 되어 있는 정도인 집단의 준비성(readiness for a group)의 4가지 발달단계로 정의하여 1단계는 형성기로 집단의 목표와 구성원들의 역할이 명확하지 않은 단계로 구성원들이 집단의 목표를 달성할 수 있는 능력도 낮고 달성하려는 의지 역시 낮은 것으로 보았으며, 2단계는 격동기로 집단에서 구성원들 간 부조화가 나타나고 영향력에 대한 경쟁이 일어나는 단계로 집단전체는 목표를 달성할 능력은 있지만 달성하려는 의지는 약한 것으로 보았으며, 3단계는 규범화단계로 집단의 응집력이 나타나고 구성원들이 목표를 수행한 능력은 약하지만 수행하려는 의지는 강한 것으로 보았으며, 4단계는 집단이 완전히 하나가 되는 단계로 능력도 높고 의지도 높은 것으로 보았다. 또한 허시와 블랜차드(1982)가 주장한 바와 같이 집단의 성숙도는 집단의 응집력과 집단효능감에 의해 결정된다고 보았는데 집단응집력은 집단 구성원들이 하나가 되어 집단의 목표를 달성하려고 하는 몰입과 헌신의 정도(Zaccaro, & Marks, 2001)로 집단의 의지와 밀접한 관계를 가진다고 볼 수 있다(예를 들어 응집력이 높은 집단이라고 하더라도 집단의 목표를 달성하는데 필요한 능력이 낮을 수도 있다). 또한 집단효능감은 집단이 성공적으로 집단과업을 수행할 수 있는 능력(역량)을 가지고 있는가에 대한 집단의 믿음(예, Bandura, 1986; Gibson, Randel, & Earley, 2000; Gist, 1987)으로 집단능력을 대표한다고 볼 수 있다.

집단수준에서 상황적 리더십이론은 리더가 자신의 스타일에 따라 같은 집단에 속한 부하들에 대해 동일한 행동을 보여줄 것이며, 이 때 집단의 성과는 리더가 집단성숙도와 일치하는 행동을 보이는가의 여부에 따라 달라지게 된다. 예를 들어 집단성숙도가 가장 낮을 때 즉 집단의 능력과 의지가 가장 낮을 때(다시 말하면 집단응집력와 집단효능감이 모두 낮을 때) 리더는 집단구성원들에 대해 목표를 제시하고 목표를 달성하기 위하여 구성원들이 해야 할 일이 무엇이며, 언제까지 해야 하고 구체적으로 어떻게 해야 하는가를 지시하는 지시적 행동을 보여야 효과적일 것이다. 반대로 집단성숙도가 가장 높을 때 즉 집단의 능력과 의지가 모두 높을 때(다시 말하면 집단응집력과 집단효능감이 모두 높을 때) 리더는 구성원을 일일이 간섭하기 보다는 이들을 신뢰하여 스스로 목표를 설정하게 하고 스스로 목표를 달성하기 위한 방법을 제시토록 위임함으로써 목표를 달성토록 할 수 있다. 그러므로 집단성숙도가 가장 높은 경우 리더가 위임형 행동을 보일 때 집단의 성과는 효과적일 것이다. 집단성숙도가 중간정도인 경우, 예를 들어 집단응집력은 높으나 집단효능감이 낮을 때 집단구성원들은 목표를 달성하려고 하는 의지는 응집력으로 인하여 확고하지만 어떻게 목표를 달성해야 하는가에 대한 능력 측면에 있어서는 뒤떨어지므로 리더는 어떻게 목표를 달성할 것인가에 대한 방법을 제시하는 코치형 행동이 효과적일 것이다. 예를 들면 농구경기에서 게임에 지고 있는 팀의 감독은 작전타임을 요청할 것이고 작전타임에 어떻게 상대팀을 공략할 것인가에 대한 노하우를 선수들에게 코치함으로써 게임을 반전시킬 수도 있다. 반대로 집단효능감은 높으나 집단응집력이 낮은 경우 집단구성원들은 집단의 목표를 달성할 수 있는 능력은 있으나 수행하려는 의지가 부족하므로 리더는 구성원들의 의지를 북돋워 주어야만 하는바 집단목표를 설정하는데 있어 또한 목표를 달성하기 위한 방법을 결정하는데 있어 구성원들을 집단의 목표와 방향설정에 참여시킴으로써 이들의 수행의지를 높일 수 있다. 따라서 집단효능감은 높으나 집단응집력이 낮은 경우 리더는 참여적 행동을 보여야 효과적일 것이다.

본 논문에서 제시한 가설을 검증하기 위하여 7개 보험회사의 83개 부서에 근무하는 308명의 직원으로부터 자료를 수집하였으며 자료분석 결과 리더는 같은 집단에 속한 부하들에게 동일한 행동을 보이는 것으로 나타났고, 집단응집력과 집단효능감으로 개념화한 집단성숙도 역시 집단수준의 변수임이 밝혀졌으며, 성과 역시 집단 수준에서 성립하는 것으로 나타났다. 또한 가설을 검증한 결과 집단성숙도가 낮은 상황에서는 리더가 지시적 행동을 보였을 때 집단의 성과가 높은 것으로 나타났으며, 집단성숙도가 높은 상황에서는 리더가 위임형의 행동을 보였을 때 집단의 성과가 높은 것으로 나타났다. 그리고 집단응집력이 높고 집단효능감이 낮은 상황에서는 리더가 코치형의 행동을 보였을 때 집단성과가 높은 것으로 나타났으며, 집단응집력은 낮으나 집단효능감이 높은 상황에서는 리더가 참여형의 행동을 보였을 때 집단성과가 높은 것으로 나타났다. 이러한 연구결과는 상황적 리더십이론이 집단수준에서 타당한 이론이라는 것을 보여준다.

세 번째 것은 김경수 등(2015)의 '리더 배려행동이 부하의 성과에 미치는 영향: 부하의 역량 및 도덕성의 조절효과검증' 논문으로 이 논문에서는 리더의 배려행동이 부하의 성과에 미치는 영향과 함께 리더의 배려행동과 부하의 성과간의 관계에 있어 부하의 역량 및 도덕성의 조절효과를 검증하였다. 14개 기업 199명의 종업원을 대상으로 수집한 설문분석 결과는 다음과 같이 나타났다. 첫째, 리더의 배려행동이 부하의 성과와 정(+)의 관계를 가지는 것으로 나타났다. 둘째, 부하가 가지는 역량이 리더의 배려행동과 부하성과간의 관계를 조절하는 것으로 나타났다. 이러한 연구결과는 리더가 부하에게 배려행동을 보일 때 역량이 있는 부하만이 높은 성과를 보여준다는 것을 의미한다. 셋째, 부하가 가지는 도덕성 역시 리더의 배려행동과 부하성과간의 관계를 조절하는 것으로 나타났다. 이러한 연구결과는 리더가 배려행동을 보일 때 도덕성 수준이 높은 부하만이 높은 성과를 보인다는 것을 의미한다. 오하이오 주립대학의 리더 행동이론에 따르면 리더는 배려행동과 구조주도행동을 보여준다. 따라서 본 연구에서는 리더의 구조주도행동이 부하의 성과에 미치는 영향과 부하가 가지는 역량과 도덕성의 조절효과를 추가로 분석하였다. 분석결과 리더의 구조주도행동은 부하의 성과와 관계가 없는 것으로 나타났으며 부하가 가지는 역량과 도덕성 역시 리더의 구조주도행동과 부하성과간의 관계를 조절하지 못하는 것으로 나타났다.

상황적 리더십이론의 검증: 변수 간 관계와 분석수준을 중심으로*

김경수**, 김공수***, 김순영****

본 연구에서는 상황적 리더십이론을 분석수준에 기초하여 세 가지 유형의 상황적 리더십이론을 제시하였고, 각 유형의 이론이 기존의 리더십이론(평균적 리더십 스타일 이론 average leadership style[ALS], 수직적 짝 연계이론 vertical dyad linkage[VDL], 개별화된 리더십이론 individualized leadership[IL])과 변수들 간의 관계측면에서 서로 경쟁관계가 있다는 것을 제시하였으며, 세 가지 유형의 상황적 리더십이론과 기존의 리더십 이론들 중 과연 어느 이론이 보다 타당한가를 밝히려는 시도를 하였다. 36개 집단 120명으로부터 얻은 자료를 수집하여 분석한 결과 세 가지 유형의 상황적 리더십이론은 타당하지 않은 것으로 나타났으며, 또한 평균적 리더십 스타일이론과 수직적 짝 연계이론 역시 타당하지 않은 것으로 나타났다. 그러나 분석결과 개별화된 리더십이론이 타당한 것으로 나타나 부하들이 가지는 성숙도가 리더 행동과 성과간의 관계를 조절하기 보다는 리더 행동과 그리고 부하성과와 유의적인 관계를 가지는 것으로 나타났다. 이러한 연구결과가 사회적 교환이론관점에서 논의되었고 동시에 본 논문이 가지는 한계점에 대해서도 논의되었다.

1. 연구의 목적과 필요성

Hersey와 Blanchard(1982)에 의해 제시된 상황적 리더십이론(situational leadership theory)은 최근까지도 실제 기업현장에서 많이 쓰이고 있는 이론임에도 불구하고(예, Avery, 2001; Avery & Ryan, 2002; Silverthorne, 2000), 이 이론의 타당성과 유용성은 의문시 되어 왔는 바 한편으로는 이론에 포함된 변수들이 가지는 개념적 모호성으로 인한 내적 혹은 논리적 비일관성의 문제(Graeff, 1983)가 제기되었으며, 다른 한편으로는 상황적 리더십이론의 타당성을 검증한 연구들이 뒷받침되지 못하고 있다는 문제점(Vecchio, 1987; Fernandez & Vecchio, 1997 참조)이 제기되었다.

그러나 상황적 리더십이론의 타당성에 대한 기존의 비판들은 이론 자체의 타당성보다는 성숙도와 관련된 개념적 모호성에 대한 비판(Graeff, 1981, 1983, 1997)이나, 리더행동과

* 이 논문은 경영학연구 제35권 제6호, 2006, 1823-1851에 게재된 논문임.
** 전남대학교 경영대학 교수, 제1저자.
*** 군산대학교 인문사회과학대학 교수, 교신저자.
**** 전남대학교 경영학 석사.

성숙도간의 관계에 대한 비일관성에 대한 비판(Graeff, 1983) 그리고 리더행동의 측정도구에 대한 비판(Blank, Weitzel, & Green, 1986; Graeff, 1983)과 연구대상에 대한 비판(Fernandez & Vecchio, 1997; Vecchio, 1987)에 국한되어 이들의 비판이 곧 상황적 리더십이론의 타당성 여부와 직결된 비판으로 보기는 어려우며 또한 상황적 리더십이론을 검증하는데 실패한 연구들(Fernandez & Vecchio, 1997; Vecchio, 1987)은 상황적 리더십이론을 개인수준에서만 성립하는 이론으로 보고 개인수준에서만 분석함으로써 상황적 리더십이론이 집단수준에서도 성립할 수 있다는 점을 간과하였다.

이러한 상황적 리더십이론의 이론적, 실증적 타당성 결여에 대한 비판에 대해 김경수 등(2000)은 상황적 리더십이론이 분석수준관점에서 세 가지 유형의 이론으로 분류될 수 있고, 변수들간의 관계관점에서 기존의 리더십이론인 평균적 리더십스타일 이론, 수직적 짝 연계이론, 개별화된 리더십이론과 경쟁적인 관계에 있다는 점을 제시함으로써 상황적 리더십이론이 이론적으로 타당한 이론이라는 주장을 하였다.

그럼에도 불구하고 김경수 등(2000)의 주장은 실증적으로 검증되지 않아 상황적 리더십이론이 실증적으로 타당한 이론인가에 대해서는 아직도 의문점으로 남아있으며 이러한 의문점을 해결하기 위하여 본 연구에서는 김경수 등(2000)이 제시한 세 가지 유형의 상황적 리더십이론의 타당성을 검증함과 동시에 각 유형과 경쟁관계에 있는 기존의 리더십 이론들 역시 타당한가를 검증함으로써 과연 여섯 가지 이론 중 어떤 이론이 보다 타당한가를 밝히고자 한다. 이를 위하여 본 연구에서는 우선 상황적 리더십이론을 고찰하고, 둘째, 상황적 리더십이론에 대한 기존의 비판을 논의하고, 셋째, 변수들 간의 관계관점과 분석수준관점에서 상황적 리더십이론을 기존의 리더십이론(평균적 리더십 스타일 이론, 수직적 짝 연계이론, 개별화된 리더십이론)과 비교하여 상황적 리더십이론의 타당성 여부를 제시하고, 넷째, 제시된 여섯 가지의 리더십 이론들 중 어떤 리더십이론이 보다 타당한가를 검증하고자 한다.

2. 이론적 배경

2.1. 상황적 리더십이론의 발전

상황적 리더십이론은 Reddin(1967)의 3차원 관리스타일 이론(three dimensional management style theory)으로부터 발전해 왔으며 허시와 블랜챠드(Hersey & Blanchard, 1969)는 이를 리더십 수명주기이론(life-cycle theory of leadership)으로 발전시켰고, 수명주기이론은 1982년에 이르러 보다 정교화 및 구체화 되었는바 허시와 블랜챠드(Hersey & Blanchard, 1982)는 이를 상황적 리더십이론(situational leadership theory)이라고 명명하였다. 이 이론에 따르면 능력(ability 혹은 job maturity)과 의지(willingness 혹은 psychological maturity)의 함수로 표시된 부하의 성숙도는 4단계(M1, M2, M3, M4)로 구분되고, 리더의 행동은 지시적(telling), 설득적(selling 혹은 persuading), 참여적(participating), 위임적(delegating) 행동으로 구분되며, 부하의 성숙도와 리더의 행동이 일치할 때 리더십 효과성이 높아진다. 즉 부하의 성숙도가 M1수준에서는 지시적 행동이, M2에서는 설득적 행동이, M3에서는 참여적 행동이 그리고 M4에서는 위임형 행동이 효과적이라는 것이다.

1985년에 블랜챠드 등(Blanchard et al., 1985)은 기존의 이론에 포함된 주요변수들에 대한 모호한 개념을 명확히 하려는 시도의 일환으로 상황적 리더십이론을 수정하여 상황적 리더십이론 II를 제시하였다. 예를 들어 부하의 성숙도 정도(maturity level)를 발달정도(development level)로 수정하였으며, 성숙도 또는 발달정도의 구성요소인 능력과 의지를 역량(competence)과 몰입(commitment)으로 대체하였다. 이와 더불어 부하와의 일대일 상황(부하개개인의 성숙도)에서 적용되는 상황적 리더십이론을 집단상황(집단성숙도)에까지 확대 적용하였으며(Carew et al., 1986), 또한 4가지 리더행동을 지시형(directing), 코치형(coaching), 후원형(supporting), 위임형(delegating)으로 수정하였다.

1988년에는 발달정도(development level, Hersey & Blanchard, 1988)를 준비성의 정도(readiness level)로 수정하였다. 준비성(readiness) 개념은 직무에 대한 준비성(job readiness, 예를 들면 직무에 대한 경험, 직무수행에 필요한 지식 등)과 심리적 준비성(psychological readiness, 예를 들면 직무를 수행하려는 의지, 성취하려는 바램 등)으로 구분되는데 전자의 개념은 능력(ability)과 유사하며 후자의 개념은 의지(willingness)와 유사하다(Hersey, Blanchard, & Johnson, 1996, 182쪽). 이와 더불어 집단전체 역시 개인이 가지는 준비성과 같은 개념을 가질 수 있으며, 리더가 집단전체와 같이 업무를 수행하는 상황에서는 집단전체의 준비성 정도에 따라 효과적인 리더행동이 달라야 한다는 것을 제시하고 있다(Hersey et al., 1996, 361-362쪽). 즉 집단 전체의 준비성 정도가 매우 낮을 때(R1)는 집단 전체적으로 업무수행에 필요한 능력과 의지가 낮은 경우이기 때문에 구체적으로 가르치고 인도하는 지시적 리더행동(telling)이 효과적이고, 다음 단계의 낮은 수준(R2)에서는 집단전체가 능력은 낮지만 업무를 수행하려는 의지는 강하므로 리더는 쌍방향의 커뮤니케이션의 활성화나 집단의 활동영역과 책임의 범위 등을 명확히 해줌으로써(clarifying 혹은 selling 혹은 coaching) 집단전체의 효과성을 높일 수 있게 된다. R3단계에서는 집단전체가 능력은 있지만 업무수행의지가 낮은 상황이므로 집단구성원들로 하여금 집단의 목표나 방향을 설정하는데 참여케 함으로써(involving 혹은 participating) 집단전체의 성과를 높일 수 있다. 마지막으로 R4단계에서는 집단전체가 능력과 의지가 모두 강한 상황이므로 리더는 집단 스스로 자기관리(self-management)할 수 있도록 권한을 전면적으로 위임함으로써(empowering) 집단전체의 성과를 높일 수 있다.

위에서 언급한 바와 같이 상황적 리더십이론은 1969년의 수명주기이론, 1982년의 상황적 리더십모형, 1985년도 버전인 SLT II, 그리고 1988년도와 1996년에 수정된 버전으로 발전하여 왔으며, 이러한 수정들은 상황적 리더십이론이 가지는 개념적 모호성, 논리적 비일관성 혹은 내적 비일관성의 문제(Graeff, 1981, 1983)를 극복하려는 시도라고 볼 수 있다. 그럼에도 불구하고 상황적 리더십이론은 이론적인 면에서 그리고 실증적인 면에서 다음과 같은 비판을 받아오고 있다.

2.2. 상황적 리더십이론의 문제점

상황적 리더십이론의 비판은 크게 이론적인 문제점과 실증적인 문제점으로 구분할 수 있다. 이론적인 측면에서 Graeff(1981, 1983, 1997)는 상황적 리더십이론이 가지는 논리적 비일관성 혹은 내적 비일관성의 문제를 토대로 이 이론이 불완전한 모형이라는 비판을 하고 있다. 그리고 실증적인 측면에서는 상황적 리더십이론에 대한 대부분의 실증 연구들이 이 이론을 뒷받침하지 못하고 있다는 점에서 타당성이 결여되어 있다는 지적을 받고 있다(Vecchio, 1987).

상황적 리더십이론이 가지는 이론적인 문제점은 직무와 관련된 성숙도의 개념적 모호성으로 1977년 버전에서 제시한 성숙도는 능력과 동기(의욕, 의지)로 정의되었지만 극도로 낮은 수준의 성과에 영향을 미치는 요인은 과연 능력인지 동기(의욕, 의지)인지를 판단하는 것이 불가능하다는 것이다. 물론 허시와 블랜챠드(Hersey & Blanchard, 1977)는 능력이 성과를 저조하게 만드는 더욱 중요한 요인이라는 주장을 펴고 있지만 타당한 근거를 제시하지 못하고 있다는 점을 Graeff(1983)는 지적하고 있다. 1982년에 허시와 블랜챠드(Hersey & Blanchard, 1982)는 성숙도의 개념적 모호성 문제를 해결하기 위하여 기존에 1차원적인 성숙도 개념을 2차원으로 구분하여 4개의 성숙도 수준을 제시한 바 있다. 그러나 이러한 새로운 시도는 Aldag & Brief(1981)에 의해 비판되었는바 중간 성숙도수준인 M-2와 M-3의 구분에 대한 이론적 혹은 논리적 정당성을 결여하고 있다는 것이다. 즉 의지는 있으나 능력이 없는 M-2 수준은 능력은 있으나 의지는 없는 M-3 수준과 비교하여 과연 어떤 것이 더 낮은 성숙도 수준을 보이는가에 대한 이론적인 근거가 희박하다는 것이다.

그러나 의지와 능력 중 어떤 요인이 보다 중요한 요인인가에 대해서는 또 다른 상황의 영향을 받는다고 볼 수 있다. 단순한 작업이나 일상적인 작업을 수행하는데 있어서는 능력보다는 의지가 업무성과에 더 큰 영향을 미친다. 반면에 고도로 복잡한 업무로서 반복적 학습과 훈련이 필요하거나 새로운 지식과 기술 습득이 필요한 경우에는 능력이 상대적으로 더 중요해진다. 즉 능력과 의지라는 두 가지 요인 중에서 어떤 것이 성숙도에 보다 중요한 영향을 미치는가는 요인 자체보다는 또 다른 상황인 직무 특성의 영향을 받는다고 볼 수 있다. 따라서 직무 특성을 고려하지 않는 상황에서는 능력과 의지 중 한 가지만 높은 부하에 대해 중간정도의 성숙도를 보이고 있는 것으로 보고 단계나 순서보다 유형으로 구분하여 이해하는 것이 바람직한 것으로 보인다. 특히 상황적 리더십이론이 중시하는 것은 성숙도의 순서가 아니라 부하의 성숙도에 따라 적합한 리더행동이 있다는 주장이기 때문이다.

한편 상황적 리더십이론의 타당성을 검증한 연구들은 햄블톤과 굼퍼트(Hambleton & Gumpert, 1982)의 연구를 제외하고는 대부분의 연구가 이론의 타당성을 밝히는데 실패해왔다. 햄블톤과 굼퍼트(Hambleton & Gumpert, 1982)는 관리자로 하여금 4명의 부하직원을 선택하여 4명 각각의 성숙도 수준을 평가토록 함과 동시에 자신의 리더십 스타일을 평가하도록 하였다. 이들의 연구 결과에 따르면 부하의 성숙도와 리더십 스타일이 일치하는 상황은 260개(65명의 관리자와 각 관리자가 선택한 4명의 부하를 곱한 값)중 29%에 해당하며, 일치하는 경우의 평균성과 값과 일치하지 않는 경우의 평균성과 값을 비교하였을 때, 일치하는 경우의 평균성과 값이 유의적으로 높은 것으로 나타났다. 그러나 햄블톤과 굼퍼트(Hambleton & Gumpert, 1982)의 연구에 대해서도 Vecchio(1987)는 샘플링의 문제, 관리자 자신들이 평가한 자신의 리더십스타일로 인한 부정확한 측정의 문제, 일반적으로 널리 사용되고 있는 리더행동 측정도구보다는 타당성이 검증되지 않은 LEAD(leader effectiveness and adaptability description)라는 측정도구를 사용한 점, 그리고 연구대상자들이 상황적 리더십이론에 대해 이미 알고 있기 때문에 연구대상자들이 이론의 타당성을 보여주기 위한 방향으로 설문응답을 했을지도 모른다는 이유로 이들의 연구결과에 대해 주의를 기울일 것을 촉구한 바 있다. 이와 같이 여러 측면에서 비판을 받고 있는 햄블톤과 굼퍼트(Hambleton & Gumpert, 1982)의 연구를 제외하고는 대부분의 연구들이 타당성 검증에 실패하였다. 예를 들어, 블랭크 등(Blank, Wietzel, & Green, 1986)은 리더(기숙사감) 행동과 부하 직원(상담역)의 성숙도 수준의 상호작용 효과가 부하 직원의 성과를 설명하는데 있어 유의적이지 못하다는 것을 보여주었고, 베끼오(Vecchio, 1987)는 학교장과 교사들로부터 수집한 자료를 분석한 결과 상황적 리더십이론을 입증하는데 실패하였다. 그러나 베끼오는 상황적 리더십이론은 중간 또는 높은 수준의 성숙도를 가지는 교사들보다는 낮은 수준의 성숙도를 가지는 교사들에게 보다 적합하다는 것을 발견하고, 상황적 리더십이론이 실증적으로 뒷받침되기 위해서는 유사한 직무를 수행하는 부하들의 경우 성숙도 수준이 비슷하기 때문에 서로 다른 성숙도 수준을 가지는 즉, 다른 직무를 수행하는 부하들로부터 자료를 수집할 것을 제안하였다. 이러한 제안에 따라 페르난데즈와 베끼오(Fernandez & Vecchio, 1997)는 32명의 리더와 332명의 부하들로부터 수집한 자료를 분석한 결과 유사한 직무(within-jobs)를 수행하는 부하들에 대해서 뿐 아니라 다른 직무(across jobs)를 수행하는 부하들에 대해서도 리더행동과 성숙도간의 상호작용효과가 부하들의 성과에 대해 유의적이라는 것을 입증하지 못하였다. 또한 최근에는 첸과 실버손(Chen & Sliverthorne, 2005)이 126명의 관리자를 대상으로 준비성을 조절변수로 하는 상황적 리더십이론을 검증한 결과 유의적이지 못하다는 것을 발견하였다.

그럼에도 불구하고 상황적 리더십이론이 실증적인 측면에서 타당하지 않다고 단정하기에는 아직도 검증해야 할 여지가 있다고 할 수 있다. 왜냐하면 분석수준을 고려할 경우 상황적 리더십이론이 가지는 의미가 각각 다를 수 있기 때문이다. 예를 들어 페르난데즈와 베끼오(Fernandez & Vecchio, 1997)의 연구는 리더가 부하개개인에 대해 개별적으로 행동할 것이라는 가정을 하고 연구를 했기 때문에, 이들의 연구가 뒷받침되지 못했다는 것은 이러한 가정이 성립하지 않는다는 것을 보여주었을 뿐 상황적 리더십이론자체가 타당하지 않음을 보여주는 것은 아니다. 실제로 베끼오(Vecchio, 1987)는 상황적 리더십이론을 집단수준에까지 확장시켜 연구할 것을 제안하였는바 이를 위해서는 리더가 일정한 스타일에 기초하여 집단전체(부하)에 대해 일정한 행동을 한다는 가정과 집단의 성숙도 여하에 따라 리더행동과 집단성과간의 관계가 조절될 것이라는 예측이 이루어져야 할 것이다. 또한 만일 이러한 가정이 옳다면 이것은 자신의 스타일에 기초하여 일정한 행동을 보일 것이라는 가정으로서 예를 들어 직무중심적 스타일을 가진 리더는 동일한 집단에 속한 부하들이 가지는 성숙도 수준에 관계없이 부하들에게 직무중심적(지시적) 행동을 보여주므로 성숙도가 낮은 부하들은 높은 성과를 보이는 반면 그렇지 않은 부하들은 낮은 성과를 보이므로 집단 전체적으로는 높은 성과가 아닌 평균적인 성과를 보이게 된다. 따라서 집단수준으로 확장할 경우 부하개개인이 가지는 성숙도는 리더행동에 따른 리더십효과성(집단성과)의 관계를 조절하지 못하게 된다. 이 경우 상황적 리더십이론 자체의 수정이 요구되는바 기존에 경쟁관계에 있는 리더십 이론들과의 비교를 통하여 검증이 이루어져야 할 것이다. 따라서 본 논문에서는 상황적 리더십이론의 타당성 문제를 분석수준과 변수들 간의 관계에 초점을 맞추어 경쟁관계에 있는 리더십이론과의 비교를 통하여 논의하고자 한다.

3. 상황적 리더십이론의 타당성 여부: 기존 리더십이론(ALS, VDL, IL)과의 비교

상황적 리더십이론에서 리더행동은 오하이오 주립대학의 리더십연구가들에 의해 개발된 구조주도(직무중심적)와 배려(인간중심적) 행동을 바탕으로 2X2로 구분한 후 각각 지시형, 코치형, 참여형, 위임형의 리더행동으로 분류하고 있다. 이때 리더행동이 어디로부터 나오는가를 규명함으로써 상황적 리더십이론이 가지는 타당성 문제를 지적할 수 있다. 예를 들어 허쉬 등(Hersey, et al., 1996)에 따르면 리더는 부하들에 대해 행동을 함에 있어서 만일 부하들이 서로 상호의존적으로 직무를 수행하는 경우에는 같은 집단에 속한 부하들을 하나의 전체로 보고 일정한 스타일로 행동을 해야 하지만, 만일 개별적으로 업무를 수행하는 경우에는 부하개개인에 대해 각각 다른 유형의 행동을 보여야한다는 주장이다. 그러나 리더의 스타일이 존재한다는 것은 모든 부하에 대해서 리더가 동일한 행동을 보일 것이란 것을 가정한다(평균적 리더십스타일 이론 참조)고 할 수 있다. 그러므로 이러한 경우에는 리더가 부하 개개인에 대해 각각 다른 행동을 보이는 것은 불가능해진다. 따라서 상황적 리더십이론이 과연 타당한가의 문제를 해결하기 위한 첫 번째 물음은 과연 리더가 부하들을 하나의 전체로 보고 일정한 스타일로 행동을 할 것인가?, 아니면 사회비교과정을 통하여 부하들을 내집단과 외집단으로 구분하여 각기 다른 행동을 보여주는가? 아니면 부하 개개인이 어떻게 행동하느냐에 따라 리더의 행동이 다르게 나타나는가? 에 대해 규명해야 할 것이다. 이 물음은 분석수준과 직결되어 있는바 리더가 부하개개인에 대해 개별적으로 행동한다는 것은 개인수준에서 성립한다는 것인 반면, 같은 집단에 속한 부하들을 하나의 전체로 보고 일정한 스타일에 기초하여 행동한다는 것은 리더십스타일에 따라 집단 간의 차이가 존재한다는 것이고(group as a whole), 반대로 부하들을 외집단과 내집단으로 구분하여 차별적 행동을 보인다는 것은 집단부분에 있어서 차이가 있다는 것(group parts)을 의미한다.

기존의 리더십 이론들을 고찰해 볼 때 리더행동은 크게 세 가지 차원에서 유래한다고 볼 수 있다. 첫째, 리더가 가지고 있는 리더십스타일이다(ALS 이론 참조). 즉 리더가 가지는 스타일에 따라 부하직원에 관계없이 일정하게 행동하는 것을 들 수 있다. 둘째, 리더의 행동은 부하개개인이 리더에게 어떻게 행동하는가에 의해서 결정될 수 있다. 즉 한 부하가 리더를 만족시켜준다면 리더는 그 부하에 대해 관심과 배려를 보여줄 것이다. 그러나 반대로 만족시켜주지 못한다면 관심과 배려는 적어질 수밖에 없을 것이다. 셋째, 리더의 행동은 리더가 지휘, 감독하는 부하들을 비교하여 마음에 드는 부하들을 내집단으로 그리고, 마음에 들지 않는 부하들을 외집단으로 구분하여 각각 다른 행동을 보인다는 것이다(VDL 이론 참조). 이러한 세 가지 차원(분석수준)중 과연 어느 것이 타당한가는 상황적 리더십이론을 기존의 리더십이론과 비교함으로써 가능해진다.

3.1. ALS이론과 상황적 리더십이론

우선 허시와 블랜챠드(Hersey & Blanchard, 1969)가 주장한 수명주기이론은 블레이크와 머튼(Blake & Mouton, 1964)의 관리자 그리드 모델과 레딘(Reddin, 1967)의 3-D 관리자 스타일이론에 기초를 두고 있다. 이러한 사실은 상황이론에서 리더행동은 리더의 스타일에 의해 나타난다는 것을 알 수 있다. 즉 부하가 어떤 특성을 가졌는가에 따라 리더의 행동이 다르게 나타나는 것이 아니라 리더가 가지는 고유한 스타일에 따라 행동을 보인다는 것이다. 예를 들어 직무중심적인 스타일을 가진 리더는 부하들과의 관계에서 직무에 대해서만 이야기 하고, 데드라인이 언제인지, 어떻게 업무를 수행해야 하는가에 대해서만 이야기 하며, 또한 성과만을 고집하는 행동을 보여주는 경우를 들 수 있다. 반대로 인간적인 측면을 중시하는 특성을 가진 리더는 부하들과의 관계에서 인간관계만을 중시하는 행동을 보이는 경우를 예로 들 수 있다(리더행동이 리더가 가지는 일정한 스타일에 의해 나온다는 설명은 상황적 리더십이론에는 알맞지 않는 듯이 보인다. 즉 허시와 블랜챠드[1996]에 따르면 상황적 리더십이론은 일대 일의 리더십[one-on-one leadership]에 초점을 맞춘 것으로 같은 집단에 속한 부하들에 대해서도 부하직원 개개인에 대해 리더가 다르게 행동해야 한다는 것을 주장하고 있다[361쪽]. 그러나 이러한 비판은 상황적 리더십이론이 레딘(Reddin, 1967)의 삼차원 관리스타일이론에 기초를 두었다는 점에서 타당하지 않다. 즉 삼차원 관리스타일이론에 따르면 리더는 자신이 가지는 특정한 스타일에 따라 행동을 하게 되므로 동일한 집단에 속한 부하들에 대해 각각 다른 행동을 보이기보다는 부하들에 대해 일정한(동일한) 행동을 보이게 되므로 동일한 집단에 속한 부하들에 대해 각각 다른 행동을 보일 것이라는 주장은 타당하지 않게 된다. 또한 상황적 리더십이론에서 사용하고 있는 직무중심적 행동과 관계중심적 행동의 두 가지 차원은 오하이오 주립대학의 리더십이론에서 사용하고 있는 행동차원과 동일한바 이 이론에 따르면 리더는 자신이 가지는 스타일에 따라 같은 집단에 속한 부하들에 대해 동일한 또는 동질적인 행동을 하게 되므로 부하들에 대해 각각 다른 행동을 보일 것이라는 주장은 타당하지 않게 된다. 그러므로 리더가 부하개개인에 대해 다르게 행동할 것이라는 허시와 블랜챠드(Hersey & Blanchard, 1996)의 주장보다는 리더가 자신이 가지는 스타일에 따라 같은 집단에 속한 부하들에 대해 동일한 행동을 보인다는 주장이 보다 타당하다고 볼 수 있다).

그러나 한편으로 조절변수(상황)인 부하의 성숙도는 개개인마다 다르게 나타날 수 있다(물론 같은 집단에 속한 부하들의 성숙도가 같을 수도 있지만 이 경우 집단수준의 효과에 의해 부하들이 유사한 성숙도를 가졌다면 개인수준의 성숙도라기보다는 집단수준의 성숙도라고 볼 수 있다. 또한 우연히 유사한 성숙도를 가지는 부하들이 모여 집단을 이룬다 하더라도 시간이 지남에 따라 부하개개인은 다른 정도의 성숙도를 가진다고 볼 수 있다). 만일 그렇다면 부하들이 서로 다른 수준의 성숙도를 가지는 한 집단을 고려해 볼 때 리더는 일정한 스타일을 가지고 부하들에 대해 동일한 행동을 보일 것이며, 이때 부하들의 성숙도는 다르게 나타나므로 집단에서 부하들의 성과는 각각 다르게 나타날 것이다. 예를 들어 리더가 지시적 행동을 보일 때 성숙도가 낮은 부하의 성과는 높지만, 성숙도가 높은 부하의 성과는 낮게 나타날 것이며 반대로 리더가 위임형의 리더십스타일을 보이면 성숙도가 높은 부하의 성과는 높게 나타나지만 성숙도가 낮은 부하의 성과는 낮게 나타날 것이다. 이러한 예는 한 집단에서 성과가 높은 부하와 낮은 부하가 공존하므로 상황적 리더십이론의 타당성에는 별다른 영향을 미치지 않는 것처럼 보인다. 그러나 평균적 리더십 스타일이론(ALS)에 따르면 리더는 일정한 스타일로 부하들을 하나의 전체로 보면서 행동함으로써 집단전체의 성과(효과성)를 극대화하는데 주력하게 된다. 따라서 같은 집단에 속한 부하들이 각기 다른 리더십효과성을 보인다면 집단전체의 성과는 평균성과만을 보여줄 뿐(높은 성과와 낮은 성과의 평균), 최대의 성과를 보여 주는데 있어 실패할 것이다. 그러므로 상황적 리더십이론에서 리더가 가지는 일정한 스타일에 의해 리더행동이 나온다는 설명은 타당성 결여의 문제를 야기하게 된다.

이러한 문제를 분석수준관점과 변수들 간의 관계 관점에서 살펴보면 더욱 명확해 진다. 상황적 리더십이론을 변수들 간의 관계로 표시하면 '(리더행동 ↔ 리더십 효과성) ⊥ 부하개개인의 성숙도' 가 된다. 이때 '↔' 은 두 변수 간에 정(+)의 관계가 있다는 것을 의미하고 '⊥'은 하나의 환경으로 작용하여 관계가 없다는 것(보다 정확하게는 조절변수라는 것)을 의미한다. 이때 괄호 안에 들어 있는 두 변수간의 관계는 ALS이론에 따라 집단수준에서 성립하게 되는 반면 부하개개인의 성숙도는 개인수준의 변수라고 볼 수 있다. 그러나 괄호안의 집단수준에서 성립하는 리더행동과 리더십효과성의 관계에 대해 환경으로 작용할 수 있는 변수는 같은 수준의 변수이거나 그보다 높은 수준(부서, 조직 등)의 변수여야 하므로 위에서 제시한 변수들 간의 관계가 분석수준의 불일치로 인하여 성립하지 않게 된다(Dansereau et al., 1984). 즉 집단에서 일어나는 현상자체에 대해 그 집단에 속한 구성원들의 특성여하에 따라 현상이 달라진다고 주장하는 것은 이미 나타난 집단현상자체가 구성원의 특성을 포함해서 나타난 것이므로 구성적 오류[1]를 범하게 된다. 이것을 변수들 간의 관계식으로 나타내면 다음과 같다.

(리더행동 ↔ 부하의 성과) ⊥ 부하의 성숙도 (1)
(리더행동 ↔ 집단의 성과) ⊥ 부하의 성숙도 (2)
(리더행동 ↔ 집단의 성과) ⊥ 집단의 성숙도 (3)

이들 관계식에서 리더행동이 리더의 스타일에 의해서 나타났다고 가정할 경우 관계식 (1)과 (2)에서는 부하의 성숙도에 관계없이 리더가 일정한 스타일로 행동을 하는 것을 의미하므로 부하의 성과나 집단의 성과는 최적의 상태를 보여주지 못한다. 반면에 관계식 (3)에서는 리더스타일에 기초한 행동이 집단의 성숙도와 적합성을 보일 때 최적의 성과를 나타낸다. 그러므로 집단수준에서(즉 리더가 일정한 스타일을 가지고 행동한다고 가정했을 때) 관계식 (3)만이 타당한 이론이 된다.

이상에서 설명한 바와 같이 집단수준에서의 상황적 리더십이론이 성립하기 위해서는 환

1) 상황이론은 두 변수간의 관계가 제 3의 다른 변수에 의해 조절되는 것으로 이 때 일반적으로 두 변수간의 관계가 성립하는 분석수준은 제 3의 다른 변수가 성립하는 분석수준과 비교하여 동일한 분석수준이거나 낮은 분석수준이어야 한다. 예를 들어 집단수준에서 성립하는 두 변수의 관계(리더행동과 집단성과)는 집단수준이나 조직수준의 변수(예, 집단성숙도)에 의해 조절될 수는 있어도, 개인수준의 변수(예, 개인성숙도)에 의해서는 조절될 수 없다. 이 때 제 3의 변수는 두변수간 관계에 대해 환경으로 작용하는 바 환경은 관심 있는 연구대상(두변수간 관계)을 포함하는 것으로 정의할 수 있으며(Aldrich, 1979), 따라서 환경으로 작용하는 변수는 두 변수간의 관계와 최소한 동일한 수준의 변수이거나 더 높은 수준의 변수이어야 한다. 만일 이러한 접근을 위반하는 경우, 즉 높은 분석수준(예, 조직)에서 성립하는 두변수간 관계가 낮은 분석수준(예, 개인이나 집단)에서 성립하는 제 3의 변수에 의해 조절되는 경우, 세워진 가설이나 이론은 구성적 오류를 범하게 된다.

경으로 작용하는 부하개개인의 성숙도보다는 집단수준 혹은 그 이상의 수준에서 성립하는 변수로 대체되어야 할 것이다. 실제로 허쉬 등(Hersey et al., 1996)은 상황적 리더십이론이 개인수준 뿐 아니라 집단수준에서 성립할 수 있다는 주장을 펴고 있는바 이때 개인이 다른 정도의 준비성(readiness) 혹은 성숙도를 가지는 것처럼 집단 역시 다른 정도의 준비성을 가진다는 주장이다. 예를 들어 대학원과정에 있는 학생들의 집단은 하려는 의지도 있고 학문적 경험을 가지므로 높은 수준의 준비성을 가지고 있는 반면, 훈련세미나에 참석하고 있는 관리자 집단은 비록 의지는 있지만 새로운 기술이나 지식을 습득하기 위한 세미나이므로 낮은 준비성을 가지게 된다는 주장이다. 이때 집단이 가지는 준비성의 수준은 집단구성원들이 서로 다른 목표를 가지는 혼돈의 단계로부터 능력이 있고 감독이 없이도 스스로 일하려는 의지를 가지는 자기관리집단(self-managing group)의 단계로 발전해 나간다는 것이다. 이 경우 각 상황에 적합한 리더행동은 리더십스타일(leadership style)에 기초한 역할 정의 또는 지시적 행동, 심리적으로 리더가 원하는 것을 부하들이 받아들이는 설득적 행동(selling), 참여적 행동, 그리고 위임행동이 된다.

그러므로 집단이 처한 상황이 집단수준의 변수(집단의 준비성)일 경우 리더행동과 리더십 효과성 역시 집단수준 변수가 되고 따라서 집단수준의 변수인 리더행동과 리더십효과성(집단전체의 성과)간의 관계가 집단이 처한 상황(집단수준의 변수)에 의해 조절된다는 것은 타당하다고 볼 수 있다. 이 경우 상황적 리더십이론은 오하이오 주립대학의 리더십이론의 한계를 극복하려는 시도에서 나왔기 때문에 두 이론은 경쟁관계에 있다고 볼 수 있다. 즉 집단수준에서 상황적 리더십이론의 경우는 집단의 성숙도가 조절변수로 작용하는 반면 오하이오 주립대학의 리더십이론의 경우 리더행동과 성과간의 관계는 집단의 성숙도에 관계없이 항상 성립하게 된다.

3.2. IL이론과 상황적 리더십이론

허시 등(Hersey et al., 1996)은 상황적 리더십이론이 개인수준에서 성립하는 이론이라는 주장을 펴고 있다. 마찬가지로 베끼오(Vecchio, 1987) 역시 한 리더가 전체집단과 관계를 하는 경우에는 집단수준의 성숙도가 중요하지만, 한 리더가 각각의 부하를 다루는 일대일 상황에서는 부하개인의 성숙도가 중요하다는 주장을 하고 있으며 개인수준의 성숙도에 초점을 맞추었을 때 상황과 일치하는 리더행동이 보다 효과적이 될 것이라는 주장이다(446쪽). 상황적 리더십이론이 개인수준에서 성립한다는 것은 리더가 부하개개인에 대해 다르게 행동을 하며 리더십 효과성은 부하의 성숙도와 리더행동이 일치하는가에 따라 결정되게 된다. 이것을 변수들 간의 관계식으로 표시하면 '(리더행동 ↔ 부하의 성과) ⊥ 부하개개인의 성숙도' 가 된다. 이식에서 모든 변수들은 개인수준의 변수이므로 리더행동과 성과간의 관계가 개인수준의 성숙도에 의해 조절된다는 것이 성립한다. 즉 부하개개인에 대한 리더의 행동에 따라 성과가 나타나게 되는데 부하개개인의 성숙도여하에 따라 성과의 정도는 다르게 나타나게 된다.

그러나 개별화된 리더십이론(Dansereau et al., 1995)에 따르면 부하들은 서로 독립적이거나 개별적으로 리더와 관계하며, 한 명의 상사는 한 명의 부하에 대해 다른 부하들과의 관계와는 전혀 다른 개별적인 관계를 형성하는 것으로 보고 있다. 따라서 한 명의 상사가 같은 집단에 속한 부하 개개인에 대해 어떻게 행동하느냐 하는 것은 전적으로 상사가 그 부하를 어떻게 보는가에 달려있고 이러한 상사-부하의 관계를 하나의 짝에서 일어나는 교환관계로 보았다. 즉 상사가 같은 집단에 속한 개개의 부하를 어떻게 보는가에 따라 자부심을 지원해준다는 느낌을 제공하게 되는바 자부심을 지원해 준다는 느낌은 상사가 부하개인에 대해 다음의 세 가지 방식으로 지원을 해준다는 판단과 지각으로 정의할 수 있다(Dansereau et al., 1995: 416). 첫째, 상사가 부하의 개인적인 욕구와 감정에 주의를 기울여주는 것이고, 둘째, 상사가 부하의 개인적인 동기와 성실성 그리고 능력에 대해 확신을 해주는 것이며, 셋째, 부하가 리더가 개인적으로 선호하는 행동을 리더에게 보일 때 지원을 해준다는 것이다. 그러면 부하는 상사로부터 제공받은 자부심이 어느 정도이냐에 따라 상사에게 만족할 만한 성과를 제공하게 된다. 물론 부하로부터 만족할만한 성과를 제공받은 상사 역시 반대급부로 부하에게 자부심을 지원해 주게 되어 상사와 부하의 교환관계는 일종의 순환 고리를 가지게 된다.

그러므로 개별화된 리더십이론에 따르면 부하의 성숙도, 성과, 리더행동은 다음과 같은 관계를 가진다고 볼 수 있다. 부하의 성숙도는 성과에 영향을 미치며 부하로부터 만족할만한 성과를 제공받은 상사는 부하에게 자부심을 지원해준다는 느낌을 제공하게 된다. 또한 상사가 부하에게 자부심을 제공하는 경우 부하는 반대급부로 만족할만한 성과를 제공하게 되며 이러한 성과는 부하의 성숙도를 증가시키는 결과를 가져오게 된다. 또한 부하의 성숙도 여하에 따라 리더는 자부심을 지원해준다는 느낌을 제공하게 되는바 성숙도가 높은 부하에 대해 상사는 자부심을 지원해준다는 느낌을 제공하게 되고 부하는 반대급부로 만족한 만한 성과를 상사에게 제공하게 된다. 그러므로 부하의 성숙도, 성과, 리더행동은 인과관계를 가지기 보다는 상관관계를 가지게 된다.

예를 들어 낮은 능력과 의지를 가진 부하에 대해 리더는 낮은 관심을 가지게 되므로 리더-부하 교환의 질에 있어 매우 낮게 나타날 것이며, 반대로 능력이 높고 의지도 강한 부하에 대해 리더는 높은 관심을 보이게 되므로 리더-부하 교환의 질이 높게 나타나게 된다. 또한 리더-부하 교환의 질 정도에 따라 성과가 다르게 나타날 수 있으므로 교환의 질이 높은 리더-부하의 짝에서는 높은 성과를 보일 것이고 반대로 낮은 관계의 질을 보이는 짝에서는 낮은 성과를 보이게 될 것이다. 따라서 리더-부하의 관계를 개별적으로 보는 관점에서는 부하의 성숙도 자체가 조절변수로 작용하지 않는다는 것을 알 수 있다. 또한 부하의 낮은 성숙도는 부하의 낮은 성과로 이어지게 되고 부하의 낮은 성과가 리더의 낮은 관심이나 배려로 이어질 수도 있으며, 앞에서 밝힌 바와 같이 리더의 낮은 배려와 관심이 부하의 성과에 나쁜 영향을 미쳐 저조한 성과로 나타나게 되고 이것이 부하의 낮은 성숙도수준으로 이어질 수도 있다. 이것을 변수들 간의 관계식으로 나타내면 '부하의 성숙도 ↔ 리더의 행동 ↔ 부하의 성과' 로 표시할 수 있다 (이식에서 '↔'는 변수들 간 상호관계 즉 상관관계가 있다는 것을 의미한다).

그러므로 개인수준에 초점을 맞추었을 때 상황적 리더십이론은 하나의 이론으로 성립할 수 있으며, 개별화된 리더십이론과 경쟁관계에 있게 된다. 다시 말하면 상황적 리더십이론에서 주장하는 바와 같이 부하개인의 성숙도가 리더행동과 성과간의 관계를 조절해주는 조절변수로 작용할 것인지 혹은 개별화된 리더십이론에서 주장하는 바와 같이 부하개인의 성숙도, 리더행동, 그리고 부하의 성과가 서로 유의적인 관계를 가지는 것인지에 대한 차이가 존재하게 된다.

3.3. VDL이론과 상황적 리더십이론

수직적 짝 연계이론에 따르면(Dansereau et al., 1975) 리더는 집단에 속한 부하들을 상대적으로 비교한 후 집단에 공헌도가 높거나, 능력이 뛰어나거나, 매력이 높은 소수의 부하들을 내집단으로 분류하고 나머지 부하들은 외집단으로 분류하여 각각 다르게 영향력을 행사한다. 즉 내집단의 부하들에게는 리더십(leadership)이나 위임(delegation)을 발휘하여 영향력을 행사하는 반면 외집단의 부하들에게는 감독(supervision)을 통하여 영향력을 행사하게 되며, 결국 내집단의 성과는 높게 그리고 외집단의 성과는 낮게 나타난다.

수직적 짝 연계이론을 기초로 상황적 리더십이론을 분석해 볼 때 상황적 리더십이론에서의 부하들이 가지는 성숙도는 리더가 내집단과 외집단을 구분하는 요인으로 작용할 수 있다. 즉 상대적으로 성숙도가 낮은 부하들은 외집단으로 분류되는 반면 상대적으로 성숙도가 높은 부하들은 내집단으로 분류된다. 뿐만 아니라 리더는 내집단에 속한 부하들과 외집단에 속한 부하들에 대해 각각 다른 행동을 보여주는데 내집단에 속한 부하들에게는 후원적이고 관심을 기울여주는 행동을 하거나, 부하 스스로 역할을 정의할 수 있도록 권한을 위임하거나, 도전적이고 흥미로운 직무를 할당하거나, 주요한 의사결정에 참여할 수 있도록 하거나, 특별한 혜택을 제공하거나, 승진할 수 있도록 천거를 하거나, 부하의 위치에서는 접할 수 없는 정보를 제공하는 행동을 보이는 반면, 외집단에 속한 부하들에게는 최소한의 관심과 배려, 관리자로서 조직에서 주어진 최소한의 역할(예를 들면, 업무의 지시, 관리, 감독 등)만을 수행하게 된다(Dansereau, Graen, & Haga, 1975; Graen & Cashman, 1976; Dienesch, & Liden, 1986). 또한 이러한 차별적인 리더의 행동은 내집단과 외집단에 속한 부하들의 성과에도 영향을 미치게 되는데, 내집단에 속한 부하들의 성과는 리더행동으로 인하여 높게 나타나는 동시에 외집단에 속한 부하들의 성과는 저조하게 나타나게 된다.

그러므로 집단 안(within-group) 혹은 집단부분(group parts, 집단이 내집단과 외집단으로 나누어진다는 의미에서 집단부분이라는 용어를 사용하였음)수준에 초점을 맞추었을 때 상황적 리더십이론은 수직적 짝 연계이론과 경쟁관계에 있게 된다. 즉, 부하가 가지는 상대적인 성숙도가 리더행동과 성과간의 관계를 조절하는 변수로 작용한다는 것이 상황적 리더십이론인 반면, 부하가 가지는 성숙도가 내집단과 외집단으로 분류되는 기준인 동시에 리더의 행동에 영향을 미치는 기준이 된다는 것이 수직적 짝 연계이론이다. 따라서 두 이론의 차이는 변수들 간의 관계에 있으며 상황적 리더십이론에 따르면 내집단에 속한 부하들에게 적합한 리더행동, 즉 배려나 후원 혹은 위임행동을 보여줄 때 높은 성과가 나타나는 동시에 외집단에 속한 부하들에게는 지시(telling) 행동을 보여줄 때 높은 성과가 나타나게 된다.

4. 상황적 리더십이론의 타당성: 분석수준과 변수들 간 관계 관점

앞 절에서 밝힌 바와 같이 상황적 리더십이론은 하나의 타당한 이론이면서 동시에 평균적 리더십스타일 이론, 수직적 짝 연계이론, 개별화된 리더십이론 등과 경쟁관계에 있다. 이 이론들을 분석수준과 변수들 간의 관계를 토대로 비교하면 <표 1>과 같다(Dansereau 등[1984]이 주장한 varient paradigm[2])은 분석수준과 변수들 간의 관계를 축으로 하여 이론을 만들거나 검증할 수 있는 인지적 프레임웍인 바 본 논문에서는 상황적 리더십이론과 기존 리더십이론이 서로 경쟁관계에 있다는 것을 보여주기 위하여 이 패러다임을 사용하였다).

<표 1>에서 보는 바와 같이 상황적 리더십이론은 개인과 집단수준 모두에서 성립하는 이론이지만 각 수준에서 다른 리더십 이론들과 경쟁관계에 있다는 것을 알 수 있다. 개인수준에 초점을 맞추었을 때, 리더는 같은 집단에 속한 부하들에 대해 일정한 스타일을 가지고 동일하게 행동하는 것이 아니라 부하들에 대해 각각 다르게 행동할 수 있다는 허시 등(1996)의 주장을 받아들인다 하더라도 댄스로 등 (Dansereau et al., 1995)이 주창한 개별

---

2) Varient는 변수(VARIable)와 분석수준 또는 연구대상이 되는 실체(ENTity)의 합성어이고 paradigm은 다수의 가설(multiple-hypotheses)을 창출하고 이러한 가설들을 검증함으로써 과학적인 연구를 수행할 수 있는 토대를 제공하는 인지적인 틀로 정의할 수 있다 (Dansereau et al., 1984, 1쪽). 그러므로 varient paradigm에 따르면 이론 또는 가설을 구축하고 검증함에 있어서 변수들간의 관계뿐 아니라 변수들의 관계가 성립하는 분석수준을 고려하여 다수의 가설을 창출함과 동시에 이러한 가설들을 검증함에 있어서도 변수들 간의 관계와 분석수준을 고려해야 한다. 물론 기존의 사회과학자들은 암묵적으로 entity를 고려하여 이론을 만들어 왔다. 예를 들어 심리학자들의 경우 연구대상인 entity는 개인이고, 사회학자들의 경우 entity는 사회, 조직이며, 사회심리학자들의 경우 집단 또는 개인들 간의 관계라고 볼 수 있다. 따라서 개별과학으로서의 사회과학은 그 자체가 연구대상인 entity를 포함하고 있으므로 이론 또는 가설을 정립하는데 있어서 entity는 별로 중요하게 생각하지 않는 듯하다. 그러나 종합과학으로서의 조직행동론은 사회현상을 설명하는데 있어서 변수들 간의 관계가 개인분석수준에서 나타나는 현상인지 아니면 집단수준에서 혹은 조직수준에서 나타나는 현상인가에 대한 가설이 추가되어야 한다.

화된 리더십이론(individualized leadership theory)과 경쟁관계에 있다는 것을 알 수 있다. 즉 부하 개개인 가지는 성숙도(혹은 준비성, readiness)가 리더의 행동과 성과간의 관계를 조절하는 조절변수로 작용할 것인가(예를 들어 부하의 성숙도가 낮은 경우 지시적인 리더행동을 보여야만 성과가 높게 나타나는 반면 성숙도가 높은 부하개인에 대해서는 위임형의 행동을 보여야만 부하의 성과가 높게 나타난다는 것), 아니면 부하 개개인이 가지는 성숙도가 리더의 행동에 영향을 미치게 되고 그 결과로 성과가 나타날 것인가(예를 들어 성숙도가 높은 부하에 대해 리더는 특별한 관심이나 배려를 보이게 되고 이러한 관심과 배려가 부하의 자긍심을 높이게 되고 결국 높은 성과를 올리게 하는 원동력으로 작용하는 반면 성숙도가 낮은 부하에 대해 리더는 특정한 관심이나 배려를 보이지 않게 되므로 낮은 자긍심을 가지게 되고 결국 낮은 성과를 보이게 된다는 것)의 두 가지 이론 중 과연 어느 것이 보다 타당한가를 자료수집과 분석을 통하여 밝힐 필요가 있다.

표 1. 상황적 리더십이론과 기존 리더십이론의 비교

구분	변수들 간의 관계	
분석수준	분석수준으로 구분한 상황적 리더십이론	기존 리더십이론(경쟁이론)
개인수준	(리더행동 ↔ 부하성과)⊥부하성숙도 (상황적 리더십이론a)	부하성숙도 ↔ 리더행동 ↔ 부하성과 (개별화된 리더십이론)
집단수준: 전체	(리더행동 ↔ 집단성과)⊥집단성숙도 (상황적 리더십이론b)	리더행동 ↔ 집단성과 (평균적 리더십스타일 이론)
집단수준: 부분	(리더행동 ↔ 부하성과)⊥부하성숙도 (상황적 리더십이론c)	부하성숙도 ↔ 리더행동 ↔ 부하성과 (수직적 짝 연계이론)

주) '상황적 리더십이론a'에서는 리더가 부하 개개인에 대해 개별적으로 행동을 하는 반면 '상황적 리더십이론b'에서는 리더가 자신의 고유한 스타일에 따라 행동을 하며, '상황적 리더십이론c'에 따르면 리더가 부하들의 성숙도를 상대적으로 비교하여 내집단과 외집단으로 구분한 후 각각의 집단에 대해 차별적인 행동을 한다. 또한 개별화된 리더십이론과 수직적 짝 연계이론은 '변수들 간 관계'에서는 같으나 분석수준에 있어 차이가 나는 바 후자의 이론은 개구리-연못효과(frog-pond effect, 연못크기에 따라 똑같은 크기의 개구리가 크게 혹은 작게 보이는 것, Klein et al., 1994), 즉 집단의 효과를 반영하고 있는 점이 다르다.

집단수준에 초점을 맞추었을 때 상황적 리더십이론은 한편으로는 타당한 이론이지만 다른 한편으로는 타당성이 결여된 이론이 된다. 즉, 집단수준에서 리더는 같은 집단에 속한 부하들에 대해 일정한 스타일을 가지고 동일한 행동을 보이게 된다(이러한 설명은 상황적 리더십이론이 레딘[Reddin, 1967]의 관리자스타일이론에 기초를 두었다는 것과 리더행동이 리더가 가지는 스타일에 의해 결정된다는 허시 등[Hersey et al., 1996]의 설명에 기초한다). 그러나 같은 집단에 속한 부하들의 성숙도는 각각 다를 수 있으므로(물론 같은 집단에 속한 부하들의 성숙도가 유사한 경우도 생각해볼 수 있다. 예를 들어 대학원생들로 이루어진 수업에서 학생들의 성숙도는 비교적 높다고 볼 수 있다. 이러한 상황은 특정한 경우이지만 허시와 블랜챠드 역시 이러한 경우를 집단수준의 성숙도라고 설명하고 있다) 성과를 극대화하기 위해서 리더는 부하 개개인에 대해 각각 다른 행동을 보여야만 한다. 그러므로 집단수준에서 볼 경우, 부하 개개인의 성숙도에 초점을 맞추었을 때 상황적 리더십이론의 타당성은 의문시 된다.

그러나 한편으로 집단이 가지는 성숙도에 초점을 맞추었을 때 리더는 일정한 스타일을 가지고 집단전체에 대해 하나의 행동을 하게 되므로 집단의 성숙도에 일치하는 행동을 보이는 집단에서는 성과가 높게 나타나는 반면 일치하지 않는 행동을 보이는 집단에 대해서는 낮은 성과가 나타날 것이다. 따라서 집단의 성숙도를 고려할 경우 상황적 리더십이론은 타당한 이론이 된다.

또한 집단부분수준에서 상황적 리더십이론의 경우 리더행동과 성과간의 관계가 성숙도에 의해 다르게 나타나는바 내집단에 속한 부하들의 성숙도는 높은 반면 외집단에 속한 부하들의 성숙도는 낮으므로 내집단의 부하들에게는 참여형 혹은 위임형의 행동을 보여야만 효과적인 반면, 외집단에 속한 부하들에게는 지시형 혹은 설득형의 리더십을 발휘해야만 효과적이다. 그러나 수직적 짝 연계이론의 경우 성숙도가 높은 내집단의 부하들에게는 리더십(leadership) 혹은 권한위임이 발휘되어 높은 성과를 이끄는 반면 외집단에 속한 부하들에게는 감독(supervision)이 발휘되어 저조한 성과를 이끌게 된다.

이상에서 살펴본 바와 같이 상황적 리더십이론을 분석수준관점에서 고려해 보면 3가지의 각각 다른 의미를 가지는 이론으로 성립되는바(상황적 리더십이론 a, b, c), 개인수준에서는 리더의 부하개인에 대한 행동과 부하성과간의 관계가 부하개개인의 성숙도에 의해 조절되는 반면 집단전체수준에서는 리더행동과 집단성과간의 관계가 집단의 성숙도에 의해 조절되고 또한 집단부분수준에서는 리더의 행동과 부하의 성과 간 관계가 부하의 상대적인 성숙도(외집단과 내집단)에 의해 조절됨을 알 수 있다. 분석수준에 기초한 이러한 구분은 상황적 리더십이론의 타당성여부를 밝히는데 매우 중요한바 집단수준에서 분석수준의 불일치로 인한 두 가지 경우(즉 리더행동과 부하성과간의 관계가 부하의 성숙도에 조절되는 경우와 리더행동과 집단성과간의 관계가 부하개인의 성숙도에 의해 조절되는 경우)를 제외하고는 타당한 이론으로서 성립할 수 있음을 보여준다. 단 세 가지 유형의 상황적 리더십이론 중 어느 이론이 타당한가는 이론적 분석수준과 일치하는 실증연구가 이루어져야만 판단할 수 있다. 예를 들어 개인수준의 이론, 즉 '상황적 리더십이론a'를 연구가설로 채택할 경우 만일 집단수준에서의 자료수집과 분석이 이루어진다면 나타난 결과는 잘못된 분석수준에 의한 오류(fallacy of the wrong level)를 범하게 될 것이고, 반대로 집단전체수준의 이론, 즉 '상황적 리더십이론b'를 연구가설로 채택할 경우 만일 개인수준에서의 자료수집과 분석이 이루어진다면 생태학적 타당성(ecological fallacy)의 문제가 발생하게 된다

(Glick & Roberts, 1984).

이와 더불어 세 가지 이론 중 어느 한 가지 이론만을 예측하여 검증한 결과 이론이 뒷받침되지 못했다고 하더라도 다른 두 가지 유형의 이론이 존재하므로 상황적 리더십이론이 타당성을 결여하고 있다는 결론은 적합하지 않을지도 모른다. 예를 들어 블랭크 등(Blank et al., 1986)의 연구는 개인수준에 초점을 둔 '상황적 리더십이론a'를 가설로 채택하고 개인들로부터 자료를 수집하여 개인수준에서 분석한 결과 이론을 뒷받침하는데 실패하고 있어 상황적 리더십이론의 타당성이 결여된 듯 보이지만 나머지 두 가지, 즉 '상황적 리더십이론b'와 '상황적 리더십이론c'에 대한 예측과 검증이 이루어지지 않았기 때문에 그러한 결론은 성급하다고 볼 수 있다.

또한 변수들 간의 관계관점에서 보면 세 가지의 상황적 리더십이론은 각각 개별화된 리더십이론, 평균적 리더십스타일이론, 수직적 짝 연계이론과 경쟁관계에 있음을 보여주는바 상황적 리더십이론의 타당성 여부는 경쟁관계에 있는 다른 이론들과의 비교검증을 통해서 알 수 있다. 특히 경쟁이론들과의 비교 검증 시 이론적 분석수준과 일치하는 실증연구가 이루어진다면 상황적 리더십이론의 타당성여부를 보다 정확하게 판단할 수 있게 될 것이다.

4.1. 가설의 설정

본 연구는 상황적 리더십이론의 타당성을 검증하는 동시에 세 가지 유형의 상황적 리더십이론과 기존의 리더십이론(ALS, VDL, IL)들 중 어떤 이론이 보다 타당한가를 검증하는 것이므로 별도로 가설을 설정하지 않고 여섯 가지의 이론을 하나씩 검증하여 어떤 이론이 타당한가를 밝히고자 한다.

5. 연구방법

5.1. 샘플

본 연구에서 제시된 가설을 검증하기 위하여 광주에 위치한 S전자에 근무하는 사원들을 대상으로 200부의 설문서를 배포하였으며 총 170부의 설문지가 회수되었고 회수된 설문지 중 질문에 응하지 않은 설문지와 무성의하게 응답한 설문지를 제외한 120부의 설문지가 분석에 사용되었다. 120명의 사원은 36개 과에 소속되었으며 따라서 집단수준의 분석을 위해 36개의 집단이 사용되었다.

응답자중 남성은 115명(96%)이고 여성은 5명(4%)이었으며 연령별로는 20-25세가 8명(6.6%), 26-30세가 25명(20.7%), 31-35세가 47명(38.8%), 36-40세가 31명(25.6%), 41-50세가 9명(7.4%)이었다. 그리고 직원들이 받은 고과점수는 상위 0-10%에 속한다고 응답한 사람이 6명(5%), 상위 11-20%에 속한다고 응답한 사람이 10명(8.3%), 상위 21-30%에 속한다고 응답한 사람이 12명(9.9%), 상위 31-40%에 속한다고 응답한 사람이 8명(6.6%), 상위 41-50%에 속한다고 응답한 사람이 24명(20%), 상위 51-60%에 속한다고 응답한 사람이 18명(14.9%), 상위 61-70%에 속한다고 응답한 사람이 12명(10%), 상위 71-80%에 속한다고 응답한 사람이 12명(10%), 상위 81-90%에 속한다고 응답한 사람이 7명(5.8%), 상위 91-100%에 속한다고 응답한 사람이 2명(1.7%)으로 나타났다. 이것을 표로 간단하게 요약하면 다음과 같다.

표 2. 샘플의 성별, 연령별, 고과점수별 분포

<table>
<tr><td>성 별</td><td colspan="2">남성: 115명
여성: 5명</td></tr>
<tr><td>연령별</td><td colspan="2">20-25세: 8명
26-30세: 25명
31-35세: 47명
36-40세: 31명
41-50세: 9명</td></tr>
<tr><td>고과점수별</td><td>상위 1-10%: 6명
11-20%: 10명
21-30%: 12명
31-40%: 8명
41-50%: 24명</td><td>51- 60%: 18명
61- 70%: 12명
71- 80%: 12명
81- 90%: 7명
91-100%: 2명</td></tr>
</table>

5.2. 측정도구

본 연구의 가설을 검증하기 위하여 개인성숙도와 집단성숙도, 리더 행동, 그리고 성과를 측정하였으며, 측정도구의 타당성(validity)과 신뢰성(reliability)을 검증하기 위해 요인분석과 신뢰성 분석을 실시하였다.

5.2.1. 개인 성숙도와 집단(과) 성숙도

개인 성숙도는 준비성을 말하는 것으로 이는 직무에 대한 준비성(능력, 예를 들어 직무에 대한 경험, 직무수행에 필요한 지식 등)과 심리적 준비성(의지, 예를 들어 직무를 수행하려는 의지, 성취하려는 바램 등)으로 구성되어 있는데, Hambleton 등 (1977)이 사용한 성숙도 스케일을 참조하여 총 6문항(예, '나는 과업에 관한 지식을 충분히 보유하고 있다.', '나는 주어진 과업을 달성하고자 하는 강한 의욕을 가지고 있다' 등)에 대해 5점 척도(매우 그렇다, 그렇다, 보통이다, 그렇지 않다, 전혀 그렇지 않다)로 측정하였다. 개인 성숙도를 측정한 6문항에 대해 요인분석을 한 결과 2개의 요인으로 나타났으며, 첫 번째 요인은 '나는 현재 주어진 과업을 달성하는데 필요한 기술을 보유하고 있다' 등 능력에 관한 것이었으며, 또 한 요인은 '나는 현재 수행하고 있는 업무에 강한 애착을 가지고 있다' 등 개인의 의지에 관한 것으로 나타났다. 그리고 개인성숙도(능력)의 신뢰계수는 .81이었으며, 개인성숙도(의지)의 신뢰계수는 .84로 높게 나타났다. 또한 집단(과) 성숙도는 개인 성숙도를 측정하는 데 사용한 항목의 '나'를 '우리 과'로 변경하여 총 6문항(예, '우리 과원들은 현재 주어진 과업을 달성하는데 필요한 기술을 보유하고 있다', '우리 과원들은 현재 수행하고 있는 업무에 강한 애착을 가지고 있다')을 5점 척도로 평가하도록 하였다. 분석결과 개인 성숙도와는 달리 하나의 요인으로 나타났으며, 신뢰계수는 .91로 매우 높게 나타났다.

5.2.2. 성과

성과는 Liden과 Graen(1980)의 개인성과 측정 항목을 참조하여 총 7문항(예, '업무수행결과의 질', '작업효율성', '혁신의 수', '목표달성도' 등)을 사용하였으며, 각 항목에 대해 5점 척도(매우 그렇다, 그렇다, 보통이다, 그렇지 않다, 전혀 그렇지 않다)로 측정하였다. 집단성과 역시 개인성과를 측정하는데 사용한 항목의 '나'를 '우리 과(집단)' 로 변형하여 7개의 문항을 가지고 측정하였다. 요인분석결과 개인성과와 집단성과는 각각 하나의 요인으로 나타났고, 신뢰계수는 각각 .86과 .86으로 높게 나타났다.

5.2.3. 직속상사(리더)의 행동

상사의 행동은 직무중심적 행동과 관계중심적 행동으로 구분하였으며, 측정도구는 Stogdill과 Coons(1957)이 개발한 LBDQ-XII를 토대로 총 20문항 중 10문항(예, '나의 상사는 나에게 친근하고 쉽게 접할 수 있도록 해 준다', '나의 상사는 내가 부서의 구성원으로서 즐거워할 만한 일은 전혀 하지 않는다', '나의 상사는 나를 공평하게 대우해준다', '나의 상사는 나의 개인적 복지에 대해서 주의를 기울여 준다' 등)은 관계중심적 행동을, 그리고 10문항(예, '나의 상사는 내게 기대하는 것이 무엇인지를 알려 준다', '나의 상사는 획일적인 절차를 따를 것을 요구한다', '나의 상사는 내가 무엇을 해야 하며, 어떻게 해야 하는지를 결정해준다', '나의 상사는 나로 하여금 규칙을 준수토록 한다' 등)은 직무중심적 행동을 측정하는데 사용하였으며 5점 척도(매우 그렇다, 그렇다, 보통이다, 그렇지 않다, 전혀 그렇지 않다)로 측정하였다. 요인분석결과 2개의 요인으로 나타났으며, 첫 번째 요인은 관계중심적 행동을 측정하는 항목으로 신뢰계수는 .85로 높게 나타났고, 두 번째 요인은 직무중심적 리더행동을 측정하는 항목으로 신뢰계수는 .74로 나타났다.

5.3. 분석

변수들 간의 관계를 살펴보기 위하여 상관관계분석(correlation analysis)을 실시하였고, 개인수준과 집단수준에서 독립변수가 종속변수에 미치는 영향을 검증하기 위하여 다중회귀분석(multiple regression analysis)을 실시하였으며, 집단 간에 차이가 있는지를 알아보기 위하여 분산분석을 실시하였다.

6. 연구결과

개인수준의 변수인 개인성숙도, 개인성과 그리고 집단수준의 변수인 과의 성숙도, 과의 성과, 그리고 리더행동 간의 관계를 파악하기 위하여 상관관계분석을 실시하였다. <표 3>은 각 변수들 간 상관관계 메트릭스를 보여준다.

표 3. 변수들 간 상관관계 메트릭스

변수	개인성숙도 (능력)	개인성숙도 (의지)	과성숙도	과성과	개인성과	관계중심적 리더행동	직무중심적 리더행동
개인성숙도(능력)	1.000						
개인성숙도(의지)	.4851**	1.000					
과(집단) 성숙도	.3023**	.3802**	1.000				
과(집단) 성과	.2742**	.2978**	.6512**	1.000			
개인성과	.5361**	.4582**	.4989**	.6703**	1.000		
관계중심적 리더행동	.3541**	.3649**	.5399**	.5478**	.531**	1.000	
직무중심적 리더행동	.0722	−.1859	−.2177*	−.1926*	−.1084	−.1442	1.000

주) * $p<.05$ ** $p<.01$

<표 3>의 상관관계 메트릭스에서 보듯이 관계중심적 행동은 개인의 성숙도, 과(집단) 성숙도, 개인성과와 과(집단) 성과와 정(+)의 관계를 가지는 것으로 나타났으나, 직무중심적 행동은 과(집단) 성숙도와 과(집단) 성과와 부(−)의 관계를 가지는 것으로 나타났다.

여섯 가지 이론들의 검증

① '상황적 리더십a'의 검증

개인수준에서 상황적 리더십이론의 가설인 '(리더행동 ↔ 부하성과) ⊥ 부하성숙도'를 검증하기 위해 성과를 종속변수로 그리고 관계중심적 리더행동, 직무중심적 리더행동과 개인성숙도를 독립변수로 한 다중회귀분석을 실시하였다. 분석결과 <표 4>에 나타난 바와 같이 리더행동과 부하성숙도의 상호작용효과는 없는 것으로 나타나 개인수준의 상황적 리더십이론은 뒷받침되지 않았다.

표 4. 리더행동과 성숙도의 다중회귀분석결과

독립변수	B	SE B	Beta	T	Sig T	R-square
관계중심적 리더행동	1.805	.733	1.403	2.464	.015*	.426
개인 성숙도	.751	.267	1.274	2.816	.006**	
관계중심적 리더행동 *개인 성숙도	-.028	.015	-1.563	-1.880	.063	
직무중심적 리더행동	1.157	1.063	.773	1.089	.278	.313
개인 성숙도	.503	.175	.889	2.873	.005**	
직무중심적 리더행동 *개인 성숙도	-.024	.021	-.844	-1.141	.256	

주) * p<.05 ** p<.01

또한 부하의 성숙도 정도에 따라 적합한 리더행동이 존재하는가의 여부를 평가하기 위하여 분산분석을 실시하였다. <표 5>에서 나타난 바와 같이 분산분석 결과 성숙도와 리더행동의 상호작용효과는 유의적이지 못한 것으로 나타나, 개인수준에서의 상황적 리더십이론을 뒷받침하지 못하였다.

표 5. 성과를 종속변수로 한 리더행동과 성숙도의 분산분석

		SS	DF	MS	F	유의확률
관계중심적 리더행동	주효과	505.014	4	126.524	13.797	.000**
	리더행동	73.397	1	73.397	8.021	.006**
	성숙도	327.078	3	109.026	11.914	.000**
	2-way 상호작용효과	22.374	3	7.458	.815	.488
직무중심적 리더행동	주효과	472.501	4	118.125	12.475	.000**
	리더행동	31.933	1	31.933	3.373	.069
	성숙도	432.303	3	144.101	15.219	.000**
	2-way 상호작용효과	19.217	3	6.406	.676	.568

주) ** p<.01

상호작용효과를 알아보기 위한 또 하나의 분석으로 리더행동과 성숙도가 일치하는 부하들로 이루어진 cell과 일치하지 않는 부하들로 이루어진 cell로 나누어 집단 간의 차이를 검증하는 분산분석을 실시하였다. 리더행동과 성숙도가 일치하는 부하들과 일치하지 않는 부하들을 다음과 같이 구분하였는바 리더의 행동유형이 지시형이라고 응답한 부하들 중 성숙도가 가장 낮은 부하들을 리더행동과 성숙도가 일치하는 부하들로 그렇지 않은 부하들을 일치하지 않는 부하들로 구분하였고, 마찬가지로 코치형이라고 응답한 부하들 중 두 번째로 성숙도가 낮은 부하들을 리더행동과 성숙도가 일치하는 부하들로 그렇지 않은 부하들을 일치하지 않는 부하들로 구분하였으며, 참여형과 위임형의 경우도 동일한 방법을 사용하여 구분하였다.

표 6. 리더행동과 성숙도가 일치하는 cell과 일치하지 않는 cell의 차이분석

종속변수	집단	SS	DF	MS	F	유의확률
개인성과	집단간	74.049	1	74.049	5.8414	.017*
	집단내	1432.472	113	12.676		
	합계	1506.521	114			
	평균	일치하는 집단 = 3.35, 일치하지 않은 집단 = 3.65				

주) * p<.05

<표 6>에서 보는 바와 같이 리더행동과 성숙도가 일치하는 cell과 일치하지 않는 cell 간의 차이가 유의한 것으로 나타났다. 그럼에도 불구하고 성숙도와 리더행동이 일치한 부하들로 이루어진 cell에서의 성과는 3.35이고 일치하지 않는 cell의 성과는 3.65로 오히려 상황적 리더십이론에서 주장하는 것과 반대결과가 나타났다. 즉 상황적 리더십이론에 따르면 부하의 성숙도와 리더행동이 일치하는 경우에는 부하의 성과가 높아야 하고, 일치하지 않는 경우에는 성과가 낮아야 하나 분석결과는 오히려 부하의 성숙도와 리더행동이 일치하지 않은 경우에 부하의 성과가 높은 것으로 나타났다.

이러한 결과를 보다 구체적으로 분석하기 위하여 리더행동을 관계중심적 행동과 직무중심적 행동을 기초로 4가지 유형으로 구분하고 (지시형, 코치형, 참여형, 위임형), 각 유형에 해당하는 응답자에 대해 성숙도 수준이 일치하는 부하와 일치하지 않은 부하의 두 집단의 성과 차이를 분석하였다.

<표 7>에서 보는 바와 같이, 성과차이는 지시형과 위임형에서 유의적인 것으로 나타났으나, 지시형에서는 부하의 성숙도와 리더행동의 적합성이 낮은 부하들의 성과가 적합성이 높은 경우의 부하들 성과보다 더 높은 것으로 나타났고, 위임형에서는 부하의 성숙도와 리더행동의 적합성이 높은 경우의 부하들 성과가 적합성이 낮은 경우보다 높은 것으로 나타났다. 이러한 결과는 4개 리더행동 유형 중 오직 1개의 유형(위임형)에서만 상황적 리더십이론에서 예측하는 리더행동과 성숙도간의 상호작용효과를 보여주므로 전체적으로 '상황적 리더십이론a'가 본 연구의 샘플에서는 타당하지 않은 것으로 결론내릴 수 있다.

표 7. 각각의 리더행동 유형에서 리더행동과 성숙도가 일치하는 집단과 일치하지 않는 집 단의 성과차이분석

종속변수	집단구분	SS	DF	MS	F	유의확률
S1 (지시형)	개인간	113.277	1	113.277	9.784	.0033**
	개인내	451.503	39	11.577		
	합계	564.780	40			
	평균	일치하는 집단 = 3.02, 일치하지 않은 집단 = 3.56				
S2 (코치형)	개인간	19.504	1	19.504	1.673	.204
	개인내	384.666	33	11.656		
	합계	404.171	34			
	평균	일치하는 집단 = 3.40 일치하지 않은 집단 = 3.70				
S3 (참여형)	개인간	.498	1	.498	.083	.774
	개인내	143.040	24	5.960		
	합계	143.583	25			
	평균	일치하는 집단 = 4.00, 일치하지 않은 집단 = 3.89				
S4 (위임형)	개인간	124.104	1	124.104	27.876	.0003**
	개인내	48.972	11	4.452		
	합계	173.076	12			
	평균	일치하는 집단 = 4.03, 일치하지 않은 집단 = 3.08				

주) * p<.05 ** p<.01

② 개별화된 리더십이론의 검증

개별화된 리더십이론에 따르면 부하의 성숙도(능력과 의지)와 리더행동 그리고 성과의 세 변수들간의 관계가 유의적인 것으로 나타나야 하는바 (성숙도 ↔ 리더행동 ↔ 부하의 성과) 세 개 변수의 관계가 유의적인가를 보기 위해서는 세 개 변수들 간의 상관관계가 각각 유의적인가 (부하의 성숙도[능력과 의지]와 리더행동, 리더행동과 부하의 성과, 그리고 부하의 성숙도와 부하의 성과)의 여부와 변수들 간에 상관관계 간 차이가 없는지의 여부를 확인해야 한다. 본 연구결과는 이러한 관계를 보여 주고 있는바 <표 2>의 상관관계 메트릭스에서 나타난 바와 같이 부하의 성숙도(능력과 의지)와 관계중심적 리더행동(각각 0.35, 0.36, p<.05), 부하의 성숙도(능력과 의지)와 부하의 성과(각각 0.53 0,46, p<.05) 그리고 관계중심적 리더행동과 부하의 성과(0.53, p<.05)는 모두 유의적인 상관관계를 가지는 것으로 나타났다. 또한 다섯 개의 상관관계 간 차이가 있는지의 여부를 검증한 결과 모든 상관관계간 차이가 유의적이지 않은 것으로 나타났다(상관관계 차이의 t값 범위는 0.11부터 1.33으로 p>.05). 이러한 결과는 부하의 성숙도, 리더행동, 부하의 성과 간 관계(성숙도 ↔ 리더행동 ↔ 부하의 성과)가 유의적이라는 것을 뒷받침하고 있어 개별화된 리더십이론이 타당하다는 것을 보여 준다.

③ '상황적 리더십이론b'의 검증

집단전체수준에서의 상황적 리더십이론을 검증하기 위해 관계중심적 행동, 직무중심적 행동, 집단성숙도, 집단성과간의 관계를 집단수준에서 분석하였다.

표 8. 집단수준에서 리더행동, 성숙도, 성과의 상관관계 메트릭스

	집단성숙도	집단성과	관계중심적 리더행동	직무중심적 리더행동
집단성숙도	1.000			
집단성과	.629**	1.000		
관계중심적 리더행동	.691**	.675**	1.000	
직무중심적 리더행동	-.262	-.245	-.316	1.000

주) * p<.05 ** p<.01

<표 8>의 상관관계 메트릭스에서 보듯이 집단성숙도, 집단성과와 관계중심적 리더행동 간에는 유의한 상관관계가 있는 것으로 나타났다. 그러나 상관관계 분석만으로는 집단성숙도가 조절변수로 작용하는지의 여부를 알 수가 없으므로 다중회귀분석을 실시하였다. <표 9>의 회귀분석결과에서 보듯이 성숙도와 리더행동의 상호작용효과는 없는 것으로 나타나 '상황적 리더십이론b'가 뒷받침되지 않았다.

표 9. 리더행동, 성숙도, 집단성과의 다중회귀분석(집단수준)

독립변수	B	SE B	Beta	T	Sig T	R-square
관계중심적 리더행동	-2.348	1.276	-.186	-.184	.855	
성숙도	-.777	.876	-.683	-.888	.381	.469
관계중심적 리더행동*성숙도	.048	.055	1.420	.881	.384	
직무중심적 리더행동	-.458	3.652	-.259	-.126	.900	
성숙도	.404	1.379	.355	.293	.771	.226
직무중심적 리더행동*성숙도	8.730	.165	.113	.053	.958	

④ 평균적 리더십스타일 이론의 검증

평균적 리더십스타일 이론에서 (9.9)형의 리더십이 가장 바람직한가를 밝히기 위해 성과를 종속변수로 하여 관계중심적 리더행동과 직무중심적 리더행동이 모두 높은 집단과 그렇지 못한 집단으로 나누어 집단 간 성과 차이분석을 실시하였다. 분석결과 <표 10>에서 보는 바와 같이 (9.9)형 집단에 속한 부하들의 성과는 나머지 3개 집단에 속한 부하들의 성과와 유의한 차이를 보여주지 못하고 있어 리더가 이상적인 리더십스타일을 보인다고 하더라도 집단의 성과와는 무관한 것으로 나타났다.

표 10. (9.9)형의 리더십을 보이는 집단과 그렇지 못한 집단의 성과차이분석

종속변수	집단구분	SS	DF	MS	F	유의확률
개인성과	집단간	9.187	1	9.187	.6989	.405
	집단내	1498.700	114	13.146		
	합 계	1507.887	115			
	cell 평균	cell 1(낮은 관계중심적 리더행동 + 낮은 직무중심적 리더행동) = 3.37 cell 2(낮은 관계중심적 리더행동 + 높은 직무중심적 리더행동) = 3.42 cell 3(높은 관계중심적 리더행동 + 낮은 직무중심적 리더행동) = 3.90 cell 4(높은 관계중심적 리더행동 + 높은 직무중심적 리더행동) = 3.65				

⑤ '상황적 리더십이론c'의 검증

집단부분수준에서는 리더 행동과 부하 성과와의 관계가 부하의 상대적인 성숙도(외집단과 내집단)에 의해 다르게 나타난다는 것을 검증하기 위해 집단 전체를 성숙도의 중앙값에 의해 두 개의 집단으로 나눈 뒤 리더행동과 성과간의 상관관계를 분석하였다.

표 11. 내집단과 외집단의 리더행동과 성과 간 상관관계

집단구분	변수	관계중심적 상사행동	직무중심적 상사행동	개인성과
내집단	관계중심적 행동	1.000		
	직무중심적 행동	-.3366	1.000	
	개인성과	.4345**	-.1793	1.000
외집단	관계중심적 행동	1.000		
	직무중심적 행동	-.0102	1.000	
	개인성과	.4282**	-.0262	1.000

주) ** p<.01

<표 11>에서 보는 바와 같이 내집단의 경우 관계중심적 리더행동과 성과간 관계는 유의한 것으로 나타났으나 직무중심적 리더행동과 성과간 관계는 유의하지 않는 것으로 나타

났다. 외집단의 경우 역시 관계중심적 리더행동과 성과간의 관계는 유의적이었지만 직무중심적 리더행동과 성과는 유의하지 않은 것으로 나타났다. 또한 내집단과 외집단에 속한 부하들에 대해 리더행동과 성과간의 상관관계 차이를 검증하였는바 관계중심적 리더행동과 성과간의 관계는 내집단, 외집단 모두 유의한 것으로 나타났으나(p<.01), 두 상관관계의 차이는 유의하지 않은 것으로 나타났다. 이는 내집단에 속한 부하이건 외집단에 속한 부하이건 리더가 관계중심적 행동을 보여 주었을 때 부하의 성과가 높게 나타난다는 것을 보여준다. 따라서 집단부분수준에서의 '상황적 리더십이론c'는 뒷받침되지 않았다.

⑥ 수직적 짝 연계이론의 검증

수직적 짝 연계이론은 한 집단이 부하의 성숙도에 따라 내집단과 외집단으로 나누어지고 내집단에 대해서는 관계중심적 행동을 그리고 외집단에 대해서는 직무중심적 행동을 보여준다는 것으로 일단 부하의 성숙도와 리더행동에 대해 내집단과 외집단으로 구분되어 나타나는가에 대한 분산분석을 실시하였다. 분석결과 <표 12>에서 볼 수 있듯이 두 가지의 리더행동과 성숙도가 모두 집단 간에서 유의한 차이를 보이고 있다(F=18.111, 5.458, 11.532. p<0.05). 그럼에도 불구하고 자유도를 고려치 않은 E-ratio(test)의 결과는 모두 집단내 차이가 유의한 것으로 나타났다. 이러한 두 개의 모순된 결과는 수직적 짝 연계이론이 집단부분수준에서 성립하지 않는다는 것을 의미하며, 결론적으로 VDL이론이 타당하지 않는다는 것을 보여준다.

표 12. 평균개인성과, 평균성숙도, 리더행동의 분산분석

변수	집단구분	SS	DF	MS	F	유의확률
관계중심적 리더행동	집단간	71.671	1	71.671	18.111	.0002**
	집단내	134.545	34	3.9572		
	합계	206.216	35			
	평균	하위집단의 평균값=3.39, 상위집단의 평균값=3.79				
직무중심적 리더행동	집단간	28.526	1	28.526	5.458	.025*
	집단내	177.689	34	5.226		
	합계	206.216	35			
	평균	하위집단의 평균값=3.74 상위집단의 평균값=3.48				
평균성숙도	집단간	52.229	1	52.229	11.532	.0018**
	집단내	153.986	34	4.529		
	합계	206.216	35			
	평균	하위집단의 평균값=3.42, 상위집단의 평균값=3.76				

주) * p<.05 , ** p<.01

7. 결론 및 시사점

7.1. 이론적 이슈

상황적 리더십이론은 실제 작업현장에서 많이 쓰이고 있는 이론임에도 불구하고 이론에 포함된 변수들이 가지는 개념적 모호성과 이론이 뒷받침 되지 못한 이유로 이론의 타당성과 유용성에 의문이 제기되어 왔다. 또한 상황적 리더십이론을 검증하는데 실패한 연구들은 이론을 개인수준에서만 분석함으로써 상황적 리더십이론이 집단수준에서도 성립할 수 있다는 점을 간과하고 있다는 문제점을 안고 있다. 이러한 문제들을 해결하기 위하여 본 연구는 상황적 리더십이론을 분석수준과 변수들 간의 관계 관점에서 재고찰 함으로써 상황적 리더십이론이 가지는 한계점을 극복하려는 시도와 함께 상황적 리더십이론을 경쟁관계에 있는 다른 리더십이론과 비교함으로써 상황적 리더십이론의 타당성을 검증하고자 하였다. 이러한 연구목적을 달성하기 위하여 본 논문에서는 상황적 리더십이론을 분석수준과 변수들 간의 관계를 토대로 비교하여, 개인수준에서는 리더의 부하개개인에 대한 행동이 부하성과에 영향을 미치며 이들 간의 관계가 부하개인의 성숙도에 의해 조절되는 반면, 집단전체수준에서는 리더행동과 집단성과간의 관계가 집단의 성숙도에 의해 조절되며, 집단부분수준에서는 리더행동과 부하성과간의 관계가 부하들의 상대적인 성숙도에 의해 조절된다는 세가지 유형의 이론으로 구분하였다.

또한 변수들 간 관계에 초점을 맞추었을 때 상황적 리더십이론에서는 리더행동과 성과간의 관계가 부하의 성숙도에 의해 조절되는 반면, 평균적 리더십스타일이론에서는 성숙도에 관계없이 성립하고, 개별화된 리더십이론과 수직적 짝 연계이론에서는 리더행동에 영향을 미치는 변수로 작용함으로써 분석수준으로 구분한 상황적 리더십이론에 대한 각각의 경쟁가설로서 개인수준에서는 개별화된 리더십이론을, 집단전체수준에서는 평균적 리더십스타일 이론을, 집단부분수준에서는 수직적 짝 연계이론을 제시하여 검증하고자 하였다.

7.2. 실증적 이슈

개인수준에서 성숙도(능력, 의지)가 높은 부하에게 상사는 관계중심적 행동을 보여줄 때 부하의 성과가 높아지며, 성숙도가 낮은 부하에게는 직무중심적 리더행동을 보여야 성과가 높게 나타난다는 가설(상황적 리더십이론a)과는 달리 검증결과 성숙도의 높고 낮음에 상관없이 관계중심적 리더행동을 보일 때 부하의 성과가 높게 나타남으로써 개인수준에서의 상황적 리더십이론은 뒷받침되지 못하였다. 반면에 경쟁가설인 부하성숙도, 리더행동, 부하성과간 유의적인 관계를 가진다는 개별화된 리더십이론은 타당한 것으로 밝혀졌다. 즉, 성숙도가 높은 부하에 대해 리더는 관계중심적 행동을 보여주게 되며, 이러한 행동이 부하의 성과를 높여주게 된다. (또는 앞에서도 밝힌 바와 같이 리더행동이 부하의 성과에 그리고 부하의 성숙도에 영향을 미칠 수도 있다).

그러나 집단전체수준에서의 경우, 리더행동과 집단성과간의 관계가 집단의 성숙도에 의해 조절된다는 가설(상황적 리더십이론b)을 검증한 결과 유의한 결과가 나타나지 않아 집단전체수준에서 상황적 리더십이론의 가설과 그의 경쟁가설은 모두 기각되었다. 집단부분수준에서의 경우 역시, 성숙도가 높은 집단의 경우 관계중심적 리더행동에서의 상관관계가 높고, 성숙도가 낮은 집단의 경우 직무중심적 리더행동에서의 상관관계가 높을 것이라는 가설(상황적 리더십이론c)은 분석결과 성숙도의 고·저에 관계없이 리더가 관계중심적 리더행동을 보일 때 성과가 높게 나타나는 것으로 나타나 상황적 리더십이론에서의 가설과 그의 경쟁가설은 모두 기각되었다.

7.3. 본 연구의 한계

비록 본 연구에서 개별화된 리더십이론 즉 '성숙도 ↔ 리더행동 ↔ 성과' 간의 관계가 뒷받침되었지만 부하들뿐 아니라 부하들의 직속상사들로부터 응답을 구하여 부하와 리더의 응답결과가 일치하는가의 여부를 판단하는 것이 짝수준에서의 검증을 위해서 필요한바 이러한 점이 본 연구의 한계라고 볼 수 있으며 향후 이러한 한계를 극복할 수 있도록 상사와 부하로 이루어진 짝으로부터 자료를 수집하여 검증이 이루어져야 할 것이다.

본 연구에서 또 하나의 한계점은 성과를 측정하는데 있어서 실제의 성과를 측정한 것이 아니라 응답자가 자신의 성과를 스스로 평가하여 응답했다는 점에서 동일한 방법에 의한 오류(common method bias)가 없다고 보기 어렵다. 따라서 향후 실제의 성과를 측정하여 가설을 검증함으로써 보다 효과적인 연구가 이루어져야 할 필요성이 있다고 보여 진다.

7.4. 시사점(Implication)

본 연구결과에 따르면 개인수준에서 리더행동과 부하성과간의 관계가 부하성숙도에 의해 조절된다는 대안 1은 기각되었으나. 부하성숙도와 리더행동 그리고 부하성과 간 유의적인 관계가 있다는 대안 2인 개별화된 리더십이론은 지지되었다. 개별화된 리더십이론에 따르면 리더와 부하의 관계는 사회적 교환이론(Blau, 1964)으로 설명되는바 한 개인(리더)이 상대방(부하)에게 가치 있는 보상을 제공하게 되면 상대방은 일종의 책무를 지게 되며, 상대방은 이러한 책무를 면하기 위하여 그 개인에게 반대급부로 가치 있는 보상을 제공하게 된다.

부하가 가지는 능력과 수행하려는 의지는 리더 측면에서 보았을 때 하나의 가치 있는 보상이 될 수 있다, 즉, 리더는 성과를 높이는데 초점을 맞추게 되고 따라서 직무를 수행하는데 필요한 능력과 수행하려는 의지가 있는 부하가 필요하며 이러한 부하의 능력과 의지가 리더에게는 일종의 가치 있는 보상으로 작용하게 된다. 리더는 이러한 가치 있는 보상의 대가로 부하에게 관심과 배려를 보이게 되는바 이때 리더의 관심과 배려는 부하의 측면에서 보았을 때 하나의 가치 있는 보상이 된다. 또한 리더의 관심과 배려는 부하의 측면에서 보았을 때 가치 있는 보상이므로 부하는 반대급부로 가치 있는 보상 즉 높은 성과를 리더에게 제공하게 되는바 부하의 높은 성과는 리더에게 가치 있는 보상이 된다. 물론 앞에서도 밝힌 바와 같이 자기예언 충족이론에서처럼 리더의 관심과 배려가 부하에게 가치 있는 보상으로 작용하게 되면 부하는 높은 성과로 보답하게 되고 이러한 결과가 부하의 높은 성숙도 수준으로 나타날 수도 있다.

본 연구의 결과를 바탕으로 기업에서 부하개인의 성과를 향상시키기 위해서는 우선 능력과 의지가 있는 사람을 선발해야 해야 하고, 능력과 의지가 없는 직원들에 대해서는 교육과 훈련을 통하여 높은 수준의 능력과 의지를 가지도록 해야 하며 이 경우 리더들은 사회적 교환관계에 의해 자연스럽게 관계중심적 행동을 보여주게 되며 이러한 행동의 결과가 부하의 성과와 직결되게 된다. 이와 더불어 리더로 하여금 부하들에게 관심과 배려를 보이게 함으로써 반대급부로 부하로 하여금 높은 성과로 보답하게 하여 그 결과 부하의 성숙도 수준을 높일 수도 있다. 그러므로 가장 중요한 것은 부하 개개인의 능력과 의지를 어떻게 높일 것인가와 리더의 부하에 대한 관심과 배려를 어떻게 이끌어낼 수 있는가에 대한 문제라고 볼 수 있다. 물론 조직의 구성원들을 선발하는데 있어서 능력이 있는 사람을 선발하는 것은 당연하며 구성원들이 능력이 있다고 가정하는 경우 리더의 관계중심적 행동이 부하들의 의지를 높여 부하의 성과를 올리는 것 역시 하나의 대안적인 설명으로 가능하다고 볼 수 있다. 그러므로 본 연구의 한계점에서도 밝혔듯이 향후의 연구는 상사와 부하로 이루어진 짝으로부터 자료를 수집하여 검증함으로써 과연 짝 수준에서 성립하는가를 파악할 필요가 있다.

본 연구의 결과는 또한 조직에서 리더를 육성하려는 정책담당자들과 리더십을 개발하려는 개인들에게 다음과 같은 함의를 제공해준다. 우선 조직의 정책담당자들은 성숙도가 높은 부하들에게는 리더가 관계중심적 행동을 보일 때 성과가 높게 나타난다는 사실을 인지하고 리더가 부하들에게 어떻게 효과적으로 관계중심적 행동을 보이게 할 것인가에 대한 지침을 제공해야 한다. 예를 들어 리더로 하여금 부하가 제시한 제안을 되도록 수용하게끔 한다거나, 부하가 가지는 개인적인 문제에 대해 배려해주도록 하고, 부하가 가지는 능력에 대해 자신감을 보이도록 하며, 부하가 가지는 잠재력을 인정하게 하고, 부하를 리더 자신과 동등하게 대하도록 하고, 부하의 감정에 귀를 기울이게 함으로써 관계중심적 리더를 육성하여 부하의 성과를 높이도록 해야 할 것이다. 또한 정책담당자는 리더의 직무중심적 행동이 개인성과와는 관계가 없다는 것을 알고 비록 성숙도가 낮은 부하라고 하더라도 리더로 하여금 직무중심적 행동을 보여서는 안 된다는 것을 주지시켜야 할 것이다. 이와 더불어 정책담당자는 낮은 성숙도를 가진 부하들을 어떻게 하면 높은 성숙도를 가지게 할 것인가를 고려해야 할 것이다. 예를 들어 교육과 훈련을 통하여 부하의 능력을 높여야 하며 동시에 외재적 보상과 내재적 보상을 통하여 부하의 의지를 높여야 할 것이다. 마찬가지로 리더십을 개발하려는 개인들은 부하를 배려하는 것이 곧 성과를 높인다는 사실을 깨닫고 부하를 배려하는 행동이 몸에 배도록 끊임없는 자기개발을 해야 할 것이다, 예를 들어 부하가 가지고 있는 고민과 문제점이 무엇인지에 대해 항상 생각하고, 부하의 감정에 귀를 기울여주고, 부하가 원하는 것이 무엇인지 알아야 하며, 부하를 자신과 동등하게 배려하고, 부하가 제시한 제안을 수용하려는 노력을 보여야 하며, 부하가 가지는 아이디어를 지지해 주어야 한다.

참고문헌

김경수, 김공수, 최광신, 김순영(2000). "허시와 블랜챠드의 상황적 리더십이론의 재고찰," 인사관리연구, 24(1), 289-317. 24권 1호, 289-317.

Aldag, R.J., & Brief, A.P. (1981). *Managing organizational behavior*, St. Paul, MN: West Publishing.

Aldrich, H.E. (1979). *Organizations and environment*. Englewood Cliffs, NJ: Prentice-Hall.

Avery, G.C. (2001). Situational leadership preferences in Australia: Congruity, flexibility and effectiveness. *Leadership & Organization Development Journal*, 22, 11-21.

Avery, G.C., & Ryan, J. (2002). Applying situational leadership in Australia. *Journal of Management Development*, 21, 242-262. Blake, R, R., & Mouton, J. S. (1964), *The Managerial Grid*, 3rd (ed). Texas: Gulf Pub.

Blanchard, K.H., Zigarmi, P., & Zigarmi, D. (1985). *Leadership and the one minute manager*, New York: William Morrow.

Blank, W., Weitzel, P., & Green, S.G. (1986). "Situational leadership theory: A test of underlying assumptions," *Proceedings of the Academy of Management*, 384.

Blau, P.M. (1964). *Exchange and power in social life*, New York: Wiley.

Chen, J. & Silverthorne, C. (2005). Leadership effectiveness, leadership style, and employee readiness. *Leadership & Organization Development Journal*, 26, 280-286.

Dansereau, F., Alutto, J.A., & Yammarino, F. (1984). *Theory testing in organizational behavior: The varient approach*, NJ: Englewood Cliffs, Prentice-Hall.

Dansereau, F., Graen, G., & Haga, J. (1975). "A vertical dyad linkage approach to leadership within formal organizations: A longitudinal investigation of the role making process," *Organizational Behavior and Human Performance*, 13, 46-78.

Dansereau, F., Yammarino, F.J., Markham, S., Alutto, J. A., Newman, J., Dumas, M., Nachman, S. A., Naughton, T.J., Kim, K., Al-Kelabi, S., Lee, S., & Keller, T. (1995). "Individualized leadership: A new multi-level approach," *Leadership Quarterly*, 6, 413-450.

Dienesch, R.M., & Liden, R.C. (1986). "Leader-member exchange model of leadership: A critique and further development," *Academy of Management Review*, 11, 618-634.

Fernandez, C.F., & Vecchio, R.P. (1997). "Situational leadership theory revisited: A test of an across-jobs perspective," *Leadership Quarterly*, 8, 67-84.

Glick, W.H., & Roberts, K.H. (1984). "Hypothesized interdependence, assumed independence," *Academy of Management Review*, 9, 722-735.

Graeff, C.L. (1981). "Some theoretical issue that undermine the utility of the Hersey-Blanchard situational leadership theory: A critical view," in *Proceedings of the 19th Annual Southern Management Meetings the relationship between theory, research and practice*(pp.204-206). City, State: Publisher. Atlanta, GA: Southern Management Association.

Graeff, C.L. (1983). "The situational leadership theory: A critical view," *Academy of Management Journal*, 8, 285-291.

Graeff, C.L. (1997). "Evolution of situational leadership theory: A critical review," *Leadership Quarterly*, 8, 153-170.

Graen, G., & Cashman, J.F. (1976). "A role making model of leadership in formal organizations: A developmental approach," in J.G. Hunt and L.L. Larson (Eds.), leadership frontiers, Kent, Ohio: Kent State University. Press.

Graen, G., Liden, R., & Hoel., W. (1982). "Role of leadership in the employee withdrawal process," *Journal of Applied Psychology*, 67, 868-872.

Hambleton, R.K., & Gumpert, R. (1982). "The validity of Hersey and Blanchard's theory of leader effectiveness," *Group and Organization Studies*, 7, 225-242.

Hersey, P., & Blanchard, K.H. (1969). "Life cycle theory of leadership," *Training and Development Journal*, 23, 26-34.

Hersey, P., & Blanchard, K.H. (1977). *Management of organization behavior: Utilizing human resource*(3rd ed.). Englewood Cliffs, NJ: Prentice-Hall.

Hersey, P., & Blanchard, K.H. (1982). *Management of organization behavior: Utilizing human resource*(4rd ed.). Englewood Cliffs, NJ: Prentice-Hall.

Hersey, P., & Blanchard, K.H. (1988). *Management of organization behavior: Utilizing human resource*(5rd ed.). Englewood Cliffs, NJ: Prentice-Hall.

Hersey, P., Blanchard, K.H., Johnson D.E. (1996). *Management of organization behavior: Utilizing human resource*(6rd ed.). Englewood Cliffs, NJ: Prentice-Hall.

Klein, K.J., Dansereau, F., & Hall R.J. (1994). "Levels issues in theory development, data collection, and analysis," *Academy of Management Review*, 19, 195-229.

Norris, W.R., & Vecchio, R.P. (1992). "Situational leadership theory: A replication," *Group & Organization Management*, 17, 331-342

Silverthorne, C. (2000). Situational leadership theory in Taiwan: A different culture perspective. *Leadership & Organization Development Journal*, 21, 68-74.

Reddin, W.J. (1967). "The 3-D Management Style Theory," Training and Development Journal, 21, 8-17.

Stogdill, R., & Coons, A. (1957). *Leader behavior: Its description and measurement*(Research Monograph No.88). Columbus: Ohio State University, Bureau of Business Research.

Vecchio, R.P. (1987). "Situational leadership theory: An examination of a prescriptive theory," *Journal of Applied Psychology*, 72(3), 444-451.

An Investigation of Situational Leadership Theory : A Focus on Variable Relationships and Levels of Analysis

Kyoung-Su Kim, Kong-Su Kim, Sun-Young Kim

Abstract

In this paper we have suggested that situational leadership theory(SLT) is a theoretically valid theory from a level of analysis perspective and is competitive with other leadership theories from variable relationships and levels of analysis perspectives. For example, at the group level SLT indicates that the relationship between leader behavior and leadership effectiveness (group performance) is moderated by group maturity on the assumption that a leader homogeneously behaves toward subordinates in the same group on the basis of his/her own style. This group-level SLT is competitive with the average leadership style (ALS) theory in which leader behavior based on leadership style relates to group performance regardless of group-level maturity. At the individual level SLT indicates that the relationship between leader behavior and subordinate performance (leadership effectiveness) depends on subordinate (individual-level) maturity on the assumption that a leader differently behaves toward each subordinate in the same group. This individual-level SLT is competitive with the individualized leadership (IL) theory in which the relationships among subordinate maturity, leader behavior and subordinate performance are positive. At the group-parts level SLT indicates that the relationship between leader behavior and subordinate performance depends on subordinates' relative maturity on the assumption that a leader behaves differently toward in- and out-group members (subordinates) in the same group. This group-parts level SLT is competitive with the vertical dyad linkage (VDL) theory in which a leader differentiates in- and out-group members on the basis of members' relative maturity levels and show different behaviors toward in- and out-group members.

We have empirically tested these three types of SLT and their own competitive theories through correlational analysis, multiple regression analysis, and ANOVA. We have collected data from 120 employees of 36 work groups in a large electronic company at Kwangju in Korea.

The results show that the three types of SLT are not supported. The results also show that the ALS and VDL theories are not supported. However, the results support the individualized leadership theory: The relationships among leader behavior, subordinate performance, and subordinate maturity are positive. These results indicate that subordinate maturity does not moderate the relationship between leader behavior and subordinate performance at the individual, group and group-parts levels. However, the results indicate that subordinate maturity relates to leader behavior and subordinate performance. In other words, a leader shows different behaviors toward subordinates on one-on-one and subordinate-maturity basis. For example, a leader shows high degree of consideration behavior toward a subordinate with high level of maturity, whereas the same leader shows low degree of consideration behavior toward another subordinate with low level of maturity. These results are discussed in terms of social comparison theory and limitations of this study are also discussed.

Key words : situational leadership theory, variable relationships, levels of analysis, individualized leadership, average leadership style, vertical dyad linkage.

집단수준에서 상황적 리더십이론의 검증*

김경수**, 조용현***, 장준호****

본 연구에서는 리더가 같은 집단에 속한 부하들에게 자신의 스타일에 기초하여 일정한 행동을 보일 것이란 가정에 기초하여 성과와 성숙도를 집단수준의 변수로 개념화하여 상황적 리더십이론을 집단수준에서 이론화하여 검증하였다. 광주전남에 위치한 7개 보험회사의 83개 부서에 근무하는 308명의 직원으로부터 수집한 자료를 분석한 결과 리더는 같은 집단에 속한 부하들에게 동일한 행동을 보이는 것으로 나타났으며 집단응집력과 집단효능감으로 개념화한 집단성숙도 역시 집단수준의 변수임이 밝혀졌고 성과 역시 집단 수준에서 성립하는 것으로 나타났다. 또한 가설을 검증한 결과 집단성숙도가 낮은 상황에서는 리더가 지시적 행동을 보였을 때 집단의 성과가 높은 것으로 나타났으며, 집단성숙도가 높은 상황에서는 리더가 위임형의 행동을 보였을 때 집단의 성과가 높은 것으로 나타났다. 그리고 집단응집력이 높고 집단효능감이 낮은 상황에서는 리더가 코치형의 행동을 보였을 때 집단성과가 높은 것으로 나타났으며 집단응집력은 낮으나 집단효능감이 높은 상황에서는 리더가 참여형의 행동을 보였을 때 집단성과가 높은 것으로 나타났다.

이러한 연구결과는 상황적 리더십이론이 집단수준에서 타당한 이론이라는 것을 보여준다. 또한 본 연구결과는 몇 가지 시사점을 제공해주는바, 첫째, 리더가 집단성과를 높이기 위해서는 우선 상황을 먼저 고려하고 난 다음 상황에 적합한 리더행동을 보이려는 노력을 해야 하며 이 때 노력은 자신의 리더십 스타일을 변화시키려는 노력이어야 한다. 둘째, 조직에서는 리더들의 리더십스타일과 집단들의 성숙도를 파악한 후 집단성숙도와 일치하는 리더십스타일을 가진 리더를 집단에 배치함으로써 집단의 성과를 높일 수 있다. 마지막으로 본 연구가 가지는 한계점과 향후 연구방향에 대해서도 논의가 이루어졌다.

1. 서 론

상황적 리더십이론은 개인수준과 집단수준에서 모두 성립하는 이론이라는 주장에도 불구하고(김경수 등, 2000; Hersey, Blanchard, & Johnson, 1996) 기존의 연구들은 모두 개인수준에서 이루어져 왔으며, 햄블톤과 굼퍼트(Hambleton & Gumpert, 1982)의 연구를 제외하고는 거의 대부분 개인수준에서 상황적 리더십이론의 타당성을 밝히는데 실패했다

* 이 논문은 경영학연구 제 36권 제 5호, 2007, 1233-1257에 게재된 논문임.
** 전남대학교 교수.
*** 전남대학교 경영학박사.
**** 호남대학교 경영학과 교수.

(Blank, Wietzel, & Green, 1986; Vecchio, 1987; Noris & Vecchio, 1992; Fernandez & Vecchio, 1997). 또한 비끼오[Vecchio, 1987]에 따르면 햄블톤과 굼퍼트(1986)의 연구조차 샘플링의 문제, 관리자 자신이 평가한 리더십 측정의 문제, 그리고 타당성이 결여된 리더 행동 측정도구의 사용문제, 그리고 연구대상자가 이미 상황적 리더십이론을 알고 응답했다는 문제 등을 이유로 이들의 연구에 주의를 기울일 필요가 있다고 비판하고 있다.

이러한 연구결과들은 상황적 리더십이론이 개인수준에서 성립하는 이론이 아닐 수도 있다는 점을 제시하고 있다. 따라서 본 연구자들은 다음과 같은 이유로 상황적 리더십이론이 개인수준보다는 집단수준에서 성립하는 이론으로 보고자 한다.

첫째, 상황적 리더십이론은 레딘(Reddin, 1967)의 3차원 관리스타일이론으로부터 발전해 왔는바 레딘의 이론에 따르면 관리자의 스타일(관계적, 사명제시적, 직무유기적)이 관리자 혹은 관리자가 지휘. 감독하는 집단이 처한 상황과 일치할 때 효과성이 극대화된다. 이때 관리자가 가지는 스타일은 일정기간동안 변하지 않는 특성을 가지는 바(평균적 리더십 스타일이론[Dansereau, Graen & Haga, 1975] 참조) 관리자는 자신이 지휘. 감독하는 부하들을 하나의 전체(group as a whole)로 보고 관리자 자신이 가지는 스타일에 의거하여 일정한 행동을 보이게 된다.

그러므로 레딘의 이론으로부터 발전된 상황적 리더십이론(또는 수명주기이론, Hersey & Blanchard, [1969])에서 관리자 자신이 지휘. 감독하는 개개의 부하들에게 각각 다른 리더 행동을 보인다는 주장은 레딘의 스타일이론과는 거리가 있다고 볼 수 있다(어떤 리더십이론이 개인수준 또는 집단수준에서 성립하는가는 리더가 동일한 집단에 속한 부하들을 하나의 전체로 보고 일정한 행동을 보이는가 아니면 부하들을 별개로 보고 각각의 부하들에게 각각 다른 행동을 보이는가에 따라 결정된다. 전자는 집단수준의 이론이고 후자는 개인수준 또는 리더와 부하가 하나의 짝을 이룬다면 짝 수준[예를 들면 개별화된 리더십이론, 김경수, 정홍술, 최광신, 1999; Dansereau et al., 1995], 또는 리더가 부하들을 비교하여 내집단과 외집단으로 나누고 각 집단에 각각 다른 행동을 보인다면 집단 내 수준의 이론[예를 들면 수직적 짝 연계이론, 김경수 등, 1999; Dansereau et al., 1975]이라고 볼 수 있다. 본 연구에서는 논의 전개의 편의상 관리자가 부하들을 하나의 전체로 보고 행동할 때를 집단수준이론으로 보았다).

둘째, 비록 허시 등(Hersey et al., 1996)은 리더십 스타일을 행동 패턴으로 정의하고 두 개의 유형 즉 1차적 리더십스타일(primary leadership style: 리더가 거의 대부분 사용하는 스타일)과 2차적 리더십스타일(secondary leadership style: 때때로 사용하는 스타일)로 구분하여 리더가 하나의 1차적 리더십스타일은 반드시 가지며 2-3개의 2차적 리더십스타일까지도 가질 수 있다는 주장을 하고 있지만, 만일 한 리더가 때때로 다른 행동패턴을 보인다면 일반적으로 리더의 스타일을 규정하기 어렵게 된다. 그러므로 리더의 스타일을 규정하기 위해서는 리더가 때때로 보여주는 2차적 스타일보다는 리더가 거의 대부분의 경우에 보여주는 1차적 스타일에 초점을 맞추어야 한다. 물론 1차적 스타일에 초점을 맞출 때 리더는 자신의 스타일에 따라 같은 집단에 속한 부하들에게 각각 다른 행동 패턴을 보이는 것이 아니라 부하들에게 동일한 행동패턴을 보이게 되므로 개인수준보다는 집단수준에서 성립하는 이론이 된다.

셋째, 상황적 리더십이론에서 리더가 보여주는 행동은 오하이오 주립대학의 리더십이론에 바탕을 둔 관계중심적 행동과 직무중심적 행동에 기초하여(Stogdill & Coons, 1957) 4가지 유형의 행동을 제시하고 있는바 오하이오주립대학의 리더십이론은 평균적 리더십스타일 이론(average leadership style theory[ALS], Dansereau et al., 1975)으로 ALS 이론에 따르면 리더는 같은 집단에 속한 부하들을 하나의 전체로 보고 행동하기 때문에 개인수준보다는 집단수준에서 성립하는 이론이다. 그러므로 상황적 리더십이론에서 제시하는 네 가지 유형의 행동 역시 집단수준에서 성립하게 된다. 즉 다시 말하면 한 리더는 네 가지 유형 중 한 가지 유형의 행동을 같은 집단에 속한 부하들에게 동일하게 보여주게 된다.

따라서 본 연구의 목적은 상황적 리더십이론을 집단수준에서 연구하는 것이며 이를 위하여 본 연구에서는 개인성과보다는 집단성과에 초점을 맞추었고 부하개인의 성숙도보다는 집단의 성숙도를 조절변수로 보았다. 또한 집단수준에서 상황적 리더십이론을 연구하기 위하여 본 연구에서는 집단의 성숙도를 집단효능감과 집단응집력으로 정의하였는바 그 이유는 다음과 같다.

첫째, 허시와 블랜챠드(Hersey & Blanchard, 1996)는 집단성숙도를 집단의 목표를 성취하려고 준비되어 있는 정도인 집단의 준비성(readiness)의 4단계(집단발달단계, Tuckman, 1977)로 정의하여 1단계는 형성기로 집단의 목표와 구성원들의 역할이 명확하지 않은 단계로 구성원들이 집단의 목표를 달성할 수 있는 능력도 낮고 달성하려는 의지 역시 낮은 것으로 보았으며, 2단계는 격동기로 집단에서 구성원들 간 부조화가 나타나고 영향력에 대한 경쟁이 일어나는 단계로 집단전체는 목표를 달성할 능력은 있지만 달성하려는 의지는 약한 것으로 보았으며, 3단계는 규범화단계로 집단의 응집력이 나타나고 구성원들이 목표를 수행한 능력은 낮지만 수행하려는 의지는 강한 것으로 보았으며, 4단계는 집단이 완전히 하나가 되는 단계로 능력도 높고 의지도 높은 것으로 보았다. 그러나 집단발달의 4단계는 일반적으로 집단응집력 차이로 구분되는바 집단응집력은 집단 구성원들이 하나가 되어 집단의 목표를 달성하려고 하는 몰입과 헌신의 정도(Zaccaro, & Marks, 2001)로 집단이 가지는 능력보다는 집단의 의지와 더 밀접한 관계를 가진다고 볼 수 있다(예를 들어 응집력이 높은 집단이라고 하더라도 집단의 목표를 달성하는데 필요한 능력이 낮을 수도 있다). 따라서 본 연구에서는 집단응집력을 집단능력의 변수보다는 집단의지 변수로 보았다.

둘째, 허시와 블랜챠드가 주장한 바와 같이 집단성숙도는 집단의지와 집단 능력의 두 변수로 정의되어야 하는바 집단의지는 위의 설명에서와 같이 집단응집력으로 개념화할 수 있으므로 본 연구에서는 집단능력을 나타내는 집단효능감(group efficacy)을 추가하였다. 집단효능감은 집단이 성공적으로 집단과업을 수행할 수 있는 능력(역량)을 가지고 있는가에 대한 집단의 믿음(예, Bandura, 1986; Gibson, Randel, & Earley, 2000; Gist, 1987)으로 집단능력을 대표한다고 볼 수 있다.

2. 이론적 배경

집단수준에서의 상황적 리더십이론은 개인수준에서의 상황적 리더십이론과 같이 리더행동이 성과에 영향을 미치고 리더행동과 성과간의 관계가 성숙도에 의해 조절되는 이론으로 리더행동, 성과, 그리고 성숙도 세 변수가 집단수준에서 성립하고 세 변수 간 관계 역시 집단수준에서 성립하는 이론이다. 앞에서도 밝힌 바와 같이 한 집단에서 리더는 자신이 가진 일정한 스타일에 의해 부하들을 하나의 전체로 보고 행동함으로써 리더행동이 집단전체에 동일하게 영향을 미치게 되어 집단전체의 성과로 나타나게 되는바 이 때 부하 개인의 성숙도가 아닌 집단성숙도와 일치하는 리더행동을 보이는 집단의 성과는 높게 나타나는 반면, 집단성숙도와 일치하지 않는 리더행동을 보이는 집단의 성과는 낮게 나타난다. 집단수준에서의 상황적 리더십이론을 보다 구체적으로 설명하면 다음과 같다.

2.1. 리더행동

허시와 블랜챠드(1996)는 리더행동을 직무중심과 관계중심스타일에 기초하여 정의(defining), 명료(clarifying), 참여(involving), 그리고 위임(empowering)의 4가지의 스타일로 구분하고 있는바 이러한 4가지 스타일은 개인수준에서의 상황적 리더십이론에서 주장하는 4가지 리더행동유형 (즉, 지시형, 코치형, 참여형, 위임형)과 유사하므로 본 연구에서는 4가지의 유형에 기초하여 이론을 전개하고자 한다. 즉 지시형 스타일 리더는 집단의 목표와 집단구성원들의 역할과 책임을 일방적으로 정의해 주는 행동을 보이며, 코치형 스타일 리더는 집단구성원들간의 쌍방향 커뮤니케이션을 통해 목표, 역할 그리고 책임을 명료화해주고, 참여형 스타일 리더는 집단이 목표와 방향을 설정할 수 있도록 집단구성원 모두를 참여시키며, 위임형 스타일 리더는 집단으로 하여금 스스로 자신들을 관리할 수 있도록 위임해주고 집단으로 하여금 스스로 작업과정을 구축하고 수정하도록 한다.

이러한 4가지 유형의 스타일은 리더가 부하들에게 행동을 함에 있어서 자신이 가진 스타일에 의해 행동을 하는 것을 의미하는바 같은 집단에 속한 부하들에 대해 각각 다른 스타일에 기초한 행동을 보여주는 것이 아니라 어떤 부하 건 관계없이 부하들을 하나의 전체로 보고 행동하는 것을 말한다. 그러므로 집단구성원들은 하나의 전체로서 리더의 스타일에 의해 동일하게 영향을 받게 된다.

2.2. 집단성과

집단에 속한 구성원들 개개인의 성과가 합해져 집단전체의 성과로 나타나는 경우는 직무특성에 의해 결정되는바 예를 들어 영업과(부서)의 경우 집단에 속한 개개인의 매출액(성과)을 합한 것이 집단전체의 매출액(성과)으로 나타날 수 있다. 그러나 이러한 경우를 제외하고는 일반적으로 개개인의 성과를 합한다고 하더라도 집단전체의 성과로 나타나지 않으므로(시너지효과와 사회적 태만효과 참조, 김경수, 1997) 집단이 가지는 효율성과 효과성으로 집단성과를 볼 수 있다. 즉 집단이 가지는 목표를 어느 정도 달성했는가의 집단효과성과 집단목표를 달성하는데 있어 투입과 산출의 비율인 효율성으로 나타낼 수 있다.

2.3. 집단성숙도

집단성숙도는 앞에서 밝힌 바와 같이 집단의지를 나타내는 집단응집력과 집단능력을 나타내는 집단효능감으로 정의될 수 있다.

2.3.1. 집단응집력

응집력은 집단구성원들이 집단에 대해 가지는 매력이나 또는 집단에 머물고 싶어하는 정도로 정의되어 왔지만 최근에는 이러한 일차원적인 정의는 다차원적인 응집력을 설명하는데 적절치 않은 것으로 비판받고 있으며(George, 1996)), 응집력을 과업지향적(도구적) 응집력과 사회정서적 응집력으로 구분하고 있다(Caron, 1998; Zaccaro et al., 2001). 사회정서적 응집력은 집단 안에서 구성원들과 사회적 관계를 유지하고 발전시키려는 일반적인 경향으로 정의되며 과업지향적 응집력은 집단의 목표를 함께 성취하려는 일반적인 경향으로 정의된다. 그러므로 응집력이 높은 집단은 집단구성원들이 서로 밀접한 관계를 유지하고 동시에 구성원들이 함께 집단의 목표를 달성하기 위하여 헌신하고 몰입한다. 그러나 반대로 응집력이 낮은 집단의 구성원들은 서로 가깝지 않으며 집단의 목표를 달성하는데 있어서 공동의 노력을 보이지 않는다(Gladstein, 1984). 따라서 본 연구에서는 응집력을 집단의지의 대표적인 변수로 보았다.

2.3.2. 집단효능감

개인효능감이 개인이 특정 과업을 수행하는데 있어서 개인자신의 능력에 대한 믿음으로(Bandura, 1977; Gist, 1987) 정의되어 온 것과 유사하게 집단효능감 역시 집단이 성공적으로 집단과업을 수행할 수 있는 능력이나 역량을 가지고 있다고 믿는 정도(Gudanowski, 1992)로 정의될 수 있다. 그러나 집단효능감은 집단 상호작용과 집합적 인지과정으로부터 나타나므로 개인효능감과는 차이가 나는바 집단구성원들이 집합적으로 서로에 대한 그리고 자신들의 직무와 이전의 성과, 집단과정, 집단이 처한 맥락(상황)에 대한 정보를 습득하고 저장하고 교환함으로써 형성된다(Gibson, 1999).

그러므로 집단 구성원들은 집단이 직무를 성공적으로 수행할 수 있는 능력과 역량을 가지고 있다는 믿음을 공유하게 된다. 비록 집단효능감이 집단의 노력(집단이 어느 정도 노력을 경주하는가)과 관련이 있다는 연구들이 있지만(Earley, 1993; Zaccaro et al., 1995) 집단이 노력을 경주한다고 하더라도 집단이 우수한 성과를 나타내기 위한 능력과 역량을 구비하고 있지 않을 수도 있다. 따라서 본 연구에서는 집단효능감을 집단이 가지는 능력과 역량을 대표한다고 보았다.

3. 집단수준에서의 상황적 리더십모형

집단수준에서 상황적 리더십모형은 다음과 같이 표시할 수 있다.

(리더행동 ↔ 집단의 성과) ⊥ 집단의 성숙도

위 식에서 '↔'은 두 변수가 관계가 있다는 것을 나타내고 '⊥'은 관계가 없음(보다 정확하게는 조절변수)을 나타낸다. 다시 말하면 위 식은 리더행동과 집단성과는 관계가 있지만 제 3의 변수(집단의 성숙도)에 따라서 리더행동과 집단성과 두 변수간 관계가 의존된다는 것을 말한다. 이 때 집단의 성숙도는 리더행동과 집단성과의 관계를 조절하는 변수로 작용을 하게 된다.

앞에서도 밝힌 바와 같이 한 집단에서 리더는 자신의 스타일에 따라 같은 집단에 속한 부하들에 대해 동일한 행동을 보여줄 것이며 이 때 집단의 성과는 리더가 집단성숙도와 일치하는 행동을 보이는가의 여부에 따라 달라지게 된다. 예를 들어 집단성숙도가 가장 낮을 때 즉 집단의 능력과 의지가 가장 낮을 때(다시 말하면 집단응집력와 집단효능감이 모두 낮을 때) 리더는 집단구성원들에 대해 목표를 제시하고 목표를 달성하기 위하여 구성원들이 해야 할 일이 무엇이며, 언제까지 해야 하고 구체적으로 어떻게 해야 하는가를 지시하는 지시적 행동을 보여야 효과적일 것이다. 반대로 집단성숙도가 가장 높을 때 즉 집단의 능력과 의지가 모두 높을 때(다시 말하면 집단응집력과 집단효능감이 모두 높을 때) 리더는 구성원을 일일이 간섭하기 보다는 이들을 신뢰하여 스스로 목표를 설정하게 하고 스스로 목표를 달성하기 위한 방법을 제시토록 위임함으로써 목표를 달성토록 할 수 있다. 그러므로 집단성숙도가 가장 높은 경우 리더가 위임형 행동을 보일 때 집단의 성과는 효과적일 것이다.

집단성숙도가 중간정도인 경우, 예를 들어 집단응집력은 높으나 집단효능감이 낮을 때 집단구성원들은 목표를 달성하려고 하는 의지는 응집력으로 인하여 확고하지만 어떻게 목표를 달성해야 하는가에 대한 능력면에 있어서는 뒤떨어지므로 리더는 어떻게 목표를 달성할 것인가에 대한 방법을 제시하는 코치형 행동이 효과적일 것이다. 예를 들면 농구경기에서 게임에 지고 있는 팀의 감독은 작전타임을 요청할 것이고 작전타임에 어떻게 상대팀을 공략할 것인가에 대한 노하우를 선수들에게 코치함으로써 게임을 반전시킬 수도 있다.

반대로 집단효능감은 높으나 집단응집력이 낮은 경우 집단구성원들은 집단의 목표를 달성할 수 있는 능력은 있으나 수행하려는 의지가 부족하므로 리더는 구성원들의 의지를 북돋워 주어야만 하는바 집단목표를 설정하는데 있어 또한 목표를 달성하기 위한 방법을 결정하는데 있어 구성원들을 집단의 목표와 방향설정에 참여시킴으로써 이들의 수행의지를 높일 수 있다. 따라서 집단효능감은 높으나 집단응집력이 낮은 경우 리더는 참여적 행동을 보여야 효과적일 것이다.

이상과 같은 설명에 바탕을 두어 가설을 설정하면 다음과 같다.

가설 1

집단응집력과 집단효능감이 모두 낮은 집단에서는 리더가 지시적 행동을 보일 때 집단성과가 높게 나타날 것이다.

가설 2

집단응집력과 집단효능감이 모두 높은 집단에서는 리더가 위임행동을 보일 때 집단성과가 높게 나타날 것이다.

가설 3

집단응집력은 높으나 집단효능감이 낮은 집단에서는 리더가 코치형 행동을 보일 때 집단성과가 높게 나타날 것이다.

가설 4

집단응집력은 낮으나 집단효능감이 높은 집단에서는 리더가 참여적 행동을 보일 때 집단성과가 높게 나타날 것이다.

4. 연구방법

4.1. 표본

가설을 검증하기 위하여 본 연구는 광주. 전남에 위치하고 있는 보험회사 S社, K社, D社, D社, L社, P社, H社의 7곳의 105개 영업소 및 부서를 대상으로 설문조사를 실시하여 자료를 수집하였다. 총 380부의 설문지를 배포한 결과 90개 부서 335부의 설문지가 회수되었다. 그 중 응답이 불성실한 것으로 판단된 설문지를 제외한 결과 총 83개 집단의 308부의 설문지가 본 연구의 분석에 활용되었다.

표본에 대한 일반적 특성은 다음과 같다. 성별로 보면 남자가 25.3%, 여자가 74.7%를 차지하고 있다. 직급으로 보면, 일반사원이 전체의 72.7%로 가장 많이 차지하고 있으며, 그 다음으로 대리급, 과장급이 22%, 5.1%로 뒤를 이었다. 연령적으로는 31-40세가 전체의 36.7%로 가장 많이 차지하였으며, 41-50세가 31.1%로 그 다음으로 많았으며, 30세미만, 50대가 각각 26.3%, 5.9%로 뒤를 이은 것으로 나타났다. 또한 근속 년수는 1년 미만이 27.9%, 1년-3년 미만이 33.1%, 3년-5년 미만이 25.3%로 나타났으며, 장기근로자인 5년-10년 미만은 11.3%, 그리고 10년 이상은 2.4% 로 나타났다. 이러한 점을 고려해볼 때 표본의 특성은 여성중심의 낮은 연령대의 짧은 경력소유자가 중심이라고 말할 수 있다.

4.2. 측정도구

4.2.1. 리더행동

상황적 리더십이론에서 리더행동은 4가지 유형으로 이러한 4가지 유형은 관계중심적 행동과 직무중심적 행동에 의해 구분되므로 본 연구에서는 관계중심적 행동과 직무중심적 행동을 기존에 개발된 LBDQ-XII의 20문항을 사용하여 5점 척도에 의해 리더행동을 측정하였다(Stogdill & Coons, 1957). 20문항 중 10문항은 관계중심적 행동을 측정하는 것이며, 나머지 10문항은 직무중심적 행동을 측정하는데 사용하였다. 요인분석 결과 리더행동은 관계중심적 행동과 직무중심적 행동의 2가지 차원으로 나타났으며, 각 요인의 신뢰도는 0.90과 0.85로 비교적 높게 나타났다.

4.2.2. 집단성숙도

집단성숙도는 집단이 가지는 능력과 의지로 정의될 수 있는바 집단이 가지는 능력과 집단이 가지는 의지를 대표하는 집단 효능감과 집단 응집력으로 각각 측정하였다. 요인분석 결과 집단성숙도는 집단효능감과 집단응집력의 2개의 요인을 가지는 것으로 나타났다.

① 집단효능감

집단효능감은 직무를 성공적으로 수행할 수 있는 능력에 대한 집단구성원들의 믿음으로 정의될 수 있으며, 이를 측정하기 위하여 기존에 개발된 측정도구가 사용되었고(S. M. Jex & D. M. Gudanowski, 1992). 각 집단에 속한 구성원들로 하여금 자신이 속한 집단이 성공적으로 과업을 수행할 수 있는 능력이 있다고 믿는 정도를 5점 척도에 의해 측정하였다. 집단효능감을 측정하는 항목의 예는 '우리 부서는 업무를 성공적으로 수행할 수 있는 능력을 가지고 있다.' '우리 부서는 지금뿐만 아니라 앞으로도 어떠한 일이라도 잘 수행할 수 있을 것이다.' '우리 부서는 업무를 잘 수행할 수 있는 충분한 기술과 지식이 있다.' 등과 같으며 측정도구의 신뢰도는 0.81로 비교적 높게 나타났다.

② 집단응집력

일반적으로 응집력은 과업지향적 응집력과 사회정서적 응집력으로 나눌 수 있으며, 사회정서적 응집력은 구성원들 간의 사회적 친밀도를 의미하는 것임에 반해 과업 지향적 응집력은 집단의 목표에 대한 강한 몰입, 집단 목표 성취에 대한 강한 열망이라고 정의할 수 있다 Zaccaro et al, 1995). 본 연구에서는 자카로 등(Zaccaro et al., 2001)이 개발한 8개 항목에 대해 5점 척도로 응답하게 하였다. 집단응집력을 측정하는 항목의 예는 '우리 부서는 어려운 문제가 발생해도 부서원들이 합심하여 극복할 수 있다,' '우리 부서는 높은 열정을 가지고 업무를 수행한다.' '우리 부서는 서로 협조하며 업무를 수행한다.' 등과 같으며 신뢰도는 0.82로 비교적 높게 나타났다.

4.2.3. 집단성과

집단의 성과는 일반적으로 많이 알려진 Liden & Graen(1984)의 성과측정 항목을 참조하여 총 7문항으로 측정하였다. 집단성과를 측정하는 항목의 예는 '우리 부서의 업무수행결과는 질적으로 우수한 편이다,' '우리 부서의 업무수행 결과에 대한 평판은 좋은 편이다,' '우리 부서의 목표달성도는 높은 편이다,' '우리 부서의 작업효율성은 높은 편이다' 등과 같으며 신뢰도는 0.76으로 비교적 높게 나타났다.

4.3. 분석방법

본 연구의 가설을 검증하기에 앞서서 리더행동, 집단성숙도, 집단성과의 변수가 실제로 집단수준의 변수인가를 검증하기 위하여 댄스로 등(Dansereau, Alutto, & Yammarino, 1984)에 의해 개발된 '내와 간' 분석(within and between analysis[WABA])을 실시하였다.

WABA 분석

'내와 간' 분석은 개개의 변수에 대해 한 분석수준(예, 집단)에서 집단 간의 차이가 타당한지 혹은 집단 내의 차이가 타당한가를 분석하는 것으로(Dansereau et al, 1984) 한 변수가 가지는 값(total set of scores)이 하나의 분석수준(예를 들면 집단수준)에서 집단 내 혹은 집단 간의 값(within-cell scores or between-cell scores)에 의해 설명되는 정도를 분석하는 것이며, 이를 위하여 between-eta 상관과 within-eta 상관이 사용된다. Between-eta 상관(η_B)은 집단간-편차 제곱의 합(sum of squared between-cell deviations)을 전체-편차 제곱의 합으로 나눈 값의 제곱근으로 표시할 수 있으며, within-eta 상관(η_W)은 집단 내-편차 제곱의 합(sum of squared wuthin-cell deviations)을 전체-편차 제곱의 합으로 나눈 값의 제곱근으로 표시할 수 있다. 그리고 이 두 개의 상관 값을 비율로 표시한 것이 바로 E 비율이며, 이를 검증하는 것이 E 검증이다.

E 검증은 F 검증과는 달리 자유도를 고려하지 않은 실용적인 유의도(Practical significance)에 대한 검증으로서 E 비율($E=\eta_B/\eta_W$)을 사용하여 검증한다(Dansereau, Alutto, & Yammarino, 1984). 이 경우 통계적 유의성 검증을 위한 F 비율은 자유도에 의해 영향을 받지만, 실용적 유의성 검증을 위한 E 비율은 자유도에 의해 영향을 받지 않으므로 두 개의 검증을 동시에 적용시 보다 명확한 결론이 도출될 수 있다. Dansereau 등(1984)은 이러한 E 비율을 15° 범위에서 다음과 같이 제시하고 있다(물론 E 비율은 0° 또는 30° 에서도 검증할 수 있다).

첫째, E > 1.30 경우이다. 이는 전체-편차 제곱 값의 합 중 셀(집단)간-편차 제곱합이 차지하는 비율이 셀(집단)내-편차 제곱의 합이 차지하는 비율보다 큰 경우로서 셀간의 차이가 타당하다는 것을 의미한다.

둘째, E < 0.77 경우이다. 이는 전체-편차 제곱의 합 중 셀내-편차 제곱의 합이 차지하는 비율이 셀간-편차 제곱의 합이 차지하는 비율보다 큰 경우로서 셀내의 차이가 타당하다는 것을 의미한다.

셋째, 0.77 < E < 1.30 경우이다. 이는 어느 비율이 큰지 작은지 알 수 없는 경우로서 셀 간에서 차이라고 보기도 어렵고, 셀 내의 차이라고 보기도 어려우므로 애매함(equivocal)을 나타낸다.

회귀분석

리더행동과 성과간의 관계가 집단성숙도에 의해 조절될 것이란 예측을 검증하기 위하여 회귀분석을 실시하였다. 집단성과를 결과변수로 넣고 관계중심적 행동과 직무중심적 행동 각각과 집단성숙도를 원인변수로 그리고 각각의 행동과 집단성숙도를 곱한 값을 조절변수로 넣은 다음 상호작용효과를 분석하였다. 이 때 집단성숙도는 집단응집력과 집단효능감을 곱한 값으로 개념화하였는바 집단성숙도는 집단응집력과 집단효능감의 함수로 두 개 변수를 합한 것보다는 곱한 것이 더 큰 범위를 나타내기 때문이다. 물론 집단응집력과 집단효능감의 중앙값을 기초로 높고 낮음으로 구분한 후 dummy code를 이용한 회귀분석을 하는 것도 하나의 방법이지만 집단응집력과 집단효능감의 두 변수가 연속변수이므로 두 변수에 대한 정보를 잃어버릴 수 있다는 점에서 바람직하지 않다고 보여진다.

분산분석

앞의 회귀분석은 각각의 리더행동과 집단성과간의 관계를 집단성숙도가 조절한다는 예측에 대한 분석이므로 실제로 집단수준에서의 상황적 리더십이론을 검증한 것이 아니라고 볼 수 있다. 따라서 본 연구에서는 집단수준에서의 상황적 리더십이론을 검증하기 위하여 분산분석을 실시하였다(연속변수를 중앙값을 기준으로 높고 낮음의 두 가지 범위로 나누는 것은 앞에서 설명한바와 같이 변수에 대한 정보를 잃어버릴 수 있다는 단점이 있지만 이러한 방법을 통하지 않고서는 상황적 리더십이론을 검증하는 것이 거의 불가능함으로 분산분석을 실시하였다)

분산분석을 실시하기 위하여 집단 상황변수인 집단성숙도를 4개의 단계로 구분한 후 각각의 단계에서 어떤 리더십 스타일이 가장 효과적인가를 알아보았다. 4개의 단계는 집단응집력과 집단효능감 정도에 대한 중앙값을 기준으로 구분하였다. 이러한 분류 후 각각의 성숙도 단계에서 집단의 리더가 발휘하는 4가지 유형의 리더행동에 따라 집단성과의 차이가 있는지를 분석하였다. 즉, 집단의 응집력과 집단 효능감에 따라 집단 성숙도를 4단계로 분류한 후 각각에 있어 어떤 리더행동을 보일 때 집단성과가 높게 나타나는가를 분석하였다.

5. 연구결과

5.1. WABA 분석결과

<표 1>은 리더행동, 집단성숙도, 집단성과의 각각의 변수에 대한 WABA 분석결과를 보여주고 있다. <표 1>에서 보는 바와 같이 각 변수는 F 검증 뿐만 아니라 E 검증에서도 유의적인 결과를 보여주고 있으므로 집단수준의 변수라고 말할 수 있다. 따라서 각각의 변수에 대해 집단평균한 값을 기초로 추가적인 분석을 실시하였다.

표 1. 각 변수들에 대한 집단수준 검증 결과

변수		SSB (Sum of Square between)	SSW (Sum of Square Within)	E-ratio	F-ratio	종합
리더 행동	과업중심	131.593	38.017	1.860 †	9.498 *	집단수준변수
	관계중심	84.909	45.202	1.378 †	5.514 *	집단수준변수
집단 성숙도	집단응집력	75.311	60.642	1.115 ‡	3.408 *	집단수준변수
	집단효능감	77.004	42.328	1.348 †	4.992 *	집단수준변수
집단성과		66.063	37.052	1.338 †	4,892 *	집단수준변수

† : 15° ‡ : 00 *p<.05

5.2. 상관관계분석결과

위에서 리더행동, 집단성숙도, 집단성과는 집단수준의 변수임이 검증되었으므로 집단평균값을 대표값으로 하여 상관관계분석을 실시하였다. <표 2>에서 보는 바와 같이 리더의 관계중심적 행동과 직무중심적 행동은 관계가 유의하지 못 한 것으로 나타났지만(r=.201, p>.05), 집단응집력과 집단효능감간의 상관관계는 유의적인 것으로 나타났다. 집단응집력과 집단효능감간의 유의적 관계는 비록 집단성숙도를 정의하는데 있어 두 변수가 상호 독립적일 것이라는 가정에는 위배되지만, 상관관계의 값이 비교적 낮고(r=.276), 또한 요인분석 결과 2개의 독립된 요인으로 나타나 본 연구에서는 집단응집력과 집단효능감을 독립적인 변수로 보고 가설을 검증하였다.

표 2. 각 변수간의 상관관계 분석(n=83)

	과업중심	관계중심	집단효능감	집단응집력	집단성과
과업중심	1				
관계중심	.201	1			
집단효능감	.104	.124	1		
집단응집력	.017	.237*	.276*	1	
집단성과	.268*	.184	.135	.306**	1

(N= 83, *: $p<0.05$; **: $p<0.1$)

5.3. 회귀분석결과

<표 3>에서 보는 바와 같이 직무중심적 행동과 관계중심적 행동 각각에 대한 위계적 회귀분석결과는 유의적인 것으로 나타났다. 즉 집단성과를 종속변수로 하고 직무중심적 행동과 집단성숙도를 독립변수로 하여 분석한 결과 R^2 값은 0.140으로 나타났으며 직무중심적 행동과 집단성숙도를 곱한 값을 하나의 변수로 추가하여 넣은 경우 R^2의 값은 0.196으로 R^2의 증가분은 0.056($p<.05$)으로 유의적인 것으로 나타났다.

마찬가지로 집단성과를 종속변수로 하고 관계중심적 행동과 집단성숙도를 독립변수로 하여 분석한 결과 R^2 값은 0.117로 나타났으며 관계중심적 행동과 집단성숙도를 곱한 값을 하나의 변수로 추가하여 넣은 경우 R^2의 값은 0.204로 R^2의 증가분은 0.087($p<.05$)로 유의적인 것으로 나타났다. 그러나 이러한 결과는 앞에서 설명한 바와 같이 상황적 리더십 이론 자체를 검증한 것이 아니므로 본 연구에서는 추가적으로 분산분석을 실시하여 가설을 검증하였다.

표 3. 위계적 회귀분석 결과

단계	변수	집단성과			
		β	R^2	△R^2	△F (* p < .05)
1	직무중심적 행동 집단성숙도	.288 .219	.140		
2	직무중심 집단성숙도 직무중심적행동 × 집단성숙도	-.136 -.137 .620	.196	.056	5.453 * (.022)

단계	변수	집단성과			
		β	R^2	△R^2	△F (* p < .05)
1	관계중심적 행동 집단성숙도	.245 .214	.117		
2	관계중심 집단성숙도 관계중심적행동 × 집단성숙도	-.171 -.153 .654	.204	.087	8.586 * (.004)

5.4. 가설의 검증

가설 1의 검증

가설 1은 집단응집력과 집단효능감이 모두 낮은 집단에서는 리더가 지시적 행동을 보일 때 집단성과가 높게 나타날 것이라는 예측으로 이를 검증하기 위해 앞에서 설명한 바와 같이 분산분석을 실시하였다. <표 4>에서 보여주는 바와 같이 집단의 성숙도가 가장 낮은 단계에서 리더가 지시적 행동을 보이는 경우 집단의 성과가 가장 높은 것으로 나타나 가설 1은 지지되었다.

표 4. 집단의 성숙도가 가장 낮을 때 리더행동에 따른 집단성과 차이

리더행동형	N	평균	표준편차	F 값	유의확률
지시형	10	3.2217	.28733	4.505*	.012
코치형	8	2.8825	.27275		
참여형	4	2.8450	.28991		
위임형	6	2.7733	.26942		
합 계	28	3.0018	.32955		

(*p<0.05)

가설 2의 검증

가설 2는 집단응집력과 집단효능감이 모두 높은 집단에서는 리더가 위임행동을 보일 때 집단성과가 높게 나타날 것이란 예측으로 <표 5>의 결과는 집단의 성숙도가 가장 높을 때 리더가 위임형 행동을 보이는 경우 가장 높은 집단의 성과를 보이는 것으로 나타났다. 따라서 가설 2는 지지되었다.

표 5. 집단의 성숙도가 가장 높을 때 리더행동에 따른 집단성과 차이

리더행동	N	평균	표준편차	F 값	유의확률
지시형	6	2.7733	.39637		
코치형	7	3.0043	.15230		
참여형	3	2.9433	.56083	2.583*	.092
위임형	3	3.4300	.22008		
합 계	19	2.9879	.37294		

(*p<0.1)

가설 3의 검증

가설 3은 집단응집력은 높으나 집단효능감이 낮은 집단에서는 리더가 코치형 행동을 보일 때 집단성과가 높게 나타날 것이란 예측으로 <표 6>의 결과는 집단 성숙도 수준이 중간일 때(집단응집력은 높고 집단효능감은 낮을 때) 코치형의 리더행동을 보여주는 경우 집단의 성과가 가장 높은 것을 보여 준다. 따라서 가설 3은 지지되었다.

표 6. 집단의 성숙도가 중간일 때 (집단응집력은 높고 집단효능감은 낮을 때) 리더행동에 따른 집단성과 차이

리더행동	N	평균	표준편차	F 값	유의확률
지시형	3	2.9500	.43841		
코치형	4	3.3500	.36597		
참여형	4	2.7125	.16480	5.435*	.005
위임형	4	2.5800	.27641		
합 계	15	2.8700	.41706		

(*p<.05)

가설 4의 검증

마지막 가설 4는 집단응집력은 낮으나 집단효능감이 높은 집단에서는 리더가 참여적 행동을 보일 때 집단성과가 높게 나타날 것이란 예측으로 <표 7>의 결과는 집단 성숙도 수준이 중간일 때(집단응집력은 낮고 집단효능감은 높을 때) 참여형의 리더행동을 보여주는 경우 집단의 성과가 가장 높은 것을 보여 준다. 따라서 가설 4는 지지되었다.

표 7. 집단의 성숙도가 중간일 때 (집단응집력은 낮고 집단효능감은 높을 때) 리더행동에 따른 집단성과 차이

리더십 유형	N	평균	표준편차	F 값	유의확률
1.00(지시형)	6	2.6543	.29960		
2.00(코치형)	3	3.0900	.07071		
3.00(참여형)	4	3.6200	.04301	10.152*	.000
4.00(위임형)	5	2.8857	.41809		
합 계	21	3.0029	.47254		

(*p<.05)

6. 결 론

6.1. 이론적 이슈

본 연구는 리더가 보여주는 행동이 리더 자신의 일정한 스타일에 의해 나타난다는 가정하에 리더 행동이 같은 집단에 속한 부하들에게 동일한 영향을 미치게 되어 집단의 성과로 나타나게 되고 이러한 리더행동과 집단성과간 관계가 집단의 성숙도에 의해 조절된다는 집단수준에서의 상황적 리더십이론을 제시하였다. 이 때 리더가 보여주는 행동은 리더 자신의 측면에서 보았을 때는 리더마다 다른 스타일을 가지고 있고 따라서 리더마다 다른 행동을 보인다는 점에서 개인수준의 변수이지만 리더행동이 같은 집단에 속한 부하들에게 동일한 영향을 미친다는 점에서는 집단수준의 변수로 보았다. 예를 들어 댄스로 등(Dansereau et al., 1975)이 주장한 평균적 리더십 스타일이론에 따르면 리더는 자신의 스타일에 따라 일정한 행동을 보이게 되고 이러한 일정한 행동이 같은 집단에 속한 부하들에게 동일하게 영향을 미치게 되어 결국 리더 행동은 같은 집단에 속한 부하들이 유사하게 지각한 행동을 집단 평균한 값으로 측정할 수 있어 리더 행동을 집단수준의 변수라고 볼 수 있다.

그러나 만일 리더가 자신의 스타일에 의해 행동을 하기보다는 부하개개인이 리더에게 어떻게 행동했는가의 여하에 따라 행동을 보이는 경우(예, 개별화된 리더십이론, Dansereau et al. [1995]) 리더 행동은 부하의 행동이 없이는 설명이 불가능하게 되므로 집단수준의 변수라기보다는 리더와 부하로 이루어진 짝 수준의 변수라고 볼 수 있다. 그러므로 한 연구자가 만일 리더행동을 짝수준의 변수라고 가정하는 경우 상황적 리더십이론은 집단수준에서 성립하는 이론이라기보다는 짝 수준에서 성립하는 이론이 된다.

마찬가지로 만일 리더가 같은 집단에 속한 부하들을 내집단(on-group)과 외집단(out-group)으로 구분하여 각각 다른 행동을 보인다면 (예, 수직적 짝 연계이론, Dansereau et al., 1975), 이때 리더의 행동은 리더 자신의 스타일이나 부하개개인이 리더에게 어떻게 행동했는가의 여하에 따라 나타나는 것이 아니라 리더가 같은 집단이 속한 부하들을 집단에 공헌하는 정도나 매력 등에 의해 내집단과 외집단으로 구분하여 각각 다른 행동을 보이게 되므로 내집단에 속한 부하들은 리더로부터 동일하게 긍정적인 영향을 받게 되는 반면 외집단에 속한 부하들은 동일하게 부정적인 영향을 받게 된다. 그러므로 리더 행동은 집단수준의 변수이기 하지만 내집단과 외집단에 속한 부하들에 대해 각각 다른 행동을 보인다는 점에서 집단부분수준의 변수라고 볼 수 있다. 그러므로 한 연구자가 리더 행동을 집단부분수준에서 성립하는 변수라고 가정하는 경우 상황적 리더십이론은 집단부분 수준에서 성립하게 된다.

본 연구에서는 상황적 리더십이론이 레딘(Reddin, 1967)의 3차원 관리스타일이론으로부터 발전해왔다는 점과 기존의 오하이오 주립대학의 리더십이론이 가지는 한계를 리더 행동이 아닌 상황변수를 도입하여 넘어서려는 시도를 했다는 점, 그리고 비록 허시 등(Hersey et al., 1996)이 리더십 스타일을 1차적 리더십 스타일과 2차적 스타일로 구분하여 리더가 다양한 행동패턴을 부하들에게 보여줄 수 있다고 주장하지만 리더가 여러 개의 행동 패턴을 보이는 경우 이것을 스타일이라고 보기 어렵다는 점에서 리더 행동을 집단수준에서 성립하는 변수로 보았고 따라서 집단수준에서의 상황적 리더십이론을 가정하였다.

6.2. 실증적 이슈

본 연구에서는 집단수준에서의 상황적 리더십이론을 검증하기 위하여 우선 리더행동이 집단수준의 변수인가를 검증한 바, 같은 집단에 속한 부하들의 응답을 분석한 결과 집단수준의 변수라는 것을 밝혔고, 성과 역시 집단수준의 변수라는 것을 밝혔으며, 조절변수인 성숙도 역시 집단수준의 변수라는 것을 밝혀냈다. 이러한 결과를 바탕으로 리더행동과 집단성과 간 관계가 집단성숙도에 의해 조절되는가를 검증한 결과 집단성숙도가 가장 낮은 경우 지시형의 리더 행동이 효과적인 것으로 나타났으며, 반대로 집단성숙도가 가장 높은 경우 위임형의 리더행동이 효과적인 것으로 나타났다. 또한 집단성숙도가 중간인 경우 즉 집단응집력(집단의지)은 높고 집단효능감(집단능력)은 낮은 경우 코치형의 리더행동이 효과적인 것으로 나타났으며, 반대로 집단응집력은 낮고 집단효능감이 높은 경우 참여형의 리더행동이 효과적인 것으로 나타났다. 이러한 결과는 상황적 리더십이론이 집단수준에서 타당하다는 것을 보여준다.

6.3. 시사점

이러한 연구결과는 상황적 리더십이론이 과연 타당한 이론인가의 여부와 리더가 어떤 상황에서 어떤 행동을 보일 때 효과적인가, 그리고 조직측면에서 어떻게 해야 리더십 효과성을 높일 수 있는가에 대한 시사점을 제공해 준다. 첫째, 상황적 리더십이론을 연구하는 많은 학자들은 상황적 리더십이론을 개인수준에서 성립하는 이론으로 보고 연구해 왔지만 이론의 타당성 측면에서 많은 비판을 받아 왔으며(Vecchio, 1987; Blank et al., 1990; Graeff, 1997), 실증 연구 역시 상황적 리더십이론이 개인수준에서 성립하지 않는다는 것을 보여주었다(Avery, 2001; Cheon, 2005; Colin, 2001: Moris & Vecchio, 1992; Fernandez & Vecchio, 1997).

이러한 시점에서 우리는 두 가지 대안 중 하나를 선택하는 의사결정을 해야 하는바 하나는 상황적 리더십이론을 포기하는 것이며, 다른 하나는 상황적 리더십이론을 다른 각도에서 이론화하는 작업이라고 볼 수 있다. 본 연구에서는 상황적 리더십이론이 기업현장에서 가장 많이 쓰이고 있는 이론 중 하나라는 점에서 후자의 대안을 선택했고 다른 각도(즉 집단분석수준)에서 상황적 리더십이론을 이론화하여 검증하였다. 검증결과 상황적 리더십이론이 집단수준에서 성립하는 이론임을 밝혀냄으로써 상황적 리더십이론이 타당한 이론일 수 있다는 점을 제시하였다.

둘째, 본 연구결과에 따르면 리더들은 같은 집단에 속한 부하들에 대해 일정한 행동패턴을 보이고 같은 집단에 속한 부하들 역시 리더의 일정한 행동패턴에 대해 동일한 영향을 받는 것으로 나타났으며 집단성숙도 정도에 따라 적합한 리더행동이 존재한다는 것을 보여주었다. 이러한 연구결과는 집단의 성과가 리더에 의해서만 결정되는 것이 아니라 상황 역시 고려되어야 한다는 것을 제시하는바 (1) 집단응집력과 집단효능감이 모두 낮은 상황에서는 지시형 리더가 효과적인 반면, (2) 모두 높은 상황에서는 위임형 리더가 효과적이고, (3) 집단응집력은 높으나 집단효능감이 낮은 상황에서는 코치형 리더가 효과적이고, (4) 집단응집력은 낮으나 집단효능감이 높은 상황에서는 참여형 리더가 효과적인 것으로 나타났다. 그러므로 리더들은 자신의 행동이 효과적인가 비효과적인가를 알기 위하여 우선 자신의 행동을 파악하여 자신이 어떤 유형의 행동(예, 지시형, 코치형, 참여형, 위임형)을 보는가를 알고 난 후 집단이 가지는 성숙도 정도를 파악하여 성숙도 정도에 적합한 행동 유형을 가지는가를 검토하여야 한다. 이때 만일 자신의 행동이 집단성숙도 수준에 적합하지 않는다면 리더는 집단성숙도에 알맞은 행동을 변화, 개발시키는데 주력을 해야 할 것이다.

셋째, 그러나 리더가 상황에 적합한 행동을 파악했다고 하더라도 자신의 스타일을 변화시키는 것은 매우 어려운 과정이므로 또 하나의 방법으로 조직에서는 집단 리더들의 행동유형과 집단이 처한 상황을 파악하여 집단 상황에 적합한 행동유형을 가진 리더를 집단에 배치하는 것도 집단의 효과성을 증진시킬 수 있다.

6.4. 한계점

이러한 시사점에도 불구하고 본 연구는 다음과 같은 점에서 한계를 가지며 따라서 추후 이러한 한계를 극복할 수 있는 후속 연구들이 이루어져야 할 것이다. 첫째, 본 연구는 리더가 같은 집단에 속한 부하를 하나의 전체로 보고 일정한 행동을 보이며 부하들 역시 리더행동에 대해 동일한 영향을 받는다는 가정 하에 상황적 리더십이론을 집단수준에서 이론화하여 검증하였다. 그러나 이러한 연구결과가 다른 분석수준에서의 상황적 리더십이론이 타당하지 않다는 것을 보여주는 것은 아니다. 예를 들어 부하 개개인이 리더에게 어떻게 행동했는가의 여하에 따라 리더가 부하 개개인에게 각각 다른 행동을 보인다는 가정을 한다면 짝 수준에서의 상황적 리더십이론을 이론화할 수 있으며 마찬가지로 리더가 부하들을 내집단과 외집단으로 구분하여 각각 다른 행동을 보여준다는 가정을 한다면 집단부분수준에서의 상황적 리더십이론을 이론화할 수 있다. 그러므로 향후 짝수준과 집단부분수준에서의 상황적 리더십이론을 이론화하고 검증하여 어떤 수준에서의 상황적 리더십이론이 타당한가가 밝혀져야 할 것이다.

둘째, 본 연구에서는 집단의 성숙도를 정의하는데 있어 집단응집력과 집단효능감이라는 개념을 사용하였다. 그러나 집단응집력과 집단효능감은 집단의 의지와 능력을 대표하는 하나의 개념에 불과하므로 향후 집단의 의지와 능력을 대표하는 다른 개념들을 발굴하여 집단 성숙도를 정의한 후 측정과 검증이 이루어져야 할 것이다.

셋째, 본 연구에서는 집단성과를 측정하는데 있어 객관적인 성과를 측정한 것이 아니라 집단에 속한 부하들이 지각한 집단성과의 질과 양, 목표달성정도로 측정하여 이러한 측정이 객관적인 성과를 과연 대표한다고 볼 수 있는가의 문제가 발생한다. 따라서 향후 집단의 객관적인 성과를 측정하여 상황적 리더십이론을 검증할 필요가 있다.

6.5. 결론

본 연구에서는 집단수준에서 상황적 리더십이론을 이론화하고 검증하여 상황적 리더십이론이 집단수준에서 성립하는 이론임을 뒷받침하였다. 이러한 연구결과는 상황적 리더십이론이 타당하지 않다라는 기존의 비판을 넘어서는 것으로 향후 본 연구의 확장을 통하여 상황적 리더십이론이 하나의 타당한 이론임을 제시할 필요가 있으며, 앞에서도 밝힌 바와 같이 상황적 리더십이론을 집단부분수준과 짝 수준에서 이론화하고 검증하여 보다 정교한 상황적 리더십이론을 구축할 필요가 있다.

참고문헌

김경수, 김공수, 김순영 (2000). "허시와 블랜챠드의 상황적 리더십이론의 재고찰," 인사관리연구, 24(1), 289-317.

김경수, 정홍술, 최광신 (1999). "개별화된 리더십: 교수-학생의 교환관계에 관한 연구", 인사조직연구, 7(1), 83-126.

김경수 (1997). "지점규모와 성과간의 관계: 독립성, 시너지, 무임승차 효과의 검증," 인사조직연구, 5(2), 55-93

Aldag, R.J., & Brief, A.P. (1981). "*Managing organizational behavior*," St Paul, MN West Publishing.

Avery, G.C.(2001). "Situational leadership preferences in Australia," *Leadership and Organization Development Journal*, 22(1), 11-21.

Bandura, A. (1977). "Self efficacy: Toward a unifying theory of behavioral change," *Psychological Review*, 84, 191-215.

Bandura, A. (1986). "*Social foundations of thought and action*," Englewood Cliffs NJ : prentic-Hall.

Blake, R,R., & Mouton, J.S. (1964). "*The Managerial Grid Ⅲ*," 3rd ed, Houston, Texas : Gulf Pub.

Blanchard, K.H., Zigarmi, p., & Zigarmi, D. (1985). "*Leadership and the one minute manager*," New York: William Morrow.

Blank, W., Weitzel, J.R., & Green, S.G. (1986). "Situational leadership theory: A test of underlying assumptions," *Proceedings of the academy of Management*, 384.

Blank, W., Weitzel, J.R., & Green, S.G. (1990). "A test of situational leadership theory," *Personnel Psychology*, 43, 579-597

Carew, D.K., Parisi-Carew, E., & Blanchard, K.L. (1986). "Group development and situational leadership: A model for managing groups," *Training and Development Journal*, 40(6), 46-50.

Carron, A.V. (1998), "The development of an instrument to assess cohesion in sport teams: the group environment questionnaire," *Journal of sport psychology*, 7, 244-266.

Chen, J.C. (2005). "Leadership effectiveness, leadership style and employee readiness," *Leadership and Organization Development Journal*, 26(4), 280-288

Colin. (2000). "Situational leadership theory in Taiwan," *Leadership and Organization Development Journal*, 21(2), 68-74.

Dansereau, F., Alutto, J.A., & Yammarino, F. (1984). "*Theory testing in Organizational behavior: the varient approach*," NJ: Englewool Cliffs, Prentice-Hall.

Dansereau, F., Graen, G., & Haga, J. (1975). "A vertical dyad Linkage approach to leadership within formal organizations: A longitudinal investigation of the role making process," *Organizational Behavior and Human Performance*, 13, 46-78.

Dansereau, F., Yammarino, F.J., Markham, S., Alutto, J.A., Newman, J.,Dumas, M., Nachman, S.A., Naughton, T.J., Kim, K., Al-Kelabi, S., Lee, S., & Keller, T. (1995). "Individualized leadership: A new multiple-level approach," *Leadership Quarterly*, 6, 413-450.

Earely, P.C. (1993). "Further explorations of collectiveness and individualistic work groups," *Academy of Management Journal*, 36, 319-348

Fernandez, C.F., & Vecchio, R.P., (1997). "Situational leadership theory revisited: A test of an across-jobs perspective," *Leadership Quarterly*, 8, 67-84.

George, J.M. (1996). "*Group effective tone*," Ini M.A. West(Ed.), Handbook of work group psychology. 77-93.

Gibson, C.B. (1999). "Group efficacy and group effectiveness across tasks and culture," *Academy of Management Journal*, 42, 138-152.

Gibson, C.B., Randel, A.E., & Earley, P.C. (2000). "Understanding group efficacy," *Group and Organization Management*, 25, 67-97.

Gist. (1987). "Self-efficacy : Implications for organizational behavior and human resource management," *Academy of Management Review*, 12, 472-485.

Gladstein, D.(1984), "Groups in Context ; A model of task group cohesions," *Administrative Science Quarterly*, 29, 499-517.

Graeff, C.L. (1981). "Some theoretical issue that undermine the utility of the Hersey-Blanchard situational leadership theory: A critical view," In *Proceedings of the 19th Annual Southern*

Management Meetings the relationship between theory, research and practice City, State: Publisher. Atlanta, GA: Southern Management Association.

Graeff, C.L. (1983). "The situational leadership theory: A critical view," *Academy of Management Journal,* 8, 285-291.

Graeff, C.L. (1997). "Evolution of situational leadership theory: A critical review," *Leadership Quarterly,* 8, 153-170.

Graen, G., & Liden, R. (1984). "Role of leadership in the employee withdrawal process," *Journal of Applied Psychology,* 67, 868-872.

Guzzo, et a,, (1993). Potency in Groups : Articulating a construct. *British Journal of Social Psychology,* 32, 87-106

Hambleton, R.K., & Gumpert, R. (1982). "The validity of Hersey and Blanchard's theory of leader effectiveness," *Group and Organization Studies,* 7, 225-242.

Hersey, P., & Blanchard, K.H (1969). "Life cycle theory of leadership," *Training and Development Journal,* 23, 26-34.

Hersey, P., & Blanchard, K.H. (1977). "*Management of organizational behavior: Utilizing human resource*(3rd ed.)," Englewood Cliffs, NJ: Prentice-Hall.

Hersey, P., & Blanchard, K.H. (1982). "*Management of organizational behavior: Utilizing human resource*(4rd ed.)," Englewood Cliffs, NJ: Prentice-Hall.

Hersey, P., & Blanchard, K.H. (1988). "*Management of Organizational behavior: Utilizing human resource*(5rd ed.)," Englewood Cliffs, NJ: Prentice-Hall.

Hersey, P., Blanchard, K.H., Johnson D.E. (1996). "*Management of Organizational Behavior: Utilizing human resource*(5rd ed.)," Englewood Cliffs, NJ: Prentice-Hall.

Jex, S.M. & Gudanowki, P.M. (1992). "Efficacy beliefs and work stress: An exploratory study," *Journal of Organizational Behavior,* 13, 509-517.

Kahai, S.S., et al. (1997). "Effects of leadership style and problem structure on work group and outcomes," *Personnel Psychology,* 50, 121-146.

Klein, K.J., Dansereau, F., & Hall R.J. (1994). "Levels issues in theory development, data collection, and analysis," *Academy of Management Review,* 19, 195-229.

Levine, J.M. (1990), "Progress in Small group research," *American Review of Psychology,* 41, 585-614.

Norris, W.R., & Vecchio, R.P. (1992). "Situational leadership theory: A replication," *Group & Organization Management,* 17, 331-342.

Randolph, W.A., & Blackburn, R.S. (1989). "*Managing Organization behavior,*" Homewood, IL : Irwin.

Reddin, W.J. (1967). "The 3-D Management Style Theory," *Training and Development Journal,* 21, 8-17.

Stogdill, R., & Coons, A. (1957). "*Leader behavior: Its description and measurement*" (Research Monograph No.88). Columbus: Ohio State University, Bureau of Business Research.

Tuckman, B.W., & Jensen, M.C. (1977). "Stage of small-groups development revisited," *Group and Organizational Psychology* 15(2), 117-153.

Vecchio, R.P. (1987). "Situational leadership theory: An examination of a Prescriptive theory," *Journal of Applied Psychology,* 72(3), 444-451.

Wojciszke, (1994). "Multiple meanings of behavior ; Constructing actions in terms of Competence and morality," *Journal of Personality and Social Psychology,* 67, 222-232.

Zaccaro, S.J., et al. (1995). "*Collective efficacy,*" New York, Plenum Press.

Zaccaro, S.J., et al. (2001). "Team Leadership," *Leadership Quarterly,* 12, 451-483.

An Investigation of Situational Leadership Theory at the Group Level of Analysis

Kyoung-Su Kim, Yong-Hyun Cho, Jun-Ho Chang

Abstract

This study theorized and tested a situational leadership theory at the group level of analysis on the basis of the assumption that a leader homogeneously behaves toward members in the same group and the conceptualization of performance and maturity at the group level. The data from 335 members of 90 branch offices of Kwangju and Chonnam in 7 insurance companies showed that a leader homogeneously behaves toward members in the same group and that performance and maturity are a group-level variable. The results also showed that a directive leader is effective in the situation of lower level of group maturity and that a delegative leader is effective in the situation of higher level of group maturity. The results also showed that a coach style leader is effective in the situation of high level of group cohesiveness and low level of group efficacy and that a participative leader is effective in the situation of low level of group cohesiveness and high level of group efficacy. These results suggest that situational leadership theory is a valid theory at the group level of analysis. In addition the result suggest the following implications: First, a leader should attempt to show an appropriate behavior that fits into a group situation. Second, an organization should know about group maturity level and leader styles and then place a leader who leadership style fits into the group situation. Limitations and future research directions are discussed in the discussion section.

리더의 배려행동이 부하의 성과에 미치는 영향: 부하의 역량 및 도덕성의 조절효과 검증*

김경수**, 배현숙***, 양동민****

본 연구는 리더의 배려행동이 부하의 성과에 미치는 영향과 함께 리더의 배려행동과 부하의 성과간의 관계에 있어 부하의 역량 및 도덕성의 조절효과를 검증하였다. 14개 기업 199명의 종업원을 대상으로 수집한 설문분석 결과는 다음과 같다. 첫째, 리더의 배려행동이 부하의 성과와 정(+)의 관계를 가지는 것으로 나타났다. 둘째, 부하가 가지는 역량이 리더의 배려행동과 부하성과간의 관계를 조절하는 것으로 나타났다. 이러한 연구결과는 리더가 부하에게 배려행동을 보일 때 역량이 있는 부하만이 높은 성과를 보여준다는 것을 의미한다. 셋째, 부하가 가지는 도덕성 역시 리더의 배려행동과 부하성과간의 관계를 조절하는 것으로 나타났다. 이러한 연구결과는 리더가 배려행동을 보일 때 도덕성 수준이 높은 부하만이 높은 성과를 보인다는 것을 의미한다. 오하이오 주립대학의 리더행동이론에 따르면 리더는 배려행동과 구조주도행동을 보여준다. 따라서 본 연구에서는 리더의 구조주도행동이 부하의 성과에 미치는 영향과 부하가 가지는 역량과 도덕성의 조절효과를 추가로 분석하였다. 분석결과 리더의 구조주도행동은 부하의 성과와 관계가 없는 것으로 나타났으며 부하가 가지는 역량과 도덕성 역시 리더의 구조주도행동과 부하성과간의 관계를 조절하지 못하는 것으로 나타났다. 본 연구의 결론부분에서는 본 연구결과가 가지는 의미를 실무적인 차원에서 논의하였으며 본 연구가 갖는 한계점과 이를 극복할 수 있는 방안에 대한 논의 역시 이루어졌다.

주제어 : 리더의 배려행동, 구조주도 행동, 리더행동이론, 역량, 도덕성, 부하의 성과, 조절효과

1. 서 론

지난 60년 동안 오하이오 주립대학의 리더십이론은 다양한 분야에서 연구되어 왔음에도 불구하고(Bass, 1990; Chen, Hwang & Liu, 2009; Derue, Nahrgang, Wellman & Humphrey, 2011; Fleishman, 1995; Holtz & Harold, 2013; Johnson, Venus, Lanaj, Mao & Chang, 2012; Yukl, 1998) 현재까지 알려진 연구결과는 리더가 부하에게 배려행동을 보이는 경우 부하들은 만족한다는 것이다(Judge, Piccolo & Ilies, 2004). Judge 등(2004)의 메타연구에

* 이 논문은 조직과 인사관리연구 제39집 제1권, 2015, 93-118에 게재된 논문임.
** 전남대학교 경영대학, 교수, 주저자, kskim@chonnam.ac.kr.
*** 전남대학교 일반대학원 경영학과, 박사과정, freer10@naver.com.
**** 전남대학교 경영대학, 경영학박사, 교신저자 ponasadal@hanmail.net.

의하면 리더의 구조주도 행동은 리더의 배려행동에 비해 부하의 성과와 더 강한 관계를 갖고 있는 것으로 나타났다. 반면, 리더의 배려행동은 리더의 구조주도 행동에 비해 직무 혹은 상사에 대한 만족과 더 강한 상관관계를 갖고 있는 것으로 나타났다. 즉, 부하들은 배려행동을 보이는 상사를 좋아하고 높은 만족을 나타내지만 성과에 있어서는 구조주도 행동을 보이는 상사 아래에서 더욱 효과적인 것으로 나타났다.

그렇다면 과연 리더의 배려행동은 부하성과와 연관이 없는 것일까? 이러한 물음에 답하기 위하여 본 연구에서는 부하가 가지는 특성이 고려되었는바 그 이유는 리더의 배려행동이 모든 부하에게 동일하게 영향을 미치지 않을 수 있기 때문이다. 예를 들어 리더가 부하를 배려했을 때 만일 부하가 성과를 내는데 필요한 능력을 가지고 있지 않다면 리더의 배려행동이 부하의 성과로 직결되지 않을 것이다.

이와 같은 관점은 리더십이론의 발전 과정 중 상황이론에서 살펴볼 수 있다. 보편적인 리더십 특성이나 행동을 찾아내려고 노력했던 리더십 연구자들이 이에 대한 정답을 찾아내지 못하게 되자 새로운 상황적합 접근법에 기초를 두는 리더십이론으로 전환되었다(Daft & Lane, 2008). 이와 관련된 연구들을 살펴보면 Fiedler(1964)는 상황적합모형에서 상황요인을 리더-구성원 관계, 과업구조, 지위권력을 들고 있으며 Hersey & Blanchard (1982)는 상황적합모형에서 부하의 능력과 의욕과 같은 부하의 성숙도라는 상황요인을 고려하고 있다. 또한 House(1971)는 경로-목표이론에서 부하의 개인특성과 업무상황이라는 상황요인을 고려하여 리더십의 영향력 과정을 설명하고 있다. 이를 종합하면 상황적합 리더십이론은 여러 연구들을 통해 성과를 유발하는 요인으로 리더(리더스타일, 특성, 행동, 직위), 부하(욕구, 성숙도, 훈련, 응집력), 상황(과업, 조직구조, 시스템, 환경) 등을 들고, 이들이 상호적합 관계를 이룸으로써 리더십 성과가 가능하다는 점을 강조하고 있다(Daft & Lane, 2008).

본 연구에서는 부하성과에 영향을 미치는 부하의 특성 중 부하가 가지는 역량과 부하가 가지는 도덕성 두 가지를 고려하였다. 전자는 부하의 성과에 직접적으로 영향을 미칠 수 있다는 점에서 즉 부하의 역량이 부하의 성과에 영향을 미치므로, 후자는 리더의 배려행동에 대해 일말의 책임감을 느끼는 부하들은 리더에게 반대급부로 높은 성과를 제공할 수 있다는 점에서 고려하였다. 예를 들어 리더가 부하에게 배려행동을 보일지라도 부하가 높은 성과를 달성하는데 필요한 역량을 가지지 않았다면 부하는 높은 성과를 보일 수 없다. 그러나 만일 부하가 역량을 가지고 있다면 리더의 배려행동에 대해 높은 성과를 보일 것이다. 둘째, 부하의 도덕성이 높은 경우 부하는 리더의 배려행동에 대해 일말의 책임을 느끼게 되고 그 결과 리더에게 무엇인가 보답을 하게 되며 맡은 일에 대해 최선을 다하므로 높은 성과를 나타낼 수 있다. 그러나 반대로 부하의 도덕성 차원이 낮은 경우 부하는 리더의 배려행동에 대해 일말의 책임을 느끼지 못하고 맡은 일에 대해 최선을 다하지 않으므로 높은 성과로 이어지지 않게 된다. 특히, 한국적 상황에서 든 사람과 난 사람, 된 사람의 개념으로 사람을 평가한다. 든 사람과 난 사람은 주로 사람의 능력 측면을 보고 평가하는 것으로서 보통 이를 통해 뛰어난 사람과 능력이 부족한 사람을 지칭할 수 있다(한규석, 2004). 된 사람은 사람의 도덕적인 측면에 초점을 맞춰 평가하는 개념으로 도덕적으로 우월한 위치에 있는지 혹은 열등한 위치에 있는지를 평가하는 개념이라 할 수 있다(한규석, 2004). 이러한 판단은 단기적이라기보다는 장기적인 관찰과 판단을 통해 이루어지므로 특정인을 판단하는데 있어 비교적 오래 지속되는 안정적인 개념이라 볼 수 있다(최상진, 2000). 따라서 든 사람과 난 사람, 된 사람의 개념은 인간관계 영역뿐만 아니라 업무수행 영역에 대한 판단이라 볼 수 있으며 사람을 평가하는데 있어 각각 독립적이고 보편적인 평가 차원이라 할 수 있다(조긍호, 1990). 이러한 한국적 특성을 지닌 평가기준인 든 사람과 난 사람, 된 사람은 사람의 능력과 도덕성을 평가하는 보편적인 평가기준이라 볼 수 있다. 따라서 본 연구에서 리더의 배려행동과 부하의 성과간의 관계에 있어 조절변수로서 고려하고 있는 역량과 도덕성은 일반적으로 한국사회에서 사람을 평가하는 지표로서 여겨지는 든 사람과 난 사람, 된 사람의 개념을 고려해 볼 때 조직 내에서 부하가 가진 특성을 전반적으로 고려할 수 있는 타당한 변수들이라 볼 수 있다. 앞서 논의한 여러 상황적합 리더십 이론의 연구들에서 부하의 도덕성을 다룬 연구들은 거의 존재하지 않는다고 할 수 있다. 리더의 배려행동 및 구조주도 행동과 부하의 성과간의 관계를 설명함에 있어 지금까지 간과되었던 부하의 도덕성 변수를 고려함으로써 리더 행동과 부하의 성과간의 관계를 보다 효과적으로 설명할 수 있는 의미 있는 시도라 여겨진다.

최근 들어, 리더십 연구자들은 카리스마 리더십이나 비전 관련 리더십과 같은 보다 역동적인 리더십 모형들의 연구에 집중하고 있지만(김용원·이지만, 2011; 차동옥, 2005) 배려행동과 구조주도 행동은 모든 리더십 유형에서 기본적이고도 중요하게 나타나고 있는 특성이므로(Fleishman, 1957, Yukl, 1971) 이를 재조명 하는 것은 최근 조직 내 리더십의 영향력을 보다 잘 이해할 수 있는 의미를 지닌다. 이러한 이유로 최근 여러 학자들(e.g., Judge et al., 2004; Derue et al., 2011; Holtz & Harold, 2013; Lambert, Tepper, Carr, Holt & Barelka, 2012)에 의해 배려 행동과 구조주도 행동에 대한 연구가 다시금 이루어지고 있으며, 이와 같은 연구들은 리더 행동 패러다임이 새로운 리더십이론의 기초가 될 뿐만 아니라 리더십 효과성의 중요한 예측변수가 된다고 가정하고 있다. 게다가 앞서 언급한 배려행동과 성과간의 관계에 대한 의문뿐만 아니라 이들의 관계를 조절하는 상황변수에 대한 기존 선행연구들은 일관되지 못한 결과를 보여주고 있어(Judge et al., 2004) 본 연구는 이에 대한 명확한 규명과 함께 이론적 기여를 가능하게 할 수 있을 것이다.

따라서 본 연구의 목적은 리더의 배려 행동이 부하성과에 미치는 영향에 대해 부하가 가지는 특성 즉 부하의 역량과 도덕성의 조절효과를 예측하고 검증하고자 한다, 이를 위하여 우선 리더의 배려행동이 부하의 성과에 어떻게 영향을 미치는가를 살펴보고자 한다. 둘째, 부하가 가지는 역량에 대해 설명한 후 부하의 역량이 리더의 배려행동과 부하성과간의 관계를 어떻게 조절할 것인가에 대해 예측하고자 한다. 셋째, 부하가 가지는 도덕성에 대해 설명한 후 부하의 도덕성이 리더의 배려행동과 부하성과간의 관계를 어떻게 조절할 것인가에 대한 예측을 하고자 한다.

2. 이론적 배경 및 연구가설

오하이오 주립대학의 리더십행동이론에 따르면 리더행동은 부하의 성과와 만족에 영향을 미치는바 기존의 연구결과는 이를 뒷받침하고 있다. 예를 들어 Stogdill(1965)은 7개 산업의 27개 조직에 근무하는 1300명의 상사와 3700명의 부하로부터 수집한 데이터를 분석한 결과 상사의 배려행동이 부하의 만족과 정(+)의 관계를 가지는 것을 발견하였다. 또한 Lawshe와 Nagle(1953), Hammer와 Dachler(1973) 그리고 Graham (1973)은 감독자의 배려행동과 집단성과가 정(+)의 관계를 가지는 것을, 그리고 Trieb과 Marion(1969)은 감독자의 배려행동이 부하의 성과와 만족에 영향을 미치는 것을 발견하였다. 또한 House, Filley와 Kerr(1971)는 리더의 배려행동이 부하의 만족과 정(+)의 관계를 가진다는 것을 밝혔다. 그러나 몇몇의 연구들은 리더의 배려행동이 부하의 성과와 관계가 없다는 것을 발견하였으며, 심지어 부(-)의 관계가 있다는 것도 밝혀냈다(Hodge, 1976; Patchen, 1970). 그러므로 리더의 배려행동에 대한 리더십 효과성에 있어서 부하의 만족은 일관된 결과를 보이는 것으로 나타난 반면 부하의 성과에 대해서는 일관되지 않은 결과를 가지는 것으로 나타났다. 본 연구에서는 리더의 배려행동에 대해 부하가 가지는 특성 여하에 따라 리더십효과성이 다르게 나타난다는 것을 예측하고 검증하는 것이므로 일관된 결과를 보이는 부하의 만족보다는 일관되지 않은 결과를 보이는 부하의 성과에 초점을 맞추고자 한다.

2.1. 리더의 배려행동과 부하의 성과

오하이오 주립대학의 리더십 행동이론에 따르면 리더는 두 가지 행동을 보이는바 그 중 하나가 배려행동이다. 리더의 부하에 대한 배려는 리더가 부하에 대해 친근하게 대하고, 지원해주고, 부하에게 관심을 보여주고, 이들의 복지에 대해 신경을 써 주는 정도로 정의되어 왔다(Bass, 1981; Yukl, 1989). 이러한 행동을 예로 들면, 부하에 대해 개인적으로 호의를 베풀어주는 행동, 부하가 가지는 문제에 대해 시간을 가지고 들어주는 행동, 부하를 지원해주고 후원해주는 행동, 부하에게 중대한 사건이 발생하기에 앞서 조언을 해주는 행동, 부하의 제안을 받아들이는 행동, 부하를 리더 자신과 동등하게 대함으로써 부하의 자부심(self-esteem)을 증진시켜주는 행동, 부하가 수행한 작업의 우수한 결과에 대해 인정하는 행동. 부하의 직무만족을 강조하는 행동, 부하로 하여금 편안함을 느낄 수 있도록 특별한 노력을 기울여주는 행동, 부하로 하여금 리더 자신에게 쉽게 접근할 수 있도록 하는 행동, 부하가 제안한 것을 실행에 옮기는 행동, 중요한 사항에 대해 부하의 승인을 사전에 받는 행동 등이다. 반대로 리더가 부하를 배려하지 않는 행동은 부하를 다른 사람 앞에서 비난하는 행동, 부하의 감정을 고려하지 않고 대하는 행동, 부하의 안전을 위협하는 행동, 부하의 제안을 받아들이지 않고 거부하는 행동 등을 들 수 있다(박오수·임유신·고동운, 2008; 이경근·조용현, 2013).

앞에서 밝힌 바와 같이 리더가 부하에게 배려행동을 보일 때 부하의 만족이 높아진다는 것은 이미 밝혀진 사실이다(Judge et al., 2004). 리더가 부하를 배려하는 경우 리더는 부하의 복지에 관심을 기울여주고, 부하가 가지는 감정을 고려하면서 행동을 하고, 부하로 하여금 편안함을 느낄 수 있도록 해주고, 부하를 리더 자신과 동등하게 대해주고, 부하의 제안을 받아들이며, 부하에게 친근하게 대하므로 부하의 만족은 높아지게 된다. 그러나 리더의 배려행동은 부하의 성과에도 영향을 미칠 수 있는바, 리더의 배려행동은 부하로 하여금 높은 질의 성과를 낼 수 있도록 지원해주고, 부하의 질 높은 성과에 대해 인정해주며, 부하의 자부심을 높여주고 부하의 업무 수행에 지원을 해주고, 부하를 개발시켜줄 수 있기 때문에(Tepper & Taylor, 2003) 결국 부하의 성과에 긍정적인 영향을 미칠 수 있게 된다(Judge et al., 2004). 물론 기존의 연구결과에 따르면 리더의 배려행동과 부하의 성과간의 관계는 일관된 결과를 보여주지 못하고 있다. 하지만 본 연구에서는 리더의 배려행동과 부하의 성과간의 관계에 초점을 맞추기보다는 부하가 가지는 특성(역량과 도덕성)의 조절효과에 초점을 맞추었다. 따라서 오하이오 주립대학의 리더행동이론에서 주장한 바와 같이 일단 리더의 배려행동과 부하성과간의 관계가 정(+)의 관계를 가질 것이란 가설을 제시하였다.

가설 1. 리더의 배려행동은 부하의 성과와 정(+)의 관계를 가질 것이다.

2.2. 부하의 특성

리더의 행동이 부하의 성과에 미치는 영향에 대하여 상황이론가들은 부하가 가지는 특성을 하나의 중요한 조절변수로 보고 연구해 왔는데 예를 들어 부하가 가지는 성숙도(Hersey & Blanchard, 1982), 부하가 가지는 역할의 모호성(Valenzi & Dessler, 1978), 부하가 가지는 직무관련지식(Kerr & Schriesheim, 1974), 부하의 통제위치(Sheridan & Vredenburgh, 1978), 부하의 능력 및 욕구(House, 1971), 부하가 보여주는 반사회적 행동(Holtz & Harold, 2013) 등을 들 수 있다. 본 연구에서는 앞에서 밝힌 바와 같이 부하가 가지는 역량과 부하가 가지는 도덕성을 리더행동과 부하성과간의 관계를 조절하는 변수로 보았다.

2.2.1. 부하의 역량

2.2.1.1. 정의

Boyatzis(1982)에 의해 처음 사용된 역량(competency)은 직무를 수행함에 있어서 효과적이고 우수한 성과에 직접적으로 원인이 되는 개인이 가지고 있는 기본적인 특성으로 평균적인 성과와 우수한 성과를 구분해주는 일련의 요소들이 존재한다는 것이다. 이러한 요소들은 개인적인 특성(지능, 기술), 경험, 모티브, 태도 등을 포함하는데 일반적으로 투입과 산출 측면에서 정의될 수 있다. 산출적인 측면에서 역량은 한 개인이 업무를 수행함에 있어서 목표를 초과달성할 수 있는 정도의 유능함이라고 정의할 수 있으며, 투입측면에서 역량은 한 개인이 과업을 수행하는데 필요한 능력에 영향을 미치는 일련의 지식, 태도, 기술이라고 정의할 수 있다(Heffernan & Flood, 2000). 특히 Spencer와 Spencer(1993)는 역량을 측정 가능한 것으로 보고 있는데 구체적인 업무에 대한 효과적인 성과와 직접적으로 연관이 있는 개인이 가지는 특성(예를 들면 지식, 기술, 자기개념, 특질, 모티브)이라고 정의하고 있다.

한국사회에서도 이와 유사하게 사람을 난사람과 든 사람으로 평가하는데 이러한 두 가지 차원은 역량의 개념과 유사하다고 볼 수 있다. 난사람의 특징은 '능력이 뛰어난', '지적 수준이 높은', '자신이 맡는 일처리를 잘 하는 사람' 등으로 (한규석·최송현·정욱·배재창, 2004) 보아 왔으며 든 사람은 많이 배워서 지식이 축적된 사람으로 배운 것이 많아 지혜롭고 심중이 깊으며, 해결하기 어려운 문제를 쉽게 해결하는 특징을 가진다.

2.2.1.2. 역량, 배려행동과 성과

리더가 부하에 대해 배려행동을 보이는 경우 역량이 높은 부하들은 높은 성과를 보일 것이다. 부하가 든 사람/난 사람이라는 의미는 높은 재능과 능력을 갖추었으며 그로 인해 성공과 성취, 그리고 주어지는 과제와 역할을 잘 수행할 수 있다는 것을 의미한다(최상진, 2000). 리더의 배려행동은 부하로 하여금 높은 질의 성과를 낼 수 있도록 지원해주고, 부하의 질 높은 성과에 대해 인정해주며, 부하의 자부심을 높여준다. 이 때 만일 부하의 역량이 뛰어나다면 리더의 배려행동은 부하의 업무수행에 대해 지원을 해주므로 부하의 성과를 촉진시키는 결과를 가져올 것이다. 그러나 만일 부하의 역량이 뛰어나지 않다면 비록 리더가 배려행동을 보일지라도 부하는 우수한 성과를 창출하는데 필요한 역량을 가지지 못하므로 부하의 성과는 낮게 나타날 것이다, 부하의 역량은 뛰어나나 리더가 부하에게 배려행동을 보이지 않는 경우 부하는 뛰어난 역량으로 우수한 성과를 보일 수 있지만 리더가 부하의 업무수행에 대해 지원을 해주지 않고, 우수한 성과노력에 대해서도 인정해주지 않고, 부하의 자부심을 높여주지 않으므로 부하는 높은 성과를 보이지 않게 된다. 또한 부하의 역량이 뛰어나지도 않고 리더가 배려행동을 보이지 않을 경우 부하는 높은 성과를 창출하는데 필요한 역량을 갖지 못하고 있을 뿐 아니라 리더 역시 부하의 성과를 창출하는데 필요한 지원을 해주지 않으므로 높은 성과를 보이지 않게 된다. 이러한 논의를 근거로 다음과 같은 가설이 설정되었다.

가설 2. 리더의 배려행동과 부하의 성과 간의 관계는 부하의 역량에 의해 조절될 것이다.

2.2.2. 도덕성

2.2.2.1. 정의

도덕성(morality)은 학자들에 의해 다양하게 정의되어 왔는데, 첫째, Kolberg의 도덕발달 5단계에 따르면 도덕성(morality)은 각 단계에서 다르게 정의되고 있다. 1단계에서 도덕은 규칙을 어기는 것을 피하는 것, 복종 자체, 타인과 사물에 해를 끼치지 않는 것으로 정의하고 있고, 제2단계에서 도덕은 도구적 교환으로 정의되는바 자신의 이해관계와 욕구를 충족시키기 위해 행동하는 것은 물론 타인도 그렇게 하게끔 하는 것, 그리고 동등한 교환에 참여하는 것으로 정의하고 있으며, 제3단계에서 도덕은 상호관계를 유지하는 것, 역할기대를 충족시키는 것, 선한 사람으로 보이는 것, 타인에 대해 관심을 보이고 타인을 보호하는 것으로 정의하고 중요한 덕목으로 신뢰, 충성, 존경, 감사를 들고 있다. 제4단계에서 도덕은 한 개인이 혜택을 받는 사회적 체계를 유지하는 것으로 정의하고 있으며, 제5단계에서 도덕은 자유롭게 동의하는 사회적 계약에 내재되어 있는 사회적 의무를 다하는 것으로 정의하고 있다. 둘째, 도덕발달단계이론과는 달리 도덕(성)은 도덕적 추론에 대한 기준이 사회적 영향력에 의해 받아들여질 수 있도록 유연해야하다는 주장(Bandura, 1986)이 제기되고 있는바 사건이나 행동에 대한 도덕성을 판단하는 도덕적 기초(moral foundation)는 타인에게 해를 끼쳤는가의 여부(harm moral), 타인을 공정하고 공평하게 대우했는가의 여부(fairness moral), 자신이 속한 집단에 도움을 주었는가의 여부(loyalty moral), 권위(의무나 집단규범)에 복종했는가의 여부에 의해 이루어져야 한다는 입장이다. 이와 유사하게 Wojciszke(2005)에 따르면 도덕성은 한 개인의 목표가 타인에게 이득이 될 수도 있고 해가 될 수도 있다는 의미에서 타인에게 과연 이득이 되는가로 정의하고 있다. 예를 들어 한 개인이 정직하고 믿을만하고 이타적인 특성을 보여준다면 이는 곧 타인의 이익에 직결된다고 볼 수 있다. 셋째, 한국 사회에서 역시 인간을 3가지 차원(된사람, 든사람, 난사람)으로 평가해 왔으며, 이중에서 가장 중요한 것은 된사람의 차원이라고 볼 수 있다. 된사람의 차원은 도덕성에 대한 판단으로 믿고 신뢰할만한 사람인지, 기본적인 양식을 가진 사람인지에 대한 판단이라고 볼 수 있다. 최근의 연구결과에 따르면 된 사람의 특징은 상대방을 배려하고, 예의바르고, 겸손하고, 대인관계를 두루 잘 맺고, 상대방을 잘 이해하고, 자신의 행동에 책임을 지고, 자신이 속한 집단의 이익을 위해 자신을 희생하고, 맡은 일에 최선을 다하는 것으로 나타난 반면, 못된 사람의 특징은 상대방을 배려하지 않고, 예의가 없으며, 상대방을 이용하고, 자신의 이익만을 추구하며, 불성실한 것으로 나타났다(한규석 등, 2004).

2.2.2.2. 도덕성, 배려행동과 성과

리더가 부하에게 배려행동을 보일 때 만일 부하가 높은 도덕성 차원을 가진다면 부하는 리더의 배려행동(즉, 부하로 하여금 높은 질의 성과를 낼 수 있도록 지원해주고, 부하의 질 높은 성과에 대해 인정해주며, 부하의 자부심을 높여주는 행동)에 대해 일말의 책임감을 느끼게 될 것이고 이러한 책임감으로 인하여 리더에게 무엇인가 보답하기 위한 노력을 하게 되며 이러한 노력의 결과가 성과로 나타날 수 있다. 또한 도덕성 차원이 높은 부하는 맡은 일에 최선을 다하므로 리더의 배려행동이 더해진다면 리더는 부하의 업무수행에 대해 지원을 해주므로 보다 높은 성과를 창출할 수 있게 된다. 즉, 부하가 높은 도덕성을 가진 사람이라면 직무에 대해 열심히 하려는 자세나 의지를 갖춘 경우라 볼 수 있으며 상사가 보여주는 배려행동에 대해 바람직한 자세와 높은 책임감을 갖게 되고 리더로부터 업무수행에 필요한 지원을 받게 되므로(조긍호, 1996) 높은 성과로 이어질 가능성이 높다. 그러나 만일 부하의 도덕성차원이 낮다면 부하는 리더의 배려행동에 대해 일말의 책임감을 느끼지 못하고 맡은 일에 최선을 다하지 않으므로 높은 성과를 창출하지 못하게 된다. 또한 비록 부하가 높은 수준의 도덕성을 가지고 있다고 하더라도 리더가 배려행동을 보이지 않으면 부하는 맡은 일에 대해 최선을 다하지만 이러한 노력에 대해 리더는 부하의 업무수행에 필요한 지원을 해주지 않고, 부하의 우수한 성과에 대해서도 인정해 주지 않으며, 부하의 자부심도 높여주지 않으므로 높은 성과를 창출할 수 없게 된다. 또한 부하의 도덕성 차원이 낮고 리더 역시 배려행동을 보이지 않는 경우 부하는 맡은 일에 대해 최선을 다하지 않으며 리더 역시 부하가 높은 성과를 낼 수 있는 지원을 하지 않으므로 부하는 높은 성과를 보이지 않게 된다. 이러한 논의를 바탕으로 다음과 같은 가설이 설정되었다.

가설 3. 리더의 배려행동과 부하의 성과 간의 관계는 부하의 도덕성 수준에 의해 조절될 것이다.

3. 연구 방법

3.1. 자료수집 및 표본

본 연구에서 제시한 가설을 검증하고 보편적인 결과를 도출하기 위해 다양한 업종에 속하는 샘플을 구하고자 하였다. 따라서 공무원 조직, 공기업, 금융보험, 제조업, 건설업 등 14개 조직을 본 연구의 표본으로 선정하였으며 이에 속한 230명의 종업원을 대상으로 약 1개월간(2013년 8월 2일 ~ 2013년 8월 30일)에 걸쳐 설문을 실시하였다. 본 연구팀이 연구내용을 상세히 설명한 안내서신과 함께 직접 방문해 기업 및 기관 담당자에게 연구내용을 설명한 후 협조를 요청하였고, 협조를 얻은 후에 설문 대상을 선정하고 설문을 배포하였다. 설문서를 전달받은 직원들에게 배포된 설문서를 작성한 후 현장에서 직접 연구팀에게 전달하거나 동봉한 반송용 봉투를 이용하여 우편으로 반송하도록 하였다. 배포 및 수거된 설문서 230부 중 자료가 미비하거나 불성실한 응답 경향이 뚜렷한 설문서를 제외하고 199명의 종업원 설문서가 최종 분석에 이용되었다. 표본의 인구통계학적 특성은 다음 <표 1>과 같으며, 성별의 경우 남자(56.8%), 여자(43.2%)의 비율이었고, 학력은 학사가 159(79.9%)명으로 가장 많았다. 평균 연령은 35.74세, 직급은 사원이 81(40.7%)명으로 가장 많은 비중을 차지하였다. 또한 평균 근속년수는 6.10년으로 나타났다.

표 1. 표본의 인구 통계적 특성

특 성	구 분	표본수(명)	구성비(%)
성 별	남 자	113	56.8
	여 자	86	43.2
학력별	학 사	159	79.9
	석 사	40	20.1
연령별	25세 이하	19	9.5
	26-34세	70	35.2
	35-44세	87	43.7
	45세 이상	23	11.6
직급별	사 원	81	40.7
	주임/대리	60	30.2
	과장/차장	55	27.6
	부 장	3	1.5
근무기간별	5년 미만	93	46.7
	5년-10년	44	22.1
	10년 이상	62	31.2

3.2. 변수측정

3.2.1. 리더행동

오하이오 주립대학의 리더십이론가들은 리더행동 측정을 위해 LBDQ XII(Stogdill & Coons, 1957)을 개발하였는데, 이는 심리 측정에 매우 유용하며 신뢰성과 구조적 타당성이 매우 높은 것으로 나타나 널리 이용되고 있다(Vecchio, 1987). 따라서 본 연구에서는 리더행동 측정을 위해 LBDQ XII을 이용하였다. 이 측정도구는 리더의 배려행동과 구조구도 행동 각각 10개의 문항으로 측정하고 있다. 본 연구에서 측정하고자 하는 리더의 배려행동은 리더의 부하에 대한 관심과 존중의 정도를 의미하며 LBDQ XII 중 배려행동을 측정하는 10개의 문항을 5점 척도로 측정하였다. 예를 들어 '부하직원들이 가지는 능력에 대해 자신감을 가지고 있다.', '부하직원들의 아이디어를 잘 듣고 지원해 준다.', '부하직원들의 잠재력을 인정해준다.' 등과 같은 항목이 있다. 또한 비록 연구가설로 정립되지는 않았지만 추가분석을 위하여 리더의 구조주도행동을 LBDQ XII 중 구조행동을 측정하는 10개의 문항을 5점 척도로 측정하였다. 리더의 구조주도 행동은 목표와 과업달성을 향해 자신의 역할과 부하의 역할을 정립하고 조직화하는 정도를 의미하며 관련 문항으로는 '부하직원들에게 자신의 주장을 고집하는 편이다.', '부서 업무에 대해 부하직원들과 상의 없이 혼자 결정하고 행동하는 편이다.', '부하직원들에 인간 중심적이라기보다는 과업 지향적으로 대하는 편이다.', '부하직원들에게 근무 외 시간에도 일할 것을 독려한다.' 등이 있다.

3.2.2. 부하의 역량과 도덕성

역량은 바람직한 결과나 성과를 이끌어 내는데 있어 중요한 역할을 수행하는 특성의 총체를 의미하며 Bartram(2005)의 연구에서 사용한 항목들을 수정 보완하여 인내, 지원, 협력, 상호작용, 분석력, 창의력, 조직화 및 실행력, 적응력, 진취적 기상과 같은 8개 항목을 5점 척도로 측정하였다. Bartram(2005)은 다양한 국가에 속한 조직을 대상으로 이루어졌던 역량과 관련된 29개의 연구(4,861개의 표본)를 대상으로 메타분석을 실시하여 8개의 역량을 추출하였다. 이렇게 추출된 역량 항목들은 높은 신뢰도와 타당성을 가질 뿐 아니라 성격, 동기, 능력 등을 모두 아우르는 개념이라 할 수 있다. 따라서 본 연구에서는 Bartram(2005)의 역량 측정 항목을 이용하였으며 관련 항목으로는 '나는 변화에 잘 적응하고, 어떤 문제점에 대하여 효과적으로 관리하고 대응한다.', '나는 명확한 분석적 사고로 복잡한 문제에 최선을 다하며, 자신의 전문지식을 효과적으로 적용한다.', ' 나는 새로운 아이디어와 경험이 요구되는 상황을 좋아하고, 창의적으로 대처하며, 전략적 사고로 조직의 변화를 지원한다.' 등이 있다.

도덕성은 사회적 책임감, 이타성, 타인에 대한 고려와 공감, 도덕적인 결정과 행동을 말하는 것으로 Fagin-Jones와 Midlarsky(2007)은 타인에 대한 고려와 공감, 사회적 책임감, 위험감수를 도덕성 측정항목으로 제시하였고, Penner, Fritzsche, Craiger와 Freifeld(1995)는 타인에 대한 고려와 공감, 사회적 책임감, 도덕에 기초한 결정과 행동, 이타심을 도덕성 측정의 항목들로 제시하였다. 본 연구에서는 Fagin-Jones와 Midlarsky(2007) 그리고 Penner 등(1995)에 의해 신뢰성과 타당성이 확보된 도덕성 측정항목들을 본 연구에 맞게 수정 및 보완하여 10개 항목을 5점 척도로 측정하였다. 관련 항목들은 '자신의 직무에 최선을 다하는 것은 모든 사람들의 당연한 의무이다.', '나의 결정은 항상 공정함에 기초하여 이루어지며 그러한 결정을 시행하려 한다.', '나는 조직 내 어려운 사건이 발생하면 걱정하며 도우려 애쓴다.' 등과 같다.

3.2.3. 부하의 성과

본 연구에서 고려한 부하의 성과는 수행하는 업무에 대한 질적/양적 우수성, 전문적이고 혁신적인 업무수행 능력, 타 구성원들보다 뛰어난 업무수행 결과를 보이는 것을 의미하며 기존 선행연구들에서 제시한(김도영·유태용, 2002) 업무 관련 평판, 처리한 업무의 질적/양적 우수성, 전문성, 정확성, 달성도, 혁신성에 관한 12개 항목 5점 척도로 측정하였다. 측정도구는 김도영·유태용(2002)의 연구에서 요인분석을 통해 타당성이 입증되었으며 높은 신뢰도(Cronbach's alpha = .96) 역시 확인되었다. 관련 문항으로는 '나의 업무수행 결과에 대한 평판은 좋은 편이다.', '내가 맡은 업무를 잘한다는 소리를 자주 듣는다.', '내가 처리한 업무의 질은 탁월하다.', '나의 작업효율성은 우수한 편이다.' 등과 같다.

3.3. 변수의 신뢰도 및 타당도

본 연구에서 사용된 측정 변수들의 타당도를 검증하기 위해 탐색적 요인분석(exploratory factor analysis)을 주요인분석(Principal Component Analysis)에 의한 방법으로 실시하였고 회전방식은 직각행렬(Varimax) 방식을 사용하였다. 요인분석 결과 모든 변수들에서 고유치(eigenvalue)가 1이상인 하나의 요인이 도출되었고, 각 변수들을 측정한 항목들은 모두 요인적재량 .45 이상으로 적재되어 각 변수들은 그 개념적 구분이 명확하게 나타났다. 리더 행동은 배려와 구조주도 행동 2개의 요인이 도출되었으며 조절변수인 역량과 도덕성, 결과변수인 부하의 성과 역시 각 변수들의 개념적 구분이 명확하게 나타났다(부록1 참조). 본 연구에서 사용된 다 항목 척도 변수들의 신뢰도 분석을 위해 크론바흐 알파(Cronbach's alpha) 계수를 이용한 내적 일관성 검증방법을 이용하였다. 분석결과 <표 2>에서 보는 바와 같이 연구모형 내 다항목 척도 변수들의 신뢰도계수가 모두 0.7 이상으로 Van de Ven & Ferry(1980)가 제시하는 기준치를 충족시키며 신뢰할만한 척도로 나타났다.

본 연구의 분석에 활용된 모든 변수들은 부하들로부터 측정되었기 때문에 단일응답자 편차의 문제점이 제기될 수 있다. 따라서 이러한 단일 응답자 편차에 대한 통계적 사후 해결법으로 Podsakoff & Organ(1986)이 제시하고 있는 하먼(Harman)의 일원검증법(one-factor test)을 실시하였다. 이는 연구에 사용된 모든 측정항목들을 대상으로 주성분분석을 진행하는 것인데, 고유치(eigen value)가 1 이상인 요인이 한 개만 도출되거나, 아니면 여러 개의 요인이 도출된다 하더라도 그 분산 설명력에 있어 한 요인의 설명력이 절대적이 된다면 cmV(common method variance)가 있다고 가정하는 것이다(이종건·홍승근, 2014). 이에 따른 분석 결과, 가장 설명력이 큰 요인이 전체 분산의 29%를 설명하고 있으므로 보편요인으로 보기 어려우며 하먼의 일원검증법에 근거하여 본 연구에서 사용된 자료는 cmV 문제가 허용범위 내에 있다고 볼 수 있다.

표 2. 평균, 표준편차, 신뢰도 및 상관관계 분석결과

	평균	표준편차	1	2	3	4	5	6	7	8	9	10
1. 연령	35.74	7.21										
2. 성별	1.43	.50	-.459***									
3. 학력	1.20	.41	-.130	-.053								
4. 직위	2.12	3.38	.270***	-.046	.181*							
5. 근속기간(개월)	73.23	61.94	.568***	-.176*	.115	.078						
6. 구조주도행동	2.90	.69	.088	-.099	.051	.049	.133	(.705)				
7. 배려행동	3.38	.72	-.030	-.081	.109	.080	-.010	-.423***	(.932)			
8. 역량	3.52	.53	.202***	-.225**	-.136	.039	.036	.103	.187**	(.875)		
9. 도덕성	3.09	.56	.208***	-.095	-.056	.068	.089	.164*	.084	.442***	(.854)	
10. 성과	3.48	.52	.239***	-.199**	-.095	.016	.105	.122	.158*	.461***	.746***	(.927)

*p<.05, **p<.01, ***p<.005 ( )의 숫자는 신뢰도 계수(Cronbach's alpha)임.

주) 연령은 년 단위로, 근속기간은 개월 단위로 측정하였고, 성별은 '1=남자', '2=여자', 학력은 '1=학사', '2=석사', 직위는 '1=사원', '2=주임/대리', '3=과장/차장', '4=부장급 이상'임.

4. 연구결과

본 연구에서 제시한 가설 1을 검증하기 위하여 상관관계분석이 행해졌다. <표 2>에서 보는 바와 같이 리더의 배려행동은 부하성과와 정(+)의 관계를 가지는 것으로 나타났다(r=0.158, p<.05). 또한 <표 3>의 회귀분석결과에서 보는 바와 같이 리더의 배려행동은 부하가 가지는 연령, 성별, 학력, 직위 및 근속기간, 구조주도행동을 통제하고서도 부하성과와 정(+)의 관계를 가지는 것으로 나타나(β =.268, p<.05) 가설 1은 지지되는 것으로 나타났다.

리더의 배려행동과 부하의 성과간의 관계에서 상황변수인 역량과 도덕성의 조절효과(가설 2와 가설 3) 검증을 위해 계층적 회귀분석을 실시하였다. Baron & Kenny(1986)의 계층적 회귀분석(Hierarchical regression)은 독립변수와 조절변수, 그리고 독립변수와 조절변수 간의 상호작용 항을 단계적으로 추가했을 때 회귀식의 설명력을 나타내는 R^2값의 변화를

표 3. 부하의 성과에 대한 회귀분석

변 수	성 과
	β
연 령	.228*
성 별	-.067
학 력	-.093
직 위	-.060
근속기간	-.048
구조주도행동	.223***
배려행동	.268***
R^2	.109
F	4.451***

*p<.05; **p<.01; ***p<.005

통해 조절효과를 입증하는 방법이다. 또한, 본 연구에서는 계층적 회귀분석 시 발생할 수 있는 다중공선성 문제를 해결하기 위해 각 변수들의 원 자료를 중심화 시키고 난 후에 중심화 시킨 두 변수를 곱하여 상호작용항을 도출하였다. 계층적 회귀분석 결과는 <표 4>, <표 5>와 같다. 먼저 부하의 성과를 종속변수로 하고 리더의 배려행동과 조절변수인 역량을 독립변수로 한 회귀분석 결과의 R^2 값과 리더의 배려행동과 역량의 상호작용이 추가됨으로써 증가된 $R^2(\triangle R^2)$값을 비교하였다. 배려행동과 역량의 상호작용 효과는 한계적으로 유의한 것으로 나타났으며(β =.086, p<.10), R^2의 변화량은 .007로 역시 한계적으로 유의하게 나타나고 있어 배려행동과 성과 간에 있어 역량은 한계적으로 조절효과를 갖는 것으로 나타났다.

다음으로 부하의 성과를 종속변수로 하고 리더의 배려 행동과 조절변수인 도덕성을 독립변수로 한 회귀분석 결과의 R^2 값과 리더의 배려행동과 도덕성의 상호작용이 추가됨으로써 증가된 $R^2(\triangle R^2)$값을 비교하였다. 배려행동과 도덕성의 상호작용 효과는 통계적으로 유의한 것으로 나타났으며(β =.204, p<.005), R^2의 변화량은 .038로 통계적으로 유의하게 나타나고 있어 배려행동과 성과 간에 있어 도덕성의 조절효과가 있는 것으로 나타났다.[5)]

5) 리더의 구조주도행동이 성과에 미치는 영향을 통제하기 위하여 리더의 구조주도행동을 회귀식에 추가하여 리더의 배려행동이 성과에 미치는 영향과 리더의 배려행동과 부하의 성과간의 관계에 대한 부하의 역량과 도덕성의 조절효과를 분석하였다.

표 4. 배려행동과 성과간의 관계에 대한 역량의 조절효과[6)]

변 수	성과			
	모형1	모형2	모형3	모형4
연 령	.190†	.228*	.109	.116
성 별	-.120	-.067	.024	.038
학 력	-.070	-.093	.016	.011
직 위	-.027	-.060	-.052	-.052
근속기간	-.014	-.048	.016	.009
구조주도행동		.223***	.066	.071
배려행동		.268***	.060	.056
역 량			.715***	.701***
배려행동*역량				.086†
R^2	.074	.140	.572	.579
$\triangle R^2$		.066***	.431***	.007†

† p<.10; *p<.05; **p<.01; ***p<.005

표 5. 배려행동과 성과간의 관계에 대한 도덕성의 조절효과

변 수	성과			
	모형1	모형2	모형3	모형4
연 령	.190†	.228*	.130	.149
성 별	-.120	-.067	-.085	-.057
학 력	-.070	-.093	-.075	-.072
직 위	-.027	-.060	-.056	-.062
근속기간	-.014	-.048	-.021	-.029
구조주도행동		.223***	.127†	.102
배려행동		.268***	.189**	.153*
도덕성			.391***	.364***
배려행동*도덕성				.204***
R^2	.074	.140	.278	.316
$\triangle R^2$		.066***	.137***	.038***

† p<.10; *p<.05; **p<.01; ***p<.005

6) 이러한 조절효과분석에서 모형3의 결과에 의하면 역량을 투입 시 배려행동이 부하의 성과에 미치는 영향은 유의하지 않은 것으로 나타나는데 이러한 결과는 부하성과에 주로 영향을 미치는 요인이 상사의 배려행동이 아니라 부하가 가지는 역량 때문인 것으로 해석된다. 그럼에도 불구하고 모형 4에 따르면 리더의 배려행동과 부하역량의 상호작용효과는 부하성과에 유의한 관계를 가지는 것으로 나타나 부하의 성과에 있어서 부하의 역량 뿐 아니라 상사의 배려행동 역시 중요한 요인임을 보여준다.

부하의 성과에 대한 리더의 배려행동, 부하의 역량의 상호작용 효과, 부하의 성과에 대한 리더의 배려행동, 부하의 도덕성의 상호작용 효과를 도식화한 그림은 각각 <그림 1>, <그림 2>와 같다. <그림 1>에서는 리더의 배려행동이 높고 부하의 역량이 높은 경우에 부하의 성과가 가장 높은 것으로 나타났다. 또한 <그림 2>에서 보는 바와 같이 리더의 배려행동이 높고 부하의 도덕성이 높은 경우에 역시 부하의 성과가 가장 높은 것으로 나타났다.

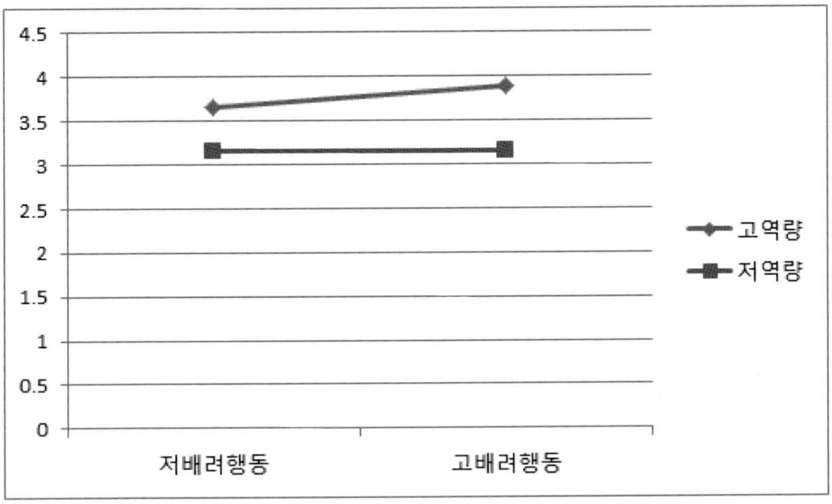

그림 1. 부하의 성과에 대한 리더의 배려행동, 부하의 역량의 상호작용 효과

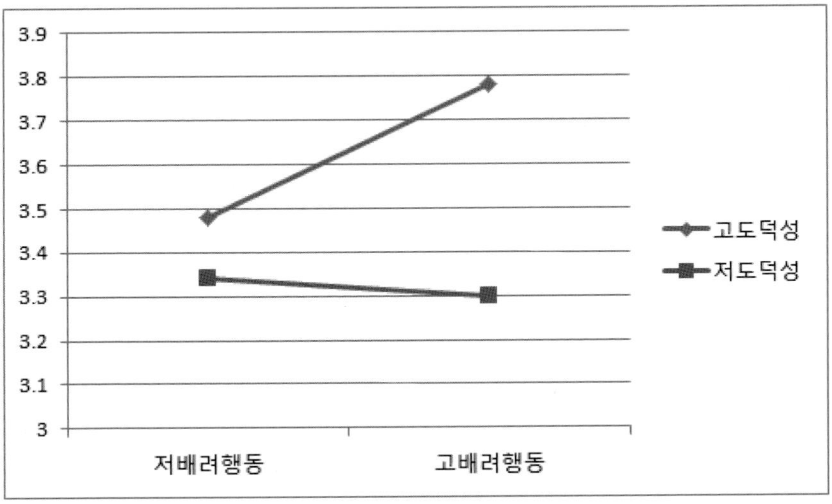

그림 2. 부하의 성과에 대한 리더의 배려행동, 부하의 도덕성의 상호작용 효과

5. 결 론

리더의 배려 행동에 관한 연구는 오하이오 주립대학의 리더십 연구 이후 많은 학자들에 의해 다양한 분야에서 연구되어 왔다. 하지만 리더의 배려행동이 부하의 만족과 정(+)의 관계에 있다는 비교적 일관된 결과에 반해 부하의 성과와의 관계에 있어서는 관계가 없거나 오히려 부(-)적 관계에 있다는 연구결과들이 제기되어 왔다. 따라서 본 연구에서는 리더의 배려행동과 부하의 성과간의 관계에 대한 명확한 규명을 위해 14개 조직 199명의 종업원들을 대상으로 설문조사를 실시하여, 역량과 도덕성이라는 부하의 특성을 조절변수로 고려하여 이를 예측하고 검증하고자 하였다. 본 연구의 가설 검증 결과 얻어진 몇 가지 사실에 대해 논의하면 다음과 같다.

첫째, 리더의 배려행동은 부하의 성과에 정(+)의 유의한 영향을 미치는 것으로 나타났다. 이는 배려행동을 보이는 리더는 부하들에게 만족을 주고, 자부심을 고취시키고, 높은 성과를 위한 지원해 주는 등의 행동을 통해 부하들이 높은 성과를 이룰 수 있음을 뜻한다. 따라서 부하들의 높은 성과를 위해서는 리더가 부하에게 높은 관심을 보여주고, 감정을 고려하고 부하에 대한 존중, 의견 수렴 등과 같은 배려행동이 중요한 요인임을 알 수 있다.

둘째, 조절효과에 대한 검증결과를 살펴보면 리더의 배려행동과 부하의 성과간의 관계에 있어 부하의 특성으로 고려된 역량과 도덕성이 이 둘의 관계를 조절해 주는 것으로 나타났다. 이러한 결과는 리더의 배려행동과 부하의 성과간의 관계에 있어 일관되지 못한 결과를 제시하고 있는 기존 선행연구들에 대해 보다 명확한 의미를 제공해주는 결과라고 할 수 있다. 즉, 상대적으로 부하의 만족을 유발한다고 보고되고 있는 리더의 배려행동이 어떤 상황에서 부하의 성과를 이끌 수 있을 것인가에 대한 해답을 제시하였다고 할 수 있다. 부하의 역량과 도덕성은 리더의 배려행동이 부하의 성과라는 결과를 창출하는데 있어 중요한 역할을 수행하는바 부하가 직무를 수행하는데 있어 높은 역량을 가지고 있다면 리더가 보여주는 배려행동에 자신의 성과를 촉진시키는 요소로서 작용할 수 있다. 본 연구결과에서 보여주는 도덕성의 조절효과 역시 마찬가지로 리더의 배려행동이 부하의 성과를 창출하는데 있어 이를 촉진하는 요소로서 작용할 수 있다. 리더가 아무리 부하들에게 관심과 지원을 제공하고 자부심을 높여주는 등의 배려행동을 한다고 하더라도 직무를 수행할만한 부하의 역량, 그리고 리더의 배려행동에 보답하고자 하는 책임감과 최선을 다하려는 의지가 결여되어 있다면 높은 성과를 기대할 수 없음을 의미한다. 따라서 조직 내에서 리더의 배려행동을 촉진해야 할뿐만 아니라 부하들이 가지고 있는 특성에도 역시 관심을 기울여야 한다. 부하의 역량과 도덕성이 높은 수준일 때 조직이 가장 효과적일 수 있으므로 리더의 행동 못지않게 부하의 역량과 도덕성을 고려해야 할 것이다.

본 연구에서는 추가적으로 리더가 구조주도 행동을 보였을 때 부하가 높은 성과를 보일 것인가에 대해 직접적인 효과와 부하가 가지는 역량과 도덕성의 조절효과를 분석하였다. 상관관계 분석(r=.122, p>.05) 및 다중회귀분석 결과(β =.103, p>.05) 리더의 구조주도행동은 부하의 성과와의 관계가 유의하지 않은 것으로 나타났으며, 부하의 역량과 도덕성 역시 리더의 구조주도행동과 부하성과간의 관계를 조절하지 않는 것으로 나타났다(<표 6>, <표 7> 참조).

이러한 결과는 리더가 부하들에게 행동을 함에 있어서 구조주도 행동을 보여서는 안된다는 것을 의미한다. 예를 들어 만일 부하가 역량을 가지고 있고 리더가 구조주도 행동을 보인다면 부하는 아마도 이미 자신이 인지하고 있는 직무 또는 직무수행방법에 대해 리더가 중복하여 지시하는 것이므로 리더의 구조주도 행동을 무시하거나 거부하게 되고 결국 높은 성과로 이어지지 않게 된다. 또한 역량이 낮은 부하 역시 리더의 구조주도행동이 효과적이지 않게 나타나는바 비록 역량이 낮더라도 리더가 지시하는 것에 대해 못마땅하게 생각하는 결과라고 볼 수 있다. 부하의 도덕성 역시 리더의 구조주도행동과 부하성과간의 관계를 조절해주지 못하는 것으로 나타났는바 도덕성수준이 높은 부하의 경우 리더의 지시적 행동이 부하로 하여금 맡은 일에 대한 최선을 다하지 못하게 하는 결과를 초래함으로써 나타나는 결과라고 해석할 수 있다. 또한 도덕성 수준이 낮은 부하의 경우 맡은 일에 대해 최선을 다하지 않으므로 리더의 지시에 따르지 않는 결과를 초래하게 되므로 높은 성과로 이어지지 않는 것으로 해석할 수 있다.

본 연구의 한계점 및 향후 연구 과제를 살펴보면 다음과 같다. 첫째, 본 연구에서는 리더의 배려행동과 부하성과간의 관계가 정(+)의 관계를 가지는 것으로 나타났다. 그러나 본 연구에서 부하의 성과는 양적인 성과를 측정한 것이 아니라 부하자신이 지각하는 주관적인 성과를 측정했다는 점에서 한계점을 가지며 따라서 향후 부하의 양적 성과를 측정하여 리더의 배려행동과 부하성과관의 관계를 분석하는 것이 필요하다고 본다. 둘째, 리더의 배려행동과 부하의 성과간의 관계에 있어 본 연구에서는 부하가 가지는 특성 중 부하의 역량과 도덕성 두 가지만을 고려하였다. 그러나 기존의 상황이론에 따르면 리더행동과 부하성과간의 관계를 조절해주는 다양한 부하들의 특성을 제시하므로 향후 이러한 특성들이 추가적으로 고려되어야 할 필요가 있다고 본다. 셋째, 본 연구는 횡단적 연구 설계로 인해 변수들 사이의 인과관계 설명에 한계를 가지므로 향후 종단적 연구 설계를 통한 인과관계 분석이 필요하다고 볼 수 있다. 마지막으로 본 연구에서는 변수 측정 시 동일인의 설문응답에 의존하고 있어 동일방법에 의한 분산(common method variance)으로 인한 문제점을 가질 수 있다. 향후 연구에서는 동일원천에 따른 오류를 배제하고 분석의 객관성을 높이기 위한 연구 설계가 필요하다.

표 6. 구조주도 행동과 성과간의 관계에 대한 역량의 조절효과

변 수	성과			
	모형1	모형2	모형3	모형4
연 령	.190	.194	.100	.102
성 별	-.120	-.110	.017	.018
학 력	-.070	-.072	.023	.028
직 위	-.027	-.031	-.046	-.048
근속기간	-.014	-.028	.021	.016
구조주도행동		.103	.038	.044
역 량			.730***	.719***
구조주도행동*역량				-.038
R^2	.074	.084	.569	.570
$\triangle R^2$		.010	.485***	.001

*p<.05; **p<.01; ***p<.005

표 7. 구조주도 행동과 성과간의 관계에 대한 도덕성의 조절효과

변 수	성과			
	모형1	모형2	모형3	모형4
연 령	.190	.194	.099	.098
성 별	-.120	-.110	-.116	-.111
학 력	-.070	-.072	-.059	-.046
직 위	-.027	-.031	-.035	-.038
근속기간	-.014	-.028	-.005	-.006
구조주도행동		.103	.038	.044
도덕성			.423***	.416***
구조주도행동*도덕성				-.082
R^2	.074	.084	.251	.257
$\triangle R^2$		.010	.167***	.006

*p<.05; **p<.01; ***p<.005

참고문헌

김도영·유태용 (2002). "성격의 5요인과 조직에서의 맥락수행간의 관계," 『한국심리학회지』, 15(2), 1-24.

김용원·이지만 (2011). "연구개발조직의 리더십 유형, 팔로워십 특성, 생산성향상몰입에 관한 연구: 리더십 유형과 팔로워십 특성의 상호작용 효과 분석," 『조직과 인사관리연구』, 35(1), 143-170.

박오수·임유신·고동운 (2008). "부하체면에 영향을 미치는 상사행위의 구성개념 및 측정에 관한 연구," 『조직과 인사관리연구』, 16(3), 109-159.

이경근·조용현 (2013). "상사의 비인격적 감독이 조직시민행동과 이직의도에 미치는 영향: 자부심과 존중감의 역할," 『조직과 인사관리연구』, 37(4), 65-92.

이종건·홍승근 (2014). "LMX가 직무만족에 미치는 영향: 종업원 교육훈련의 조절역할 및 업무몰입의 매개역할," 『조직과 인사관리연구』, 38(2), 1-26.

조긍호 (1990). "대인평가차원의 이원모형," 『한국심리학회지』, 15(1), 104-139.

차동옥 (2005). "리더십 연구의 최근 동향: CEO 리더십을 중심으로," 『인사관리연구』, 29(4), 179-227.

최상진 (2000). 한국인 심리학, 서울: 중앙대학교출판부.

한규석·최송현·정욱·배재창 (2004). 한국사회에서의 사람 판단의 준거: 된 사람과 난 사람의 평가를 중심으로, 『한국심리학회지』, 18(1), 23-39.

Bandura, A. (1986). *Social foundations of thought and action*, Englewood Cliffs NJ: Prentic-Hall.

Baron, R.M., & Kenny, D.A. (1986). The moderator-mediator variable distinction in social psychological research: Conceptual strategic and statistical considerations, *Journal of Personality and Social Psychology*, 51, 1173-1182.

Bartram, D. (2005). The great eight competencies: A criterion-centric approach to validation, *Journal of Applied Psychology*, 90(6), 1185-1203.

Bass, B.M. (1981). *Stogdill's Handbook of Leadership,* New York: Free Press.

Bass, B.M. (1990). *Bass and Stogdill's handbook of leadership*, New York: Free Press.

Boyatzis, R.E. (1982), *The competent manager: a model for effective performance,* New York: John Wiley & Sons.

Chen, T.Y., Hwang, S.N., & Liu, Y. (2009). Employee trust, commitment and satisfaction as moderators of the effects of idealized and consideration leadership on voluntary performance: A structural equation investigation, *International Journal of Management*, 26(1), 127-141.

Daft. R.L. & Lane, P.G. (2008). *The Leadership Experience*, Mason, OH: South Western Cengage Learning.

Derue, D.S., Nahrgang, J.D., Wellman, N., & Humphrey, S.E. (2011). Trait and behavioral theories of leadership: An integration and meta-analytic test of their relative validity, *Personnel Psychology*, 64, 7-52.

Fagin-Jones, S., & Midlarsky, E. (2007). Courageous altruism: Personal and situational correlates of rescue during the Holocaust, *The Journal of Positive Psychology*, 2(2), 136-147.

Fiedler, F.E. (1964). A contingency model of leadership effectiveness. In L. Berkowitz(Ed.), *Advances in experimental social psychology*(pp. 149-190), NY: Academic Press.

Fleishman, E.A. (1957). A leader behavior description for industry. In R. M. Stogdill, & A. E. Coons (Eds.), *Leadership behavior: Its description and measurement.* Columbus, OH: Ohio State University, Bureau of Business Research.

Fleishman, E.A. (1995). Consideration and structure: Another look at their role in leadership research, In F. Dansereau & F.J. Yammarino(Eds.), *Leadership: The multiple-level appraoches(pp. 51-60)*. stamford, CT: JAI Press.

Graham, W.K. (1973). Leader behavior, self-esteem for least preferred coworker, and group performance, *Journal of Social Psychology*, 90, 59-66.

Hammer, T.H., & Dachler, H.P. (1975). A test of some assumptions underlying the path-goal model of supervision: Some suggested conceptual modifications, *Organizational Behavior and Human Performance*, 14, 60-75.

Heffernan, M.M., & Flood, P.C. (2000). An exploration of the relationship between managerial competencies organizational, characteristic and performance in an Irish organization, *Journal of European Industrial Training*, 128-136.

Hersey, P., & Blanchard, K.H. (1982). *Management of organizational behavior: Utilizing human resource (4rd ed.)*, Englewood Cliffs, NJ: Prentice-Hall.

Hodge, J.W. (1976). The relationship between styles of supervision and need satisfaction of two levels of management employees, *Dissertation Abstracts International*, 37, 187.

Holtz, B.C., & Harold, C.M. (2013). Effects of leadership consideration and structure on employee perceptions of justice and counterproductive work behavior, *Journal of Organizational Behavior*, 34, 492-519.

House, R.J. (1971). A path-goal theory of leader effectiveness, *Administrative Science Quarterly*, 16, 321-338.

House, R.J., Filley, A.C., & Kerr, S. (1971). Relation of leader consideration and initiating structure to R and D subordinates' satisfaction, *Administration Science Quarterly*, 16, 19-30.

Johnson, R.E., Venus, M., Lanaj, K., Mao, C., & Chang, C.H. (2012). Leader Identity as an Antecedent of the Frequency and Consistency of Transforma- tional, Consideration, and Abusive Leadership Behaviors, *Journal of Applied Psychology*, 97(6), 1262-1272.

Judge, T.A., Piccolo, R.F., & Ilies, R. (2004). The Forgotten Ones? The Validity of Consideration and Initiating Structure in Leadership Research, Journal of Applied Psychology, 89(1), 36-51.

Kerr, S.J., & Schriesheim, C. 1974), Consideration, initiating structure, and organi- zational criteria—An update of Korman's 1966 review, *Personnel Psychology*, 27, 555-568.

Lambert, L.S., Tepper, B.J., Carr, J.C., Holt, D.T., & Barelka, A.J. (2012). Forgotten but not gone: An examination of fit between leader consideration and initiating structure needed and received, *Journal of Applied Psychology*, 97(5), 913-930.

Lawshe, C.H., & Nagle, B.F. (1953). Productivity and attitude toward supervision, *Journal of Applied Psychology*, 37, 159-162.

Patchen, M.(1962). Supervisory methods and group performance norms, *Admini- strative Science Quarterly*, 7, 275-94.

Penner, L.A., Fritzsche, B.A., Craiger, J.P., & Freifeld, T. R. (1995). Measuring the prosocial personality. In. J. Butcher & C.D. Spielberger.(Eds.). *Advances in personality assessment*, Vol. 10: 147-164. Hillsdale, New Jersey: Erlbaum.

Podsakoff, P.M., & Organ, D.W. (1986). Self-reporters in organizational research: Problems and prospects, *Journal of Management*, 12(4), 531-544.

Sheridan, J.E., & Vredenburgh, D.J. (1978). Predicting leadership behavior in a hospital organization, *Academy of Management Journal*, 21(4), 679-689.

Spencer, L.M. Jr., & Spencer, S.M. (1993), *Competence at work: models for superior performance,* New

York: John Wiley & Sons.

Stogdill, R.M. (1965). *Manual for the job satisfaction and expectations scales*, Columbus, OH: Ohio State University, Bureau of Business Research.

Stogdill, R., & Coons, A. (1957). *Leader behavior: Its description and measure- ment, (Research Monograph No.88)*. Columbus: Ohio State University, Bureau of Business Research.

Tepper, B.J., & Taylor, E.C. (2003). Relationships among supervisors' and subordinates' procedural justice perceptions and organizational citizenship behavior, *Academy of Management Journal*, 46(1), 97-105.

Trieb, S.E., & Marion, B.W. (1969). *Managerial leadership and the human capital of firm*, Columbus, Ohio State University, College of Agriculture.

Van de Ven, A.H., & Ferry, D.L. (1980). *Measuring and assessing organizations*, John Wiley and Sons, Inc., New York, NY, 1980.

Vecchio, R.P. (1987). Situational Leadership Theory: An examination of a prescriptive theory, *Journal of Applied Psychology*, 72(3), 444-451.

Velenzi, E., & Dessler, G. (1978). Relationships of leader behavior, subordinate role ambiguity and subordinate job satisfaction, *Academy of Management Journal*, 21(4), 671-678.

Wojciszke, B. (2005). Morality and competence in person and self perception, *European Review of Social Psychology*, 16, 155-188.

Yukl, G. (1971). Toward a behavioral theory of leadership, *Organizational Behavior and Human Performance*, 6, 414-440.

Yukl, G. (1989). Managerial leadership: a review of theory and research, *Journal of Management*, 15(2), 251-290.

Yukl, G. (1998). *Leadership in organizations*, NJ: Prentice-Hall.

The effect of leader consideration on followers' performance: The moderating effects of followers' competency and morality

Kyoung-Su Kim*, Hyun-Sook Bae**, Dong-Min Yang***

Abstract

This study investigates the effect of leader consideration on followers' perfor- mance and moderating effects of followers' competency and morality on the relationship between leader consideration and followers' performance. Data from 199 employees in 14 firms show that a leader's consideration behavior positively relates to followers' performance and that followers' competency and morality moderate the relationship between a leader's consideration behavior and followers' performance. These results indicate that (1) a leader's consideration behavior is a major factor for enhancing followers' performance and (2) a leader's consideration behavior facilitates followers' performance in certain conditions such as high level of competency and morality. According to Ohio Leadership Studies a leader's structuring behavior is a major factor for enhancing followers' performance. So this study investigates the relationship between a leaders' structuring behavior and followers' performance and the moderating effects of competency and morality on the relationship between the two variables. The results show that a leader's structuring behavior does not relate to followers' performance and that followers' competency and morality do not moderate the relationship between a leader's structuring behavior and followers' performance. Based on the these results, we suggest a practical meaning of the results and provide limitations of this study and recommendation for future research.

Key words : Consideration behavior, Structuring Behavior, Competency, Morality, Followers' Performance, Behavioral Theory of Leadership, Moderating Effect.

* Professor, College of Business Admin., Chonnam National University, kskim@chonnam.ac.kr
** Ph.D. candidate, College of Business Admin., Chonnam National University, freer10@naver.com
*** Ph.D., College of Business Admin., Chonnam National University, ponasadal@hanmail.net

부 록 1

리더행동 요인분석

변 수	배려행동	구조주도행동
1. 부하직원들이 가지는 능력에 대해 자신감을 가지고 있다.	**.837**	.035
2. 부하직원들의 아이디어를 잘 듣고 지원해 준다.	**.820**	-.080
3. 부하직원들의 잠재력을 인정해준다.	**.791**	-.069
4. 친구처럼 대해주며 언제든 만날 수 있게 배려해준다.	**.788**	-.297
5. 부하직원들을 자신과 같이 동등하게 대해준다.	**.765**	-.170
6. 부하들의 제안을 받으면 그것을 의견에 반영하고 실행에 옮기는 편이다.	**.763**	-.120
7. 이야기를 나누다보면 편안함을 느낀다.	**.759**	-.310
8. 친근감이 있어 부하직원들과 쉽게 친해질 수 있다.	**.740**	-.315
9. 부하직원들 각자의 개인적인 형편까지도 신경을 써준다.	**.703**	-.162
10. 부하직원들이 가지고 있는 개인적 감정이나 욕구에 주의를 기울여준다.	**.701**	-.229
1. 부하직원들에게 자신의 주장을 고집하는 편이다.	-.225	**.751**
2. 부서 업무에 대해 부하직원들과 상의 없이 혼자 결정하고 행동하는 편이다.	-.274	**.709**
3. 부하직원들에 인간 중심적이라기보다는 과업 지향적으로 대하는 편이다.	-.149	**.676**
4. 부하직원들에게 근무 외 시간에도 일할 것을 독려한다.	-.255	**.652**
5. 업무에 대한 데드라인을 중요시 여기는 편이다.	.272	**.465**
고유값	6.952	1.828
설명비율	46.344	12.185
누적설명비율	46.344	58.529

조절변수 요인분석

변 수	역량	도덕성
1. 나는 변화에 잘 적응하고, 어떤 문제점에 대하여 효과적으로 관리하고 대응한다.	**.782**	.075
2. 나는 명확한 분석적 사고로 복잡한 문제에 최선을 다하며, 자신의 전문 지식을 효과적으로 적용한다.	**.771**	.170
3. 나는 새로운 아이디어와 경험이 요구되는 상황을 좋아하고, 창의적으로 대처하며, 전략적 사고로 조직의 변화를 지원한다.	**.728**	.111
4. 나는 행동을 주도하고 방향을 제시하며 책임감 있는 리더십을 발휘한다.	**.707**	.251
5. 나는 개인적 업무 목표 달성에 최선을 다하며, 자기개발을 위한 기회를 찾는다.	**.689**	.141
6. 나는 효과적으로 의사소통하며, 성공적으로 다른 사람을 설득하고 영향력을 미친다.	**.674**	.271

변 수	역량	도덕성
7. 나는 체계적인 방법으로 일을 하고, 고객만족과 표준화된 서비스 제공에 집중한다.	**.665**	.068
8. 나는 사람들과의 관계에서 그들을 지원하고 존중하며, 조직을 보완하는 사람 중심의 가치에 일관되게 행동한다.	**.664**	.268
1. 나는 자신의 희생을 통하여 이재민 등을 돕는다.	.163	**.789**
2. 나는 어려운 이웃에 대한 봉사의 당위성 및 책임감이 있다.	.109	**.764**
3. 나는 어려운 상황의 타인에 대하여 물질적 도움을 준다.	.103	**.755**
4. 나는 자신의 희생을 통하여 타인을 돕는다.	.290	**.703**
5. 나는 자신의 손해를 감수 하면서 타인의 행복을 추구한다.	.178	**.685**
6. 나는 사회적 소외계층에 대한 봉사정신이 있다.	.102	**.663**
7. 나는 불우이웃돕기와 각종봉사활동의 참여에 적극적이다.	.195	**.622**
고유값	5.820	2.285
설명비율	38.798	15.230
누적설명비율	38.798	54.870

결과변수 요인분석

변 수	부하성과
1. 나의 업무수행 결과에 대한 평판은 좋은 편이다.	**.804**
2. 내가 맡은 업무를 잘한다는 소리를 자주 듣는다.	**.798**
3. 내가 처리한 업무의 질은 탁월하다.	**.793**
4. 나의 작업효율성은 우수한 편이다.	**.787**
5. 나는 동료에 비하여 탁월한 업무수행을 보인다.	**.772**
6. 나는 업무수행 결과가 질적으로 우수한 편이다.	**.766**
7. 나는 업무에서의 타인과 구별되는 전문성을 발휘한다.	**.745**
8. 내가 맡은 업무는 항상 정확하고 깔끔하게 처리한다.	**.740**
9. 나의 목표에 대한 달성도는 높은 편이다.	**.727**
10. 나는 업무상의 목표를 항상 달성한다.	**.705**
11. 나는 업무수행 결과가 양적으로 우수한 편이다.	**.657**
12. 나는 업무 수행시 나름대로 혁신적 방법을 많이 고안하는 편이다.	**.650**
고유값	6.696
설명비율	55.800
누적설명비율	55.800

제5장 ALS, VDL, IL 이론

리더와 부하간의 관계를 설명하는 리더십이론은 집단분석수준에서 3가지 관점으로 구분해볼 수 있다. 첫째, 평균적 리더십스타일 이론(average leadership style theory, Dansereau, Graen, & Haga, 1975)에 따르면 리더는 일정한 스타일을 가지고 부하들을 하나의 전체로 보고 영향력을 행사하므로 부하들은 리더의 행동에 대해 동일하게 지각을 하게 되고 리더십 효과성 역시 동질적으로 나타난다. 상사가 동일한 집단에 속한 부하들에게 동일하게 행동하는데에는 적어도 세 가지 요인이 작용한다고 볼 수 있다. 첫째, 상사가 가지는 개인적 특성(성격적 특성[Fiedler, 1967] 이나 스타일[Stogdill & Coons, 1957])로 인하여 상사는 동일한 집단에 속한 부하들에 대해 리더 자신이 가지는 특성이나 스타일에 따라 일정한 방식으로 행동할 수 있다. 예를 들어 직무지향적(job-oriented)인 스타일을 가지는 상사는 동일한 집단에 속한 모든 부하에 대해 직무지향적인 행동을 보이게 된다. 둘째, 동일한 집단에 속한 부하들에 대해 상사는 동일한 집단 구성원으로서의 지위를 부여하는 경향이 있으며 따라서 상사는 동일한 집단에 속한 부하들을 동질적으로 대하게 된다(Cummings, 1975). 셋째, 집단은 일반적으로 부하들이 공유하는 목표를 가지게 되며 이러한 공동목표를 달성하기 위하여 부하들은 서로 협력하게 되고 따라서 상사는 이들의 협력관계를 깨뜨리지 않기 위하여 부하들을 구별하거나 차별하지 않는 경향이 있다(cf, Fleishman, 1998). 이 경우 상사는 동일한 집단에 속한 부하들을 동일하게 대하게 된다.

둘째, 수직적 짝 연계이론(vertical dyad linkage theory) 혹은 리더-멤버 교환이론(leader-member exchange theory, Graen, Liden, & Hoel, 1982)에 따르면 리더는 부하들을 비교하여 내집단(in-group)과 외집단(out-group)으로 구분하여 내집단과 외집단에 속한 부하들에게 각각 다른 형태의 영향력을 행사한다. 부하들을 내집단과 외집단으로 나누는 기준은 부하들이 가지는 능력이나 매력, 집단에 대한 공헌도, 혈연이나 지연, 학연과 같은 요인들에 의하여 영향을 받으며 내집단에 대해서는 부하의 지위로서는 알 수 없는 기업의 중대한 정보의 제공, 자율성의 부여, 의사결정에의 참여권한 등을 부여하게 되고 이러한 혜택을 받은 내집단의 부하들은 리더가 원하는 만족할만한 성과를 보여준다. 그러나 리더는 외집단의 부하들에 대해서는 리더로서의 공식적인 역할만을 수행하게 되므로 작업에 대한 감독이나 통제 등 최소한의 역할만을 보여주고 따라서 외집단의 부하들은 최소한 성과만을 보여주게 준다.

셋째, 댄스로와 그의 동료들(Dansereau, 1995; Dansereau, Alutto, & Yammarino, 1984; Dansereau et al., 1995)에 의해 개발된 개별화된 리더십이론은 기존에 개발된 평균적 리더십스타일 이론이나 수직적 짝 연계이론(또는 리더-부하 교환이론)과는 다른 이론으로 한 집단에서 상사는 부하들을 하나의 전체로 대하는 것이 아니라 일대 일로 또는 개별적으로 대하게 되며 사회적 교환관계를 통하여 부하가 상사에게 보여주는 행동은 상사가 부하 개개인에 대해 어떻게 행동하는가에 의해 영향을 받게 된다고 제시하고 있다(Mumford, Dansereau, & Yammarino, 2000; Schriesheim, Castro, & Cogliser, 1999, 김경수 등, 1999). 예를 들어 상사가 한 부하에 대해 그의 자부심을 높여주는 행동을 보이는 경우 부하는 반대급부로 상사가 만족할 만한 성과를 제공하게 된다. 이 때 부하의 자부심을 높여주는 상사의 행동은 부하에 대한 상사의 지원으로 지각되게 되는데 상사는 다음과 같은 세 가지 방식에 의해 부하의 자부심을 높여줄 수 있다: ① 상사가 부하의 개인적인 욕구나 감정에 주의를 기울여줌으로써(Stogdill & Coons, 1957), ② 상사가 부하의 능력과 성실함에 대해 확신하고 있다는 것을 부하에게 주지시킴으로써(House, 1977; Likert, 1971), 그리고 ③ 상사가 부하가 가지는 생각이나 의견을 지지해줌으로써(Dansereau, Graen, & Haga, 1975) 부하의 자부심을 높여줄 수 있다. 부하의 자부심을 높여주는 상사의 행동을 부하가 지각할 때, 그 부하는 이러한 상사의 행동이 부하 자신 때문에 나타난 것이라는 일말의 책임(또는 빚)을 느끼게 되며 이러한 책임에 대해 상사가 선호하거나 또는 만족할만한 성과를 반대급부로 제공함으로써 빚을 갚는 경향이 있다(Dansreau et al., 1995). 그러므로 개별화된 리더십이론에 따르면 부하의 자부심을 높여주는 상사의 행동과 부하의 상사가 만족할만한 성과의 제공이라는 두 개의 변수가 상사와 부하로 이루어진 짝 수준에서 성립하게 되며 상사와 부하간 교환관계가 하나의 싸이클을 이루면서 발전해 나간다.

위의 세 가지 리더십이론을 교수와 학생간의 관계를 예로 들어 설명하면 다음과 같다. 신학기에 교수는 학생들과의 관계에 있어서 잘 모르므로 어떤 학생들이 교수의 기대에 부응할지 파악이 잘 안되며, 따라서 학생들 간의 비교를 통한 내집단과 외집단을 구분하는 것이 쉽지 않다. 그러므로 교수는 학생들을 하나의 전체로 보고 행동하는 것이 일반적이다. 이 경우 교수와 학생간의 관계는 평균적 리더십스타일 이론으로 설명이 가능하다.

그러나 시간이 흐를수록 교수는 학생들의 능력이나 학업성취도, 의욕 그리고 기대에 부응하는 정도를 파악할 수 있으며 이러한 파악은 학생들 간의 비교를 가능케 해준다. 따라서 교수는 학생들을 내집단과 외집단으로 구분하는 경향이 있으며 각각의 집단에 대해 다른 행동을 보여줄 것으로 예측해 볼 수 있다. 예를 들어 Weinstein 등(1982)에 따르면 능력이 높은 학생은 교사로부터 학문적 요구나 특별한 배려를 받는 것으로 지각하는 반면, 능력이 낮은 학생은 관심과 배려를 받지 못하는 것으로 지각하며 또한 성적이 높은 학생은 성적이 낮은 학생보다 더 높은 기대, 더 많은 참여기회, 그리고 더 많은 선택을 받는다고 주장하였다 (Weinstein, et. al. 1982). 뿐만 아니라 열등생이 답할 경우 시간을 짧게 주고, 충분히 기다려 주지 않으며, 실수를 하였을 때는 더 자주 꾸중을 하고 잘된 응답에 대해서는 칭찬이 인색한 반면에 우등생이 틀린 답을 하면 한 번 더 해보라고 격려해 주고 더 자주 칭찬해 주며 실수에 대한 비난은 잘하지 않는다. 이러한 주장들은 교수와 학생간의 관계가 수직적 짝 연계이론(혹은 리더-멤버 교환이론)에 의해 설명될 수 있다는 것을 뜻한다.

또한 다른 설명도 가능하다. 교수의 학생에 대한 행동은 개개의 학생이 교수에 대해 얼마나 많은 노력과 시간을 기울이냐에 달려 있다. 예를 들어 교수는 공식적으로 면담시간을 정해 놓고 학생들로 하여금 방문하여 면담을 하도록 권유하고 있다. 이때 교수를 자주 방문한 학생들은 교수와 친밀한 관계를 유지하게 되고 그렇지 않은 학생들은 교수와의 관계에 있어 서먹서먹할 것이다. 교수와 친밀한 관계를 유지하고 있는 학생에 대해서는 보다 많은 관심과 배려를 보여주지만 그렇지 않은 학생들에 대해서는 무관심을 보일 것이다. 따라서 교수의 관심과 배려라는 행동은 학생들 간의 비교를 통해서 나타나는 것이 아니라 개개의 학생이 교수에 대해 어떤 행동을 보였는가에 따라 결정된다. 그러므로 교수와 학생간의 교환관계는 1대1로 일어날 것이며 이러한 설명은 개별화된 리더십이론과 일치한다.

이렇듯 교수와 학생 간 교환관계는 집단전체 수준에서 혹은 집단부분수준에서, 혹은 1대1 수준에서 일어날 수 있으나 다음과 같은 이유 때문에 1대1 수준에서 일어나는 것으로 예측할 수 있다.

교수라는 직업은 시간상 많은 제약을 가지므로 지도하는 학생전체에 대해 동일한 관심과 배려를 하는 것이 불가능하다(이러한 사실은 교수와 학생간의 교환관계가 집단전체수준에서 일어나는 것이 어렵다는 것을 의미한다). 또한 신학기에 새로 입학한 학생에 대해 교수는 별다른 정보를 가지고 있지 않기 때문에 어떤 소수의 학생들을 편애하기보다는 학생들을 하나의 전체로 보고 행동할 확률이 많지만 점차 교수가 학생들과 접촉을 하면서 학생에 대한 정보를 많이 가지게 되므로 우수한 학생과 우수하지 못한 학생들을 구분하거나, 성실한 학생과 성실하지 않은 학생 등을 구분하여 각각 다른 행동을 보일 수도 있다. 그러므로 신입생을 제외한 대부분의 학생들에 대해 교수는 하나의 전체로 보고 동일한 관심과 배려를 보이는 것이 어렵다는 것을 알 수 있다(이러한 사실은 교수와 학생간 교환관계가 집단전체수준에서 보다는 집단부분수준에서 일어날 수 있다는 것을 의미한다).

교수와 학생간의 교환관계가 집단부분수준에서 일어난다는 것은 교수가 학생의 일부를 편애하여, 보다 많은 관심과 배려를 보이는 것을 의미한다. 그러나 대학의 특성상 지도교수와 학생은 느슨하게 연결되어 있으며, 서로간의 의무가 공식화되어 있지 않으므로(초중고의 경우 담임선생과 학생들 간의 관계는 공식화되어 있으며, 학생들은 마음대로 반을 옮길 수도 없고 담임선생을 교체할 수도 없으며, 담임 역시 마음대로 학생들을 옮길 수 없다) 학생이 교수를 매일 만날 필요도 없고, 반드시 의무사항도 아니다. 즉 학생 본인 여하에 따라 지도교수를 보느냐가 결정되므로, 학생이 원치 않으면 4년 내내 지도교수와 한 번도 만나지 않을 수 있다. 또한 교수들 역시 학생의 면담시간이 정해져 있긴 하지만 형식적인 경우가 많고 또한 학생들이 마음대로 아무 시간에나 교수와 면담하는 것이 아니라 교수의 시간 여하에 따라 달라질 수 있다. 그러므로 교수가 소수의 학생들을 편애하여 매일 찾아오도록 하거나 찾아다니면서 관심과 배려를 해주는 것은 불가능하며 오히려 면담하러 오는 학생여하에 달려 있다고 볼 수 있다. 예를 들어 지도교수의 필요성을 느끼지 못해 지도교수와 만날 필요를 느끼지 못하는 한 학생이 어느 날 갑자기 자신의 진로문제에 대해 고민하기 시작하여 지도교수와의 면담을 원하게 되었고 적극적으로 지도교수를 만나 도움을 요청하게 되었을 때 지도교수는 그 학생의 적극적인 태도로 인하여 보다 많은 관심과 배려를 쏟을 것이다. 또한 반대로 처음에는 적극적으로 지도교수를 찾아와 자신의 문제에 대해 상담을 하고 도움을 요청하던 한 학생이 어느 날 갑자기 방문이 뜸해질 때 지도교수가 찾아다니면서 관심과 배려를 보이지는 않을 것이다. 따라서 교수가 학생에게 관심과 배려를 어느 정도 보이느냐는 학생 개개인이 어느 정도 적극적으로 지도교수를 찾아가 자신이 문제에 대해 상담하고 도움을 요청하느냐에 달려 있다고 볼 수 있다. 그러므로 교수와 학생 간 교환관계는 집단전체수준이나 또는 집단부분수준에서 일어나는 것이 아니라 교수와 학생 1대1 관계로 일어나게 된다.

제5장에서는 두 편의 논문을 소개하고자 한다. 첫 번째 논문은 김경수 등(1999)의 '개별화된 리더십: 교수-학생의 교환관계에 관한 연구'로 저자들은 이 논문에서 교수와 학생간 교환관계에 대해 변수들 간 관계 측면과 분석수준 측면에서 가설을 설정하고 검증하였다. 변수들 간 관계 측면에서 교수의 학생에 대한 관심과 배려가 학생의 교수에 대한 존경, 학업성취도, 학교생활의 만족에 영향을 미치는 것으로 가설을 설정하였으며, 분석수준 측면에서 교수와 학생 간 교환관계가 집단수준이 아닌 짝수준 즉 교수와 학생 간 1대1 관계로 성립할 것이란 가설을 설정하였다. 검증결과 교수의 학생에 대한 관심과 배려에 대해 학생들은 정확하게 지각하고 있었으며, 학생 자신이 어느 정도 관심과 배려를 받았느냐가 교수에 대한 존경, 학점, 학교생활의 만족에 영향을 미치는 것으로 나타났다. 또한 이러한 교수와 학생 간 교환관계가 1대1로 나타나 본 논문에서 제시한 가설이 뒷받침되었다. 이러한 결과는 교수가 일정한 스타일에 기초하여 같은 수업을 수강하는 학생들 전체를 대상으로 관심과 배려를 보이는 것이 아니며, 또한 일부 편애하는 학생들에 대해 관심과 배려를 보이는 것이 아니라는 것을 보여준다.

두 번째 것은 김경수 등(2013)의 '작업집단에서 상사의 편애에 대한 부하의 지각: 개별화된 리더십을 중심으로'의 논문을 언급하고자 한다. 이 논문에서는 편애라는 개념을 통하여 개인분석수준에서 성립하는 귀인이론과 짝수준에서 성립하는 개별화된 리더십이론을 통합하려는 시도를 하였다. 편애는 (1)상사가 동일한 집단에 속한 부하들을 동등하게 대하는가 아니면 동등하지 않게 대하는가에 대한 부하의 지각과 더불어 (2) 이러한 상사의 행동이 공정한가 아니면 불공정한가에 대한 지각으로 정의할 수 있다. 예를 들어 상사가 부하를 동등하게 대하고 이러한 상사의 행동에 대해 부하들이 공정함을 지각한다면 부하들은 '편애 없음'을 지각하게 되지만 상사가 부하를 동등하게 대하지 않고 이러한 상사의 행동에 대해 부하가 불공정함을 지각한다면 부하는 상사가 다른 부하를 편애하는 것으로 지각하게 된다. 위에서 정의한 편애의 개념이 개별화된 리더십과 어떻게 연관되는가를 설명하기 위해 귀인이론을 도입하여 다음과 같은 이론을 정립하였다.

상사와 부하가 개별화된 리더십관계를 가질 때, 상사와 부하의 어떤 짝은 많은 정도의 자부심과 성과를 교환하는 반면, 상사와 부하의 다른 짝은 적은 정도의 자부심과 성과를 교환하게 된다. 그러므로 상사는 자부심을 제공하는데 있어서 부하들을 동등하게 대우하지 않게 된다. 이러한 상사의 대우에 대해 자부심을 많이 제공받은 부하는 상사의 행동(자부심 제공)에 대해 원인을 규명하게 되고 이러한 원인을 자신의 탓으로 돌리는 경향이 있다. 예를 들어 부하자신이 상사에게 만족할만한 성과를 제공했기 때문에 상사가 자신에게 자부심을 많이 제공했다라고 판단하게 된다. 그러므로 상사의 동등하지 않은 대우(자신에 대한 특별한 대우)에 대한 원인을 자신의 탓으로 귀인하며 상사의 이러한 대우가 자신을 다른 부하직원들과 비교하여 차별적으로 우대하는 것이라고 지각하는 것이 아니라 자신이 많은 것을 제공했기 때문에 나타난 결과라고 지각하게 된다. 반대로 상사로부터 자부심을 적게 제공받은 부하는 상사의 동등하지 않은 대우를 지각함과 동시에 상사의 이러한 대우를 자신의 탓 이라기보다는 상사의 탓으로 귀인하게 된다. 즉 자신이 상사에게 낮은 성과를 제공했기 때문에 상사로부터 동등하지 않은 대우를 받은 것이 아니라, 상사로부터 낮은 자부심을 제공받았기 때문에 나타난 결과라고 판단할 것이다. 따라서 상사의 동등하지 않은 대우가 불공정하다고 지각하게 되는바 다른 부하(즉 특별한 대우를 받은 부하)를 편애한다고 지각할 것이란 가설을 설정하였다.

제조기업에 근무하는 96명의 관리자들과 관리자들의 상사 26명으로부터 자료를 수집하여 분석한 결과 상사의 편애는 상사가 실제로 부하들을 편애하는 데에서 오는 것이 아니라 부하들이 상사와 원활한 관계를 가지는가 아니면 가지지 못하는가에 의해 나타난다는 가설이 뒷받침되었다. 이러한 연구결과를 부하의 관점에서 보면 상사로부터 자부심을 증진시키는 행동을 제공받고 반대급부로 만족할만한 성과를 상사에게 제공하는(즉, 상사와 원활한 관계를 가지는) 부하는 상사가 자신을 대우함에 있어서 다른 부하들과는 달리 더 많은 자부심을 증진시키는 행동을 제공한다는 것을 지각하지만 이러한 상사의 행동이 자신을 편애한다기보다는 자신이 상사에게 만족할만한 성과를 제공했기 때문에 나타난 당연한 결과라고 생각한다. 그러나 반대로 상사로부터 자부심을 증진시키는 행동을 제공받지 못한(상사와 원활한 관계를 가지지 못하는) 부하는 상사의 행동이 부하자신의 행동, 즉 만족할만한 성과를 제공하지 못한 결과라는 사실은 잊은 채, 상사가 자신을 다른 부하들과는 달리 차별한다고 지각하게 된다. 즉 특별한 대우를 받는 다른 부하를 편애한다고 지각하게 된다. 이러한 부하의 지각은 바로 부하 자신의 체면(save-face)을 살리는 것이고 자신의 자긍심(self-esteem)을 유지하게 만든다. 다시 말하면 상사로부터 자부심을 높여주는 행동을 제대로 제공받지 못한 부하는 이러한 결과의 원인을 자신이 아닌 상대방(즉 상사)으로 귀인하게 되고 결국 상사가 다른 부하들을 편애한다라고 지각하게 된다. 이 연구결과를 상사의 관점에서 보면 상사는 부하와의 개별적인 일대 일 관계에서 부하가 만족한 만한 성과를 어느 정도 제공했는가의 여하에 따라 부하에게 자부심을 높여주는 행동을 제공하게 된다. 그러므로 동일한 집단에 속한 부하들은 상사의 자부심을 높여주는 행동을 다른 정도로 또는 차별적으로 받을 수 있다. 그럼에도 불구하고 상사가 부하의 자부심을 높여주는 행동을 부하에게 제공하지 않은 원인을 상사자신으로 귀인하기보다는 상대방(즉 부하)으로 귀착하게 된다. 즉 상사자신이 자부심을 보여주는 행동을 제공하지 않은 이유는 바로 부하가 만족할만한 성과를 제공하지 않았기 때문이라고 귀인하게 된다. 그러므로 상사는 부하직원들을 편애한다라고 지각하지 않는다. 이 연구결과를 상사와 부하의 통합된 관점에서 보면 상사의 편애는 상사의 관점에서 나타나는 것이 아니라 부하의 관점에서 나타나는데 특히 상사로부터 자부심을 증진시키는 행동을 제대로 제공받지 못한 부하에게서 나타나는 현상이라고 볼 수 있다. 즉 상사와 원활한 관계를 가진 부하는 상사가 자신을 편애하는 것으로 지각하는 것이 아니라 부하자신이 제공한 결과 때문이라고 귀인하는 반면, 상사와 원활한 관계를 가지지 못한 부하만이 상사의 편애(상사가 부하들을 동등하게 대하지 않고 이러한 행동이 불공정하다고 판단함)를 지각하게 된다.

개별화된 리더십: 교수학생의 교환관계에 관한 연구*

김경수**, 정홍술***, 최광신****

본 연구는 교수와 학생 간 교환관계에 대해 두 가지 측면에서 예측이 이루어졌다. 첫째, 변수들 간의 관계측면에서는 교수의 학생에 대한 관심과 배려가 학생의 교수에 대한 존경, 학업성취도, 그리고 학교생활의 만족에 영향을 미치는 것으로 가설을 설정하였으며, 둘째 분석수준 측면에서는 교수와 학생 간 교환관계가 집단 수준이 아닌 짝수준, 즉 1대1 관계로 성립할 것이라는 가설을 설정하였다. 교수와 학생들로부터 수집한 자료를 분석한 결과에 따르면 교수의 학생에 대한 관심과 배려에 대해 학생들은 정확하게 지각하고 있었으며, 학생 자신이 어느 정도 관심과 배려를 받았느냐가 교수에 대한 존경, 학점, 학교생활의 만족에 영향을 미치는 것으로 나타났다. 또한 이러한 교수와 학생 간 교환관계는 교수와 학생 간 1대 1로 나타나는 것으로 밝혀져 본 연구에서 설정된 가설이 뒷받침되었다. 이러한 결과는 교수가 일정한 스타일에 기초하여 지도하는 전체 학생들을 대상으로 관심과 배려를 보이는 것이 아니며, 또한 일부 편애하는 학생들에 대해 관심과 배려를 보이는 것도 아니라는 것을 의미한다. 토론 부분에서는 이러한 결과를 실제 교수학생간 교환관계에 적용시킴에 있어서 시사하는 바와 본 연구가 가지는 한계 등에 대한 논의가 이루어졌다.

1. 머리말

전통적인 유교사상의 영향으로 과거 선생과 제자의 관계는 일방적인 존경의 관계로 정의되어 왔다. 즉 학생들은 선생님의 그림자조차도 밟아서는 안되며, 선생님의 말씀은 곧 진리로 통하였다. 책이 귀하던 시절, 그리고 정보를 얻기가 힘들던 시절 이러한 일방적인 존경의 관계는 가능했다. 그러나 현재 정보의 홍수시대에 살고 있는 학생들에게 일방적인 존경만을 강요하는 것은 불가능해졌다(최근 서강대학교 학보사가 서강대생 200명을 대상으로 연구한 결과에 따르면 강의 교수의 이름을 모르거나 인사를 안하는 학생이 전체의 50% 이상을 차지하는 것으로 나타나 이러한 사실을 뒷받침하고 있다). 학생들은 다양한 저서를 통하여 손쉽게 저명한 학자의 이론과 지식을 접할 수 있게 되었고, 정보통신의 발

* 이 논문은 인사조직연구 제7권 제1호, 1999, 83-126에 게재된 논문임.

** 전남대학교 경영학과 조교수.
*** 동아전문대학 관광경영학과 교수.
**** 한려산업대학 경영정보학과 조교수.

달로 선생님들보다 더 빨리 유용한 정보를 접함으로써 선생님들이 가르치는 지식이 진부화되어 더 이상 일방적인 존경의 관계는 성립하지 않게 되었다.

이와 더불어 최근 국내대학이 처한 환경 역시 선생과 학생간의 관계를 흔들어 놓았다. 다양한 입학전형의 실시와 대학 정원에 비해 학생의 수가 상대적으로 적어진 시점에서 더 이상 대학은 전통적으로 편안히 앉아서 신입생들을 받고, 단순히 알고 있는 지식을 일방적으로 전달하는 시대는 지나갔다. 대신에 적극적으로 신입생들을 유치해야 하고 유치한 학생들을 어떻게 하면 유지할 수 있는가의 여부가 대학의 생존을 결정하는 시대가 도래 하였다. 비공식적인 통계이지만 여러 대학에 합격한 후 한 학교만을 선택하게 되므로 등록을 포기한 학생 수가 올해만도 약 100,000명에 이르고 있고 타 대학으로 편입하는 학생 수 또한 년 간 30.000명에 달하고 있을 정도로 대학들은 신입생의 유치와 재학생의 유지에 고심을 하고 있다.

이러한 수요중심의 시대에 대학들은 강의실의 확충이나 첨단화, 복리후생시설의 확충을 통하여 학생들의 학교생활만족도를 고취시키려 하고 있다. 그럼에도 불구하고 학교생활만족에 가장 영향을 미치는 요인 중 하나인 교수와 학생간의 관계에 대해서는 등한시하고 있는 실정이다. 학생들이 가지는 주요 관심사는 학점, 졸업후의 진로, 인생목표의 정립, 가치관의 설정 등을 들 수 있는데 반하여 교수들은 상대적으로 학생들의 관심에 귀를 기울지 않아 왔던 것이 사실이다. 그러나 교수들의 무관심에 대해 학생들은 교수들을 신뢰하지 않게 되고, 존경하지 않게 되며 결국 학교생활의 만족을 교수로부터 찾는 것이 아니라 개인 자신(예를 들면, 혼자 열심히 공부하여 좋은 학점이나 자격증을 따는 것), 급우들과의 관계. 동아리 활동, 교외 행사 등에서 찾게 되며, 그나마 만족을 찾지 못하는 학생들은 학교생활의 불만족으로 인하여 대학을 떠나게 된다. 그러므로 이러한 상황에서 교수는 학생들이 믿고, 존경하고 따를 수 있도록 새로운 상을 정립하여야 할 것이다.

또한 전통적으로 교수와 학생간의 관계는 주로 강의실에서 이루어져 왔기 때문에 같은 강의를 듣는 학생들을 하나의 전체로(group as a whole) 보고 교수와 학생들 간의 관계를 보려는 시도가 있어 왔다. 예를 들어 교수의 강의 스타일에 따라 학생의 만족도가 다르게 나타난다는 연구를 들 수 있다. 그러나 같은 강의를 듣는 학생들이라도 일부학생들은 교수(사)로부터 더 많은 관심과 배려를 받는다는 연구결과 역시 나타나고 있어(Weinstein et al., 1982). 같은 강의를 듣고 있는 학생들을 하나의 전체로 보고 교수와 학생들의 관계를 연구하는 것이 반드시 타당하지 않다는 것을 보여주고 있다. 뿐만 아니라 교수가 면담시간을 정해놓고 수업관련 사항이나 개인적인 고충 등의 문제를 면담할 수 있도록 함으로써, 강의실에서 이루어지는 공식적인 관계를 넘어 비공식적인 관계를 형성하게 된다. 예를 들어 자주 방문한 학생에 대해 교수는 더 많은 관심을 가지게 되고, 이름을 기억하게 되며, 학생 역시 관심을 가지고 이름을 기억해 주는 교수에 대해 만족을 느끼게 된다. 또한 이러한 관계가 강의실에서도 지속적으로 이루어지게 된다.

이렇듯 교수는 학생과의 관계에 있어서 같은 강의를 듣고 있는 학생들을 하나의 전체로 보고 행동을 할 수 있고, 일부학생들에게만 더 많은 관심과 배려를 보일 수도 있으며, 또는 학생 개개인을 개별적으로 대할 수도 있다. 그럼에도 불구하고 기존의 연구에서는 교수와 학생간의 관계가 이러한 세 가지 중 주로 어떤 위치(분석수준)에서 일어날 것인가에 대한 시도가 전혀 이루어지지 않았었다.

따라서 본 연구는 교수와 학생간의 관계가 학생의 학교생활만족에 어떻게 영향을 미치는가를 조사하는 것과 이러한 변수들 간의 관계가 어느 위치(분석수준 혹은 단위수준)에서 일어나는가를 연구하는데 목적을 두고 있으며, 이러한 목적을 달성하기 위하여 교수와 학생간의 교환관계에 대한 이론적인 모형을 제시하고, 이 모형을 기초로 가설을 정립하였다.

2. 이론적 배경

개인과 개인의 관계는 교환이론으로 설명될 수 있는데 전통적으로 중시되어 온 주요개념은 다음과 같이 크게 세 가지로 요약해 볼 수 있다. 첫 번째 개념은 이익 극대화의 원칙으로 인간은 기쁨을 제공하는 행동에 참여하는 경향이 있다는 것이다(Homans. 1961). 이 원칙에 따르면 교환관계에서 한 개인은 투자는 되도록 줄이고, 결과의 극대화를 추구한다는 것이다(Secord & Backman 1974). 이러한 교환관계를 호만스(Homans. 1961)는 유익한 교환(profitable exchange)이라고 보았으며, 이러한 교환은 개인 간 상호작용에서 일어나기보다는 개인안의 비교과정(intrapersonal comparison process: 개인 자신이 얻는 보상과 비용의 비교)을 통해서 일어난다. 그러나 교환관계는 한 개인의 보상에 의해서만 결정되는 것이 아니라 상대방이 얻는 보상에 의해서도 결정되기 때문에 이익극대화의 원칙은 개인 간 교환관계를 설명하는데 부적합하게 된다(Homans. 1961: 72쪽). 두 번째 개념은 분배의 공정성(혹은 공정한 교환, fair exchange. Homans. 1961)인바 교환관계에서 한 개인은 자신의 이익(보상과 비용)과 상대방의 이익을 비교하여 자신의 위치를 평가한다는 것이다. 즉. 이 개념에 따르면 한 개인은 상대방과 교환을 함에 있어서 자신이 투자한 것에 대해 얻은 결과를 상대방이 투자한 것에 대해 나타난 결과와 비교하는 과정을 통해 공정성 혹은 불공정성을 지각하게 되며 이러한 지각으로부터의 긴장을 해소하는 방향으로 행동하게 된다는 것이다. 그러나 비록 불공정성을 지각하더라도 제 3자(준거인)를 선택하여 비교함으로써 비용을 더 혹은 덜 들이지 않고서도 불공정성을 회복할 수 있게 된다. 따라서 분배의 공정성 개념 역시 개인 간 상호작용을 설명하는데 있어 부적합한 것으로 보인다(Ekeh. 1974). 세 번째 개념은 블라우(Blau. 1964)가 주장한 원칙으로, 교환관계에서 한 개인이 상대방에게 가치있는 보상을 제공하게 되면 상대방은 일종의 책무를 지게 되며, 상대방은 이러한 책무를 면하기 위하여 그 개인에게 반대급부로 가치 있는 보상을 제공한다는 것이다. 이 원칙은 개인 간의 상호작용에서 나타나는 교환을 설명하는 것으로 개인 안 비교과정과 다르며, 또한 제3자를 통한 간접적인 교환이 아니라 두 사람 간의 직접적인 교환이라는 점에서 앞의 두 원칙과 다르다고 볼 수 있다. 이와 유사하게 에머슨(Emmerson. 1969)은 강화의 개념을 교환관계에 적용하여 교환관계에 있는 두 사람이 행동을 함으로써 반대급부로 무엇인가를 얻게 되며 무엇인가를 얻게 됨으로써 이것이 강화되어 이전의 행동이 반복되고 따라서 두 사람간의 교환관계가 발전해 나간다는 것이다.

이러한 세 가지 개념 중 블라우(1964)의 원칙에 기초하면 개인과 개인의 교환은 주고받는 관계로 정의될 수 있으며, 구체적으로 한 개인이 상대방에 대해 이득이 되는 것을 제공하게 되면 상대방은 그에 대한 보답으로 무엇인가 보상이 되는 것을 제공하게 된다. 마찬가지로 한 개인이 상대방으로부터 이득을 제공받게 되면 그에 대한 보답으로 무엇인가 이득이 되는 것을 제공하게 된다.

이러한 주고받는 관계는 이미 개인과 개인의 교환관계를 설명하는데 사용되어져 왔다. Blau(1964)는 상호 개인관계에서 한 개인이 자신의 제안이나 의견, 혹은 행동이나 결정에 대한 인정을 받기를 갈망하므로 상대방으로부터 자신의 제안이나 의견, 또는 행동이나 결정에 대한 사회적 인정(social approval)을 받을 때, 상대방에 대해 빚을 졌다는 느낌이나, 감사의 마음 또는 신뢰를 보여주게 된다는 것을 제안하고 있다. 주고받는 교환관계는 개인 종업원과 조직 간의 관계에서도 찾아볼 수 있다. Eisenberger 등(1986)과 Folger와 Konovsky(1989)는 조직으로부터 공정한 지원을 받았다고 지각하는 종업원이 조직에 대해 강한 몰입과 충성심을 보여준다는 것을 밝혔다.

리더와 부하의 관계 역시 주고받는 교환관계로 설명되어져 왔다. Hollander(1958)는 상사(리더)가 자신감과 능력이 있다는 것을 부하에게 보일 때, 또는 집단의 목표를 탁월하게 달성할 때 부하들은 상사에 대해 존경심을 가지게 된다는 것을 주장했으며, Organ(l974)은 부하가 상사의 지시나 과업규범에 복종시 부하들에게 호의를 베풀거나 특권을 제공한다는 것을 발견하였다.

Dansereau 등(1995)은 상대방으로부터 매우 귀하고 가치 있는 보상(예를 들면 자신이 원하는 행동이나 서비스를 제공한다거나, 혹은 자신의 견해에 동조하는 것 등)을 받은 사람은 상대방에게 일반화된 강화물로서 사회적 인정을 제공하게 된다는 교환이론의 관점과 리더가 부하에게 일종의 자부심과 자긍심을 심어줄 때 혹은 귀중한 인재라는 점을 부각시켜줄 때 부하들로부터 바람직한 성과를 얻는다는 리더십이론의 관점에 기초하여 개별화된 리더십이론을 제시하였다.

개별화된 리더십이론에 따르면, 부하들은 서로 독립적이거나 개별적으로 존재하며, 따라서 한 명의 상사는 한 명의 부하에 대해 다른 부하들과의 관계와는 전혀 다른 별개의 관계를 형성하는 것으로 보고 있다(김경수, 김인숙, 1996 참조). 그러므로 한 명의 상사가 같은 집단에 속한 부하 개개인에 대해 어떻게 행동하느냐 하는 것은 전적으로 상사가 그 부하를 어떻게 보는가에 달려있고, 이러한 상사-부하의 관계를 하나의 짝에서 일어나는 교환관계로 보았다: 즉 상사가 같은 집단에 속한 개개의 부하를 어떻게 보는가에 따라 자부심을 지원해준다는 느낌(a sense of self-worth support)을 제공한다는 것이다. 〔자부심을 지원해 준다는 느낌은 상사가 부하개인에 대해 다음과 같은 세 가지 방식으로 지원을 해준다는 판단과 지각으로 정의될 수 있다(Dansereau et al.. 1995: 416). 첫째, 상사가 부하의 개인적인 욕구와 감정에 주의를 기울여 주는 것이고, 둘째, 상사가 부하의 개인적인 동기와 성실성 그리고 능력에 대해 확신을 해주는 것이며, 셋째, 부하가 개인적으로 선호하는 행동을 취할 때 지원을 해주는 것이다〕. 그러면 부하는 상사로부터 자부심을 지원받은 느낌이 어느 정도이냐에 따라 상사에 대해 만족할만한 성과를 제공하게 된다.

개인과 개인 간의 주고받는 교환관계나 리더와 부하의 관계를 설명하는 개별화된 리더십모형은 교수와 학생간의 관계를 설명하는데 있어서도 다음과 같은 유사한 특성 때문에 적용될 수 있다. 첫째 리더가 집단의 목표를 달성하기 위하여 부하들에게 영향력을 행사하는 것과 같이 교수 역시 강좌나 class의 목표를 달성하기 위하여 학생들에게 영향력을 행사한다는 점이다. 이와 더불어 학생들의 경우 학업이라는 과업의 속성상 직장생활을 하는 조직구성원들과는 달리 강의에 빠질 수도 있고, 경우에 따라서는 시험까지도 치르지 않을 수도 있으며 여러 과목을 수강하는 과정에서 전략적으로 노력의 안배를 해야 하기 때문에, 교수의 영향력 행사정도에 따라 어떤 과목에 대해서는 노력을 많이 하는 반면에 어떤 과목에 대해서는 노력을 게을리 할 수밖에 없는 매우 자율적인 상황에 노출되어 있다는 점이다[1]. 둘째 리더와 부하들은 각각 상대방에 대해 기대감(리더로서 부하에 대한 관심과 배려, 부하의 제안이나 의견에 대한 수용 등에 대한 기대감과 부하로서 리더가 만족할만한 성과를 보여줄 것이라는 기대감)을 가지고 행동하는 것과 같이 교수 역시 학생에 대해 교수에 대한 존경이나 학업성취도에 대한 기대감과 학생 역시 교수에 대해 관심과 배려 혹은 인정 등에 대한 기대감을 가지고 행동을 한다. 셋째, 리더가 부하에 대해 전통적인 방식으로(예를 들면, 권위적이거나, 독단적인 업무지시, 일방적인 의사결정 등) 영향력을 행사할 때 부하들은 더 이상 리더를 리더로서 인정하지 않는 것과 같이 교수 역시 학생들에 대해 전통적인 방식(예를 들면, 권위적인 면을 보이거나 독단적인 수업방식 등)으로 강의에 임할 때 교수에 대한 존경심을 보이지 않을 것이다. 따라서 본 연구에서는 교수와 학생간의 교환관계를 설명하는데 있어 개별화된 리더십모형을 사용하였다.

1) 이점에 대해 유용한 지적을 해주신 익명의 심사자분께 감사를 드립니다.

3. 교수와 학생간의 교환관계모형

3.1. 변수들 간 관계 이슈

교수와 학생간의 관계에 있어서 교환은 서로간의 욕구가 무엇인가를 파악함으로써 가능해진다. 학생들이 교수로부터 원하는 가장 중요한 것 중 하나는 자신들도 하나의 독립적인 주체로서 인격적인 대우를 해달라는 것이다. 즉 다시 말하면 학생들은 교수와 더 많은 대화를 원하며, 관심과 배려 및 인정해주기를 바란다. 반면에 교수는 학생들에 대해 보다 많은 지식을 습득하기를 바라며(이것을 학업성취도라 표현할 수도 있음), 강의에 대한 만족을 얻기를 원하고, 교수에 대한 존경과 신뢰를 원하며 또한 학교생활에 대한 만족을 얻기를 원한다. 이 경우 교수가 학생의 지식습득여부나 학교생활, 나아가 인생 및 진로문제에 관심을 기울여 주면 학생들은 교수의 행동에 대해 지각을 하게 되고 나아가 교수의 행동에 대한 고마움을 가지게 되며 궁극적으로 학업에 대한 성취도가 높게 나타나고, 학교생활에 대한 만족과 교수에 대한 존경심을 가지게 될 것이다.

교수와 학생간의 교환관계에 대한 연구는 다수의 논문에서 보여 진다. 황미숙(1991)은 학생이 학교생활에 적응하고 학업을 진보시키는데 가장 중요한 요인은 교사와의 개별적인 관계라고 하면서 교사와 학생간의 관계를 언급하였고, Stayrook(1978)은 교사의 행동은 학생의 지각에 정적으로 영향을 미치고, 학생의 학업성취에 정적으로 영향을 미친다고 하였다. 또한 Rosenthal과 Jacobson(1968)은 〔Pygmalion in the classroom〕이 란 책에서 Oak학교 실험을 통해 학생에 대한 교사의 기대는 학생들에게 변별적 처치로 변형되어 교사가 학생들에게 기대했던 결과를 낳는다는 자기충족적 예언(self-fulfilling prophecy)을 기술하였다(자기충족적 예언 이론을 검증한 연구는 Brophy & Good, 1970: Cooper, Findly, & Good, 1982; Rist. 1970을 들 수 있다). 자기충족적 예언 이론에 따르면 교사가 학생에게 갖는 기대에 따라 학생에게 행동을 하게 되고 학생은 교사의 기대를 지각함으로써 그러한 기대에 맞추어 행동하려는 노력을 보인다는 것이다. Feldman & Thesis(1982)는 교사의 기대가 교사 자신의 행동과 학생의 행동에 영향을 미치는 것처럼, 학생의 기대도 학생자신의 행동과 교사의 행동에 영향을 미칠 것이라고 주장하였다. 즉 교사의 기대가 학생에게 영향을 주고, 그것이 다시 학생으로부터 교사에게 반사되어 교사의 기대에 영향을 주며, 또다시 학생에게 영향을 주는 상호작용이 일어난다는 것이다. Brophy & Good (1970)가 주장한 교사-학생 간 1대1의 행동분석 결과에 의하면 ① 교사는 학급의 수업행동에서 학생들의 학습행동 간에 차이를 기대하며, ② 교사는 자기의 기대수준에 따라 학생을 다르게 취급하고, ③ 학생 역시 교사의 기대에 따라 다르게 반응하며, ④ 교사에 반응함에 있어 각 학생은 교사의 기대를 강화해 주는 방향으로 행동하며, ⑤ 결과적으로 어떤 학생의 학구적 행위는 더 촉진되고 다른 학생의 학구적 성취는 저조하게 된다고 한다. 이러한 교사의 기대효과는 학기 말 또는 학년말 평가결과에서 결국 교사의 자기충족적 예언에 대한 가정을 지지해 준다는 것이다(김병성, 1986). Feldamn & Thesis(1982)도 학생이 능력있다고 지각하는 교사가 수업에 임해서는 긍정적이고, 적극적인 학습태도를 취하며, 학생이 교사에 대해 긍정적인 태도를 지닐 때 수업 중 교사의 행동에 더 만족하며, 수업에 대해 흥미를 느끼게 되고, 학생들의 학업성취도도 높아지는 경향이 있다고 지적하였으며, 학생의 학업성취와 교사에 대한 학생지각은 정의 상관관계가 있다는 것 역시 밝혀졌다.

이들의 연구결과를 종합해 보면 교수와 학생 간에 있어서 교환관계가 일어나며, 이들 간에 교환관계의 정도에 따라 학업성취도(학기말, 학년말 평가결과)나 학교생활의 만족도가 다르게 나타난다는 것이다. 이와 더불어 교수는 학생들과 학문적인 전달이외에도 생활지도, 취업지도 등과 같은 다양한 형태로 관계를 맺고 있으며, 이러한 과정에서 교환관계가 형성되고 있다. 이들 변수들 간의 관계를 하나의 모형으로 나타내면 <그림 1>과 같다.

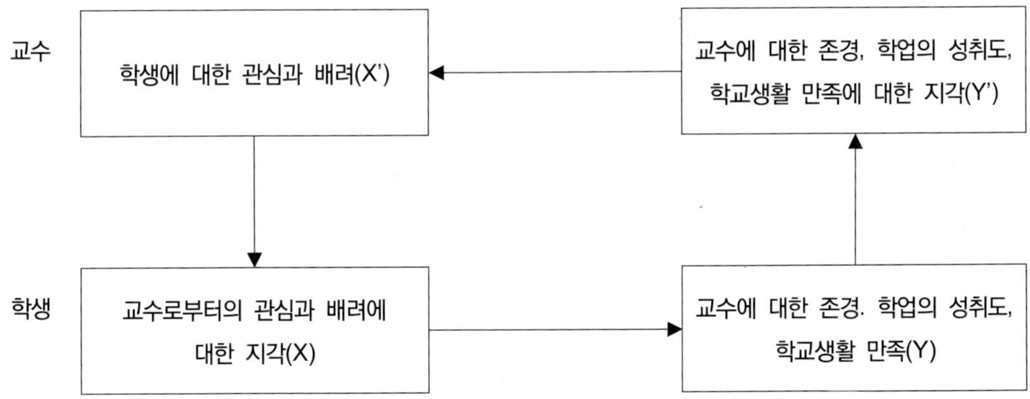

그림 1. 교수-학생간의 교환관계 모형

<그림 1>에서 보는 바와 같이 교수가 학생에게 관심과 배려를 보이면 학생은 교수의 이러한 행동을 지각하게 되고 교수의 행동에 대한 보답으로 교수에 대한 존경, 학업에 대한 성취도 및 학교생활에 대한 만족을 보이게 되며, 이것을 지각한 교수는 또다시 더 많은 관심과 배려를 학생에게 보이게 된다. 따라서 교수와 학생간의 교환과정이 하나의 싸이클을 이루면서 발전하게 될 것이다(이러한 싸이클의 특징은 어디서부터 시작하던 결과는 같다는 것이다. 즉 예를 들어 학생이 교수를 존경하게 되면 교수는 학생으로부터의 존경을 지각하게 되고 따라서 그 학생에 대한 관심과 배려를 보이게 되며 이것이 다시 학생에게 지각되어 그 학생은 교수를 더욱 존경하게 된다. 본 논문에서는 교수의 입장에 초점을 맞추어 싸이클의 시작이 교수의 학생에 대한 관심과 배려라고 보았다). 이 모형을 토대로 가설을 설정하면 다음과 같다.

가설 1

교수가 학생에 대해 관심과 배려를 보일수록 학생은 교수에 대해 존경을 보일 것이며, 학업에 대한 성취도와 학교생활에 대한 만족 역시 높게 나타날 것이다.

3.2. 분석수준 이슈

교수와 학생간의 교환관계가 교수와 학생의 1대1 관계에서 성립할 것인지 아니면 교수와 학생 전체에 대해 성립하는지 혹은 사회적 비교과정에 기초하여 일부의 학생에게만 일어나는지 검토해 볼 필요가 있다. 왜냐하면 어디에서 일어나느냐에 따라 교수가 학생에 대해 또는 학생들이 교수에 대해 어떻게 행동해야 하는가가 다르게 나타나기 때문이다.

리더와 부하간의 관계를 설명하는 리더십이론은 분석수준차원에서 볼 때 3가지 관점으로 나누어볼 수 있다(Yammarino와 Dubinsky 〔1992〕, 그리고 Yammarino와 Bass 〔1990〕은 4번째의 관점으로서 집단과 짝 수준에서 성립하지 않는 귀무(null)형태의 리더십접근을 제시하고 있는데, 이러한 접근은 리더와 부하의 관계가 부서나 조직, 혹은 국가 차원에서 발현적으로 나타날 수 있는 모든 가능한, 그러나 아직 체계화되지 않은 이론을 포함하게 된다. 따라서 본 논문에서는 4번째의 관점은 고려대상에서 제외하였다). 첫째 평균적 리더십 스타일 이론(average leadership style model. Dansereau. Graen. & Haga, 1975)에 따르면 리더는 일정한 스타일을 가지고 부하들을 하나의 전체로 보고 영향력을 행사하므로 부하들은 리더의 행동에 대해 동일하게 지각을 하게 되고 리더십 효과성 역시 동일하게 나타난다는 것이다. 둘째, 수직적 짝 연계모형(vertical dyad linkage model) 혹은 리더-멤버 교환이론 Leader-member exchange theory, Graen, Liden, & Hoel 〔1982〕)에 따르면 리더는 부하들을 비교하여 내집단(in-group)과 외집단(out-group)으로 나누어 각각 다른 형태의 영향력을 행사한다는 이론이다. 부하들을 내집단과 외집단으로 나누는 기준은 부하들이 가지는 능력이나 매력, 집단에 대한 공헌도, 혈연이나 지연, 학연과 같은 요인들에 의하여 영향을 받으며 내집단에 대해서는 부하의 지위로서는 알 수 없는 기업의 중대한 정보의 제공, 자율성의 부여, 의사결정에의 참여 권한 등을 부여하게 되고 이러한 혜택을 받은 내집단의 부하들은 리더가 원하는 성과를 보여준다는 것이다. 그러나 리더는 외집단의 부하들에 대해서는 리더로서의 공식적인 역할만을 수행하게 되므로 작업에 대한 감독이나 통제 등 최소한의 역할만을 보여주고 따라서 외집단의 부하들은 최소한 성과만을 보여준다는 것이다. 셋째, 앞에서 밝힌 바와 같이 개별화된 리더십이론에 따르면(individualized leadership theory, Dansereau et al.. 1995) 리더와 부하들간의 관계는 1대1로 이루어진다는 것이다. 즉, 리더의 행동은 부하 개인의 행동에 의해 나타나며, 부하의 행동 역시 리더의 행동 여하에 따라 나타난다는 것이다' 결국 리더가 부하의 자부심을 높여주는 행동을 보여줄 경우(이러한 행동이 부하 개개인의 행동여하에 따라 나타날 수 있다) 부하는 리더에 대해 고마움을 느끼면서 리더에게 만족할만한 성과를 보여준다는 것이다. 부하의 행동 역시 리더의 행동을 일으키는 원천이 되어 이러한 일련의 교환관계가 하나의 싸이클을 이루면서 발전해 나간다는 것이다.

리더와 부하간의 교환관계를 설명하는데 있어 세 가지 이론 모두 설명이 가능하듯이 교수와 학생간의 관계 역시 세 가지 이론에 의해 설명이 가능하다. 신학기에 교수는 학생들과의 관계에 있어서 잘 모르므로 어떤 학생들이 교수의 기대에 부응할지 파악이 잘 안되며, 따라서 학생들 간의 비교를 통한 내집단과 외집단을 구분하는 것이 쉽지 않다. 그러므로 교수는 학생들을 하나의 전체로 보고 행동하는 것이 일반적이다. 이 경우 교수와 학생간의 관계는 평균적 리더십스타일 모형으로 설명이 가능하다.

그러나 시간이 흐를수록 교수는 학생들의 능력이나 학업성취도, 의욕 그리고 기대에 부응하는 정도를 파악할 수 있으며 이러한 파악은 학생들 간의 비교를 가능케 해준다. 따라서 교수는 학생들을 내집단과 외집단으로 구분하는 경향이 있으며 각각의 집단에 대해 다른 행동을 보여줄 것으로 예측해 볼 수 있다. 예를 들어 Weinstein 등(1982)에 따르면 능력이 높은 학생은 교사로부터 학문적 요구, 그리고 특별한 배려를 받는 것으로 지각하는 반면, 능력이 낮은 학생은 관심과 배려를 받지 못하는 것으로 지각한다는 것이다(한범숙, 1988). 또한 성적이 높은 학생은 성적이 낮은 학생보다 더 높은 기대, 더 많은 참여기회, 그리고 더 많은 선택을 받는다고 주장하였다 (Weinstein. et. al. 1982). 뿐만 아니라 열등생이 답할 경우 시간을 짧게 주고, 충분히 기다려 주지 않으며, 실수를 하였을 때는 더 자주 꾸중을 하고 잘된 응답에 대해서는 칭찬이 인색한 반면에 우등생이 틀린 답을 하면 한 번 더 해보라고 격려해 주고 더 자주 칭찬해 주며 실수에 대한 비난은 잘하지 않는다는 것이다. 이러한 주장들은 교수와 학생 간의 관계가 수직적 짝 연계모형(혹은 리더-멤버 교환이론)에 의해 설명될 수도 있다는 것을 뜻한다.

또한 다른 설명도 가능하다. 교수의 학생에 대한 행동은 학생들을 편애하느냐 혹은 편애하지 않느냐 하는데서 오는 것이라기보다는 개개의 학생이 교수에 대해 얼마나 많은 노력과 시간을 기울이냐에 달려있다. 예를 들어 교수는 공식적으로 면담시간을 정해놓고 학생들로 하여금 방문하여 면담을 하도록 권유하고 있다. 이때 교수를 자주 방문한 학생들은 교수와 친밀한 관계를 유지하게 되고 그렇지 않은 학생들은 교수와의 관계에 있어 서먹서먹할 것이다. 친밀한 관계를 유지하고 있는 학생에 대해서는 보다 많은 관심과 배려를 보여주지만 그렇지 않은 학생들에 대해서는 무관심을 보일 것이다. 따라서 교수의 관심과 배려라는 행동은 학생들 간의 비교를 통해서 나타나는 것이 아니라 개개의 학생이 교수에 대해 어떤 행동을 보였는가에 따라 결정된다. 그러므로 교수와 학생간의 교환관계는 1대1로 일어날 것이며 이러한 설명은 개별화된 리더십모형과 일치한다.

이렇듯 교수와 학생 간 교환관계는 집단전체 수준에서 혹은 집단의 일부분에서, 혹은 1

대1 수준에서 일어날 수 있으나 본 논문에서는 다음과 같은 이유 때문에 1대1수준에서 일어나는 것으로 예측을 하였다.

교수라는 직업은 시간상 많은 제약을 가지므로 지도하는 학생전체에 대해 동일한 관심과 배려를 하는 것이 불가능하다(이러한 사실은 교수와 학생간의 교환관계가 집단전체수준에서 일어나는 것이 어렵다는 것을 의미한다). 또한 신학기에 새로 입학한 학생에 대해 교수는 별다른 정보를 가지고 있지 않기 때문에 어떤 소수의 학생들을 편애하기보다는 학생들을 하나의 전체로 보고 행동할 확률이 많지만 점차 교수가 학생들과 접촉을 하면서 학생에 대한 정보를 많이 가지게 되므로 우수한 학생과 우수하지 못한 학생들을 구분하거나, 성실한 학생과 성실하지 않은 학생 등을 구분하여 각각 다른 행동을 보일 수도 있다. 그러므로 신입생을 제외한 대부분의 학생들에 대해 교수는 하나의 전체로 보고 통일한 관심과 배려를 보이는 것이 어렵다는 것을 알 수 있다(이러한 사실은 교수와 학생 간 교환관계가 집단전체 수준에서 보다는 집단부분수준에서 일어날 수 있다는 것을 의미한다).

교수와 학생간의 교환관계가 집단부분수준에서 일어난다는 것은 교수가 학생의 일부를 편애하여, 보다 많은 관심과 배려를 보이는 것을 의미한다. 그러나 대학의 특성상 지도교수와 학생은 느슨하게 연결되어 있으며, 서로 간의 의무가 공식화되어 있지 않으므로(초중고의 경우 담임선생과 학생들 간의 관계는 공식화되어 있으며, 학생들은 마음대로 반을 옮길 수도 없고 담임선생을 교체할 수도 없으며, 담임 역시 마음대로 학생들을 옮길 수 없다) 학생이 교수를 매일 만날 필요도 없고, 반드시 의무사항도 아니다. 즉 학생 본인 여하에 따라 지도교수를 보느냐가 결정되므로, 학생이 원치 않으면 4년 내내 지도교수와 한 번도 만나지 않을 수 있다. 또한 교수들 역시 학생의 면담시간이 정해져 있긴 하지만 형식적인 경우가 많고 또한 학생들이 마음대로 아무 시간에나 교수와 면담하는 것이 아니라 교수의 시간 여하에 따라 달라질 수 있다. 그러므로 교수가 소수의 학생들을 편애하여 매일 찾아오도록 하거나 찾아다니면서 관심과 배려를 해주는 것은 불가능하며 오히려 면담하러 오는 학생여하에 달려 있다고 볼 수 있다. 예를 들어 지도교수의 필요성을 느끼지 못해 지도교수와 만날 필요를 느끼지 못하는 한 학생이 어느 날 갑자기 자신의 진로문제에 대해 고민하기 시작하여 지도교수와의 면담을 원하게 되었고 적극적으로 지도교수를 만나 도움을 요청하게 되었을 때 지도교수는 그 학생의 적극적인 태도로 인하여 보다 많은 관심과 배려를 쏟을 것이다. 또한 반대로 처음에는 적극적으로 지도교수를 찾아와 자신의 문제에 대해 상담을 하고 도움을 요청하던 한 학생 이 어느 날 갑자기 방문이 뜸해질 때 지도교수가 찾아다니면서 관심과 배려를 보이지는 않을 것이다.

따라서 교수가 학생에게 관심과 배려를 어느 정도 보이느냐는 학생 개개인이 어느 정도 적극적으로 지도교수를 찾아가 자신이 문제에 대해 상담하고 도움을 요청하느냐에 달려있다고 볼 수 있다. 그러므로 다음과 같은 가설이 설정되었다.

가설 2

교수와 학생 간 교환관계는 집단전체수준이나 또는 집단부분수준에서 일어나는 것이 아니라 교수와 학생 1대1 관계로 일어날 것이다

4. 연구방법

4.1. 연구대상

본 연구에서는 광주·전남지역에 소재한 4개 대학(전문대학 3개교, 산업대학 1개교)에 다니는 학생과 이들의 지도교수를 대상으로 설문 조사를 실시하였다. 전문대학과 산업대학을 연구대상으로 한 것은 지도교수와 학생간의 관계가 일반 4년제 대학보다 밀접하게 이루어질 것이라는 판단 때문이었다. 즉 일반 4년제 대학들이 주로 이론적 학습을 주된 목표로 하고 있는 반면에, 전문대학 및 산업대학의 경우에는 산업인력양성을 위한 실습위주의 교육이 이루어짐으로써 교수와 학생 간에 대면적 접촉이 활발히 이루어지는 상황이 전개되고 있을 뿐만 아니라, 학생에 대한 학습지도, 생활지도, 취업지도 등이 보다 활성화되어 있어 교수와 학생간의 밀착도가 대단히 중시되고 있다.

이들 4개 대학을 대상으로 150개의 설문지를 배포하여 총 133개의 설문지를 회수하였다. 따라서 4개 조직(대학)의 17개 집단(이때 집단은 같은 학년의 같은 학과(과)를 의미하며 각 집단은 한명의 지도교수와 학생들로 이루어짐)에 속한 133명의 학생들과 17명의 지도교수들이 본 연구의 대상으로 선정되었다. 각 집단에는 적게는 4명부터 많게는 12명의 학생들이 속해 있었으며 교수들의 경우 응답자들이 모두 남자였고, 지도교수로서 평소 학생들과 공식적, 비공식적 관계를 유지하고 있는 것으로 나타났다. 학생들의 경우 19세 이하가 10명. 20세~29세 사이가 107명. 30세 이상이 16명으로 나타났는데, 30세 이상은 야간에 재학 중인 학생이 대부분을 차지하고 있었다. 학년별로는 1.2.3.4학년이 각각 79명, 33명, 11명. 10명으로서 l학년이 과반수이상을 차지하고 있었다. 성별구성을 살펴보면 남학생이 93명, 여학생이 40명을 차지하였다.

4.2. 측정도구

본 연구에서 설정한 개념들을 측정하기 위하여 다음과 같은 척도를 활용하였다.

교수의 학생에 대한 관심과 배려 : 교수가 학생에 대해 보이는 관심과 배려를 측정하기 위하여 Graen이 개발한 LMX 측정도구를 본 연구의 상황에 맞추어 수정·보완하였다. 구체적인 항목은 다음과 같다: '이 학생이 공부하는데 가능한 많은 도움을 주려고 노력하는 편이다,' '이 학생과 비교적 많은 이야기를 나누는 편이다,' '이 학생이 가지는 문제를 해결해주

려고 힘써주는 편이다,' '이 학생은 나에게 의지하는 편이다,' '이 학생을 이해하고 인정하려고 노력하는 편이다.' 이들 5개 항목에 대해 리커트 5점 척도를 사용하여 측정하였다. 5개 항목에 대해 varimax 방법에 의해 요인분석을 한 결과 하나의 요인으로 나타났고 신뢰도(Cronbach α)는 0.88로 비교적 높게 나타났다.

교수의 관심과 배려에 대한 학생의 지각 : 교수의 관심과 배려에 대한 학생의 지각을 측정하기 위하여 교수에게 질문한 것과 동일한 문항이 사용되었다: '교수님은 내가 공부하는데 있어 가능한 한 많은 도움을 주시려고 애쓰시는 편이다,' '교수님과 비교적 얘기를 많이 나누는 편이다,' '교수님은 내가 가지는 문제를 해결해 주시려고 힘써 주시는 편이다,' '교수님에게 많이 의지하는 편이다,' '교수님은 나를 이해해주고 인정해주시려고 노력하시는 편이다.' 5개 항목에 대해 요인분석한 결과 역시 하나의 요인으로 나타났으며 신뢰도는 0.82를 보여 주었다.

학생의 성과 : 학생의 성과는 학생의 학교생활만족도와 96년 1학기의 종합평점으로 측정하였다. 학교생활의 만족도를 측정하기 위하여 Graen, Dansereau 및 Minami (1972)와 Vecchio와 Gobdel(1984)의 연구에서 사용된 설문항목을 본 연구의 상황에 맞게 수정하여 보완하였으며, 학점은 학기말 성적표를 통하여 측정하였다.

학교생활의 만족도는 '전반적으로 학과생활에 만족하는 편이다,' '현재의 공부가 나의 발전과 장래에 도움이 될 것이라고 생각한다,' '본 대학에 다니는 것을 자랑스럽게 생각한다.' '현재의 학과 공부에 만족한다.'등 4개 항목으로 측정하였으며 리커트 5점 척도를 사용하였다. Varimax에 의한 요인분석결과 하나의 요인으로 나타났으며 신뢰도는 0.79로 비교적 높게 나타났다.

학생의 교수에 대한 존경 : 학생의 교수에 대한 존경을 측정하기 위하여 다음과 같은 3개 항목이 5점 척도에 의해 사용되었다: '교수님을 인간적으로 존경하고 있다,' '교수님은 나의 상징이다,' '교수님을 신뢰하고 있다,' 요인분석결과 하나의 요인으로 나타났으며 신뢰도는 0.87로 나타났다.

학생의 존경에 대한 교수의 지각 : 학생의 존경에 대한 교수의 지각에 대한 측정은 학생에 질문한 것과 동일한 문항이 사용되었다; '이 학생은 나를 인간적으로 존경하고 있다,' '이 학생에 대해 나는 하나의 상징적인 인물이다,' '이 학생은 나를 신뢰하는 편이다.' 3항목에 대해 요인분석한 결과 하나의 요인으로 나타났고 신뢰도는 0.89로 비교적 높았다.

4.3. 연구절차

설문지는 교수용과 학생용으로 구분하여 만들었다. 설문항목은 교수들에게 배포된 설문지에서는 평가대상이 학생으로 제시되었을 뿐 동일한 항목으로 구성되어졌다. 왜냐하면 이를 통하여 양자 간의 지각의 일치성을 파악할 수 있기 때문이다. 연구대상으로 선정된 교수와 학생은 각각 교수용 및 학생용 질문지를 받은 후, 교수는 자신의 지도하에 있는 학생들의 이름을 각각 별도의 설문지에 적은 후 질문에 응답하도록 하였으며, 학생 또한 자신의 이름을 적은 후 설문에 응답토록 하였다. 이와 같이 성명을 기재토록 한 것은 교수와 학생 간 교환에 대한 상관관계를 구하기 위함이며 교수와 학생으로 이루어진 짝수준에서 그리고 같은 지도교수하의 학생들을 집단수준에서 분석하기 위함이었다.

4.4. 분석방법

본 연구에서는 교수와 학생 간 교환관계를 분석하기 위하여 상관관계 분석이 행해졌으며, 교수가 지도를 담당하는 학생들을 하나의 전체로 보고 행동하는가 혹은 내집단과 외집단을 구별하여 차별적인 행동을 보이는가 혹은 일대일로 개별적인 관계를 유지하면서 행동하는가를 분석하기 위하여 안과 간 분석이 행해졌다. [보다 구체적인Within and Between Ananalysis, WABA에 대해서는 Dansereau. Alutto. & Yamrnarino 〔1984〕, Yammarino 〔1998〕 참조]. 이와 더불어 안과 간 분석을 위한 통계패키지로 DETECT 〔=Data Enquiry that Tests EEntity and Correlational/Causal Theories. 김경수(1995)의 personal computer version이 사용되었다. DETECT 패키지는 단일수준분석, 다수수준분석, 다수변수분석, 다수관계 분석을 가능케 함으로써 개개의 변수와 변수들 간의 관계가 어느 분석수준(혹은 분석단위)에서 타당한가를 보여준다. 이 패키지는 안과 간 분석을 이용한 수학적 공식을 토대로 이루어졌으며, Fortran 77을 사용하여 구축된 DETECT패키지는 이러한 수학적 공식을 별도로 고려할 필요 없이 그대로 사용가능한 프로그램이다).

안과 간 분석

안과 간 분석(WABA)은 개개의 변수에 대해 한 분석수준(예, 집단)에서 집단 간의 차이가 타당한가 혹은 집단안의 차이가 타당한가를 분석하는 WABA I과 두 변수간의 관계에 대해 한 분석수준에서 집단 간의 차이가 타당한가 혹은 집단안의 차이가 타당한가를 분석하는 WABA II로 구분할 수 있다. 본 연구에서는 교수의 행동과 이에 대한 학생들의 지각이 동질성 혹은 이질성을 가지는가에 대해 WABA I분석을 행하였다. WABA I은 한 변수가 가지는 값(total set of scores)이 한 분석수준(예를 들면 집단수준)에서 셀(집단)안 혹은 셀(집단)간의 값(within-cell scores or between-cell scores)에 의해 설명되는 정도를 분석하는 것이며, 이를 분석하기 위하여 between-eta 상관과 within-eta 상관(correlation)이 사용된다. between-eta 상관(η_B)은 셀간-편차 제곱 값의 합(sum of squared between-cell deviations)을 전체-편차 제곱 값의 합(sum of squared total deviations)으로 나눈 값의 제곱근으로 표시할 수 있으며, within-eta 상관(η_W)은 셀안-편차 제곱 값의 합(sum of squared within-cell deviations)을 전체-편차 제곱 값의 합으로 나눈 값의 제곱근으로 표시할 수 있다($\eta_B = \sqrt{\ } \Sigma(X_J-\underline{X})^2 \ / \ \sqrt{\ } (X-\underline{X})^2$ 이고 $\eta_W = \sqrt{\ } \Sigma(X-\underline{X}_J)^2 \ / \ \Sigma(X-\underline{X})^2$). 또한 이 두 개의 상관관계 값을 비율로 표시하면(η_B/η_W) E 비율을 구할 수 있다. 이 때 E 비율은 F비율을 구하는 식($F=E^2 \cdot$ 〔N-J/J-1〕)에서의 E와 같으며, F비율은 통계적 유의성을 검증하는데 사용하는 반면 E 비율은 자유도에 의한 영향력을 제외한 실용적 유의성(practical significance)을 검증하는데 사용한다(WABA I에서는 개개의 변수에 대해 셀간의 차이가 타당한가 혹은 셀안의 차이가 타당한가를 검증하기 위하여 F와 E비율을 모두 사용한다. 이 경우 통계적 유의성검증을 위한 F 비율은 자유도에 의해 영향을 받지만, 실용적 유의성 검증을 위한 E 비율은 자유도에 의해 영향을 받지 않으므로 두개의 검증을 적용시 다른 결론이 도출될 수 있다). Dansereau 등 (1984)은 15° 검증의 실용적 유의성을 평가하기 위한 E 값의 범위를 다음과 같이 제시하고 있다:

E >1.30 : 전체-편차 제곱 값의 합 중 셀간-편차 제곱 값의 합이 차지하는 비율이 셀안-편차 제곱 값의 합이 차지하는 비율보다 큰 경우로서 셀 간의 차이가 타당하다는 것을 의미한다.

E < 0.77 : 전체-편차 제곱값의 합 중 셀안-편차 제곱값의 합이 차지하는 비율이 셀간-편차 제곱값의 합이 차지하는 비율보다 큰 경우로서 셀안의 차이가 타당하다는 것을 의미한다.

0.77<E<l.30 : 전체-편차 제곱 값의 합 중 셀안-편차 제곱 값의 합이 차지하는 비율이 셀간-편차 제곱값의 합이 차지하는 비율보다 큰지 또는 작은지 알 수 없는 경우로서 셀안의 차이와 셀간의 차이가 모두 타당하다는 것을 의미한다.

15° 검증을 간단히 설명하면 다음과 같다. WABA I에서 에타상관(eta correlation) 을 구하는 절차는 기하학이론(geometric theory)으로부터 도출된다. 즉 셀안과 셀간의 편차값(within-and between-cell deviations)이 서로 독립적이라는 전제하에(두개의 값이 독립적인 것에 대한 증명은 댄스로 등 〔1984〕 의 343쪽 참조) 다음 그림과 같이 두 개의 벡터(B와 W)는 90°의 각도를 형성하게 된다.

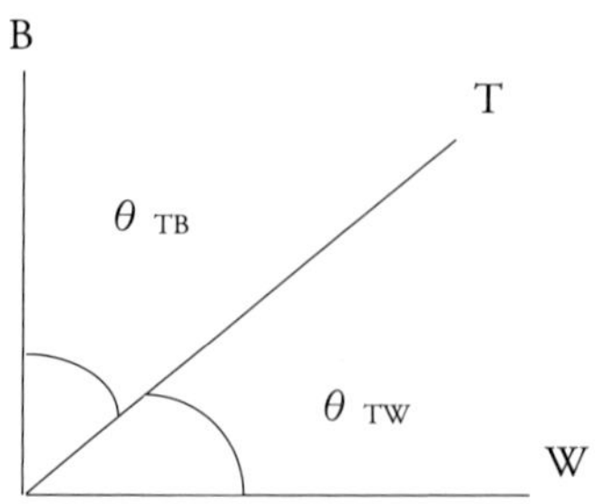

또한 그림에서 전체편차값들(total deviation scores)은 두 개의 벡터(B,W) 사이를 움직이는 하나의 벡터 T로 표시할 수 있다. 이때 두 개의 벡터 T와 B 간의 각도는 전체 편차값 중 셀간 편차값이 차지하는 정도를 의미하고 두 벡터간의 상관인 between-eta 상관을 구하는 공식은 다음과 같이 표시할 수 있다: $\cos\theta_{TB} = \eta_B = \sqrt{\ } \Sigma(X_J-\underline{X})^2 \ / \ \Sigma(X-\underline{X})^2$. 마찬가지로 두 개의 벡터 T와 w 간의 각도는 전체 편차값중 셀안 편차값이 차지하는 정도를 의미하고 두 벡터간의 상관인 within-eta 상관을 구하는 공식은 다음과 같이 표시할 수 있다: $\cos\theta_{TB} = \eta_B = \sqrt{\ } \Sigma(X_J-\underline{X})^2/\Sigma(X-_X)^2$.

이때 두 개의 에타상관의 비율을 $E(=\cos\theta_{TB} = \eta_B/\eta_w)$라고 표시할 수 있으며 두 에타상관을 제곱한 값을 더하면 1이 된다는 공식하에 두 개의 에타상관 값이 같을 때 $\eta^2_B = \eta^2_W = 0.5$(또는 $\eta_B = \eta_W = 0.7071$) 이 되며 E 값은 정확히 1이 된다. 이 값을 cosine 각도로 표시하면 $\theta = 45°$가 된다(cos 45° = 0.7071). 실제 수집한 자료를 분석한 결과 E값이 1보다 크면 셀간의 차이가 타당한 것인 반면 1보다 작으면 셀안의 차이가 타당한 것을 보이는바 이것이 바로 WABA I에서의 0°검증이다. 마찬가지로 15° 검증은 45°선을 중심으로 좌우로 7.5°씩 떨어진 52.5°와 37.5° 선이 각각 기준선이 되는데 이때 E값이 1.30(cos 52.5°=1.30)보다 크면 셀간의 차이가 타당한 것이고 E값이 0.77이하(cos 37.5° = 0.77)이면 셀안의 차이가 타당함을 의미하며, 이들 중간에 위치하게 되면(0.77<E< 1.3이 애매함(equivocal)을 나타낸다. 이것이 바로 WABA I에서의 15° 검증이다.

5. 연구결과

5.1. 교환관계에 대한 검증

<표 1>에서는 교수와 학생간의 교환모형에 포함된 변수들의 평균값과 표준 편차, 그리고 상관관계가 제시되어 있다. <표 1>에서 보는 바와 같이 본 연구에서 설정한 변수들간의 관계를 상관관계분석을 통하여 살펴본 결과 교수의 학생에 대한 관심과 배려는 학생의 교수에 대한 존경, 학교생활의 만족, 그리고 학점과 정의 관계를 가지는 것으로 나타났다. 그러나 특이하게도 학점과 학교생활의 만족간의 상관관계는 비유의적인 것으로 나타나 학교생활에 만족했다 하여 좋은 학점을 받는 것은 아니며, 또한 좋은 학점을 받았다고 하여 학교생활에 만족하는 것은 아니라는 결과를 보여주고 있다.

표 1. 교수학생 교환에 관련된 변수들 간의 상관관계

	Mean	SD	X'	X	Y'	Y	SAT	GPA
X'	19.93	3.73	×					
X	18.09	3.36	0.36**	x				
Y'	10.26	2.99	0.67**	0.23*	×			
Y	10.11	2.56	0.39**	0.52**	0.36**	×		
SAT	14.29	3.00	0.29**	0.50**	0.18*	0.47**	×	
GPA	3.40	0.63	0.48**	0.32**	0.64**	0.38**	0.13	×

주) x': 교수의 학생에 대한 관심과 배려
x : 교수의 관심과 배려에 대한 학생의 지각
Y' : 학생의 교수에 대한 존경
y : 학생의 교수에 대한 존경의 교수지각
SAT: 학생의 학교생활에 대한 만족도
GPA : 학생의 성적
* p<.05 ** p<.01

<그림 2>는 교수와 학생간의 교환에서 교수의 학생에 대한 관심과 배려와 학생의 교수에 대한 존경에 대한 상관관계를 보여주고 있다. <그림 2>에서 보는 바와 같이 교수의 학생에 대한 관심과 배려에 대해 학생들은 정확하게 지각하는 것으로 나타났으며(r=0.36, p<.05), 교수로부터 관심과 배려행동을 지각한 학생들은 교수에 대해 존경심을 가지는 것으로 나타났다(r=0.52, p<.05). 또한 학생이 교수에 대한 존경에 대해 교수 역시 정확하게 지각하는 것으로 나타나(r=0.36, p<.05), 교수의 학생에 대한 관심 과 배려가 학생의 교수에 대한 존경을 야기하고 이것이 하나의 싸이클을 이루면서 교수와 학생간의 교환관계가 발전해 나가는 것을 보이고 있다.

물론 상관관계만을 가지고 인과관계를 해석하는 것은 무리가 따른다. 즉, 교수의 학생에 대한 관심과 배려가 원인이 되어 학생의 교수에 대한 존경이 일어나는 것인지 또는 반대로 학생의 교수에 대한 존경이 원인이 되어 교수의 학생에 대한 관심과 배려가 나오는 것인지 정확하게 판단할 수는 없다(인과관계를 파악하기 위해서는 실험연구나 장기간에 걸친 longitudinal study가 바람직하지만 본 연구에서는 cross-sectional 한 연구가 행해진 관계로 인과관계를 정확히 파악할 수 없다는 한계를 가지고 있으며 이를 본 연구의 한계부분에서 밝히고 있다). 그럼에도 불구하고 교수와 학생 간 교환관계는 하나의 싸이클을 이루므로 어느 쪽에서 시작하던 같은 결과를 가지게 된다. 예를 들어 교수가 학생에 대해 관심과 배려를 가질 때 학생은 교수에 대해 존경심을 가지게 되고 이것이 다시 원인이 되어 교수는 학생에 대해 관심과 배려를 가지게 된다. 마찬가지로 학생이 교수를 존경할 때 교수는 학생에 대해 관심과 배려를 보이게 되고 이것이 원인이 되어 학생은 교수를 존경하게 된다.

본 연구에서는 교수의 학생에 대한 관심과 배려와 학생의 교수에 대한 존경간의 상관관계에 초점을 맞춤으로써 교수의 학생에 대한 관심과 배려가 학생의 교수에 대한 존경심을 불러일으키거나 또는 학생의 교수에 대한 존경이 교수의 그 학생에 대한 관심과 배려를 불러일으킬 수 있다는 쌍방향적 관계(일방적인 관계에서는 원인변수와 결과변수가 존재함)에 대한 결과를 보여주고 있다.[2]

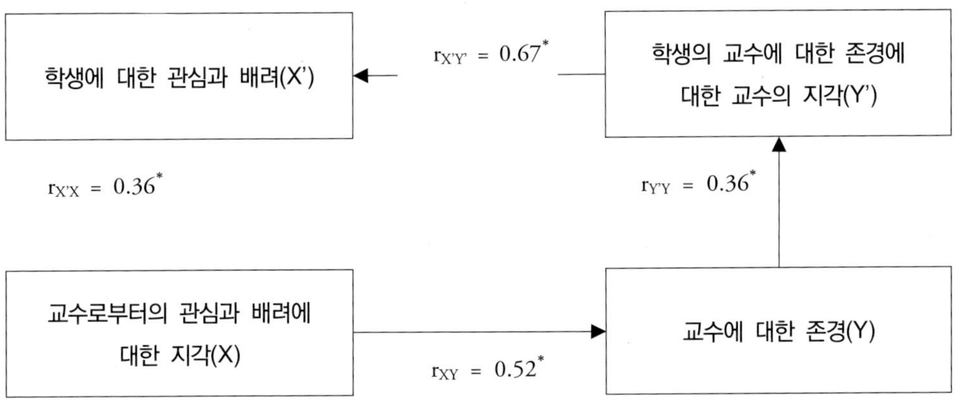

* p<.01

그림 2. 교수의 학생에 대한 관심/배려와 학생의 교수에 대한 존경간의 관계

<그림 3>은 교수와 학생간의 교환에서 교수의 학생에 대한 관심과 배려와 학생의 학점간의 상관관계를 보여주고 있다. <그림 3>에서 보는 바와 같이 교수의 학생에 대한 관심과 배려에 대해 학생들은 정확하게 지각하고 있으며($r=0.36$, $p<.05$), 교수로부터 관심과 배려를 지각한 학생들은 좋은 학점을 받은 것으로 나타났다($r=0.32$, $p<.05$). 이러한 결과는 교수가 학생들에게 얼마나 많은 관심과 배려를 쏟느냐가 학생들의 학점에 지대한 영향을 미친다는 것을 보여주고 있으며, 또한 반대의 해석도 가능하다. 즉 앞에서도 밝힌 바와 같이 학업성취도(학점)가 좋은 학생에 대해 교수가 관심과 배려를 보일 수도 있다는 점이다. 이러한 쌍방향적 관계는 어떤 변수가 원인이 되든 상관없이 하나의 싸이클을 이루어 발전한다는 특정을 가진다. 예를 들어 교수의 학생에 대한 관심과 배려가 원인되어 학생의 학업성취도를 높일 수도 있으며 또한 학업성취도가 높은 학생에 대해 교수가 관심과 배려를 보이게 되고 결국 그 학생의 학업성취도 역시 높아질 것이다.

물론 본 연구에서는 학생들의 능력을 고려하지 않았기 때문에 능력이 학점에 미치는 영향을 정확하게 파악할 수 없었다는 한계를 가지지만 능력과 배려는 서로 상호 작용하여 성과에 미친다는 연구결과(김경수 등, 1993)도 나타나고 있어 교수에 대한 관심과 배려가 학

2) 이점에 대해 유용한 지적을 해주신 익명의 심사자분께 감사를 드립니다.

생의 학점에 필요충분조건은 아니더라도 최소한 필요조건은 될 수 있다는 것을 의미한다. 즉, 학생의 능력도 뛰어나고 교수로부터 관심과 배려를 받은 학생들은 우수한 성과를 보이는 반면, 능력도 없고 교수로부터 관심과 배려를 받지 못하는 학생들은 저조한 성과(학점)를 보일 것이며 어느 한쪽만 가지는 학생들은(능력은 뛰어나나 교수로부터 관심과 배려를 받지 못하는 학생, 능력은 없으나 교수로부터 관심과 배려를 받는 학생) 평균적인 성과를 보일 것이다. 그러므로 학생의 능력을 동일하다고 가정할 때, 교수의 관심과 배려는 학생의 학점에 지대한 영향을 미치는 것으로 볼 수 있다.

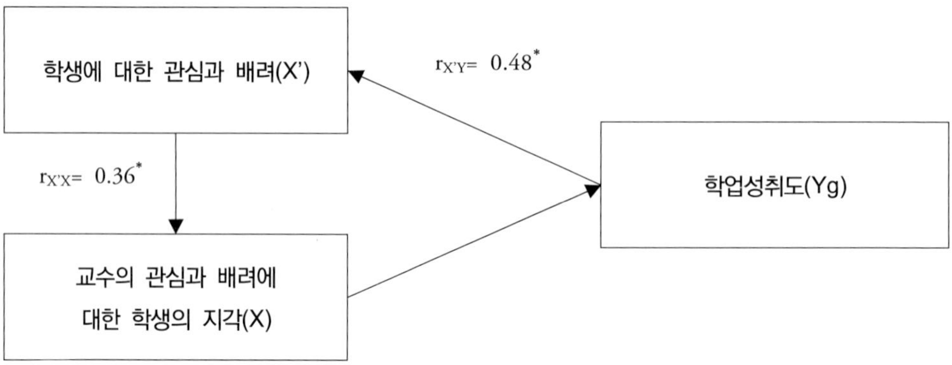

* p<.01

그림 3. 교수의 학생에 대한 관심/배려와 학생의 학업성취도간의 관계

<그림 4>는 교수와 학생간의 교환에서 교수의 학생에 대한 관심과 배려와 학생의 학교생활만족간의 상관관계를 나타내고 있다. 그림 4에서 보는 바와 같이 교수의 학생에 대한 관심과 배려에 대해 학생들은 정확하게 지각하는 것으로 나타났으며, 교수로부터 관심과 배려를 받은 학생들은 학교생활에 대해 만족한다는 결과를 보여주고 있다(r=0.50, p<05). 이러한 결과는 교수가 학생에 대한 관심과 배려를 보일 때 학생은 학교생활에 대해 만족한다는 것을 의미하며 또한 학교생활에 대해 만족하는 학생들은 학교생활을 하면서 지도교수와 밀접한 관계를 가지고 지도교수로부터 많은 관심과 배려를 받고 있다는 것을 의미한다. 이러한 쌍방향적 관계는 어떤 변수가 원인이 되든 상관없이 하나의 싸이클을 이루어 발전한다는 특징을 가진다. 예를 들어 교수의 학생에 대한 관심과 배려가 원인이 되어 학생의 학교생활에 대한 만족이 높아지며 결국 그 학생은 교수의 관심과 배려를 받게 될 것이며 또한 학교생활에 만족하는 학생의 경우 교수로부터 관심과 배려를 받게 되고 결국 학교생활에 대해보다 만족하게 된다.

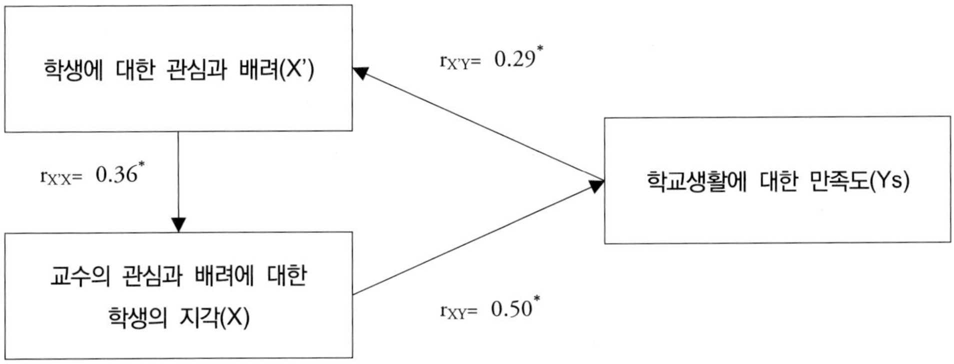

* p<.01

그림 4. 교수의 학생에 대한 관심과 배려와 학생의 학교생활만족간의 관계

요약 : 이상에서의 연구결과를 요약하면, 교수가 학생에 대해 관심과 배려를 보일 때 학생들은 교수로부터의 관심과 배려에 대해 정확하게 지각을 하고, 또한 교수로부터의 관심과 배려를 지각한 학생들은 교수에 대해 존경심을 가지며, 학업성취도 역시 높게 나타날 뿐 아니라, 학교생활에 대해 만족하는 것으로 나타났다. 또한 학생들의 교수에 대한 존경에 대해 교수들 역시 정확하게 지각하는 것으로 나타났으며, 이러한 지각이 다시 학생에 대한 관심과 배려로 나타나 일종의 싸이클을 이루는 것으로 볼 수 있다(즉 교수를 존경하고, 학업성취도가 높고, 또한 학교생활에 대해 만족하는 학생에 대해 교수는 관심과 배려를 보일 것이며, 이를 통하여 학생은 결국 교수를 존경하고, 학업성취도가 높아지며, 학교생활에 만족하게 된다). 따라서 본 논문에서 설정한 가설 1은 뒷받침되었다고 말할 수 있다.

5.2. 분석수준에 대한 검증

교수의 학생에 대한 관심과 배려가 학생전체에 대해 이루어지는가 혹은 일부학생에 대해 이루어지는가를 밝히기 위하여 F-검증과 E-검증을 행하였다. 앞에서도 언급한 바와 같이 E-검증은 F-검증과는 달리 자유도를 고려하지 않은 실용적인 유의도(practical significance)에 대한 검증으로서 E비율($E=\eta_B/\eta_W$)를 사용하여 검증한다(Dansereau. Alutto. & Yammarino. 1984). 이때 η_B는 between groups eta correlation이고 η_W는 within groups eta correlation이며, 각각의 correlation을 제곱했을 경우 $\eta^2_B + \eta^2_W = 1$ 이라는 등식이 성립한다(이때 $\eta_B = \sqrt{\ } \Sigma(X_J-\underline{X})^2/\Sigma(X-\underline{X})^2$ 이고 $\eta_W = \sqrt{\ } \Sigma(X-\underline{X_J})^2/\Sigma(X-\underline{X})^2$ 로 표시할 수 있다). 이러한 등식을 F비율로 설명하면 보다 이해가 쉬워진다. F 검증에서의 F 비율은 $SS_B/SS_W \cdot (N-J)/(J-1)$로 나타낼 수 있으므로 SSB/SSW의 비율은 η^2_B / η^2_W 와 같으며, 이 비율이 곧 E2 이라 할 수 있다. 이때 E비율의 범위는 0부터 ∞ 이고, 이 비율이 0이라는 것은 전체 분산($\Sigma(X-\underline{X})^2$) 중 집단 간의 분산($\Sigma(X_J-\underline{X})^2$)이 차지하는 부분이이라는 것을 의미한다. 마

찬가지로 집단 내 분산($\Sigma(X-\underline{X}_J)^2$) 이 0이면 E비율은 ∞가 된다. 또한 η^2_B 와 η^2_W 의 값이 일치하는 경우(즉 각각 0.5), η_B 와 η_W 의 값은 각각 0.7071이 되고 E비율은 1이 된다. 앞에서도 밝힌 바와 같이 Dansereau 등(1984)은 15°를 기준으로 하여 그 이상일 때 (E>1.30) 이 집단 간의 분산이 차지하는 비중이 크므로 집단 간의 차이가 있는 반면 집단 내에서는 동질성을 가지는 것으로 보고 있다. 반대로 15°를 기준으로 그이하일 때(E<.077) 집단안의 분산이 차지하는 비중이 크므로 집단 내의 차이가 있는 반면 집단 간에서는 동질성을 가지는 것으로 보고 있다. 또한 E의 비율이 .77보다 크고 1.30보다 작을 때 집단 내에서의 차이라고 보기도 어렵고, 집단 간의 차이라고 보기도 어려우므로 애매함(equivocal)을 나타내는 것으로 보고 있다.

5.3. 집단수준분석

집단수준에서의 분석은 교수의 행동과 이에 대한 학생들의 지각이 동질성 또는 이질성을 지니고 있는지를 파악하는데 있다. 이를 위하여 교수의 학생에 대한 관심과 배려, 그리고 이에 대한 학생들의 지각변수에 대한 F-검증 및 E-검증을 실시하였다.

우선 F-검증의 결과에 따르면 교수의 학생에 대한 관심과 배려는 집단 간에서 차이를 보이는 것으로 나타났으며($F=3.33$, $p<.05$). 교수의 관심과 배려에 대한 학생들의 지각 역시 집단내에서 동질성을 보이는 것으로 나타났다($F=2.87$, $p<.05$). 그러나 E-검증결과에 따를 경우 교수의 학생에 대한 관심과 배려변수에 대한 E비율은 0.69(η_B = 0.56, η_W = 0.83)로 지도를 담당하는 학생들에 대해 내집단과 외집단을 구분하여 각각 다르게 행동하는 것으로 나타났으며 교수의 관심과 배려에 대한 학생들의 지각변수 역시 E비율에 있어 0.64(η_B = 0.54. η_W = 0.84)로 나타나 각각 다르게 지각하는 것으로 나타났다.

이러한 F비율과 E비율간의 모순된 결과는 Dansereau 등(1984)에 따르면 애매함(equivocal)을 나타내는 것으로 교수의 관심과 배려가 집단수준에서 설명하기 어렵다는 것을 의미한다[Dansereau 등{1984}에 따르면 한 변수가 한 분석수준에서 셀간의 차이가 타당한가 혹은 셀안의 차이가 타당한가를 알기 위하여 우선 자유도에 의해 영향을 받는 통계적 유의성 검증 〔예, F검증〕 을 하여 유의적인 차이가 있을 때, 자유도에 의해 영향을 받지 않는 실용적 유의성 검증 〔E 검증〕 을 통하여 유의적인 차이가 있는가를 보도록 제시하고 있다. 따라서 본 연구결과에서는 비록 F검증은 집단간의 차이가 타당함을 보여주는 것으로 나타났지만 E검증은 집단 내에서의 차이가 타당한 것으로 나타났기 때문에 집단 간의 차이가 타당한가 혹은 집단 간의 차이가 타당한가를 구분하기 어려운 애매함 〔equivocal〕 으로 볼 수 있다. 이러한 모순된 결과는 설명불능 〔inexplicable〕 과는 다른데, 댄스로 등 〔Dansereau et al., 1984〕 에 따르면 설명불능이란 셀간의 차이와 셀안의 차이에 있어 변동성이 없음(lack of variability 혹은 lack of deviations〕 을 의미하므로 E 비율에 있어서 미정 〔indeterminat e] 의 결과가 나타난다). 다시 말하면 교수는 지도를 담당하는 학생들을 하나의 전체로 보고 행동(관심과 배려)하는 것도 아니며, 마찬가지로 내집단과 외집단으로 구별하여 차별적인 행동을 보이는 것 또한 아니라는 것이다. 또한 교수의 관심과 배려에 대한 학생들의 지각 역시 동질성이나 이질성을 갖는다고 보기 어렵다는 것을 의미한다.

학생의 학점에 대해 F-검증을 한 결과 F값은 1.94(p<.05)로 나타나 학생들이 받은 학점은 지도교수별로 차이가 존재하는 듯했지만, E 비율은 0.53으로 같은 지도교수의 학생들이라도 각기 다른 학점을 받는 것으로 나타나 집단수준에서 애매함 (equivocal)을 보여 주었다. 또한 학생의 학교생활에 대한 만족 변수에 대해서도 F값은 1.94(p<.05)로 집단 간 차이가 있는 듯했지만, E 비율은 0.61로 집단 내에서 차이가 있는 것으로 나타나 집단수준에서의 설명이 애매한 것으로 나타났다.

요약 : 이러한 결과는 교수와 학생의 교환관계가 집단수준에서 나타나는 현상으로 보기 어렵다는 것으로 리더십모형 중 평균적 리더십스타일(ALS) 모형이나 수직적 짝 연계(VDL) 모형이 교수와 학생간의 교환관계를 설명 하는데 있어 타당하지 않는다는 것을 의미한다. 즉 교수는 지도하에 있는 학생들을 하나의 전체로 보고 관심과 배려를 하는 것도 아니고, 이들을 차별하여 각각 다른 관심과 배려를 보이는 것도 아니라는 것을 의미한다. 따라서 교수와 학생간의 교환관계를 1대1로 설명하는 개별화된 리더십이론이 타당한가를 검증하기 위하여 짝 수준에서의 분석이 실시되었다.

5.4. 짝수준분석

집단수준분석과는 달리 짝수준분석에서는 집단차원을 떠나 한 명의 교수와 한 명의 학생으로 이루어진 짝을 분석의 단위로 하여 교수의 학생에 대한 관심과 배려에 대한 양자의 지각과 학생의 교수에 대한 존경에 대한 양자의 지각에 대한 분석을 실시하였다.

<표 2>에 따르면 교수의 학생에 대한 관심과 배려에 대해 교수와 학생은 서로 일치하는 것으로 나타났다. 즉 F값은 1.94(p<.05)이고 E 비율 역시 1.39(E >1.30)로 짝간의 차이가 있는 것으로 나타나, 어떤 교수와 학생의 짝은 다른 짝에 비해 풍부한 교환(관심과 배려, 그리고 이에 대한 지각)이 일어나는 것으로 밝혀졌다. 이러한 결과는 교수의 관심과 배려 행동이 학생 개개인에 대해 이루어지는 것이며 이를 받은 학생들 역시 개별적으로 교수의 관심과 배려를 받는 것을 의미한다.

학생의 교수에 대한 존경 역시 F값은 1.75(p<.05) 이고 E 비율 역시 1.32(E>1.30)로 짝간의 차이가 있는 것으로 나타나 어떤 교수-학생의 짝은 다른 짝에 비해 풍부한 교환(학생의 교수에 대한 존경과 이에 대한 지각)이 일어나는 것으로 밝혀졌다. 이러한 결과는 학생의 교수에 대한 존경 역시 학생 개개인에 따라 이루어지는 것이며 이를 받은 교수들 역시 학생 개별적으로 받는 것을 의미한다.

표 2. 각 변수들에 대한 짝수준에서의 분석결과

구 분	Eta Correlation		E-ratio	F-ratio
	Between	Within		
교수의 학생에 대한 관심과 배려, 그리고 이에 대한 학생의 지각	.812	.583	1.393 †	1.94*
학생의 교수에 대한 존경과 이에 대한 교수의 지각	.798	.603	1.323 †	1.75*

† : 15°, * p<.05

짝수준에서의 결과를 종합하면, 교수와 학생간의 교환관계가 개별화된 리더십모형과 일치하는 것을 의미한다. 즉, 교수의 학생에 대한 관심과 배려, 그리고 학생의 교수에 대한 존경은 교수와 학생 간 1대1관계에서 이루어지며 교수로부터의 관심과 배려는 학생 개인 자신으로부터 나온다는 것을 의미한다. 다시 말하면 교수의 학생에 대한 관심과 배려는 학생개개인이 얼마만큼 지도교수와 밀접한 관계를 유지하느냐에 따라 달라지며, 학생의 존경 역시 학생 개개인이 교수로부터 받는 관심과 배려에 따라 달라진다는 것을 의미한다.

이러한 결과는 또한 교수라는 직업이 시간상 제약이 뒤따르기 때문에 한 교수가 모든 학생들에 대해 동일한 관심과 배려를 보이기가 어렵다는 것을 의미하고, 또한 소수의 학생들을 편애하여 관심과 배려를 보이기보다는 학생이 얼마만큼 적극성을 가지고 교수를 대하느냐에 달려있다는 것을 의미한다. 예를 들어 처음에는 소극적으로 교수와의 관계를 가지는 학생(이 경우 교수로부터 관심과 배려를 받지 못함)이 어느 날 갑자기 자신이 가진 문제에 대해 적극적으로 교수와 면담을 하고 도움을 요청하는 경우, 교수는 학생의 적극적인 행동여하에 따라 관심과 배려를 보이게 된다. 그러므로 교수의 학생에 대한 관심과 배려는 전적으로 학생 개개인으로부터 나온 다는 것을 알 수 있다.

5. 토 론

본 논문은 교수와 학생간의 교환관계를 조사한 연구로서 교수의 학생에 대한 관심과 배려가 학생의 교수에 대한 존경, 학업에 대한 성취도, 그리고 학교생활에 대한 만족에 지대한 영향을 미친다는 것과 교수와 학생간의 교환관계가 1대 1로 일어난다는 예측을 하였다.

연구결과에 따르면, 첫째, 교수가 학생에 대해 관심과 배려를 보일 때 학생은 교수의 관심과 배려에 대해 지각하고 이에 대한 반응으로서 교수에 대한 존경은 물론 학업에 대한 성취도(학점), 그리고 학교생활에 대한 만족도가 높은 것으로 나타났다. 둘째, 교수와 학생간의 교환관계가 집단수준에서 일어나는지 혹은 짝수준에서 일어나는지를 검증한 결과, 지도교수는 자신이 지도를 담당하는 학생들을 하나의 전체(group as a whole)로 보고 모든 학생들에 대해 유사한 정도의 관심과 배려를 보이거나(group wholes). 일부 학생들을 편애하여 편애하는 학생들에게는 더 많은 관심과 배려를, 반대로 편애하지 않는 학생들에 대해서는 무관심을 보이기(group parts)보다는 학생 개개인에 대해 1대 1로 관심과 배려행동을 보이는 것으로 나타나 교수와 학생간의 교환관계가 짝수준에서 성립한다(dyad wholes)는 가설이 지지되었다.

이러한 연구결과를 실제 교수와 학생간의 교환관계에 적용시 다음과 같은 시사점을 제공해 준다. 첫째, 교수가 학생들로부터 존경을 받기 위해서는 학생들에게 관심과 배려를 보여야 한다는 점이다. 과거 교수라는 신분은 학부모와 학생들에게 하나의 존경의 대상이었고 따라서 교수라는 신분을 가지는 것만으로도 학생들로부터 존경을 받아 온 것이 사실이다. 하지만 시대가 변하여 교수의 수가 증대하고 학생의 수도 증가 일로에 있는 시점에서 또한 학생들이 교수이외의 다른 정보매체로부터 더 유용하고 풍부한 정보를 획득하는 시점에서 교수 스스로 학생에 대한 관심과 배려를 보여야만 학생들로부터 존경을 받을 수 있는 것이다.

이러한 결과를 뒷받침하는 실제 사례로서 A 대학의 A교수는 연구능력과 강의능력이 출중하여 동료교수와 대학원생들에게 선망의 대상이었지만 학부학생들에 대해서는 이름조차 기억하지도 못하는 무관심을 보임으로써 학생들로부터 존경을 받는 교수는 되지 못하는 것으로 평가되었다. 반면에 연구능력과 강의능력에 있어서 A교수보다는 못하지만 지도하는 학생들의 이름을 거의 기억하고 교정에서 만날 때면 이름을 불러주고 관심을 표명한 B교수에 대해 학생들은 더 많은 존경심을 보이며 자신이 가지는 진로문제, 이성문제 그리고 학교생활문제 등에 대해 빈번하게 상담하곤 했었다.

학생에 대한 개별적인 관심과 배려를 통하여 학생들로부터 존경을 받게 되는 것은 변혁적 리더십이론에서 리더가 부하에게 개별적인 배려(individualized consideration)를 보일 때 부하는 리더와 동일시하려 하고, 리더에 대해 존경과 신뢰를 가지는 것과 유사하다(Bass. 1985). 물론 리더의 개별적인 배려는 변혁적 리더가 갖추어야 할 특성(카리스마, 지적자극, 감화)중 일부이지만 교수는 학생개개인에게 개별적인 관심과 배려를 보임으로써 학생들에게 변혁적인 리더로 비추어질 수 있고 그 결과 학생은 교수와의 동일시 및 신뢰와 존경심을 표할 수도 있다. 따라서 개별적인 관심과 배려 이외에 지적인 자극, 카리스마, 감화(inspiration) 등의 행동을 교수가 보여주었을 때 학생들이 교수를 과연 변혁적인 리더로 지각 하는지의 여부와 그 결과로 동일시 및 신뢰와 존경을 보이는가의 연구가 향후 이루어져야 할 것이다. 또한 브룸과 제이고(Vroom & Jago, 1988)의 의사결정기법 중 개별참여(CI : Consultative I)에 따르면 집단에서 의사결정을 함에 있어서 리더는 집단에 속한 구성원 모두를 집단전체(group as a whole)로 참여시키는 것이 아니라 의사결정에 필요한 아이디어나 제안을 할 수 있는 구성원(부하)을 개별적으로 접촉하여 이들과 의사결정 문제에 대해 공유함으로써 부하들로 하여금 집단의 의사결정에 없어서는 안될 중요한 존재임을 지각하게하고, 그 결과 부하는 리더에 대한 존경과 신뢰를 보이게 된다. 이러한 기법 역시 개별화된 리더십이론에서 주장하는 바와 같이 리더와 부하의 관계가 1대 1(one-on-one)로 일어나므로 교수와 학생간의 관계에서 교수는 대학에서 일어나는 문제에 대해 학생들에게 개별적으로 참여케 함으로써 교수에 대한 존경 및 학교생활에 대한 만족을 높일 수도 있다. 따라서 향후 이와 관련된 연구가 이루어져야 할 것으로 보인다.[3)]

둘째, 학생의 학업성취도(학점)를 결정하는 가장 큰 요인 중의 하나는 학생이 가지는 능력과 노력이지만 이와 더불어 교수의 관심과 배려 역시 중요한 요인으로 나타나 학생들로 하여금 공부에 전념케 하는데 있어 교수의 역할이 지대하다는 것을 알 수 있다. 이러한 사실은 동기이론 중 욕구이론(Maslow, 1965)에 의한 설명으로 가능해진다. 예를 들어 한 학생이 교수로부터 관심과 배려를 받지 못하는 경우, 그 학생은 소속욕구 내지 인정욕구를 충족치 못하게 되며 이를 충족키 위하여 처음에는 수업시간에 열심히 대답하고 질문하는 등의 노력을 기울여 자신이 가지는 욕구를 교수로부터 충족하려 할 것이다. 그러나 이러한 노력에도 불구하고 교수로부터 관심과 배려를 받지 못하는 경우 학생은 자신의 욕구를 충족키 위하여 친구들과 어울리거나(예를 들어 당구를 잘치는 학생은 친구들과 당구를 치면서 잘치는 것에 대한 인정을 받을 것이며, 술을 잘하는 학생은 술자리를 자주 가짐으로써 친구들로부터 부러움을 살수도 있다), 혹은 동아리에 소속하여 능동적으로 참여함으로써 동아리 회원들에게 인정받으려 할 것이며 이러한 모임에 참가하는 시간과 횟수가 증가함에 따라 수업시간에 대한 참여도는 낮아지게 되고 결국 좋은 학점을 받지 못하게 될 것이다(물론 앨더퍼(Alderfer [1972]의 ERG이론에 기초한 좌절-퇴행가설에 의해서도 설명이 가능해지는바 인정 〔관계〕 욕구가 계속해서 충족되지 않을 경우 더 하위 수준의 욕구, 예를 틀면 안전욕구나 생존 〔존재〕 의 욕구로 회귀될 수도 있을 것이다.[4)]

셋째, 교수의 학생에 대한 관심과 배려가 학생의 학교생활 만족에 지대한 영향을 미친다는 사실이다. 최근 대학제도가 급격히 변하여 편입학이 자유로워지는 시점에서 많은 대학들은 대학을 떠나 편입하는 학생들로 인하여 재정적인 어려움을 겪고 있는 실정이다. 그런데 학생들이 대학을 떠나는 가장 큰 이유 중의 하나는 학교에 대한 불신, 즉 학교생활에 대한 불만족이라 할 수 있다. 이러한 불만족을 해소하는 한가지 방안으로서 교수는 학생에 대해 관심과 배려를 보여야 할 것이다. 물론 교수들은 학생에 대한 관심과 배려가 자신의 역할이 아니라며 반발할 수도 있다. 하지만 최근 입학정원을 채우지 못하고 있는 몇몇 대학의 교수들은 방학기간동안 연구하는데 초점을 두는 것이 아니라 학생을 유치하는데 거

3) 이점에 대하여 유용한 지적을 해주신 익명의 심사자께 감사를 드린다.
4) 이 점에 대하여 유용한 지적을 해주신 익명의 심사자분께 감사를 드립니다.

의 모든 시간을 할애하고 있는 현실이다. 따라서 평소 학생들에게 관심과 배려를 보이는 것이 학생들의 학교생활만족도를 높이고 나아가 신입생들의 유치 및 재학생의 유지에도 도움이 될 것이다.

또한 이러한 결과는 교수의 관심과 배려를 충분히 받지 못하여, 학교생활에 대해 만족하지 못하고, 성취도 역시 낮아짐으로써 소원함을 느끼는 학생들에게 교수로 하여금 관심과 배려를 보이게 함으로써 점차 학생들의 학교생활에 대한 만족 및 학업성취도가 높게 나타난다면 교육적인 차원에서 매우 바람직한 제안이라고 할 수 있다.[5] 물론 학생들의 학교생활만족을 높이기 위해서 교수의 학생에 대한 관심과 배려이외에 대학에서는 학교에 대한 이미지를 제고하도록 노력해야 하며, 대학의 이념과 비전을 구축하고 비전을 실현하기 위한 전략을 수립하여야 하고. 학교경영에 대한 투명성을 보여주어야 한다. 이와 더불어 교수들은 강의와 연구의 질을 높이도록 노력해야 할 것이다. 따라서 만일 연구의 초점이 학생의 학교생활만족도라면 이러한 변수들을 고려하여 어떤 변수가 어느 정도 설명력을 가지는지, 그리고 어느 변수가 가장 커다란 효과를 가지는가를 분석해야 할 것이다.

넷째, 교수와 학생 간 교환관계는 집단수준에서가 아니라 짝수준(dyadic wholes)에서 일어난다는 것이 밝혀졌다. 다시 말하면 교수는 어느 일정한 스타일을 가지고 학생들에게 행동(관심과 배려, 이 경우 어떤 교수는 학생들에게 관심과 배려를 보이는 반면 어떤 교수는 무관심한 행동을 보임)하는 것도 아니고, 또한 일부 편애하는 학생들에 대해 관심과 배려를 보이는 것도 아니며, 학생들 개개인에 대해 개별적으로 관심과 배려를 보이는 것을 말한다.

여기서 짝수준(dyadic wholes) 이라는 의미는 교수와 학생간의 교환관계가 1대 1로 나타난다는 것이다. 예를 들어 교수 한 명(A교수)이 두 명의 학생(B, C 학생)을 지도한다고 했을 때 교수와 학생간의 교환관계에 있어 두 개의 짝(A-B, A-C)이 존재하며, 이때 각 짝의 교환(예, 교수의 관심과 배려와 학생의 교수에 대한 존경의 교환)은 개별적으로 일어난다. 즉 교수가 각 학생에 대해 어느 정도의 관심과 배려를 보이느냐 하는 것은 순전히 각각의 학생에 달려있다는 것이다. 만일 학생 B가 교수에 대해 존경심을 가지고 인사도 잘하고 경의를 표한다면 교수 A의 학생 B에 대한 관심과 배려 역시 높아지게 된다. 반대로 학생 C가 교수에 대해 존경심을 가지지 않고 만나도 못본 척 한다면 교수의 학생 C에 대한 관심과 배려는 자연히 낮아질 수밖에 없게 된다. 물론 두 명이 학생이 모두 교수에 대해 존경심을 가지고 경의를 표할 수도 있으므로 이 경우 교수의 두학생에 대한 관심과 배려는 높아진다. 이때, 한명의 교수와 두명의 학생으로 이루어진 집단에서는 마치 교수가 일정한 스타일(모든 학생에게 관심과 배려를 보여주는 교수의 스타일)을 가지고 두 명의 학생에 대해 관심과 배려를 보인다고 예측해 볼 수 있다. 그러나 이러한 예측이 타당한가는 집단

5) 이점에 대해 유용한 지적을 해주신 익명의 심사자께 감사를 드리는 바이다

수준에서의 분석을 필요로 한다. 즉 다른 집단(교수 D와 학생 E, F)에서 교수가 일정한 스타일을 가지고 학생들에게 관심과 배려를 보이는지를 분석해보아야 한다. 만일 다른 집단에서 교수들이 각기 다른 일정한 스타일을 가지고 지도하는 학생들에게 관심과 배려를 보인다면, 어떤 교수의 스타일은 높은 관심과 배려를 보이는 반면. 어떤 교수는 낮은 관심과 배려의 스타일을 가지 게 된다. 따라서 교수들의 스타일(관심과 배려)이 집단 간(교수간)에 차이 가 있는가를 조사해 보아야 하고 만일 집단 간 차이가 있다면 교수들이 일정한 스타일을 가지고 학생들에게 행동한다는 예측이 타당하다는 것을 알 수 있다(이 경우 집단전체수준 〔group wholes〕 에서 교수와 학생 간 교환관계가 성립하게 된다).

또한 앞의 예에서 교수 A가 학생 B에 대해서는 높은 정도의 관심과 배려를 그리고 학생 C에 대해서는 낮은 정도의 관심과 배려를 보일 때, 교수의 행동이 학생 개개인 때문에 나오는 것이 아니라 교수가 두 학생을 비교하여 차별적으로, 한 학생에 대해서는 높은 정도의 관심과 배려를 다른 학생에게는 낮은 정도의 관심과 배려를 보인 것으로 생각할 수 있다. 그러나 이러한 현상이 과연 일반화될 수 있는가에 대한 분석이 이루어져야 한다. 예를 들어 다른 집단에서도 역시 교수(D)가 학생들을 편애하여 한 학생(E)에게는 더 많은 관심과 배려를 그리고 반대로 다른 학생에게는 낮은 관심과 배려를 보이는가를 살펴보아야 한다. 이러한 결과가 각 집단에서 일반화된다면 이때 교수의 행동은 교수자신의 일정한 스타일에 의해 나타나는 것도 아니며 학생개개인이 교수에게 어떤 행동을 보였는가에 따라 나타나는 것도 아니라는 것을 알 수 있다(이 경우 집단부분수준 〔group parts〕 에서 교수와 학생간 교환관계가 성립하게 된다).

그럼에도 불구하고 본 연구의 결과는 집단전체수준이나 집단부분수준에서 교수와 학생 간의 관계가 성립하기 보다는 짝수준에서 성립하는 것으로 나타났기 때문에 교수의 학생에 대한 관심과 배려는 학생개개인에 의해 결정된다고 볼 수 있다.

이때 교수의 관심과 배려 행동은 학생 개개인들로부터 나오며, 예를 들어 학생이 교수를 얼마나 적극적으로 찾아다니고, 본인이 가지는 문제에 대해 상담하고, 조언을 구하느냐 하는 것이 교수의 관심과 배려를 이끌어내는 원동력이 될 수 있다. 따라서 학생들은 교수로부터 보다 많은 관심과 배려를 얻기 위하여 빈번하게 교수들과 면담해야 하며, 수시로 문제에 대해 상담을 하고 조언을 듣도록 해야 한다. 이와 더불어 본 논문에서는 연구가 이루어지지 않았지만 기존의 리더-부하 교환과 관련된 연구에 따르면 리더가 부하에 대해 가지는 호감(Engle & Load. 1997). 그리고 리더와 부하의 유사성(Boyd , & Taylor. 1998)이 리더-부하 관계의 질에 영향을 미치는 것으로 나타났다. 따라서 이러한 결과를 본 연구에 적용시 교수가 학생에 대해 느끼는 매력이나 호감의 정도 그리고 유사성의 정도가 교수의 학생에 대한 관심과 배려에 영향을 미칠 수도 있다고 생각된다. 그러나 본 논문에서는 교수학생 간 교환관계에 영향을 미치는 요인에 초점을 맞춘 것이 아니기 때문에 향후 이러한

요인들에 관한 연구가 이루어져야 한다고 판단된다.[6)]

이러한 시사점에도 불구하고 본 논문이 가지는 한계는 다음과 같다. 첫째 학생들이 수강한 과목에 대해 받은 학점은 학생자신이 가지는 능력과 노력의 결과임에도 불구하고 본 연구에서는 학생의 능력과 노력 변수들을 측정하지 않았다. 물론 최근의 입시제도에 의하면 대학들은 수능점수에 의해 등수가 매겨지고 한 대학의 같은 학과에 입학한 학생들은 비슷한 수능점수를 받은 학생들로 이루어져 있을 확률이 높기 때문에 수학능력에 있어 유사하다고 가정해 볼 수 있다. 그럼에도 불구하고 수능시험성적이 반드시 대학에서의 학습능력을 측정하는 타당성있는 도구라고 볼 수는 없기 때문 에 대학에서 가지는 능력을 측정할 필요가 있다고 보여진다. 따라서 본 연구에서는 측정하지 않았지만 향후 연구에서는 학생들이 가지는 능력과 노력의 정도를 측정하여 연구결과에 반영시킬 필요가 있으며 본 연구가 가지는 한계라 말할 수 있다. 둘째, 교수와 학생의 교환관계는 싸이클을 이루면서 발전해 나간다. 그러므로 이러한 교환관계를 분석하기 위해서는 장기적인 연구(longitudinal study)가 필수적이지만 본 논문에서는 한 시점에서만 연구(cross-sectional study)가 이루어졌다는 점을 한계로 들 수 있다. 셋째, 교수와 학생간의 밀접한 관계를 유지하고 있다는 가정하에 본 연구는 전문대학과 산업대학의 교수와 학생들로부터 자료를 수집하였다. 그러므로 본 연구의 결과를 일반대학에 확대하여 일반화시킬 수 있는가의 문제를 본 논문이 가지는 또 하나의 한계로 볼 수 있다. 넷째, 비록 교수와 학생의 관계가 짝수준에서 성립한다는 연구결과를 보이고 있지만, 교수가 일정한 스타일을 가지고 행동하거나 일부학생을 편애하여 행동하는 것과 비교하여 과연 교수가 어떤 방식으로 학생들에게 행동하는 것이 보다 효과적이고 바람직할 것이냐는 규범적인 문제로 본 연구에서 다루지 않았다는 한계를 가지며[7)] 따라서 교수와 학생간의 관계가 규범적인 입장에서 향후 계속적으로 연구되어야 할 것으로 판단된다. 또한 본 연구결과에서와 같이 교수와 학생간의 교환관계가 짝수준에서 성립했다하여 교수와 학생간의 관계가 반드시 짝수준에서만 성립한다는 것을 의미하지는 않는다. 앞에서도 밝힌 바와 같이 3가지의 대안(집단전체수준, 집단부분수준, 짝수준)이 있다는 것은 언제든지 나타날 수 있는 가능성이 있다는 것을 의미한다. 따라서 차후에는 교수와 학생 간 교환관계가 어떤 상황(예를 들면, 강의 방법)에서 집단전체수준 혹은 집단부분수준에서 성립할 것인가에 대한 연구가 필요하다고 보여 진다.[8)] 다섯째, 학생들로부터 설문을 얻는 과정에서 본 연구는 처음에 학생개개인의 이름을 적게 한 후 설문에 응답하도록 하였다. 이러한 방식은 설문에 응답 전 이름을 적게 함으로써 응답을 함에 있어서 자신의 이름을 걸고 성실하게 응답할 것이라는 판단하에 실시되었다. 그러나 만일 설문응답 전

6) 이점에 대해 유용한 지적을 해주신 익명의 심사자분께 감사를 드리는 바이다

7) 이점에 대하여 유용한 지적을 해주신 익명의 심사자분께 감사를 드린다.

8) 이점에 대해 유용한 지적을 해주신 익명의 심사자분께 감사를 드립니다.

이름을 적게하는 것이 응답을 꺼려하는 원인으로 작용하였다면 본 연구의 자료수집에 있어 오류가 있을 수도 있다고 생각된다. 따라서 어떤 방식이 보다 타당하냐 하는 것은 향후 연구에서 설문응답 후 이름을 적게 하여 나타난 결과와 본 연구의 결과를 비교함으로써 판단할 수 있다.9)

그러나 이러한 한계에도 불구하고 본 연구의 결과는 매우 간명하며 일반적으로 대학에서 간과하고 있는 교수의 학생에 대한 관심과 배려라는 측면 이 학생들이 교수에 대해 가지는 존경심과 학업에 대한 성취도, 그리고 학교생활에 대한 만족도를 증대시키는 역할을 담당한다는 점에서 교수와 학생 나아가 대학에 시사하는 바가 크다고 할 수 있다.

참고문헌

김경수·김인숙 (1996). 상사-부하의 교환관계 : 유사성 규칙과 충분성 규칙의 역할, 경영학연구, 제25권, 제3호, 285-312.

김경수, 댄스로, 김인숙 (1993). 능력과 매력의 상호작용이 성과에 미치는 영향에 관한 연구; 모의실험을 중심으로, 경영학연구, 22권 1호, 119-140.

김병성 (1986). 교사결핍론 : 교사와 교육격차, 교육개발, 제43권.

한범숙 (1988). 교육심리학 : 유풍출판사, 319.

황미숙 (1991). 아동이 지각한 교사행동과 학업성취 및 성격과의 관계, 석사학위논문, 숙명여자대학교 교육대학원.

Alderfer. C.P. (1972). *Existence. relatedness. and growth human needs in organizational settings.* New York: Free Press.

Bass. B.M. (1985). *Leadership and performance beyond expectations.* New York: Free Press.

Blau. P.M. (1964). *Exchange and Power in social Life.* New-York. Wiley.

Brophy, J.E. & Good, T.L. (1970). Teacher's communication of differential expectation for children s classroom performance: some behavioral data, Journal of Educational Psychology, 61. 365-374.

Cooper. H.M., Findly, M. & Good. T.L. (1982). Relations between student acheivement and various indexes of teacher expectation. *Journal of Educational Psychology*, 74. 577-579.

Dansereau. F., Alutto. J.A., & Yammarino. F.J. (1984). *Theory testing in organizationl behavior: The Varient approach.* N. J., Englewood Cliffs: Prentice-Hall.

Dansereau. F., Grean. G., & Haga, W. (1975). A vertical dyad linkage approach to leadership within formal organizations. *Organizational Behavior and Human Performance.* 13, 1975. 46-78.

Dansereau. F., Yammarino. F.J., Markham. S.E., Alutto. J.A., Newman. J., Dumas. M., Nachman. S. A., Naughton. Kim K.S. Al-Kelabi. S.A., Lee. S., & Keller, T. (1995). Individualized leadership: A new multiple-level approach. *Leadership Quarterly*, 6, 413-450.

Eisenberger. R., Huntington. R., Hutchison. S., & Sowa. D. (1986). Perceived organizational support. *Journal of Applied Psychology*, 71, 500-507.

Ekeh. P.P. (1974). *Social exchange theory: The two traditions.* London: Heinemann.

9) 이점에 대하여 유용한 지적을 해주신 익명의 심사자분께 감사를 드린다.

Emmerson. R.M. (1969). Operant psychology and exchange theory. In R.L. Burgess & D. Bushell(Eds.), *Behavioral sociology.* New York: Columbis University Press.

Engel, E.M., & Lord. R.G. (1997). Implicit theories. self-schemas, and leader-member exchange. *Academy of Mana-gement Journal.* 40. 988-1010.

Feldman. R.S., & Thesis. A.J. (1982). The Teacher and student as pygmalion: Joint effects of teacher and student expectation. *Journal of Educational Psychology*, 74, 217-223.

Folger. R., & Konovisky, M.A. (1989). Effect of procedural and distribute justice on reactions to pay raise decisions. *Academy of Management Journal.* 32, 115-130.

Graen. G.B., Liden. R.C.. & Hoel. W. (1982). "Role of leadership in the employee withdrawal process. *Journal Applied Psychology*, 67. 868-872.

Graen, G., Dansereau. F., & Minami T. (1972). Dysfunctional leadership styles. *Organizational Behavior and Human Performance*, 7, 216-236.

Hollander. E.P. (1958). Conformity, status and idiosyncrasy credit. *Psychological Review.* 65, 117-127.

Homans. G.C. (1961). *Social behavior: Its elementary forms.* New York: Hartcourt. Brace & World.

Kim, K .(1995). Data enquity that tests entity and correlational/causal theories(= DETECT): Personal Computer Version, 한국경영학회 춘계학술발표논문집 한국경영학회. 259-359.

Maslow. A.H. (1965). *Eupsychian management.* Homewood, Ill.; Dorsey-Irwin.

Organ, D.W. (1974). Social exchange and psychological reactance in a simulated superior-subordinate relationship. *Organizational Behavior and Human Performance.* 12, 132-142.

Rist (1970). Student social class and teacher expectations: The self-fulfilling prophecy in ghetto education. *Harvard Educational Review.* 40, 411-451.

Rosenthal. R. & Jacobson. L. (1968). Pygmalion in the Classroom(Hlot. Rinehart & Winston).

Secord. P.E., & Backman. C.W. (1974). *Social psychology.* New York: McGraw-Hill.

Stayrook. N.G. (1978). Path analysis relating student perception of teacher behavior to student achievement. *Journal of teacher Education.*

Thorndike. E.L. (1911). *Animal] intelligence.* New York: Macmillan.

Vecchio. R.P. & Gobdel. B.C. (1984). The Vertical dyad linkage model of leadership: problems and prospects. *Organizational Behavior and Human Performance*, 34, 5-20.

Vroom. V.H., & Jago, A.C. (1988). *The new leadership: Managing participation in organizations.* NJ: Englewood Cliffs, Prentice-Hall.

Weinstein. B.S., Middlestadt. S.E., Mashal. H.H. and Barrattesani. K.A. (1982). Student perception of differential teacher treatment in open traditional classroom. *Journal of Educational Psychology*, 74, 678-691.

Yammarino. F.J. (1998). Multivariate aspects of the varient/WABA approach: A discussion and leadership illustration. *Leadership Quarterly*, 9, 203-227.

Yammarino. F.J., & Dubinsky, A.J. (1992). Superior-subordinate relationships: A multiple levels of analysis approach. *Human Relations.* 45, 575-600.

Yammarino. F.J., & Bass. B.M. (1990). Transformational leadership and multiple levels of analysis. *Human Relations*, 43, 975-995.

Individualized leadership : A study on professor-student exchange relationships in Korean universities

Kyoung-Su Kim, Hong-Sul Chung, Kwang-Sin Choi

Abstract

This study predicts the exchange relationship between professors and students in two perspectives: First, from the variable relationship perspective, a professor's attention and consideration on a student is hypothesized to positively relate to the student's respect on the professor, school acievement, and satisfaction with school life. Second, from the level of analysis perspective, the exchange between professor and student is hypothesized to hold at the dyad (professor and student) level rather than at the group level. The data from professors and students shows that a student exactly perceived a professor's attention and consideration on the student and that the student's respect on the professor, school acievement, and satisfaction with school life are influenced by the degree of attention and consideration received by the student. The data also shows that the exchange between professors and students held at the dyad level. These results indicates that a professor behaves toward a student depending on how he or she behaves toward the professor. Implications as well as future research directions are addressed.

작업집단에서 상사의 편애에 대한 부하의 지각: 개별화된 리더십을 중심으로*

김경수**, 김공수***, 조용현****

본 연구는 다음과 같은 물음에 답하기 위하여 개별화된 리더십에 초점을 두고 상사와 부하간 관계를 조사하였다: 과연 상사는 같은 집단에 속한 부하들을 편애하는가? 아니면 상사가 부하들을 편애하는 것이 아니라 단순히 부하들이 상사가 편애한다고 지각하는 것인가? 일반적으로 집단에서 어떤 부하들은 상사와 원활한 관계를 가지는 반면 어떤 부하들은 원활하지 못한 관계를 가지는 경향이 있다. 이 때 원활한 관계를 가지는 부하에 대해 상사는 배려를 해 주거나, 자부심을 높여주거나, 부하들이 가지는 생각에 대해 지지를 해주는 반면, 원활한 관계를 가지지 못한 부하에 대해서 상사는 이러한 행동들을 보이지 않을 것이다. 그러므로 본 연구에서는 상사의 이러한 행동에 대해 원활한 관계를 가지는 부하들은 상사의 행동을 당연한 것으로 받아들이지만, 원활한 관계를 가지지 못하는 부하들은 상사의 행동에 대해 자신들이 차별 (또는 다른 부하들을 편애) 받고 있다고 지각할 것이라는 가설을 설정하였다. 다시 말하면 상사의 편애는 상사가 실제로 부하직원들을 편애하는 것이라기보다는 부하가 상사와 원활한 관계를 가지는가 아니면 가지지 못하는가에 의해 영향을 받는다는 주장이다. 이러한 가설을 검증하기 위하여 광주광역시에 소재한 대규모 제조기업에 근무하는 96명의 관리자들과 관리자들의 상사 26명으로부터 자료를 수집하였다. 분석결과 상사의 편애는 상사가 실제로 부하들을 편애하는 데에서 오는 것이 아니라 부하들이 상사와 원활한 관계를 가지는가 아니면 가지지 못하는가에 의해 나타난다는 가설이 뒷받침되었다. 이러한 분석결과가 상사와 부하의 관점에서 그리고 리더십이론 측면에서 논의되었으며 본 논문이 가지는 한계점과 시사점에 대해서도 언급하였다.

1. 서 론

내집단 편견 (in-group bias) 또는 편애(favoritism)는 많은 학자들에 의해 수십년간 연구되어 왔지만(e.g., Boldry & Kashy, 1999; Chen, Brockner, & Katz, 1998; Gainsky & Moskowitz, 2000; Reynolds, Turner, & Haslam, 2000; Shah, Kruglanski, & Thompson,

* 이 논문은 인사조직연구, 제15권 제1호, 2007, pp.175-200에 게재된 논문이며 2005년 한국학술진흥재단 연구비의 지원으로 이루어졌음.
** 전남대학교 경영대학 교수.
*** 군산대학교 사회과학대학 교수.
**** 전남대학교 BK21 ⓝ비즈 컨버전스 사업단 계약교수.

1998; Tajfel, 1978; Tajfel, Flament, Billig, & Bundy, 1971), 상사와 부하간 나타나는 편애에 대한 연구는 상대적으로 등한시되어 왔다. 그러나 상사와 부하 간에 나타나는 편애는 집단에서 일어날 수 있는 일반적인 현상으로 집단의 과정과 결과에 영향을 미치는 주요 요인이라는 점에서 연구의 필요성이 있다. 따라서 본 연구에서는 과연 "상사가 집단에서 부하들을 편애하는가?" 아니면 단순히 "부하들이 상사가 다른 부하들을 편애한다고 지각하는가?"를 살펴보고자 한다.

상사와 부하 간에 나타나는 편애를 설명하기 위하여 본 연구에서는 댄스로 등(Dansereau et al., 1995)에 의해 개발된 개별화된 리더십이론에 초점을 두었다, 개별화된 리더십이론에 따르면 상사는 같은 집단에 속한 부하들을 하나의 전체로서 대하는 것이 아니라 개별적으로 또는 일대 일로 대한다. 따라서 상사가 부하를 편애하느냐 안하느냐는 상사와 부하 간 개별적인 관계에 의존한다고 볼 수 있다. 예를 들어 상사는 어떤 부하와는 원활한 관계를 가지는 반면 어떤 부하와는 원활하지 못한 관계를 가질 수 있는바 이때 상사가 부하들에게 보여주는 행동이 자칫 편애로 비춰질 수 있다.

요약하면 본 연구의 목적은 개별화된 리더십이론에 바탕을 두어 상사와 부하 간 나타나는 편애를 조사하는데 있으며 이러한 목적을 달성하기 위하여 본 논문에서는 첫째, 개별화된 리더십이론을 설명하고, 둘째, 개별화된 리더십이론을 개인수준 개념인 편애(또는 개인이 지각한 편애)와 연결 짓고자 한다. 셋째, 이러한 두 개념간의 연합에 기초하여 상사와 부하 간 짝 수준에서의 교환관계(개별화된 관계)와 개인수준에서의 편애 간 관계를 설명하는 하나의 이론을 구축하여 검증하고자 한다.

2. 이론 및 가설설정

2.1. 개별화된 리더십이론

댄스로와 그의 동료들(Dansereau, 1995; Dansereau, Alutto, & Yammarino, 1984; Dansereau et al., 1995)에 의해 개발된 개별화된 리더십이론은 기존에 개발된 평균적 리더십스타일 이론이나 수직적 짝 연계이론(또는 리더-부하 교환이론)과는 다른 이론으로서 한 집단에서 상사는 부하들을 하나의 전체로 대하는 것이 아니라 일대 일로 또는 개별적으로 대하게 되며 사회적 교환관계를 통하여 부하가 상사에게 보여주는 행동은 상사가 부하 개개인에 대해 어떻게 행동하는가에 의해 영향을 받게 된다고 제시하고 있다(Mumford, Dansereau, & Yammarino, 2000; Schriesheim, Castro, & Cogliser, 1999, 김경수 등, 1999). 예를 들어 상사가 한 부하에 대해 그의 자부심을 높여주는 행동을 보이는 경우 부하는 반대급부로 상사가 만족할 만한 성과를 제공하게 된다. 이 때 부하의 자부심을 높여주는 상사의 행동은 부하에 대한 상사의 지원으로 지각되게 되는데 상사는 다음과 같은 세 가지 방식에 의해 부하의 자부심을 높여줄 수 있다: 즉, ① 상사가 부하의 개인적인 욕구나 감정에 주의를 기울여줌으로써(Stogdill & Coons, 1957), ② 상사가 부하의 능력과 성실함에 대해 확신하고 있다는 것을 부하에게 주지시킴으로써(House, 1977; Likert, 1971), 그리고 ③ 상사가 부하가 가지는 생각이나 의견을 지지해줌으로써(Dansereau, Graen, & Haga, 1975) 부하의 자부심을 높여줄 수 있다.

부하의 자부심을 높여주는 상사의 행동을 부하가 지각할 때, 그 부하는 이러한 상사의 행동이 부하 자신 때문에 나타난 것이라는 일말의 책임(또는 빚)을 느끼게 되며 이러한 책임에 대해 상사가 선호하거나 또는 만족할만한 성과를 반대급부로 제공함으로써 빚을 갚는 경향이 있다(Dansreau et al., 1995). 그러므로 개별화된 리더십이론에 따르면 부하의 자부심을 높여주는 상사의 행동과 부하의 상사가 만족할만한 성과의 제공이라는 두 개의 변수가 상사와 부하로 이루어진 짝 수준에서 성립하게 된다. 짝 수준에서 이러한 두 개의 변수 간 관계는 국외에서는 이미 7개의 다른 데이터로부터 검증되었으며(Dansereau et al., 1995), 국내에서의 연구 역시 뒷받침하고 있다(김경수 등, 1999).

2.2. 개별화된 리더십이론과 편애: 변수들 간의 관계관점

위에서 정의한 개별화된 리더십이론은 상사의 부하에 대한 편애의 개념과 연결 지어 생각해볼 수 있는바 편애는 (1)상사가 동일한 집단에 속한 부하들을 동등하게 대하는가 아니면 동등하지 않게 대하는가에 대한 부하의 지각과 더불어 (2) 이러한 상사의 행동이 공정한가 아니면 불공정한가에 대한 지각으로 정의할 수 있다[2]. 예를 들어 상사가 부하를 동등

2) 편애의 사전적 의미는 한 사람이 다른 사람을 특별하게 대우하는 정도 또는 한쪽으로 지나치게 치우친 정도로 정의할 수 있으며 사회심리학에서의 편애는 주로 내집단 편애(in-group favoritism)로 사용되어 왔고 이 때 편애는 자신이 속해 있지 않은 집단에 비해 자신이 속한 집단을 더 좋아하는 경향이라고 정의할 수 있다(예, Aboud, 2003). 본 연구에서의 편애는 사전적 의미로서의 편애와 유사한 개념이지만 상사와 부하라는 특수한 관계에서 일어나는 편애로서 상사의 관점만이 아닌 상사와 부하의 관점에서 부하 자신이 상사로부터 다른 부하들과 비교하여 어떤 (동등한 또는 동등하지 않은) 대우를 받았는가에 대한 지각과 그러한 상사의 대우가 다른 부하가 받는 대우와 비교하여 공정한가(또는 불공정한가)에 대한 지각으로 정의할 수 있다.

상사와 부하의 관계에서 편애의 개념은 상대적인 것으로 상사가 한 부하(부하 A)를 특별하게 대우하고 있다는 것을 다른 부하(부하 B)가 지각하면서 일어나는 현상이다. 이 때 만일 부하B가 부하A와 동등한 대우를 받았다면 부하B는 상사가 부하A를 편애한다라고 지각하지 않을 것이다. 또한 비록 상사가 부하A에게 특별한 대우를 한다고 하더라도 만일 부하B가 상사의 부하A에 대한 특별한 대우를 공정한 것이라고 지각한다면 부하B는 상사의 부하A에 대한 특별한 대우를 편애라고 지각하지 않을 것이다. 그러나 만일 상사의 부하A에 대한 특별한 대우를 부하B가 공정하지 않은 것으로 지각한다면 부하B는 상사가 부하A를 편애하는 것이라고 지각하게 될 것이다. 따라서 상사의 편애를 설명하는데 있어서 동등함과 공정함은 반드시 필요한 개념이라고 볼 수 있다. 앞에서 밝힌 바와 같이 편애의 사전적 의미는 한 사람이 다른 사람을 특별하게 대우하는 정도 또는 한쪽으로 지나치게 치우친 정도로 정의되는바 이러한 사전적 정의는 동등함의 개념은 포함하고 있지만(상사가 부하들을 동등하지 않게 대우함) 이러한 대우가 공정한가의

하게 대하고 이러한 상사의 행동에 대해 부하들이 공정함을 지각한다면 부하들은 '편애 없음'을 지각하게 되지만 상사가 부하를 동등하게 대하지 않고 이러한 상사의 행동에 대해 부하가 불공정함을 지각한다면 부하는 상사가 다른 부하를 편애한다라고 지각하게 된다. 그러므로 상사의 동등한(또는 차이가 나는) 행동과 이러한 행동에 대한 공정함(또는 불공정함)의 지각이 정(+)의 관계를 가질 때 편애의 개념이 성립하게 된다. 동등함과 공정함 두 변수간의 이러한 관계를 예측하기 위하여 세 가지 다른 경우(정의 관계, 부의 관계, 관계없음)를 살펴보면 다음과 같다.

첫째, 부하들이 두 개의 개념(동등함과 공정함)을 연결 짓지 않을 때(즉 두 개념 간에 관계가 없을 때), 부하들은 자신들이 동등하게 대우받거나 동등하지 않게 대우받음에 관계없이 상사의 대우가 공정하거나 불공정하다고 지각하게 된다. 그러나 편애는 상대적인 개념이므로 비록 불공정하게 대우를 받는다고 하더라도 다른 부하들과 동등하게 불공정한 대우를 받는다면 다른 부하직원을 편애한다고 지각하지 않게 된다. 그러므로 두 개념 간에 관계가 없을 때 편애는 성립하지 않게 된다. 즉 동등함과 공정함의 관계가 0인 경우 부하는 상사의 동등한 대우에 관계없이 상사의 대우에 대해 공정함 또는 불공정함을 지각하게 되는바 편애는 상대적인 개념으로서 상사가 부하들을 우선 동등하지 않게 대우해야 한다라는 전제가 있어야 한다, 그러므로 이 경우 편애를 지각하기 보다는 상사의 대우에 대한 공정함 또는 불공정함을 지각하게 될 것이다. 상사의 대우가 공정하다는 것은 자신이 제공한 만큼 상사가 대우해주기 때문이라고 할 수 있으며, 불공정하다는 것은 자신이 제공한 것만큼 상사가 제공하지 않았기 때문이라고 말할 수 있다. 물론 다른 부하가 대우받는 것과 비교하여 자신이 대우받는 것에 대한 공정함 또는 불공정함이므로 상사의 동등한 또는 동등하지 않은 대우가 포함되어 있는 듯하지만 상사의 동등한 대우에 대해서도 공정함 또는 불공정함을 지각할 수 있으며, 마찬가지로 상사의 동등하지 않은 행동에 대해서도 공정함 또는 불공정함을 지각할 수 있으므로 상사의 동등한 또는 동등하지 않은 대우가 우선 전제되어야 한다. 다시 말하면 상사가 부하들을 동등하게 대우한다면 일단 부하들은 상사의 편애를 지각하지 않을 것이다. 그러므로 상사의 동등한 대우나 동등하지 않은 대우에 관계없이 공정함 또는 불공정함을 지각한다는 것은 편애의 개념과는 다르며 단지 상사의 대우에 대해 공정함 또는 불공정함을 지각하게 될 것이다.

둘째, 부하가 두 개념을 부의 관계로 지각할 때(즉, 공정함과 동등함 간에 부[-]의 관계

여부는 포함하고 있지 않기 때문에 본 연구에서의 정의와 다르다고 볼 수 있다. 마찬가지로 사회심리학에서의 편애는 주로 내집단 편애로 사용되어 왔으며 자신이 속해 있지 않은 집단에 비해 자신이 속한 집단을 더 좋아하는 경향으로 정의할 수 있으므로 동등함의 개념은 포함되어 있지만 공정함의 개념은 포함되어 있지 않다는 점에서 본 연구에서의 편애와 다르다고 볼 수 있다. 그러므로 본 연구에서 상사의 편애를 동등함과 공정함의 두 개념으로 설명한 것은 기존의 연구에서는 정의되지 않은 색다른 정의라고 말할 수 있다.

가 있을 때), 부하는 상사의 동등하지 않게 대하는 행동에 대해 공정함을 지각하는 대신 상사의 동등하게 대하는 행동에 대해서는 불공정하다고 지각할 것이다. 그러나 부하가 상사의 동등한 대우를 불공정하다고 지각하는 경우 비록 부하는 자신이 상사에게 해준 만큼 상사가 해주지 않아 불공정하다고 지각하지만 다른 부하가 모두 동등하게 대우 받으므로 상대적인 개념이 존재하지 않아 상사가 다른 부하들을 편애한다라고 지각하지는 않을 것이다. 또한 어떤 부하가 상사의 동등하게 대하지 않는 행동을 공정하다고 지각하는 경우 상사의 동등하게 대하지 않는 행동을 당연한 것으로 받아들이게 되고(예를 들어 자신이 상사에 대해 보다 많은 혜택을 제공하였고 따라서 좋은 대우를 받는 것은 당연하다고 여기게 됨), 다른 부하에 대한 차별적 행동(좋지 않은 대우)을 당연한 것으로 받아들이게 된다(예를 들어, 다른 부하들은 상사에게 제공한 혜택이 많지 않으므로 상사로부터 혜택을 적게 받는 것이 당연하다고 여기게 됨). 그러므로 두 개념이 부(-)의 관계를 가질 때 부하들은 상사가 부하들을 편애하고 있다고 지각하지 않을 것이다.

셋째, 부하가 동등함과 공정함을 정의 관계로 지각할 때(즉, 동등함과 공정함 간에 정[+]의 관계가 있을 때), 우리는 극단적으로 두 가지의 경우(상사가 모든 부하들에 대해 동등하게 대우하고 상사의 동등한 행동에 대해 공정하다고 지각하는 경우와 상사가 부하들에게 동등하게 행동하지 않고 이러한 행동이 불공정하다고 지각하는 경우)를 생각해 볼 수 있다. 후자의 경우 부하는 상사가 부하들을 동등하지 않게 대우한다고 지각함과 동시에 상사의 이러한 행동을 불공정하다고 지각하게 되는 바 자신이 다른 부하들과는 달리 차별받고 있다고 지각하게 된다. 이것이 바로 상사의 편애라고 볼 수 있다. 즉 상사가 다른 부하들을 편애한다고 지각하는 부하는 상사가 자신을 다른 부하들과는 달리 동등하게 대하지 않고, 이러한 상사의 행동을 불공정하다고 지각하게 된다. 전자의 경우, 상사가 모든 부하들을 동등하게 그리고 이러한 상사의 행동이 공정하다고 지각하므로 부하는 편애 없음(lack of favoritism, 상사가 부하들을 편애하지 않음)을 지각하게 된다. 그러므로 공정함과 동등함간 정(+)의 관계가 있을 경우 한편으로는 상사의 편애 정도가 높다고 볼 수 있고 다른 한편으로 상사의 편애 정도가 낮다고 볼 수 있다.

본 논문에서는 상사의 동등한 대우와 상사의 대우에 대한 공정함의 지각을 편애라고 정의한바 다음은 편애가 개별화된 리더십과 어떻게 연관 지어지는가에 대해 귀인이론에 기초하여 설명하고자 한다.

상사와 부하가 개별화된 리더십관계를 가질 때, 상사와 부하의 어떤 짝은 많은 정도의 자부심과 성과를 교환하는 반면, 상사와 부하의 다른 짝은 적은 정도의 자부심과 성과를 교환하게 된다. 그러므로 상사는 자부심을 제공하는데 있어서 부하들을 동등하게 대우하지 않게 된다. 이러한 상사의 대우에 대해 자부심을 많이 제공받은 부하는 상사의 행동(자부심 제공)에 대해 원인을 규명하게 되고 이러한 원인을 자신의 탓으로 돌리는 경향이 있다.

예를 들어 부하자신이 상사에게 만족할만한 성과를 제공했기 때문에 상사가 자신에게 자부심을 많이 제공했다라고 판단하게 된다. 그러므로 상사의 동등하지 않은 대우(자신에 대한 특별한 대우)에 대한 원인을 자신의 탓으로 귀착하며 상사의 이러한 대우가 자신을 차별적으로 우대하는 것이라고 지각하는 것이 아니라 자신이 많은 것을 제공했기 때문에 나타난 결과라고 지각하게 될 것이다. 반대로 상사로부터 자부심을 적게 제공받은 부하는 상사의 동등하지 않은 대우를 지각함과 동시에 상사의 이러한 대우를 자신의 탓 이라기보다는 상사의 탓으로 귀착하게 된다. 즉 자신이 상사에게 낮은 성과를 제공했기 때문에 상사로부터 동등하지 않은 대우를 받은 것이 아니라, 상사로부터 낮은 자부심을 제공받았기 때문에 나타난 결과라고 판단할 것이다. 따라서 상사의 동등하지 않은 대우가 불공정하다고 지각하게 되는바 다른 부하(즉 특별한 대우를 받은 부하)를 편애한다고 지각하게 된다.

예를 들어 한 부하가 자신의 직무를 어떻게 수행할지 모르는 애매한 상황에 당면하고 있음에도 불구하고 상사는 그 부하가 가지는 감정이나 문제에 귀를 기울여주지 않을 뿐만 아니라 그 부하가 만족할만한 성과를 제공하지 않는다고 생각하는 경우를 생각해 보자. 이때 상사는 부하의 행동(만족할만한 성과를 제공하지 않음)을 부하의 탓으로 돌리게 되지만, 부하는 자신의 행동을 상사의 탓(즉, 상사가 자신이 처한 모호한 상황을 해결해 주지 않았기 때문 또는 자신이 만족할만한 성과를 제공하지 못한 것은 상사가 자신의 감정이나 문제에 귀를 기울여주지 않았기 때문)으로 돌리게 된다. 다시 말하면 부하는 자신이 유리한 방향으로 자신의 낮은 성과(만족할만한 수준의 성과를 제공하지 못한 것)를 상사의 탓으로 귀착하게 되고 따라서 상사가 자신에 비해 다른 부하직원들을 편애한다라고 지각하게 된다. 그러므로 상사와 원활한 관계를 가지지 못한 부하(또는 부하자신이 가지는 문제나 욕구 감정 등에 대해 상사로부터 관심을 받지 못했기 때문에 상사에게 만족할만한 성과를 제공하지 못했다라고 지각하는 부하)는 상사가 자신을 다른 부하들과 동등하지 않게 대한다고 지각하고 동시에 이러한 상사의 행동이 불공정하다고 지각하게 된다. 즉 상사의 편애를 지각하게 된다,

또 다른 예를 들면 비록 부하자신이 어떤 업무를 어떻게 수행할지 모르는 애매한 상황에 처해있다고 하더라도 상사는 부하가 가지는 문제나 욕구, 감정에 귀를 기울여주고 상사가 만족할만한 성과를 제공해주고 있다라고 지각하는 경우를 생각해 볼 수 있다. 이 때 부하는 상사의 행동(자부심을 높여주는 행동)에 대해 상황(상사) 탓으로 돌리기보다는 자신의 탓 즉 자신이 상사에게 만족할만한 성과를 제공했기 때문이라는 지각을 하게 된다. 그러므로 상사가 부하자신이 가진 욕구나 문제, 감정에 귀를 기울여주는 것이 편애라기 보다는 자신이 제공한 만족할만한 성과 때문이라고 지각하게 되고 따라서 상사가 자신을 편애했다라고 지각하지 않게 된다.

이러한 두 가지 경우를 종합해 볼 때, 우리는 다음과 같은 가설을 설정해볼 수 있다.

가설 1. 상사의 동등한 대우와 이러한 대우에 대한 공정함에 대한 부하의 지각이 상사의 자부심을 높여주는 행동과 만족할만한 성과의 제공과 정(+)의 관계를 가질 것이다

가설 1은 짝 수준에서 성립하는 변수들 간의 관계(부하의 자부심을 높여주는 상사의 행동과 부하의 만족할만한 성과의 제공)가 개인수준에서 성립하는 변수들 간의 관계(상사의 동등한 대우와 공정한 대우)와 정(+)의 관계를 가지는 개인과 짝 수준에서 성립하는 교차수준 이론 (cross-level theory, Klein, Dansereau, & Hall, 1994; Rousseau, 1985)이라고 볼 수 있다. 따라서 이러한 변수간의 관계를 짝 수준과 개인수준관점에서 고찰해 볼 필요가 있다.

2.3. 개별화된 리더십과 상사의 편애: 분석수준관점

개별화된 리더십이론에 따르면 집단에서 상사와 부하로 이루어진 짝들은 각각 별개로 작용하게 된다. 예를 들어 어떤 짝에서는 상사가 부하의 자부심을 높여주고 부하 역시 반대급부로 만족할만한 성과를 제공하는 반면, 어떤 짝에서는 상사가 부하의 자부심을 높여주는 행동을 하지 않고 그 결과 부하 역시 만족할만한 성과를 상사에게 제공하지 않는다. 물론 상사와 부하로 이루어진 짝들이 별개로 작용한다고 하더라도 어떤 집단은 상사와 부하간의 교환수준이 높아 모두 높은 정도의 자부심과 만족할만한 성과를 교환하게 될 수도 있고, 반대로 상사와 부하간의 교환수준이 낮아 모두 낮은 정도의 자부심과 만족할만한 성과를 교환할 수도 있다. 그러나 이러한 집단수준에서의 결과는 상사가 집단에 속한 부하들을 하나의 전체로 보고 자신이 가지는 일정한 스타일에 따라 행동해서 나타나는 결과가 아니라(집단수준) 상사와 부하 간 교환관계의 수준이 모든 짝들에서 높거나 낮음으로써 나타나는 짝수준의 결과라고 볼 수 있다. 그러므로 다음과 같은 가설을 설정하였다.

가설 2. 부하의 자부심을 높여주는 상사의 행동과 부하의 만족할만한 성과의 제공이라는 두 변수 및 두 변수 간 관계는 집단수준에서 성립하는 것이 아니라 짝 수준에서 성립할 것이다.

가설 1에서는 상사의 자부심을 높여주는 행동과 부하의 만족할만한 성과의 제공이라는 두 개의 변수가 상사의 동등한 대우와 공정한 대우라는 두 개의 변수와 정(+)의 관계가 있음을 예측하였고 가설 2에서는 상사의 자부심을 높여주는 행동과 부하의 만족할만한 성과의 제공이라는 변수들 간의 관계가 집단수준에서 성립하는 것이 아니라 짝 수준에서 성립한다는 예측을 하였다. 그러나 상사의 동등한 대우와 공정한 대우(즉 상사의 편애)는 비록 짝 수준에서의 변수(자부심과 만족할만한 성과)와 정(+)의 관계가 있다고 하더라도 짝 수준에서 성립하는 변수라고 보기는 어렵다.

예를 들어 상사가 한 명의 부하에 대해서는 자부심을 높여주는 행동을 제공하고 다른 한 명에 대해서는 자부심을 높여주는 행동을 제공하지 않은 경우를 생각해보기로 하자. 이 때

상사는 두 명의 부하에 대해 각각 다른 행동을 보이므로 부하를 동등하지 않게 대한다고 할 수 있다. 그러나 상사로부터 자부심을 높여주는 행동을 제공받은 부하는 상사의 행동을 자신의 탓, 즉 자신이 만족할만한 성과를 상사에게 제공했기 때문이라고 귀착하게 되므로 상사의 행동이 당연한 것이라고 지각하게 된다. 따라서 상사가 자신을 편애했다라고 지각하지 않을 것이다. 그러므로 상사가 동등하지 않게 행동을 했음에도 불구하고 상사로부터 자부심을 높여주는 행동을 제공받은 부하는 상사가 자신을 편애한다라고 지각하지 않기 때문에 상사의 편애가 짝 수준에서 성립하는 것이 아님을 알 수 있다. 물론 상사 역시 부하의 만족할만한 성과의 제공에 대해 상사 자신이 부하의 자부심을 높여주는 행동을 보여주었기 때문에 나타난 결과라고 생각할 수도 있다. 이 경우 상사는 자신의 행동에 대해 편애가 아니라고 지각하게 되므로 상사의 편애가 짝 수준에서 성립하는 듯 보이지만 상사로부터 자부심을 높여주는 행동을 제공받지 못한 부하는 상사가 자신을 차별 (다른 부하를 편애)한다고 지각하게 되므로 상사의 편애를 지각하는 반면 상사는 자신의 행동이 부하가 만족할만한 성과를 제공하지 않았기 때문에 나타난 결과라고 지각하게 되므로 부하는 편애를 지각하지만 상사는 자신의 편애를 지각하지 않게 된다. 그러므로 상사의 편애(상사의 편애에 대한 부하의 지각)는 짝 수준에서 성립하는 개념이라고 볼 수 없다.

또한 상사의 동등한 대우와 공정한 대우(편애)는 상사의 행동(자부심을 높여주는 행동)이 부하의 행동(만족할만한 성과의 제공)여하에 따라 다르게 나타나므로 상사는 동일한 집단에 속한 부하들에 대해 동일하게 행동하는 것이 아니라 각각 다르게 행동하게 된다. 따라서 상사의 편애는 집단수준에서 성립하는 변수라기보다는 개인수준에서 성립하는 변수라고 볼 수 있다. 상사의 동등한 대우와 공정한 대우(편애)가 집단수준에서 성립하기 보다는 개인수준에서 성립하는 개념이라는 것을 보다 구체적으로 설명하기 위해 다음과 같은 가정을 해볼 수 있다. 예를 들어 상사에게 만족할만한 성과를 제공하고 반대급부로 상사로부터 자부심을 높여주는 행동을 제공받은 부하를 유리한 상황에 있는 부하라고 가정할 때, 만일 모든 부하들이 유리한 상황에 있다면(모든 짝들이 상사의 자부심을 높여주는 행동의 정도와 만족할만한 성과의 제공정도가 높은 경우) 상사는 부하를 편애하는 것이 아니라고 지각하게 되고, 부하들 역시 상사가 자신(부하)들을 동등하게 대우하고 있다는 것을 지각하게 된다. 그러나 반대로 어떤 짝에서는 높은 수준의 교환이 일어나고(자부심의 제공과 만족할만한 성과의 교환정도가 높음) 어떤 짝에서는 낮은 수준의 교환이 일어난다면(자부심과 만족할만한 성과의 교환정도가 낮음) 전자의 짝에 속한 부하들은 상사의 편애를 지각하지 않게 되고 후자의 짝에 속한 부하만이 상사의 편애를 지각하게 된다, 따라서 상사의 편애는 집단수준에서 성립하는 변수라고 볼 수 없다. 이와 같은 설명에 기초하여 다음과 같은 가설이 설정되었다.

가설 3. 상사의 동등한 대우와 공정한 대우(편애)는 개인수준에서 성립할 것이다.

3. 연구방법

3.1. 연구대상의 특징 및 자료 수집

본 연구의 가설을 검증하기 위하여 본 연구자들은 광주광역시에 소재한 대규모 기업의 제조 기업에 종사하는 116명의 관리자(과장급)들을 대상으로 자료를 수집하였으며 본 연구에 참여한 96명의 관리자들 응답에 기초하여 관리자들을 지휘·감독하는 26명의 상사(부장급)로부터 자료를 수집하였다. 그러므로 전체적으로 26개의 집단이 존재하며 26개의 집단에 총 96개의 상사와 부하로 이루어진 짝이 존재한다고 볼 수 있다. 96명의 관리자중 2명만이 여성이었고 나머지는 남성이었으며, 나이는 31세부터 35세까지의 분포를 이루고 있었고, 평균근속년수는 6년인 것으로 나타났다. 또한 26명의 상사 중 1명만이 여성이었고 나머지는 남성이었으며 나이는 36세부터 41세까지의 분포를 이루는 것으로 나타났고 평균근속년수는 10년인 것으로 나타났다.

3.2. 측정도구

<표 1>은 본 연구에서 측정한 도구들의 평균값, 표준편차, 그리고 신뢰계수를 보여준다.

표 1. 변수의 평균, 표준편차 및 신뢰계수

변수		평균	표준편차	신뢰계수 (Cronbach Alpha)
상사 보고서	자부심	3.84	.45	.74
	만족할만한 성과	3.72	.50	.87
부하 보고서	자부심	3.51	.64	.84
	만족할만한 성과	3.49	.63	.84
	동등한 대우	3.50	.75	.89
	공정한 대우	3.46	.61	.90

상사의 자부심을 높여주는 행동 : 상사의 부하의 자부심을 높여주는 행동을 측정하기 위하여 댄스로 등(Dansereau et al., 1995)이 개발한 기존의 측정도구를 사용하였다. 먼저 부하의 자부심을 높여주는 상사의 행동에 대한 부하의 지각을 측정하기 위하여 관리자들로 하여금 5점 척도로 이루어진 다음과 같은 문항에 대해 응답하도록 하였다: (1) 내가 가지는 능력과 성실함에 대해 상사가 자신하고 있다는 것을 나는 확신한다; (2) 내가 가지는 감정과 욕구에 대해 상사가 귀를 기울이고 있다고 나는 확신한다; (3) 내가 가지는 아이디어와 행동에 대해 상사가 지지한다는 것을 나는 확신한다. 본 측정도구의 신뢰계수(Cronbach alpha)는 0.84로 높게 나타났다.

상사들 역시 부하의 자부심을 높여주는 자신의 행동에 대한 지각을 측정하기 위하여 관리자들이 응답한 설문항목과 같은 문항에 대해 응답하도록 하였다: (1) 부하가 가지는 능력과 성실함에 대해 내가 자신하고 있다고 부하가 생각한다; (2) 부하가 가지는 감정과 욕구에 대해 내가 귀를 기울이고 있다고 부하가 생각한다; (3) 부하가 가지는 아이디어와 행동에 대해 내가 지지하고 있다고 부하가 생각한다. 본 측정도구의 신뢰계수는 0.74로 비교적 높게 나타났다.

만족할만한 성과 : 만족할만한 성과를 측정하기 위하여 기존에 개발된 측정도구(Dansereau et al., 1995)를 사용하였는바 다음과 같은 두 개의 문항으로 측정하였다, 첫째, 부하는 자신의 성과가 상사를 어느 정도 만족시킨다고 믿고 있는가에 대해 5점 척도('매우 불만족한다' 부터 '매우 만족한다')로 응답하도록 하였고, 상사는 부하들의 성과에 대해 어느 정도 만족하는가에 대해 5점 척도로 응답하도록 하였다. 둘째, 부하는 자신의 성과가 상사의 선호도와 어느 정도 일치한다고 믿고 있는가에 대해 5점 척도('결코 일치하지 않는다' 부터 '거의 일치한다')로 응답하도록 하였고, 상사는 부하들의 성과에 대해 어느 정도 자신의 선호와 일치하는가에 대해 5점 척도로 응답하도록 하였다. 관리자의 응답에 대한 신뢰계수는 0.84로 높게 나타났으며 상사의 응답에 대한 신뢰계수 역시 0.87로 높게 나타났다.

동등함과 공정함 : 본 연구에서 동등함은 상사의 동등한 대우에 대한 부하의 지각으로 정의되었으며 상사의 동등한 대우를 측정하기 위하여 6점 척도로 이루어진 다음의 4개 문항을 사용하였다: (1) 상사는 같은 집단에 속한 모든 부하들을 동등하게 대우한다; (2) 상사는 유용한 정보를 모든 부하들에게 동등하게 제공한다; (3) 상사는 의사결정에 참여할 수 있는 권한을 모든 부하들에게 동등하게 부여한다; (4) 상사는 같은 집단에 속한 부하들을 동등하지 않게 대한다. 본 측정도구의 신뢰계수는 0.89로 높게 나타났다.

본 연구에서 공정함은 상사의 동등한 혹은 동등하지 않은 대우에 대한 부하의 공정성의 지각으로 정의되었다. 본 연구에서 공정함은 6점 척도로 이루어진 5개의 문항을 사용하여 측정하였다: (1) 상사가 귀하를 다른 부하들에 비해 어느 정도 공정하게 대하는가? (2) 상사가 귀하의 성과를 평가함에 있어서 다른 부하들에 비해 어느 정도 공정하게 평가하는가? (3) 귀하가 업무를 수행함에 있어서 상사는 다른 부하들에 비해 어느 정도 공정하게 설명해주는가? (4) 상사가 귀하를 다른 부하들에 비해 어느 정도 공정하게 배려해 주는가? (5) 상사가 귀하를 다른 부하들에 비해 어느 정도 공정하게 존중해 주는가? 본 측정도구의 신뢰계수는 0.90으로 높게 나타났다.

동등함과 공정함을 측정하는 항목의 측정모형을 각각 검증하기 위하여 본 연구에서는 확증적 요인분석을 실시하였으며 분석결과 다음과 같이 동등함과 공정함 모두 구성타당도가 있는 것으로 나타났다: Amos 프로그램 3.6버전(Arbuckle, 1997)을 사용하여 분석한 결과 동등함 모형(equality model)은 4개의 항목 모두가 하나의 스케일에 유의하게 적재되는 것으로 나타났으며 ($p<.01$), 이 모형의 적합도는(χ^2= 3.70, df=4, $p>.05$: GFI = .989, AGFI = .958, IFI = 1.00, CFI = 1.00, and the RMSEA = .00) 이 모형이 관찰한 자료와 대응된다는 것을 보여 주었다. 공정함 모형의 경우 역시 5개의 항목 모두가 하나의 스케일에 유의하게 적재되는 것으로 나타났으며 ($p<.01$), 이 모형의 적합도는(χ^2= 2.91, df=2, $p>.05$: GFI = .989, AGFI = .946, IFI = .997, CFI = .997, and the RMSEA = .06) 이 모형이 관찰한 자료와 대응된다는 것을 보여 주었다.

3.3. 분석 방법

상사와 부하 간 교환되는 변수들(자부심과 만족할만한 성과)과 편애(동등함과 공정성)간의 관계를 분석하기 위하여 본 연구에서는 먼저 상관관계를 분석했으며, 둘째, 상사와 부하 간 교환되는 변수가 짝 수준에서 성립하는 개념인가를 알기위하여 또한 동등함과 공정함에 대한 지각이 개인수준에서 성립하는 개념인가를 알기 위하여 내와 간 분석(WABA, within and between analysis, Dansereau et al., 1984)을 실시하였다.

4. 연구결과

4.1. 가설검증 결과

<표 2>는 동등함, 공정성, 자부심, 그리고 만족할만한 성과간의 상관관계 매트릭스를 보여주고 있는바 모든 변수들 간의 관계가 유의적인 것으로 나타났다. 이러한 결과는 부하들에 의해 지각된 동등함과 공정함 변수가 상사와 부하에 의해 지각된 자부심과 만족할만한 성과와 유의적인 관계를 가지고 있다는 것을 보여준다. 그러므로 가설 1은 검증되었다고 볼 수 있다.

표 2. 상관관계 매트릭스 (N=96)

변수		상사보고서		부하보고서			
		자부심	만족할만한 성과	자부심	만족할만한 성과	동등함	공정함
상사 보고서	자부심						
	만족할만한 성과	.37**					
부하 보고서	자부심	.37**	.52**				
	만족할만한 성과	.25*	.40**	.55**			
	동등함	.21*	.34**	.62**	.63**		
	공정함	.32**	.52**	.62**	.98**	.69**	

* p<.05, ** p<.01

하지만 이러한 결과가 곧 개인수준의 변수(동등함과 공정성)가 짝수준의 변수(자부심과 만족할만한 성과)와 유의적인 관계를 가진다는 것을 직접적으로 보여주지는 않으므로 이러한 관계를 검증하기 위한 추가적인 분석을 실시하였다. 이러한 분석결과를 제시하기에 앞서 우선 동등함과 공정함(편애)이 개인수준의 변수인가의 여부(가설 3)와 자부심과 만족할만한 성과가 짝 수준에서 성립하는 변수인가의 여부(가설 2)를 검증하였다.

표 3. 상사와 부하 간 교환 변수의 짝 수준 분석결과

변수 및 관계	eta-squared		상관관계		검증		구성요소		추론
	간 (between)	내 (Within)	간 (Between)	내 (Within)	A	Z	간 (Between)	내 (Within)	
자부심	.61^{+}	.39							
만족할만한 성과	.67+	.33	.63**	.19	.49^{+}	3.90**	.40	.06	짝간 (Between dyads)

표본 수는 96개의 짝으로 이루어진 총 192개임.
* p<.05, ** p<.01, $^{+}$ θ >150

<표 3>의 결과는 자부심과 만족할만한 성과가 짝 수준에서 성립하는 변수라는 것을 보여준다. 즉 두 변수의 E 비율과 F 비율은 모두 유의적인 것으로 나타나 두 변수가 모두 짝 간에서 변하고 그리고 두 변수 간 관계 역시 Z와 A 검증 결과 유의적인 것으로 나타나 짝간에서 변하는 것으로 나타났다. 이러한 결과는 자부심과 만족할만한 성과 변수가 짝 수준에서 성립하는 변수라는 것을 보여준다. 이러한 연구결과는 기존의 연구결과(김경수 등, 1999; Dansereau et al., 1995)와 일치한다. 따라서 가설 2는 뒷받침되었다.

이와 더불어 동등함과 공정함이 개인수준에서 성립하는 변수라는 가설 3을 검증하기 위하여 WABA(내와 간 분석)을 이용하여 분석하였다.

<표 4>는 동등함과 공정함 두 변수의 내와 간(within and between) 분석결과를 보여주는 바 부하들이 지각한 동등함과 공정함은 E와 F 비율 모두 유의적이지 않은 것으로 나타나 집단내와 집단간에서 모두 변하는 것으로 나타났으며 이러한 결과는 동등함과 공정함이 집단수준의 변수가 아니라 개인수준에서 성립하는 변수라는 것을 보여주고 있다. 다시 말하면 부하가 지각한 동등함과 공정함은 같은 집단에 속한 부하들이 모두 동일하게 지각하는 것이 아니라 각각 다르게 지각하는 것으로 나타났다. 또한 이 때 같은 집단에 속한 부하들이 각각 다르게 지각한다는 것은 집단내의 효과를 반영하는 것이 아니라 개인차가 존재한다는 것을 보여 준다(보다 자세한 WABA 결과에 대한 해석은 Dansereau et al., 1984를

표 4. 동등함과 공정함에 대한 집단수준 분석결과

변수 및 관계	eta-squared		상관관계		검증		구성요소		추론
	간 (between)	내 (Within)	간 (Between)	내 (Within)	A	Z	간 (Between)	내 (Within)	
동등함	.45	.55							
공정함	.49	.51	.81**	.58**	.33+	1.44	.38	.31	집단내와 집단간 (Between and Within Groups)

표본 수는 26개의 집단으로 이루어진 총 96명임.
* p<.05, ** p<.01, + θ >150

참조). 뿐만 아니라 동등함과 공정함 두 변수 간 관계는 비록 A 검증 결과는 유의적인 것으로 나타났지만 Z 검증 결과는 유의적이지 않은 것으로 나타나 종합적으로는 두 변수간 관계가 집단수준에서 성립하는 변수가 아니라는 것을 보여주고 있다. 따라서 동등함과 공정함이 집단수준에서가 아닌 개인수준에서 성립하는 변수라는 가설 3이 뒷받침되었다.

짝 수준에서 성립하는 자부심과 만족할만한 성과 변수와 개인수준에서 성립하는 동등함과 공정함 변수 간 유의적인 관계가 있는가(가설 1)를 검증하기 위하여 짝 수준에서의 변수 즉 자부심과 만족할만한 성과에 대한 부하의 응답과 상사의 응답을 평균한 값(between dyad scores)과 개인수준의 동등함과 공정함 간의 관계를 살펴보았다.

표 5. 짝 수준 변수와 개인수준 변수 간 관계

		개인수준변수	
		동등함	공정함
짝수준 변수	자부심	.53**	.59**
	만족할만한 성과	.60**	.73**

<표 5>에서 보는 바와 같이 변수들 간의 관계는 모두 유의적인 것으로 나타나 짝 수준 변수인 자부심과 만족할만한 성과가 개인수준 변수인 동등함과 공정함과 유의적인 관계가 있을 것이란 가설 1을 뒷받침하였다. 이러한 결과는 상사로부터 자부심을 증진시키는 행동을 부여받고, 반대급부로 상사에게 만족할만한 성과를 제공하는 부하는 상사의 동등한 대우와 이러한 대우에 대해 공정함(즉 편애 없음)을 지각하는 반면, 상사로부터 자부심을 증진시키는 행동을 제공받지 못하고 또한 만족할만한 성과를 상사에게 제공하지 못하는 부

하는 상사가 부하들을 동등하게 대하지 않고 또한 이러한 대우가 불공정하다고 지각(즉 편애) 했다는 것을 나타낸다. 그러므로 가설 1은 뒷받침되었다.

5. 결론 및 논의

5.1. 연구결과와 논의

가설 2에서 예측한 바와 같이 상사의 동등한 대우와 이러한 대우에 대한 부하의 지각은 실제로 상사가 동일한 집단에 속한 부하들을 동등하지 않게 그리고 불공정하게 대하는 것이 아니라 부하자신이 상사로부터 제공받은 자부심 증진에 대한 지각과 상사에게 제공한 만족할만한 성과의 수준(즉 개별화된 리더십관계)에 의해 영향을 받는다는 것을 보여준다. 이러한 결과를 부하의 관점과 상사의 관점에서 논의하면 다음과 같다.

5.1.1. 부하의 관점

상사로부터 자부심을 증진시키는 행동을 제공받고 반대급부로 만족할만한 성과를 상사에게 제공하는(즉, 상사와 원활한 관계를 가지는) 부하는 상사가 자신을 대우함에 있어서 다른 부하들과는 달리 더 많은 자부심을 증진시키는 행동을 제공한다는 것을 지각하지만 이러한 상사의 행동이 자신을 편애한다기보다는 자신이 상사에게 만족할만한 성과를 제공했기 때문에 나타난 당연한 결과라고 생각한다. 그러나 반대로 상사로부터 자부심을 증진시키는 행동을 제공받지 못한(상사와 원활한 관계를 가지지 못하는) 부하는 비록 상사의 행동이 부하자신의 행동, 즉 만족할만한 성과를 제공하지 못한 결과라는 사실은 잊은 채, 상사가 자신을 다른 부하들과는 달리 차별한다고 지각하게 된다. 즉 특별한 대우를 받는 다른 부하를 편애한다고 지각하게 된다. 이러한 부하의 지각은 바로 부하 자신의 체면(save-face)을 살리는 것이고 자신의 자긍심(self-esteem)을 유지하게 만든다. 다시 말하면 상사로부터 자부심을 높여주는 행동을 제대로 제공받지 못한 부하는 이러한 결과의 원인을 자신이 아닌 상대방(즉 상사)으로 귀착하게 되고 결국 상사가 다른 부하들을 편애한다라고 지각하게 된다.

5.1.2. 상사의 관점

상사는 부하와의 개별적인 일대 일 관계에서 부하가 만족한 만한 성과를 어느 정도 제공했는가의 여하에 따라 부하에게 자부심을 높여주는 행동을 제공하게 된다. 그러므로 동일한 집단에 속한 부하들은 상사의 자부심을 높여주는 행동을 다른 정도로 또는 차별적으로 받을 수 있다. 그럼에도 불구하고 상사가 부하의 자부심을 높여주는 행동을 부하에게 제공하지 않은 원인을 상사자신으로 귀착하기 보다는 상대방(즉 부하)으로 귀착하게 된다. 즉 상사자신이 자부심을 보여주는 행동을 제공하지 않은 이유는 바로 부하가 만족할만한 성과를 제공하지 않았기 때문이라고 귀착하게 된다. 그러므로 상사는 부하직원들을 편애한다라고 지각하지 않는다.

5.1.3. 상사관점과 부하관점의 통합

상사의 관점과 부하의 관점을 통합하면 상사의 편애는 상사의 관점에서 나타나는 것이 아니라 부하의 관점에서 나타나는바 특히 상사로부터 자부심을 증진시키는 행동을 제대로 제공받지 못한 부하에게서 나타나는 현상이라고 볼 수 있다. 즉 상사와 원활한 관계를 가진 부하는 상사가 자신을 편애한다라고 지각하는 것이 아니라 부하자신이 제공한 결과 때문이라고 귀착하는 반면 상사와 원활한 관계를 가지지 못한 부하만이 상사의 편애(상사가 부하들을 동등하게 대하지 않고 이러한 행동이 불공정하다고 판단함)를 지각하게 된다.

5.2. 본 연구의 한계점

본 연구는 다음과 같은 한계점을 가진다. 첫째, 본 연구에서 사용한 변수들은 모두 응답자 스스로 응답한 값을 바탕으로 측정하였기 때문에 동일한 방법에 의한 자료수집으로 인하여 오류를 범할 수 있다고 판단된다. 그러므로 향후 다른 방법에 의해 측정한 값을 추가하여 분석에 사용하여 이러한 오류가 있는지를 파악하는 것이 필요하다고 판단된다. 둘째, 상사와 부하 간 교환과정이 장기간에 걸쳐 발생하고 형성되는 현상임에도 불구하고 본 연구에서는 횡단적인 연구만을 수행했다는 한계점을 가지고 있다. 따라서 향후 상사와 부하의 교환관계를 파악할 수 있는 종단적인 연구를 수행할 필요성이 있다고 판단된다.

5.3. 시사점 및 결론

본 연구결과는 리더십이론(평균적 리더십 스타일이론과 수직적 짝 연계이론)에 비추어 다음과 같은 시사점을 가진다. 첫째, 평균적 리더십스타일이론에서 주장한 바와 같이 (Stogdill & Coons, 1957) 상사가 동일한 집단에 속한 부하들에 대해 모두 동등하게 자부심을 높여주는 행동을 제공하지 않은 경우 상사로부터 자부심을 높여주는 행동을 제대로 제공받지 못한 부하는 상사가 다른 부하들에 대해 제공한 행동에 대한 모든 정보를 가지지 못하는 한계로 인하여 (비록 상사가 모두 동일하게 행동했음에도 불구하고) 자신이 차별적으로 대우받고 있고 다른 부하들을 편애한다라고 지각할 수도 있다. 반대로 상사가 동일한 집단에 속한 부하들을 모두 동등하게 대우했을 때 상사로부터 자부심을 증진시키는 행동을 제공받은 부하는 상사의 행동이 공정하다고 지각할 것이다.

둘째, 수직적 짝 연계이론(Dansereau, Graen, & Haga, 1975)에서 주장한 바와 같이 상사가 동일한 집단에 속한 부하들을 부하의 매력, 능력, 집단공헌도 정도에 따라 내집단과 외집단으로 구분하여 각각의 집단에 대해 다른 행동(예, 위임과 비위임 또는 자부심을 높여주는 행동과 그렇지 못한 행동)을 보이는 경우 내집단에 속한 부하는 상사의 이러한 행동에 대해 상사가 자신들을 편애한다라고 지각하기 보다는 당연한 것으로 받아들이게 된다. 그러나 외집단에 속한 부하는 자신이 상사로부터 위임받지 못하고 자부심을 높여주는 행동을 제공받지 못했음을 상사의 탓으로 돌리고 따라서 상사가 자신을 차별하고 다른 부하들을 편애한다라고 지각할 것이다.

이러한 결과는 리더십측면에서 보았을 때 다음과 같은 실용적 의미를 가진다. 집단에서 부하들은 자신의 체면과 자긍심을 유지하기 위하여 일종의 편애라는 개념을 발전시키게 되므로 상사로부터 자부심을 높여주는 행동을 제대로 제공받지 못한 부하는 이러한 결과를 상황 탓(즉, 상사)으로 귀착하게 되며 결국 상사가 다른 부하들을 편애한다라고 지각하게 된다. 따라서 상사들은 자신들이 부하들에게 어떻게 행동하고 대우하는가에 관계없이 부하들이 편애(동등하지 않음과 불공정성)의 개념을 발전시킨다는 사실을 알아야만 한다.

결론적으로 상사의 편애에 대한 부하의 지각은 상사 자신이나 조직에 대해 일종의 비용이라고 볼 수 있다. 왜냐하면 상사의 편애를 지각한 부하는 상사의 차별적 행동의 결과가 자신의 행동 즉 만족할만한 성과를 제공하지 못했기 때문이라고 지각하지 않기 때문이다. 이 경우 부하는 자신이 만족스러운 성과를 제공하려는 노력을 하기 보다는 모든 원인을 상사의 탓으로 돌리고 결국 불만족이 증가되어 점점 만족스러운 성과를 제공하지 못하게 된다. 그러므로 상사는 부하가 상사자신의 편애를 지각할 때 과연 이러한 부하의 편견을 없애기 위하여 만족할만한 성과를 제공하지 않은 부하에게도 자부심을 높여주는 행동을 제공해야 할까를 결정해야만 한다. 만일 상사가 이러한 부하에게 자부심을 높여주는 행동을 제공하지 않겠다고 결정한 경우 상사는 다음과 같은 질문을 던져보는 것이 바람직하다. 즉 과연 상사가 다른 부하들을 편애하고 있다고 지각한 부하의 관점이 정당한가? 상사는 성별이나 나이 학연 또는 지연 등에 기초하여 부하들을 편애할 수도 있다. 이 경우 부하의 관점이 타당한 것이므로 상사는 동등하게 대하지 않는 것과 불공정한 대우를 중단해야 한다. 그러나 만일 부하의 관점이 옳지 않다면 상사는 좀 더 긍정적인 측면에서 부하를 보는 관점을 개발함으로써 어느 정도의 자부심을 높여주는 행동을 제공하도록 노력해야 한다.

참고문헌

김경수, 정홍술, 최광신. (1999). 개별화된 리더십: 교수-학생의 교환관계에 관한 연구. 인사·조직연구(한국인사·조직학회), 7, 1 : 83-126.

Aboud, F.E. (2003). The formation of in-group favoritism and out-group prejudice in young children: Are they distinct attitudes? *Development Psychology*, 39 : 48-60.

Arbuckle, J.L. (1997). *AMOS user's guide*, version 3.6. Chicago, IL : Smallwaters.

Bass, B.M. (1990). *Bass and Stogdill's handbook of leadership: Theory, research, a managerial application* (3rd ed.). New York : Free Press.

Bliese, P.D. (2000). Within-group agreement, non-independence, and reliability: Implications for data aggregation and analysis. In K. J. Klein & S. W. J. Kozlowski (Eds.), *Multilevel theory, research, and methods in organizations: Foundations, extensions, and new directions* : 349-381, San Francisco : Jossey-Bass.

Boldry, J.G., & Kashy, D.A. (1999). Intergroup perception in naturally occurring groups of differential status: A social relations perspective. *Journal of Personality and Social Psychology*, 77 : 1200-1212.

Bradley, G.W. 1978. Self-serving biases in the attribution process: A reexamination of the fact or fiction question. *Journal of Personality and Social Psychology*, 36 : 56-71.

Chen, Y.R., Brockner, J., & Katz, T. (1998). Toward an explanation of cultural differences in in-group favoritism: The role of individual versus collective primacy. *Journal of Personality and Social Psychology*, 75 : 1490-1502.

Cremer, D.D. (2003). How self-conception may lead to inequality: Effect of hierarchical roles on the equality rule in organizational resource-sharing tasks. *Group & Organization Management*, 28 : 282-302.

Dansereau, F. (1995). A dyadic approach to leadership: Creating and nurturing the approach under fire. *The Leadership Quarterly*, 6 : 479-490.

Dansereau, F, Graen. G., & Haga, J. (1975). A vertical dyad linkage approach to leadership within formal organizations: A longitudinal investigation of the role making process. *Organizational Behavior and Human Performance*, 13 : 46-78.

Dansereau, F., Alutto. J.A., & Yammarino, F.J. (1984). *Theory testing in organizational behavior: The varient paradigm. Engle*wood Cliffs, NJ : Prentice Hall.

Dansereau, F., Yammarino, F.J., Markham, S.E., Alutto, J.A., Newman, J. Dumas, M., Nachman, S., Naughton, T., Kim, K., Al-Kelabi, S., Lee, S., & Keller, T. (1995). Individualized leadership: A new multiple level approach. *The Leadership Quarterly*, 6 : 413-450.

Dansereau, F., & Yammarino, F.J. (2000). Within and between analysis: The varient paradigm as an underlying approach to theory building and testing. In K. J. Klein & S.W. J. Kozlowski (Eds.), *Multilevel theory, research, and methods in organizations: Foundations, extensions, and new directions* : 425-466. San Francisco : Jossey-Bass.

Fleishman, E.A. (1957). A leader behavior description for industry. In R.M. Stogdill & A.E. Coons (Eds.), *Leader behavior: Its description and measurement* : 103 10-119. Columbus : Bureau of Business Research, Ohio State University.

Galinsky, A.D., & Moskowitz, G.B. (2000). Perspective- taking: Decreasing stereotype expression, stereotype accessibility, and in-group favoritism. *Journal of Personality and Social Personality and Social Psychology*, 78 : 708-724.

Gioia, D.A., & Sims, H.P. Jr. (1985). Self-serving bias and actor-observer differences in organizations: An empirical analysis. *Journal of Applied Social Psychology*, 15 : 547-563.

Glick, W., & Roberts, K. (1984). Hypothesized interdependence, assumed independence. *Academy of Management Review*, 9 : 722-735.

Halpin, A.W. (1957). The leader behavior and effectiveness of aircraft commanders. In R.M. Stogdill & A.E. Coons (Eds.), *Leader behavior: Its description and measurement* : 52-64. Columbus, OH : Bureau of Business Research, Ohio State University.

Hofstede, G. (1980). *Culture's consequences.* Beverly Hills. CA: Sage.

House, R.J. (1977). A 1976 theory of charismatic leadership. In J. G. Hunt & L. L. Larson (Eds.), *Leadership: The cutting edge* : 189-207. Carbondale, IL : Southern Illinois University Press.

House, R.J. (1987). Review of theory testing in organizational behavior: The varient approach. *Administrative Science Quarterly*, 32 : 459-464.

James, L.R. (1998). Implications of a multiple-level-of-analysis Ohio State leadership study for estimating interrater agreement. In F. Dansereau & F.J. Yammarino (Eds.), *Leadership: The multiple-level approaches* : 61-64. Stamford, Connecticut : JAI Press.

Jones, G. (1999). A multiple-level theory of self-serving behaviors in and by organizations. *Research in Organizational Behavior*, 21 : 1-38.

Kenny, D.A., & Judd, C.M. (1986). Consequences of violating the independence assumption in analysis of variance. *Psychological Bulletin*, 99 : 422-431.

Klein, K.J., Bliese, P.D., Kozlowski, S.W.J., & Dansereau, F. (2000). Multilevel analytical techniques: Commonalities, differences, and continuing questions. In K.J. Klein & S.W.J. Kozlowski (Eds.), *Multilevel theory, research, and methods in organizations: Foundations, extensions, and new directions* : 512-556. San Francisco : Jossey-Bass.

Klein, K.J., Dansereau, F., & Hall, R.J. (1994). Levels issues in theory development, data collection, and analysis. *Academy of Management Review*, 19 : 195-229.

Klein, K.J., & Kozlowski, S.W.J. (2000). *Multilevel theory, research, and methods in organizations: Foundations, extensions, and new directions.* San Francisco : Jossey-Bass.

Likert, R. (1961). New patterns of management. New York, McGraw-Hill.

Miller, D.T., & Ross, M. (1975). Self-serving biases in the attribution of causality: Factor or fiction? *Psychological Bulletin*, 82 : 213-225.

Mumford, M.D. Dansereau, F. & Yammarino, F.J. (2000). Followers, motivations, and level of analysis: The case of individualized leadership. *The Leadership Quarterly*, 11 : 313-340.

Reeves, M., Rosenfeld. P., Melburg, V., & Tedechi, R. (1981). Self-serving attribution: Biased private perceptions and public descriptions. Journal of Personality and Social Psychology, 41 : 224-231.

Reynolds, K.J., Turner, J.C., & Haslam, S.A. (2000). When are we better than them and they worse than us? A closer look at social discrimination in positive and negative domains. *Journal of Personality and Social Psychology*, 78 : 64-80.

Rousseau, D. (1985). Issues of level in organizational research: Multi-level and cross-level perspectives. In L. Cummings & B. Staw (Eds.), *Research in organizational behavior* : 1-37. Greenwich, CT : JAI Press.

Schriesheim, C.A. (1979). The similarity of individual directed and group directed leader behavior descriptions. *Academy of Management Journal*, 22 : 345-355.

Schrieshiem, C.A., Cogliser, C.C., & Neider, L. (1995). Is it "trustworthy"? A multiple-levels-of-analysis reexamination of an Ohio State leadership study with implications for future research. *The Leadership Quarterly*, 6 : 111-145.

Schriesheim, C.A., Castro, S.L., & Cogliser, C.C. (1999). Leader-member exchange(LMX) research: A comprehensive review of theory, measurement, and data-analytic practices. *The Leadership Quarterly*, 10 : 63-113.

Sedikides, C., & Strube, M.J. (1997). Self-evaluation: To thine own self be good, to thine own self be sure, to thine own self be true, and to thine own self be better. *Advances in Experimental Social Psychology*, 29 : 209-269.

Shah, J.Y., Ktuglanski, A.W., & Thompson, E.P. (1998). Membership has its(epistemic) rewards: Need for closure effects on in-group bias. *Journal of Personality and Social Psychology*, 75 : 383-393.

Stogdill, R.N., & Coons, A.F. (1957). *Leader behavior: Its description s and measurement.* Columbus, OH : Bureau of Business Research, Ohio State University.

Tajfel, H. (1978). Social categorization, social identity and social comparison. In H. Tajfel (Ed.), *Differentiation between social groups: Studies in the social psychology of intergroup relations* : pp.61-76. London : Academic Press.

Tajfel, H., Flament, C., Billig, M.G., & Bundy, R.F. (1971). Social categorization and intergroup behavior. *European Journal of Social Psychology*, 1 : 149-177.

Tajfel, H., & Turner, J.C. (1979). An integrated theory of intergroup conflict. In W.G. Austin & S. Worchel (Eds.), *The social psychology of intergroup relations* : 33-47. Monterey, CA : Brooks/Cole.

Vroom, V.H., & Jago, A.G. (1988). *The new leadership: Managing participation in organizations.* Englewood Cliffs, NJ: Prentice Hall.

Yammarino, F.J. (1998). Multivariate aspects of the varient/WABA approach: A discussion and leadership illustration. *The Leadership Quarterly*, 9 : 203-227.

Yammarino, F.J., Dubinsky, A., Comer, L., & Jolson, M. (1997). Women and transformational and contingent reward leadership: A multiple levels of analysis perspective. *Academy of Management Journal*, 40 : 205-222.

Yukl, G. (1998). *Leadership in organizations*, 4th edition. Englewood Cliffs, NJ : Prentice Hall.

Subordinate Perceptions of Supervisor's Favoritism in Work Groups: A Focus on Individualized Leadership Theory

Kyoung-Su Kim, Kong-Su Kim, Yong-Hyun Jo

Abstract

This study investigates the relationship between supervisors and subordinates to answer the following question: (1) Do supervisors show favoritism toward some subordinates in a work group? or (2) Do subordinates perceive that their supervisor show favoritism toward other subordinates in a work group? In a work group some subordinates tend to have a good relationship with their supervisor, whereas others tend to have a poor relationship with their supervisor. When subordinates have a good relationship with their supervisor, he or she shows consideration behavior toward them, supports their ideas and behaviors, and shows confidence in their abilities and integrity. In this case subordinates provides satisfying performance with him or her. In contrast, when subordinates have a poor relationship with their supervisor, he or she does not show these behaviors. In this case subordinates do not provide satisfying performance with him or her.

Accordingly, this study hypothesizes that subordinates who have a good relationship with their supervisor view supervisor's behaviors as a result of their providing satisfying performance, whereas subordinates who have a poor relationship with their supervisor view supervisor's behaviors not as a results of their providing unsatisfying performance but as a result of supervisor's favoritism. In other word, it is hypothesized that supervisor's favoritism depends on whether subordinates have a good or poor relationship with their supervisor. It is also hypothesized that the two variables -- i.e., supervisor's providing self-worth support (showing consideration behavior toward them, supports their ideas and behaviors, and shows confidence in their abilities and integrity) and providing satisfying performance -- and the relationship between the two variables vary between dyads. However, it is hypothesized that favoritism defined by equality and fairness varies between persons (subordinates).

These hypotheses are tested by data from 96 managers and their 26 supervisors in a large manufacturing corporation in Kwangju. The results support the hypothesis that supervisor's favoritism depends on the relationship between subordinates and their supervisor. That is, subordinates who have a poor relationship with their supervisor perceive supervisor's favoritism, whereas subordinates who have a good relationship with their supervisor perceive a lack of supervisor's favoritism. The results also supports the hypothesis that providing self-worth and providing satisfying performance varies between dyads. In addition, the results support the hypothesis that equality and fairness varies between persons.

These results indicate that one-to-one relationship between a supervisor and a subordinate associate with subordinates'' perceptions of equality and fairness (i.e., favoritism). These results are discussed in terms of supervisor and subordinate perspectives and limitations and implications of this study are also discussed.

제6장 셀프리더십과 수퍼리더십

조직의 성공을 위한 필수적인 요건으로 여겨지는 구성원들의 열정과 헌신은 구성원 스스로의 평가와 보상에서 비롯됨에도 불구하고 리더와 조직에 의한 통제로 복종을 강요하여 구성원들의 잠재력과 창의성을 저하시키는 결과를 초래하였다(Manz & Sims, 1989). 이러한 이유로 기존의 탁월한 리더를 넘어서는 리더십이 절실히 요구되었는데, 이에 Manz & Sims(1991)는 부하들로 하여금 스스로를 리드하도록 이끄는 리더십인 수퍼리더십을 제안하였다. 이 장에서는 수퍼리더십과 셀프리더십에 대해 논의하고자 한다.

1. 수퍼리더십

Manz & Sims(1991)에 따르면 수퍼리더십은 조직을 운영하는 지혜와 방향제시의 원천이 리더가 아닌 구성원들에게 있으며 리더에 의한 복종이나 몰입이 아닌 부하들 스스로의 주인의식에 근거하여 몰입하는 특징을 지닌다. 수퍼리더는 단지 구성원들의 능력을 발휘하도록 도와주는 역할을 수행하며 권력 및 자원 역시 리더와 구성원들에 의해 공유하게 되므로 부하들은 스스로 그들의 일에 대해 몰입과 주인의식을 경험하게 된다. 수퍼리더십은 Manz & Sims(1991)가 제시한 다른 3가지 유형의 리더십과 차이가 나는데 첫째, 완력가형 리더십은 가장 초기 형태의 리더십이며 명령과 지시, 목표할당, 위협과 징계 등의 방법을 이용하여 추종자들을 고분고분하게 만들어 리더 자신의 지배적인 위치를 유지하는 특징을 가진다. 둘째, 거래적 리더십은 교환관계에 바탕을 두고 부하들의 임무수행을 위해 보상에 초점을 둔다. 부하들은 보상이 유지되는 한 리더와의 거래적 관계를 유지한다. 셋째, 공상적 영웅리더십은 비전을 제시하고 부하들로 하여금 비전을 달성하도록 동기부여시킴으로써 부하들은 리더가 제시한 비전에 몰입한다.

수퍼리더십의 주된 구성요소는 다음과 같다. 첫째, 모델링이다. 리더는 자신부터 효율적으로 리드하는 법을 배워야 부하들을 성공적으로 리드할 수 있게 된다. 이 경우 부하들은 리더의 셀프리더십 행동을 하나의 모델로 삼아 셀프리더십을 발휘하게 된다. 둘째, 목표설정이다. 목표는 성과목표 뿐 아니라 독창성, 책임의식, 자율적인 동기부여 및 지시를 지향하는 목표를 포함하며 할당된 목표로부터 부하들의 자기설정 목표로 이행하는 과정을 의미한다. 이에 수퍼리더는 모델로서, 코치로서, 그리고 교사로서 가르치는 역할을 수행한다. 셋째, 격려와 지도이다. 리더는 부하들의 독창성과 자율성을 격려하고 확신시키는 중요한 원천이다. 따라서 리더는 이러한 메시지를 부하들에게 지속적으로 전달하고 심어주어야 한다. 넷째, 리더는 보상과 질책을 적절하게 활용할 수 있어야 한다. 적절한 보상과 질책을 통하여 부하들을 동기부여시켜 목표를 달성하게 하고 부하들로 하여금 셀프리더십을 발휘하도록 고취시켜야 한다. 끝으로 수퍼리더는 조직이나 집단전체의 셀프리더십 시스템을 구축하는 데 필요한 제반 타 요소들을 신중히 고려해야 한다. 역동적인 셀프리더가 되고자 하는 부하들에게는 적절한 설비와 지원, 사회적 기술적 시스템의 설계, 필요한 과업, 셀프리더십 스킬, 자신들의 잠재력을 발휘할 수 있는 충분한 재량권 등과 같은 요소들을 지원해 주어야 하며, 수퍼리더가 행하는 솔선수범, 지도, 강화 또한 셀프리더십 문화의 구축과 연결되어 이루어져야 한다. 즉 셀프리더십을 지원하는 조직문화를 새롭게 구축하여 구성원들로 하여금 셀프리더십을 스스로 배양하도록 해야 한다.

2. 수퍼리더십과 셀프리더십

수퍼리더십은 구성원들의 셀프리더십을 자극하고 촉진하여 이들의 잠재능력을 최대한 이끌어 내는 리더십이다. 여기서 셀프리더십은 성과를 위해 필요한 자기방향설정과 자기동기부여를 획득하기 위해 스스로에게 영향력을 발휘하는 것으로 자신에게 스스로 명령하고 지시함으로써 자기 스스로 높은 성과를 올리도록 이끌어주는 자율적인 힘을 뜻한다(Manz & Sims, 1989). 셀프리더십은 참여와 임파워먼트를 넘어서는 개념으로 자신을 변화시키고 기준을 평가할 수 있게 한다. 또한 조직이 무엇을 해야 하고, 왜 해야 하며 또 그것을 어떻게 할 것인지를 알 수 있게 해준다(Pearce & Manz, 2004; Konradt & Andreβen, 2009). 셀프리더십의 프로세스는 자기 자신의 효과성을 강화시키기 위한 행동전략과 인지전략으로 구성된다. 먼저 행동전략은 행동에 초점을 맞춘 전략으로 리더와 부하들이 어렵고 원하지 않는 일 혹은 반드시 수행해야 하는 과업을 수행함에 있어서 스스로를 리드하도록 돕는 행동을 말하며 자기관찰, 자기설정목표, 단서에 의한 관리, 리허설, 자기보상, 자기비판이 이에 속한다. 인지전략은 정보를 인식하고 처리하는 방식으로 건설적인 사고 패턴의 관리와 이것이 행동에 미치는 영향을 다루며 자연적 보상과 건설적 사고유형이 이에 속한다(Manz & Sims, 1989). 셀프리더십의 행동전략, 인지전략의 내용은 <표 6-1>과 같다. 이러한 셀프리더십 전략은 이후 Manz & Neck(2004)에 의해 인지전략을 자연적 보상전략과 건설적 사고 패턴전략으로 구분하여 행동전략, 자연적 보상전략, 건설적 사고 패턴전략으로 제시되기도 하였다.

표 6-1. 셀프리더십 전략

구분	전략	내용
행동전략	자기관찰	· 자신이 바꾸고자 하는 행동에 대한 정보의 수집과 관찰
	자기설정목표	· 자기 자신의 일의 결과에 대한 목표 설정
	단서(암시)에 의한 관리	· 자신이 하고자 하는 행동을 용이하게 하기 위해 단서(암시)설치 및 변경
	리허설	· 실제로 업무를 수행하기 전에 작업활동에 대한 신체적이며 정신적인 예행연습
	자기보상	· 바람직한 행동을 완수했을 때 개인적으로 가치 있는 보상을 자기 자신에게 제공
	자기비판	· 바람직하지 못한 방법으로 행동했을 때 자신에게 일정한 징계나 비판
인지전략	자연적 보상	· 자신의 일에서 자연적 보상의 수준을 증가시키기 위하여 생각을 변화시킴
	건설적인 사고 유형	· 건설적이고 효과적인 습관 또는 사고유형을 확립하는 행위

셀프리더십에 대한 기본적인 가정은 누구나 어느 정도 셀프리더십을 가지고 있으나 모두가 효과적인 셀프리더는 아니며 학습될 수 있다는 점이다. 또한 셀프리더십은 중역, 관리자, 모든 구성원들과 관련되어 있다(Manz & Sims, 1991; Neck & Houghton, 2006). 셀프리더십은 앞서 말한 수퍼리더십과 마찬가지로 태어날 때부터 타고난 특성이 아니라 학습되어지는 개념이며 경영자에서부터 일선 종업원에 이르기까지 조직 전체 구성원들에게 중요한 개념이다. 조직 내 구성원들이 셀프리더십을 발휘하게 되면 그들의 관리자들은 세부적인 관리나 통제에서 벗어나 보다 중장기적인 사안들에 관심을 돌릴 수 있다(DiLiello & Houghton, 2006). 이러한 구성원들의 셀프리더십 발현을 위해서는 수퍼리더의 역할이 매우 중요하다. 수퍼리더는 그들 자신을 효과적인 방법으로 이끌기 위해 셀프리더십 전략을 사용하고 구성원들을 격려하며 참여를 인도해야 한다. 그렇다면 어떻게 수퍼리더가 다른 사람들을 셀프리더로 이끄는가? 어떻게 수퍼리더가 다른 사람들을 스스로 리드하게 만들 수 있는가? Manz와 Sims(1991)는 이에 대한 답으로 7개 단계를 <표 6-2>와 같이 제시하고 있다.

표 6-2. 수퍼리더가 부하의 셀프리더십을 학습시키는 단계

step 1	· 스스로 셀프리더가 됨 - 자기가 먼저 셀프리더십을 실천하여 셀프리더가 된다.
step 2	· 셀프리더십의 모델링이 됨 - 주의, 기억, 행동화, 동기부여의 과정을 통해 부하들의 본보기가 된다.
step 3	· 자기설정 목표에 대한 격려 - 구성원들이 개인적인 발전목표를 세우도록 격려한다.
step 4	· 긍정적 사고유형을 창조 - 부하들에 대한 믿음을 표현함으로써 긍정적인 사고유형으로 전향하도록 한다.
step 5	· 보상과 건설적인 비판을 통한 셀프리더십의 개발 - 적절한 보상과 질책을 전략으로 활용한다. 구성원들이 스스로 보상을 하게 하고 자연적인 보상을 구축하게 하며, 질책을 구성원들을 개발하는 중요한 요소로 인식한다.
step 6	· 팀워크를 통한 셀프리더십의 촉진 - 자율개념의 확산을 조장하고 스스로 팀을 운영해 갈 수 있는 임파워먼트가 확산되도록 노력한다.
step 7	· 셀프리더십 문화의 촉진 - 높은 성과를 창출할 수 있는 통합된 조직문화를 만든다. 셀프리더십의 요소들을 촉진시키는 환경이 필요하며 격려, 지원, 셀프리더십 사고의 강화와 같은 종합적으로 통합된 시스템을 통해 셀프리더십 문화를 창출한다.

이처럼 수퍼리더십은 본래 셀프리더를 육성하는 의미를 포함하고 있다. 수퍼리더십은 구성원들이 셀프리더십 전략을 사용하여 책임감을 가지고 창의성을 발휘하는 것을 장려하며 또한 구성원들을 참여로 이끌기 위한 중요한 역할을 담당한다(Manz & Sims, 1991). Markham & Markham(1995) 역시 수퍼리더는 수퍼리더십 행동(예를 들어, 셀프리더십의 모델링, 강화, 촉진을 위한 여건 조성 등)을 통해 부하들로 하여금 셀프리더가 되게 한다고 주장하였다. Manz(1992)는 수퍼리더십은 하급자들을 셀프리더로 만드는 것이 그 주요과제라고 하면서 부하들이 셀프리더로서 적합한 행동과 역량 그리고 건설적 사고패턴을 갖도록 하기 위해서는 수퍼리더의 지원과 영향력이 요구된다고 하였다. 즉 집단 내 상급자가 수퍼리더십을 발휘할수록 하급자의 셀프리더십은 육성되고 강화될 가능성은 높아진다.

제6장에서는 김경수 등(2011)의 '수퍼리더십이 부하의 셀프리더십 및 성과에 미치는 영향: 매개효과 및 조절효과의 검증' 논문을 소개하고자 한다. 저자들은 이 논문에서 수퍼리더십이 부하의 셀프리더십과 성과에 미치는 효과와 셀프리더십이 수퍼리더십과 부하성과간의 관계를 매개하는 효과, 그리고 직무와 조직의 특성이 수퍼리더십과 셀프리더십간의 관계를 조절하는 효과에 대해 연구하였다. 리더가 수퍼리더십을 발휘하면 부하들의 셀프리더십이 증가한다는 가설과 리더가 수퍼리더십을 발휘하면 부하들의 직무만족과 조직몰입

이 증가할 것이란 가설을 설정하였다. 또한 부하의 셀프리더십이 리더의 수퍼리더십과 부하의 직무만족 그리고 조직몰입을 매개한다는 가설과 과업특성과 조직특성에 따라 리더의 수퍼리더십과 부하의 셀프리더십 간의 관계를 조절할 것이란 가설을 설정하였다. 10개 기업 235명의 종업원을 대상으로 수집한 설문분석결과 수퍼리더십이 부하의 셀프리더십과 부하의 성과와 정(+)의 관계를 가지는 것으로 나타났으며, 부하의 셀프리더십이 수퍼리더십과 부하의 성과 간의 관계를 매개하는 것으로 나타났고, 과업(과업 자율성)과 조직특성(배우면서 실행하기)이 수퍼리더십과 부하의 셀프리더십 간의 관계를 조절하는 것으로 나타났다. 이러한 연구결과는 수퍼리더십이 부하의 셀프리더십과 성과에 영향을 미치는 주요한 요인이라는 것을 의미하며, 특히 리더의 수퍼리더십이 부하의 성과에 영향을 주는 과정은 부하의 셀프리더십 메커니즘을 통해 이루어지고 있음을 시사해 주고 있다. 또한 본 연구결과는 리더의 수퍼리더십이 부하의 셀프리더십을 촉진시키는데 있어서 상황(과업의 자율성과 배우면서 실행하기)이 중요한 역할을 담당하고 있다는 것을 보여준다.

수퍼리더십이 부하의 셀프리더십 및 성과에 미치는 영향: 매개효과 및 조절효과의 검증*

김경수**, 김광숙***, 노현재****, 김인숙*****, 양동민******

본 논문은 수퍼리더십이 부하의 셀프리더십과 성과에 미치는 효과와 셀프리더십이 수퍼리더십과 부하성과간의 관계를 매개하는 효과, 그리고 직무와 조직의 특성이 수퍼리더십과 셀프리더십간의 관계를 조절하는 효과에 대해 연구하였다. 10개 기업 235명의 종업원을 대상으로 수집한 설문분석결과는 수퍼리더십이 부하의 셀프리더십과 성과와 정(+)의 관계를 가지는 것으로 나타났으며, 부하의 셀프리더십이 수퍼리더십과 부하의 성과 간의 관계를 매개하는 것으로 나타났다. 또한 본 연구결과는 과업(과업 자율성)과 조직특성(배우면서 실행하기)이 수퍼리더십과 부하의 셀프리더십 간의 관계를 조절하는 것으로 나타났다. 이러한 연구결과는 수퍼리더십이 부하의 셀프리더십과 성과에 영향을 미치는 주요한 요인이라는 것을 의미하며, 특히 리더의 수퍼리더십이 부하의 성과에 영향을 주는 과정은 부하의 셀프리더십 메커니즘을 거치고 있음을 시사해 주고 있다. 또한 본 연구결과는 특정한 상황에서 리더의 수퍼리더십이 부하의 셀프리더십을 촉진시킨다는 것을 시사해주고 있다. 이러한 연구결과를 토대로 향후 연구방향을 제시하였으며 본 연구가 가지는 한계점에 대해서도 논의하였다.

주제어 : 수퍼리더십, 셀프리더십, 과업자율성, 배우면서 실행하기, 직무만족, 조직몰입

1. 서 론

리더십은 오랜 기간 사람들의 흥미를 자극하는 주제로서 다루어져 왔다. 이는 리더십이 조직의 성패에 영향을 주는 중요한 요소이기 때문에, 부하들에게 영향을 미쳐 목표를 달성하는 데 있어 리더의 바람직한 역할에 대한 연구들이 주된 관심을 불러일으킨 것이라 할 수 있다(Yukl, 2006). 리더라 하면 사람들은 흔히 “나를 따르라” 소리치는 카리스마를 가지고 있는 영웅, 혹은 비전을 통해 변화를 가져오는 변혁적 리더를 떠올린다(Manz & Sims, 1991). 하지만 Manz & Sims(1991)는 이러한 리더들이 현재 조직들이 직면하고 있는 환경

* 이 논문은 인사조직연구 제19권 3호, 2011, 31-65에 게재된 논문임.
** 전남대학교 경영대학 교수, 제1저자.
*** 전남대학교 경영학 박사과정 수료.
**** 전남대학교 경영학 박사과정 수료.
***** 연세대학교 간호대학 교수.
****** 전남대학교 경영학 박사과정 수료, 교신저자.

하에서도 적합한가에 대한 의문을 제기하며 수퍼리더십 개념을 제시하였다. 카리스마적인 영웅이나 변혁적 리더는 리더 자신의 비전을 조직 구성원들에게도 소유하게 하고 이를 고취시킬 수 있으나 조직의 구성원들은 '열정적인 양'이 되는 위험을 안게 된다(Manz, 1992). 이는 최근 각광받고 있는 비전과 카리스마를 가진 탁월한 리더가 가지고 있는 '잠재적인 덫'이라고도 볼 수 있다. 즉, 이러한 리더가 부각되면 될수록 조직의 구성원들은 리더에 대해 더욱 의존적이 되고 자신의 존재감이 사라져 리더가 조직을 떠나게 되면 그 조직은 붕괴되기 쉽다(Manz, 1992). 또한, 기존의 조직들은 구성원들의 자아(self)를 중요시하지 않았다. 조직의 성공을 위한 필수적인 요건으로 여겨지는 구성원들의 열정과 헌신은 구성원 스스로의 평가와 보상에서 비롯됨에도 불구하고 리더와 조직에 의한 외부통제로써 복종을 강요하여 구성원들의 잠재력과 창의성을 저하시켰다(Manz & Sims, 1989). 이러한 이유들에 기인하여, 기존의 탁월한 리더를 넘어서는 리더십이 절실히 요구되었는데, 이에 Manz & Sims(1991)는 다른 사람들로 하여금 스스로를 리드하도록 이끄는 리더십, 수퍼리더십을 제안하였다. 이러한 수퍼리더십은 부하들로 하여금 효과적으로 자신을 이끌어 가도록 이들의 잠재력을 극대화시키는 리더십이라 할 수 있다.

Manz & Sims(1991, 2001)의 리더십에 대한 새로운 접근은 상호의존성, 복잡성, 불확실성이 증가된 현대 조직 환경에 맞춰 리더십에 대한 새로운 접근이 필요하다고 말한 Kur & Bunning(2002), Trist(1977)와 같은 학자들의 주장과도 맥락을 같이 한다고 할 수 있다. 최근 조직에서는 국내는 물론 세계적으로 경쟁이 치열해지자, 생존을 위해 효율성 추구는 물론 환경변화에 유연하게 적응하기 위한 새로운 시스템을 창출하는 보다 분권화된 구조를 갖추려 애쓰고 있는바 자율 경영을 도입하여 더욱 참여적인 분위기로 나아가려는 노력 역시 이러한 추세를 반영한 조직 현상이라 할 수 있다(Elloy & Randolph, 1997). 자율 경영은 종업원 만족, 학습의 기회 증대, 낮은 결근율과 이직율, 성과와 동기부여의 향상이라는 효과를 가져 오기 때문에(Elloy & Randolph, 1997) 세계적인 트랜드가 되어가고 있다. 그리고 자율경영을 바탕으로 한 팀 기반 조직이 가장 빠르게 성장하고 있는데 최근 조직의 팀 구성원들은 그들의 독립성과 능력을 최대한 발휘할 수 있기를 바라고 있으며 조직 차원에서도 구성원들의 잠재적 능력에 대한 활용은 중요한 과제로 여겨진다.

이러한 추세 하에 CEO는 물론이고 일선 종업원들에 이르기까지 적극적인 능력발휘와 의사결정에 대한 책임이 요구되고 있는데(Horner, 1997), 수퍼리더십은 자율 작업집단의 기본적인 요구조건을 가장 잘 반영하는 리더십이라 할 수 있다. 수퍼리더십은 리더에 의한 직접적인 개입 없이 구성원들의 능력을 깨닫도록 도움을 주며(Elloy & Randolph, 1997) 리더와 부하들의 관계가 점점 더 애매해지고 유연하게 되는 환경 하에서(Horner, 1997) 더욱 효과적으로 종업원들의 임파워먼트를 구축하고 능력 발휘를 가능하게 하는 리더십이라 볼 수 있다. 치열한 경쟁으로 인해 기업들은 그들이 가지고 있는 인적자원을 최대한 활용해야 할 필요가 있고, 기업의 역할이 변화하여 구성원들이 직장에서 더 큰 의미를 찾을 수 있도록 해야 하는 과제를 안고 있으므로 수퍼리더십의 중요성은 더욱 부각된다고 할 수 있다(Manz & Sims, 1991).

이렇듯 조직의 환경 변화에 맞춰 리더십에 대한 접근 역시 달라져야 함에도 불구하고 리더십에 관한 연구들은 주로 리더 개인의 절대적인 영향력에 초점을 맞춰 왔다. 구성원들이 가지고 있는 의지를 압도하는 리더의 능력에 대한 연구들이 줄곧 진행되어 온 반면, 구성원들을 올바른 방향으로 이끌어 조직에 대한 공헌을 최대한 끌어올리는 리더의 측면(Manz & Sims, 1991)은 간과되어 왔다고 볼 수 있다. 실제 자율경영에 입각하여 새로운 시각으로 리더십을 바라보는 연구들은 매우 부족하다고 볼 수 있다. 특히, Manz & Sims(1991)가 수퍼리더십을 주창한 이후 많은 시간이 흘렀지만 수퍼리더십에 대한 국내 및 해외 연구들은 매우 부족한 편이다. 게다가 조직의 환경 변화에도 불구하고 많은 기업들은 여전히 구성원 스스로를 이끌도록 하는 리더보다는 리더에게 충실하고 잘 따르는 것을 강조하는 군대식 모형에 의해 운영되고 있어(Manz & Sims, 1991) 최근 변화된 조직 환경에 적합한 리더십이론으로 대두되고 있는 수퍼리더십에 대한 연구 및 현장에서의 적용은 필요하다고 여겨진다.

따라서 본 연구에서는 구성원들에게 강력한 리더십을 시도하였던 과거의 접근과는 달리 자율 경영이 활성화되고 있는 시점에서 수퍼리더십이라는 새로운 접근을 시도하려 한다. 조직의 성과와 관련하여 리더에 초점을 맞췄던 시각에서 구성원들에게로 그 초점을 옮겨 구성원들의 참여와 잠재적 능력 발휘를 활성화하여 조직의 성과향상을 꾀할 수 있는 방안을 모색해 보고자 한다. 먼저, 수퍼리더십이 부하의 셀프리더십과 성과에 과연 영향을 미치는가를 살펴봄으로써 수퍼리더십의 효과성에 대한 연구를 실시하고자 한다. 또한 이들 간의 관계를 통하여 부하의 셀프리더십이 리더의 수퍼리더십과 부하의 성과간의 관계를 매개하는 지의 여부를 살펴보고자 한다. 그리고 리더의 수퍼리더십과 부하의 셀프리더십간의 관계에서 어떠한 상황이 이들 사이의 관계를 조절할 것인가에 대한 물음에 답하기 위해 과업 특성(과업 자율성) 및 조직 특성(배우면서 실행(Executive-as-Learning))과 같은 상황적 요소들의 조절효과를 분석해 보고자 한다. 수행하는 과업의 특성과 조직의 특성은 리더십 과정에 영향을 미치는 중요한 상황 요인으로 고려되어 왔다(Yukl, 2006). 즉, 과업과 조직의 특성에 따라 리더십의 효과성이 달라질 수 있으므로 이러한 요소들에 대한 고려는 리더십의 영향력 과정을 설명하는데 매우 중요하다고 볼 수 있다. 따라서 이러한 조절효과에 대한 연구는 수퍼리더십의 발휘가 가장 효과적으로 이루어질 수 있는 여건에 대한 설명을 가능하게 할 것이다. 이상의 연구를 통해 도출된 결과는 기존 수퍼리더십에 대한 이론적 확장을 가능하게 할 것으로 판단된다. 특히, 기존 선행연구에서 다룬 적이 거의 없는 수퍼리더십의 영향력 과정에서 상황적 요인의 조절효과를 고려한 점은 수퍼리더십에 대한 보다 깊이 있는 연구의 시도라는 의의를 찾을 수 있다. 또한, 자율경영·팀기반 조직 환경에 적합한 리더십 개발로 기업 현장 차원에서 적합한 관리자의 훈련 및 개발에 유용함을 제공할 수 있을 것이다.

2. 이론적 배경 및 연구가설

2.1. 수퍼리더십

중국의 철학자 노자가 "최고의 리더는 궁극적으로 리더가 필요치 않도록 사람들을 도와주는 리더이다."라고 말한 바와 같이 수퍼리더십은 조직 구성원들이 자기 자신을 리드할 수 있는 역량과 기술을 갖도록 함으로써 그들을 셀프리더로 육성하는 리더십을 말한다(Manz & Sims, 1989). 즉, 수퍼리더십은 리더가 구성원들을 스스로 판단하고 행동에 옮기며 그 결과도 책임질 수 있는 셀프리더로 만드는 리더십을 말하며, 자기 방향설정과 자기 동기부여를 위해 설계된 행동과 인지전략의 총체를 말한다(Manz & Sims, 1991). 이 이론은 Bandura의 자긍심(self-efficacy) 이론에서 구축되었으며 Manz(1990)는 자신을 이끌기 위한 기술 개발의 필요성을 이야기 하였고 그 방법으로 구성원들이 자기 자신을 이끌 수 있도록 하기 위해 팀에 셀프리더십 전략의 모델링을 제안하였는데 이것이 수퍼리더십의 개념이다. 수퍼리더십 행동에 기본적으로 내재해 있는 가정은 전통적인 가정들과는 매우 다르다. 수퍼리더십 행동은 기본적으로 조직 내 구성원들의 개인적 가치와 존엄성을 우선시하며(Bunch, 2001), top-down 식 통제 이념 대신 bottom-up 방식을 추구한다. 이러한 행동방식에서는 부하 직원 스스로 리더십 기능을 수행할 수 있으며, 리더가 할 일은 부하직원으로 하여금 효율적으로 자신들을 리드하도록 가르치고 격려하는 일이다(Manz & Sims, 1989). 이러한 수퍼리더의 역할에 대해 Elloy(2005)는 부하들로 하여금 자기 통제, 자율적 과업의 격려, 자신의 행동에 대한 조절과 평가를 수행하도록 한다고 하였다. 또한 Cummings(1978)에 의하면, 수퍼리더의 행동은 집단 내 구성원들로 하여금 기술적인 요인들을 통제할 수 있도록 함으로써 구성원들에 의한 집단 운영을 가능하게 한다.

Manz & Sims(1991)는 4가지 리더의 유형별 차이점을 설명하고 있는데 첫째, 완력가형 리더십은 가장 초기 형태의 리더십이며 명령과 지시, 목표할당, 위협과 징계 등의 방법을 이용하여 추종자들을 고분고분하게 만들어 자신의 지배적인 위치를 유지하는 특징을 가진다. 둘째, 거래적 리더십은 교환 관계에 바탕을 두고 구성원들의 임무수행을 위해 보상에 초점을 둔다. 추종자들은 보상이 유지되는 한 거래적 리더와의 관계를 유지한다. 셋째, 공상적 영웅리더로서, 리더의 능력은 구성원들을 높게 동기부여 시키고 비전을 고취시킨다. 추종자들은 리더와 그의 비전에 몰입한다. 마지막으로 수퍼리더십은 앞선 세 가지 리더들과는 달리 조직을 운영하는 지혜와 방향제시의 원천이 리더가 아닌 구성원들에게 있다. 또한, 리더의 행동으로 인한 복종이나 몰입이 아닌, 자신 스스로의 주인의식에 근거하여 몰입하는 특징을 지닌다. 수퍼리더는 단지 그를 둘러싼 구성원들(셀프리더들)의 능력을 발휘하도록 도와주는 역할을 수행하며 권력 및 자원 역시 리더와 구성원들에 의해 공유된다. 그럼으로써 구성원들은 스스로 그들의 일에 대해 몰입과 주인의식을 경험하게 되는 것이다.

Manz와 Sims(1989)가 제안한 수퍼리더십의 주된 구성 요소들은 다음과 같다. 첫째, 모델링이다. 리더는 자기 자신부터 효율적으로 리드하는 법을 배워야 다른 사람을 성공적으로 리드할 수 있게 한다. 리더 자신의 셀프 리더십 행동이 다른 사람들에게 강력한 모델이 되는 것이다. 둘째, 목표설정이다. 목표는 성과 목표 뿐만 아니라 독창성, 책임 의식, 자율적인 동기 부여 및 지시를 지향하는 목표를 포함하며 할당된 목표로부터 종업원의 자기 설정 목표로 이행하는 과정을 의미한다. 이에 수퍼리더는 모델로서, 코치로서, 그리고 교사로서 가르치는 역할을 수행한다. 셋째, 격려와 지도이다. 리더는 구성원들의 독창성과 자율적인 지시를 격려하고 확신시키는 중요한 원천이다. 이러한 메시지를 전달하는 것도 수퍼리더의 중요한 일 중 하나이다. 넷째, 리더는 보상과 질책을 능숙하게 이용할 수 있어야 한다. 이때 수퍼리더는 적절한 보상과 질책으로 추구하는 목표를 바꿀 수 있어야 한다. 마지막으로 수퍼리더는 전체적인 셀프리더십 시스템을 구축하는 데 필요한 제반 타 요소들도 신중히 고려해야 할 필요가 있다. 역동적인 셀프리더가 되고자 하는 종업원들에게는 적절한 설비와 지원, 사회적 기술적 시스템의 설계, 필요한 과업, 셀프리더십 스킬, 자신들의 잠재력을 발휘할 수 있는 충분한 재량권 등과 같은 요소들을 지원해 주어야 한다. 수퍼리더가 행하는 솔선수범, 지도, 강화 또한 셀프리더십 문화의 구축과 연결되어 이루어져야 한다. 그래서 조직의 문화가 새롭게 구축되고 이것이 다른 사람들로 하여금 셀프리더십을 배양하도록 자극과 강화를 줄 수 있어야 한다.

2.2. 수퍼리더십과 셀프리더십

수퍼리더십은 구성원들의 셀프리더십을 자극하고 촉진하여 이들의 잠재능력을 최대한 이끌어 내는 리더십이다. 여기서 셀프리더십은 성과를 위해 필요한 자기 방향설정과 자기 동기부여를 획득하기 위해 스스로에게 영향력을 발휘하는 것으로 자신에게 스스로 명령하고 지시함으로써 자기 스스로 높은 성과를 올리도록 이끌어주는 자율적인 힘을 뜻한다(Manz & Sims, 1989). 셀프리더십은 참여와 임파워먼트를 넘어서는 개념으로 자신을 변화시키고 기준을 평가할 수 있게 한다. 또한 조직이 무엇을 해야 하고, 왜 해야 하며 또 그것을 어떻게 할 것인지를 알 수 있게 해준다(Pearce & Manz, 2004; Konradt & Andreβ en, 2009). 셀프리더십의 프로세스는 자기 자신의 효과성을 강화시키기 위한 행동전략과 인지전략으로 구성된다. 먼저 행동전략은 행동에 초점을 맞춘 전략으로서 리더와 부하들이 어렵고 원하지 않는 일 혹은 반드시 수행해야 하는 과업을 수행함에 있어서 스스로를 리드하도록 돕는 행동을 말하며 자기관찰, 자기설정목표, 단서에 의한 관리, 리허설, 자기보상, 자기비판이 이에 속한다. 인지전략은 정보를 인식하고 처리하는 방식으로 건설적인 사고 패턴의 관리와 이것이 행동에 미치는 영향을 다루며 자연적 보상과 건설적 사고유형이 이에 속한다(Manz & Sims, 1989). 셀프리더십의 행동전략, 인지전략의 내용은 <표 1>과 같다. 이러한 셀프리더십의 전략은 Manz & Neck(2004)에 의해 인지전략을 자연적 보상 전략과 건설적 사고 패턴 전략으로 구분하여 세 가지 전략(행동전략, 자연적 보상 전략, 건설적 사고 패턴 전략)으로 구분하기도 하였다.

표 1. 셀프리더십 전략

행동전략	자기관찰	· 자신이 바꾸고자 하는 행동에 대한 정보의 수집과 관찰
	자기설정목표	· 자기 자신의 일의 결과에 대한 목표 설정
	단서(암시)에 의한 관리	· 자신이 하고자 하는 행동을 용이하게 하기 위해 단서(암시) 설치 및 변경
	리허설	· 실제로 업무를 수행하기 전에 작업 활동에 대한 신체적이며 정신적인 예행연습
	자기보상	· 바람직한 행동을 완수했을 때 개인적으로 가치 있는 보상을 자기 자신에게 제공
	자기비판	· 바람직하지 못한 방법으로 행동했을 때 자신에게 일정한 징계나 비판
인지전략	자연적 보상	· 자신의 일에서 자연적 보상의 수준을 증가시키기 위하여 생각의 초점을 관리
	건설적인 사고 유형	· 건설적이고 효과적인 습관 또는 사고유형을 확립하는 행위

셀프리더십에 대한 기본적인 가정은 누구나 어느 정도 셀프리더십을 가지고 있으나 모두가 효과적인 셀프리더는 아니며 학습될 수 있다는 점이다. 또한, 셀프리더십은 중역, 관리자, 모든 구성원들과 관련되어 있다(Manz & Sims, 1991; Neck & Houghton, 2006). 셀프리더십은 앞서 말한 수퍼리더십과 마찬가지로 태어날 때부터 타고난 특성이 아니라 학습되어지는 개념이며 경영자에서부터 일선 종업원에 이르기까지 조직 전체 구성원들에게 중요한 개념이다. 조직 내 구성원들이 셀프리더십을 발휘하게 되면 그들의 관리자들은 세부적인 관리나 통제에서 벗어나 보다 중장기적인 사안들에 관심을 돌릴 수 있다(DiLiello & Houghton, 2006). 이러한 구성원들의 셀프리더십 발현을 위해서는 수퍼리더의 역할이 매우 중요하다고 할 수 있다. 수퍼리더는 그들 자신을 효과적인 방법으로 이끌기 위해 셀프리더십 전략을 사용하고 구성원들을 격려하며 참여를 인도해야 한다. 그렇다면 어떻게

수퍼리더가 다른 사람들을 셀프리더로 이끄는가? 어떻게 수퍼리더가 다른 사람들을 스스로 리드하게 만들 수 있는가? Manz와 Sims(1991)는 이에 대한 답으로써 7개 단계를 설명하고 있는데 <표 2>와 같다.

표 2. 수퍼리더가 부하의 셀프리더십을 학습시키는 단계

step 1	· 스스로 셀프리더가 됨 - 자기가 먼저 셀프리더십을 실천하어 셀프리더가 된다.
step 2	· 셀프리더십의 모델링이 되는 것 - 주의, 기억, 행동화, 동기부여의 과정을 통해 부하들의 본보기가 된다.
step 3	· 자기설정 목표에 대한 격려 - 구성원들이 개인적인 발전목표를 세우도록 격려한다.
step 4	· 긍정적 사고유형을 창조 - 부하들에 대한 믿음을 표현함으로써 긍정적인 사고유형으로 전향하도록 한다.
step 5	· 보상과 건설적인 비판을 통한 셀프리더십의 개발 - 적절한 보상과 질책을 전략으로서 활용한다. 구성원들이 스스로 보상을 하게하고 자연적인 보상을 구축하게 한다. 그리고 질책을 구성원들을 개발하는 중요한 요소로 인식한다.
step 6	· 팀워크를 통한 셀프리더십의 촉진 - 자율 개념의 확산을 조장하고 스스로 팀을 운영해 갈 수 있는 임파워먼트가 확산되도록 노력한다.
step 7	· 셀프리더십 문화의 촉진 - 높은 성과를 창출할 수 있는 통합된 조직문화를 만든다. 셀프리더십의 요소들을 촉진시키는 환경이 필요하며 격려, 지원 셀프리더십 사고의 강화와 같은 종합적으로 통합된 시스템을 통해 셀프리더십 문화를 창출한다.

이처럼 수퍼리더십은 본래적으로 셀프리더를 육성하는 의미를 포함하고 있다. 수퍼리더십은 구성원들이 셀프리더십 전략을 사용하여 책임감을 가지고 창의성을 발휘하는 것을 격려하며 또한 구성원들을 참여로 이끌기 위한 중요한 역할을 담당하고 있다(Manz & Sims, 1991). Markham & Markham(1995) 역시 상사는 수퍼리더십 행동(예를 들어, 셀프리더십의 모델링, 강화, 촉진을 위한 여건 조성 등)을 통해 부하들로 하여금 셀프리더가 되게 한다고 주장하였다. Manz(1992)는 수퍼리더십은 하급자들을 셀프리더로 만드는 것이 그 주요과제라고 하면서 부하들이 셀프리더로서 적합한 행동과 역량 그리고 건설적 사고패턴을 갖도록 하기 위해서는 수퍼리더의 외적인 지원과 영향력이 요구된다고 하였다. 즉, 집단 내 상급자가 수퍼리더십을 발휘할수록 하급자의 셀프리더십은 육성되고 강화될 가능성

은 높아진다는 것이다. 이는 이은숙·신제복·백기복(2000)이 선행연구를 통해 수퍼리더십이 부하의 셀프리더십에 유의한 영향을 미침을 입증한 바 있다. 이와 같은 논의를 바탕으로 수퍼리더십과 부하의 셀프리더십의 관계에 있어 다음과 같은 가설이 설정될 수 있다.

가설 1. 리더의 수퍼리더십은 부하의 셀프리더십에 정(+)의 영향을 미칠 것이다.

2.3. 수퍼리더십과 성과

수퍼리더십은 팀의 목표와 과정에 있어 구성원들의 행동을 개선하는 역할을 한다. 수퍼리더의 행동에 대해 구성원들은 자신의 성과에 대한 자기비판을 통해 자신의 결점을 깨닫고 학습함으로써 자신의 일에 대한 지식의 증가, 팀의 성공을 위한 적절한 행동을 알게 된다. 수퍼리더는 팀의 성과와 팀 내 상호작용을 향상시키기 위한 문화를 개선함으로써 구성원들이 자기 목표 설정을 할 수 있도록 지원하며 구성원들의 자기 기대 정도를 강화시킨다. 또한 리허설 행동에 대한 격려는 실제 수행 전에 행동의 연습을 통해 구성원들의 능력을 내면화 할 수 있는 역할을 한다. 수퍼리더십은 구성원들의 행동을 촉진하는 역할을 하며 팀에 정보와 자원을 공급함으로서 팀과 외부환경 사이를 완충한다(Elloy & Randolph, 1997).

이렇듯 수퍼리더십이 팀 내 지원 행동을 촉진하고 팀의 자율성을 지원하게 되면 구성원들은 팀의 성공을 인지함으로써 더 높은 만족을 느낄 수 있고 수퍼리더가 성과에 대해 피드백을 제공하고 불확실성을 줄여 만족을 높일 수 있다. 수퍼리더는 팀의 상태를 개선하고 팀의 운영을 촉진하고 정보를 효과적으로 제공함으로써 집단 동기부여를 지원하고 자기평가행동에 대한 격려를 하며 이러한 것들을 통해 집단 구성원들의 몰입에 영향을 줄 수 있다(Elloy & Randolph, 1997). Cordery & Wall(1985)에 의하면 만족은 지각된 기술, 다양성, 과업정체성, 과업중요성 등의 조합에 의해 결정된다고 하였다. 수퍼리더십 수준이 높은 팀에서는 이러한 속성들이 가장 효과적으로 발전된다. 셀프리더십 행동을 격려하는 것은 과업 정체성과 과업 중요성의 정도에 직접적으로 영향을 미치며 자신의 성과에 책임을 느끼도록 팀을 격려하는 행동이 있으면 성공은 더욱 빨리 내면화된다(개인적 노력으로 귀인). 그리고 높은 만족은 개개인들로 하여금 성공이 자신의 노력에서 나왔다고 인지하기 때문에 나오는 결과이다(Elloy & Randolph, 1997). 또한, 만족과 몰입은 집단 효과성의 인식을 증가시키기 때문에 나오는 결과일 뿐만 아니라 수퍼리더들이 격려하는 긍정적 사고 패턴으로부터 나온다. 유효한 피드백과 정보를 제공함으로써 수퍼리더는 팀의 불확실성을 줄이는데 도움을 주고, 직무만족과 몰입을 증가시킬 수 있게 한다. 수퍼리더가 있는 집단은 수퍼리더의 격려를 통해 과업정체성과 다양성의 정도가 증가함을 느끼고 구성원들 자신의 일에 대해 더욱 책임을 느끼며 더 큰 몰입을 하게 된다(Elloy & Randolph, 1997).

이러한 논의를 바탕으로 수퍼리더십과 부하의 직무만족, 조직몰입 간의 관계에 있어 다음과 같은 가설이 설정될 수 있다.

가설 2. 리더의 수퍼리더십은 부하의 직무만족에 정(+)의 영향을 미칠 것이다.

가설 3. 리더의 수퍼리더십은 부하의 조직몰입에 정(+)의 영향을 미칠 것이다.

2.4. 셀프리더십의 매개효과

셀프리더십의 매개작용은 수퍼리더십과 셀프리더십과의 관계, 셀프리더십과 성과변수, 즉 부하들의 직무만족, 조직몰입의 영향관계의 결합으로 설명될 수 있다. 이러한 변수들의 영향관계에 있어, 앞서 제시하고 있는 내용들을 종합하여 볼 때 수퍼리더십의 목적은 하급자들을 셀프리더로 육성하는데 있으며, 이렇게 육성된 셀프리더(부하)들은 자신들의 행동을 개선하여 높은 성과를 창출할 수 있게 한다. 수퍼리더십은 부하들로 하여금 자신의 행동을 평가하고 인지하도록 격려하며 구성원 스스로의 성과평가가 가능하도록 충분한 정보를 제공한다. 이에 구성원들은 자신의 결과물에 책임감을 느끼고, 자신의 일에서 내재적 보상을 느낄 수 있다. 더 나아가 지속가능한 셀프리더십 행동을 위해 정보와 피드백을 제공하고 비판과 보상의 적절한 사용으로 셀프리더십 결과물을 강화시킨다. 즉, 수퍼리더십은 부하들로 하여금 셀프리더십의 발현을 통해 자신들의 성과를 향상시키는 결과를 낳을 수 있는 것이다.

Manz(1986)는 수퍼리더십의 발휘가 하급자로 하여금 통제와 책임감을 고양시켜주어 구성원 스스로의 행동와 성과에 긍정적인 영향을 미친다고 하였다. 따라서 수퍼리더십은 부하들이 셀프리더가 되어 자율성과 책임 부여를 느끼고 스스로 높은 만족과 몰입을 경험할 수 있게 한다(Manz & Sims, 1989). 높은 성과 창출을 위해 부하들의 순종만으로는 충분하지 못하며, 부하들의 내부에서 작용하는 셀프리더십 시스템의 촉진에 의해서 성취될 수 있는데 이에 수퍼리더십이 비범한 셀프리더 창출이라는 효과적인 메커니즘을 제공하는 것이다(Manz & Sims, 1991). 이상과 같은 논의를 통해 다음과 같은 가설을 설정하였다.

가설 4. 부하의 셀프리더십은 리더의 수퍼리더십과 부하의 직무만족 사이의 관계를 매개할 것이다.

가설 5. 부하의 셀프리더십은 리더의 수퍼리더십과 부하의 조직몰입 사이의 관계를 매개할 것이다.

2.5. 수퍼리더십과 과업 및 조직특성

리더의 수퍼리더십 발휘가 모든 조직에서 구성원들의 셀프리더십의 발현과 높은 성과를 이룰 수는 없을 것이다. 이는 구성원들의 과업 및 그들이 속한 조직의 특성이 이러한 수퍼리더십의 영향력에 영향을 미칠 수 있기 때문이다. 그럼에도 불구하고 수퍼리더십과 부하의 셀프리더십과 성과에 대한 조절효과를 고려한 연구는 거의 없었다. 과연 리더는 언제 셀프리더십을 격려해야 하며, 또한 어떤 상황에서 수퍼리더십이 가장 효과적일 수 있을 것인가에 대한 고려는 필요하다고 볼 수 있다.

과업 자체가 갖는 특성은 수퍼리더십의 잠재적 적용 가능성과 연관이 있다(Manz & Sims, 1989). 예를 들어, 매일매일 거의 동일하고 반복적인 업무의 경우 구성원들이 셀프리더십을 발휘하기 위해 행동전략 및 인지전략을 쓸 가능성은 낮다고 할 수 있다. 반면, 과업의 특성이 대단히 창의적이고 분석적이며 지적인 경우에는 당연이 보다 많은 셀프리더십이 요구된다. 이러한 과업의 특성을 고려하여 리더는 부하직원들에게 얼마나 많이 셀프리더십을 고취시켜야 할지 결정해야 하고 또 어떤 전략을 구사해야 하는지도 결정해야 한다.

이에 수퍼리더십의 영향력 과정에 밀접한 관계를 갖는 과업의 특성으로 과업 자율성을 생각해 볼 수 있다. 과업 자율성이란 자신이 맡은 과업에 대해 어떤 방법으로 혹은 언제, 어떤 절차를 통해 수행 할 것인가에 대해 개인이 갖는 자율성의 정도를 의미한다(Hackman & Oldham, 1975). 일반적으로 과업 자율성이 높은 경우에는 과업을 수행하고 그에 따른 목표를 성취하는데 있어 개인의 행동에 의해 결정되는 성향이 높으며, 낮은 경우에는 상사의 통제, 구체적인 규칙과 같은 요인들에 의해 많은 영향을 받게 된다(Fuller, Hester & Cox, 2010). 특히, 높은 과업 자율성은 상사의 관리나 통제가 미약하며, 과업을 수행하는데 있어 조직 내 정해진 규칙이나 절차와 같은 방법들을 따르기 보다는 과업을 수행하는 담당자의 판단과 행동에 의해 결정되는 특징을 지닌다고 볼 수 있다. 이러한 과업 자율성의 특징에 비추어 볼 때, 외근을 주로 하는 영업사원, 본인의 독립적인 영역을 가지고 일하는 연구 개발자 등처럼 관리자나 감독자와 직접 접촉하는 일이 별로 없이 멀리서 감독을 받는 경우에는 셀프리더십이 매우 적합하다(Manz & Sims, 1989). 이처럼 자율성이 높은 경우 구성원은 업무 수행에 있어 보다 효과적이고 효율적인 방법을 찾으려고 노력하므로 리더는 정보를 제공하고 스스로 셀프리더십의 행동 및 인지전략을 발휘하도록 장려하게 되면 구성원의 셀프리더십의 발현이나 성과향상은 자율성이 낮은 구성원들에 비해 더 큰 영향을 줄 수 있을 것이다. 수퍼리더십은 부하들을 통제하고 지시하는 것이 아니라 부하들로 하여금 셀프리더가 되도록 격려하고 지원하는 역할을 수행한다. 이에 과업이 높은 자율성을 가지게 되면 이러한 수퍼리더의 영향력 과정이 효과적으로 이루어질 수 있는 적절한 상황이 제공되는 것이라 볼 수 있다. 이처럼 과업의 자율성은 수퍼리더십이 구성원의 셀프리더십에 영향을 미치는데 있어 이를 증폭시키는 조절변수로서의 역할을 할 수 있음을 추론해 볼 수 있다.

한편, 여러 학자들은 리더십과 성과 간의 관계를 조절하는 역할로서 조직 특성에 관한 연구를 수행하여왔다. Kerr & Jermier(1978)는 조직 특성을 높은 응집력 집단, 낮은 직위권력, 높은 공식화(역할과 절차), 낮은 유연성 (규칙과 정책), 분산되어 있는 부하 작업장 등으로 구분하고 이러한 요인들이 리더 행동의 상황적 변인으로서 영향을 줄 수 있음을 주장하였다(Yukl, 2006). Dionne, Yammarino, & Atwater(2003)은 조직의 특성을 공식화와 경직성 정도로 구분하고 이러한 요소들을 리더행동과 성과 간을 조절하는 변수로 고려하였다. Egri & Herman(2000)은 리더십 효과성과 관련된 조직 상황으로서 적응 성향, 유기적 구조, 역동적 조직 환경, 개발지향, 집단 문화를 제시하고 있다. 이외에도 Harrison(1972)은 조직의 특성을 권력지향, 역할지향, 과업지향, 인간지향으로 구분하였으며, Kravetz(1988)는 참여, 자율성, 창의성을 촉진하는 조직 특성에 대한 연구를 수행하였다.

Edmondson(2008)은 성공적인 실행(Execution)의 중요성을 말하면서 조직의 특성을 '효율적으로 실행하기(execution-as-efficiency)' 조직과 '배우면서 실행하기(execution-as- learning)' 조직으로 나누어 말하고 있다. 이러한 두 가지 실행의 특징은 <표 3>과 같다.

표 3. '효율적으로 실행하기' 와 '배우면서 실행하기'의 비교

효율적으로 실행하기(execution-as-efficiency)	배우면서 실행하기(execution-as-learning)
- 리더는 답을 제공한다.	- 리더는 방향성을 설정하고 임무를 정교화한다.
- 구성원은 지시에 따른다.	- 구성원(대부분 팀)은 답변을 탐구한다.
- 최적의 업무 프로세스가 사전에 계획되고, 설정되어 있다.	- 잠정적인 업무 프로세스가 시작점으로 설정되어 있다.
- 새로운 업무 프로세스는 거의 개발되지 않는다. 실행을 실시하는 것은 매우 큰 일이다.	- 업무 프로세스가 계속 개발 중이다. 실험과 개선에 의한 작은 변화가 지속적으로 일어난다.
- 피드백은 일반적으로 한 방향으로(상급자에서 하급자로) 일어나며 교정적("제대로 하지 못했음")이다.	- 피드백은 항상 쌍방향으로 일어난다. 상급자는 코칭과 조언 형태로 피드백을 제공하며 팀 구성원은 일을 하면서 무엇을 배웠는지에 대한 피드백을 제공한다.
- 문제 해결은 거의 필요 없다. 판단은 필요 없으며 구성원들은 확실하지 않을 때 관리자에게 문의한다.	- 문재 해결이 지속적으로 필요하다. 그래서 구성원의 판단을 위해 중요한 정보들이 제공된다.
- (상관이나 일의 결과에 대한) 공포가 종종 업무 환경의 일부가 되며, 일반적으로 실행의 품질에 명백한 해를 끼치지 않는다. 공포를 심지어 단조로운 업무를 맡은 사람들의 노력과 주의력도 증진시킨다.	- 공포는 학습 프로세스에 해가 된다. 이는 실험을 방해하고 선택 가능한 옵션을 파악하지 못하게 하며, 사람들이 통찰·질문·문제점을 공유하고 분석하는 것을 방해한다.

이 두 가지 실행은 조직에 대한 사고방식 면에서 매우 다르다. 성공적인 실행을 유지하기가 어려운 이유는 효율적인 실행에 길들여진 관리자들의 사고방식 때문에 구성원들이

배우고 혁신하는 능력을 개발하지 못했기 때문이다. 효율적으로 실행하기에 반해 배우면서 실행하기는 최고의 지식을 활용하고 구성원 간의 정보의 활용이 용이하며 프로세스와 관련된 데이터를 축적한다. 그리고 개선점을 찾기 위한 지속적인 연구로 학습조직 인프라를 조직 내에 구축하게 된다(Edmondson, 2008). 이러한 두 가지 실행을 기존 연구자들이 분류하였던 조직 특성과 비교하여 보면 '효율적으로 실행하기'는 역할과 절차에 있어서의 높은 공식화, 표준화된 규칙과 정책에 의한 낮은 유연성, 권력의 집중화와 같은 특성들과 연결되는 개념인데 반해, '배우면서 실행하기'는 자율성, 높은 적응 성향, 유기적이고 역동적인 조직 환경, 개발 지향, 지속적인 변화와 개선 등과 같은 특성들과 유사한 개념이라 볼 수 있다. 특히, '배우면서 실행하기'와 유사한 조직 특성들에 대한 연구는 여러 연구자들에 의해 수행되었는데, Kravetz(1988)는 참여, 자율성, 창의성을 촉진하는 조직이 높은 성과를 가져온다고 주장하였으며, Kanter(1983) 역시, 혁신적이고 진취적인 실행을 추구하는 구성원들을 확보한 조직이 고성과를 창출한다고 하였다. Amabile(1997)은 구성원들로 하여금 과업에 대한 흥미, 호기심, 도전심을 이끌어내는 조직 환경이 성공을 위해 중요함을 언급하고 있다. 또한, Shoham & Hasgall(2005), Carapiet & Harris(2007) 등의 연구자들은 유기적이고 역동적인 조직 환경에 대한 높은 적응과 지속적인 학습, 구성원들의 자발적인 참여와 같은 요인들이 조직을 둘러싼 환경이 요구하는 데로 빠른 변화를 가능하게 하며, 지식의 축적 및 활용을 용이하게 하고 조직 내 구성원들을 통합하여 고성과를 창출할 수 있다고 하였다.

오늘날 많은 조직들이 직면한 경영상의 과제는 극심한 경영환경의 변화로 인해 구성원들이 예상치 못한 문제에 빈번하게 직면하게 되는데 그러한 상황에서 어떻게 하면 그것을 잘 해결하고 또한, 해결을 위한 노력을 고취시킬 것인가이다. 이에 Edmondson(2008)이 제안한 '배우면서 실행하기' 조직특성은 보다 유연하고 역동적이며 학습과 개발을 지향하여 변화와 개선을 이끄는 특징을 지니기 때문에 오늘날의 조직들이 풀어야 할 과제에 대한 대안 제시를 가능하게 할 것이다. 또한, 구성원들로 하여금 이러한 특징을 고무시킴으로서 상사는 관리와 통제 보다는 이를 지원하고 촉진시키는 역할을 수행하게 되기 때문에 자율경영 하의 리더십과 성과와의 관계에 있어서도 이를 조절할 수 있는 중요한 요소라 여겨진다. 따라서 본 연구에서 다루고 있는 리더의 수퍼리더십과 부하의 셀프리더십과의 관계에 있어 '배우면서 실행하기'의 조절효과 검증은 의미 있는 시도로 여겨진다. 효율적으로 실행하기의 경우 정형화되고 리더의 지시에 따르는 특성으로 구성원들이 자신 스스로에게 영향력을 행사하고 참여하는데 적합하지 않는 조직특성을 가지고 있는 반면, 배우면서 실행하기는 수퍼리더십이론의 배경이 되는 자율 경영과 구성원들의 참여를 독려하는 조직특성을 가지고 있다고 볼 수 있다. 배우면서 실행하기는 통제 보다는 위임을, 부하들에게 답을 제시하기 보다는 문제해결에 필요한 물음을 스스로 제기하도록 한다. 또한, 유연한 조직에 초점을 맞추고 있고 아이디어와 정보의 공유를 활성화 시키는데 주력하여 조직 내 신뢰와 존중을 구축하고 유연성과 혁신을 촉진시킬 수 있다(Edmondson, 2008). Song(2008)에 의하면 지속적인 배움, 구성원들에게 재량권 부여, 환경과의 유기적 연계와 같은 특성을 지닌 조직은 효과적인 조직이 될 수 있다고 주장하였다. Davis & Daley(2008) 역시, 배우면서 실행하기와 같은 특성을 지닌 조직들은 역동적이기 때문에 개인 및 집단이 환경과의 상호작용을 통해 새로운 지식을 창출하고 이로 인해 고성과를 이룰 수 있다고 하였다. 이러한 배우면서 실행하기의 특성들은 상사가 수퍼리더십 행동을 통해 부하들로 하여금 셀프리더가 되도록 하는 과정과 유사점이 높다고 할 수 있다. 구성원들에 대한 일방적인 지시나 통제가 아닌 자율적인 사고와 행동을 통한 문제 해결 및 의사결정을 위해 격려하고 지원하는 유사한 특성들을 가지고 있다고 볼 수 있다. 따라서 배우면서 실행하는 조직특성은 수퍼리더십과 부하들의 셀프리더십 간의 관계를 증폭시키는 조절변수로서의 역할을 할 수 있을 것이다. 이와 같은 논의를 바탕으로 다음과 같은 가설이 설정될 수 있다.

가설 6. 과업 특성(과업 자율성)은 리더의 수퍼리더십과 부하의 셀프리더십 사이의 관계를 조절할 것이다. 즉, 과업 자율성이 높은 경우 수퍼리더십이 셀프리더십에 영향을 미치나 과업 자율성이 낮은 경우 수퍼리더십이 셀프리더십에 영향을 미치지 않을 것이다.

가설 7. 조직 특성(배우면서 실행하기)은 리더의 수퍼리더십과 부하의 셀프리더십 사이의 관계를 조절할 것이다. 즉, '배우면서 실행하기' 조직특성이 강한 경우 수퍼리더십이 셀프리더십에 영향을 미치나 '배우면서 실행하기' 조직특성이 약한 경우 수퍼리더십이 셀프리더십에 영향을 미치지 않을 것이다.

3. 연구방법

3.1. 자료수집 및 표본

본 연구에서 제시한 가설을 검증하기 위하여 통신, 전기전자, 금융, 제약, 건설업 등 10개 조직 300명의 종업원을 대상으로 약 2개월간(2010년 10월 4일 ~ 2010년 12월 6일)에 걸쳐 설문을 실시하였다. 본 연구의 모집단은 다양한 산업에 속한 기업체들의 상사와 부하로 이루어진 집단이며 이를 대상으로 배포된 설문서 300부 중 252부를 수거하였으며 수거된 설문서 중 자료가 미비하거나 불성실한 응답 경향이 뚜렷한 설문서를 제외하고 235명의 종업원 설문서가 최종 분석에 이용되었다. 표본의 인구통계학적 특성은 다음 <표 4>와 같으며, 성별의 경우 남자(54.9%), 여자(45.1%)의 비율이었고, 학력은 4년제 학사가 145(61.7%)명으로 가장 많았다. 평균 연령은 36.12세, 직급은 사원이 165(70.2%)명으로 가장 많은 비중을 차지하였다. 또한 평균 근속년수는 9.48년으로 나타났다.

표 4. 표본의 인구 통계적 특성

특 성	구 분	표본수(명)	구성비(%)
성별	남자	129	54.9
	여자	106	45.1
학력별	고졸	25	10.6
	학사(2년제)	52	22.1
	학사(4년제)	145	61.7
	석사	12	5.1
	박사	1	0.4
연령별	25세 이하	11	4.7
	26-34세	104	44.2
	35-44세	64	31.5
	45세 이상	46	19.6
직급별	사원	165	70.2
	일선관리자	47	20.0
	중견관리자 이상	23	9.8
근무 기간별	5년 미만	80	34.0
	5년-10년	59	25.1
	10년 이상	96	40.9

3.2. 변수측정

3.2.1. 수퍼리더십

수퍼리더십 행동은 소속 조직의 직속상사가 조직구성원에게 스스로가 자기를 리드하도록 지원해주는 행동을 의미하며 Manz & Sims(1987)의 Self-Management Leader Behavior에서 제시한 설문서 중에서 12 항목을 선택하고 건설적 사고를 측정하는 Cox(1994)의 SLQ(Self Leadership Questionaire Ⅱ)에서 2개 항목을 선택하여 7점 척도로 측정하였다. 이러한 설문문항은 셀프리더십의 행위전략, 자연적 보상 전략, 건설적사고 전략에 대한 지원행동을 모두 포함하는 설문문항이라 할 수 있으며, 구성은 자기관찰 및 평가격려, 자기목표 설정격려, 자기기대 격려, 자기강화 격려, 자기비평 격려, 리허설 격려, 건설적 사고 격려로 각 차원마다 2문항씩으로 이루어졌다.

3.2.2. 셀프리더십

셀프리더십은 업무수행을 위해 스스로 목표를 설정하고 동기 유발하는 행동과정을 의미하며 Prussia, Anderson, & Manz(1998)의 연구에서 사용했던 20개 문항을 이용하였다. 설문문항은 행동 지향적 전략 6문항, 자연적보상 전략 6문항, 건설적 사고 전략 8개을 문항 7점척도로 측정하였다.

3.2.3. 과업특성

과업특성으로서 구성원이 자신의 업무활동의 시작이나 변경을 스스로 결정하거나 자신의 과업과 관련된 상황을 스스로 통제할 수 있는 정도를 의미하는 과업자율성을 측정하였는데, 과업자율성은 Spreizer(1995)가 제시한 3개 문항을 7점 척도로 측정하였다.

3.2.4. 조직의 특성

조직의 특성으로서 조직의 '배우면서 실행하기' 특성을 Edmondson (2008)이 제시한 특징들을 고려하여 이러한 내용을 포괄하는 7개 설문문항을 7점 척도로 측정하였다.

3.2.5. 직무만족

직무만족은 개인이 직무를 평가하거나 직무를 통해서 얻게 되는 유쾌함이나 혹은 정서태도를 의미하며 Curry, Wakefield, Price, & Mueller(1986)가 제시한 6개 항목을 7점 척도로 측정하였다.

3.2.6. 조직몰입

조직몰입은 조직구성원의 조직에 대한 심리적인 애착 또는 태도를 나타내주는 것을 의미하며 Mowday, Poter, & Teers(1982)가 제시한 6개 항목을 7점 척도로 측정하였다.

3.3. 변수의 신뢰성 및 타당성

연구에서 사용된 다항목 척도 변수들의 신뢰도 분석을 위해 크론바하 알파(Cronbach's alpha) 계수를 이용한 내적 일관성 검증방법을 이용하였다. 분석결과 <표 9>에서 보는 바와 같이 연구모형 내 다항목 척도 변수들의 신뢰도계수가 모두 0.8 이상으로 Van de Ven & Ferry(1980)가 제시하는 기준치를 충족시키며 신뢰할만한 척도로 나타났다.

측정 변수들의 타당도를 검증하기 위해 탐색적 요인분석(exploratory factor analysis)을 주요인분석(Principal Component Analysis)에 의한 방법으로 실시하였고 회전방식은 직각행렬(Varimax) 방식을 사용하였다. 요인분석 결과 모든 변수들에서 고유치(eigenvalue)가 1이상인 하나의 요인이 도출되었고, 각 변수들을 측정한 항목들은 모두 요인적재량 .50 이상으로 적재되어 각 변수들은 그 개념적 구분이 명확하게 나타났다.

수퍼 리더십 행동은 자기관찰 및 평가격려, 자기목표 설정격려, 자기기대 격려, 자기강화 격려, 리허설 격려, 건설적 사고 격려가 하나의 요인으로, 자기비평 격려가 또 다른 하나의 요인으로 묶여 2개의 요인으로 나타났으나 상관관계 분석 결과 수퍼리더십의 2개 요인 간 관련성이 매우 높게 나타나($r=.716$, $p<.005$) 수퍼리더십을 하나의 단일 요인으로 묶어 검증에 이용하였다(부록 <수퍼리더십 요인분석>참조).

셀프리더십의 요인분석 결과(부록 <셀프리더십 요인분석>참조), 셀프리더십은 기존 연구에서 제시된 하위요인인 행위전략, 자연적 보상 전략, 건설적 사고 패턴의 3개의 요인이 도출되어 각 변수들은 개념적 구분이 명확하게 나타났다. 하지만 셀프리더십 역시 상관관계 분석 결과 셀프리더십의 3개요인 간 관련성이 매우 높게 나타나(행위전략과 자연적 보상전략 간 $r=.650$, $p<.005$, 행위전략과 건설적 사고 전략 간 $r=.657$, $p<.005$, 자연적 보상 전략과 건설적사고 전략 간 $r=.755$, $p<.005$) 셀프리더십을 하나의 단일 요인으로 묶어 검증에 이용하였다.

조절변수들에 대한 요인분석 결과(부록 <조절변수 요인분석>참조), 과업 특성으로 고려된 과업 자율성과 조직 특성으로 고려된 '배우면서 실행하기'라는 2개의 요인이 요인적재량 .60 이상으로 각 변수들의 개념적 구분이 명확하게 나타났다.

결과변수들에 대한 요인분석 결과(부록 <결과변수 요인분석> 참조), 조직몰입과 직무만족 2개의 요인이 요인적재량 .50 이상으로 각 변수들의 개념적 구분이 명확하게 나타났다.

3.4. 단일응답자 편차 검증

본 연구의 분석에 활용된 모든 변수들은 한 명의 응답자로부터 측정되었기 때문에 단일 응답자 편차의 문제점이 제기될 수 있다. 따라서 이러한 단일 응답자 편차에 대한 통계적 사후 해결법으로 Podsakoff & Organ(1986)이 제시하고 있는 Harman의 일원검증법(one-factor test)을 실시하였다. 이는 연구에 사용된 모든 측정항목들을 대상으로 주성분분석을 진행하는 것인데, 고유치(eigen value)가 1 이상인 요인이 한 개만 도출되거나, 아니면 여러 개의 요인이 도출된다 하더라도 그 분산 설명력에 있어 한 요인의 설명력이 절대적이 된다면 cmV(common method variance)가 있다고 가정하는 것이다. 이에 따른 분석 결과, 가장 설명력이 큰 요인이 전체 분산의 38.96%를 설명하고 있으므로, Harman의 일원검증법에 근거하여 본 연구에서 사용된 자료는 cmV 문제가 허용범위 내에 있다고 볼 수 있다.

4. 연구결과

가설검증에 앞서 전체 변수들 사이의 상관관계 분석을 실시하였다. <표 5>는 연구에서 조사되었던 모든 변수들의 평균, 표준편차, 신뢰도 및 상관관계를 제시하고 있다. 상관계수

분석 결과에 의하면 분석대상 연구변수들 간에 유의한 상관관계가 존재하고 있음을 알 수 있다. 독립변수로 고려된 수퍼리더십은 매개변수로 고려된 셀프리더십과 유의한 상관관계를 보이고 있다. 셀프리더십 또한 결과변수인 직무만족과 조직몰입에 유의한 상관관계를 보이고 있어 셀프리더십이 수퍼리더십과 직무만족 및 조직몰입간의 관계를 매개할 가능성이 높게 나타나고 있다.

표 5. 상관관계 분석

	평균	표준편차	1	2	3	4	5	6	7	8	9	10	11
1. 연령	36.13	7.95											
2. 성별	1.47	.51	-.193***										
3. 학력	2.63	.76	-.114	-.226***									
4. 직위	1.39	.71	.248***	-.237***	.206***								
5. 근속기간(개월)	113.62	94.19	.867***	-.058	-.130	.233***							
6. 수퍼리더십	5.16	.91	.063	-.144*	.097	-.128	.053	(.919)					
7. 셀프리더십	5.45	.78	.161*	-.229***	.196***	.136*	.090	.589***	(.956)				
8. 과업자율성	4.48	1.43	.117	-.254***	.167*	.212***	.059	.363***	.365***	(.927)			
9. 배우면서실행하기	4.96	.94	.120	-.236***	.148*	-.038	.072	.617***	.583***	.433***	(.891)		
10. 직무만족	4.53	1.12	.051	-.179**	.108	.107	.040	.614***	.553***	.490***	.579***	(.887)	
11. 조직몰입	4.80	1.22	.309***	-.136*	-.114	.178*	.297***	.430***	.400***	.302***	.403***	.586***	(.910)

*: p<.05; **: p<.01, ***: p<.005 ( )의 숫자는 신뢰도 계수(Cronbach's alpha)임.

주) 연령은 년 단위로, 근속기간은 개월 단위로 측정하였고, 성별은 '1=남자', '2=여자', 학력은 '1=고졸', '2=학사(2년제)', '3=학사(4년제)', '4=석사', '5=박사', 직위는 '1=사원', '2=일선관리자', '3=중견관리자', '4=상위경영자'이다.

본 연구는 리더의 수퍼리더십이 부하의 셀프리더십에 미치는 영향 및 리더의 수퍼리더십이 부하의 직무만족 및 조직몰입에 미치는 영향에 관한 가설 검증을 위해 일련의 회귀분석(Regression Analysis)을 실시하였다.

<표 6>에서 제시된 바와 같이 수퍼리더십을 독립변수로, 셀프리더십을 종속변수로 한 회귀분석 결과 수퍼리더십은 부하의 셀프리더십(β = .550, p < .005, R^2 = .392)에 유의한 영향을 주는 것으로 나타나, 가설 1은 지지되었다.

또한 <표 6>, <표 7>에서와 같이 수퍼리더십은 부하의 직무만족(β = .614, p < .005, R^2 = .375), 조직몰입(β = .454, p < .005, R^2 = .307) 모두에 유의한 영향을 주는 것으로 나타나, 가설 2, 가설 3 역시 모두 지지되었다.

가설 4, 가설 5가 제시하고 있는 매개효과를 검증하기 위하여 Baron & Kenny(1986)의 3단계 매개 회귀분석을 실시하였다. Baron & Kenny (1986)는 매개 작용이 성립되기 위해서는 다음의 네 가지 조건들이 충족되어야 한다고 하였다. (1) 1단계 단순 회귀분석에서 독립변수는 매개변수에 유의한 영향을 미쳐야 하며, (2) 2단계 단순 회귀분석에서 독립변수는 종속변수에 유의한 영향을 미쳐야 하며, (3) 3단계 독립변수와 매개변수를 동시에 투입한 다중회귀분석에서 매개변수는 종속변수에 유의한 영향을 미쳐야 한다. 이때 (4) 매개변수를 포함한 3단계 회귀분석에서 종속변수에 대한 독립변수의 영향은 (2)의 경우보다 유의하게 감소하거나 전혀 없어야 한다. 감소한 경우에는 부분 매개 효과가 존재함을 의미하며, 전혀 없는 경우에는 완전 매개 하고 있음을 의미한다(Baron & Kenny, 1986).

표 6. 수퍼리더십과 직무만족간 관계에 대한 셀프리더십의 매개검증

	1단계	2단계	3단계
	셀프리더십	직무만족	직무만족
	β	β	β
연령	.211	-.054	-.096
성별	-.048	-.048	-.039
학력	.093	-.036	-.055
직위	.140*	.175**	.147*
근속기간	-.086	.062	.079
수퍼리더십	.550***	.614***	.506***
셀프리더십			.196**
R^2	.392	.375	.396
F	21.669***	21.841***	20.520***

*: p<.05; **: p<.01; ***: p<.005

수퍼리더십과 직무만족 간 관계에서 셀프리더십의 매개효과 분석결과는 <표 10>에 제시되어 있다. 먼저 1단계 회귀식 1에서 수퍼리더십은 매개변수인 셀프리더십(β =.550, p<.005)에 모두 유의한 수준에서 영향을 미치고 있어 조건 (1)이 충족되었다. 2단계 회귀식 2에서 수퍼리더십은 직무만족에 대해 통계적으로 유의한 수준(β =.614, p<.005)에서 영향을 미치고 있는 것으로 나타나 조건 (2)가 충족되었다. 수퍼리더십과 셀프리더십을 동시에

회귀식에 투입한 3단계 회귀식에서 셀프리더십은 종속변수인 직무만족에 대해 통계적으로 유의한 영향(β =.196, p<.01)을 미치고 있어 조건 (3)을 모두 충족시키고 있다. 마지막으로 회귀식 3에서 직무만족에 대한 수퍼리더십의 영향은 회귀식 2에 비해 유의하게 감소하여 조건 (4)의 부분매개 요건을 충족시키고 있다. 따라서 수퍼리더십과 직무만족 간의 관계에서 셀프리더십은 부분매개를 하는 것으로 나타났다. 즉, 수퍼리더십은 부하의 직무만족에 직접적으로 영향을 줄 뿐만 아니라 셀프리더십을 매개로 하여 간접적으로 영향을 미치고 있는 것으로 나타났다.

수퍼리더십과 조직몰입 간 관계에서 셀프리더십의 매개효과 분석결과는 <표 7>에 제시되어 있다. 먼저 1단계 회귀식 1에서 수퍼리더십은 매개변수인 셀프리더십(β =.550, p<.005)에 모두 유의한 수준에서 영향을 미치고 있어 조건 (1)이 충족되었다. 2단계 회귀식 2에서 수퍼리더십은 조직몰입에 대해 통계적으로 유의한 수준(β =.454, p<.005)에서 영향을 미치고 있는 것으로 나타나 조건 (2)가 충족되었다. 수퍼리더십과 셀프리더십을 동시에 회귀식에 투입한 3단계 회귀식에서 셀프리더십은 종속변수인 조직몰입에 대해 통계적으로 유의한 영향(β =.183, p<.05)을 미치고 있어 조건 (3)을 모두 충족시키고 있다. 마지막으로 회귀식 3에서 조직몰입에 대한 수퍼리더십의 영향은 회귀식 2에 비해 유의하게 감소하여 조건 (4)의 부분매개 요건을 충족시키고 있다. 따라서 수퍼리더십과 조직몰입 간의 관계에서 셀프리더십은 부분매개를 하는 것으로 나타났다. 즉, 수퍼리더십은 부하의 조직몰입에 직접적으로 영향을 줄 뿐만 아니라 셀프리더십을 매개로 하여 간접적으로 영향을 미치고 있는 것으로 나타났다.

표 7. 수퍼리더십과 조직몰입간 관계에 대한 셀프리더십의 매개검증

	1단계	2단계	3단계
	셀프리더십	조직몰입	조직몰입
	β	β	β
연령	.211	.149	.110
성별	-.048	-.027	-.018
학력	.093	-.178**	-.195***
직위	.140*	.237***	.212***
근속기간	-.086	.042	.058
수퍼리더십	.550***	.454***	.353***
셀프리더십			.183*
R^2	.392	.307	.324
F	21.669***	16.336***	15.271***

*: p<.05; **: p<.01; ***: p<.005

Sobel test를 통해 수퍼리더십과 직무만족, 조직몰입 간의 관계에서 셀프리더십의 매개효과의 크기가 유의한지 검증한 결과 <표 8>에서와 같이 수퍼리더십과 직무만족, 조직몰입 간의 관계에서 셀프리더십의 매개효과가 모두 유의미하게 나타났다. 따라서 본 연구의 가설 4, 5는 모두 지지되는 것으로 나타났다.

표 8. 매개효과 검증을 위한 Sobel test

독립변수	매개변수	종속변수	Sobel test
수퍼리더십	셀프리더십	직무만족	2.754**
		조직몰입	2.430*

*: p<.05; **: p<.01; ***: p<.005

가설 6과 7이 제시하고 있는 조절효과 검증을 위해 계층적 회귀분석을 실시하였다. 계층적 회귀분석은 독립변수와 조절변수, 그리고 독립변수와 조절변수간의 상호작용 항을 단계적으로 추가했을 때 회귀식의 설명력을 나타내는 R^2값의 변화를 통해 조절효과를 입증하는 방법이다. 또한, 본 연구에서는 계층적 회귀분석 시 발생할 수 있는 다중공선성 문제를 해결하기 위해 각 변수들의 원 자료를 중심화시키고 난 후에 중심화시킨 두 변수를 곱하여 상호작용항을 도출하였다. 먼저 1단계로 통제변수와 함께 독립변수(주효과)와 조절변수가 회귀식에 추가적으로 포함되었고, 2단계에서는 독립변수와 조절변수의 상호작용 항이 포함된 회귀식이 추정되었다. 회귀분석 결과는 <표 9>, <표 10>과 같다.

표 9. 과업자율성의 조절효과 검증을 위한 계층적 회귀분석 결과

	셀프리더십			
	b	β	b	β
연령	.019	.196	.019	.198
성별	-.061	-.041	-.046	-.031
학력	.090	.087	.099	.096
직위	.142*	.127*	.143*	.128*
근속기간	-.001	-.078	-.001	-.098
수퍼리더십	.438***	.525***	.437***	.524***
과업자율성	.040	.074	.042	.079
수퍼리더십*과업자율성			.068*	.114*
R^2	.396		.408	
$\triangle R^2$			.012*	

*: p<.05; **: p<.01; ***: p<.005

먼저, 과업 특성인 과업자율성은 리더의 수퍼리더십과 부하의 셀프리더십간의 관계를 조절해 주는 것으로 나타났다. <표 9>에서 보는 바와 같이 과업자율성의 조절효과가 있는 것으로 나타났는데, 리더의 수퍼리더십과 과업자율성의 상호작용효과가 주효과를 통제한 후에도 유의하게 나타났으며(β =.114, p<.05) 상호작용항을 투입했을 때 R^2의 증가분은 1.2%로 유의하게 증가하여 가설 6은 지지되었다.

조직 특성인 '배우면서 실행하기' 역시 리더의 수퍼리더십과 부하의 셀프리더십간의 관계를 조절해 주는 것으로 나타났다. <표 10>에서 보는 바와 같이 '배우면서 실행하기'의 조절효과가 있는 것으로 나타났는데, 리더의 수퍼리더십과 '배우면서 실행하기'의 상호작용효과가 주효과를 통제한 후에도 한계적으로 유의하게 나타났으며(β =.102, p<.10) 상호작용항을 투입했을 때 R^2의 증가분은 1.0%로 한계적으로 유의하게 증가하여 가설 7은 지지되었다.

표 10. 배우면서 실행하기의 조절효과 검증을 위한 계층적 회귀분석 결과

	셀프리더십			
	b	β	b	β
연령	.017	.179	.019	.196
성별	-.006	-.004	.008	.005
학력	.085	.083	.067	.066
직위	.161*	.144*	.155*	.139*
근속기간	-.001	-.076	-.001	-.093
수퍼리더십	.306***	.366***	.320***	.384***
배우면서 실행하기	.256***	.319***	.254***	.316***
수퍼리더십*배우면서실행하기			.081 †	.102 †
R^2	.453		.463	
$\triangle R^2$			.010 †	

*: p<.10 †; p<.05; **: p<.01; ***: p<.005

5. 결 론

Abraham Lincoln은 "누군가 하는 일을 영원히 도와줄 수 없다. 그는 자신 스스로 그것을 해야 하고 할 수 있다. 누군가에게 고기를 가져다주면 하루를 먹을 수 있고 누군가에게 고기 잡는 법을 가르치면 평생을 먹을 수 있다."고 하였다. 이는 수퍼리더십의 기본적 개념이다. 즉, 수퍼리더십은 스스로 리드하게 만드는 리더십이며, 수퍼리더십의 의미는 구성원들이 각자 셀프리더가 되어 자신의 잠재적 역량을 최대한 발휘하고 조직에 대한 헌신과 열정을 불러일으키게 하는데 있다.

이러한 수퍼리더십이 자율경영의 확산, 팀 기반 조직의 성행이라는 조직의 환경변화에 대응하는 매우 적합한 리더십임에도 불구하고 지금까지 리더십에 대한 연구는 많은 부분이 구성원들에게 단순히 방향을 제시하고 자신이 이끄는 대로 따라오게 하는 리더들에 관해 많은 부분이 할애되었다. 따라서 수퍼리더십에 대한 연구는, Manz & Sims(1989)가 리더가 아닌 구성원들에게 초점을 맞춰 리더십을 새롭게 바라보았던 시각을 견지하는 의미 있는 연구라 할 수 있다. 특히 수퍼리더십에 대한 연구는 국내외적으로 부족한 실정이며 이에 기존에 선행연구들에게 다루지 않았던 부분이라 할 수 있는, 수퍼리더십의 영향력 과정에 있어 과업 및 조직 특성과 같은 조절변수를 추가한 연구는 수퍼리더십에 대한 이론적 확장에 큰 기여를 할 수 있는 의미 있는 연구라 할 수 있다. 본 연구는 선행연구를 토대로 리더의 수퍼리더십이 부하의 셀프리더십과 성과에 미치는 영향, 리더의 수퍼리더십과 부하의 성과간의 관계에 있어 부하의 셀프리더십의 매개효과, 리더의 수퍼리더십과 부하의 셀프리더십 간의 관계에 있어 과업과 조직특성의 조절효과를 검증하기 위해 10개 조직 235명의 종업원들을 대상으로 설문조사를 실시하여 이를 통해 효과적인 관리방안을 제시하고자 하였다. 가설 검증 결과 얻어진 몇 가지 사실에 대해 논의하면 다음과 같다.

첫째, 리더의 수퍼리더십은 부하의 셀프리더십과 성과에 정(+)의 유의한 영향을 미치는 것으로 나타났다. 이는 부하들의 셀프리더십을 발현시킨다는 수퍼리더십의 본래적 목적에 부합하는 연구결과이며, 부하들의 성과 향상을 위해서는 리더의 수퍼리더십 발휘가 필요함을 시사해 주고 있다. 조직 환경의 변화로 인해 리더는 구성원들의 참여를 유도하고 더 많은 재량권 부여를 통해 구성원들의 헌신과 열정을 이끌어 낼 수 있어야 하는데 이는 구성원들을 관리하고 통제하는 접근을 넘어 구성원 스스로를 자율적으로 관리하게 하는 수퍼리더십의 접근이 필요함을 뜻한다.

둘째, 매개효과에 대한 검증결과를 살펴보면 부하의 셀프리더십은 리더의 수퍼리더십과 부하의 직무만족 및 조직몰입 간의 관계에 부분 매개역할을 하는 것으로 나타났다. 이는 부하들의 성과향상을 위한 리더의 수퍼리더십 발휘에 있어 부하의 셀프리더십이 매우 중요함을 의미한다. 이러한 리더의 수퍼리더십과 부하의 성과와의 관계에 대한 셀프리더십의 메커니즘은 기존 연구자들의 주장과 일치하는 결과로서 리더는 부하들의 성과를 위해서 우선 부하들이 스스로를 리드할 수 있는 능력, 즉 셀프리더가 되는 과정에 초점을 맞춰야 한다는 것을 말해주고 있다. 부하들은 리더가 자신들이 셀프리더십을 발휘할 수 있도록 지원과 격려를 받게 되면 이를 통해 스스로 높은 성과에 대한 노력과 행동을 취하게 된다.

셋째, 본 연구결과는 리더의 수퍼리더십과 부하의 셀프리더십 간의 관계에서 과업특성으로 고려된 과업자율성과 조직특성으로 고려된 '배우면서 실행하기'가 이 둘의 관계를 조절해 주는 것으로 나타났다. 이러한 결과는 '리더의 수퍼리더십이 가장 효과적으로 발휘될 수 있는 여건은 무엇인가?', '리더가 부하들이 셀프리더가 되게 하는데 있어 보다 효과적인 방법은 무엇인가?'에 대한 답을 제시해 주는 결과로서 자신의 과업이 자율적이고 배우면서 실행하는 조직이라는 구성원들의 지각이 본인들이 셀프리더십을 발휘하는데 큰 역할을 수행한다는 것이다. 리더가 아무리 부하들로 하여금 셀프리더가 되게 하기 위한 수퍼리더십을 발휘한다 하더라도 과업이 일상적이고 반복적인 특성을 지니거나 효율성만을 추구하는 조직이라면 수퍼리더십의 효과는 제대로 발휘될 수 없다. 과업 자체가 자율적인 측면이 강하고 학습과 변화를 추구하는 조직여건이 갖추어질 때 부하들은 셀프리더십을 발휘하기가 쉽게 된다. 따라서, 리더의 수퍼리더십은 과업의 자율적인 측면이 강하고 배우면서 실행하는 조직 특성일 때 가장 효과적일 수 있으며, 이는 부하들로 하여금 셀프리더가 되게 하기 위해서는 이러한 과업과 조직의 특성을 필수적으로 고려해야 함을 시사한다.

본 연구의 한계점 및 향후 연구 과제를 살펴보면 다음과 같다. 첫째, 리더의 수퍼리더십에 영향을 줄 수 있는 선행요인에 대한 고려, 혹은 리더의 수퍼리더십과 부하들의 성과 간의 메커니즘을 규명할 수 있는 또 다른 변수들, 그리고 부하들의 셀프리더십 발현을 위해 필요한 다른 조절변수들을 고려할 필요가 있다. 향후 연구에서는 이를 반영해 이론적 모형을 보다 확장할 필요가 있다. 둘째, 연구 변수들의 측정에 있어 동일방법에 의한 분산(common method variance)으로 인한 문제점을 가질 수 있다. 따라서 향후 연구에서는 리더와 부하 각각을 대상으로 한 변수 측정 등을 통해 분석의 객관성을 높이기 위한 연구 설계가 필요할 것이다. 셋째, 본 연구에서는 표본들이 속한 산업군에 대한 통제가 이루어지지 않았으므로 향후 연구에서는 이러한 산업의 차이를 고려한 비교, 분석이 필요하다고 여겨진다. 마지막으로, 연구는 횡단적 연구설계로 인해 변수들 사이의 인과관계를 추론하는 데에 한계점을 지니고 있으므로 향후에는 보다 정교한 연구모형 및 가설을 도출하고, 이를 검증하기 위한 종단적 연구설계가 이루어져야 할 것이다.

참고문헌

이은숙·신제구·백기복. 2000. 수퍼리더십이 자기권능감과 성과에 미치는 영향에 관한 탐색적 연구. 「한국인사조직학회 춘계학술발표회 발표논문집」, 서울.

Amabile, T.M. 1997. Motivating creativity in organizations: On doing what you love and loving what you do, *California Management Review*, 40(1), 39-58.

Baron, R.M. & Kenny, D.A. 1986. The moderator-mediator variable distinctionin social psychological research: Conceptual strategic and statistical considerations, *Journal of Personality and Social Psychology*, 51: 1173-1182.

Bunch, J.F.S. 2001. The new superleadership:leading others to lead themselves, *Academy of Management Executive*, 15(4), 147-148.

Carapiet, S., & Harris, H. 2007. Role of self-organisation in facilitating adaptive organisation: a proposed index for the ability to self-organise, *Production Plannng & Control*, 18(6): 466-474.

Cordery, J.L., & Wall, T.D. 1985. Work design and supervisory practices: A model. *Human Relations*, 38: 425-441.

Cox, J.F. 1994. *The effects of super leadership training on leader behavior, subordinate self-leadership behavior and subordinate citizenship*. Ph. D. dissertation, Graduate School of the University of Maryland.

Cummings, T. G. 1978. Self-regulating work groups: A socio-technical synthesis. *Academy of Management Review*, 3, 625-634.

Curry, J.P., Wakefield, D.S., Price, J.L., & Mueller, C.W. 1986. On the causal ordering of job satisfaction and organizational commitment. *Academy of Management Journal*, 29: 847-858.

Davis, D., & Daley, B.J. 2008. The learning organization and its dimensions as key factors in firms' performance, *Human Resource Development International*, 11(1): 51-66.

DiLiello, T.C., & Houghton, J.D. 2006. Maximizing organizational leadership capacity for the future: Toward a model of self-leadership, innovation and creativity, *Journal of Managerial Psychology*, 21(4), 319-337.

Dionne, S.D., Yammarino, F.J., & Atwater, L. E. 2002. Neutralizing substitutes for leadership theory: Leadership effects and common-sources bias, *Journal of Applied Psychology*, 87(3): 454-464.

Edmondson, A.C. 2008. *The Competitive Imperative of Learning*. Harvard Business Review, July 10.

Egri, C.P., & Herman, S. 2000. Leadership in the north american environmental sector, values, leadership styles and contexts of environmental leaders and their organizations, *Academy of Managemnet Journal*, 43(4), 571-604.

Elloy, D.F., & Randolph, A. 1997. The Effect of SuperLeader Behavior on Autonomous Work Groups in a Government Operated Railway Services. *Public Personnel Management*, 26: 257-272.

Elloy, D.F. 2005. The influence of superleader behavior on organization commitment, job satisfaction and organization self-esteem in a self-managed work teams, *Leadership & Organizational Development Journal*, 26(2), 120-127.

Fuller, Jr, J.B., Hester, K., & Cox, S.S. 2010. Proactive personality and job performance: Exploring job autonomy as a moderator, *Journal of Managerial Issues*, 22(1), 35-51.

Hackman, J.R., & Oldham, G.R. 1975. Employee reactions to job characteristics, *Journal of Applied Psychology*, 55, 259-286.

Harrison, R. 1972. Understanding your organization's character, *Harvard Business Review, May/June*, 119-128.

Horner, M. 1997. Leadership theory: past, present and future. *Team Performance Management*, 3(4): 270-287.

Kanter, R.M. 1983. *The Change Masters: Innovations for Productivity in the American Corporation*, New York: Simon and Schuster.

Kerr, S., & Jermier, J.M. 1978. Substitutes for leadership: Their meaning and measurement, *Organizational Behavior and Human Performance*, 22, 375-403.

Konradt, U., & Andreβ en, P. 2009. Self-leadership in organizational teams: A multilevel analysis of moderators and mediators, *Europeam Journal of Work And Organizational Psychology*, 18(3): 322-346.

Kravetz, D.L. 1988. *The Human Resources Revolution, San Francisco*, CA: Jossey-Bass.

Kur, E., & Bunning, R. 2002. Assuring corporate leadership for the future. *The Journal of Management Development*, 21: 761-779.

Manz C.C., & Sims, H.P. 1987. Leading workers to lead themselves: the external leadership of self-managing work teams. *Administrative Science Quarterly*, 32: 106-128.

Manz, C.C. 1986. Self-leadership: toward an expanded theory of self-influence processes in organizations. *Academy of Management Review*, 11: 585-600.

Manz, C.C. 1990. How to Become a SuperLeader. *Executive Excellence*, 7(6): 10-13.

Manz, C.C. 1992. Gorbachev: An Anatomy of Leadership, Superleadership, or Nonleadership. *Human Resource Development*, 3: 187-190.

Manz, C.C., & Neck, C.P. 2004. *Mastering self-leadership: empowering yourself for personal excellence*, 3rd ed., Pearson Prentice-Hall, Upper Saddle River, NJ.

Manz, C.C., & Sims, H.P. 1989. *SuperLeadership: Leading Others to Lead Themselves*, New York: Prentice Hall Press.

Manz, C.C., & Sims, H.P. 1991. Superleadership: beyond the myth of heroic leadership. *Organizational Dynamics*, 19. 18-35.

Manz, C.C., & Sims, H.P. 2001. *The New Superleadership: Leading Others to Lead Themselves*, San Francisco: Berrett Hoehler Pblishers.

Markham, S.E., & Markham, I.S. 1995. Self-management and self-leadership reexamined: a levels of analysis perspective, *Leadership Quarterly*, 6(3), 343-359.

Mowday, R.T., Poter, W., & Teers, R.M. 1982. *Employee-organizational Linkages: The Psychology of Commitment, Absenteeism and Turnover*, New York: Academic Press.

Neck, C., & Houghton, J.D. 2006. Two decades of self-leadership theory and research, *Journal of Managerial Psychology*, 21(4), 270-295.

Pearce, C., & Manz, C. 2004. Self and Shared leadership, *Executive Excellence*, 21(7), 6-8.

Podsakoff, P.M., & Organ, D.W. 1986. Self-reporters in organizational research: Problems and prospects, *Journal of Management*, 12(4), 531-544.

Prussia, G.E., Anderson, J.S., & Manz, C.C. 1998. Self-leadership and performance outcomes: the mediating influence of self-efficacy. *Journal of Organizational Behavior*, 19: 523-538.

Shoham, S., & Hasgall, A. 2005. Knowledge workers as fractals in a complex adaptive organization, *Knowledge and Process Management*, 12(3): 225-236.

Song, J.H. 2008. The effects of learning organization culture on the practices of human knowledge-creation: an empirical research study in Korea, *International Journal of Training & Development*, 12(4): 265-281.

Spreitzer, G.M. 1995. Psychological Empowerment in the Workplace; Dimensions, Measurement, and Validation. *Academy of Management Journal*, 38: 1442-1465.

Trist, E. 1977. Collaboration in work settings: A personal perspective. *Journal of Applied Behavioral Science*, 13: 268-278.

Van de Ven, A.H., & Ferry, D.L. 1980. *Measuring and assessing organizations*, New York, Wiley Interscience.

Yukl, G. 2006. *Leadership in organizations*(6th ed.), Upper Saddle River, N.J.: Prentice Hall.

The effects of superleadership on followers' self-leadership and performance: A test of mediating and moderating effects

Kyoung-Su Kim, Kwang-Sook Kim, Hyun-Jae Noe, In-Sook Kim, Dong-Min Yang

Abstract

Today's business environment is faced with rapid changes and increasing competition. This situation demands new leadership paradigms beyond the traditional management perspectives and practices. The superleadership and self-leadership theories are suggested as alternatives to old approaches.

This study investigates the effects of superleadership on followers' self-leadership and performance, mediating effect of self-leadership on the relationship between superleadership and follower performance, and moderating effects of job and organizational characteristics on the relationship between superleadership and self-leadership.

Based on prior literature, this study drives following hypotheses.

H1 : Leader's superleadership will be positively related to the self-leadership of employee.

H2 : Leader's superleadership will be positively related to the job satisfaction of employee.

H3 : Leader's superleadership will be positively related to the organizational commitment of employee.

H4 : The self-leadership of employee will mediate the relationship between leader's superleadership and the job satisfaction of employee.

H5 : The self-leadership of employee will mediate the relationship between leader's superleadership and the organizational commitment of employee.

H6 : Job characteristics(task autonomy) will moderate the relationship between leader's superleadership and the self-leadership of employee.

H7 : Organizational characteristics(execution-as-learning) will moderate the relationship between leader's superleadership and the self-leadership of employee.

To test these relationships, we have conducted a survey of Korean firms. Questionnaires were sent to 300 employees in ten firms. After excluding unanswered and untrustful items questionnaires, the final sample size for the study is 235 employees in ten firms. Frequency analysis, reliability analysis, exploratory factor analysis, three-step mediated regression analysis, and hierarchical regression analysis were used to analyze the data.

Findings show that superleadership positively relates to followers' self-leadership and performance and that followers' self-leadership moderates the relationship between superleadership and follower performance. The results also show that job characteristics(task autonomy) and organizational characteristics(execution-as-learning) moderate the relationship between superleadership and self-leadership. These results indicate that (1) superleadership is a major factor for enhancing followers' self-leadership and performance and (2) superleadership increases follower performance through a mechanism that superleadership facilitates followers' self-leadership. The results also indicate that superleadership facilitates followers' self-leadership in certain conditions such as high level of task autonomy and execution-as learning. Based on the these findings, implications of the research findings are discussed, and recommendation for future research are provided.

Key words : Super-leadership, Self-leadership, Task autonomy, Execution-as-learning, Job satisfaction, Organizational commitment.

제4부

조직수준에서의 리더십

제7장 카리스마적 리더십과 변혁적 리더십 이론

제7장 카리스마적 리더십과 변혁적 리더십 이론

기업이 처해 있는 환경패러다임이 안정적인 환경에서 불안정하고 불확실한 환경으로 변해감에 따라 구성원들의 창의성이 기업의 생존에 필수적인 요소가 되었고 리더십 연구가들은 리더의 어떤 행동이 부하들의 창의성을 불러일으키는가에 관심을 가지게 되었으며 부하의 창의성을 높이는 리더 행동은 카리스마적 혹은 변혁적 리더십 이론에서 연구되어 왔다. 이 장에서는 카리스마적 리더십과 변혁적 리더십에 대해 논의하고자 한다.

1. 카리스마적 리더십

'카리스마'의 개념은 막스 웨버에 의해 처음 사용되었는데 웨버는 권위의 유형을 전통적 권위, 합법적 권위, 카리스마적 권위로 나누었다. 전통적 권위는 마치 조선시대에 왕이 될 수 있는 사람은 이씨 가문의 후손에 국한하는 것처럼 세습에 의해 발휘되는 것으로, 일단 왕이 되면 모든 것을 통제할 수 있다. 합법적 권위는 조직에서 자신이 차지하는 직위(예, 부장, 과장 등)에 근거한 권위로 높은 직위에 있는 사람은 낮은 직위에 있는 사람에 대해 영향력을 행사할 수 있다. 카리스마적 권위는 개인 자신이 가지는 독특한 특성인 카리스마에 의하여 타인에게 영향력을 행사하고 그 결과 타인이 따르게 된다는 것이다.

카리스마는 '신으로부터의 은총'으로 정의될 수 있는데, 신으로부터 은총을 받은 사람은 기적을 일으키고, 앞을 내다볼 수 있는 예견력과 통찰력을 가지고 있다. 막스 웨버에 따르면 '카리스마'는 3가지 요소를 포함하고 있다. 즉 카리스마적 리더는 비범한 특성과 자질을 가지고, 부하들에게 가야할 미래 모습에 대한 청사진을 제시해야 하며, 이것과 더불어 부하들로부터 카리스마적 리더로 인정을 받아야 한다.

1.1. 카리스마적 리더의 3가지 행동

김경수 등(Kim et al., 2002)은 Bass(1990)가 제시한 5가지 범주에 기초하여 다음과 같은 세 가지 물음에 답하고자 하였다: (1) 카리스마적 리더십에서 중요한 행동차원은 무엇인가? (2) 카리스마적 리더십이 다른 리더십과 어떻게 다른가? (3) 누가 언제 카리스마적 리더의 추종자가 되는가?

첫 번째 물음과 관련하여 카리스마적 리더의 중요한 행동차원은 카리스마란 용어를 최초로 언급한 Weber(1947)의 카리스마 개념에 대한 3가지 차원에 기초할 수 있다. Weber는 카리스마 개념의 3가지 차원을 비전 또는 미션, 비범한 또는 특별한 자질, 그리고 인정으로 제시하였다. Weber의 3가지 차원에 기초하여 저자들은 카리스마적 리더행동을 3가지 차원 즉 비전관련행동, 몸소 실천행동, 권한 위임행동으로 제안하였다. 또한 두 번째 물음과 관련하여 저자들은 카리스마적 리더가 보여주는 3가지 행동차원에 기초하여 8가지 유형의 리더십을 제시하였는데 리더가 3가지 행동차원을 모두 보일 때 카리스마적 리더로, 비전관련행동과 몸소 실천행동을 보일 때 기업가형 정글투사로, 비전관련행동과 권한위임행동을 보일 때 지략가 또는 지적 리더로, 몸소 실천행동과 권한위임행동을 보일 때 하인형 리더로, 비전관련행동만을 보일 때 전략적 리더로, 몸소 실천행동만을 보일 때 자기희생 리더로, 권한위임행동만을 보일 때 개별화된 리더로, 그리고 3가지 행동차원을 모두 보이지 않을 때 관리자로 규정하였다.

세 번째 물음과 관련하여 저자들은 카리스마적 리더를 2가지 유형의 카리스마적 리더 즉 사회화된 카리스마적 리더와 개인화된 카리스마적 리더로 구분하고 환경특성(기회와 위기)과 부하특성(자금심이 높은 부하와 낮은 부하)을 고려하여 자긍심(self-esteem)이 낮은 부하들은 위기 상황에서 개인화된 카리스마적 리더를 맹목적으로 추종할 것이란 예측과 자긍심이 높은 부하들은 기회상황에서 사회화된 카리스마적 리더를 자발적으로 수용할 것이란 예측을 하였다.

1.1.1. 비전관련행동

웨버의 주장처럼 카리스마적 리더십 이론가들의 대부분은 카리스마적 리더행동 연구에서 비전과 미션을 카리스마적 리더십에 있어 가장 중요한 변수로 파악하고 있다. 앞서 언급한 바와 같이 Weber(1968)는 비전이나 사명을 카리스마에 있어서 가장 핵심적인 요소로 보았고, Berlew(1974) 또한 카리스마적 리더십에 있어서 가장 최우선적으로 요구되는 것은 미래에 대해 어떻게 해야 하는가에 대한 공유된 비전이라고 지적하였다. 카리스마적 리더십은 때로는 비전적 리더십이라 불리기도 하는데(Sashkin, 1988), 이 경우 카리스마적 리더는 전략적 비전을 행사하는 것으로 특징지워진다(Conger & Kanungo, 1988; House, 1977; Bass, 1985). Conger와 Kanungo(1988)는 나아가 비전을 카리스마적 리더와 非카리스마적 리더를 구별해줄 수 있는 가장 중요한 요인이라고 주장하였다. 또한 Gardner 등(1999)은 리더가 말하는데 있어 비전적인 내용이 많을수록 그 리더는 부하들에게 카리스마적 리더로 지각되는 경향이 강하다는 것을 밝혀냈다.

비전은 논리와 감정에 동시에 호소할 수 있는 현재와 미래의 모습(Snyder, Dowd, & Houghton, 1994, 74쪽), 부하들에게 매우 의미심장한 미래 지향적인 목표(Tich & Devanna, 1986), 리더에 의해 제시되어 부하들이 공유하는 미래에 대한 이상적인 목표(Conger & Kanungo, 1988) 등으로 정의되어 왔다. 이러한 정의들을 종합해 볼 때, 비전은 현재의 강점과 약점의 본질을 고려하여 미래의 목표를 실현할 수 있는 일련의 행동계획을 포함하며 비전관련행동은 환경에 대한 민감성을 표출하는 행동, 부하들의 욕구를 충족시킬 수 있는 비전을 제시하는 행동, 미래 목표를 설정하는 행동, 이데올로기를 강조하는 행동, 미래 목표 달성을 가능케 하는 계획을 수립하는 행동 등을 포함한다고 볼 수 있다.

그러나, 비전관련행동을 보인다고 해서 완전한 카리스마적 리더라고는 할 수 없다. 만약에 리더가 비전관련행동만을 보인다면, 그 리더는 단지 부분적으로만 카리스마적 리더라고 할 수 있다. 왜냐하면 비전만으로는 리더가 가진 카리스마적 효과를 성공적으로 발휘하기 어렵기 때문이다. 카리스마적 리더가 되기 위해서는 그가 제시하는 비전을 부하들과 공유할 수 있도록 하여야 하고, 이를 통하여 그들을 동기부여 시키며, 목표달성을 위한 발전적 전략을 구체화시킬 수 있어야 한다. 이러한 비전의 공유와 변화를 주도하기 위하여 필수적인 요소가 리더의 몸소 실천하는 행동이다.

1.1.2. 몸소 실천하는 행동

카리스마적 리더십 이론가들은 비전 자체만으로는 비전을 달성하거나 카리스마적 효과를 얻는데 실패한다는 점에 동의해 왔다. 예를 들어 사시킨 (Sashkin, 1988)에 따르면 카리스마적 리더는 비전이 부하들에게 도달할 수 있도록 비전을 전달하여야 하며, 부하들로 하여금 비전을 실천할 수 있도록 만들어 주어야 한다는 점을 강조하였다. 마찬가지로 Conger & Kanungo(1988, 1998)는 비전을 달성하기 위해서 리더는 반드시 자신의 동기를 반영하는 행동이 필요하다고 지적하며, 이러한 행동으로는 비전에 대한 리더의 확신, 그러한 비전을 달성할 수 있으리라는 자신감, 그리고 비전을 달성하기 위한 리더 자신의 헌신 등을 예로 들었다. 또한 Kanungo(1998)와 Friedland(1964)에 따르면 카리스마적 리더는 부하들에게 충분히 신뢰할 가치가 있다는 것을 행동을 통해서 보여주어야 한다고 지적하며, 간디를 자기희생적인 모습을 보여주는 가장 이상적인 모델이라고 지적하였다.

이러한 주장들은 웨버가 제시한 비범한 자질과 깊은 관련이 있으며, 비범한 자질은 자신의 믿음에 대한 확고한 신념을 보여주는 행동, 자신감, 부하들에 대한 헌신 등의 행동으로 나타날 수 있다. 예를 들어 리더가 비전을 달성하는데 있어 자신감을 가지지 못한다면, 비전의 달성에 헌신하지 않게 되고, 리더의 자신감 없는 행동을 지각한 부하들 역시 비전을 달성하는데 헌신하지 않게 된다. 또한 이러한 자신감 없는 행동은 부하들로 하여금 자신들의 리더를 비범한 자질을 가지는 리더로 지각하지 않게 만든다. 따라서 리더의 몸소 실천하는 행동은 카리스마적 리더가 보여야 할 중요한 행동으로 위험을 감수하는 행동, 자신감을 표출하는 행동, 혁신적이고 타의 모범이 되는 행동, 역할 모델로서의 행동 등이 포함될 수 있다.

그러나 리더가 이상적인 비전을 제시하고 변화를 주도하는 몸소 실천하는 행동을 통하여 부하들에게 동기부여를 시킬 수 있다고 하여 그 리더를 완전한 카리스마적 리더로 보기는 어렵다. 명확한 비전과 목표를 부하들에게 제공하고 새로운 동기를 부여해야 할 뿐만 아니라 부하들을 신뢰하고 이들에게 권한과 책임을 부여하여 주인의식을 갖고 과업을 주도하도록 변화시켜야 리더의 카리스마적 효과가 성공적으로 발휘될 수 있다(Conger et al, 1997). 그러므로 카리스마적 리더가 되기 위해서는 비전관련행동과 몸소 실천하는 행동 이외에 또 다른 행동이 필요하며 이러한 역할을 하는 것이 다음에 설명할 위임(empowering) 행동이다.

1.1.3. 위임(Empowering) 행동

카리스마를 정의하는데 있어 3번째 요소는 부하들이 리더의 의지를 따르려는 준비자세와 리더가 제시하는 비전에 대한 실천이라고 볼 수 있다. 콘거(Conger, 1989)에 따르면 부하들은 리더로부터 위임을 받을 때, 리더를 위해 헌신한다는 것이다. 또한 하우스(House, 1977)는 리더가 부하에 대해 높은 기대감을 가지고 부하들이 가지는 능력에 대해 자신감을 표출할 때, 부하들로부터 신뢰를 받을 수 있고, 나아가 부하들로부터 진정한 리더로 받아들여 질 것으로 주장한다.

위임(empowerment)은 개인자신의 자기효능감(self-efficacy)이 증가되었다는 믿음의 과정으로 정의될 수 있는데(Conger & Kanungo, 1988), 리더는 부하들이 가지는 자기효능감에 대한 믿음을 제공함으로써 부하들로 하여금 위임받았다는 느낌을 가지게 만들 수 있다. 그러므로 리더가 위임행동을 보일 때 부하들의 자기효능감은 증가하고, 결국 리더를 카리스마적 리더로 지각할 가능성이 높아지게 된다. 따라서 리더의 위임행동은 카리스마적 리더가 보여야 할 중요한 행동으로서 비전을 달성할 수 있는 부하의 능력에 대한 자신감을 표출하는 행동, 자기효능감과 자기가치에 대한 정보를 제공하는 행동, 성과에 대한 높은 기대를 표출하는 행동, 부하가 가지는 아이디어를 지지하는 행동, 그리고 부하의 욕구를 상위수준의 욕구로 승화시켜주는 행동 등이 포함된다.

카리스마적 리더가 보여야 할 3가지 행동이 성과와 어떤 관계를 갖는지를 그림으로 나타내면 다음과 같다.

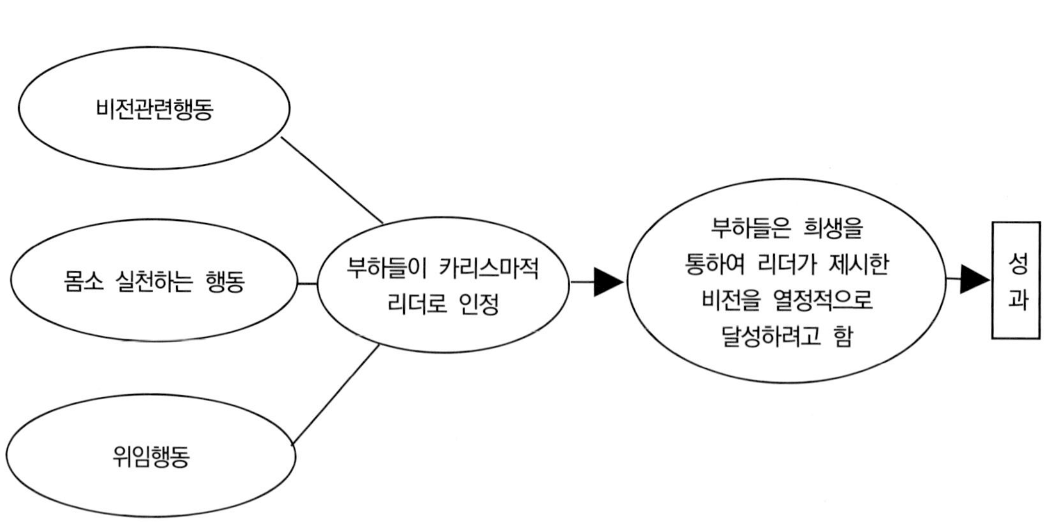

그림 7-1. 카리스마적 리더행동과 성과와의 관계

1.2. 카리스마적 리더와 비카리스마적 리더

위에서 정의한 카리스마적 리더행동의 3가지 차원을 각각 이분하면 8가지 유형의 리더십이 나타나는데 8가지 유형의 리더십 중 오직 하나만을 카리스마적 리더십이라고 볼 수 있다. 즉 비전관련행동, 몸소 실천하는 행동, 그리고 위임행동을 보이는 리더만이 카리스마적 리더로 볼 수 있다. 반면에 3가지 차원 중 어느 한 가지 차원이라도 보이지 않는 경우 비카리스마적 리더로 볼 수 있다. 예를 들어 3가지 차원 중 비전관련행동과 몸소 실천하는 행동을 보이지만 위임행동을 보이지 않는 리더는 맥코비(Maccoby, 1976)가 주장한 것처럼 카리스마적 리더라기보다는 기업가형 정글투사(entrepreneurial jungle fighter)라고 볼 수 있다. 또한 비전관련행동을 보여주지만 다른 두 가지 차원의 행동을 보이지 않는 리더 역시 카리스마적 리더라기보다는 크리스텐센(Christensen, 1997)이 주장한 바와 같이 전략적 리더라고 볼 수 있다. 유사하게 비전관련행동과 위임행동을 보이지만 몸소 실천하는 행동차원을 보이지 않는 리더 역시 카리스마적 리더라기보다는 지략가(intellectual leader, Burns, 1978)라고 볼 수 있다. 물론 3가지 행동차원을 모두 보이지 않는 리더는 우리가 기존에 정의해 온대로 리더라기보다는 관리자라고 볼 수 있다.

비전관련행동, 몸소 실천하는 행동, 위임행동의 세 가지를 중심으로 다음과 같은 여덟 가지의 리더유형을 분류해 볼 수 있다.

첫째, 기업가적 정글 파이터(entrepreneurial jungle fighter)이다(Maccoby, 1976). 이 유형의 리더는 비전관련행동과 몸소 실천하는 행동은 보이지만, 위임행동은 보이지 않는 경우이다. 이러한 리더는 전통적인 관습을 탈피하고, 이익이나 권력과 같은 개인적인 비전이나 목표를 갖는다. 또한 리더로서 목표를 달성하기 위해 자기희생적이며 위험을 감수하기도 한다. 그렇지만 자신이 관리해야 할 사람들을 믿지 않고, 부하들을 이용대상으로 생각하며,

가능한 한 그들을 종속적인 존재로 유지한다. 민츠버그(Minzberg, 1973)에 의하면 기업가는 기회를 창출하기 위하여 조직과 조직 외부환경을 탐색하고, 변화를 유발하기 위하여 프로젝트를 개시하는 등 비전관련행동과 몸소 실천하는 행동을 보이지만, 그러한 기업가적 조직에서는 권력이 기업가에게 집중되기 때문에 구성원들에게 권한이 위임되지 못한다.

둘째, 리더가 비전관련행동과 위임행동을 보이지만 자신을 희생하거나 위험을 감수하지 않는 등 몸소 실천하는 행동을 보이지 않는 리더를 지적 리더(intellectual leader)라고 한다(Burns, 1978). Burns에 따르면 지적 리더는 순간적인 욕구를 초월한 목표나 가치에 대해서는 매우 한정적인 관심을 갖는다. 지적 리더는 추종자들의 욕구변화를 분간해내고, 환경을 분석할 수 있는 능력을 갖으며, 목표와 수단을 분석적이고 창조적으로 연결시킬 수 있는 가치나 목표를 착상해내는 능력도 가지고 있다. 또한 조직이나 사회의 변화를 추구하고, 새로운 방향을 설정하며, 추종자들에게 권한을 위임하기도 한다. 그렇지만 개인적인 위험을 감수하려 하지 않고 자기희생적이지 않기 때문에 그 역시 카리스마적 리더는 아니다.

셋째, 리더가 단지 비전관련행동만 보인다면, 그는 카리스마적 리더이기보다는 전략적 리더(strategic leader)이다. 이 유형의 리더는 비전관련행동만 보이고, 몸소 실천하는 행동과 위임행동은 보이지 않는다. 전략적 리더는 중요한 조직 미래를 만들 수 있는 변화를 주도하고, 전략적으로 생각하고, 유연하게 행동하는 능력을 가진 리더를 의미한다(Christensen, 1997; Ireland & Hitt, 1999). 이러한 전략적 리더십의 주요 구성요소는 전략적 방향결정, 핵심역량의 유지 및 강화, 인적 자본의 개발, 효과적인 기업문화 유지, 윤리적인 실행방안의 강조, 전략적 통제의 확립 등이다(Hitt, Ireland, Hoskisson, 1995). 의사결정 책임을 지는 전략적 리더는 기업의 방향설정과 설정된 방향을 관리하는데 상당한 영향력을 행사할 수 있지만, 전략적 리더는 보통 기업의 상위관리자인 경우가 대부분이기 때문에 자기희생과 모범적 행동 같은 몸소 실천하는 행동에 기반을 두는 개인적인 권한보다는 지위의 권한을 통해 추종자들에게 영향력을 행사하려는 경향을 가지고 있다.

넷째, 몸소 실천하는 행동과 위임행동은 보이나 비전관련행동은 보이지 않는 리더는 하인형 리더(servant leader)이다(Greenleaf, 1977). 이러한 리더는 추종자를 우선시하고 타인을 신뢰하며, 자기 자신의 관심을 타인의 이익을 위해 희생하는 리더로 타인들에게 권한이 위임되었다는 느낌을 제공한다. 그러나 미래에 대해서 장기적인 발전 계획이나 목표를 설정하지 않았기 때문에 카리스마적 리더라고 볼 수는 없다.

다섯째, 단지 몸소 실천하는 행동만 보여주는 리더는 자기희생적 리더이다(Goode, 1978; Choi & Mai-Dalton, 1998, 1999). 자기희생적 리더는 자기가 가지고 있는 특권이나 부, 개인적 이해를 포기하지만, 위임이나 비전을 제시하지 못하기 때문에 카리스마적 리더라고 할 수 없다.

여섯째, 단지 위임행동만 보여주는 리더는 개별화된 리더이다(Dansereau et al., 1995).

개별화된 리더는 추종자들의 자기효능감을 높여주기 때문에 그 대가로 리더에게 큰 이익을 안겨줄 수 있게 한다. 개별화된 리더십 이론에 의하면 상사가 부하들에게 자부심 지원(self-worth support)을 얼마만큼 해주느냐에 따라 부하들은 상사에게 만족할만한 성과를 주게 되는데, 이러한 자부심 지원에는 부하의 동기, 부하의 능력에 대한 상사의 확신, 부하의 욕구나 느낌에 대한 관심, 부하가 가진 생각에 대한 지지 등이 해당된다. 이런 행동들은 바로 위임행동과 일치되는 것들이다.

일곱째, 만약에 리더가 카리스마적 리더의 세 가지 행동차원 모두를 보여주지 않는다면 단순한 관리자라고 할 수 있을 것이다.

끝으로 리더가 비전관련행동, 몸소 실천하는 행동, 위임행동 등 카리스마적 리더의 세 가지 행동차원을 모두 보여준다면, 그 리더는 카리스마적 리더라고 할 수 있으며 이상과 같은 내용을 정리하면 아래의 <표 7-1>과 같다.

표 7-1. 여덟 가지 유형의 리더

리더의 행동 차원			리더십 유형
비전관련행동	개인적 행동	임파워링 행동	
○	○	○	카리스마적 리더 (Charismatic Leader)
○	○	×	기업가형 정글 파이터 (Jungle Fighter)
○	×	○	지적 리더 (Intelletual Leader)
○	×	×	전략적 리더 (Strategic Leader)
×	○	○	하인형 리더 (Servant Leader)
×	○	×	자기희생 리더 (Self-sacrificing Leader)
×	×	○	개인화된 리더 (Individualized Leader)
×	×	×	관리자 (Managers)

○ : 행동을 보임
× : 행동을 보이지 않음

1.3. 카리스마적 리더십과 효과성

카리스마적 리더는 3가지 행동차원을 보이므로 이러한 세 가지 행동차원은 리더십의 효과성을 설명하는데 있어 주된 요인이라고 볼 수 있다.

지금까지의 카리스마적 리더십과 성과간의 관계를 검증한 연구결과를 살펴보면 대부분의 연구에서 카리스마적 리더십은 성과에 유의적인 영향을 미치는 것으로 나타나고 있다(Bass & Avolio, 1991; House & Arthur, 1993; Kirkpatrick & Locke, 1996; Posdakoff et al, 1990; Rivera,1994; Shamir, House, 1977 등). 이들 연구결과를 종합하면 카리스마적 리더를 수용하는 부하들은 개인성과 조직성과 등에 영향을 미치며, 직무만족과 조직몰입에 대해 긍정적인 영향을 미친다.

카리스마적 리더의 주요한 특성인 팔로우어들이 납득하고 받아들일만한 비전을 제시하는 행동은 팔로워들로 하여금 조직의 주요 목표와 전략 및 정책을 수용하도록 하기 때문에 조직에 대한 일체감을 높여주고, 맡겨진 업무에 대해 확신을 가지고 일하도록 함으로써 조직의 성과를 높이는데 일조한다. 또한 몸소 실천하는 리더의 행동은 상사에 대한 부하직원의 신뢰성을 높이기 때문에 상사가 제시하는 목표나 지시를 보다 수월하게 받아들여 목표에 일치하는 행동을 주저 없이 하게 되므로 개인성과와 조직성과가 높게 나타난다. 또한 위임 행동은 구성원들의 능력향상과 자신감을 높여주기 때문에 직무만족과 모티베이션이 향상되어 개인성과가 높게 나타나게 된다. 이렇듯 카리스마적 리더는 부하들로 하여금 조직에 대해 일체감을 가지게 하며, 조직의 목표와 가치에 대해 신뢰하도록 하고, 조직의 이익을 위해 자발적으로 노력할 수 있는 방향으로 이끈다고 할 수 있다.

1.4. 개인화된 카리스마적 리더와 사회화된 카리스마적 리더

카리스마적 리더는 리더가 가지는 권력에 대한 모티브에 따라 개인화된 리더와 사회화된 리더로 구분할 수 있다. 일반적으로 개인들은 타인들에게 영향력을 행사하고 사회적인 지위를 얻기 위한 동기를 가지는데 이것을 권력에 대한 모티브 또는 권력에 대한 욕구라고 한다(McClelland, 1975; Winter, 1973; 1992). 권력에 대한 모티브는 개인화된 권력모티브와 사회화된 권력모티브로 구분되는데 전자는 자신을 위해서 또는 개인적인 이유로 타인에게 영향력을 행사하려는 모티브인 반면, 후자는 타인을 위해서 사회화된 이유로 영향력을 행사하려는 모티브라 할 수 있다. Howell(1988)은 권력모티브 유형에 따라 카리스마적 리더를 두 가지 유형의 리더로 구분하였는데 개인화된 권력모티브를 가진 리더를 개인화된 카리스마적 리더로, 사회화된 권력모티브를 가진 리더를 사회화된 카리스마적 리더로 구분하였다. 또한 Howell(1988)에 따르면 개인화된 리더는 리더주도(leader-driven)의 목표를 규정하고 부하의 욕구는 리더 자신의 목표를 달성하는데 필요한 만큼만 인정하게 되며, 부하를 하나의 객체로 보고 객관화하고 쉽게 조작화 할 수 있는 대상으로 보는 반면, 사회화된 카리스마적 리더는 부하주도(follower-driven)의 목표를 규정하고 부하들의 욕구를 인정하며 부하들로 하여금 자신들의 능력을 개발할 수 있도록 도움을 준다.

개인화된 카리스마적 리더는 자신의 지위나, 부, 권력을 강화하는데 자신이 가지는 카리스마를 사용하는 반면, 사회화된 카리스마적 리더는 비전을 증진하는데 자신이 가지는 카리스마를 사용하며(Miron, Erez, & Naveh 2004; Samnani & Singh, 2013) 또한 개인화된 카리스마적 리더는 권위주의적이며, 남을 이용하는 경향이 있고, 승-승보다는 승-패의 문제해결 지향적인 반면, 사회화된 카리스마적 리더는 모든 사람이 평등하다고 생각하는 경향이 있으며, 남을 이용하지 않고, 승-승 문제해결 지향적이다(Humphreys, Zhao, Ingram, Gladstone & Basham, 2010; Jacobson & House, 2001). House & Howell(1992) 역시 개인화된 리더와 사회화된 리더를 구분하면서 사회화된 리더는 부하로 하여금 자신을 능가하는 잠재력을 가지게끔 훈련시킴으로써 사회시스템과 타인을 향상시키는 방향으로 일을 하는 반면, 개인화된 리더는 리더 자신의 욕구를 충족시키는 경향이 있으며 사회시스템과 타인의 희생을 치르고서라도 리더 자신의 권력과 통제력을 증대시키는 경향이 있다. 결론적으로 카리스마적 리더는 특출난 리더이지만 자신의 특출난 재능을 자기 자신의 이해관계를 위해 사용하는가 아니면 사회와 타인을 위해 사용하는가에 따라 개인화된 리더 또는 사회화된 리더로 구분할 수 있다.

2. 변혁적 리더십

Bass(1995)는 기존에 제시되었던 리더십을 '거래적 리더십'으로 규정한 후 리더가 거래적 리더십을 발휘하면 부하들은 단순히 기대한 것만큼의 성과만을 올리게 되므로 불확실한 환경에서 효과적이지 않으며 따라서 리더는 거래적 리더십 이외에 부하들이 기대한 것 이상의 성과를 올릴 수 있는 변혁적 리더십을 발휘해야 한다고 주장하였다.

2.1. 거래적 리더십

거래적 리더십은 리더가 상황에 따른 보상에 기초하여 부하들에게 영향력을 행사하는 과정으로 정의할 수 있다(Bass, 1985). 리더는 조직에서 기대하는 성과가 무엇인가에 대해 부하들에게 주지시키고 기대하는 성과를 어떻게 달성할 수 있는가에 대해 부하들에게 설명을 해주며 성과를 평가하는 기준에 대해 명확한 지침을 제공해주고 나타낸 성과에 대한 평가를 부하들에게 피드백해주고 달성한 성과의 정도에 따라 부하들에게 보상을 지급하게 된다. 이와 더불어 부하들은 본인들이 달성한 성과만큼 자신들이 원하는 보상이 주어질 것이란 기대감을 가지고 성과를 달성하기 위한 노력을 기울이게 되므로 리더와 부하간의 거래관계(성과와 보상)는 일종의 싸이클을 이루면서 지속되게 된다.

그러나 거래적 리더십에 기초하여 영향력을 행사함에 있어서 리더는 항상 기대하는 만큼의 성과만을 부하로부터 얻게 됨으로 기대이상의 성과를 달성하는데 있어 실패하게 되며 결국 조직의 장기적인 비전을 실현하지 못하게 된다(Bass, 1985). 조직의 비전을 실현하기 위해서는 부하들의 가치관, 태도 및 의식의 변화가 수반되어야 하며 이를 위해서는 단순히 외재적 보상에 의한 영향력 행사보다는 비전추구 자체로부터 오는 내재적 보상에 의한 영향력행사가 필요하다. 이렇게 내재적 보상을 통하여 부하들로 하여금 기대 이상의 성과를 달성하게끔 영향력을 행사하는 과정을 Bass(1985)는 변혁적 리더십이라고 정의하였다.

2.2. 변혁적 리더십

변혁적 리더십의 개념은 Burns(1978)에 의해서 처음 제시되었으며 그 후 Bass(1985)가 기업 상황에 맞춰 구체화하였다. Bass(1985)는 변혁적 리더십을 '리더와 부하가 서로 보다 높은 수준의 사기진작과 동기를 불러일으키는 과정"(20쪽) 과 부하구성원들로 하여금 리더를 신뢰하게 하고 리더에 충성하고 존경하게 함과 동시에 애초에 기대한 것 이상의 노력을 기울이게 하는 과정으로 정의하고 있다. 변혁적 리더는 부하로 하여금 과업수행결과에 대한 중요성을 인식하게 하고 부하자신의 개인적인 이익보다는 조직이나 팀의 이익을 우선시 하게끔 하고 부하가 가지는 욕구보다 더 높은 수준의 욕구를 활성화시킴으로써 애초에 기대했던 것보다 훨씬 높은 성과를 부하로 하여금 달성하게 한다. 물론 이를 위해서 리더는 부하들에게 솔선수범을 보여야 하고 자신의 개인적인 이익을 포기하고 자신을 희생하고 있다는 것을 보여야 한다. 또한 Tichy와 Devanna(1986)에 따르면 변혁적 리더가 갖추어야 할 요건은 조직변화의 필요성에 대한 인식이며 이러한 인식을 바탕으로 조직에 대한 비전을 창출하고 나아가 지속적인 조직변화를 위하여 변화를 제도화시켜야 하며 이와 더불어 변혁적 리더가 갖추어야 할 특성으로 모험성향, 부하들에 대한 신뢰, 부하가 가지는 욕구에 대한 민감성, 부하의 행동지침이 되는 핵심가치의 규정, 인지적인 기술과 통찰력, 직관에 의한 예견력 등을 들고 있다.

일부 학자들은 변혁적 리더십과 카리스마적 리더십을 동일한 개념으로 보고 있지만, Bass(1985)의 경우 카리스마는 변혁적 리더십의 한 구성요소로서 카리스마 그 자체로는 조직의 변혁과정을 설명하는데 있어 불충분하다는 견해를 가지고 있다. 따라서 Bass(1985)는 리더의 행동적 차원에서 카리스마를 변혁적 리더십의 한 구성요소로 보았으며 이와 더불어 지적자극과 개인적 배려 역시 변혁적 리더십을 구성하는 요소로 보았다. 지적자극은 기존의 관례 및 전례 등 타성에 의한 업무수행에 있어서는 의문시되지 않았던 문제들에 대해서 재평가할 수 있는 기회를 부하들에게 제공하고 또한 문제해결에 있어서도 리더의 높은 판단력과 능력으로 부하들에게 새로운 각도에서 문제해결에 접근할 수 있도록 자극하는 능력을 의미한다. 개인적 배려행동은 부하개개인이 가지는 욕구의 차이를 인정하고 부하개개인이 가지는 욕구수준을 보다 높은 수준으로 끌어올리며 부하들로 하여금 기대 이상의 성과를 달성할 수 있도록 잠재력을 개발해주는 행동을 말한다. 예를 들어 리더는 부하들이 가지는 성장욕구를 파악하고 부하들이 성장욕구를 충족할 수 있도록 멘토나 코치로서의 역할을 담당하며 부하의 노력에 대해 감사의 뜻을 전하고 부하들의 자율성을 최대한 보장해주며 보다 더 많은 책임을 느낄 수 있도록 권한을 위임해주는 행동을 보여준다. 이러한 세 가지 구성요소를 포함하는 변혁적 리더십은 부하들의 만족과 성과에 지대한 영향을 미친다는 Bass(1985)의 주장은 기존의 연구결과에서 밝혀졌다(Bass & Yammarino, 1991; Bycio, Hackett & Allen, 1995; Hater & Bass, 1988; Keller, 1992; Waldman, Atwater & Bass, 1992).

제7장에서는 카리스마적 리더십과 관련된 1편의 논문을 제시하고자 한다. 김경수 등(2014)의 '카리스마적 리더십이 부하의 자발적 수용에 미치는 영향: 3-way 상호작용효과 검증' 논문으로 저자들은 기회상황에서 자긍심(self-esteem)이 높은 부하들은 사회화된 카리스마적 리더를 자발적으로 수용할 것이란 가설을 설정하고 검증하였다. 16개 기업에 근무하는 411명의 직원으로부터 지료를 수집하여 분석한 결과 카리스마적 리더는 3개의 행동 차원(비전 관련 행동, 몸소 실천하는 행동, 위임행동)을 보이는 것으로 나타났으며, 3가지 행동차원에 기초하여 8가지 유형의 리더가 존재함과 동시에 그 중 하나의 유형이 카리스마적 리더라는 것을 밝혔다. 가설검증결과 예측한 바와 같이 자긍심이 높은 부하가 기회상황에서 사회화된 카리스마적 리더를 자발적으로 수용하는 것으로 나타났다.

카리스마적 리더십이 부하의 자발적 수용에 미치는 영향: 3-way 상호작용 효과의 검증*

김경수**, 서명구***, 김광숙****, 배현숙*****, 조용석******, 김형진*******, 양동민********

본 연구에서는 부하의 자발적 수용에 대한 사회화된 카리스마적 리더십, 부하특성, 환경특성의 3-way 상호작용효과에 대한 가설을 제시하였다. 즉 자부심이 높은 부하직원이 기회상황에서 사회화된 카리스마적 리더를 자발적으로 수용하는 정도가 가장 높을 것이란 예측을 하였다. 본 연구에서 제시한 가설을 검증하기 위하여 전기, 전자, 금융, 제조, 서비스업에 속한 16개 기업에 근무하는 411명의 직원들로부터 설문자료를 수집하였다. 설문자료를 분석한 결과 카리스마적 리더는 3개의 행동 차원(비전 관련 행동, 몸소 실천하는 행동, 위임행동)을 보이는 것으로 나타났으며, 3가지 행동차원에 기초하여 8가지 유형의 리더가 존재함과 그 중 하나의 유형이 카리스마적 리더라는 것을 밝혔다. 가설검증결과 본 연구에서 예측한 바와 같이 부하의 자발적 수용에 대해 부하특성과 환경특성, 그리고 사회화된 카리스마적 리더십의 3-way 상호작용 효과가 있는 것으로 나타났다. 이러한 결과는 자부심이 높은 부하가 기회상황에서 사회화된 카리스마적 리더를 자발적으로 수용하는 정도가 다른 3가지 상황(부하의 자부심이 높고 위기인 상황, 부하의 자부심이 낮고 위기인 상황, 부하의 자부심이 낮고 기회인 상황)보가 높다는 것을 보여준다. 본 연구의 결론부분에서는 본 연구결과가 가지는 의미를 카리스마적 리더행동의 차원, 카리스마적 리더와 비카리스마적 리더의 구분, 개인화된 리더와 사회화된 리더의 구분 측면에서 논의하였으며 본 연구결과가 가지는 의미를 실무적인 차원에서 논의하였다. 또한 본 연구가 가지는 한계점에 대해서도 밝혔고 이를 극복할 수 있는 방안과 본 연구가 가지는 시사점 대해서도 제시하였다.

주제어 : 사회화된 카리스마적 리더, 개인화된 카리스마적 리더, 부하의 자발적 수용, 자부심, 위기상황, 기회상황, 비전관련행동, 몸소 실천하는 행동, 권한위임행동, 기업가형 정글투사, 지적 리더, 전략적 리더, 하인형 리더, 자기희생적 리더, 개별화된 리더, 관리자.

---

* 이 논문은 조직과 인사관리연구, 제 38집 3권, 2014, 33-67에 게재된 논문으로 2012년 정부(교육부)의 재원으로 한국연구재단의 지원을 받아 수행된 연구임(NRF-2012S1A5A2A03033695).

** 전남대학교 경영대학, 교수, 주저자, kskim@chonnam.ac.kr

*** Associate professor, Robert H. Smith School of Business, University of Maryland, mseo@rhsmith.umd.edu

**** 전남대학교 일반대학원 경영학과, 박사수료, ddalcell@empal.com

***** 전남대학교 일반대학원 경영학과, 박사과정, freer10@naver.com

****** 전남대학교 일반대학원 경영학과, 박사과정, joyfund@naver.com

******* 전남대학교 일반대학원 경영학과, 박사수료, widgeon@hanmail.net

******** 전남대학교 경영대학, 경영학박사, 교신저자, ponasadal@hanmail.net

1. 서 론

Howell(1988)이 제시한 사회화된 카리스마적 리더의 개념은 25년이 지난 지금까지도 활발하게 연구되어 오고 있다. 초기에는 주로 개인화된 카리스마적 리더와 사회화된 카리스마적 리더가 가지는 특성(예를 들면, 권력동기, 이해관계, Howell, 1988; House & Howell, 1992)에 초점을 맞추어 연구가 이루어졌고 그 이후 카리스마적 리더십을 다른 리더십과 비교하여 연구가 이루어져 왔는바 예를 들면 카리스마적 리더십과 변혁적 리더십과의 관계에서 사회화된 카리스마적 리더를 진정한 변혁적 리더와 동일하게 보고 연구가 이루어졌다(Bass & Steidlmeier, 1999). 또한 사회화된 카리스마적 리더를 윤리적 리더와 동일하게 본 연구 역시 이루어져 왔다(Howell & Avolio, 1992). 2000년대에 들어와서는 사회화된 카리스마적 리더가 가지는 특성이 리더 행동에 영향을 미친다는 연구와 사회화된 카리스마적 리더가 부하에 대해 갖는 영향력에 대한 연구가 이루어져 왔다. 사회화된 카리스마적 리더가 가지는 겸손(humility)이 리더가 보여주는 비전창출, 비전실현, 그리고 커뮤니케이션 행동에 영향을 미친다는 연구(Nielsen, Marrone & Slay, 2010)와 사회화된 카리스마적 리더가 부하의 윤리적 성과에 영향을 미친다는 연구(Brown & Trevino, 2006) 등을 그 예로 들 수 있다.

그러나 사회화된 카리스마적 리더십이 조직의 모든 상황에서 그리고 모든 부하에게 동일한 영향을 미친다고 볼 수는 없다. 따라서 이후 사회화된 카리스마적 리더십에 대한 연구는 조절효과에 대한 연구로 발전해왔다. 하지만 사회화된 카리스마적 리더십의 조절효과에 대한 연구는 매우 제한적으로 이루어져 왔는바 예를 들어 Giaccani-Gomes(2009)는 마키아벨리아니즘적 성격이 약한 부하들이 강한 부하들에 비해 사회화된 카리스마적 리더에 매력을 느끼고, 여성이 남성보다 사회화된 카리스마적 리더에 의해 더 영향을 받는다는 것을 밝혔다. 하지만 Giaccani-Gomes(2009)의 연구는 부하가 가지는 특성에만 초점을 맞추고 있어 환경변수를 고려하지 않았다는 한계점을 가진다. Conger & Kanungo(1998)에 따르면 부하가 가지는 특성뿐 아니라 환경 역시 카리스마적 리더의 출현에 중요하다는 것을 밝히면서 위기적 환경에서 자부심(self-esteem)이 낮은 부하들에게서 카리스마적 리더가 출현할 수 있다는 것과 기회적 환경에서 역시 자부심이 높은 부하들에게서 카리스마적 리더가 출현할 수 있다는 주장을 하였다. 그러나 Conger & Kanungo(1998)의 주장은 카리스마적 리더를 개인화된 리더와 사회화된 리더로 구분하지 않고 이루어졌다는 점에서 역시 한계점을 가진다고 볼 수 있다.

본 연구에서는 부하가 가지는 특성과 환경특성을 동시에 고려하여 어떤 유형의 부하가 어떤 상황에서 사회화된 카리스마적 리더를 수용할 것인가를 밝히고자 했으며 따라서 본 연구의 목적은 부하의 자발적 수용에 대한 사회화된 카리스마적 리더십, 부하의 특성, 환경특성의 3-way 상호작용 효과를 검증하는데 있다. 이러한 연구목적을 달성하기 위하여 본 논문에서는 우선 사회화된 카리스마적 리더가 개인화된 카리스마적 리더와 어떻게 다른가를 설명하고자 한다. 일반적으로 사회화된 리더와 개인화된 리더의 구분은 권력동기에 의해 구분되는데 보다 구체적으로 둘 간의 차이를 설명하고자 한다. 둘째, 사회화된 카리스마적 리더가 보여주는 행동에 대해 설명하고자 한다. Weber(1968)는 카리스마적 리더가 가져야 할 기본적인 요소를 3가지로 제시하고 있는데 본 논문에서는 이러한 세 가지 요소에 초점을 맞추어 사회화된 카리스마적 리더가 보여주는 행동을 제시하고자 한다. 셋째, 카리스마적 리더가 보여주는 행동에 기초하여 카리스마적 리더와 비카리스마적 리더를 구분하고자 한다. 카리스마적 리더가 보여주는 3가지 행동차원을 고려할 경우 8가지 유형의 리더가 존재하며 그 중 하나의 유형이 카리스마적 리더라는 것을 제시하고자 한다. 넷째, 누가 어떤 상황에서 사회화된 카리스마적 리더를 수용할 것인가에 대한 가설을 설정하기 위하여 Conger & Kanungo(1998)가 주장한 것처럼 부하가 가지는 자부심(self-esteem)과 환경(기회와 위기)변수를 제시하고 두 변수에 바탕을 둔 4 가지 상황에서 카리스마적 리더에 대한 부하의 자발적 수용 정도에 대한 예측을 통하여 본 연구의 가설을 제시하고자 한다.

2. 이론적 배경 및 연구가설

2.1. 개인화된 리더와 사회화된 리더

카리스마적 리더는 리더가 가지는 권력에 대한 모티브에 따라 개인화된 리더와 사회화된 리더로 구분할 수 있다. 일반적으로 개인들은 타인들에게 영향력을 행사하고 사회적인 지위를 얻기 위한 동기를 가지는데 이것을 권력에 대한 모티브 또는 권력에 대한 욕구라고 한다(McClelland, 1975; Winter, 1973; 1992). 권력에 대한 모티브는 개인화된 권력 모티브와 사회화된 권력모티브로 구분되는데 전자는 자신을 위해서 또는 개인적인 이유로 타인에게 영향력을 행사하는 모티브인 반면, 후자는 타인을 위해서 또는 사회화된 이유로 영향력을 행사하려는 모티브라 할 수 있다. Howell(1988)은 권력모티브 유형에 따라 카리스마적 리더를 두 가지 유형의 리더로 구분하였는바 개인화된 권력 모티브를 가진 리더를 개인화된 카리스마적 리더로 사회화된 권력 모티브를 가진 리더를 사회화된 카리스마적 리더로 구분하였다. 또한 Howell(1988)에 따르면 개인화된 리더는 리더 주도(leader-driven)의 목표를 규정하고 부하의 욕구는 리더 자신의 목표를 달성하는데 필요한 만큼만 인정하게 되며, 부하를 하나의 객체로 보고 객관화하고 쉽게 조작화 할 수 있는 대상으로 보는 반면 사회화된 카리스마적 리더는 부하주도(follower-driven)의 목표를 규정하고 부하들의 욕구를 인정하며 부하들로 하여금 자신들이 권리를 개발할 수 있도록 도움을 준다. 개인화된 카리스마적 리더는 자신의 지위나, 부, 권력을 강화하는데 자신이 가지는 카리스마를 사용하는 반면, 사회화된 카리스마적 리더는 비전을 증진하는데 자신이 가지는 카리스마를 사용하며(Miron, Erez, & Naveh 2004; Samnani & Singh, 2013) 또한 개인화된 카리스마적 리더는 권위주의적이며, 남을 이용하는 경향이 있고, 승-승보다는 승-패의 문제해결 지향적인 반면, 사회화된 카리스마적 리더는 모든 사람이 평등하다고 생각하는 경향이 있으며, 남을 이용하지 않고, 승-승 문제해결 지향적이다(Humphreys, Zhao, Ingram, Gladstone & Basham, 2010; Jacobson & House, 2001). House & Howell(1992) 역시 개인화된 리더와 사회화된 리더를 구분하면서 사회화된 리더는 부하로 하여금 자신을 능가하는 잠재력을 가지게끔 훈련시킴으로써 사회시스템과 타인을 향상시키는 방향으로 일을 하는 반면, 개인화된 리더는 리더 자신의 욕구를 충족시키는 경향이 있으며 사회시스템과 타인의 희생을 치르고서라도 리더 자신의 권력과 통제력을 증대시키는 경향이 있다. 결론적으로 카리스마적 리더는 특출난 리더이지만 자신의 특출난 재능을 자기 자신의 이해관계를 위해 사용하는가 아니면 사회와 타인을 위해 사용하는가에 따라 개인화된 리더 또는 사회화된 리더로 구분할 수 있다.

2.2. 카리스마적 리더의 행동

2.2.1. 카리스마적 리더십: 3가지 행동차원

카리스마적 리더십이론의 문헌에 따르면 카리스마적 리더가 보여주는 행동을 다수의 차원으로 구분하고 있지만(Conger & Kanungo, 1994; 1998), Weber(1968)의 카리스마적 리더십에 대한 접근은 현재까지도 카리스마적 리더십의 행동차원을 밝히는데 유용한 기초가 되고 있는바 Weber(1968)의 카리스마적 리더십에 대한 원초적인 정의가 카리스마적 리더의 행동차원을 밝히는데 이론적인 토대를 제공한다. Weber(1968)는 카리스마를 (1)비전과 미션(사명), (2)비범하고 (extraordinary) 극히 예외적인(exceptional) 자질, (3)인정(recognition)의 3개 차원으로 정의하고 있는바 이러한 정의는 카리스마적 리더의 행동차원을 규명하는데 중요한 역할을 하고 있다. 첫째, 비전과 미션은 카리스마를 정의하는데 있어 가장 중요한 요수 중 하나로 Bryman(1992)은 Weber(1968)의 비전, 미션, 목표의 개념을 다음과 같이 확장하였다.

> "목표 또는 미션은 카리스마를 정의하는데 있어 절대로 빼놓을 수 없는데 그 이유는 비범하고 예외적인 자질을 가진 리더라고 하더라도 미션 또는 비전을 가지지 않은 경우 카리스마적 리더로 간주되지 않기 때문이다(41쪽)."

둘째, 비범하고 극히 예외적인 자질을 가진 리더는 높은 수준의 자신감, 개인적인 위험의 감수, 자기희생, 도덕적 정당성이나 자신이 가지는 믿음에 대한 확고한 신념을 보여준다(Bass, 1988; House, 1977; House & Howell, 1992). 셋째, Weber(1968)가 밝히고 있듯이 만일 리더가 부하들에게 카리스마를 가졌다라고 인정을 받지 못한다면 그 리더는 카리스마적 리더가 될 수 없다. 카리스마적 리더가 되기 위해서 리더는 반드시 부하들로부터의 지원을 받아야만 하고 리더의 의지에 대해 부하들이 추종하려는 준비가 되어 있어야 한다. Conger(1989)가 주장하듯이 부하들은 리더로부터 권한을 부여받을 때 그들의 리더를 카리스마적 리더로 인정하게 되고, 리더에 대해 기꺼이 헌신하게 된다.

본 연구자들은 Weber(1968)의 카리스마 정의에 기초하여 카리스마적 리더의 행동을 비전관련행동, 몸소 실천하는 행동, 권한위임행동의 3가지 차원으로 보았다.

2.2.1.1. 비전관련행동

Weber(1968)의 주장처럼 카리스마적 리더십 이론가들의 대부분은 카리스마적 리더 행동 연구에서 비전과 사명을 카리스마적 리더십에 있어 가장 중요한 요소로 파악하고 있다. 앞서 언급한 바와 같이 Weber(1968)는 비전이나 사명을 카리스마에 있어서 가장 핵심적인 요소로 보았고, Berlew(1974) 또한 카리스마적 리더십에 있어서 가장 최우선적으로 요구되는 것은 미래에 대해 어떻게 해야 하는가에 대한 공유된 비전이라고 지적하였다. 카리스마적 리더십은 때로는 비전적 리더십이라 불리기도 하는데(Sashkin, 1988), 이 경우 카리스마적인 리더는 전략적 비전을 행사하는 것으로 특징 지워진다(Bass, 1985; Conger & Kanungo, 1988; House, 1977; Nielsen et al., 2010). Conger & Kanungo(1988)는 나아가 비전을 카리스마적 리더와 비카리스마적 리더를 구별해줄 수 있는 가장 중요한 요인이라고 주장하였다. 또한, Gardner & Avolio(1998)는 리더가 말하는데 있어 비전적인 내용이 많을수록 그 리더는 부하들에게 카리스마적 리더로 지각되는 경향이 강하다는 것을 밝혀냈다.

비전은 논리와 감정에 동시에 호소할 수 있는 현재와 미래의 모습(Snyder, Dowd & Houghton, 1994, 74쪽), 부하들에게 매우 의미심장한 미래 지향적인 목표(Tichy & Devanna, 1986), 리더에 의해 제시되어 부하들이 공유하는 미래에 대한 이상적인 미래의 목표(Conger & Kanungo, 1988) 등으로 정의되어 왔다. 따라서 본 연구에서는 비전관련행동을 미래의 비전과 목표를 세우고 명문화하는 행동으로 정의하였다. 미래의 비전과 목표를 세우기 위하여 리더는 환경적인 제약요소와 자원에 주의를 기울여야할 필요가 있으며(Conger & Kanungo, 1998) 만일 리더가 현재 상황을 평가하는데 실패한다면 그 리더는 조직이나 사회의 미래에 대해 아무런 생각을 가지지 못하게 된다. 또한 리더의 비전이 부하들에게 공유되기 위해서는 부하들의 욕구가 반드시 반영되어야 하며 현재 상황에 대한 본질을 규명하고 강점과 약점 그리고 미래의 목표에 대해 규정하여야 하며 목표달성이 부하들의 욕구를 어떻게 충족시켜줄 수 있는가에 대해서도 규정해 주어야 한다. 이러한 정의들을 종합해 볼 때, 비전은 현재의 강점과 약점의 본질을 고려하여 미래의 목표를 실현할 수 있는 일련의 행동계획을 포함하기 때문에, 비전관련행동은 환경에 대한 민감성을 표출하는 행동, 부하들의 욕구를 충족시킬 수 있는 비전을 제시하는 행동, 미래 목표를 설정하는 행동, 이데올로기를 강조하는 행동, 미래 목표의 달성을 가능케 하는 계획을 수립하는 행동 등을 포함한다고 볼 수 있다.

그러나 리더가 비전관련행동을 보인다고 해서 완전한 카리스마적 리더라고는 할 수 없다. 만약에 리더가 비전관련행동만을 보인다면, 그 리더는 단지 부분적으로만 카리스마적 리더라고 할 수 있다. 왜냐하면 비전만으로는 리더가 가진 카리스마적 효과를 성공적으로 발휘하기가 어렵기 때문이다. 카리스마적 리더가 되기 위해서는 그가 제시하는 비전을 부하들과 공유할 수 있도록 하여야 하고, 이를 통하여 그들을 동기부여 시키며, 목표 달성을 위한 발전적 전략을 구체화시킬 수 있어야 한다. 이러한 비전의 공유와 변화를 주도하기 위하여 필수적인 요소가 리더의 몸소 실천하는 행동이다.

2.2.1.2. 몸소 실천하는 행동

카리스마적 리더십 이론가들은 비전 자체만으로는 비전을 달성하거나 카리스마적 효과를 얻는데 실패한다는 점에 동의해 왔다. 예를 들어, Sashkin(1988)은 카리스마적 리더는 비전이 부하들에게 도달할 수 있도록 비전을 전달하여야 하며, 부하들로 하여금 비전을 실천할 수 있도록 만들어 주어야 한다는 점을 강조하였다. 마찬가지로 Conger & Kanungo(1988, 1998)는 비전을 달성하기 위해 리더는 반드시 자신의 동기를 반영하는 행동이 필요하다고 지적하며, 이러한 행동으로는 비전에 대한 리더의 확신, 그러한 비전을 달성할 수 있으리라는 자신감, 그리고 비전을 달성하기 위한 리더 자신의 헌신 등을 예로 들었다. 또한, Conger & Kanungo(1998), Friedland(1964)는 카리스마적 리더는 부하들에게 충분히 신뢰할 가치가 있다는 것을 행동을 통해서 보여주어야 한다고 지적하며, 간디를 자기 희생적인 모습을 보여주는 가장 이상적인 모델이라고 지적하였다.

이러한 주장들은 Weber(1968)가 제시한 비범한 자질과 깊은 관련이 있으며, 비범한 자질은 자신의 믿음에 대한 확고한 신념을 보여주는 행동, 자신감, 부하들에 대한 헌신 등의 행동으로 나타날 수 있다(손승연·정승찬·김진호, 2013; 최병순·김진호, 2006; 최연, 2001). 예를 들어 리더가 비전을 달성하는데 있어 자신감을 가지지 못한다면, 비전의 달성에 헌신하지 않게 되고, 리더의 자신감 없는 행동을 지각한 부하들 역시 비전을 달성하는데 헌신하지 않게 된다. 또한 이러한 자신감 없는 행동은 부하들로 하여금 자신들의 리더를 비범한 자질을 가지는 리더로 지각하지 않게 만든다. 따라서 리더의 몸소 실천하는 행동은 카리스마적 리더가 보여야 할 중요한 행동으로서 위험을 감수하는 행동, 자신감을 표출하는 행동, 혁신적이고 타의 모범이 되는 행동, 역할 모델로서의 행동 등이 포함될 수 있다.

그러나 리더가 이상적인 비전을 제시하고 변화를 주도하는 몸소 실천하는 행동을 통하여 부하들에게 동기부여를 시킬 수 있다고 하여 그 리더를 완전한 카리스마적 리더로 보기는 어렵다. 명확한 비전과 목표를 부하들에게 제공하고 새로운 동기를 부여하여야 할 뿐만 아니라 자신의 부하들을 신뢰하고 이들에게 권한과 책임을 부여하여 주인의식을 갖고 과업을 주도하도록 변화시켜야 리더의 카리스마적 효과가 성공적으로 발휘 될 수 있다(Conger, Kanungo, Menson & Mathur, 1997). 따라서 카리스마적 리더가 되기 위해서는 비전 관련 행동과 몸소 실천하는 행동 이외에 또 다른 행동이 필요하며 이러한 역할을 하는 것이 다음에 설명할 권한 위임(empowering)행동이다.

2.2.1.3. 권한위임(Empowering) 행동

카리스마를 정의하는데 있어 3번째 요소는 부하들이 리더의 의지를 따르려는 준비 자세와 리더가 제시하는 비전에 대한 실천이라고 볼 수 있다. Conger(1989)에 따르면 부하들은 리더로부터 권한을 위임을 받을 때, 리더를 위해 헌신한다는 것이다. 또한 House(1977)는 리더가 부하에 대해 높은 기대감을 가지고 부하들이 가지는 능력에 대해 자신감을 표출할 때, 부하들로부터 신뢰를 받을 수 있고, 나아가 부하들로부터 진정한 리더로 받아들여 질 수 있다고 주장한다.

권한위임(Empowerment)은 개인자신의 자기 효능감(self-efficacy)이 증가되었다는 믿음의 과정으로 정의될 수 있는 바(Conger & Kanungo, 1988), 리더는 부하들이 가지는 자기 효능감에 대한 믿음을 제공함으로써 부하들로 하여금 위임 받았다는 느낌을 가지게 만들 수 있다. 그러므로 리더가 위임행동을 보일 때 부하들의 자기효능감은 증가하고, 결국 리더를 카리스마적 리더로 지각할 가능성이 높아지게 된다. 따라서 리더의 위임행동은 카리스마적 리더가 보여야 할 중요한 행동으로서 비전을 달성할 수 있는 부하의 능력에 대한 자신감을 표출하는 행동, 자기효능감과 자기가치에 대한 정보를 제공하는 행동, 성과에 대한 높은 기대를 표출하는 행동, 부하가 가지는 아이디어를 지지하는 행동, 그리고 부하의 욕구를 상위수준의 욕구로 승화시켜주는 행동 등이 포함된다.

2.2.2. 카리스마적 리더십과 비카리스마적 리더십의 구분

위에서 정의한 카리스마적 리더행동의 3차원을 각각 이분하면 8가지 유형의 리더십이 나타나는데 8가지 유형의 리더십 중 오직 하나만을 카리스마적 리더십이라고 볼 수 있다. 즉 비전관련행동, 몸소 실천하는 행동, 그리고 위임행동을 보이는 리더만이 카리스마적 리더로 볼 수 있다. 반면에 3가지 차원 중 어느 한 가지 차원이라도 보이지 않는 경우 비카리스마적 리더로 볼 수 있다. 예를 들어 3가지 차원 중 비전관련행동과 몸소 실천하는 행동을 보이지만 위임행동을 보이지 않는 리더는 Maccoby(1976)가 주장한 것처럼 카리스마적 리더라기보다는 기업가형 정글투사(entrepreneurial jungle fighter)라고 볼 수 있다. 또한 비전관련행동을 보여주지만 다른 두 가지 차원의 행동을 보이지 않는 리더 역시 카리스마적 리더라기보다는 Christensen(1997)이 주장한 바와 같이 전략적 리더라고 볼 수 있다. 유사하게 비전관련행동과 위임행동을 보이지만 몸소 실천하는 행동차원을 보이지 않는 리더 역시 카리스마적 리더라기보다는 지략가(intellectual leader, Burns, 1978)라고 볼 수 있다. 물론 3가지 행동차원을 모두 보이지 않는 리더는 우리가 기존에 정의해 온대로 리더라기보다는 관리자라고 볼 수 있다.

비전관련행동, 몸소 실천하는 행동, 위임행동의 세 가지를 중심으로 다음과 같은 여덟 가지의 리더유형을 분류해 볼 수 있다. 첫째, 기업가형 정글투사(entrepreneurial jungle fighter)이다(Maccoby, 1976). 이 유형의 리더는 비전관련행동과 몸소 실천하는 행동은 보이지만, 위임행동은 보이지 않는 경우이다. 이러한 리더는 전통적인 관습을 탈피하고, 이익이나 권력과 같은 개인적인 비전이나 목표를 갖는다. 또한 리더로서 목표를 달성하기 위해 자기희생적이며 위험을 감수하기도 한다. 그렇지만 자신이 관리해야 할 사람들을 믿지 않고, 부하들을 이용대상으로 생각하며, 가능한 한 그들을 종속적인 존재로 유지한다. Minzberg(1973)에 의하면 기업가는 기회를 창출하기 위하여 조직과 조직 외부환경을 탐색하고, 변화를 유발하기 위하여 프로젝트를 개시하는 등 비전관련행동과 몸소 실천하는 행동을 보이지만, 그러한 기업가적 조직에서는 권력이 기업가에게 집중되기 때문에 구성원들이 임파워링 되지 못한다.

둘째, 리더가 비전관련행동과 위임행동을 보이지만 자신을 희생하거나 위험을 감수하지 않는 등 몸소 실천하는 행동을 보이지 않는 리더를 지적 리더 또는 지략가(intellctual leader)라고 한다(Burns, 1978). Burns(1978)에 따르면 지적 리더는 순간적인 욕구를 초월한 목표나 가치에 대해서는 매우 한정적인 관심을 갖는다. 지적 리더는 추종자들의 욕구변화를 분간해내고, 환경을 분석할 수 있는 능력을 가지며, 목표와 수단을 분석적이고 창조적으로 연결시킬 수 있는 가치나 목표를 착상해내는 능력도 가지고 있다. 또한, 조직이나 사회의 변화를 추구하고, 새로운 방향을 설정하고, 추종자들에게 임파워링하기도 한다. 그렇지만 개인적인 위험을 감수하려 하지 않고 자기희생적이지 않기 때문에 그 역시 카리스마적 리더는 아니다.

셋째, 리더가 단지 비전관련행동만 보인다면, 그는 카리스마적 리더이기보다는 전략적 리더(strategic leader)이다. 이 유형의 리더는 비전관련행동만 보이고, 몸소 실천하는 행동과 위임행동은 보이지 않는다. 전략적 리더십은 중요한 조직 미래를 만들 수 있는 변화를 주도하고, 전략적으로 생각하고, 유연하게 행동하는 능력을 가진 리더를 의미한다(Christensen, 1997; Ireland & Hitt, 1999). 이러한 전략적 리더십의 주요 구성요소는 전략적 방향 결정, 핵심역량의 유지 및 강화, 인적 자본의 개발, 효과적인 기업문화 유지, 윤리적인 실행방안의 강조, 전략적 통제의 확립 등이다(Hitt, Ireland & Hoskisson, 1995). 상당히 많은 의사결정 책임을 지는 전략적 리더는 기업의 방향설정과 설정된 방향을 관리하는데 상당한 영향력을 행사할 수 있지만, 전략적 리더는 보통 기업의 상위관리자인 경우가 대부분이기 때문에 자기희생과 모범적 행동 같은 몸소 실천하는 행동에 기반을 두는 개인적인 권한보다는 지위의 권한을 통해 추종자들에게 영향력을 행사하려는 경향을 가지고 있다.

넷째, 몸소 실천하는 행동과 위임행동은 보이나 비전관련행동은 보이지 않는 리더는 하인형 리더(servant leader)이다(Greenleaf, 1977). 이러한 리더는 추종자를 우선시하고 타인을 신뢰하며, 자기 자신의 관심을 타인의 이익을 위해 희생하는 리더로서 타인들에게 임파워링 되었다는 느낌을 제공한다. 그러나 미래에 대해서 장기적인 발전 계획이나 목표를 설정하지 않았기 때문에 카리스마적 리더십이라고 볼 수는 없다. 다섯째, 단지 몸소 실천하는 행동만 보여주는 리더는 자기희생적 리더이다(Goode, 1978; Choi & Mai-Dalton, 1998, 1999). 자기희생적 리더는 자기가 가지고 있는 특권이나 부, 개인적 이해를 포기하지만, 임파워링이나 비전을 제시하지 못하기 때문에 카리스마적 리더라고 할 수 없다. 여섯째, 단지 위임행동만 보여주는 리더는 개별화된 리더이다(Dansereau, Alutto & Yammarino, 1995). 개별화된 리더는 추종자들의 자기 효능감을 높여주기 때문에 그 대가로 리더에게 큰 이익을 안겨줄 수 있게 한다. 개별화된 리더십 이론에 의하면 상사가 부하들에게 자부심 지원(self-worth support)을 얼마만큼 주느냐에 따라 부하들은 상사에게 만족할만한 성과를 주게 되는데, 이러한 자부심 지원에는 부하의 동기, 부하의 능력에 대한 상사의 확신, 부하의 욕구나 느낌에 대한 관심, 부하가 가진 생각에 대한 등이 해당된다. 이런 행동들은 바로 위임행동과 일치되는 것들이다. 일곱째, 만약에 리더가 카리스마적 리더의 세 가지 행동차원 모두를 보여주지 않는다면 단순한 관리자라고 할 수 있을 것이다. 끝으로, 리더가 비전관련행동, 리더의 몸소 실천하는 행동, 위임행동 등 카리스마적 리더의 세 가지 행동차원을 모두 보여준다면, 그 리더는 카리스마적 리더라고 할 수 있으며 이상과 같은 내용을 정리하면 아래의 <표 1>과 같다.

표 1. 여덟 가지 유형의 리더

리더의 행동 차원			리더십 유형
비전관련행동	개인적 행동	권한위임행동	
○	○	○	카리스마적 리더 (Charismatic Leader)
○	○	×	기업가형 정글투사 (Jungle Fighter)
○	×	○	지략가 또는 지적 리더 (Intellectual Leader)
○	×	×	전략적 리더 (Strategic Leader)
×	○	○	하인형 리더 (Servant Leader)
×	○	×	자기희생 리더 (Self-Sacrifice Leader)
×	×	○	개별화된 리더 (Individualized Leader)
×	×	×	다른 유형 (관리자) (the others)

○ : 행동을 보임

× : 행동을 보이지 않음

2.2.3. 카리스마적 팔로워십

House(1977)와 Graham(1988)은 카리스마적 리더십 연구에 대한 한 가지 방법은 추종자(follower)를 연구하거나 또는 카리스마적 리더십이 부하들에게 미치는 영향을 연구하는 것이라고 주장하였다. 부하들에게 미치는 카리스마적 리더십의 영향은 여러 가지 형태로 나타날 수 있는바 리더의 믿음에 대한 신뢰, 아무 조건 없이 리더를 수용, 리더에 대한 애정, 리더에 대해 기꺼이 복종, 리더와의 동일시, 그리고 미션에 대한 정서적 몰입(Babcock-Roberson & Strickland, 2010; Conger & Kanungo, 1998; Galvin, Balkundi & Waldman, 2010; House, 1977) 등을 예로 들 수 있다. 이러한 여러 가지 형태 중 본 연구에서는 카리스마적 팔로워십을 정의하는데 있어 카리스마적 리더에 대한 부하들의 수용을 중요한 요소로 보았다. 문헌에 따르면 두 가지 유형의 부하수용이 제시되었는바, 부하들은 카리스마적 리더를 무조건적으로 또는 맹목적으로 수용(추종)하거나(unquestioning acceptance, House, 1977) 또는 자발적으로 수용하게 된다(voluntary acceptance, Graham, 1988). 자발적 수용이란 부하가 독립성과 정체성을 유지하면서 자신의 의지에 따라 비판적으로 리더를 수용하는 것을 의미하며, 무조건적 수용이란 자신의 독립된 의지에 관계없이 맹목적으로 리더를 추종하는 것을 의미한다. 기존의 문헌에 따르면 카리스마적 리더십의 긍정적인 측면은 자발적인 수용과 연관이 있는 반면, 카리스마적 리더십의 부정적 또는 어두운 측면(dark side)은 맹목적인 추종과 연관이 있다(Bass & Steidmeier, 1999; Bryman, 1992; Howell, 1988: Klein & House, 1998; Waldman & Yammarino, 1999). 따라서 본 연구에서는 카리스마적 팔로워십을 부하들이 사회화된 카리스마적 리더를 자발적으로 수용하게 되는 과정이라고 정의하였다. 이러한 카리스마적 팔로워십의 정의는 누가 어떤 상황에서 사회화된 카리스마적 리더를 자발적으로 수용하게 되는가에 대한 물음에 답할 수 있는 실마리를 제공하게 된다. 이러한 물음에 답하기 위하여 본 연구에서는 부하가 가지는 특성과 환경에 대한 특성을 고려하였다.

2.2.3.1. 부하의 특성

카리스마적 리더십 이론가들은 부하의 카리스마 지각에 영향을 미치는 부하의 다양한 특성을 제시해왔는바 자부심(self-esteem), 자신감(self-confidence), 자주성(independence) 또는 의존성(dependence), 자아개념 명확성(self-concept calarity), 그리고 자기검색경향(self-monitoring) 등이다(Conger, 1989, 1993; Conger & Kanungo, 1998; Gardner & Avolio, 1998, Weierter, 1997). 이러한 특성들은 모두 자아개념의 측면을 평가하는 것 즉 자부심과 관련이 있다(Gecas, 1982; Harter, 1986; Marsh, 1986). 그러므로 본 연구에서는 부하가 가지는 자부심을 카리스마적 리더에 대한 부하의 수용에 영향을 미치는 중요한 변수로 보았다. 그러나 어떤 유형의 부하가 카리스마적 리더에 의해 쉽게 영향을 받는가에 대해서는 학자들마다 다른 견해를 가지는데 어떤 학자들은 자부심이 높은 사람들이 낮은 사람에 비해 카리스마적 리더에 보다 영향을 받기 쉽다는 주장을 하는 반면(Conger & Kanungo, 1998), 어떤 학자들은 자부심이 낮은 사람들이 카리스마적 리더에 보다 영향을 쉽게 받을 수 있다는 주장을 하고 있다(Kets de Vries, 1988; Lindholm, 1990; Howell & Shamir, 2005). 이러한 두 가지 반대되는 견해에 기초하여 본 연구에서는 부하의 자부심이 사회화된 카리스마적 리더를 자발적으로 수용하는 중요한 요소라고 보았다.

2.2.3.2. 환경 특성

카리스마적 리더십 이론가들은 부하의 특성과 더불어 환경 특성(환경으로부터의 위기)을 카리스마를 산출해내는 중요한 요소로 보았다(Beyer, 1999a; Conger & Kanungo, 1998; Klein & House, 1995; Mumford, Antes, Caughron & Friedrich, 2008; Shamir, House & Authru, 1993; Trice & Beyer, 1986). 카리스마적 리더의 출현에 있어서 환경특성(위기)의 역할에 대해 두 가지 다른 견해가 있는바, 하나는 원인으로 보는 견해이고 다른 하나는 조절요인으로 보는 견해이다(Bass, 1999; Beyer, 1999a, 1999b. House, 1999; Shamir & Howell, 1999). 그러나 본 연구에서는 카리스마적 리더가 위기가 아닌 기회상황에서도 출현할 수 있다는 점에(Conger, 1989; Shamir et al., 1993; Yukl, 1999) 착안하여 기회상황을 카리스마의 출현을 촉진시키는 요인으로 보았다.

2.2.4. 카리스마적 팔로워십 모형

본 연구에서는 <그림 1>과 같이 카리스마적 팔로워십을 제시하였는데 이 모형은 리더보다는 팔로워(follower)에 초점을 맞춘 것이다. 앞에서 밝힌 바와 같이 카리스마적 팔로워십은 누가 어떤 환경에서 사회화된 카리스마적 리더를 자발적으로 수용할 것인가에 대한 물음에 답할 실마리를 제공하게 되는바 본 연구에서는 부하가 가지는 자부심과 환경이 가지는 특성(위기 또는 기회)에 따라 부하들이 사회화된 카리스마적 리더를 자발적으로 수용하는 정도가 다를 것이란 예측을 하였다.

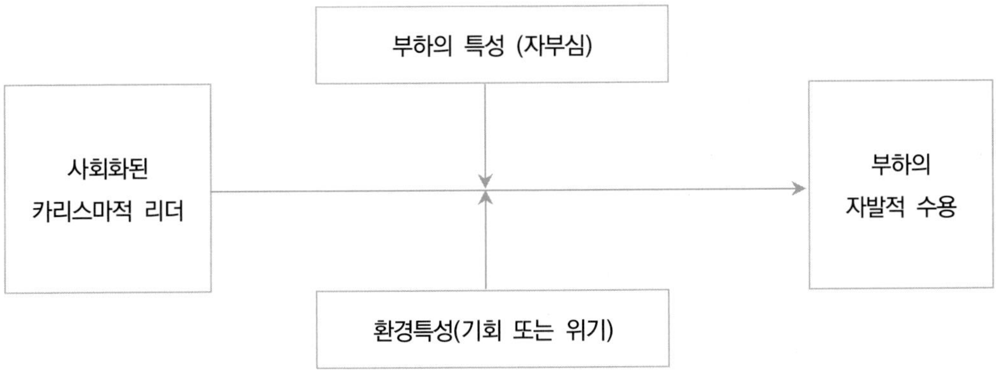

그림 1. 카리스마적 팔로워십 모형 : 사회적 카리스마적 리더에 대한 부하의 자발적 수용

2.3. 연구가설

카리스마적 리더십 이론가들은 조직이 처한 위기가 카리스마적 리더 출현에 대해 원인으로 작용하는가에 대해 다른 견해를 가지고 있다(Bass, 1999; Beyer, 1999a, 1999b; House, 1999; Shamir, 1999; Mumford et al., 2008; Williams, Pillai, Lowe, Jung & Herst, 2009). 또한 이전의 이론가들은 자부심이 높은 부하와 낮은 부하 중 어느 유형이 카리스마적 리더에 보다 쉽게 영향을 받을 수 있는가에 대해서도 다른 견해를 가지고 있다(Conger & Kanungo, 1998; Klein & House, 1995). 이러한 다른 견해를 해결하는 한 가지 방법은 카리스마적 팔로워십을 정의하는데 있어 부하특성과 환경특성을 동시에 고려하는 것이다. 따라서 본 연구에서는 부하특성과 환경특성에 기초하여 4가지 각각 다른 상황을 세분화하여 설명한 후 본 연구의 가설을 설정하였다.

2.3.1. 기회상황과 부하의 높은 자부심

자부심이 높은 사람들은 자신의 자부심을 높여주는 자극에 대해 보다 강하고 민감하게 반응한다(이경근·조용현, 2013; Baumeister, 1993; Boney-McCoy, Gibbons & Gerrard, 1999; Silverman, 1964b). Conger(1993, 1999)에 따르면 카리스마적 리더에 의해 설립된 모험적인 벤처 기업에 근무하는 부하들은 벤처와 관련된 위험이나 불확실성을 추구하는 자들이며 동시에 거대한 잠재적인 부를 추구하는 자들이다. 따라서 자부심이 높은 부하들은 카리스마적 리더가 가지는 비전달성에 대한 능력에 매력을 느끼며, 이들의 능력을 기꺼이 배우려고 하며, 이들과 동일시되려고 한다. Shamir 등(1993) 역시 카리스마적 리더와의 관계에 있어서 부하들의 가치관과 정체성이 리더의 비전과 반드시 조화를 이루어야 한다는 점을 제시하고 있다.

자부심이 높은 사람들은 창업가적 조직에 참여하는 경향이 있는바 그 이유는 이들이 창업가적 조직에 내재되어 있는 도전을 극복할 수 있는 능력에 대한 자신감을 가지고 있기 때문이며 이러한 자신감이 이들의 자아향상(self-enhancement)과 자아실현의 가능성을 높여주기 때문이다. 또한 자부심이 높은 사람들은 회의적이고 위협적인 커뮤니케이션에 의해 영향을 받기 보다는 낙관적이고 기쁨을 주고, 잠재적으로 자아를 향상시켜주는 커뮤니케이션에 의해 쉽게 영향을 받는다(Baumeister, 1993). 사회화된 카리스마적 리더는 부하들이 가지는 욕구를 공유된 비전설정을 통해 중요한 가치, 목적, 의미와 연결한다. 그러므로 위기가 아닌 기회상황에서 사회화된 카리스마적 리더는 높은 자부심을 가진 부하들에게 매력적인 존재로 부각된다.

Conger(1989)에 따르면 카리스마적 리더는 엄청난 기회와 희망 또는 낙관을 제공하는 창업가적 환경에서 출현하는 경향이 있다. 자부심이 높은 사람들은 낮은 사람들에 비해 창업가적 환경에 더욱 참여하는 경향이 있고 리더는 추종자들의 비전과 일치하는 비전을 규정하고 명문화하는 경향이 있으며, 추종자들은 자신들의 목표를 획득하기 위하여 위험을 감수하고 자신들의 잠재력을 실현하여, 자신들의 욕구를 충족하는 경향이 있다. 그러므로 Conger(1989)의 연구결과는 기회상황에서 사회화된 카리스마적 리더는 자부심이 높은 부하들에게 매력이 있는 존재로 영향력을 발휘할 수 있다는 것을 보여주고 있다. 따라서 자부심이 높은 부하들은 기회상황에서 사회화된 카리스마적 리더를 자신의 의지에 따라 자발적으로 수용하는 정도가 높을 것이다

2.3.2. 기회상황과 부하의 낮은 자부심

기회상황에서 자부심이 낮은 부하들은 상황으로부터 위협받지 않게 되므로 굳이 상황의 위협으로부터 벗어나려는 시도를 하지 않게 된다(Pierce, Gardner, Dunham & Cummings, 1993; Rank, Nelson, Allen & Xu, 2009). 자부심이 낮은 부하들의 관심은 상황의 위협으로부터 자신들을 보호하는 것이다(Schoel, Bluemke, Mueller & Stahlberg, 2011). 하지만 부하들이 현재 처해있는 상황이 기회라면, 상황으로부터의 위협을 느끼지 못하게 되므로 카리스마적 리더에 대해 별다른 매력을 느끼지 못한다. 더욱이 카리스마적 리더들은 비전을 제시하고 몸소 실천하고 부하들로 하여금 비전을 달성할 수 있는 목표설정과 목표를 달성하도록 부하들로 하여금 자신을 희생하도록 하는바 자부심이 낮은 부하들은 상황으로부터 위협을 느끼지 못하므로 카리스마적 리더가 보여주는 이러한 행동에 대해 자신들을 희생할 이유가 없다고 판단하게 된다. 또한 사회화된 카리스마적 리더는 기회상황을 활용하기 위하여 비전을 제시하거나 부하들로 하여금 비전을 세우도록 도움을 주고 부하들로 하여금 비전을 달성하도록 권한을 위임하지만 기회상황에서 자부심이 낮은 부하들은 그러한 노력을 하지 않더라도 자신들이 위협받지 않으므로 리더를 추종할 필요성을 느끼지 못한다. 그러므로 위기상황에서 자부심이 낮은 부하들은 카리스마적 리더를 자발적으로 수용하는 정도가 낮을 것이다.

2.3.3. 위기상황과 부하의 높은 자부심

자부심이 높은 부하들은 위기상황에서 사회화된 카리스마적 리더를 수용하는 정도가 어떻게 나타날 것인가를 예측하기 위하여 부하의 성격적 측면과 목표측면이 고려되었다.

첫째, 성격적인 측면에서 자부심이 높은 사람은 위기상황에 대해 덜 민감하고(Ashford, 1988; Jackson, 1978) 위기로부터의 위협에 대해 두려워하지 않으며(Hui & Lee, 2000), 위기를 극복할 수 있는 능력이 있다는 자신감을 가지며, 위기로부터의 위협에 대해 타인에게 쉽게 설득당하지 않는다(Brockner, 등, 1993; Dodgson & Wood, 1998; Spencer 등, 1993). 따라서 카리스마적 리더가 위기를 극복하기 위해 영향력을 행사한다고 하더라도 자부심이 높은 부하들은 쉽게 설득당하지 않으며 리더를 자발적으로 수용하는 정도가 낮을 것이다.

둘째, 목표 측면에서 자부심이 높은 사람들의 목표는 자신들의 자부심을 높게 유지하는

것인 반면(Baumeister, 1993; Boney-McCoy 등, 1999). 카리스마적 리더의 목표는 위기를 극복하는 것이다. 따라서 자부심이 높은 부하의 목표와 카리스마적 리더의 목표가 다를 수 있다. 카리스마적 리더의 목표인 위기를 극복하는 것이 자부심이 높은 부하들의 목표인 자신들의 자부심을 높게 유지하는 것이라면 리더의 목표와 부하의 목표는 일치하게 되며 자부심이 높은 부하들은 기꺼이 카리스마적 리더의 목표인 위기극복에 전력을 기울일 것이다. 하지만 만일 카리스마적 리더의 목표인 위기를 극복하는 것이 자부심이 높은 부하들의 자부심을 높게 유지하는데 도움이 되지 않는다면 리더의 목표와 부하의 목표는 일치하지 않게 되며 위기를 극복하기 위한 리더의 영향력 행사에 대해 부하들의 자발적 수용의 정도는 낮을 것이다.

2.3.4. 위기상황과 부하의 낮은 자부심

기존의 이론가들은 자부심이 높은 부하와 낮은 부하가 위기 상황에서 각각 다른 행동패턴 태도를 보인다고 주장해왔다(Brockner, 1988; Brockner et al., 1993; Hui & Lee, 2000). 자부심이 낮은 부하는 자신이 처한 위기 상황으로부터의 도전을 극복해 낼 능력에 대한 자신감 부족 때문에 위협을 느끼게 하는 자극(위기)에 대해 보다 강하게 반응하고 민감해진다. Fitt(1972)는 자부심이 낮은 사람들이 스트레스나 실패상황에서 불안한 행동과 신경질적인 행동을 보인다는 것을 발견하였다(황승배·김동주, 2012). 이러한 결과는 위기 상황에서 자부심이 낮은 사람들이 위기상황으로부터 오는 위협을 극복하는데 보다 초점을 맞춘다는 것을 보여준다.

사회화된 카리스마적 리더는 위기상황으로부터의 위협을 극복할 수 있는바 사회화된 카리스마적 리더는 자부심이 낮은 부하들에게 과연 매력적인 존재가 될 수 있을까? Howell(1988)에 따르면 사회화된 카리스마적 리더는 부하들로 하여금 개인의 이익을 넘어서는 고차원적인 목표를 수립하도록 도움을 주며, 수립된 목표를 달성하도록 부하들에게 권한을 위임한다. 그러나 자부심이 낮은 부하는 자신들의 생각과 판단에 있어 정확성에 대한 확신이 없기 때문에 고차원적인 목표를 수립하려고 하지 않는다(예를 들면, Campbell & Lavallee, 1993). 또한 자부심이 낮은 부하들은 실패에 대한 두려움 때문에 리더로부터 권한을 위임받으려고도 하지 않는다. 따라서 자부심이 낮은 부하들은 이러한 상황을 회피하거나 무시하게 되고 결국 사회화된 카리스마적 리더를 수용하는 정도가 낮을 것이다.

2.3.5. 가설

위에서 설명한 4가지 상황에 대한 설명에 근거하여 다음과 같은 가설이 설정되었다.

부하의 자발적 수용에 대해 사회화된 카리스마적 리더십, 부하의 자부심, 환경특성(기회와 위기)의 3-way 상호작용효과가 있을 것이다. 즉 기회상황에서 자부심이 높은 부하들은 사회화된 카리스마적 리더를 자발적으로 수용하는 정도가 가장 높을 것이다.

3. 연구방법

3.1. 샘플의 선정

본 연구에서 제시한 가설을 검증하기 위하여 전기전자, 금융, 제조, 서비스업 등 16개 기업에 속한 411명의 직원들로부터 자료를 수집하였다. 표본의 인구통계학적 특성은 다음 <표 2>와 같으며, 성별의 경우 남자 66.4%, 여자 33.6%의 비율이었고, 학력은 4년제 학사가 226(55.0%)명으로 가장 많았다. 연령대는 30세에서 39세가 179(43.6%)명으로 가장 많았으며 5년 미만의 근속년수가 185(45.0%)명으로 가장 많은 것으로 나타났다.

표 2. 표본의 인구 통계적 특성

특 성	구 분	표본수(명)	구성비(%)
성별	남자	273	66.4
	여자	138	33.6
학력별	고졸	78	19.0
	학사(2년제)	85	20.7
	학사(4년제)	226	55.0
	대학원 이상	22	5.4
연령별	20세 미만	5	1.2
	20-29세	81	19.7
	30-39세	179	43.6
	40-49세	116	28.2
	50-59세	26	6.3
	60세 이상	4	1.0
근무 기간별	5년 미만	185	45.0
	5년 - 10년	89	21.7
	10년 이상	137	33.3

3.2. 측정도구

본 연구에서 설정한 카리스마적 팔로워십을 검증하기 위해서 카리스마적 리더가 보여주는 행동과 부하의 특성, 환경특성 그리고 카리스마적 리더에 대한 부하의 자발적 수용이 측정되었다.

3.2.1. 카리스마적 리더 행동

카리스마적 리더행동의 측정도구는 이미 기존에 개발되어 있지만(예, Shamir, Zakay, & Popper, 1998), 본 연구에서는 카리스마적 리더가 보여주는 행동을 측정하기 위하여 본 연구에서 제시한 카리스마적 리더 행동의 3가지 차원, 즉 비전관련행동, 몸소 실천행동, 권한위임행동에 대한 설문항목을 개발하여 측정하였다. 비전관련행동을 측정하는 항목으로는 리더가 명확한 비전과 목표를 제시하는 정도, 조직이나 집단이 처한 상황에 주의를 기울이는 정도, 비전 설정시 부하들의 욕구를 반영하는 정도, 비전을 달성할 수 있는 구체적인 계획을 제시하는 정도 등의 6항목을 5점 척도에 의해 측정하였다. 또한 몸소 실천하는 행동을 축정하는 항목으로는 개인적인 위험을 감수하는 정도, 자신감을 보여주는 정도, 혁신적이고 모범적인 행동을 보여주는 정도, 역할 모델링의 정도 등의 5가지 항목을 5점 척도에 의해 측정하였다. 권한위임행동을 측정하는 항목으로는 비전을 실행하는 부하의 능력에 대한 자신감을 보여주는 정도, 부하의 자긍심을 높여주는 정보를 제공하는 정도, 높은 성과에 대한 기대감을 제공하는 정도 등의 7가지 항목을 5점 척도에 의해 측정하였다. 요인분석 결과 비전관련행동, 몸소 실천행동, 권한위임행동 3가지 요인으로 구분되었으며, 각각의 신뢰도는 .85, .88, .86으로 비교적 높게 나타났다.

3.2.2. 개인화된 리더와 사회화된 리더

부하들의 상사가 사회화된 카리스마적 리더인지를 측정하기 위하여 기존에 개발된 측정도구를 사용하였다(Popper, 2002). 사회화된 리더를 측정하는 항목은 리더가 자신의 이익보다는 팀이나 부하의 이익을 우선시하는 정도, 부하들 스스로 문제를 해결할 수 있다는 확신을 갖도록 격려하는 정도, 타인으로부터 존경을 받을 수 있게 행동하는 정도, 팀에서 정의와 평등함이 유지될 수 있도록 최선을 다하는 정도의 4가지 항목을 5점 척도에 의해 측정하였다. 4개 항목에 대한 요인분석 결과 하나의 요인으로 나타났으며 신뢰도는 0.88로 비교적 높게 나타났다. 또한 부하들은 자신의 상사가 개인화된 카리스마적 리더인지를 측정하기 위하여 기존에 개발된 측정도구(Popper, 2002)를 사용하였다. 개인화된 리더를 측정하는 항목은 상사가 개인적인 이득을 위해 자신이 가지는 권한을 행사하는 정도, 상사는 팀의 성공보다는 자신의 개인적 성공을 더 중요시 하는 정도, 상사가 오로지 자신만을 생각하는 정도, 상사가 오로지 자신에게만 의지하는 정도의 5가지 항목을 5점 척도로 측정하였다. 5개 항목에 대한 요인분석 결과 하나의 요인으로 나타났으며 신뢰도는 0.85로 비교적 높게 나타났다.

3.2.3. 부하의 특성

본 연구에서 부하의 특성은 부하가 가지는 자부심의 정도로 정의되었으므로 기존에 개발된 self-esteem 스케일(Rosenberg, 1965; Crandal, 1973)을 이용하여 7개 항목 5점 척도에 의해 측정하였다. self-esteem 측정도구는 다음과 같은 항목을 포함하고 있다: "전체적으로 나 자신에 대해 만족한다," "내가 바람직한 자질을 가지고 있다고 느낀다," "타인과 마찬가지로 나는 업무를 잘 수행할 수 있다," "내 자신에 대해 자부심을 느낀다." 7개 항목에 대한 요인분석 결과 하나의 요인으로 나타났으며 신뢰도는 .90으로 높게 나타났다.

3.2.4. 환경특성

기업조직이나 집단이 처한 환경은 위기와 기회상황으로 볼 수 있으므로 환경특성을 측정하기 위하여 조직이나 집단이 처한 환경을 기회 또는 위기로 인식하는 정도로 조작적 정의를 내렸다[2]. 이러한 정의에 기초하여 본 연구에서는 위기와 기회를 기존에 개발된 측정도구들(Anderson and Nichols, 2007; Barr and Glynn, 2004)을 본 연구의 특성과 목적에 부합하게끔 수정 보완하여 사용하였다. 기회 또는 위기를 측정하는 항목은 현재 조직이 기회 혹은 위기에 처해 있다고 지각하는 정도, 향후 조직의 높은 성과에 대한 기대감, 조직의 생존을 위협할 만한 요인을 가지고 있는 정도, 향후 조직의 발전을 위해 변화가 필요한 정도, 조직을 둘러싼 환경의 우호적인 정도, 이전에 사용하였던 방법들이 지금은 비효율적이라고 지각하는 정도 등 9가지 항목을 5점 척도로 측정하였다. 9가지 항목에 대한 요인분석 결과 하나의 요인으로 나타났으며 신뢰도는 .74로 비교적 높게 나타났다.

3.2.5. 부하의 자발적 수용

부하의 자발적 수용에 대한 측정도구는 기존 연구에서 다루었던 측정도구들(Bond & Bruce, 2002; O'Reilly & Chatman, 1986)을 수정 보완하여 사용하였다. 부하의 자발적 수용을 측정하기 위한 항목으로는 리더의 지시에 대해 옳고 그름을 판단한 후 수용하는 정도, 리더의 지시를 비판적으로 수용하는 정도, 리더의 의견과 부하의 의견이 일치하지 않는 경우 리더의 결정을 따르지 않는 정도, 리더의 결정이 옳지 않은 경우 리더의 지시를 따르지 않는 정도 등 6개 항목을 5점 척도로 측정하였다. 6개 항목을 요인 분석한 결과 하나의 요인으로 나타났으며 신뢰도는 .67로 나타났다.

3.3. 분석방법

본 연구에서 제시한 가설을 검증하기에 앞서 카리스마적 리더가 보여주는 행동이 과연

2) 기존의 여러 학자들에 의해 위기와 기회는 정 반대의 개념으로 규정되어 왔다. Jackson & Dutton(1998)은 기회를 긍정적이고 통제 가능하며 잠재적인 이득으로 본 반면, 위기는 부정적이고 통제 불가능하며 잠재적인 손실로서 정의하였고, Thomas & McDaniel(1990), Thomas, Clark & Gioia(1993) 역시 기회와 위협을 긍정적/부정적, 이득/손실이라는 반대의 개념으로 구별하였으며, Barr & Glynn(2004)에 의하면 기회와 위협은 상호 애매모호하거나 중립적인 개념이 아니라 확연하게 구별되는 정반대의 의미로 정의하였다. 이 외에도 Chattopadhyay, Glick & Huber (2001), Shamir and Howell(1999)과 같은 연구자들에 의해서도 기회는 조직에 이득을 가져다 줄 긍정적인 상황으로, 위기는 조직에 손실을 가져올 부정적인 상황으로 상반된 개념으로 보았다. 이러한 많은 학자들의 주장에 근거하여 본 연구에서는 위기와 기회를 단일 차원으로 설정하였다.

3가지 차원이 타당한가를 알아보기 위하여 확인적 요인분석이 행해졌으며, 3가지 행동차원에 기초하여 본 연구에서 제시한 8가지 유형의 리더가 존재하는가의 여부를 판단하기 위하여 각각의 차원을 중앙값에 기초하여 이등분한 후 분석이 이루어졌다. 이 중 3가지 행동차원을 모두 보이고 있는 카리스마적 리더에 대해 부하들이 사회화된 카리스마적 리더로 지각한 리더를 본 연구의 가설을 검증하는데 사용하였다. 또한 본 연구에서 사용한 측정도구들 간의 상관관계분석이 행해졌으며, 본 연구의 가설을 검증하기 위하여 위계적 회귀분석이 행해졌다.

4. 연구결과

리더가 보여주는 3가지 행동차원에 대한 확인적 요인분석결과 <그림 1>에서 나타난 바와 같이 본 연구에서 제시한 3가지 리더 행동차원(비전관련행동, 몸소 실천하는 행동, 임파워링 행동)이 데이터와 일치하는 것으로 나타났다(χ^2 = 88.35, df=41, IFI=.99. GFI=.96, CFI=.99, RMSEA=.05, 분석과정에서 단일 차원성을 저해하는 항목들이 제거되었는바 비전관련행동은 2문항, 몸소실천하는 행동은 2문항, 임파워링행동은 3문항이 제거되었음).

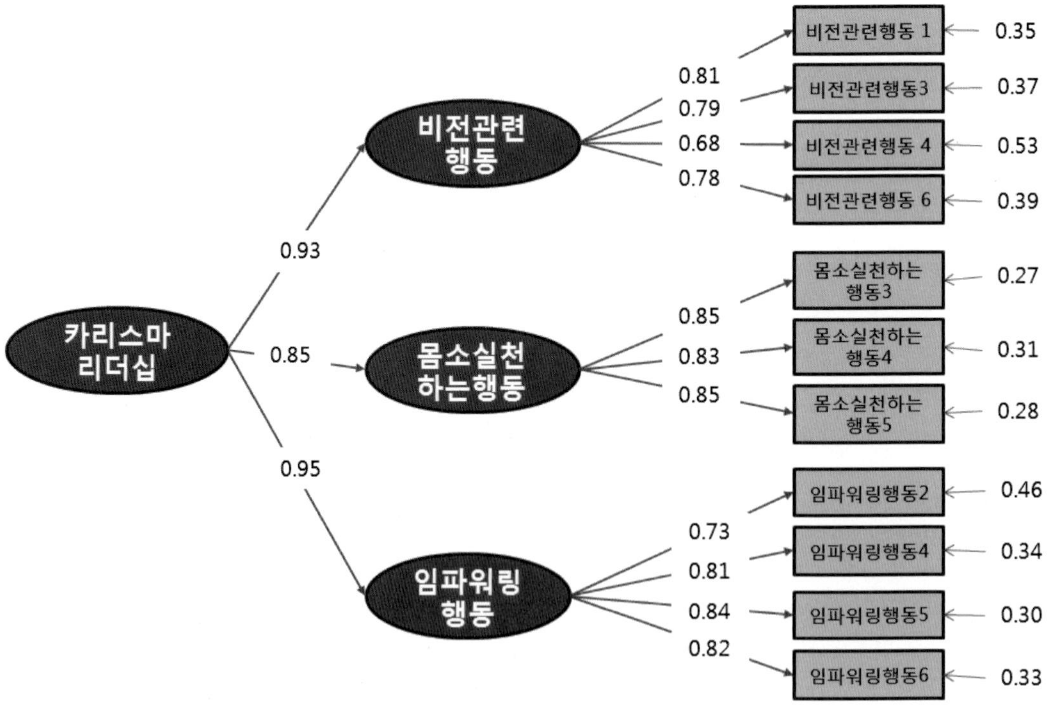

그림 2. Standardized Estimate

확인적 요인분석결과에 기초하여 리더의 3가지 행동을 각각 중앙값(비전관련행동의 중앙값은 3.5, 몸소 실천하는 행동의 중앙값은 3.7, 임파워링 행동의 중앙값은 3.5)[3)]에 근거하여 이등분한 결과 부하들은 자신들의 리더를 카리스마적 리더(160명), 기업가형 정글투사(23명), 지적 리더(12명), 전략적 리더(21명), 하인형 리더(22명), 자기희생적 리더(25명), 개별화된 리더(32명), 기타(관리자, 116명)로 지각하였다. 또한 아래 <표 3>에서와 같이 카리스마적 리더에 대해 부하들은 이들을 개인화된 리더로 지각(평균값=1.75, 표준편차=.66)하기 보다는 사회화된 리더로 지각(평균값=4.15, 표준편차=.48)하는 것으로 나타났다. 본 연구에서는 자신들의 상사를 카리스마적 리더(즉 사회화된 카리스마적 리더)로 지각한 160명의 부하들을 대상으로 분석을 실시하였다.

표 3. t-검증 결과

유형	평균	표준편차
개인화된 리더	1.75	.66
사회화된 리더	4.15	.48

t=-30.354, p=.000

<표 4>는 변수들 간 상관관계를 보여주고 있다. <표 3>에서 보여주듯이 카리스마적 리더십은 부하의 특성(자부심, r=.44, p<.005), 상황(위기/기회, r=.30, p<.005)), 자발적 수용(.30, p<.005), 부하의 특성과 부하가 지각한 상황 간 관계 역시 정의 관계(r=.28, p<.005)를 가지는 것으로 나타났다. 그러나 환경특성과 부하의 특성, 그리고 환경특성과 부하의 자발적 수용 간의 관계는 유의적이지 않은 것으로 나타났다.

<표 5>는 3-way 상호작용 효과에 대한 결과를 보여준다. <표 5>에 따르면 부하의 자발적 수용에 대해 사회화된 카리스마적 리더십, 부하의 특성(자부심), 환경특성(위기/기회)의 3-way 상호작용 효과가 10% 수준에서 유의하게 나타났다(t=1.885, p<.06). 이러한 결과는 본 연구에서 제시한 가설이 뒷받침되었다는 것을 보여준다.

3) 연속변수를 고저 혹은 고중저 집단으로 구분(dichotomization)하는 것에 대한 타당성 여부는 과거부터 지금까지 많은 학자들에 의해 논란거리가 되어 오고 있는데(e.g., Irwin, McClennand, 2003; MacCallum, Zhang, Preacher & Rucker, 2002; Preacher, Rucker, MacCallum & Nicewander, 2005). 구분 자체의 합리성에 대한 문제뿐만 아니라 평균과 중앙값 중 어떤 것을 사용하는 것이 바람직한가에 대해, 그리고 고저집단의 구분과 고중저 집단의 구분 중 어떤 것이 더 나은지에 대해서도 역시 논쟁의 여지가 있어 왔다. 그럼에도 불구하고 사회과학방법론에 있어 이러한 분류 기법은 지금까지도 많은 연구들에서 활용되어 오고 있으며 일반적으로 중앙값을 사용한 집단의 분류는 극단치(outlier)의 영향력을 피할 수 있고 비대칭 분포를 가지는 데이터(skewed data)에 유용하며, 집단 평균값을 비교하는 연구에 적합한 분류기준으로 제시되어 왔다. 따라서 본 연구의 특성 및 위에서 제시한 이유에 근거하여 본 연구에서는 중앙값에 의한 고저구분으로 데이터를 구분하여 카리스마 리더와 그 외 7개의 리더유형을 구분하였다.

표 4. 상관관계 분석

	평균	표준편차	1	2	3	4
1. 사회화된 카리스마적 리더십	4.35	.40	(.94)			
2. 부하의 특성(자부심)	4.02	.54	.443***	(.90)		
3. 환경특성(위기/기회)	3.95	.66	.304***	.276***	(.74)	
4. 자발적 수용	4.06	.53	.298***	.132	.195	(.67)

*: p<.05; **: p<.01, ***: p<.005, N=160, ( )의 숫자는 신뢰도 계수(cronbach's alpha)임.

표 5. 자발적 수용에 대한 위계적 회귀분석 결과

	step1	step2	step3
사회화된 카리스마적 리더십	.283***	.259***	.271***
부하특성(자부심)	.010	.025	.012
환경특성(위기/기회)	.039	.056	-.015
카리스마리더십×부하특성		.025	.013
카리스마리더십×환경특성		-.108	-.115
부하특성×환경특성		.145	.033
카리스마리더십×부하특성×환경특성			.201 †
R^2	.089	.106	.127
$\triangle R^2$		.017	.021 †

†: p<.10, *: p<.05, **: p<.01, ***: p<.005

기회 상황에서 자부심이 높은 부하들이 사회화된 카리스마적 리더를 자발적으로 수용하는 정도가 가장 높은가를 살펴보기 위하여 환경특성과 부하의 자부심 정도에 대한 중앙값을 토대로 4가지 셀로 구분하여 분산분석을 실시하였다. <표 6>에 따르면 높은 자부심을 가진 부하들은 낮은 자부심을 가진 부하들에 비해 위기상황보다는 기회상황에서 사회화된 카리스마 리더에 대한 자발적 수용이 높은 것을 보여준다(F=25.60, p<.01). 즉 기회 상황에서 높은 자부심을 가진 부하들의 사회화된 카리스마 리더에 대한 자발적 수용 정도가 가장 높은 것으로 나타났다.

표 6. 4가지 상황에서 부하의 자발적 수용에 대한 평균과 표준편차

		부하특성(자부심) 높음	부하특성(자부심) 낮음
환경특성	위기상황	2.76 (.64)	3.16 (.72)
	기회상황	3.49 (.61)	2.96 (1.00)

* ( )은 표준편차 값을 나타냄.

부하의 자발적 수용에 대한 카리스마적 리더십, 부하특성, 환경특성의 3-way 상호작용효과를 도식화한 그림은 <그림 2>와 같다. <그림 2>에서 보는 바와 같이 기회상황에서 자부심이 높은 부하들이 사회화된 카리스마적 리더를 자발적으로 수용하는 정도가 가장 높은 것으로 나타났다. 또한 위기상황에서 자부심이 낮은 부하들은 사회화된 카리스마적 리더를 자발적으로 수용하는 정도가 두 번째로 높게 나타났다. 그러나 기회상황이라고 하더라도 자부심이 낮은 부하들은 카리스마적 리더를 자발적으로 수용하는 정도가 낮게 나타났으며 위기상황에서 자부심이 높은 부하들은 사회화된 카리스마적 리더를 자발적으로 수용하는 정도가 가장 낮은 것으로 나타났다.

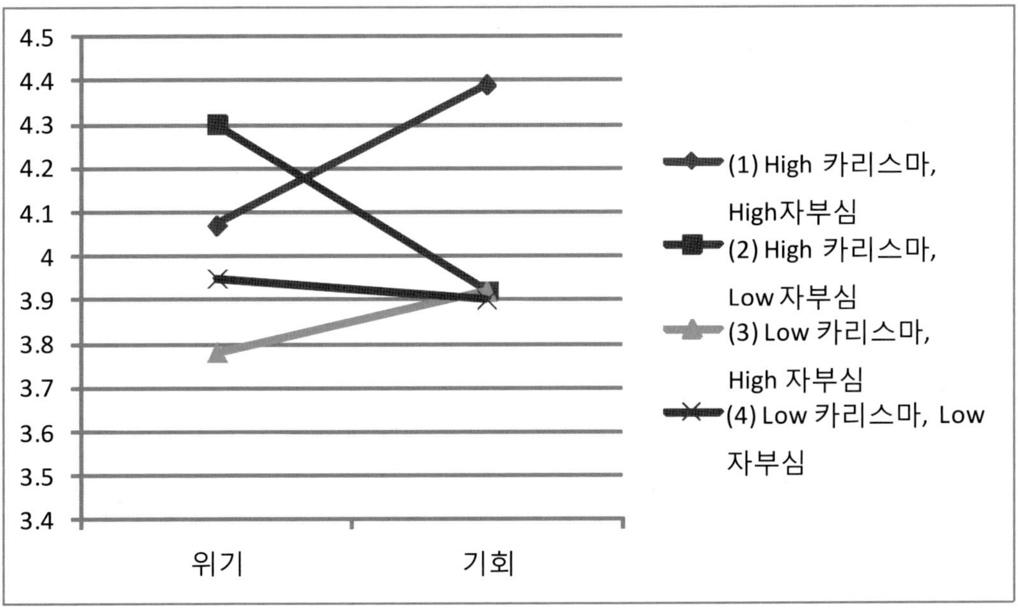

그림 2. 부하의 자발적 수용에 대한 카리스마적 리더십, 부하특성, 환경특성의 3 way 상호작용효과

5. 결 론

본 연구의 결과는 다음과 같이 3가지로 요약할 수 있다. 첫째, 본 연구결과에 따르면 카리스마적 리더행동의 3가지 차원(비전제시, 몸소 실천, 위임)이 타당하다는 것으로 나타났다. 둘째, 본 연구에서 제시한 바와 같이 3가지 행동에 기초하여 리더들을 구분할 경우 8가지 유형의 리더가 존재하며 그 중 하나가 카리스마적 리더임이 밝혀졌다. 셋째, 자부심이 높은 부하들이 기회상황에서 사회화된 카리스마적 리더를 자발적으로 수용하는 정도가 가장 높은 것으로 나타났다. 이러한 연구결과는 다음과 같은 의미를 제공해준다.

첫째, 카리스마적 리더가 보여주는 행동을 기존에는 6개의 차원(비전의 규정, 구성원들의 욕구에 대한 민감성, 비관습적 행동, 환경에 대한 민감성, 현 상태에 대한 이탈, 위험감수)으로 구분한 시도가 있어 왔다(Conger & Kanungo, 1988; Murphy & Ensher, 2008). 특히 Conger & Kanungo(1994)는 4개 조직의 488명을 대상으로 카리스마적 리더행동의 6개 차원이 타당하다는 것을 제시하였다. 이후 Conger & Kanungo(1998)는 이러한 6개의 행동차원에 기초하여 8개의 카리스마적 행동요소(급진적 변화담당자, 현 상태에 대한 변화노력, 환경에 대한 실제적 평가, 부하욕구에 대한 민감성, 이상적인 미래 비전 제시, 강렬한 문장표현, 개인적 위험 추구, 비관습적인 행동, 위험감수)를 제시하였고 조직에 근무하는 121명의 직원들을 대상으로 8개의 행동요소가 타당하다는 것을 제시하였다. 또한 Conger & Kanungo(1998)는 자신들이 제시한 카리스마적 리더행동의 6개 차원을 개선하여 5개의 차원(전략적 비전과 명문화, 환경에 대한 민감성, 부하욕구에 대한 민감성, 개인적인 위험감수, 비관습적인 행동)을 제시하였고 5개의 행동차원이 타당함을 보여주었다. 하지만, 본 연구결과는 본 연구에서 제시한 바와 같이 3개의 차원(비전관련행동, 몸소 실천하는 행동, 권한위임행동)이 타당하다는 것을 보여준다. 따라서 향후 카리스마적 리더가 보여주는 행동이 과연 몇 개의 차원이 보다 타당한가에 대한 연구가 필요하다고 판단된다.

둘째, 본 연구결과에 따르면 카리스마적 리더가 보여주는 3개의 행동차원에 기초하여 3개의 행동차원을 모두 보여주는 리더만이 카리마적 리더로 구분할 수 있는 반면 3개 행동차원 중 어느 한 차원이라도 보여주지 않는다면 카리스마적 리더가 아니므로 카리스마적 리더와 비카리스마적 리더를 구분할 수 있는 토대를 제공할 수 있다. 예를 들어 카리스마적 리더가 보여주는 3가지 행동 차원을 모두 보여주는 리더를 대상으로 연구를 한다면 카리스마적 리더에 대한 연구이지만, 만일 3가지 행동차원을 모두 보이지 않는 리더라면 굳이 카리스마적 리더에 대한 연구라기보다는 관리자에 대한 연구라고 볼 수 있다. 마찬가지로 카리스마적 리더가 보여주는 3가지 행동차원 중 2가지만 보여준다면 기업가형 정글투사이거나, 지적리더 또는 하인형 리더이므로 카리스마적 리더십보다는 이러한 유형의 리더십을 연구하는 것이 보다 바람직하다고 판단된다. 또한 리더가 카리스마적 리더행동의 1개 차원만을 보여준다면 전략적 리더, 개인화된 리더, 또는 자기희생 리더이므로 이들의 유형을 연구하는 것이 바람직할 것이다. 결론적으로 기업의 모든 리더가 카리스마적 리더가 될 수 없음은 자명한 일이다. 따라서 모든 리더를 카리스마적 리더로 가정하고 카리스마적 리더십을 연구하는 것보다는 카리스마적 리더를 가려내어 카리스마적 리더십을 연구하는 것이 보다 효과적이라고 판단된다.

셋째, 본 연구에서는 카리스마적 리더를 리더가 가지는 권력모티브에 따라 개인화된 리더와 사회화된 리더로 구분하고 환경특성과 부하의 특성에 따라 부하는 사회화된 카리스마적 리더를 자발적으로 수용하는 정도가 다를 것이란 연구가설을 정립하였다. 그럼에도 본 연구에서는 개인화된 카리스마적 리더에 대한 예측이 이루어지지 않았다. 따라서 향후 부하특성과 환경특성 맥락에서 개인화된 카리스마적 리더에 대한 부하의 수용에 관한 연구가 필요하다고 판단된다. 예를 들어 자부심이 낮은 부하는 자신이 처한 위기 상황으로부터의 도전을 극복해 낼 능력에 대한 자신감 부족 때문에 위협을 느끼게 하는 자극(위기)에 대해 보다 반응적이고 민감해진다. 앞에서도 언급하였듯이 Fitt(1972)는 자부심이 낮은 사람들이 스트레스나 실패상황에서 불안한 행동과 신경질적인 행동을 보인다는 것을 발견하였다. 이러한 결과는 위기 상황에서 자부심이 낮은 사람들이 위기상황으로부터 오는 위협을 극복하는데 보다 초점을 맞춘다는 것을 보여준다. 따라서 위기 상황에서 개인화된 카리스마적 리더는 자부심이 낮은 부하들에게 보다 매력이 있는 존재가 될 수 있다. 위기상황에서 개인화된 카리스마적 리더는 부하들이 무엇을 원하는지 필요한 것은 무엇인지 인식을 하게 되고(예를 들면 위기로부터의 위협을 극복하는 것) 자신의 사적인 권력 모티브를 부하들에게 보이며, 부하들의 이익보다는 자신의 이익을 위하여 이러한 권력 모티브를 이용한다(Howell, 1988). 개인화된 카리스마적 리더는 비록 자신의 이익을 위하여 비전이나 목표를 규정하지만, 자부심이 낮은 부하들은 위기로부터 오는 위협을 극복하는 것에만 초점을 맞추기 때문에 그리고 카리스마적 리더만이 자신들이 처한 위기를 극복할 수 있는 유일한 대안이라고 생각하기 때문에 개인화된 카리스마적 리더를 수용할 것이란 예측을 할 수 있다.

본 연구결과를 기업조직에 적용할 경우 기업의 최고경영자나 팀의 리더는 우선 기업이나 팀이 처한 상황이 위기인지 또는 기회인지 파악해야 하고 조직의 구성원들이 가지는 자부심의 정도를 파악해야 함은 물론 자신이 개인화된 리더인지 또는 사회화된 리더인지를 파악하여 부하들이 자신을 자발적으로 수용할 수 있도록 해야 한다. 즉 기업이 처한 환경이 기회인 경우 또는 조직구성원들이 조직이 처한 환경을 기회라고 지각하는 경우 자부심이 높은 조직구성원들은 사회화된 카리스마적 리더를 자발적으로 수용하게 되므로 사회화된 카리스마적 리더는 조직구성원들과 신뢰관계를 구축할 수 있으며 조직구성원들로 하여금 기업의 기회상황을 최대한 활용하여 기업의 성과를 높게 만들 수 있다. 그러나 만일 조직구성원들의 자부심이 낮다고 한다면 사회화된 카리스마적 리더는 구성원들의 자부심을 높이는 방안을 강구하는 것이 최우선순위라고 볼 수 있다. 구성원들의 자부심을 높일 수 있는 방안은 Bandura(1977)가 제시한 것처럼 구성원들이 맡은 직무를 최고의 수준으로 수행할 수 있는 능력과 역량을 겸비하도록 해야 하며 동시에 구성원들로 하여금 되도록 다양한 직무를 수행토록 하여 경험을 축적하도록 해야 하고, 구성원들이 필요로 하는 능력과 기술을 겸비하고 있다는 확신을 심어주고, 직무를 가장 잘 수행하는 구성원들을 하나의 모델로 삼아 구성원들로 하여금 보고 배울 수 있도록 함으로써 구성원들은 자신감을 가질 수 있다. 또한 비록 구성원들의 자부심이 높다고 하더라도 기업이 처한 상황이 위기라면 구성원들은 리더를 자발적으로 수용하는 정도가 낮으므로 리더는 기업이 처한 위기를 기회로 바꾸어

주어야 한다. 따라서 기업이 처한 위기가 어디로부터 오고 위기를 기회로 변화시키는 능력을 발휘하여 구성원들로 하여금 기업이 처한 상황을 기회로 인식하게끔 해주어야 한다.

본 연구가 가지는 한계점은 다음과 같이 두 가지로 요약할 수 있다. 첫째, 부하특성과 환경특성이 사회화된 카리스마적 리더와 부하의 자발적 수용 간의 관계를 조절한다는 가설을 검증하기 위하여 본 연구에서는 부하들의 응답에 기초하여 분석을 하였다. 그러나 리더십을 연구하는데 있어서 부하의 응답 뿐 아니라 리더의 응답 역시 중요한 역할 담당하므로 향후 상사응답 자료를 수집하여 분석에 활용함으로써 연구의 타당도를 향상시키는 작업이 필요하다고 판단된다. 둘째, 리더십에 대한 연구는 집단분석수준에서 이루어지는 것이 일반적이지만 본 연구에서는 동일한 집단이나 조직에 속한 부하들일지라도 자부심의 정도차이가 존재하므로 개인분석수준에 초점을 맞추어 연구하였다. 그러나 만일 부하의 특성과 더불어 집단의 특성 또는 조직의 특성이 고려되었다면 사회화된 카리스마적 리더에 대한 부하의 자발적 수용을 집단수준이나 조직수준까지 확장하여 연구가 이루어질 수 있다. 따라서 향후 집단과 조직의 특성을 고려한 연구의 필요성이 대두된다.

끝으로 본 연구가 가지는 시사점은 다음과 같다. 최근 카리스마적 리더십에 대한 연구는 크게 4가지로 분류할 수 있는 바, 첫째, 카리스마적 리더십이 부하의 성과나 태도 또는 감정에 미치는 영향을 조사한 연구(Erez, Misangyi, Johnson, LePine & Halverson, 2008), 둘째 카리스마적 리더십의 과정을 조사한 연구로서 카리스마적 리더가 비공식적인 네트워크에 있어서 중심적인 위치를 차지하기 때문에 부하의 성과에 영향을 미친다는 연구(Balkundi, Kilduff & Harrison, 2011), 셋째, 카리스마적 리더십이 부하의 성과에 영향을 미치는데 있어서 조절효과를 조사한 연구로 카리스마적 리더가 가지는 성격적 특성이 카리스마적 리더십과 부하의 성과간의 관계를 조절한다는 연구를 들 수 있으며(Hoogh & Hartog, 2009), 넷째, 카리스마적 리더십과 사회 또는 조직변화와의 관계에 대한 연구를 들 수 있다(Levay, 2010; Seyranian & Bligh, 2008). 그럼에도 불구하고 본 연구에서처럼 카리스마적 리더가 보여주는 행동을 3가지 차원으로 구분하여 카리스마적 리더와 비카리스마적 리더를 구분함과 동시에 카리스마적 리더를 2가지 유형의 사회화된 리더와 개인화된 리더로 구분하고 부하특성과 환경특성을 동시에 고려하여 사회화된 카리스마적 리더에 대한 부하의 자발적 수용을 연구한 논문은 거의 전무하다고 볼 수 있다. 국내 역시 최근 카리스마적 리더십을 연구한 논문은 소수 존재하지만 주로 카리스마적 리더십이 부하의 성과에 미치는 영향만을 연구한 논문이 대부분이라고 할 수 있어(서정하, 2005; 이창준·윤정구, 2007) 사회화된 카리스마적 리더십이 부하특성과 환경특성에 따라 부하의 자발적 수용의 관계를 조절한다는 연구는 본 연구를 제외하고는 거의 전무하다고 볼 수 있다. 따라서 향후 카리스마적 리더(개인화된 리더와 사회화된 리더)에 대한 부하의 수용을 부하특성과 환경특성을 고려하여 연구하는 것이 필요하다고 판단된다.

참고문헌

서정하(2005), "한국 벤처기업 CEO의 카리스마적 리더십행위와 구성원의 조직몰입: 성취욕구의 조절 효과에 대한 연구," 『인사관리연구』, 29(3), 199-227.

손승연·정승찬·김진호(2013), "자기희생적 리더십: 리더의 자기희생 시점 차이가 구성원의 반응에 미치는 영향에 관한 연구," 『조직과 인사관리연구』, 37(3), 101-124.

이경근·조용현(2013), "상사의 비인격적 감독이 조직시민행동과 이직의도에 미치는 영향: 자부심과 존중감의 역할," 『조직과 인사관리연구』, 37(4), 65-92.

이창준·윤정구(2009), "정서와 리더십에 대한 한 이론적 모형의 검증: 카리스마적 및 감성적 리더십, 집단정서, 집단효과성," 『인사조직연구』, 15(3), 1-51.

최병순·김진호(2006), "리더의 자기희생이 미치는 효과에 관한 연구," 『조직과 인사관리연구』, 30, 117-133.

최연(2001), "자기희생적 리더십: 연구현황과 과제," 『조직과 인사관리연구』, 24, 219-238.

황승배·김동주(2012), "중년위기 지각이 조직몰입과 이직의도에 미치는 영향: 자기효능감과 사회적 지원의 조절효과," 『조직과 인사관리연구』, 36(4), 59-98.

Anderson, M.G., and Nichols, M.L.(2007), "Information gathering and changes in threat and opportunity perceptions," *Journal of Management Studies*, 44(3), 367-387.

Ashford, S.J.(1988), Individual strategies for coping with stress during organizational transitions, *Journal of Applied Behavioral Science*, 24, 19-36.

Babcock-roberson, M.E., & Strickland, O.J.(2010), The relationship between charismatic leadership, work engagement, and organizational citizenship behaviors. *The Journal of Psychology*, 144(3), 313-326.

Bandura, A.(1977), *Social learning theory*. Englewood Cliffs, N.J.: Prentice-Hall.

Barr, P.S., & Glynn, M.A.(2004), Cultural variations in strategic issue interpretation: relating cultural uncertainty avoidance to controllability in discriminating threat and opportunity, *Strategic Management Journal*, 25, 59-67.

Bass, B.M.(1985), *Leadership and performance beyond expectations*. New York: Free Press.

Bass, B.M.(1988), Evolving perspectives on charismatic leadership. In J. A. Conger & R. N. Kanungo (Eds.) *Charismatic leadership* (pp. 40-77). San Francisco: Josey-Bass.

Bass, B.M.(1999), On the taming of charisma: A reply to Janice Beyer, *Leadership Quarterly*, 10, 541-553.

Bass, B.M., & Steidlmeier, P.(1999), Ethics, character, and authentic transformational leadership behavior, *Leadership Quarterly*, 10, 181-217.

Balkundi, P., Kilduff, M., & Harrison, D. A.(2011), Centrality and charisma: Comparing how leader networks and attribution affect team performance, *Journal of Applied Psychology*, 96, 1209-1222.

Barr, P.S., and Glynn, M.A.(2004), "Cultural variations in strategic issue interpretation: Relating cultural uncertainty avoidance to controllability in discriminating threat and opportunity," *Starategic Management Journal*, 25, 59-67.

Baumeister, R.F.(1993), Understanding the inner nature of low self-esteem: Uncertain, fragile, protective, and conflicted. In R. F. Baumeister (Ed.), *Self-esteem: Thep uzzle of low self-regard*(pp.201-218). New York: Plenum.

Berlew, D.E.(1974), Leadership and Organizational Excitement. In D.A. Kolb, I.M. Rubin and J.M. Mcintyre (eds.), *Organizational Psychology: A Book of Readings*. Englewood Cliffs, NJ: Prentice Hall.

Beyer, J.M.(1999a), Taming and promoting charisma to change organizations, *Leadership Quarterly*, 10, 307-330.

Beyer, J.M.(1999b), Two approaches to studying charismatic leadership: Competing or complementary? *Leadership Quarterly*, 10, 575-588.

Bond, F.W. & Bruce, D.(2002), *The role acceptance and job control in mental health, job satisfaction ad work performance*, Psychology Department, Goldsmiths College, University of London, New Cross, London, England.

Boney-McCoy, S., Gibbons, F.X., & Gerrard, M.(1999), Self-esteem, compensatory self-enhancement, and the consideration of health risk, *Personality and Social Psychological Bulletin*, 25, 954-965.

Bord, R.J.(1975), Toward a social-psychological theory of charismatic social influence processes, *Social Forces*, 53, 485-497.

Brockner, J.(1988), *Self-esteem at work: Research, theory and practice*. Lexington Books, Lexington, MA.

Brockner, J., Grover, S., O'Malley, M. N., Reed, T.F., & Glynn, M.A.(1993), Threat of future layoffs, self-esteem, and supervisor's reactions: Evidence from the laboratory and the field, *Strategic Management Journal*, 14, 153-166.

Brown, M.E., & Treviño, L.K.(2006), Charismatic leadership and workplace deviance, *Journal of Applied Psychology*, 91, 954–962.

Bryman, A.(1992), *Charisma and leadership in organizations*. London: Sage.

Burns, J. M.(1978), *Leadership*. New York: Harper & Row.

Campbell, J.D., & Lavallee, L.F.(1993), Who am I? The role of self-concept confusion in understanding the behavior of people with low self-esteem. In R.F. Baumeister (Ed.), *Self-esteem: The puzzle of low self-regard* (pp.3-20). New York: Plenum.

Choi, Y., & Mai-Dalton, R.R.(1998), On the leadership function of self-sacrifice, *Leadership Quarterly*, 9, 475-501.

Choi, Y., & Mai-Dalton, R.R.(1999), The model of followers' responses to self-sacrificial leadership: An empirical test, *Leadership Quarterly*, 10, 397-421.

Chattopadhyay, P., Glick, W.H., Huber, G.P.(2001), Organizational actions in response to threats and opportunities, *Academy of Management Journal*, 44, 937-955.

Christensen, C.M.(1997), Making strategy: Learning by doing, *Harvard Business Review*, 75(6), 141-156.,

Conger, J.A.(1989), *The charismatic leader: Behind the mystique of exceptional leadership*. San Francisco: J ossey-Bass.

Conger, J.A.(1993), Max Weber's conceptualization of charismatic authority: Its influence on organizational research, *Leadership Quarterly*, 4, 277-288.

Conger, J.A.(1999), Charismatic and transformational leadership in organizations: An insider's perspective on these developing streams of research, *Leadership Quarterly*, 10, 145-179.

Conger, J.A., & Kanungo, R.N.(1988), Behavioral dimensions of charismatic leadership. In J.A. Conger, & R.N. Kanungo (Eds.), *Charismatic leadership* (pp.40-77). San Francisco: Jossey-Bass.

Conger, J.A., & Kanungo, R.N.(1994), Charismatic leadership in organizations: Perceived behavioral attributes and their measurement, *Journal of Organizational Behavior*, 15, 439-452.

Conger, J.A., & Kanungo, R.N.(1998), *Charismatic leadership in organizations*. Thousand Oaks: CA. Sage.

Conger, J.A., Kanungo, R.N., Menson, S.T., & Mathur, P.(1997), Measuring charisma: Dimensionality and validity of Conger-Kanungo scale of charismatic leadership, *Canadian Journal of Administrative Science*, 12, 290-302.

Crandal, R.(1973), The measurement of self-esteem and related constructs, pp.80-82 in J.P. Robinson

& P.R. Shaver (Eds), *Measures of social psychological attitudes.* Revised edition. Ann Arbor: ISR.

Dansereau, F., Alutto, J. A., & Yammarino, F.(1995), Individualized leadership: A new multiple-level approach, *Leadership Quarterly*, 6, 413-450,

Dodgson, P. G., & Wood, J. V.(1998), Self-esteem and the cognitive accessibility of strengths and weaknesses after failure, *Journal of Personality and Social Psychology*, 75, 178-197.

Erez, A., Misangyi, V., Johnson, D., LePine, M., & Halverson, K.(2008), Stirring the hearts of followers: Charismatic leadership as the transferal of affect, *Journal of Applied Psychology*, 93, 602-615.

Fitts, W.(1972), *The self-concept and performance.* Nashville, Tennessee: Counselor Recordings and Tests.

Friedland, W.H.(1964), For a sociological concept of charisma, *Social Forces*, 43, 18-26.

Galvin, B.M., Balkundi, P., & Waldman, D.A.(2010), Spreading the word: the role of surrogates in charismatic leadership processes. *Academy of Management Review*, 35(3), 477-494.

Gardner, W.L., & Avolio, B.J.(1998), The charismatic relationship: A dramaturgical perspective, *Academy of Management Review*, 23, 32-58.

Gecas, V.(1982), The self-concept, *Annual Review of Sociology*, 8, 1-33.

Giaccani-Gomes, L.M.(2009), *Who to follow? The role of follower variables in ratings of socialized and personalized charisma*, Unpublished doctoral dissertation, California State University, Sacramento.

Goode, W.J.(1978), *The Celebration of Heroes: Prestige as a Control System*, Berkeley: University of California Press.

Govindarajan, V.(1984), Appropriateness of accounting data in performance evaluation: An empirical examination of environmental uncertainty as an intervening variable, Accounting, *Organizations and Society*, 9, 125-135.

Graham, J.W.(1978), Chapter 3 commentary: transformational leadership: Forecasting follower autonomy, not automatic followership. In J.G. Hunt, B.R. Baliga, H.P. Dachler & C.A. Schriesheim (Eds.), *Emerging leadership vistas* (pp.73-79). Lexington, MA: Lexington Books.

Greennleaf, R.K.(1977), Servant leadership in organizations: Inspirational and moral, *Leadership Quarterly*, 2, 105-119.

Harter, S.(1986), Processes underlying the construction, maintenance, and enhancement of the self concept in children. In J. Suls & A.G. Greenwald (Eds.), *Psychological perspectives on the self* (Vol. 3, pp.137-181). Hillsdale, NJ: Erlbaum.

Hitt, M.A., Ireland, R.D., & Hoskisson, R. E.(1995), *Strategic management: Competitiveness and globalization concepts.* St. Paul, MN: West Publishing Company.

Hoogh, A.H.B., & Hartog, D.N.D.(2009), Neuriticism and locus of control as moderators of the relationships of charismatic and automatic leadership with burnout, *Journal of Applied Psychology*, 94, 1058-1067.

House, R.J.(1977), A 1976 theory of charismatic leadership. In J.G. Hunt & L.L. Larson (Eds.), *Leadership: The cutting edge* (pp.189-207). Carbondale: Southern Illinois University Press.

House, R.J.(1999), Weber and the neo-charismatic leadership paradigm: A response to Beyer, *Leadership Quarterly*, 10, 563-574.

House, R.J. & Howell, J.M.(1992), Personality and charismatic leadership, *Leadership Quarterly*, 3, 81-108.

Howell, J.M.(1988), Two faces of charisma: Socialized and personalized leadership in organizations. In J.A. Conger & R.N. Kanungo (Eds.), Charismatic leadership: *The elusive factor in organizational effectiveness* (pp.213-236). San Francisco: Jossey-Bass.

Howell, J.M., & Avolio, B.J.(1992), The ethics of charismatic leadership: Submission or liberation? *The*

Executive, 6(2), 43-54.

Howell, J.M., & Sharmir, B.(2005), The role of followers in the charismatic leadership process: relationships and their consequences, *Academy of Management Review*, 30, 96-112.

Hui, C., & Lee, C.(2000), Moderating effects of organization-based self-esteem on organizational uncertainty: Employee response relationships, *Journal of Management*, 26, 215-232.

Humphreys, J., Zhao, D., Ingram, K., Gladstone, J., & Basham, L.(2010), Situational narcissism and charismatic leadership: A conceptual framework. *Journal of Behavioral & Applied Management*, 11(2), 118-136.

Ireland, R.D., & Hitt, M.A.(1999), Achieving and maintaining strategic competitiveness in the 21st century: The role of strategic leadership. *Academy of Management Executive*, 13(1), 43-57.

Irwin, J.R., & McClelland, G.H. (2003). "Negative consequences of dichotomizing continuous predictor variables," *Journal of Marketing Research*, 40, 366-371.

Jackson, D.N.(1978), Interpreter's guide to the Jackson Personality Inventory. In P. McReynolds (Ed.), *Advances in psychological assessment.* San Francisco: Jossey-Bass.

Jackson, S.E. and Dutton, J.E.(1988), 'Discerning threats and opportunities'. *Administrative Science Quarterly*, 33, 370-87.

Jacobson, C., & House, R.J.(2001), Dynamics of charismatic leadership: a process theory, simulation model, and tests. *Leadership Quarterly*, 12, 75-112.

Kets de Vries, M.(1988), Origins of charisma: Ties that bind the leader and the led. In J.A.Conger, & R.N. Kanungo (Eds.), *Charismatic leadership* (pp.237-252). San Francisco: Jossey-Bass.

Kim, K., Dansereau, F., & Kim. I.(2002), Extending the concept of charismatic leadership, an illustration using bass's(1990), In Bruce J. Avolio & Francis J. Yammarino(Eds), *Transformational and Charismatic Leadership*, The Road Ahed 2, 143-172, 237-252. Oxford UK, ELSEVER SCIENCE Ltd.

Klein, K.J., & House, R.J.(1995), On fire: Charismatic Leadership and levels of analysis, *Leadership Quarterly*, 6, 163-198.

Klein, K.J., & House, R.J.(1998), Further thoughts on fire: Charismatic leadership and levels of analysis. In F. Dansereau & F. J. Yammarino (Eds.), *Leadership: The multiple-level approaches: PartB* (pp. 45-52). Stamford, Connecticut: JAI Press.

Levay, C.(2010), Charismatic leadership in resistance to change, *Leadership Quarterly*, 21, 127-143.

Lindholm, C.(1990), *Charisma.* Cambridge, MA: Basil Blackwel lLtd.

MacCallum, R.C., Zhang, S., Preacher, K.J., & Rucker, D.D. (2002). "On the practice of dichotomization of quantitative variables," *Psychological Methods*, 7, 19-40.

MacCoby, M.(1976), *The games man.* New York: Simon and Schuster.

Marsh, H.W.(1986), Global self-esteem: Its relation to specific facets of self-concept and their importance, *Journal of Personality and Social Psychology*, 51: 1224-1236.

McClelland, D.C.(1975), *Power: The Inner Experience*, NY Irvington.

Mintzberg, H.(1973), *The nature of managerial work.* New York: Harper & Row.

Miron, E., Erez, M. & Naveh, E.(2004), Do personal characteristics and cultural values that promote innovation, quality, and efficiency compete or complement each other? *Journal of Organizational Behavior*, 25(2), 175-199.

Mumford, M.D., Antes, A.L., Caughron, J.J., & Friedrich, T.L.(2008), Charismatic, ideological, and pragmatic leadership: Multi-level influences on emergence and performance, *Leadership Quarterly*, 19, 144-160.

Murphy, S.E., & Ensher, E.A.(2008), A Qualitative Analysis of Charismatic Leadership in Teams: The Case of Television Directors, *Leadership Quarterly*, 19, 335-352.

Nielsen, R., Marrone, J.A., & Slay, H.S.(2010), A New Look at Humility: Exploring the Humility Concept and Its Role in Socialized Charismatic Leadership, *Journal of Leadership & Organizational Studies*, 17 (1), 33-43.

O'Reilly, C., & Chatman, J.(1986), Organizational commitment and psychological attachment: the effect of compliance, identification on prosocial behavior, *Journal of Applied Psychology*, 71, 492-499.

Pierce, J.L., Gardner, D.G., Dunham, R.B., & Cummings, L.L.(1993), Moderation by organization based self-esteem of role condition- employee response relationships, *Academy of Management Journal*, 32, 622-648.

Popper, M.(2002), Narcissism and attachment patterns of personalized and socialized charismatic leader, *Journal of Social and Personal Relationships*, 19(6), 797-809.

Preacher, K.J., Rucker, D.D., MacCallum, R.C., & Nicewander, W.A. (2005). "Use of the extreme groups approach: A critical reexamination and new recommendations." *Psychological Methods*, 10, 178-192.

Rank, J., Nelson, N.E., Allen, T.D., & Xu, X.(2009), Leadership predictors of innovation and task performance: Subordinates' self-esteem and self-presentation as moderators, *Journal of Occupational and Organizational Psychology*, 82, 465-489.

Rosenberg, M.(1965), Society and the adolescent self-image. Princeton, NJ: Princeton University Press.

Sammani, A., & Singh, P.(2013), When leaders victimize: The role of charismatic leaders in facilitating group pressures, *The Leadership Quarterly*, 24, 189-202.

Sashkin, M.(1988), The visionary leader, in J.A. Conger and R.A. Kanungo (eds.), *Charismatic Leadership: the Elusive Factor in Organisational Effectiveness*, 122-160, San Francisco: Jossey-Bass.

Schoel, C., Bluemke, M., Mueller, P., & Stahlberg, D.(2011), When autocratic leaders become an option-uncertainty and self-esteem predict implicit leadership preferences, *Journal of Personality and Social Psychology*, 101: 521-540.

Seyranian, V., & Bligh, M.C.(2008), Presidential charismatic leadership: Exploring the rhetoric of social change, *Leadership Quarterly*, 19, 54-76.

Shamir, B.(1999), Taming charisma for better understanding and greater usefulness: A response to Beyer, *Leadership Quarterly*, 10, 555-562.

Shamir, B., House, R.J., & Arthur, M.B.(1993), The motivational effects of charismatic leadership: A self-concept based theory, *Organization Science*, 4, 577-594.

Shamir, B., & Howell, J.M.(1999), Organizational and contextual influences on the emergence and effectiveness of charismatic leadership, *Leadership Quarterly*, 10, 257-283.

Shamir, B., Zakay, E., & Popper, M.(1998), Correlates of charismatic leader behavior in military units: subordnates attitudes, unit characteristics and superiors appraisals of leader performance, *Academy of Management Journal*, 41(2), 387-409.

Silverman, I.(1964b), Differential effects of ego threat upon persuasibility for high and low self-esteem subjects, *Journal of Abnormal and Social Psychology*, 69, 567-572.

Spencer, S.J., Josephs, & Steele, C.M.(1993), Low self-esteem: The uphill struggle for self-integrity. In R. F. Baumeister (Ed.), Self-esteem: *The puzzle of low self-regard* (pp.21-36). New York: Plenum.

Snyder, N.H., Dowd, J.J., Jr., & Houghton, D.M.(1994), Vision, values and courage: *Leadership for quality management*. New York: Free Press.

Thomas, J., Clark, S., & Gioia, D.(1993), Strategic sensemaking and organizational performance: linkages among scanning, interpretation, action, and outcomes, *Academy of Management Journal*, 36, 239-270.

Thomas, J., & McDaniel, R.(1990), Interpreting strategic issues: effects of strategy and the information processing structure of top management teams, *Academy of Management Journal*, 33, 386-306.

Tichy, N.M., & Devanna, M.A.(1986), *The transformational leader*. New York: Wiley.

Trice, H.M., & Beyer, J.M.(1986), Charisma and its routinization in two social movement organizations, *Research in Organizational Behavior*, 8, 113-164.

Waldman, D.A., & Yammarino, F.J.(1999), CEO charismatic leadership: Levels-of-management and levels-of-analysis effects, *Academy of Management Review*, 24, 266-285.

Weber, M.(1968), *Economy and society*. (R. Guenther & C. Wittich Eds.) New York: Bedminster. (Original work published 1925).

Weierter, S.J.M.(1997), Who wants to play "follow the leader?" A theory of charismatic relationships based on routinized charisma and follower characteristics, *Leadership Quarterly*, 8, 171-193.

Winter, D.G.(1973), *The power motive*, New York: The Free Press.

Winter, D.G.(1992), Power motivation revisited. In C.P. Smith (Ed.), Motivation and personality: *Handbook of thematic content analysis* (pp.301-310). Cambridge: Cambridge University Press.

Williams, E.A., Pillai, R., Lowe, K.B., Jung, D., & Herst, D.(2009), Crisis, charisma, values, and voting behavior in the 2004 presidential election, *Leadership Quarterly*, 20, 70-86.

Yukl, G.(1999), An evaluation of conceptual weaknesses in transformational and charismatic leadership theories, *Leadership Quarterly*, 10, 285-305.

The effect of socialized charismatic leadership on followers' voluntary acceptance : A test of 3-way interaction

Kyoung-Su Kim, Myung-Ku Seo, Kwang-Sook Kim, Hyun-Sook Bae,
Yong-Sook Cho, Hyung-Jin Kim, Dong-Min Yang

Abstract

This study predicts that there is a 3-way interaction effect of socialized charismatic leadership, follower characteristics and environmental characteristics on followers' voluntary acceptance. We collected data from 411 subordinates in 16 different firms of various industries such as electric, electronic, finance, manufacturing, and service in order to test the proposed hypothesis. The results show that a three behavioral dimension model of charismatic leader fits the data well and that eight different types of leader exist and one of them is the type of charismatic leader. As predicted in this paper, the results support the three-way interaction effect of socialized charismatic leadership, follower characteristics and environmental characteristics on followers' voluntary acceptance. These results indicate that in an opportunistic environment followers with high self-esteem are more likely to accept a socialized charismatic leader, whereas in a crisis environment followers with high and low self-esteem and in an opportunistic situation followers with low self-esteem are less likely to accept a socialized charismatic leader. In the conclusion section implications of these results are discussed in terms of three perspectives and practical meanings of these results are discussed. In addition limitations of this study and directions of future study are suggested.

Key words : Socialized charismatic leader, Personalized charismatic leader, Followers' voluntary acceptance, Self-esteem, Crisis situation, Opportunistic situation, Vision-related behavior, Personal behavior, Empowering behavior, Jungle fighter, Intellectual leader, Strategic leader, Servant leader, Sacrifice leader, Individualized leader, Manager.

제5부

리더십이론의 발전

제8장 윤리적 리더십과 진성리더십

제8장에서는 최근 이슈가 되고 있는 윤리적 리더십과 진성리더십에 대해 논의하고자 한다.

1. 윤리적 리더십

리더에 대한 윤리적인 문제가 최근에 주요한 이슈로 떠오르고 있다. 2006년 2월 삼성그룹 계열인 에버랜드의 전환사채(CB) 편법배정에 대한 비난과 편법, 불법 정치자금 제공 의혹 등으로 '창사 60년 이래 최대위기'에 직면한 삼성이 '국민 여러분께 드리는 말씀'이라는 이름으로 자신들의 잘못을 사죄하며 8천억 원에 이르는 기금을 사회에 내놓았다. 이 사건이 마무리되기도 전에 바로 이어서 현대그룹의 비자금 조성사건이 발생하여 현대자동차의 정몽구회장이 구속되었다. 정 회장일가가 이를 무마하기 위하여 자신들 소유의 글로비즈 주식 전량(시가 1조원 상당)을 사회복지재단에 기부하기로 한 결정에도 불구하고 이 사건은 사회를 떠들썩하게 하면서 기업의 역할과 사회적 정의에 대한 많은 생각을 자아내게 하였다.

사실 우리 사회에서 이러한 현상은 빙산의 일각에 불과하다. 그 동안 대우그룹의 분식회계로 인한 공중분해와 SK 글로벌 사태, 벤처 기업의 공적자금 유용사태 등으로 기업의 도덕성이나 최고경영자의 윤리적인 문제가 우리 사회 발전의 큰 장애요인으로 부각되고 있고 기업에 대한 국민의 인식이 차가워지면서 반 기업정서가 높아져 국가경제의 장래마저 어둡게 하고 있다. 이러한 문제들은 결국 선량하고 진실하게 기업을 경영하는 많은 다수 사업가나 경영자에게까지 피해를 주는 부작용을 초래하여 우리 사회에 부담이 되고 있다.

1.1. 윤리적 리더십의 정의

윤리적 리더십에 대한 정의는 학자들마다 다르지만 일반적으로 리더 개인의 행동이 일련의 정당화할 수 있는 도덕적 원칙과 일치해야 하는 것으로 정의할 수 있다. 일반적으로 정당화될 수 있는 리더 행동은 정직함, 솔직함, 약속을 지키는 것, 실수에 대한 책임을 인정하는 것 등을 들 수 있다. 그러나 이면의 다른 동기를 가진 행동들 예를 들면 부하들에게 신뢰를 얻기 위하여 리더가 부하들을 친절하게 대하는 것은 윤리적인 행동에 속하지 않는다. 리더의 행동이 윤리적인가를 판단함에 있어서 고려해야 할 요소는 행동과 행동의 목적이 도덕적 기준과 어느 정도 일치하는가의 여부, 그리고 행동의 결과가 리더 자신이나 타인에게 미치는 결과로 볼 수 있다. 그러므로 리더의 행동이 사회의 기본적인 법률을 어기거나, 타인의 권리를 부정하거나, 타인의 삶과 건강을 위협하거나, 자신의 목적을 위해 타인을 속이고 이용했다면 비윤리적인 행동이라고 볼 수 있다.

1.2. 윤리적 리더십과 비윤리적 리더십의 비교

아래의 표는 윤리적 리더십과 비윤리적 리더십을 평가하는데 사용하는 기준을 제시하고 있다(Yukl, 2006, 424쪽).

표 8-1. 윤리적 리더십과 비윤리적 리더십의 비교

기 준	윤리적 리더십	비윤리적 리더십
권력과 영향력의 사용	부하와 조직을 위해 사용	리더 자신의 개인적인 목적과 경력을 위해 사용
다수의 이해관계자의 다양한 이해관계에 대한 처리	다수의 이해관계자들의 다양한 이해관계에 대한 균형을 이루려는 노력	가장 커다란 이득을 제공하는 특정한 이해관계자를 선호
조직을 위한 비전의 개발	부하들이 가지는 욕구, 가치관에 기초한 비전을 개발	리더 자신이 가진 비전을 부하들에게 일방적으로 강요
리더행동의 성실성	리더 자신의 가치관과 일치하는 행동	리더 개인의 목적을 달성하기 위해 정략적으로 행동
위험감수	리더 자신이 위험을 기꺼이 감수하려고 함	개인적인 위험이 따르는 행동이나 의사결정을 회피함
정보의 커뮤니케이션	사건이나 문제, 행동에 대한 정보를 완전히 시의 적절하게 공개	문제에 관하여 부하들의 지각을 왜곡시키기 위해 부하를 속임
부하들이 동의하지 않거나 부하들이 비판하는 경우	더 나은 해결책을 발견하기 위하여 부하들의 비판적인 평가를 장려함	어떠한 비판도 허용하지 않음
부하들의 기술이나 자신감의 개발	코치, 멘토로서의 역할을 수행	부하들이 리더에 의존하게끔 부하들의 기술을 발전시키지 않음

1.3. 조직에서의 실천

조직에서 윤리를 실천하기 위해서는 윤리를 증진시키기 위한 분위기를 만들어 줌과 동시에 비윤리적인 것들을 억제해야 한다. 윤리를 증진시키기 위한 분위기를 조성하기 위해서 리더는 행동을 함에 있어서 윤리적 행동의 모범을 보여주어야 하며, 윤리적 행동강령의 개발과 확산을 촉진시켜야 하고, 윤리와 성실에 대해 부하, 동료들과 토론을 개시하여야 하며, 문제에 대한 도덕적 해결을 옹호하기 위한 위험을 감수하여야 하고, 구성원들이 보여주는 윤리적 행동에 대해 보상을 해야 하며, 구성원들이 공정하고 윤리적인 해결책을 찾도록 도와주어야 한다. 또한 비윤리적인 것들을 억제하기 위하여 리더는 비윤리적 활동으로 인해 제공되는 이득의 공유를 거절해야 하며, 비윤리적 활동이 포함되는 과제수행을 거절해야 하고, 구성원들의 비윤리적 행동을 제지해야 하며, 비윤리적이고 불공정한 조직의 정책에 대해 공개적으로 비판해야 하고, 비윤리적 의사결정에 반대해야 하며, 비윤리적인 의사결정에 반대하는 구성원들을 지지해주어야 한다.

1.4. 부하에 대한 리더의 윤리적 책임

리더가 부하에 대해 가지는 윤리적 책임은 역사적으로 변해 왔다. 예를 들어 초창기에는 조직의 목표달성을 위해 부하를 통제하는 책임을 가졌지만, 현재는 부하를 동등한 인간으로 대하고 이들을 개발·성장할 수 있도록 도움을 주는 책임을 져야 한다. 리더의 윤리적 책임은 역사적 발전에 따라 각각 권위적 관리자, 참여적 관리자, 슈트워드십 리더, 서번트 리더로 구분할 수 있다.

1.4.1. 권위적 관리자

초기의 훌륭한 관리자는 업무지시를 잘하고, 부하를 잘 통제하는 사람을 말한다. 모든 의사결정은 관리자가 하며, 결정된 사항을 부하들에게 단지 통보만 한다. 관리자가 모든 것을 결정하는데, 예를 들어 조직의 목표, 전략, 실행방법, 평가, 보상 등을 결정한다. 물론 조직의 최고경영자가 모든 권력, 권위, 특권을 가지며 책임 역시 최고경영자가 진다.

1.4.2. 참여적 관리자

1980년대 들어와 기업에서는 종업원들이 능동적으로 참여할 수 있도록 많은 노력을 기울였다. 종업원들의 제안, 참여집단, 분임조 활동 등을 예로 들 수 있는데, 이때 팀워크가 중요시 되었으며, 일본 기업의 성공이 바로 종업원의 참여에 있다는 점을 미국 기업들이 인정하면서 미국 기업에 보급되기 시작하였다. 하지만 의사결정 권한은 대부분 최고경영자가 가지고 있고, 종업원들은 단지 품질향상을 위한 제안을 하거나 자신의 업무에 대해 더 많은 책임을 지는 정도로만 참여하여 가부장적인 모습을 띄고 있었다.

1.4.3. 슈트워드십 리더

종업원들은 의사결정 권한을 가지게 되며 자신의 업무에 대해 스스로 통제할 수 있는 권한을 가지게 되었다. 종업원들이 조직의 목표, 구조, 시스템 결정에 영향력을 행사할 수 있으며, 종업원 스스로가 리더가 되고, 리더들은 종업원들을 통제하는 것이 아니라, 종업원들을 보호해야만 한다. 조직에서의 초점은 리더에게 있는 것이 아니라 고객과 직접 일을 하고 있는 종업원에게 있다. 슈트워드십의 특징은 다음과 같다. 첫째, 종업원은 통제의 대상이 아니라 일종의 파트너이다. 둘째, 의사결정 권한이 고객과 가장 가까이에 있는 종업원에게 주어진다. 셋째, 핵심이 되는 종업원들에게 이익이 돌아가게끔 보상시스템이 재설계 된다. 넷째, 팀 중심이 되어 목표를 설정하고 변화하는 환경에 능동적으로 대처하도록 한다.

1.4.4. 서번트 리더

리더는 부하에게 서비스하기 위해 존재한다. 서번트 리더들은 부하들의 욕구에 주의를 기울여주고, 부하들을 현명하게 행동하도록 하며, 부하자신들이 책임을 수용하도록 한다. 또한 부하들의 목소리에 귀를 기울이고, 이들이 가진 아픔과 좌절을 공유하려고 노력한다. 서번트 리더는 자신의 권력을 사용하기보다는 부하들에게 권한을 위임하고 부하들에게 정직하며, 개방적이다. 또한 리더 자신의 가치와 일치하는 행동을 보여줌으로써 부하들에게 신뢰를 심어주며 동시에 부하를 신뢰한다.

2. 진성리더십(Authentic Leadership)

2.1. 진정성의 개념

진정성(authenticity)의 개념은 '너 자신을 알라(know thyself)', '네 자신에게 진실하라(to thine own self be true)' 같은 고대 그리스 철학의 언명에 근거한 것으로 인식된다. 'authentic'의 어원은 그리스어 'authento'로서 모든 권한을 가진다는 의미이며 이것은 자신의 영역에서 주인이라는 진정성을 반영한다(Kernis & Goldman, 2006). 긍정심리학 연구에서 도출된 진정성은 '자신을 알라'는 언명과 관련된 자신의 사고, 감정, 욕구, 선호, 신념 등의 개인적인 경험을 가지는 것이며, 진정한 자아와 일치하게 행동하고 내재적 사고 및 감정과 일치하는 방식으로 자신을 표현하는 것을 의미한다(Harter, 2002). 진정함(authenticity)이란 자신에게 솔직하고 진실해지는 것을 의미한다. 예로부터 리더는 자신이 부하들에게 실수나 두려움을 보이면 부하가 자신을 우습게 볼지도 모른다는 생각에 부하들에게 강한 모습을 보이려고 노력해 왔다. 그러다보니 리더는 자신의 내면을 숨기게 되고 자신에게 솔직하지 못한 존재가 되었다. 그러나 리더는 자신의 실수나 약점을 솔직하게 인정할 때 부하들로부터 신뢰받고 부하들과 밀접한 관계를 형성할 수도 있다. 따라서 진성리더십은 리더 자신의 내적 감정이나 생각과 일치하는 방향 즉 자신의 진정한 자아와 일치하는 방향으로 생각하고 행동함으로써 부하들에게 영향을 미치는 것을 의미한다.

진정성을 바탕으로 진정성이 있는 리더는 타인의 기대에 따라 행동하는 것이 아니라 자신에게 진솔하며, 지위, 부, 명예를 얻기 위하여 행동하는 것이 아니라 자신이 가지는 신념에 따라 행동한다. 따라서 자신감이 넘치고, 희망적이고 낙관적이며 투명하고 윤리적이며 미래지향적이다. 진정성이 있는 리더는 부하들에게 자신감과 희망을 불러 넣어주고 신뢰를 구축하여 부하들로 하여금 긍정적 태도를 가지도록 하며, 강한 책임감을 가지고, 공정하며, 성실함은 물론 언행일치를 보인다.

2.2. 진성리더십의 요소

학자에 따라 진성리더십의 정의와 구성요소에 대한 관점에서 약간의 차이가 있지만 최근에는 진성리더십을 긍정심리학에 기반을 두고 자아인식, 관계적 투명성, 균형잡힌 처리, 내재화된 도덕적 관점의 네 가지 요소로 구성된다고 본다(Walumbwa et al., 2008).

2.2.1. 자기인식

진성리더십의 가장 중요한 요소는 자기인식(self-awareness)이다 자기인식은 자신의 특성, 가치관, 모티브, 느낌에 대해 아는 것으로 자신이 누구인지 알고, 자신이 표방하는 것에 대해 알며, 인생의 경험에서 무엇인가를 배우고 자신의 꿈이 무엇인지 깨닫는다는 것을 의미한다. 예를 들어 어릴 때 심하게 아팠던 사람이 의사로부터 도움을 받아 생명을 구해 자신도 의사가 되어 아픈 사람을 위해 봉사하겠다는 신념을 가지고 열심히 공부하여 의사가 되었다면 그는 바로 진정한 자기인식을 통해 경력경로를 밟아온 것이라 할 수 있다. 즉 자신의 경험으로부터 자신이 진정으로 원하는 것이 무엇인가를 깨닫고 삶이나 일에 임하는 것이 진정성이 있는 리더라고 볼 수 있다.

진정으로 원하는 것이 무엇인지를 자각하는 경우 곤경에 처하거나 부정적인 피드백을 받았을 때 남을 탓하는 것이 아니라 스스로를 고치려고 노력한다. 즉 자신과 타인과의 경쟁 속에서 자신이 원하는 것을 이루게 된다는 경쟁구조보다는 자신과 자신이 원하는 관계로 보기 때문에 관행이나 타인의 눈을 의식하기 보다는 자신이 원하는 것을 이루기 위해 자신이 어떻게 바뀌어야 하는가에 더 깊은 관심을 갖는다. 예를 들어 다른 사람이 귀하를 신뢰하지 않을 때 이들을 탓하기보다는 자신의 약점을 깨닫고 이를 수정하려고 노력한다. 또한 보편적인 관리자들이 보이는 행동양식이 있다고 할지라도 스스로 또는 사회적으로 올바르다고 인식되는 관리자로서의 행동양식을 실천할 가능성이 높다. 이처럼 진정한 자기인식에 의해 삶을 살아가는 리더는 지속적인 자기변화와 발전에 힘쓰며 일관된 행동을 보이므로 사회적으로 신뢰를 구축하게 되고 따라서 단기적이기보다는 중장기적으로 자기분야에서 인정받고 성공할 가능성이 높다고 볼 수 있다.

2.2.2. 균형잡힌 처리

균형잡힌 처리(balanced processing)는 리더가 의사결정 전에 모든 관련 정보를 객관적으로 분석한다는 의미로 자신의 현재 직위에 도전하는 구성원들에게 의견을 요청하는 것과 관련이 있다(Gardner et al., 2005). 즉 진정한 리더는 자신의 입장과 반대되는 의견을 수렴하고 비판도 수용할 수 있으며, 정보를 처리함에 있어서 개인적인 지식이나 내재된 경험, 그리고 외부로부터의 정보를 부정하거나 왜곡하거나 과장하지 않으며, 객관적으로 자신의 긍정적인 측면과 부정적인 측면, 특성, 성격을 수용하는 것을 의미한다. 이와 유사하게 Avolio 등(2005)은 리더가 의사결정 전에 다양한 정보를 객관적으로 분석하고 구성원들의 의견을 수렴하는 행동으로, 본인의 의견과 반대되는 구성원의 의견까지 충분히 검토하고 결정하는 것이라고 하였다. 또한 Walumbwa 등(2008)은 균형잡힌 처리가 리더의 특성 중 하나로 자기규제(self-regulation)를 포함하는 것으로 보고 있는데 자기규제는 리더가 자신의 이익이나 이득을 좇아서 행동하는 것이 아니라 자신이 가지는 가치관대로 소신 있게 행동하며 자신의 도덕적 표준을 가지고 있고 이에 반하는 압력에 굴복하지 않고 자신의 진정한 자아에 따라 행동하며, 말하는 것과 행동하는 것의 일치를 보인다. 예를 들어 타인에 대한 배려가 자신의 가치관이라면 인간관계에서 타인을 배려하며 가정에서는 물론 작업장, 팀이나 조직에서도 타인을 배려하는 행동을 보인다.

2.2.3. 관계적 투명성

진성리더십의 세 번째 요소는 관계적 투명성으로 관계적 투명성(relational transparency)은 자신의 진정한 자아를 다른 사람에게 솔직하게 나타내는 것이다(Walumbwa et al., 2008). Kernis(2003)는 관계적 투명성을 가까운 관계에서 개방성과 신뢰를 중요시하고 이를 달성하는 것으로 보았는데, 진정한 자아의 긍정적인 측면과 부정적인 측면 모두를 가까운 사람들이 볼 수 있도록 노력하는 것을 포함한다. 이는 자신의 진실한 생각과 감정을 대인간 관계에서 표현하고 개방적으로 정보를 공유하는 행동에서 나타난다(Kernis & Goldman, 2006; Walumbwa et al., 2008). Gardner 등(2005)은 진성리더가 타인의 감정을 손상하거나 부적절한 표현을 줄이기 위해 감정을 규제하면서 자신의 진실한 느낌이나 기분을 부하에게 표현할 때 상대적으로 투명할 것이라고 주장하였다. 관계적 투명성에는 리더가 자아를 표현할 때 속이기보다는 진정한 모습을 보여서 부하가 리더의 진정한 자아를 볼 수 있도록 돕는 것을 포함한다. 우리는 두 개의 자아를 가지게 되는데 하나는 자신이 자연스럽게 느끼는 자아이고 다른 하나는 타인에게 보여주는 자아이다. 진정성 있는 리더는 두 개의 자아가 서로 일치하는데 그렇지 않은 경우 예를 들어 집에서는 손하나 까딱하지 않는데 밖에서는 타인을 위해 헌신하고 봉사한다면 두 개의 자아가 서로 일치하지 않음을 의미한다.

2.2.4. 내재화된 도덕적 관점

내재화된 도덕적 관점(internalized moral perspective)은 내재화되고 통합된 형태의 자아 규제를 의미하는 것으로(Ryan & Deci, 2003) 외부의 통제 대신에 내부의 도덕적 기준과 가치관에 따라 자신을 이끌며 내재화된 가치와 일치하는 의사결정과 행동을 한다. 이것은 집단이나 조직, 또는 사회의 압력이 있더라도 리더가 자신의 도덕적 기준과 판단에 따라 행동하는 것을 의미한다. 내재화된 도덕적 관점을 가진 리더는 윤리와 투명성을 바탕으로 자신의 이익보다 공적인 가치에 관심을 갖고 이를 실천하려는 노력을 기울이게 된다.

2.3. 진성리더

진성리더는 자신의 내면에 소리에 귀를 기울이고 인생에서 가장 중요한 것이 무엇인지 성찰하여 내적 자아와 외적 자아의 일치를 추구한다. 즉 자신을 포장하지 않고 있는 그대로를 자연스럽게 표현하며, 자신에게 진솔하고 자신이 가졌던 꿈과 가치를 실현하기 위해 끊임없이 노력하는 리더를 진정성 있는 리더라고 볼 수 있다. 귀하가 진성리더인지의 여부는 아래의 진성리더십 설문지를 통해 파악할 수 있다.

2.4. 진성리더십의 측정

진성리더십의 측정은 Avolio 등(2007)이 개발한 The Authentic Leadership Questionnaire (ALQ)가 주로 사용되며 설문문항은 "나의 상사는 실수를 했을 때 솔직하게 인정한다," "나의 상사는 결론을 내리기 전에 다양한 의견에 귀를 기울인다," "나의 상사는 자신의 능력을 다른 사람들이 어떻게 생각하는지 정확히 안다" 등이 포함된다. 비록 진성리더십을 측정하기 위하여 ALQ가 사용되어 왔지만, 본 저자는 진성리더십의 4가지 구성요소에 초점을 맞춘 또한 한국적인 상황에 맞는 측정도구를 개발하여 사용하고 있어 저자가 개발한 측정도구를 제시하고자 한다. 특히 진성리더십을 측정하는 34번 문항은 상사가 진정성 있는 리더인가의 여부를 물어보는 항목으로 상사의 진성리더십을 아주 간단하게 측정할 수 있는 항목이라고 볼 수 있다.

표 8-1. 진성리더십 측정설문

No	내용	매우 그렇지 않다	그렇지 않다	그저 그렇다	그렇다	매우 그렇다
1	나의 상사는 타인과의 상호작용을 증진시킬 수 있는 방안에 대한 피드백을 요청하는 편이다.	①	②	③	④	⑤
2	나의 상사는 자신이 의미하는 바를 명확하게 진술한다(이야기 한다).	①	②	③	④	⑤
3	나의 상사는 자신의 신념과 행동간 일관성을 보여준다.	①	②	③	④	⑤
4	나의 상사는 자신의 신념에 반대되는 아이디어를 제안하도록 요청한다.	①	②	③	④	⑤
5	나의 상사는 자신의 능력에 대해 다른 사람들이 어떻게 생각하는지 정확하게 안다.	①	②	③	④	⑤
6	나의 상사는 자신의 실수를 솔직히 인정한다.	①	②	③	④	⑤
7	나의 상사는 자신의 신념에 따라 의사결정을 한다.	①	②	③	④	⑤
8	나의 상사는 결론을 내리기 전에 다양한 의견에 귀를 기울인다.	①	②	③	④	⑤
9	나의 상사는 자신의 강점과 약점을 이해하고 있다는 것을 보여준다.	①	②	③	④	⑤
10	나의 상사는 다른 사람들과 정보를 공개적으로 공유한다.	①	②	③	④	⑤
11	나의 상사는 의사결정하기 전에 관련 자료를 객관적으로 분석한다.	①	②	③	④	⑤
12	나의 상사는 결론을 내리기 전에 다양한 의견에 귀를 기울인다.	①	②	③	④	⑤
13	나의 상사는 자신이 다른 사람들에 대해 가지는 영향력을 명확히 인식한다.	①	②	③	④	⑤
14	나의 상사는 자신의 아이디어와 생각을 다른 사람들에게 명확하게 표현한다.	①	②	③	④	⑤
15	나의 상사는 자신의 도덕적 원칙에 따라 행동한다.	①	②	③	④	⑤
16	나의 상사는 자신의 견해와 반대되는 목소리를 허용한다.	①	②	③	④	⑤
17	나의 상사는 조직이나 집단의 압력에 굴하지 않고 자신의 도덕적 기준에 따라 행동한다.	①	②	③	④	⑤
18	나의 상사는 자신의 가치관과 일치하는 방향으로 행동한다.	①	②	③	④	⑤
19	나의 상사는 매우 도덕적이고 윤리적이다.	①	②	③	④	⑤
20	나의 상사는 자신의 이익보다는 공적인 이익에 관심을 가진다.	①	②	③	④	⑤
21	나의 상사는 자신의 현재 모습을 제대로 인식하고 있다.	①	②	③	④	⑤
22	나의 상사는 자신의 강점과 약점을 명확히 이해하고 있다.	①	②	③	④	⑤
23	나의 상사는 자신의 목표, 가치관, 신념이 무엇인지 명확히 인식하고 있다.	①	②	③	④	⑤
24	나의 상사는 진정한 자아를 찾으려고 노력한다.	①	②	③	④	⑤
25	나의 상사는 자신의 가치관과 신념에 따라 행동한다.	①	②	③	④	⑤
26	나의 상사는 자신을 솔직하게 드러낸다.	①	②	③	④	⑤
27	나의 상사는 구성원들과 허심탄회하게 정보를 공유한다.	①	②	③	④	⑤
28	나의 상사는 자신의 느낌이나 기분을 구성원들에게 솔직하게 표현한다.	①	②	③	④	⑤
29	나의 상사는 부하로부터 긍정적인 반응과 신뢰를 이끌어 낸다.	①	②	③	④	⑤
30	나의 상사는 의사결정을 하기 전에 모든 관련 데이터를 객관적으로 분석한다.	①	②	③	④	⑤
31	나의 상사는 자신의 의견과 반대되는 구성원들의 의견을 수렴하고 비판도 수용한다.	①	②	③	④	⑤
32	나의 상사는 의사결정시 구성원들의 다양한 의견을 충분히 고려한다.	①	②	③	④	⑤
33	나의 상사는 자신의 리더로서의 지위에 대한 부하들의 도전을 기꺼이 받아들인다.	①	②	③	④	⑤
34	나의 상사는 진정성이 있는 리더다.	①	②	③	④	⑤

2.5. 진성리더십의 효과

진성리더는 자기인식을 통하여 타인의 눈을 의식하기 보다는 자신이 가지는 신념과 가치관에 근거하여 행동하고 의사결정시 자신의 감정과 생각을 솔직하게 표현하며 부하의 관점을 수용한다. 또한 진성리더는 투명하고 개방적인 자세로 부하와 관계를 형성하고 허심탄회하게 의사소통한다. 따라서 부하들은 진성리더를 신뢰하며 진성리더와 동일시하려고 한다. 물론 진성리더를 신뢰하고 동일시함으로써 스스로가 동기부여되고 직무에 대해 만족하며 높은 성과를 보여주게 된다.

진성리더십은 주로 개인분석수준에서 연구되어 왔다(Agote et al. 2016; Fallatah et al. 2017; Giallonardo et al. 2010; Rego et al. 2012; Schriesheim and Liu 2018; Wang et al. 2014; Walumbwa et al. 2008). 그러나 진성리더는 자신이 가지는 가치관과 신념에 의해 행동하므로 동일한 집단에 속한 부하들에 대해 자신의 신념과 가치관에 따른 일관된 행동을 보이게 된다. 따라서 진성리더가 진성리더십을 발휘할 때 동일한 집단에 속한 부하들은 동질적으로 리더를 진성리더로 지각하게 되며, 리더를 신뢰하고 리더와의 동일시를 추구하게 된다. 그러므로 진성리더십과 부하의 리더에 대한 신뢰 및 동일시간의 관계가 집단분석수준에서 성립하게 된다. 오승희(2018)는 15개 기관 107개 부서에 근무하는 370명의 구성원을 대상으로 진성리더십, 부하의 리더에 대한 신뢰 및 동일시가 집단수준에서 성립한다는 것을 밝혔으며 진성리더십과 부하의 리더에 대한 신뢰 및 동일 시간의 관계 역시 집단수준에서 성립한다는 것을 밝혔다.

제9장 다분석수준에서의 리더십

이 저서에서는 리더십이론을 특성이론, 행동이론, 상황이론, ALS, VDL, IL이론, 수퍼리더십과 셀프리더십이론, 카리스마적 리더십과 변혁적 리더십이론, 윤리적 리더십과 진성리더십이론으로 구분하여 제시하였다. 이러한 리더십 이론들은 리더 개인이 가지는 특성이나 행동에 초점을 맞춘 리더 개인수준의 이론이거나 아니면 리더와 부하의 상호작용에 초점을 맞춘 리더-부하 짝수준 이론이거나 또는 리더가 동일한 집단에 속한 부하들을 하나의 전체로 보고 동일한 영향력을 행사하는 집단전체수준의 이론이거나 아니면 동일한 집단에 속한 부하들을 내집단과 외집단으로 구분하여 각각 다른 영향력을 행사하는 집단부분수준의 이론이다. 또한 카리스마적 리더십이론이나 변혁적 리더십이론과 같이 리더가 조직전체의 비전을 제시하고 구성원들로 하여금 기대이상의 성과를 올리게 함으로써 조직전체수준에서 성립하는 이론도 있다.

리더십이론의 발전은 위에서 언급한 기존의 이론들을 확장함으로써 가능하다. 예를 들어 리더가 가지는 특성에 초점을 맞춘 이론들은 기존에 연구되어 온 특성(예를 들면 성격특성)이외의 다른 특성을 찾아내어 연구함으로써 특성이론에 대한 확장이 가능하다. 마찬가지로 리더의 행동에 초점을 맞춘 이론들은 기존에 연구되어 온 행동(예를 들면 고려행동이나 구조주도 행동)이외의 다른 행동을 찾아내어 연구함으로써 행동이론의 확장이 가능하다. 리더와 부하의 상호작용에 초점을 맞춘 이론 역시 기존에 연구되어 온 상호작용변수들(예를 들면 부하의 기여에 따른 리더의 보상) 이외의 다른 변수들을 찾아내어 연구함으로써 상호작용이론의 확장이 가능하다. 집단수준의 이론 역시 기존에 연구되어 온 영향력 행사과정에 사용된 변수들(예를 들면 내집단과 외집단 부하들의 성과에 따른 리더십이나 감독의 발휘) 이외의 다른 변수들을 찾아내어 연구함으로써 집단수준의 이론에 대한 확장이 가능하다.

그러나 리더십이론의 발전은 기존 이론들의 확장을 통해서만 이루어지는 것은 아니다. 리더십이론의 발전은 분석수준이 다른 이론들을 통합하거나 리더십개념과 다른 개념들(예, 동기부여, 조직구조, 조직문화 등)의 통합을 통해서도 이루어진다. 예를 들면 개인수준에 초점을 맞춘 이론(예, 리더 개인의 행동)은 집단수준에 초점을 맞춘 이론(집단구성원들 전체에 대한 리더십 효과성)과의 통합을 통해서 리더십이론을 확장할 수 있다. 이러한 이론의 확장은 기존에 평균적 리더십스타일이론이나 수직적 짝 연계이론에서 볼 수 있는데(Dansereau et al., 1995) 리더 개인의 행동에 따라(즉 개인수준) 동일한 집단에 속한 부하들이 리더 행동을 통해 동질적으로 영향을 받는지 아니면 내집단과 외집단의 부하들로 구분하여 이질적으로 영향을 받는지(즉 집단수준)에 대한 이론이다. 또한 리더십 이론의 발전은 리더십개념과 다른 개념들의 통합으로 이루어질 수 있는데 예를 들어 일반적으로 집단수준에서 일어나는 리더십개념을 상위수준의 개념(예를 들면 조직문화)과 통합할 경우 조직문화에 따른 적정한 리더십의 발굴이나 리더십과 리더십효과성의 관계를 조절할 수 있는 조직문화에 관한 이론으로 발전시킬 수 있다.

제9장에서는 2편의 논문을 소개하고자 한다. 첫 번째 것은 김경수 등(2013)의 '조직에서의 위계적 리더십 : Pelz효과의 재검증' 논문으로 저자들은 이 논문에서 Pelz 효과의 재검증을 통해 집단분석수준에 국한되어 연구되고 있는 리더십 연구들의 한계점을 극복하고 집단수준, 부서수준에서의 단일분석수준과 더불어 두 가지 수준을 동시에 고려한 다분석수준(multiple levels of analysis)을 통해, 정확한 분석이 이루어지지 않은 Pelz(1952) 이론의 분석수준에 대한 가정을 실증적으로 검증하고자 하였다. 이를 위해 설문조사를 통해 얻은 17개 조직의 34개 부서에 속한 83명의 상사, 235명의 부하 데이터를 활용하였다. 실증분석 결과, 첫째, 관리자의 상향적 영향력은 부하의 직무만족, 직무성과와 유의한 정(+)의 관계가 있는 것으로 나타났다. 둘째, 단일수준(집단) 분석결과에 있어서는 관리자의 상향적 영향력, 부하의 성과(직무만족과 성과), 그리고 두 변수 간 관계가 모두 집단전체수준(group wholes)에서 일어남이 확인되어 동일한 집단에 속한 부하들은 관리자의 상향적 영향력 정도에 따라 유사한 정도의 높은 또는 낮은 직무만족과 직무성과를 보이는 것으로 나타났다. 또한 부서수준 분석결과에 따르면 상사의 상향적 영향력, 부하의 성과(직무만족과 직무성과), 그리고 두 변수간의 관계가 부서전체수준(department wholes)에서 성립하는 것으로 확인되어 동일한 부서에 속한 관리자들의 상향적 영향력이 유사하게 나타나고 이에 따라 부하의 직무만족과 직무성과 역시 유사한 정도를 가지는 것으로 나타났다. 셋째, 집단수준과 부서수준을 동시에 고려한 다분석수준 결과에 따르면 불연속성 가설보다는 상동관계 가설이 보다 타당한 것으로 나타났다. 이러한 결과는 Pelz가 주장한 관리자의 상향적 영향력이 동일한 집단에 속한 부하들의 직무만족과 직무성과에 영향을 미친다는 주장을 뒷받침하는 것이지만, 집단수준에서의 상사의 상향적 영향력과 부하 성과간의 관계가 부서장과 관리자의 차별화된 짝 관계에 의해 나타난 것이 아니라 동일한 부서에 속해 있기 때문에 나타나 결과라는 점에서 Pelz의 주장이 기각됨을 보여주고 있다.

두 번째 것은 김경수 등(2004)의 'A multiple level of theory of leadership: The impact of culture as a moderator' 논문으로 저자들은 이 논문에서 집단분석수준의 리더십이론과 상위수준의 조직문화를 고려하여 문화에 따라 부하들이 리더의 행동패턴을 수용할 것인가가 결정될 수 있음을 제안하였다. 리더의 행동패턴은 리더가 가지는 스타일에 따라 동일한 집단에 속한 부하들에게 동질적인 행동(고려행동이나 구조주도행동)을 보이거나, 내집단과 외집단의 부하들을 구분하여 위임을 하거나 또는 하지 않거나, 리더가 부하들과 일대일의 관계에 기초하여 자부심을 제공하거나 제공하지 않거나 등의 세 가지 형태로 나타날 수 있다(Dansereau et al., 1995). 조직문화 역시 개인주의와 집단주의 차원과 수직적-수평적 차원에 기초하여 4가지 형태, 즉 수직적 개인주의, 수평적 개인주의, 수직적 집단주의, 수평적 집단주의로 나타날 수 있다(Triandis, 1990, 1995). 집단수준에서 일어나는 리더십의 개념과 상위수준에서 일어나는 조직문화의 개념을 통합할 수 있는 한 가지 방안은 4가지 조직문화 유형에 속한 조직구성원들이 세 가지 유형의 리더행동 패턴 중 어느 패턴을 수용할 것인가를 고려함으로써 가능하다. 예를 들어 수평적 집단주의에 속한 조직구성원들은 자신들을 집단의 한 측면으로 보고 다른 개인들을 자신과 동일시하며 사람들 간 동등함이 당연시되는 문화적 패턴으로 볼 수 있다. 즉 개인구성원들은 집단의 구성원으로 흡수 동화되어 집단의 구성원들이 서로 극단적으로 유사하다고 보므로 동등함 또는 평등(equality)이 문화적 패턴의 본질이라고 볼 수 있다. 수평적 집단주의 문화에서 구성원들은 서로 공유하는 공통의 목표를 가지게 되며 서로 상호의존하게 된다(Singelis et al., 1995; 244쪽). 일본이나 이스라엘이 이러한 문화적 패턴을 가지는데 이러한 국가에서 사람들은 동일한 집단에 속한 개인들이 투입과 산출결과에 관계없이 집단의 멤버십에 따라 동등하게 또는 동질적으로 대우받아야만 한다고 믿게 된다. 따라서 동일한 집단에 속한 부하들을 동등하게 대하는 리더의 행동패턴을 수용하게 된다.

그러나 수직적 집단주의에 속한 조직구성원들은 자신을 집단의 일부분으로 보지만 구성원들 간 위계질서가 확립되어 있으며 지위에 따른 불평등한 대우를 당연한 것으로 받아들인다. 즉 집단의 한 구성원은 다른 구성원보다 더 많은 지위를 가질 수 있다는 것을 믿는다. 이러한 문화에서 구성원들은 지위와 위계의 중요성을 강조하며 따라서 불평등이 이러한 문화적 패턴의 본질이라고 볼 수 있다(Triandis, 1996; Triandis & Gelfand, 1998). 한국이나 중국이 이러한 문화적 패턴을 가지는데 이러한 국가에서 사람들은 집단의 멤버십뿐만 아니라 불평등의 가치를 강조하게 된다. 따라서 구성원들은 한편으로는 동일한 집단에 속한 개인들이 집단멤버십 기준에 따라 대우받아야 한다고 믿는 반면 다른 한편으로는 연령이나 연공서열, 충성심, 집단에 대한 공헌정도 등에 의해 결정되는 위계, 지위, 특권 등의 가치를 중시하여 이러한 요인들에 의해 차별적으로 대우 받아야 한다고 믿는다. 따라서 동일한 집단에 속한 부하들을 차별적으로 대하는 리더의 행동패턴을 수용하게 된다.

조직에서의 위계적 리더십: Pelz 효과의 재검증*

김경수**, 노현재***, 김인숙****, 김광숙*****, 양동민******

본 연구는 Pelz 효과의 재검증을 통해 단일수준에 국한되어 연구되고 있는 리더십 연구들의 한계점을 극복하고 집단수준, 부서수준에서의 단일분석과 더불어 두 가지 수준을 동시에 고려한 다분석수준을 통해, 정확한 분석이 이루어지지 않은 Pelz(1952) 이론의 분석수준에 대한 가정을 실증하고자 하였다. 이를 위해 설문조사를 통해 얻은 17개 조직, 34개 부서, 83명의 상사, 235명의 부하 데이터를 활용하였다. 실증분석 결과, 첫째, 관리자의 상향적 영향력은 부하의 직무만족, 직무성과와 유의한 정의 관계가 있는 것으로 나타났다. 둘째, 단일수준(집단) 분석 결과에 있어서는 관리자의 상향적 영향력, 부하의 성과(직무만족과 성과), 그리고 두 변수 간 관계가 모두 집단전체수준(group wholes)에서 일어남이 확인되어 동일한 집단에 속한 부하들은 관리자의 상향적 영향력 정도에 따라 유사한 정도의 높은 또는 낮은 직무만족과 직무성과를 보이는 것으로 나타났다. 또한 부서수준 분석결과에 따르면 상사의 상향적 영향력, 부하의 성과(직무만족과 직무성과), 그리고 두 변수간의 관계가 부서전체수준(department wholes)에서 성립하는 것으로 확인되어 동일한 부서에 속한 관리자들의 상향적 영향력이 유사하게 나타나고 이에 따라 부하의 직무만족과 직무성과 역시 유사한 정도를 가지는 것으로 나타났다. 셋째, 집단수준과 부서수준을 동시에 고려한 다분석수준 결과에 따르면 불연속성 가설보다는 상동관계 가설이 보다 타당한 것으로 나타났다. 이러한 결과는 Pelz의 이론이 집단수준에서는 성립하는 반면 부서수준에서는 성립하지 않는다는 것을 보여준다. 본 연구의 결론부분에서는 이러한 결과가 가지는 시사점과 향후 연구방향 및 본 연구가 가지는 한계점에 대한 논의가 이루어졌다.

주제어 : Pelz 효과, 상향적 영향력, 직무만족, 직무성과, 단일분석수준, 다분석수준

1. 서 론

과거 50년 동안 리더십에 대한 연구가 활발히 이루어져 왔음에도 불구하고 대다수의 연구들은 상사(관리자)와 부하들의 관계 즉, 단일수준에만 초점이 맞추어져 왔다. 그러나 리

* 이 논문은 조직과 인사관리, 제 37집 1권, 2013, 171-204에 게재된 논문으로 2009년 정부(교육과학기술부)의 재원으로 한국연구재단의 지원을 받아 수행된 연구임(KRF-2009-327-B00226).

** 전남대학교 경영대학, BK21ⓝBiz Convergence Team, 교수, 주저자, kskim@chonnam.ac.kr
*** 전남대학교 일반대학원 경영학과, BK21ⓝBiz Convergence Team, 박사수료, snow0421@paran.com
**** 연세대학교 간호대학, 교수, iskim@yuhs.ac.kr
***** 전남대학교 일반대학원 경영학과, BK21ⓝBiz Convergence Team, 박사수료, ddalcell@empal.com
****** 전남대학교 경영대학 경영학부, 강사, 교신저자 ponasada@hanmail.net

더십은 조직전체에서 나타나는 현상으로 리더십을 집단에서만 연구하는 것은 조직전체에서 일어나는 영향력 행사과정을 정확하게 이해하고 예측하지 못할 수도 있다. 조직은 여러 개의 부서(기능별 또는 사업부별)로 이루어지고 한 개의 부서는 여러 개의 집단을 포함하고 있으므로 집단을 이끌고 있는 하위계층 관리자들과 부하들의 관계만을 다룬 리더십 연구들은 조직 전체가 아닌 조직 내 부분적인 영역만을 다루어 왔다고 볼 수 있다. 이와 같은 접근은 리더십 이론의 개발과 실증연구의 범위를 제한하는 문제점을 야기하므로(Yukl, 2005) 관리자와 부하 사이의 관계뿐만 아니라 관리자의 상사(Boss, 또는 부서장)와의 관계까지 확대한 접근을 요구하고 있다(Erdogan & Enders, 2007; Tangirala, Green & Ramanujam, 2007).

관리자와 부하의 관계에 영향을 미치는 중요한 인물은 관리자의 상사(부서장)임에도 불구하고 부서장이 관리자와 부하의 관계에 어떻게 영향을 미치는가에 대한 연구는 거의 이루어지지 않았다. 반면, 이에 대한 관심을 가진 연구로는 Pelz(1952)의 이론을 들 수 있는데, Pelz에 따르면 관리자가 부서장(Boss)에 대해 영향력을 많이 가지고 있는 경우 관리자는 집단(부하)을 효과적으로 관리하게 되어 집단의 성과를 높일 수 있게 된다. Pelz(1952)가 주장한 이론적 모형은 부서장과 관리자로 이루어진 상위계층의 집단에서 어떤 관리자는 부서장에게 높은 상향적 영향력을 행사하는 반면, 어떤 관리자는 부서장에게 낮은 상향적 영향력을 행사하는 것을 가정하고 있다(차별화된 짝[differentiated dyads]). 반면, 관리자와 부하로 이루어진 하위계층의 집단에 있어서는 부하들의 성과가 집단전체(group as a whole)에서 일어난다는 것을 가정하고 있으므로(즉, 부서장에게 높은 상향적 영향력을 행사하는 관리자가 이끄는 하위 계층의 집단성과는 높게 나타나고, 낮은 상향적 영향력을 행사하는 관리자가 이끄는 하위 계층의 집단에서는 낮은 성과가 나타나므로) 상위계층의 부서장-관리자의 관계와 하위계층의 관리자-부하관계가 동일한 형태로 나타나지 않게 된다.

Pelz(1952)의 이러한 가정은 검증되지 않은 채 단순히 부하들의 응답에 기초한 관리자의 상향적 영향력과 부하들의 성과와의 관계만을 검증하였다. 그러므로 집단수준에서의 분석과 부서수준에서의 분석이 정확하게 이루어지지 않았으며, 이와 더불어 부서와 집단수준을 동시에 분석하지 못했다고 볼 수 있다. 따라서 Pelz가 주장한 부서장과 관리자의 관계와 이러한 관계에 따른 관리자와 부하와의 관계를 실증적으로 검증해 볼 필요성이 있다.

본 연구의 목적은 Pelz의 효과를 재검증하는 것으로 첫째, 관리자의 상향적 영향력 정도에 의해 부하의 성과가 다르게 나타나는지를 살펴보고, 둘째, 단일분석수준에서 부서장과 관리자의 관계 그리고 관리자와 부하의 관계가 Pelz(1952)가 가정하고 있는 바와 같이 각각 부서부분수준(department parts), 집단전체수준(group wholes)에서 일어날 것인가를 검증하고자 한다. 셋째, 다분석수준에 있어 부서장-관리자-부하로 이루어진 위계구조에서 부서장과 관리자의 관계, 관리자와 부하의 관계가 어떤 형태로 나타날 것인가에 대해 검증하고자 한다. 이러한 연구목적을 달성하기 위해 우선 Pelz 효과에 대해 설명하고 부서장-관리자-부하로 이루어진 위계적 구조에서 관리자의 상향적 영향력과 부하의 성과 간 관계가 성립할 수 있는 가능한 대안을 제시한 후, Pelz효과에 대한 가설을 설정하고자 한다.

2. 이론적 배경 및 연구가설

2.1. Pelz Effect

1951년 Pelz는 리더십에 대한 연구에 있어 조직 내 관리자의 상향적 영향력을 중요한 변수로 제안하였다. 조직 전체 차원에서 볼 때 관리자는 부하들의 상사이자 부서장의 부하 역할을 동시에 수행하고 있다. 즉, 관리자는 조직 내에서 그들의 상사와 부하들을 연결하는 역할을 수행하기 때문에 조직 구조를 통한 위로부터의 유/무형의 자원을 매개하는 역할을 수행한다(Graen, Danseraeu & Minami, 1972; Likert, 1961; Venkataramini, Green & Schleidher, 2010). 따라서 관리자의 상향적 영향력은 본인뿐만 아니라 부하들이 자신의 위치를 인지하는데 있어 중요한 역할을 한다고 볼 수 있다. Pelz(1951)는 조직 내 관리자의 높은 상향적 영향력이 구성원들의 목표 성취를 촉진키시고 집단 구성원들 사이의 높은 우호적인 태도를 이끌 수 있는 반면, 관리자의 상향적 영향력이 낮은 경우에는 관리자의 행동이 부하들의 태도에 영향을 미치지 못함을 주장하였는데 이를 'Pelz Effect'라 한다. 이러한 Pelz의 연구는 훗날 집단 구성원들과 조직 사이의 Liking Pin 이론(Likert, 1961)과 상사와 부하와의 관계에 대한 LMX 이론(Graen & Cashman, 1975)에 중요한 단초를 제공하였다고 할 수 있다(Anderson, Tolson, Fields & Thacker, 1990). 예를 들어, Pelz Effect를 확장시킨 Likert(1961)와 Graen, Cashman, Ginsberg & Schiemann(1977)의 연구에서 관리자의 상향적 영향력은 부서장으로부터 유·무형의 자원을 확보하여 자신의 부하들에게 그것을 제공하는 역할을 수행하므로 부하들의 높은 만족과 몰입을 유도하고 협력을 이끌어 내기 위한 필수불가결한 요소라고 주장하였다.

Pelz(1951)의 제안 이후 몇몇의 후속 연구가 수행되었는데 Wagar(1965)는 관리자의 상향적 영향력은 리더행동과 성과변수들 간의 관계를 촉진하는 효과를 갖는다고 주장하였고, Anderson 등은 (1990)은 상향적 영향력이 높은 관리자는 그렇지 않은 관리자에 비해 조직 차원의 이득과 자원 확보가 용이하므로 부하들의 직무만족에 긍정적인 영향을 미치게 됨을 보여주었다. 한편, Tangirala et al.(2007), Venkataramini et al.(2010)과 같은 최근의 연구자들은 관리자의 상향적 영향력을 LLX(Leader-Leader Exchange)라고 새롭게 정의하기도 하였는바 예를 들어 Tangirala 등(2007)은 Pelz(1952) 및 Likert(1961)가 제시했던 관리자의 상향적 영향력 개념을 토대로 LLX를 개념화 하였으며, 이는 조직 내 위계적인 체계에서 부하들의 직무에 영향을 미칠 수 있는 것이 바로 관리자의 부서장에 대한 영향력이라고 볼 수 있다. LLX가 높은 관리자, 즉 상향적 영향력이 높은 관리자는 부서장이 내리는 의사결정을 바꾸기도 하고 조직의 중요한 결정에 참여하여 업무와 관련된 큰 협상력을 가질 수 있으며(Graen et al., 1977; Venkataramini et al., 2010, 높은 LLX를 가진 관리자는 조직으로부터 다양한 이득을 획득하게 되고 그에 속한 집단의 부하들은 높은 영향력을 지닌 관리자의 집단에 속해 있음을 인지하게 되어 여러 가지 긍정적인 유인효과를 유발할 수 있다(Venkataramini et al., 2010). 이와 같은 논리를 근거로 Tangirala 등.(2007)은 LLX가 높은 상황에서 LMX(Leader-member exchange)는 부하의 태도에 더욱 강한 정의 영향을 미침을 확인하였다. 또한 Venkataramini 등(2010)의 연구에서는 LLX는 조직 내 관리자가 차지하고 있는 입지에 대한 부하의 인식에 영향을 미쳐 이는 다시 직무만족, 이직의도와 같은 부하들의 성과변수에 영향을 미침을 보여주고 있다.

이처럼 관리자의 상향적 영향력은 조직 차원의 자원을 획득하여 부하들에게 그것을 제공하고 부서장의 의사결정에 대해 강한 발언권을 가지고 영향을 줄 수 있으므로 부하들은 관리자가 제공하는 지원 행동 뒤에는 조직 차원의 지원이 있음을 인지하게 되어 직무만족 및 소속감이 높아지게 된다.

2.2. 위계적 구조에서 부서장-관리자-부하의 교환관계

집단수준에서 부서장-관리자 또는 관리자-부하의 교환관계는 평균적 리더십스타일이론(average leadership style theory), 수직적 짝 연계이론(vertical dyad linkage theory), 개별화된 리더십이론(individualized leadership theory)에 기초하여 나타날 수 있다. 평균적 리더십스타일이론에 따르면 리더는 일정한 스타일을 가지고 자신의 부하들을 하나의 전체로 보고 영향력을 행사하므로 부하들은 리더의 스타일에 기초한 행동을 동일하게 지각하게 되고 리더십효과성 역시 동일하게 나타나게 된다(Schriesheim, Cogliser & Neider, 1998; Stogdill & Coons, 1957). 수직적 짝 연계이론에 따르면 리더는 부하들을 상대적으로 비교하여 내집단(in-group)과 외집단(out-group)으로 구분하여 각각 다른 형태의 영향력을 행사하게 된다. 마지막으로 개별화된 리더십이론에 따르면 부하들은 서로 독립적으로 또는 개별적으로 리더와 관계를 가지며 따라서 리더는 한명의 부하에 대해 다른 부하들과의 관계와는 전혀 다른 개별적 혹은 독립적인 관계를 형성하게 된다(김경수·정홍술·최광신, 1999; 김경수·김공수·조용현, 2007; Dansereau, Yammarino, Markham, Alutto, Newman, Dumas, Nachman, Naughton, Kim, Al-Kelabi, Lee & Keller, 1995; Mumford, 1998; Mumford, Dansereau & Yammarino, 2000).

그렇다면 부서장-관리자-부하의 위계적 구조에서는 어떤 교환관계가 성립할까? 가장 손쉽게 생각해 볼 수 있는 교환관계는 상동관계(homology)에 기초한 설명으로 부서장-관리자-부하로 이루어진 위계적 구조에서 일어나는 교환관계는 관리자-부하의 교환관계가 부서장-관리자-부하의 교환관계에서도 동일하게 나타남을 의미한다. 예를 들어 관리자가 자신의 일정한 스타일에 의해 행동을 하는 경우 같은 집단에 속한 부하들이 동일하게 영향을 받게 되는 것처럼, 부서장 역시 자신의 스타일에 기초하여 관리자에게 행동을 하게 되며 같은 집단에 속한 관리자들 역시 동일하게 영향을 받게 된다. 마찬가지로 관리자가 부하들을 차별화된 짝으로 구별하여 내집단에 속한 부하들과 외집단에 속한 부하들에게 각각 다른 차별화된 행동을 보이는 것처럼, 부서장 역시 관리자들을 차별화된 짝으로 구분하여 내집단에 속한 관리자와 외집단에 속한 관리자들에게 차별화된 행동을 보이게 된다. 또한 관리자가 부하들과 일대일의 관계로 영향력을 행사하는 것처럼 부서장 역시 관리자와 일대일의 관계를 형성하여 영향력을 발휘하게 될 것이다. 다른 하나의 설명은 불연속성(discontinuity)에 기초한 설명으로 부서장-관리자 교환관계는 관리자와 부하의 교환관계와는 다르게 나타난다는 것이다. 예를 들어 부서장-관리자-부하로 이루어진 구조에서 관리자는 부서장과 관계를 형성함과 동시에 부하들과도 관계를 형성하므로 단순히 관리자-부하로 이루어진 집단에서의 현상과는 다른 현상이 나타날 수 있다.

이러한 위계적 구조에서 부서장-관리자-부하의 교환관계를 바탕으로 Pelz effect를 설명해 보면, 관리자의 상향적 영향력은 부서장-관리자로 이루어진 집단에서 3가지 형태로 나타날 수 있다.

첫째, 관리자의 상향적 영향력은 부서장이 가지는 특성이나 스타일에 의해 나타나는 것으로 부서장의 특성에 따라 동일한 부서에 속한 관리자들은 높은 상향적 영향력을 행사할 수 있는 반면, 어떤 부서의 관리자들은 낮은 상향적 영향력을 행사할 수 있다. 예를 들어, 부서장이 관리자들의 의견을 잘 수용하고 관리자들이 이끄는 집단에 대한 자율적 관리를 격려하며 그로 인한 개선사항 및 요구사항을 잘 들어주는 특성을 갖는다면 동일한 부서에 속한 관리자들은 이러한 부서장의 행동을 동일하게 지각하게 되고 이러한 행동에 의해 동일한 영향을 받게 된다. 그러므로 이러한 부서에 속한 관리자들은 모두 높은 상향적 영향력을 행사하게 된다. 반대로 부서장이 독단적인 결정을 선호하는 태도를 취하고 관리자들의 의견에 대한 수용보다는 자신의 선택과 결정에 대해 지시와 하달을 주로 하는 편이라면 이러한 부서장의 행동 역시 동일하게 지각하고 동일한 영향을 받게 된다. 그러므로 이러한 부서에 속한 관리자들은 모두 낮은 상향적 영향력을 행사하게 된다. 따라서 어떤 부서장이 이끄는 부서에 속한 관리자인가에 따라 부서별로 관리자들의 상향적 영향력은 달라지게 된다.

둘째, 관리자가 가지는 개인적 특성에 따라 어떤 관리자는 높은 상향적 영향력을 가질 수 있고 어떤 관리자는 낮은 상향적 영향력을 가질 수 있는 경우이다. 수직적 짝 연계이론에 따르면 리더는 부하들을 상대적으로 비교하여 내집단과 외집단으로 구분하여 각각 다른 형태의 영향력을 행사하게 된다. 내집단의 부하들에게는 많은 관심과 배려를 보여주는 반면, 외집단의 부하들에 대해서 리더는 최소한의 관심과 배려를 보여주게 된다. 따라서 내집단에 속한 관리자들에게 부서장은 자율성 부여, 의사결정에의 참여 권한 등을 부여하게 되고 이에 관리자는 높은 상향적 영향력을 행사하는 것이 가능하다. 하지만 외집단에 속한 관리자의 경우 자신이 이끄는 집단 관리에 있어 자율성 확보 및 의사결정 참여 권한 등이 제한되기 때문에 상대적으로 상향적 영향력을 행사하기가 어렵다고 볼 수 있다.

셋째, 관리자의 상향적 영향력은 부서장과 관리자간에 일대 일로 나타나는 현상으로 부서장과 관리자로 이루어진 어떤 짝은 높은 상향적 영향력을 주고받는 반면 어떤 짝은 낮은 상향적 영향력을 주고받아 관리자가 행사하는 상향적 영향력은 부서장과의 개별적인 관계에 의해 나타나게 된다. 즉, 부서장이 관리자에게 일대일로 자부심을 제공해주는 행동, 예를 들어 부서장이 관리자의 개인적인 욕구와 감정에 주의를 기울여주거나 관리자의 동기와 성실성, 능력에 확신을 주고, 관리자의 행동을 지원해 준다면 관리자는 부서장에게 보다 높은 상향적 영향력을 행사하는 것이 가능하게 된다. 이처럼 부서장과 관리자와의 관계는 개별적인 일대일의 관계를 형성하게 된다.

관리자와 부하의 관계 역시 세 가지 관점에서 설명할 수 있다. 첫째, 관리자와 부하의 관계가 집단전체수준(group wholes)에서 일어나는 경우로 관리자는 자신이 가지는 개인적 특성이나 스타일에 따라 동일한 집단에 속한 부하들을 하나의 전체로 보고 행동한다. 이 경우 관리자의 상향적 영향력에 의해 집단에 제공될 수 있는 물질적, 심리적 혜택은 집단에 속한 구성원들에게 동일하게 제공될 수 있으며 따라서 이를 지각한 집단의 구성원들은 모두 동일한 지각과 행동을 통해 집단 전체 수준의 성과를 창출할 수 있다. 반대로 관리자의 상향적 영향력이 낮은 경우 집단 구성원들은 이를 동일하게 지각하고 이에 따른 저조한 성과 역시 집단 전체 수준에서 일어난다.

둘째, 관리자와 부하의 관계가 집단부분수준(group parts)에서 일어나는 경우이다. 관리자는 집단의 구성원들을 내집단과 외집단으로 구분하여 내집단에게는 관심과 배려, 각종 지원을 제공한다. 따라서 관리자의 상향적 영향력에 따른 구성원들의 성과는 집단 전체로 동일하게 나타나는 것이 아니라 내집단과 외집단으로 구분되어 내집단에 속한 부하들은 높은 성과를, 외집단에 속한 부하들은 낮은 성과를 보여준다.

셋째, 관리자와 부하의 관계가 짝 수준에서 일어나는 경우로 관리자와 부하는 일대 일의 관계를 형성하며 관리자가 부하에게 많은 혜택을 제공하는 경우 부하는 관리자에게 동일한 정도의 보답을 제공한다. 따라서 관리자의 상향적 영향력과 부하 성과간의 관계가 일대일로 개별화된 짝 수준에서 발생한다.

앞서 설명한 상동관계와 불연속성 개념의 차이를 비교하면 <표 1>과 같다. <표 1>에서 보는 바와 같이 불연속성 개념에 기초한 설명에 따르면 부서장-관리자의 관계는 차별화된 짝의 관계로 부서장은 관리자들을 비교하여 내집단의 관리자와 외집단의 관리자로 구별하므로 집단부분수준에서 성립하는 반면 관리자-부하의 관계는 관리자가 집단전체를 효과적

또는 비효과적으로 관리하게 되므로 집단전체수준에서 성립하게 된다. 그러나 상동관계의 개념에 따르면 세 가지의 경우가 나타나게 되는데 첫째, 부서장-관리자의 관계가 ALS(평균적 리더십스타일) 이론에 기초할 경우 관리자-부하 관계 역시 ALS 형태로 나타나므로 부서장-관리자의 관계와 관리자-부하의 관계가 집단전체수준에서 성립하게 된다. 이 때 리더행동과 성과간의 관계가 관리자-부하로 이루어진 집단전체 수준에서도 성립하는 동시에 부서장-관리자로 이루어진 부서수준에서도 성립하게 된다. 둘째, 부서장-관리자의 관계가 VDL(수직적 짝 연계)이론에 기초할 경우 관리자-부하의 관계 역시 VDL이론에 기초할 것이고 따라서 부서수준 (부서장-관리자)과 집단수준(관리자-부하)에서 모두 내집단과

표 1. 상동관계와 불연속성의 비교

<table>
<tr><th colspan="2">이론</th><th>부서장-관리자
관계</th><th>관리자-부하의
관계 및 결과</th><th>비고</th></tr>
<tr><td colspan="2" rowspan="2">불연속성 개념</td><td>관리자의 상향적 영향력이 큼</td><td>집단을 효과적으로 관리(집단성과가 높게 나타남)</td><td rowspan="2">부서장-관리자의 관계는 부서수준에서 차별화된 짝 관계로 나타나는 반면, 관리자와 부하의 관계는 집단전체로 나타남</td></tr>
<tr><td>관리자의 상향적 영향력이 작음</td><td>집단을 비효과적으로 관리(집단성과가 낮게 나타남)</td></tr>
<tr><td rowspan="4">상동관계 개념</td><td>ALS 이론</td><td>부서 내 모든 관리자들의 상향적 영향력이 동일</td><td>관리자의 상향적 영향력을 부하들 모두 동일하게 지각(집단전체의 성과가 좋게 또는 저조하게 나타남)</td><td>부서장-관리자-부하의 관계가 모두 집단전체수준(즉, 부서전체수준과 집단전체수준)에서 나타남</td></tr>
<tr><td rowspan="2">VDL 이론</td><td>관리자의 상향적 영향력이 큼</td><td rowspan="2">관리자의 상향적 영향력에 따른 부하 성과의 관계가 차별화된 짝으로 나타남(좋고 나쁜 관계: 좋은 관계를 가지는 부하들은 좋은 성과를 보이는 반면, 나쁜 관계를 가지는 부하는 저조한 성과를 보이게 됨)</td><td rowspan="2">부서장-관리자-부하의 관계가 차별화된 짝 관계 (즉, 부서부분수준과 집단부분수준)의 형태로 나타남</td></tr>
<tr><td>관리자의 상향적 영향력이 작음</td></tr>
<tr><td>IL이론</td><td>관리자의 상향적 영향력은 부서장과 관리자의 관계에서 일대 일(즉 개별적, 독립적)로 나타남</td><td>관리자의 상향적 영향력에 따른 부하 성과 가 일대 일로 나타남: 좋은 관계를 가지는 부하의 성과는 높지만, 나쁜 관계를 가지는 부하의 성과는 저조하게 나타남</td><td>IL 이론이 VDL 이론과 다른 점은 집단의 효과가 없다는 것으로 부서와 집단수준에서 순수한 짝의 관계로 나타남</td></tr>
</table>

* 집단은 관리자와 부하들로 이루어져 있으며, 부서는 부서장, 관리자, 부하로 이루어 있음.

외집단으로 구분되는 부서부분수준과 집단부분수준에서 성립하게 된다. 셋째, 부서장-관리자의 관계가 IL(개별화된 리더십)이론에 기초할 경우 관리자-부하의 관계 역시 IL 형태로 나타나게 되어 부서수준과 집단수준에서 모두 일대 일의 짝 관계로 나타나게 된다.

Pelz가 주장한 바에 따르면 관리자가 부하들을 효과적으로 관리하는 정도는 관리자가 부서장과의 관계에서 어느 정도 영향력을 가지는가에 따라 영향을 받게 된다. 그런데 이 경우 관리자의 부서장에 대한 영향력의 정도는 차별화된 관계로 나타나므로 어떤 관리자는 영향력을 많이 가지는 반면에 어떤 관리자는 영향력을 적게 가지게 된다. 그리고 부서장에 대해 영향력을 많이 가지는 관리자는 집단전체를 효과적으로 관리하는 반면 영향력을 적게 가지는 관리자는 집단전체를 효과적으로 관리하지 못하게 된다. 마찬가지로 Pelz(1952)의 이론을 확장하여 연구한 Graen et al.(1977)의 이론에 따르면 부서장과 좋은 관계를 가지는 관리자는 부하들을 효과적으로 관리하는 반면 부서장과 좋은 관계를 가지지 못한 관리자는 부하들을 효과적으로 관리하지 못하게 되며, 어떤 관리자는 부서장과 좋은 관계를 가지지만 어떤 관리자는 좋은 관계를 가지지 못하게 된다. 따라서 위계적 리더십에서 제시하고 있는 여러 가지 대안(불연속성 개념과 상동관계 개념) 중 Pelz effect는 부서장과 관리자의 관계가 차별화된 짝으로 나타나는 반면 관리자와 부하들의 관계는 집단전체로 나타나게 되는 불연속성 개념이라 볼 수 있다.

이러한 Pelz effect의 불연속성 개념을 보다 용이하게 나타내기 위하여 한 명의 부서장이 2명의 관리자를 그리고 한명의 관리자가 2명의 부하를 가진다고 가정하여 그림으로 표시하면 다음과 같다. <그림 1>은 부서장-관리자의 관계가 차별화된 짝의 형태로 나타나게 되어 집단부분수준(명확하게 이야기 하면 부서부분수준으로 볼 수 있음)에서 성립하는 반면, 관리자-부하의 관계는 집단전체에 동일하게 나타나므로 집단전체수준에서 성립하는 것을 보여준다.

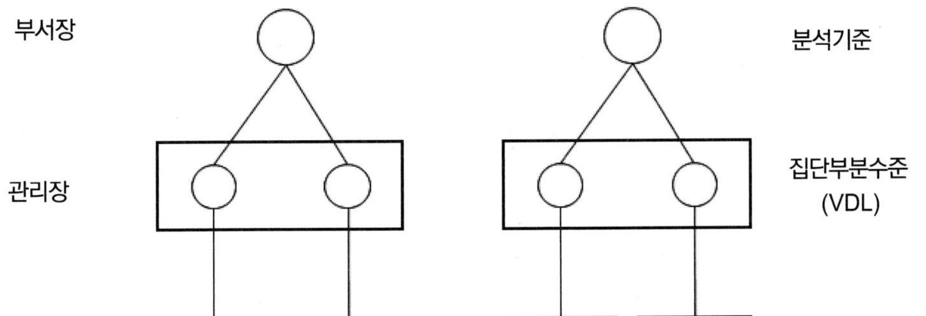

그림 1. 불연속성의 개념

2.3. 가설의 설정

2.3.1. 변수들 간의 관계 이슈

Pelz(1951)는 조직이 효과적으로 운영되기 위해서는 관리자가 자신의 직속상사(부서장)의 결정에 대해 충분한 영향력을 지니고 있어야 하며 만일 부서장에 대한 관리자의 상향적 영향력이 미미하다면 부하들의 문제를 해결하는데 어려움을 겪고 동시에 부하들의 협조를 얻어내기도 힘들어 진다(Roken & Lawrnece, 1952). 이로 인해 관리자가 자신의 직무를 수행하는데도 어려움을 겪게 된다. 하지만 부서장에 대한 관리자의 상향적 영향력이 크다면 관리자는 자신이 이끄는 집단을 관리하기가 수월해지며 집단 내 구성원들의 창의성, 유용한 아이디어, 성과 향상을 이끌어 낼 수 있다(Likert, 1961). 또한 상향적 영향력이 높은 관리자들은 중대한 정책과 결정에 빨리 접합 수 있으며, 그들이 이끄는 집단의 이득과 직접적으로 관련이 있는 협상에 대해 더욱 높은 중대한 영향력을 행사하게 된다(Cashman, Dansereau, Graen & Haga, 1976; Venkataramini et al., 2010).

관리자는 부서장과 부하의 연결고리(Likert, 1967)가 되기 때문에 관리자가 자신의 집단에 속한 부하들에게 필요한 자원과 도움을 제공해 주기 위해서는 부서장에 대해 강력한 상향적 영향력을 지녀야 한다(Anderson et al., 1990). 이러한 이유로 Pelz(1951)는 부서장에 대한 관리자의 상향적 영향력이 부하들의 직무만족을 강화한다고 주장하였다. 부하들은 그들의 리더(관리자)가 상향적 영향력을 발휘하여 필요한 자원에 대한 접근이 용이하고 의사결정에 큰 목소리를 낼 수 있다고 인지하게 되면 그들의 관리자가 제공하는 지원 뒤에는 강력한 조직적인 후원이 있다고 깨닫기 때문에 이러한 인식으로 구성원들의 만족 및 성과가 증대되는 것이다(Anderson et al., 1990). 또한, 부서장에 대한 상향적 영향력이 높은 관리자는 부하들로 하여금 조직에 이득이 되는 가치 있는 마음가짐을 갖게 하며(Tepper & Taylor, 2003) 부하들로 하여금 긍정적이 근무태도를 가지게 할 수 있고(Tangirala et al., 2007), 조직으로부터 필요한 자원에 대한 허용범위가 크기 때문에 높은 자율권, 혁신, 부하들에 대한 경력개발 기회 제공(Graen et al., 1977)이 용이해진다.

이러한 결과들은 관리자의 상향적 영향력이 부하들의 직무만족과 직무성과에 긍정적인 영향을 줄 수 있음을 의미한다. 관리자의 상향적 영향력이 크면 클수록 관리자는 자원과 예산의 확보, 정보의 습득 등이 용이해지며 이는 곧 집단 구성원(부하)들의 업무 수행을 용이하게 하며 직무에 대한 만족과 높은 성과를 이끌어 낼 수 있다. 이러한 논의를 바탕으로 다음과 같은 가설을 설정하였다.

가설 1. 부서장에 대한 관리자의 상향적 영향력은 부하의 직무만족에 정(+)의 영향을 미칠 것이다.

가설 2. 부서장에 대한 관리자의 상향적 영향력은 부하의 직무성과에 정(+)의 영향을 미칠 것이다.

2.3.2. 분석수준 이슈

본 연구의 목적은 Pelz(1952)가 제안한 Pelz Effect의 재검증을 통해 부서장-관리자-부하의 관계가 불연속성 형태로 나타날 것인지 아니면 상동관계 형태로 나타날 것인지에 대한 이론적인 구축과 검증에 있다. 이미 밝힌 바와 같이 Pelz(1952)에 의해 주장된 가설은 부서장-관리자의 관계에서 관리자가 부서장에 대해 어느 정도 영향력을 가지는가에 따라 부하들로 이루어진 집단을 효과적으로 관리하는 정도가 다르게 나타난다는 이론이다. 관리자가 부서장과 어떤 관계(관리자의 높은 상향적 영향력 혹은 낮은 상향적 영향력)를 가지는가에 따라 높은 상향적 영향력을 가진 관리자는 부하들로 이루어진 집단전체를 효과적으로 관리하는 반면, 낮은 상향적 영향력을 가진 관리자는 집단을 비효과적으로 관리하게 된다는 것이다.

Pelz(1952)의 주장은 하나의 가설로 구축하는 것이 가능한데, Pelz(1952)는 관리자의 상향적 영향력을 차별화된 짝 관계로 설명하고 있다. 즉, 부서 내 어떤 관리자는 부서장에 대해 높은 상향적 영향력을 가지는 반면, 어떤 관리자는 부서장에 대해 낮은 상향적 영향력을 가진다는 것을 가정하고 있다. 또한, Pelz(1952)가 주장한 바에 의하면 관리자의 상향적 영향력에 따른 부하의 성과는 집단전체수준에서 일어난다. 이는 상위계층에서 형성된 관리자의 상향적 영향력의 높고 낮음의 정도에 따라 관리자가 이끄는 집단의 성과가 다르게 나타남을 의미한다(높은 상향적 영향력을 행사하는 관리자가 이끄는 집단의 성과는 높게 나타나고, 낮은 상향적 영향력을 행사하는 관리자가 이끄는 집단의 성과는 낮게 나타남). 즉, 동일한 집단에 속한 부하들은 관리자의 상향적 영향력을 동일하게 지각하므로 이에 따라 부하들의 성과는 집단전체수준에서 동일하게 나타난다.

이것을 부서와 집단의 다분석수준에서 설명하면 다음과 같다. 부서내에서 관리자의 상향적 영향력은 관리자마다 다르게 나타나므로 관리자의 상향적 영향력은 부서 내에서 차이가 존재하게 된다. 또한 관리자의 상향적 영향력 정도에 따라 관리자가 이끄는 집단의 성과 역시 다르게 나타나므로(관리자의 상향적 영향력이 큰 경우 관리자가 이끄는 집단의 성과는 높게 나타나는 반면 반대로 관리자의 상향적 영향력이 작은 경우 관리자가 이끄는 집단의 성과는 낮게 나타남) 부서내 집단성과 역시 부서 내에서 차이가 존재하게 된다. 따라서 관리자의 상향적 영향력과 집단성과 간 관계는 정(+)의 관계를 가지며 관리자의 상향적 영향력과 집단성과 간 관계는 부서 내에서 차이가 존재하게 된다. 그러나 집단수준에서는 관리자의 상향적 영향력의 정도가 집단마다 다르게 나타나고 그 결과 집단성과 역시 집단마다 다르게 나타나게 된다. 따라서 집단수준에서 관리자의 상향적 영향력과 집단성과는 정(+)의 관계를 가지게 되며 관리자의 상향적 영향력과 집단성과 간 관계는 집단 간 차이가 존재하게 된다.

요약하면 관리자의 부서장에 대한 영향력의 정도와 집단성과 간 관계는 부서 내에서 차이가 존재하며, 관리자의 영향력과 집단성과간의 관계는 집단 간 차이를 보여준다. 즉 부서장과 관리자의 관계가 관리자와 부하의 관계와는 다른 형태로 나타나게 되므로 부서수준에서 일어나는 현상과 집단수준에서 일어나는 현상이 불연속성을 가지게 된다. 이와 같은 논의를 바탕으로 다음과 같은 가설을 설정하였다.

가설 3. 다분석수준에 있어, 부서장과 관리자의 관계(관리자의 상향적 영향력과 집단성과 간 관계)와 관리자와 부하와의 관계(관리자의 상향적 영향력과 집단성과간의 관계)는 불연속성 형태로 나타날 것이다.

가설 3을 보다 구체적으로 기술하면 집단수준에서 관리자의 상향적 영향력과 집단성과(직무만족과 직무성과), 그리고 두 변수 간 관계는 집단전체수준(whole groups)에서 성립하는 반면 부서수준에서 관리자의 영향력과 집단성과, 그리고 두 변수 간 관계는 부서부분수준(department parts)에서 성립한다는 것이다. 물론 가설 3은 <표 1>에서 제시한 6가지 대안 가설 중 하나로서 이것은 Pelz가 주장한 가설이다. 그러나 <표 1>에서 밝힌 바와 같이 다른 대안 가설도 하나의 가설로 정립될 수 있는데 예를 들어 Pelz가 주장한 것처럼 부서수준에서 어떤 상사는 부서장에 대한 영향력의 정도가 큰 반면 어떤 상사는 부서장에 대한 영향력의 정도가 작게 나타나 집단성과 역시 집단 간의 차이를 보이는 것처럼 집단수준에서 상사와 부하관계 역시 어떤 부하는 높은 성과를 보이는 반면 어떤 부하는 낮은 성과를 보일 수 있다. 이러한 가설은 부서수준과 집단수준에서 모두 부분(parts)을 보이는 상동관계에 대한 가설이라고 볼 수 있다. 하지만 본 연구의 목적은 Pelz효과에 대한 고찰과 재검증이므로 본 연구에서는 집단수준에서는 변수와 변수들간의 관계가 집단전체수준(groups wholes)이 성립하는 반면(집단간의 차이가 존재) 부서수준에서는 변수와 변수들간의 관계가 부서부분수준(department parts)에서 성립한다는(부서내의 차이가 존재) 불연속성 가설을 설정하였다.

이러한 불연속성 가설은 아마도 개인주의 문화권에 속한 기업이나 조직의 부서에서 나타나는 현상이라고 볼 수 있다. 개인주의 문화를 가지는 부서에서 부서장과 관리자의 관계는 부서장과 한 관리자의 일대 일 또는 짝의 형태를 취하게 된다. 따라서 같은 부서에 속한 부서장과 한 관리자의 짝 관계는 부서장과 다른 관리자의 짝 관계와는 다르게 나타나게 되며, 한 관리자의 상향적 영향력 역시 다른 관리자의 영향력과는 다르게 나타나게 된다. 이 경우 같은 부서에 속한 관리자들은 동일한 부서장에 대해 이질적인 상향적 영향력을 가지게 된다.[2)]

2) 이러한 논의에 대해 유용한 지적을 해주신 익명의 심사자분께 감사를 드립니다.

3. 연구방법

3.1. 자료수집 및 표본

본 연구에서 설정한 가설은 집단수준과 더불어 부서수준을 동시에 고려하여 설정된 가설이므로 이를 검증하기 위해서는 부서장-관리자-부하로 이루어진 부서별 자료가 필요하다. 그러므로 본 연구는 국내 지방 소재 금융, 증권, 제약, 제조업(전기전자, 기계, 조선, 자동차), 언론기관, 공기업, 공무원 조직 등 17개 조직을 대상 기업으로 선정하였으며, 이들 조직 내 44명의 부서장에 속한 132명의 관리자, 그리고 각 상사 예하의 396명의 부하를 전체 샘플로 선정하였다.

연구의 특성에 맞게 Blue와 Yellow로 이루어진 관리자용, 부하용의 별도 설문서를 만들어 우선 부하들에게 전달하여 응답하게 한 후 회수하고 관리자들로 하여금 설문응답에 참여한 부하들에 대해 응답하도록 하였다. 따라서 수집된 자료는 동일한 부서에 속해 있는 관리자, 부하들이 하나의 data set에 포함되었다. 예를 들어 설문대상 조직에 3개의 부서가 존재하는 경우 3명의 부서장 휘하에 있는 관리자와 부하들로부터 자료를 수집하여 어떤 관리자가 어떤 부서장에게 보고하고, 어떤 부하가 어떤 관리자에게 보고하는가를 추적하여 부서별로 부서장-관리자-부하의 자료를 한 개의 data set으로 구성하였다.

수거된 설문서 346부(관리자:90부, 부하:256부) 중 본 연구의 목적에 부합하지 못하는 자료(예를 들어, 부서장-관리자-부하의 set 구성 시, 관리자의 경우 2명 이상으로 이루어진 2집단, 부하의 경우 각 상사별로 2명 이상으로 구성된 2집단을 최소한의 set으로 간주하고 이를 충족시키지 못한 데이터는 제외하였음.), 응답이 미비하거나 불성실한 응답 경향이 뚜렷한 28부(관리자: 7부, 부하:21부)를 제외하고 관리자 83부, 부하 235부로 구성된 34개 부서, 83개 집단의 설문서 자료 318부가 최종 분석에 이용되었다.

응답자의 인구 통계적 자료의 분석결과에 따르면 관리자의 경우, 성별 구성은 남성 67명(80.7%), 여성 16명(19.3%)으로 남성이 여성보다 훨씬 많은 것으로 나타났으며, 평균 연령은 43.88이며 35세에서 44세가 37명(44.6%)으로 가장 많은 것으로 나타났다. 평균 근속년수는 16.59년으로 10년 이상의 근속년수를 가진 사람이 65명(78.3%)으로 가장 많은 것으로 나타났으며, 학력은 4년제 학사가 44명(53.0%)으로 가장 많은 것으로 나타났다. 부하의 경우, 성별 구성은 남성 150명(63.8%), 여성 85명(36.2%)으로 남성이 여성보다 높은 비율을 보이고 있으며, 평균 연령은 36.05세이며 25세에서 34세가 116명(49.3%)으로 가장 많은 것으로 나타났다. 평균 근속년수는 8.70년으로 5년 미만, 5년에서 10년, 10년 이상의 근속년수를 가진 부하들은 각각 89명(39.1%), 76명(32.4%), 70명(28.5%)로 거의 비슷하게 나타났고, 학력은 4년제 학사가 104명(44.3%)으로 가장 많은 것으로 나타났다.

연구 표본의 인구 통계적 특성은 다음 <표 2>와 같다.

표 2. 표본의 인구 통계적 특성

변수명 \ 분포		관리자(n=83)		부하(n=235)	
		표본수(명)	구성비(%)	표본수(명)	구성비(%)
성별	남자	67	80.7	150	63.8
	여자	16	19.3	85	36.2
연령별	25세 미만	0	0	3	1.3
	25 ~ 34세	8	9.6	116	49.3
	35 ~ 44세	37	44.6	84	35.8
	45 ~ 54세	32	38.6	29	12.3
	55세 이상	6	7.2	3	1.3
학력	고졸	11	13.3	41	17.4
	학사(2년제)	17	20.5	74	31.5
	학사(4년제)	44	53.0	104	44.3
	석사 이상	11	13.3	16	6.8
근속 년수	5년 미만	4	4.8	89	39.1
	5 10년	14	16.9	76	32.4
	10년 이상	65	78.3	70	28.5
직위	사원	2	2.4	213	90.6
	일선관리자	35	42.2	15	6.4
	중견관리자	46	55.4	7	3.0

3.2. 변수측정

3.2.1. 상사의 상향적 영향력

관리자의 상향적 영향력은 Pelz(1952)와 Wager(1965)의 연구에서 개발된 4개 설문항목을 선택하여 7점 척도로 측정하였다. 구체적인 설문항목은 '부서장의 의사결정에 있어 관리자의 영향력의 정도', '관리자가 부서장으로부터 받는 재량권의 정도', '부서장에 대해 필요한 자원(인력, 장비, 공간 등)을 요구하는 정도' 등으로 구성되어 있다.

3.2.2. 직무만족

직무만족은 Manz(1992)가 제시한 항목들을 수정 보완한 5개 항목 7점 척도로 측정하였다. 구체적인 설문 항목은 '동료에 대한 만족', '급여에 대한 만족', '업무 수행에 있어서의 기쁨과 보람 정도' 등으로 구성되어 있다.

3.2.3. 직무성과

직무성과는 Dansereau, Graen & Haga(1975), 김경수·김공수·조용현(2007)의 설문항목

을 수정 보완하여 '부하의 성과에 대한 관리자의 만족도', '부하의 성과에 대한 관리자의 선호도' 2개의 항목을 7점 척도로 측정하였다.

3.3. 변수의 신뢰성 및 타당성

연구에서 사용된 다항목 척도 변수들의 신뢰도 분석을 위해 크론바하 알파(cronbach's alpha) 계수를 이용한 내적 일관성 검증방법을 이용하였다. 분석결과 <표 3>에서 보는 바와 같이 연구모형 내 다항목 척도 변수들의 신뢰도계수가 모두 0.7 이상으로 Van de Ven & Ferry(1980)가 제시하는 기준치를 충족시키며 신뢰할만한 척도로 나타났다.

측정 변수들의 타당도를 검증하기 위해 탐색적 요인분석(exploratory factor analysis)을 주요인분석(principal component analysis)에 의한 방법으로 실시하였고 회전방식은 직각행렬(varimax) 방식을 사용하였다. 본 연구에서 사용된 측정항목들에 대해 상사와 부하가 서로 응답하도록 구성되었기 때문에 상사와 부하의 응답 변수들을 구분하여 요인분석을 실시하였다. 단, 부하의 직무만족은 부하가 느끼는 주관적인 성과변수로 볼 수 있으므로 상사 대상 설문에서 제외시켰다. 요인분석 결과 모든 변수들에서 고유치(eigenvalue)가 1이상인 요인들이 도출되었고, 각 변수들을 측정한 항목들은 모두 요인적재량 .50 이상으로 적재되어 각 변수들은 그 개념적 구분이 명확하게 나타났다(요인분석 결과는 <부록>참조).

3.4. 분석방법

본 연구는 관리자의 상향적 영향력과 부하의 성과변수들 간의 관계에 대한 검증뿐 아니라 분석수준(부서 및 집단)에 관한 검증을 목적으로 하고 있다. 변수들 간의 관계에 대한 검증을 위해서 상관관계 분석, 분석수준에 관한 가설을 검증하기 위하여 단일수준분석('내와 간' 분석[within and between analysis], Dansereau, Alutto, & Yammarino, 1984)과 다 수준분석(multiple-level analysis, Dansereau et al., 1984; Dansereau, Cho, & Yammarino, 2006)을 실시하였다. 특히 '내와 간' 분석은 본 연구에서 설정한 변수들이 어느 수준(개인, 집단, 부서)에서 성립하는가와 다 수준분석(부서와 집단)을 검증하는 것으로 다음과 같은 절차를 통해 분석을 실시하였다.

3.4.1. 단일수준분석 : 내와 간 분석

'내와 간' 분석은 개개의 변수에 대해 한 분석수준(예, 집단)에서 집단 간의 차이가 타당한지 혹은 집단 내의 차이가 타당한가를 분석하는 것으로(Dansereau et al, 1984) 한 변수가 가지는 값(total set of scores)이 하나의 분석수준(예를 들면 집단수준)에서 집단 내 혹은 집단 간의 값(within-cell scores or between-cell scores)에 의해 설명되는 정도를 분석하는 것이며, 이를 위하여 between-eta 상관과 within-eta 상관이 사용된다. Between-eta 상관(η_B)

은 집단간-편차 제곱의 합(sum of squared between-cell deviations)을 전체-편차 제곱의 합으로 나눈 값의 제곱근으로 표시할 수 있으며, within-eta 상관(η_W)은 집단 내-편차 제곱의 합(sum of squared within-cell deviations)을 전체-편차 제곱의 합으로 나눈 값의 제곱근으로 표시할 수 있다($\eta_B = \sqrt{\ } \Sigma(X_J-X)^2/\Sigma(X-X)^2$ 이고 $\eta_W = \sqrt{\ } \Sigma(X-X_J)^2/\Sigma(X-X)^2$). 그리고 이 두 개의 상관 값을 비율로 표시한 것이 바로 E 비율이며, 이를 검증하는 것이 E 검증이다.

E 검증은 F 검증과는 달리 자유도를 고려하지 않은 실용적인 유의도(Practical significance)에 대한 검증으로서 E 비율($E=\eta_B/\eta_W$)을 사용하여 검증한다(Dansereau et al., 1984). 이 경우 통계적 유의성 검증을 위한 F 비율은 자유도에 의해 영향을 받지만, 실용적 유의성 검증을 위한 E 비율은 자유도에 의해 영향을 받지 않으므로 두 개의 검증을 동시에 적용시 보다 명확한 결론이 도출될 수 있다. Dansereau 등(1984)은 이러한 E 비율을 15° 범위에서 다음과 같이 제시하고 있다(물론 E 비율은 0° 또는 30°에서도 검증할 수 있다).

첫째, E>1.30 경우이다. 이는 전체-편차 제곱 값의 합 중 셀(집단)간-편차 제곱합이 차지하는 비율이 셀(집단)내-편차 제곱의 합이 차지하는 비율보다 큰 경우로서 셀(집단)간의 차이가 타당하다는 것을 의미한다.

둘째, E< 0.77 경우이다. 이는 전체-편차 제곱의 합 중 셀 내-편차 제곱의 합이 차지하는 비율이 셀(집단)간-편차 제곱의 합이 차지하는 비율보다 큰 경우로서 셀(집단)내의 차이가 타당하다는 것을 의미한다.

셋째, 0.77<E<1.30 경우이다. 이는 어느 비율이 큰지, 작은지 알 수 없는 경우로서 셀(집단)간에서 차이라고 보기도 어렵고, 셀 내의 차이라고 보기도 어려우므로 애매함(equivocal)을 나타낸다.

0° (15°)검증을 간단히 설명하면 다음과 같다. 내와 간 분석(WABA)에서 에타 상관(eta correlation)을 구하는 절차는 기하학이론(geometric theory)으로부터 도출된다. 즉 셀 내와 셀 간의 편차 값(within- and between-cell deviations)이 서로 독립적이라는 전제 하에(두개의 값이 독립적인 것에 대한 증명은 댄스로 등[1984]의 343쪽 참조) 다음 그림과 같이 두 개의 벡터(B와 W)는 900의 각도를 형성하게 된다.

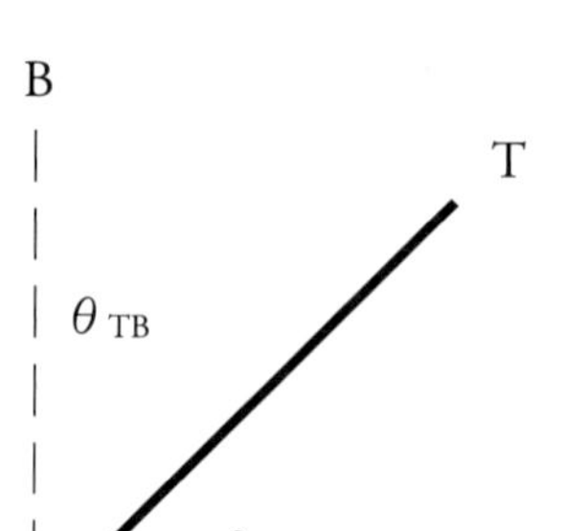

또한 그림에서 전체편차 값들(total deviation scores)은 두 개의 벡터(B,W) 사이를 움직이는 하나의 벡터 T로 표시할 수 있다. 이때 두 개의 벡터 T와 B 간의 각도는 전체 편차 값 중 셀 간 편차 값이 차지하는 정도를 의미하고 두 벡터간의 상관인 between-eta 상관을 구하는 공식은 다음과 같이 표시할 수 있다: $\cos\theta_{TB} = \eta_B = \sqrt{\Sigma(X_J-X)^2/\Sigma(X-X)^2}$. 마찬가지로 두 개의 벡터 T와 W 간의 각도는 전체 편차 값 중 셀 내 편차 값이 차지하는 정도를 의미하고 두 벡터간의 상관인 within-eta 상관을 구하는 공식은 다음과 같이 표시할 수 있다: $\cos\theta_{TW} = \eta_W = \sqrt{\Sigma(X-X_J)^2/\Sigma(X-X)^2}$.

이때 두 개의 에타 상관의 비율을 E(=$\cot\theta_{TB} = \eta_B/\eta_W$) 라고 표시할 수 있으며 두 에타 상관을 제곱한 값을 더하면 1이 된다는 공식 하에 두 개의 에타 상관 값이 같을 때 $\eta^2_B = \eta^2_W = 0.5$(또는 $\eta_B = \eta_W = 0.7071$)이 되며 E 값은 정확히 1이 된다. 이 값을 cosine 각도로 표시하면 $\theta = 45°$가 된다($\cos 45° = 0.7071$). 실제 수집한 자료를 분석한 결과 E값이 1보다 크면 셀 간의 차이가 타당한 것인 반면 1보다 작으면 셀 내의 차이가 타당한 것을 보이는 바 이것이 바로 내와 간 분석에서의 0° 검증이다. 마찬가지로 15° 검증은 45° 선을 중심으로 좌우로 7.5°씩 떨어진 52.5°와 37.5° 선이 각각 기준선이 되는데 이때 E값이 1.30($\cot 52.5°=1.30$)보다 크면 셀 간의 차이가 타당한 것이고 E값이 0.77이하($\cot 37.5°=0.77$이면 셀 내의 차이가 타당함을 의미하며, 중간에 위치하게 되면($0.77<E<1.30$) 애매함(equivocal)을 나타낸다. 이것이 바로 150 검증이며 이러한 검증은 기존의 논문에서 받아들여지고 있다(Dansereau et al., 1995; Chun, Yammarino, Dionne, Sosik, & Moon, 2009; Sosik, Godshalk, & Yammarino, 2004).

또한 두 변수들 간의 관계를 분석수준에 기초하여 분석하는데 있어서 변수들 간의 관계가 집단 간 또는 집단 내에서 성립하는가를 검증할 필요가 있다. 이를 위하여 변수 각각에 대한 집단 간 공변이(covariation)와 집단 내 공변이(covariation)를 기초로 집단 간 상관관계(between-group correlations)와 집단 내 상관관계(within-group correlations)를 구할 수 있다. 두 변수(X, Y)의 집단 간 상관관계는 다음과 같이 표시될 수 있다.

$$\cos\theta_{BXY} = r_{BXY} = \Sigma(X_J-X)(Y_J-Y)/\sqrt{\Sigma(X_J-X)^2\Sigma(Y_J-Y)^2} \text{ ---------------- } (1)$$

마찬가지로 두 변수의 집단 내 상관관계는 다음과 같이 표시할 수 있다.

$$\cos\theta_{WXY} = r_{WXY} = \Sigma(X-X_J)(Y-Y_J)/\sqrt{\Sigma(X-X_J)^2\Sigma(Y-Y_J)^2} \text{ --------------- } (2)$$

집단 간 상관관계와 집단 내 상관관계의 실용적 유의도(practical significance)는 집단 간 상관관계를 나타내는 각도($\cos\theta_{BXY}$)와 집단 내 상관관계를 나타내는 각도($\cos\theta_{WXY}$)를 비교하여 이 각도의 차이가 15° 또는 30° 수준에서 검증할 수 있으며 이것이 바로 A(A= $\cos\theta_{BXY} - \cos\theta_{WXY}$) 검증으로 15°, 또는 30° 검증이라 할 수 있다. 또한 통계적 유의도(statistical significance)는 기존의 Z-검증을 통해 검증할 수 있다.

3.4.2. 다 수준분석

본 연구는 불연속성 개념에 기초한 가설을 검증하는 것이므로 앞에서 언급한 단일분석수준과 더불어 다분석수준에 대한 분석이 필요하다. 즉 집단수준에서의 결과가 부서수준에서도 동일하게 나타나는가 아니면 다르게 나타나는가를 검증하는 것이 필요하다. 이를 위하여 Dansereau et al.(1984)가 개발한 내와 간 분석(within and between analysis)이 실시되었다. 다분석수준은 두 개(집단과 부서)의 단일분석수준을 포함하는데 각각의 단일분석수준에 대한 분석은 앞에서 설명한 단일분석수준 분석과 동일하다. 즉 집단수준에서 관리자의 상향적 영향력과 부하성과 두 변수와 두 변수 간 관계가 집단전체수준에서 성립하는가의 여부를 검증하고 아울러 관리자의 상향적 영향력과 성과가 부서부분수준에서 성립하는가를 검증한다, 부서수준분석을 위해서는 관리자의 상향적 영향력과 부하성과 두 변수의 집단평균값이 사용되는바 그 이유는 집단을 대표하는 값 중 하나가 집단평균 값이기 때문이고 부서 내에서 집단 간의 차이가 존재하는지의 여부를 판단할 수 있기 때문이다. 물론 집단을 대표하는 값 중 집단 내 차이 값(집단 내 개인 값-집단평균 값)도 존재하지만 이 값을 사용하는 경우 부서내 집단과 개인의 효과가 혼재되어 나타나기 때문에 부서 내 집단 간의 차이 여부를 판단할 수 없기 때문이다. 물론 HLM(Hierarchical Linear Modeling)를 사용하여 부서, 집단, 개인의 영향력이 개인수준의 결과변수에 미치는 영향을 동시에 분석할 수 있지만, 본 논문에서 제시한 가설은 개개의 변수가 개인, 집단, 부서수준에서 성립하는가의 여부뿐만 아니라, 변수들 간의 관계가 개인, 집단, 부서수준에서 성립하는가에 관한 것이므로 비록 HLM에 의해 개인, 집단, 부서수준의 변수가 개인수준의 결과변수에 영향을 미친다는 것을 보인다고 하더라도 변수들 간의 관계가 개인, 집단, 부서수준에서 어떤 관계를 보이는가와 이러한 결과가 상동관계를 보이는지 또는 불연속성을 보이는지에 대한 결과를 제시하지 못한다고 볼 수 있다. 따라서 본 논문에서는 '내와 간(within and between analysis)' 분석이 사용되었다. 물론 개인, 집단, 부서수준의 변수가 개인수준의 결과변수에 영향을 미치는가에 대한 HLM 결과도 본 논문에 제시되었다.

4. 연구결과

가설검증에 앞서 전체 변수들 사이의 상관관계 분석을 실시하였다. <표 3>은 연구에서 조사되었던 모든 변수들의 평균, 표준편차, 신뢰도 및 상관관계를 제시하고 있다. 상관계수 분석 결과에 의하면 분석대상 변수들 간에 동일인에 대한 응답뿐만 아니라 관리자와 부하의 교차응답에 있어서도 유의한 상관관계가 존재하고 있음을 알 수 있다. 관리자가 응답한 관리자의 상향적 영향력과 부하의 성과는 유의한 정(+)의 상관관계가 있고 부하가 응답한 관리자의 상향적 영향력과 부하의 직무만족, 직무성과와의 관계 역시 정(+)의 관계가 있음을 알 수 있으며 관리자가 응답한 관리자의 상향적 영향력과 부하가 응답한 성과변수들 간의 관계가 모두 정(+)의 유의한 상관관계가 있는 것으로 나타났다. 또한 부하가 응답한 관리자의 상향적 영향력과 관리자가 응답한 성과변수들 간의 관계 역시 모두 정(+)의 유의한 상관이 존재하는 것으로 나타났다.

표 3. 상관관계 분석

변 수		평균	표준편차	관리자 응답		부하 응답		
				상향적 영향력	직무 성과	상향적 영향력	직무 만족	직무 성과
관리자 응답	상향적 영향력	4.90	1.19	(.929)				
	직무성과	5.07	.91	.511***	(.858)			
부하 응답	상향적 영향력	4.82	1.13	.458***	.261***	(.916)		
	직무만족	4.87	.88	.252***	.229***	.454***	(.773)	
	직무성과	4.88	.84	.308***	.266***	.515***	.952***	(.911)

주) *: p<.05; **: p<.01, ***: p<.005, ( )의 숫자는 신뢰도 계수(cronbach's alpha)임.

가설 1, 2의 검증

관리자의 상향적 영향력이 부하의 직무만족과 직무성과에 미치는 영향에 관한 가설 1과 2를 검증하기 위해 일련의 다중회귀분석(Multiple Regression Analysis)을 실시하였다. 다중회귀분석 결과는 <표 4>, <표 5>에 각각 제시되어 있다. 분석결과 관리자의 상향적 영향력은 인구통계학적 변수들을 통제한 후에도 부하의 직무만족과 직무성과를 유의하게 설명하는 것으로 나타났으며 이는 변수들에 대한 부하응답, 관리자 응답, 교차응답 시에도 모두 유의하게 나타나 가설 1과 2는 지지되었다.

표 4. 관리자의 상향적 영향력(부하응답)이 부하의 직무만족 및 직무성과(부하응답과 관리자응답)에 미치는 영향에 관한 다중회귀분석

	부하응답		관리자응답
	직무만족	직무성과	직무성과
	β	β	β
연령	-.254	-.318***	-.098
성별	-.091	-.099	.012
학력	.017	.015	.073
직위	.008	-.026	.071
회사경력	.153	.221*	.053
관리자의 상향적 영향력	.456***	.516***	.276***
R2	.219	.295	.058
F	11.490***	16.604***	3.319***

주) *: p<.05; **: p<.01, ***: p<.005

표 5. 관리자의 상향적 영향력(관리자응답)이 부하의 직무만족 및 직무성과(부하응답과 관리자응답)에 미치는 영향에 관한 다중회귀분석

	부하응답		관리자응답
	직무만족	직무성과	직무성과
	β	β	β
연령	-.269*	-.340***	-.183
성별	-.108	-.116	.030
학력	-.022	-.030	.025
직위	-.058	-.099	.061
회사경력	.110	.177	.097
관리자의 상향적 영향력	.249***	.309***	.535***
R2	.082	.134	.269
F	4.324***	6.770***	14.721***

가설 3의 검증

본 연구에서 설정한 분석수준 차원의 가설 검증을 위해 WABA(내와 간 분석)를 이용한 분석을 실시하였다. 먼저 가설 3의 검증을 위해 집단 수준(관리자와 부하의 관계)에서 내와 간 분석을 실시하였다. 분석 결과 <표 6>와 같이 관리자의 상향적 영향력의 E비율이 집단전체 수준에서 유의하게 나타나고 있어 집단수준에서 성립하는 변수임이 확인되었다. 또한 부하의 직무만족과 직무성과의 E비율이 모두 집단전체수준에서 성립하는 것으로 나타났으며 관리자의 상향적 영향력과 부하의 직무만족, 관리자의 상향적 영향력과 부하의 직무성과 간의 관계 역시 A와 Z 값이 유의하게 나타나고 있어 집단전체수준에서 성립함을 보여주고 있다. 이러한 결과는 Pelz효과가 일단 단일분석수준(집단수준)에서 뒷받침되고 있다는 것을 보여주는바 관리자의 상향적 영향력의 정도가 클수록 같은 집단에 속한 부하들의 직무만족과 직무성과가 높게 나타난다는 것을 의미한다.

표 6. 집단 수준에서의 결과

변수 및 변수들 간의 관계	Eta		상관관계		검증		Induction
	간	내	간	내	A	Z	
관리자의 상향적 영향력	.78** ‡	.63					
부하의 직무만족	.74** ‡	.67	.60	.26	.37 †	3.03**	Wholes(집단)
부하의 직무성과	.77* ‡	.63	.65	.30	.40 †	3.39**	Wholes(집단)

* †: 150, ‡: 00, *: p<.05, **: p<.01

<표 7>은 부서수준에서 관리자의 상향적 영향력의 E비율이 유의하게 나타남을 보이는 바 이러한 결과는 동일한 부서에 속한 관리자들의 상향적 영향력이 부서에서 유사하게 나타나고 있음을 보여준다, 이러한 결과는 관리자의 상향적 영향력의 정도는 부서장의 관리자에 대한 차별화나 관리자와 부하의 개별화된 관계에 의해 나타나는 것이 아니라 어떤 부서에 속해있는가에 따라 다르게 나타남을 의미한다. 예를 들어 인사부서에 속해있는 여러 과의 관리자들의 부서장에 대한 상향적 영향력은 실행부서에 속해 있는 여러 과의 관리자들의 부서장에 대한 상향적 영향력보다 크게 나타나는 경우가 이에 해당한다고 볼 수 있다. 또한 <표 7>에 따르면 집단수준의 직무만족과 직무성과 역시 부서수준에서의 E비율이 유의하게 나타남을 보이는 바 이러한 결과는 특정한 부서에 속한 집단의 직무성과와 직무만족이 다른 부서에 속한 집단의 직무성과와 직무만족과 차이가 있음을 의미한다.

부서수준에서 관리자의 상향적 영향력과 직무만족과 직무성과 간 관계의 A와 Z 값이 유의하게 나타나고 있는바 이러한 결과는 관리자의 영향력 정도와 직무만족과 직무성과 간 관계가 정(+)의 관계를 가지며 이러한 관계는 부서 간 차이를 보이고 있음을 의미한다. 이러한 결과는 Pelz의 주장이 부서수준에서는 뒷받침되고 있지 못하다는 것을 보여준다.

표 7. 부서수준에서의 결과

변수 및 변수들 간의 관계	Eta		상관관계		검증		Induction
	간	내	간	내	A	Z	
관리자의 상향적 영향력	.75* ‡	.66					
부하의 직무만족	.76** ‡	.65	.74	.40	.42 †	2.30*	Wholes(부서)
부하의 직무성과	.75* ‡	.66	.77	.50	.36 †	2.10*	Wholes(부서)

* †: 150, ‡: 00, *: p<.05, **: p<.01

<표 6>과 <표 7>의 결과를 종합하면 집단수준에서 관리자의 상향적 영향력과 부하의 직무만족과 직무성과, 그리고 두 변수 간의 관계가 집단전체수준(group wholes)에서 성립함을 보여주며 마찬가지로 부서수준에서 역시 관리자의 상향적 영향력과 집단수준의 직무만족과 직무성과, 그리고 두 변수간의 관계가 부서전체수준(department wholes)에서 성립하고 있음을 보여준다. 이러한 다분석수준에서의 결과는 불연속성 가설보다는 상동관계가설이 보다 타당하다는 것을 보여주므로 가설 3(즉 Pelz 효과)은 기각되었다고 볼 수 있다.

다분석수준에 대한 검증은 HLM을 통하여 가능하다는 기존 학자들의 입장(Hofmann, 1997; Luke, 2004; Raudenbush & Bryk, 2002)을 고려하여 본 논문에서는 부하의 직무만족과 직무성과 각각에 대한 관리자의 상향적 영향력을 개인, 집단, 부서수준에서 HLM을 통해 분석하였다.

<표 8>은 독립변수를 포함하지 않는 기초모형 결과를 나타내고 있는데 모든 무선효과 분산이 통계적으로 유의하게 나타남을 알 수 있다. <표 9>는 집단수준 및 부서수준의 관리자의 상향적 영향력을 독립변수로 투입하여 부하의 직무만족과 직무성과에 어떠한 영향을 미치는지에 대한 본 연구모형의 분석결과를 나타내고 있다. 분석결과를 살펴보면, 집단수준에서 관리자의 상향적 영향력은 부하의 직무만족과 직무성과에 통계적으로 유의한 영향을 미치는 것으로 나타났다. 즉, 집단마다 차이가 나는 관리자의 영향력(집단수준)이 부하의 직무만족과 직무성과에 긍정적인 영향을 미치는 것으로 나타났다. 또한, 부서수준에서 관리자의 상향적 영향력은 부하의 직무만족에 한계적으로 유의한 영향을, 부하의 직무성과에 유의한 영향을 미치는 것으로 나타났다. 한편, 3수준 다층모형을 통한 분산의 변화량은 직무만족에 있어서는 8.42%[(기초모형의 3수준 분산-연구모형의 3수준 분산)/(기초모형의 3수준 분산)=]=[(0.308+0.275+0.759)-(0.297+0.170+0.762)/(0.308+0.275+0.759)], 직무성과에 있어서는 10.00% [(0.289+0.369+0.678)-(0.265+0.282+0.680)/(0.289+0.369+ 0.678)]로 설명력을 높이는 것으로 나타났다.

부하가 지각한 관리자의 상향적 영향력과 집단마다 차이가 나는 관리자의 상향적 영향력(집단수준), 그리고 부서마다 차이가 나는 관리자의 상향적 영향력(부서수준)이 부하의 직무만족과 성과에 긍정적인 영향을 미치는 것으로 나타났다. 이러한 결과는 부하의 직무만족과 성과가 개인의 효과를 반영하는 것 같지만, 개인의 효과는 집단의 효과에 의해 영향을 받아 나타난 결과이고, 집단의 효과 역시 부서의 효과에 의해 나타난 결과라는 것을 보여준다.

그럼에도 불구하고 앞에서 설명한 바와 같이 HLM의 결과는 개인수준의 결과변수에 대해 개인수준, 집단수준, 그리고 부서수준의 효과가 긍정적인 영향을 미치는가를 검증하는 것으로 이것이 지지되었다고 하여 관리자의 상향적 영향력과 부하의 만족과 성과의 관계가 개인수준, 집단수준, 부서수준까지 교차되어 성립하는지의 여부는 판단하기 어렵다고 볼 수 있다.

표 8. 기초모형 분석결과

구 분	부하의 직무만족			부하의 직무성과		
고정효과	Coefficient	SE	T-value	Coefficient	SE	T-value
절편	4.832	0.080	60.172***	4.849	0.080	60.897***
무선효과	SD	Variance Component	Chi-square	SD	Variance Component	Chi-square
level3	0.308	0.095	61.571***	0.289	0.084	56.562**
level2	0.275	0.076	68.109*	0.369	0.136	89.786***
level1	0.759	0.576		0.678	0.460	

주) *: p<.05; **: p<.01; ***: p<.005

표 9. 연구모형 분석결과

구 분	부하의 직무만족			부하의 직무성과		
고정효과	Coefficient	SE	T-value	Coefficient	SE	T-value
부서수준 상사의 상향적 영향력	0.133	0.076	1.746†	0.170	0.073	2.318*
집단수준 상사의 상향적 영향력	0.244	0.079	3.081***	`0.275	0.081	3.403***
무선효과	SD	Variance Component	Chi-square	SD	Variance Component	Chi-square
level3	0.297	0.088	64.266***	0.265	0.070	57.277***
level2	0.170	0.029	58.002***	0.282	0.079	73.188***
level1	0.762	0.580		0.680	0.463	

주) †: p<.10; *: p<.05; **: p<.01; ***: p<.005

5. 결 론

본 연구에서는 Pelz의 이론에 입각하여 부서장-관리자-부하로 이루어진 위계적 리더십에 대해 부서장-관리자, 관리자-부하로 이루어진 단일분석수준에서의 이론을 제시하였으며 동시에 부서장-관리자-부하로 이루어진 다분석수준(부서와 집단수준)에서의 이론을 제시하였다. 첫째, 단일분석수준에서 같은 부서에 속한 부서장과 한명의 관리자로 이루어진 짝은 동일한 부서장과 다른 관리자로 이루어진 짝과 차별화된 관계를 가지는 것으로 한명의 관리자가 부서장에 대해 가지는 상향적 영향력은 다른 관리자가 동일한 부서장에 대해 가지는 상향적 영향력과 차별적으로 나타나게 되어 관리자의 상향적 영향력이 부서 간의 차이보다는 부서 내에서 차이가 있는 것으로 보았으며, 부서장에 대해 큰 상향적 영향력을 가지는 관리자는 작은 상향적 영향력을 가지는 관리자에 비해 부하들을 효과적으로 관리하게 되므로 높은 집단성과를 보이게 된다. 따라서 집단수준에서 관리자의 상향적 영향력, 성과(직무만족과 직무성과) 그리고 둘 간의 관계는 집단 내에서의 차이보다는 집단 간에서의 차이를 보이게 된다. 둘째, 부서수준과 집단수준을 동시에 고려한 다분석수준에서는 부서수준에서 나타나는 현상이 집단수준에서 나타나는 현상과 동질적이지 않으므로 상동적인 가설보다는 불연속성가설의 형태로 나타나게 된다.

부서장-관리자-부하로 이루어진 위계적 리더십 현상을 단일분석수준과 다분석수준에서 검증한 결과 관리자와 부하로 이루어진 집단수준에서 부서장에 대해 큰 상향적 영향력을 가지는 관리자는 부하들을 효과적으로 관리하게 되어 높은 집단성과를 보이는 반면 작은 영향력을 가지는 관리자는 부하들을 비효과적으로 관리하게 되어 낮은 집단성과를 보이는 것으로 나타나, 관리자의 상향적 영향력, 부하성과, 그리고 두 변수간 관계가 집단 내에서의 차이보다는 집단 간의 차이를 보이는 것으로 나타났다. 그러나 부서장과 관리자로 이루어진 부서수준에서 부서장에 대한 관리자의 상향적 영향력은 부서내의 차이보다는 부서간의 차이가 있는 것으로 나타났고 동시에 동일한 부서에 속한 부하성과 역시 부서 내보다는 부서간의 차이가 있는 것으로 나타나 Pelz가 주장한 불연속성 가설보다는 상동적 가설이 다분석수준에서 보다 타당하다는 것을 보여주었다. 이러한 검증결과가 가지는 의미를 보다 구체적으로 논의하면 다음과 같다.[3)]

첫째, Pelz(1952)의 주장과 동일하게 관리자의 부서장에 대한 상향적 영향력이 클수록 부하의 성과는 높은 것으로 나타났다. 관리자의 상향적 영향력은 조직으로부터 관리자가 이끄는 집단에 제공할 수 있는 자원을 얼마나 많이 획득할 수 있는가에 대한 척도라 할 수 있다. 즉 관리자의 상향적 영향력은 집단의 관리를 용이하게 할 수 있고, 집단에 속한 부하들의 성과향상에 도움을 줄 수 있는 자원에의 접근과 획득을 가능하게 하기 때문에 이는 부하들의 고성과로 이어질 수 있다. 또한, 부하들의 입장에서는 관리자가 제공하는 자원을 조직 차원의 자원으로 인지하기 때문에 상향적 영향력이 높은 관리자가 이끄는 집단에 속한 부하들은 직무에 대한 만족이 크게 되며 성과 역시 향상될 여지가 크다고 볼 수 있다. 따라서 집단의 성과향상을 위해서는 관리자와 부서장과의 관계가 매우 중요함을 시사한다. 특히, 관리자는 집단을 위해 유용한 자원을 제공하고 집단 구성원들의 심리적인 소속감 및 만족, 몰입을 느끼게 하기 위해서 부서장에 대한 자신의 상향적 영향력을 증대시켜야 할 필요성이 있다.

둘째, 내와 간 분석을 통한 단일분석수준(집단수준) 분석결과 관리자의 상향적 영향력과 성과 간의 관계가 집단수준에서 성립하는 것으로 나타나 Pelz의 가설 중 집단수준에서만 지지되는 것으로 나타났다. 그러나 다분석수준 분석결과에 있어서는 부서장에 대한 관리자의 상향적 영향력과 성과 간의 관계가 개인수준, 집단수준, 그리고 부서수준에서 동일하게 나타나는 상동관계를 가지는 것으로 나타나 Pelz가 주장한 불연속성 가설이 지지되지 못하고 있다는 것을 보여준다. 이러한 결과는 부하의 만족과 성과는 부하가 지각한 관리자의 상향적 영향력에 의해 긍정적인 영향을 받는 것으로 나타났지만, 이러한 변수들 간의 관계는 집단수준에서도 성립하는 것으로 관리자의 영향력의 정도가 큰 경우 이 집단에 속한 부하들은 동일하게 커다란 만족과 성과를 보이게 되는 반면, 관리자의 영향력의 정도가 작은

3) 이러한 논의에 대해 유용한 지적을 해주신 익명의 심사자분께 감사를 드립니다.

집단에 속한 부하들은 동일하게 적은 정도의 만족과 성과를 보이게 된다는 것을 의미한다. 하지만 관리자의 상향적 영향력의 정도와 부하의 만족과 성과 간의 관계는 부서수준에서도 성립하는바 이러한 결과는 동일한 부서에 속한 관리자들은 동일한 정도의 상향적 영향력을 보이고 동시에 동일한 부서에 속한 부하들은 동일한 정도의 만족과 성과를 보이게 됨을 의미한다. 이러한 결과는 부서장이 가지는 개인적인 특성에 의해 나타날 수 있다. 예를 들어 어떤 부서장은 관리자들에게 보다 많은 권한을 위임하는 성향을 가진 반면 다른 부서장은 관리자들에게 권한을 위임하기보다는 관리자를 통제하고 감독하는 성향을 가진다고 가정했을 때, 전자의 부서장은 자신의 부서에 속한 관리자들로 하여금 책임을 지고 집단을 효과적으로 관리하도록 함으로써 부하들은 관리자가 부서장에 대해 큰 상향적 영향력을 가진다는 인식을 하게 되고 부서장으로부터 많은 지원이 있을 것이란 기대를 하게 될 것이다. 그러나 어떤 부서장은 관리자들에게 권한위임을 하지 않는 특성을 가질 수 있는데 이 경우 부서장의 특성으로 인하여 권한을 위임받지 못한 관리자들은 집단을 지휘, 감독하는데 있어서 부서장의 통제를 받게 되므로 집단에 속한 부하들은 관리자가 부서장에 대해 가지는 상향적 영향력이 없거나 작다고 인식하게 되고 결국 부서장으로부터 많은 지원을 기대하지 못하게 된다. 또한 이러한 결과는 부서의 특성에 의해 나타날 수도 있다. 예를 들어 조직에서 권력을 많이 가지는 부서(예를 들면, 인사부서, 기획부서)에 속한 관리자들은 부서장에 대한 상향적 영향력의 정도가 크며 따라서 이러한 부서에 속한 집단의 부하들은 커다란 만족과 성과를 보이는 반면, 권력을 많이 가지지 못하는 실행부서(예를 들면, 생산부서)에 속한 관리자들은 부서장에 대한 영향력의 정도가 작으며 따라서 이러한 부서에 속한 부서원들은 낮은 정도의 만족과 성과를 보이게 된다. 그러므로 관리자가 부서장에 대해 가지는 상향적 영향력은 관리자 개인으로부터 나오기 보다는 어떤 부서에 속하는가에 의해 결정된다고 볼 수 있다.

본 연구의 결과는 Pelz가 주장한 불연속성의 가설이 뒷받침되지 못하다는 것을 보여준다. 이러한 결과는 Pelz이론 자체의 문제이거나, 샘플, 연구설계 또는 측정도구상의 문제로 나타날 수도 있다. 만일 본 연구의 결과가 샘플상의 문제나, 연구설계상의 문제 또는 측정도구상의 문제라면 본 연구결과에서 보여주는 바와 같이 집단수준과 부서수준에서 변수들 간 일관된 결과를 보일 수 없다. 그러나 본 연구의 결과가 Pelz의 이론을 뒷받침하지 못한다고 하여 Pelz의 이론이 잘못되었다는 결론은 조금 성급할 수 있다. 본 연구자들은 본 연구의 결과가 Pelz의 이론을 뒷받침하지 못하는 것이 어쩌면 문화적인 차이에 의해 발생되었을 수도 있다는 결론을 조심스럽게 내고자 한다. Pelz의 이론은 개인주의 문화를 가진 미국의 학자에 의해 주장되었는바 개인주의 문화에서 부서장과 한 관리자의 관계는 부서장과 관리자의 일대 일 또는 짝 관계의 형태를 가지게 된다. 따라서 한 관리자가 부서장에 대해 가지는 영향력은 같은 부서에 속한 다른 관리자가 부서장에 대해 가지는 상향적 영향력과는 다르게 나타나게 된다. 하지만 집단주의 문화에서는 부서장과 관리자의 관계가 일대일 또는 짝 관계의 형태보다는 부서전체의 차원에서 동질적으로 나타난다고 볼 수 있다. 따라서 같은 부서에 속한 관리자들은 부서장에 대해 동일한 정도의 상향적 영향력을 가지게 되고 이것으로 인하여 관리자의 상향적 영향력은 부서내에서의 차이보다는 부서간에서의 차이가 나타나게 된다. 물론 이러한 추론이 과연 타당한가의 여부는 향후 개인주의 문화와 집단주의에 속한 기업이나 조직의 부서장과 관리자의 관계를 동시에 비교하여 분석함으로써 파악될 수 있다.[4]

본 연구가 가지는 시사점은 크게 두 가지로 요약될 수 있다. 첫째, 이론적인 측면에서 본 연구는 Pelz가 주장한 바와 같이 부서장에 대해 큰 상향적 영향력을 가지는 관리자들은 집단을 효과적으로 관리하게 된다. 그러나 Pelz가 주장한 것과는 달리 관리자가 부서장에 대해 가지는 상향적 영향력은 부서장과 관리자의 일대일 또는 차별화된 짝 관계에서 나타나는 것이 아니라 부서장이 가지는 개인적인 특성(예, 많은 권한을 위임하는 성향)이나 또는 부서가 가지는 특성(예, 권한이 많은 부서), 또는 문화적인 특성(예, 집단주의 문화)에 의해 나타날 수 있다. 그러므로 향후 부서장의 특성, 부서의 특성, 그리고 문화적인 차이에 의한 조절효과를 고려한다면 Pelz이론을 확장하는데 많은 기여를 하게 될 것이다. 또한 본 연구는 단일분석수준(집단)이 아닌 다분석수준(부서와 집단)에서 Pelz이론을 재조명함으로써 단일분석수준에서 나타나는 현상(관리자가 부서장에 대해 가지는 상향적 영향력)을 단순히 단일분석수준(집단)에만 초점을 맞출 경우 오류를 범할 수 있다는 것도 제시해준다. 예를 들어 집단수준만을 고려한 경우 관리자가 부서장에 대해 가지는 상향적 영향력은 관리자가 가지는 특성(예, 능력, 성과 등)에 의해 나타난다고 주장할 수 있다. 그러나 다분석수준을 고려한 경우 관리자가 부서장에 대해 가지는 상향적 영향력은 단순히 관리자가 가지는 특성에 의해 나타나는 것이 아니라 관리자가 속한 부서의 특성이나 부서장의 특성, 또는 문화적인 특성에 의해서도 나타날 수 있다는 것을 제시해준다. 따라서 향후 리더십이나 조직의 현상을 연구하는데 있어서 단순히 단일분석수준에 초점을 맞추기보다는 다분석수준에 초점을 맞춤으로써 리더십이나 조직현상에 대한 보다 심도있는 이해를 제공해야 할 것이다.

둘째, 실무적인 측면에서 본 연구의 결과는 다음과 같은 시사점을 제공해준다. 관리자가 집단을 효과적으로 관리하기 위해서는 관리자가 부서장에 대해 큰 상향적 영향력을 가져야 한다. 일반적으로 관리자는 책임과 권한을 가지고 집단을 효과적으로 관리한다, 그러나 만일 부서장의 개인적인 특성이나 부서의 특성 또는 문화적인 특성으로 인하여 부서장이 관리자에게 많은 권한을 위임하지 않는 경우 부서장에 대해 관리자가 가지는 상향적 영향력은 최소화되고 집단의 부하들은 이를 인식하게 되며 따라서 관리자는 부하들을 효과적

4) 이러한 논의에 대해 유용한 지적을 해주신 익명의 심사자분께 감사를 드립니다.

으로 관리하지 못하게 된다. 그러므로 기업이나 조직에서는 부서장들로 하여금 관리자들에게 많은 권한을 위임하게 해야 하는바 이러한 성향을 가진 부서장을 선발하거나 또는 교육과 훈련을 통하여 관리자에 대한 권한위임이 자연스럽게 이루어지도록 해야 할 것이다. 나아가 부서장의 관리자에 대한 권한위임을 일종의 조직문화로 구축하게 된다면 부서장들은 관리자들에게 권한을 위임하는 것이 당연한 것으로 받아들여지게 되고 궁극적으로 관리자는 집단을 효과적으로 관리하게 된다.

끝으로 본 연구가 가지는 한계점 중 하나는 관리자의 상향적 영향력이 부하에게 미치는 영향이 조직의 특성이나 상황에 따라 다르게 나타날 수도 있음에도 본 연구에서는 이러한 상황변수들을 고려하지 않았다는 것이다. 이러한 한계점을 극복하는 한 가지 방안으로 본 연구에서 사용된 17개의 조직을 7개의 유사한 조직군(공사, 공무원, 제약, 금융, 증권, 제조업, 언론기관)으로 분류한 후 Ancova, WABA, HLM 분석을 실시한 결과 조직의 특성을 통제한 후에도 상사의 상향적 영향력과 결과변수(직무만족과 직무성과)들 간의 관계가 유의한 정(+)의 관계가 있는 것으로 나타났다. 이러한 결과는 본 연구의 결과가 조직의 상황을 통제하더라도 타당하다는 것을 보여주고 있다. 그럼에도 불구하고 향후 다양한 조직 상황에서 관리자의 상황적 영향력이 부하들에게 미치는 영향을 추가적으로 연구하는 것이 필요하다고 판단된다. 또한 부서의 특성이나 부서장의 특성 그리고 문화적 특성이 관리자의 상향적 영향력에 영향을 미칠 수 있는 중요한 변수임에도 본 연구에서는 이러한 특성들을 고려하지 않았다는 점 역시 본 연구의 한계라고 볼 수 있다., 따라서 향후 부서의 특성과 부서장의 특성 그리고 문화적 특성을 고려한 연구가 행해진다면 관리자의 상향적 영향력이 부서나 부서장의 특성 때문에 나타나는 것인지의 여부를 명확하게 밝힐 수 있을 것이다.

참고문헌

김경수·김공수·조용현(2007). "작업집단에서 상사의 편애에 대한 부하의 지각: 개별화된 리더십을 중심으로," 『인사조직연구』, 15(1), 175-200.

김경수·정홍술·최광신(1999). "개별화된 리더십: 교수-학생의 교환관계에 관한 연구," 『인사조직연구』, 7(1), 83-126.

Anderson, L.R., Tolson, J., Fields, M.W., & Thacker, J.W.(1990). Extensions of the Pelz effect: The impact of leader's upward influence on group members' control within the organization, *Basic and Applied Social Psychology*, 11: 19-32.

Cashman, J., Dansereau, F., Graen, G., & Haga, W.J(1976). Organizational understructure and leadership: A longitudinal investigation of the managerial role-making process, *Organizational Behavior and Human Performance*, 15, 278-296.

Chun, J.U., Yammarino, F.J., Dionne, S.D., Sosik, J.J., & Moon, H.K.(2009). Leadership across hierarchical levels: Multiple levels of management and multiple levels of analysis, *The Leadership Quarterly*,

20, 689-707.

Dansereau, F., Alutto, J. A., & Yammarino, F.J.(1984). *Theory testing in organizational behavior: The varient approach*. NJ, Englewood Cliffs: Prentice-Hall.

Dansereau, F., Cho, J., & Yammarino, F.J.(2006). Avoiding the fallacy of the wrong level: A within and between analysis(WABA) approach, *Group & Organization Management*, 31, 536-577.

Dansereau, F., Graen, G.B., & Haga, W.J.(1975). A vertical dyad linkage approach to leadership in formal organizations, *Organizational Behavior and Human Performance*, 13, 46-78.

Dansereau, F., Yammarino, F.J., Markham, S.E., Alutto, J.A., Newman, J., Dumas, M., Nachman, S., Naughton, T. Kim, K., Al-Kelabi, S., Lee, S., & Keller, T.(1995). Individualized leadership: A new multiple level approach, *The Leadership Quarterly*, 6, 413-450.

Erdogan, B., & Enders, J.(2007). Support from the top: Supervisors' perceived organizational support as a moderator of leader-member exchange to satisfaction and performance relationships, *Journal of Applied Psychology*, 92(2), 321-330.

Graen, G.B., & Cashmann, J.(1975). *A role-making model of leadership in formal organizations: A development approach*, In J.G. Hunt & L. L. Larson(Eds.), *Leadership frontiers*(pp. 143-199). Kent, OH : Kent State University Press.

Graen, G., Cashman, J.F., Ginsberg, S., & Schiemann, W.(1977). Effects of linking-pin quality on the quality of working life of lower participation, *Administrative Science Quarterly*, 22, 491-501.

Graen, G.B., Dansereau, F., & Minami, T.(1972). An empirical test of the man in the middle hypothesis among executives in a hierarchical organization employing a unit-set analysis, *Organizational Behavior and Human Performance*, 8, 262-285.

Hofmann, D.A.(1997). An overview of the logic and rationale of hierarchical linear models, *Journal of Management*, 23, 723-744.

Likert, R.(1961). *New patterns of management.* New York: McGraw-Hill.

Likert, R.(1967). *The human organization: Its management and value.* New York: McGraw-Hill.

Luke, D.A.(2004). *Multilevel Modeling.* Thousand Oaks, CA: Sage.

Manz, C.C.(1992). Gorbachev: An Anatomy of Leadership, Superleadership, or Nonleadership, *Human Resource Development*, 3, 187-190.

Mumford, M.D.(1998). *Situations, interactions and followers: The case of individualized leadership.* In F. Dansereau & F. J. Yammarino (Eds.), Leadership: The multiple level approaches Part A: 421-427. Stamford, CT: JAI Press.

Mumford, M.D., Dansereau, F., & Yammarino, F.J.(2000). Followers, motivations, and level of analysis: The case of individualized leadership, *The Leadership Quarterly*, 11, 313-340.

Pelz, D.C.(1951). Leadership within a hierarchical organization, *Journal of Social Issues*, 7(3), 49-55.

Pelz, D.C.(1952). Influence: A key to effective leadership in the first-line supervisor, *Personnel*, 29, 3-11.

Raudenbush, S.W., & Bryk, A.S.(2002). *Hierarchical Linear Models*, Second Edition. Sage Publications.

Ronken, H.O., & Lawrence, P.R.(1952). *Administering Changes: A Case Study of Human Relations in a Factory*, Harvard Business School Publishing Division, Boston, U.S.A.

Schriesheim, C.A., Cogliser, C.C., & Neider, L.L.(1998). *Ohio State Model: Is it trustworthy? A multiple-levels-of-analysis reexamination of a Ohio State Leadership study, with implications for future research.* In F. Dansereau & F.J. Yammarino (Eds.), Leadership: The multiple-level approaches, Part A: 3-41. Stamford, CT: JAI Press.

Sosik, J.J., Godshalk, V.M., & Yammarino, F.J.(2004). Transformational leadership, learning goal orientation, and expectations for career success in mentor-protege relationships: A multiple levels of analysis perspective, *The Leadership Quarterly*, 15, 241-261.

Stogdill, R.M., & Coons, A.E.(1957). *Leader behavior: Its description and measurement.* Columbus: Ohio State University, Bureau of Business Research.

Tangirala, S., Green, S.G., & Ramanujam, R.(2007). In the shadow of the boss's boss: Effects of supervisors upward exchange relationships on employees, *Journal of Applied Psychology*, 92, 309-320.

Tepper, B.J., & Taylor, E. C.(2003). Relationships among supervisors' and subordinates' procedural justice perceptions and organizational citizenship behaviors, *Academy of Management Journal*, 46, 97-105.

Van de Ven, H.A., & Ferry, D.(1980). Measuring and Assessing Organizations, New York: Wiley.

Venkataramini, V., Green, S.G., & Schleidher, D.J.(2010). Well-connected leaders: The impact of leader's social network ties on LMX and Member's work attitude, *Journal of Applied Psychology*, 16, 1-14.

Wager, B.J.(1965). Leadership style, influence, and supervisory role obligations, *Administrative Science Quarterly*, 9, 391-420.

Yukl, G.A.(2005). *Leadership in organizations* (6th ed.). Upper Saddle River, NJ: Prentice-Hall.

Hierarchical Leadership in Organizations
: A revisit on the Pelz effect

Kyoung-Su Kim, Hyun-Jae Noe, In-Sook Kim, Kwang-Sook Kim, Dong-Min Yang

Abstract

This paper attempted to overcome limitations of leadership studies that focus only on the group level of analysis by retesting the Pelz effect from a multiple-level of analysis. Data from 235 subordinates and their 83 managers of 34 departments in 17 different firms showed that (1) managers' upward influence positively related to subordinates' job satisfaction and performance and (2) managers' upward influence, subordinates' job satisfaction and performance varied between groups and the relationships among the variables covaried between groups. These results indicate that subordinates in the same group show similar level of job satisfaction and performance depending on managers' upward influences. Second, the results also showed that managers' upward influence, subordinates' job satisfaction and performance at the group level varied between departments and the relationships among the variables covaried between departments. Third, the results from the multiple-level of analysis showed that the homology hypothesis rather than the discontinuity hypothesis was valid. These results support Pelz's assertion that managers' upward influence affects job satisfaction and performance of subordinates in the same group. However, theses results did not support Pelz's assertion that the relationship between managers' upward influence and subordinates' job satisfaction and performance at the group level varied within departments. The results from the multiple-level of analysis indicate that the relationship between managers' upward influence and subordinates' job satisfaction and performance at the group level reflects the department level. In other word, managers show similar level of upward influence because they are in the same departments and subordinates in the same group show similar level of job satisfaction and performance because they are in the same department. In the conclusion section the implications of the study results, directions of future study, and the limitations of this study were discussed.

Key words : Pelz effect, upward influence, job satisfaction, job performance, single-level of analysis, mutiple-level of analysis.

Appendix

상사의 상향적 영향력에 대한 요인분석(관리자 응답)

변 수	상향적 영향력	직무성과
1. 나는 상사의 의사결정에 있어 발언권이 크다.	.883	.280
2. 나는 상사로부터 많은 재량권을 부여받고 있다.	.882	.273
3. 나는 상사에 대한 영향력이 크다.	.881	.201
4. 나는 필요한 자원(인력, 장비, 공간 등)을 상사에게 요구한다.	.838	.271
2. 나는 부하의 성과에 대해 어느 정도 만족한다.	.263	.917
1. 나는 부하의 성과에 대해 어느 정도 선호한다.	.270	.915
고유값	4.075	1.050
설명비율	67.908	17.504
누적설명비율	67.908	85.412

상사의 상향적 영향력과 부하의 직무만족에 대한 요인분석(부하 응답)

변 수	상향적 영향력	직무만족
3. 나의 상사는 부서장에 대한 영향력이 크다.	.902	.131
2. 나의 상사는 부서장으로부터 많은 재량권을 부여받고 있다.	.885	.148
1. 나의 상사는 부서장의 의사결정에 있어 발언권이 크다.	.861	.208
4. 나의 상사는 필요한 자원(인력, 장비, 공간 등)을 부서장에게 요구한다.	.829	.120
5. 나는 적당한 급여를 받고 있다고 생각한다.	-.063	.834
4. 나는 승진기회에 대해 전반적으로 만족한다.	.100	.791
1. 나는 업무 수행에 기쁨과 보람을 느낀다.	.292	.702
2. 나는 상급자의 업무추진방식, 지도와 조언 등에 대해 만족스럽게 생각한다.	.519	.548
3. 회사 내 동료 간의 관계가 친밀하고 서로 간에 적극적으로 협조하는 편이다.	.389	.512
고유값	4.362	1.655
설명비율	48.470	18.392
누적설명비율	48.470	66.862

부하의 직무성과에 대한 요인분석(부하 응답)

변 수	직무성과
1. 나는 부하의 성과에 대해 어느 정도 만족한다.	.958
2. 나는 부하의 성과에 대해 어느 정도 선호한다.	.958
고유값	1.837
설명비율	91.870
누적설명비율	91.870

A Multiple-Level Theory of Leadership: The Impact of Culture as a Moderator*

Kyoungsu Kim**, Fred Dansereau***, In Sook Kim****, Kong Soo Kim*****

In an effort to present a multiple level theory of leadership, we suggest a set of conditions that may moderate the acceptance of a leader's behavioral patterns. By considering leadership theories at multiple levels of analysis and by conceptualizing culture at a higher level of analysis, we suggest that it depends on culture whether subordinates accept a leader's behavioral pattern. We consider the following patterns: a leader (1) displays a consistent style through consideration and structure, (2) differentiates between in- and out-groups of subordinates via delegation, or (3) interacts with subordinates on a one-to-one or dyadic basis via providing a sense of self-worth. We also discuss the implications of this approach and suggest directions for future research.

In organizational science, various researchers have suggested that it may be useful to integrate different concepts or theories at different levels of analysis (Dansereau, Alutto, & Yammarino, 1984; Roberts, Hulin, & Rousseau, 1978; Rousseau, 1985). Nevertheless, there are very few attempts to do so. In this paper, we attempt to show an integration of the two different concepts of culture and leadership that are typically viewed as at different levels of analysis.

In terms of culture many theorists and researchers have conceptualized culture as varying from individualism to collectivism (Kagitcibasi, 1997; Kim et al., 1994; Triandis, 1994). The individualism-collectivism dimension refers to the relationship among individuals. Individualism is defined as a social pattern of loosely connected individuals who emphasize independence, whereas collectivism is defined as a social pattern of closely linked individuals who emphasize interdependence (Markus & Kitayama, 1991; Triandis, 1995). Therefore, along the individualism-collectivism continuum, individuals are viewed from the individual level of analysis where each individual is independent of higher levels of analysis (e.g., group) to the other end of the continuum where individuals are viewed as interdependent or as embedded in a group.

To show how these different views may relate to levels of analysis, we considered Weick's (1978) view of interdependence that it comes about from individuals interacting (and forming dyads). From this perspective, we believe that the development of interdependence can be viewed

* This paper was published in the Journal of Leadership and Organizational Studies, 11(1), 2004, pp. 78-92.

** Professor, College of Business Administration, Chonnam National University.
*** Professor, School of Management, State University of New York at Buffalo.
**** Professor, School of Nursing, Yonsei University.
***** Professor, College of Business Administration, Kunsan National University.

as involving a shift from the individual level of analysis where each individual is independent to a higher level of analysis (e.g., dyad or group) where individuals become interdependent. This notion of interdependence among individuals has also been applied also to leaders and followers - i.e., leadership. Many leadership theorists and researchers have suggested that leadership involves interdependence between leaders and followers as well as among followers (e.g., Bass, 1990; Dansereau, Graen, & Haga, 1975; Graen, Liden, & Hoel, 1982; Weick, 1978; Yukl, 1998).

From the above brief consideration of leadership and culture, it seems that both culture and leadership focus on independence and interdependence and accordingly on levels of analysis. To combine these views, we address the question of under what cultural conditions might interdependence between leaders and followers occur and when might interdependence not occur. In other words, we ask how, though at different levels of analysis, do culture and leadership interact? To accomplish this objective, we consider two conditions. In one condition, individuals are viewed as becoming independent with a leader, we call this a lack of acceptance of the leader. Whereas, in the other condition, individuals become interdependent, we call this acceptance of the leader. We define "interdependence" as one's influence over another individuals and "independence" as one's lack of influence over another individuals. When two individuals are interdependent, one individual influences w hat the other individual does (e.g., Weick, 1978). In other words, the other individual accepts one individual. Likewise, when two individuals are independent, one individual has no influence what the other individual does. In other words, the other individual does not accept one individual.

When a leader is accepted, the leader influences followers. For example, it is tempting to hypothesize that if a leader acts in a friendly or supportive manner, shows concern and respect, or provides a sense of self-worth support, followers may tend to be satisfied with the leader and show higher performance. However, it has been suggested that leader behavior may not relate to effectiveness even if leaders and followers are interdependent because of a number of other contingency factors (Ayman, Chemers, & Fiedler, 1998) and substitutes for leadership (Kerr & Jermier, 1978; Podsakoff & MacKenzie, 1998). Therefore, when a leader is accepted, leader behavior may or may not relate to effectiveness (satisfaction andper formance). On the other hand, when a leader is not accepted, the leader does not influence followers. Followers ignore the leader, do not follow the leader, and do not change attitudes and behavior based on what the leader does. Therefore, although a leader acts in a supportive manner, shows concern, and provides a sense of self-worth support, this leader behavior can not lead to effectiveness, because the leader and followers are independent. This goes to the heart of the question of effectiveness. If a leader and followers are not interdependent, there is no leadership effect. Thus, interdependence becomes a necessary but not a sufficient condition to examine leadership effectiveness.

To summarize, our specific purpose here is to explore what factors influence "interdependence" and "lack of interdependence." By doing so, we take into account when (under what conditions) followers accept their leaders as legitimate, that is, leaders and followers become interdependent. We define conditions for acceptance of the leader in terms of culture. Culture has been defined as "shared values" about appropriate behaviors or behavioral patterns (Pascal & Athos, 1981; Schein, 1992). Therefore, if a leader's behavioral pattern is congruent with values shared by followers, the leader will be accepted and leaders and followers become interdependent. However, if not, followers will not accept the leader and leaders and followers remain independent. Thus, culture influences whether followers accept leader behaviors or behavioral patterns.

To present the culture-based conditions under which a leader is accepted, we first briefly outline a set of three multiple-level approaches to leadership - i.e., average leadership style (ALS), vertical dyad linkage (VDL), and individualized leadership (IL). Although there are many theories at different levels of analysis, our focus is on the interdependence that develops between leaders and followers. Interdependence between leaders and followers can occur between leaders and followers where followers are viewed as independent among themselves or interdependent (Dansereau et al., 1984; Dansereau et al., 1995). Second, because individualism and collectivism have been viewed as including both vertical and horizontal attributes (Triandis, 1995; Singelis et al., 1995), we conceptualize culture in terms of four types of cultural conditions - i.e., horizontal collectivism (HC), vertical collectivism (VC), horizontal individualism (HI) and vertical individualism (VI). Third, we discuss how these cultural conditions may influence whether followers accept their leaders (because of interdependent with the leader). Throughout this discussion, we develop testable research propositions.

1. THEORETICAL BACKGROUND

1.1. Three Approaches to Leadership: ALS, VDL, AND IL

As noted previously, in the literature three different approaches have been developed to show interdependence between leaders and followers. First, according to the ALS approach, superiors (leaders) view subordinates (followers) in the same group as a whole and they do not discriminate among subordinates (Fiedler, 1967; Fleishman, 1957, 1998; Likert, 1961; Schriesheim, Cogliser, & Neider, 1995; Stogdill & Coons, 1957). One approach that includes this idea views superiors behaving toward all subordinates by displaying a consistent style through the use of consideration and initiating structure. Therefore, subordinates as a group are homogeneously influenced by such a consistent style and link with superiors.

Second, Dansereau et al. (1975) developed the VDL approach as an alternative to the ALS approach, which was later called the LMX approach (Graen et al., 1982; Graen & Scandura, 1987; Graen & Uhl-bien, 1995). Because the LMX approach is rather ambiguous in terms of levels of analysis (Schriesheim, Castro, & Cogliser, 1999), we will focus here on only the VDL approach. According to the VDL approach, superiors develop differentiated relationships with subordinates in the same group on the basis of loyalty, attraction, contribution to the group, quality of leader-member exchange, or some combination of these factors (Dansereau et al., 1975; Dienesch & Liden, 1986; Liden & Maslyn, 1998; Schriesheim et al., 1999; Schriesheim, Castro, & Yammarino, 2000). That is, superiors establish a special relationship with their in-group members, whereas they establish a formal relationship with their out-group members. Based on these two different relationships, superiors influence in- and out-group-members in two different ways - i.e., leadership and supervision (Dansereau et al., 1975), or more precisely delegation and lack of delegation, respectively (Schriesheim, Neider, & Scandura, 1998). Unidirectional downward influence, a formal employment contract, and the lack of negotiating latitude characterize supervision or lack of delegation. On the other hand, leadership or delegation is characterized by delegation of supervisory activities that go beyond the formal contract (Dansereau et al., 1975; Dinesch & Liden, 1986; Graen & Uhl-Bien, 1995; Scandura, 1999; Schriesheim et al., 1998; Wayne, Shore, & Liden, 1997). Therefore, subordinates in the same group are heterogeneously influenced by the leader's differentiation of in- and out-group.

Third, Dansereau (1995) and his colleagues (Dansereau et al., 1995) developed the IL approach, which they show is quite different from the ALS and VDL approaches (Mumford, 1998; Mumford, Dansereau, & Yammarino, 2000; Schriesheim et al., 1999). According to the IL approach, superiors view their subordinates as independent individuals rather than as a group and interact with subordinates on a one-to-one or dyadic basis. This assumes that 1) the particular subordinate with whom a superior interacts influences the behavior that a superior displays toward that subordinate and that 2) a superior's support for self-worth is reciprocated by a subordinate's providing satisfying performance on a dyadic basis. (Dansereau et al. [1995] defined self-worth as a judgment or perception that a leader supports a subordinate's self-worth by (1) paying attention to the subordinate's individual-level needs and feelings, (2) assuring that the leader has confidence in subordinate's motivation, integrity, and ability, and (3) supporting the actions a subordinate takes.) Therefore, each subordinate in the same group is influenced by the leader's self-worth support on a one-to-one or individualized basis.

According to Dansereau et al. (1984), a variable is viewed as including entities or levels. Therefore, leader behavior (a variable) may show group homogeneity, heterogeneity, or independence (levels). A leader may display consideration behavior on the basis of (1) his or her own style or personality characteristics, (2) differentiated relationships with subordinates, or (3) a one-to-one or dyadic basis. However, according to more traditional approaches to leadership (i.e., ALS approach), a leader's consideration behavior is based on mainly the leader's people-oriented style (Fleishman, 1998; Stogdill & Coons, 1957). Therefore, a leader's consideration behavior varies between persons (leaders) and thus varies between groups because of group homogeneity. In a similar way, according to the VDL approach, a leader's leadership- and supervision-oriented behavior is based on the differentiation between in- and out-group. Therefore, such behavior varies within persons (leaders) and thus varies within groups because of group heterogeneity. According to the IL approach, a leader's self-worth support behavior is based on the degree to which each subordinate provides satisfying performance. Therefore, a leader's self-worth support behavior varies between dyads.

We will suggest in a subsequent section that it depends on culture whether leader behavior (e.g., consideration, leadership-oriented, or self-worth support behavior) is accepted by subordinates and whether leaders and subordinates become interdependent around these behaviors. But first, in the next section we conceptualize culture in terms of two dimensions – i.e., individualism-collectivism and vertical-horizontal.

1.2. Conceptualization of Culture

Individualism-collectivism has been viewed as a key factor in defining culture (Hofstede, 1980; Kagitcibasi, 1997; Kim et al., 1994; Triandis, 1994, 1995). For example, Triandis views individualism-collectivism as "the most important world view that differentiates cultures" (1994: 286). Nevertheless, it has been argued that the individualism-collectivism dimension is too broad and thus fails to differentiate countries in the same culture (Chen, Meindl, & Hunt, 1997; Kagitcibasi & Berry, 1989; Schwartz, 1990; Singelis et al, 1995; Triandis, 1995). Triandis (1990, 1995) suggests that one way to resolve this problem is to consider an attribute of individualism-collectivism -- i.e., vertical and horizontal. He argues that both individualism and collectivism may be horizontal and vertical. Triandis (1995) suggests four types of cultures – i.e., horizontal collectivism (HC), vertical collectivism (VC), vertical individualism (VI), and horizontal individualism (HI). These four types of culture have received some empirical support (e.g., Triandis and Gelfand, 1998). Accordingly, in this paper we conceptualize culture in terms of the four types.

2. ACCEPTANCE OF LEADER UNDER DIFFERENT CULTURES

We now consider the three different ways that a superior behaves toward subordinates – i.e., ALS, VDL, and IL – within the four patterns from culture – i.e., HC, VC, HI, and VI.

2.1. Acceptance of Leader in Horizontal Collectivism (HC)

HC is characterized by a cultural pattern in which the individual sees the self as an aspect of a group and the same as the self of others. That is, the self is merged with the members of the group, all of whom are extremely similar to each other and thus equality is the essence of this cultural pattern. In this pattern, people emphasize common goals with others and interdependence (Singelis et al., 1995: 244). In HC, such as in Japan and Israel, people believe that individuals in the same group should be treated on an equal and group membership basis regardless of whether they give more input or less output. They also believe that group membership should determine what they receive and how they are treated (Triandis, 1995). Therefore, a leader should treat subordinates equally or homogeneously by displaying his or her own style.

A leader may homogeneously show high or low degree of consideration behavior based on his or her own style. If a leader shows a high degree of consideration, subordinates should accept the leader because they are homogeneously treated. In a similar way, if a leader shows a low degree of consideration, subordinates should accept the leader because they are homogeneously treated. Therefore, acceptance of the leader is not based on the nature of treatment (e.g., high or low consideration), but on the distribution of leadership (homogeneity, heterogeneity, or dyadic exchange). In HC, people also believe that group resources must be distributed on an equal and group membership basis (Singelis et al., 1995). Leader behaviors such as displaying consideration can be intrinsic rather than extrinsic resources to subordinates of the group. If a leader distributes these resources on an equal or group membership basis, subordinates should tend to accept the leader's behavioral (distribution) pattern as legitimate because group membership determines what they get.

In terms of previous theorizing, Misumi (1995) suggested in Japan a leader homogeneously behaves toward subordinates in the same group on the basis of PM (production-maintenance). The concept of PM is similar to the concept of consideration (or people-oriented) and initiating structure (or task-oriented) (e.g., Misumi & Peterson, 1985). Through a randomized whole-group design in Israel, Eden (1990) suggested that Pygmalion effects be created in whole groups without interpersonal contrast effects in which leaders are led to expect high performance from some subordinates and low performance from the other subordinates. In terms of these studies, the authors did not test whether leaders show homogeneous behaviors or expectations toward subordinates in the same group. Therefore, the following proposition needs to be viewed as one theoretical assertion.

Proposition 1

In horizontal collectivism, subordinates are more likely to accept the leader behavioral pattern based on an ALS approach involving consideration and structure than an IL or a VDL approach as legitimate.

2.2. Acceptance of Leader in Vertical Collectivism (VC)

VC is characterized by a cultural pattern in which the individual sees the self as an aspect of a group, but the members of the group differ from each other, some having more status than others do. People emphasize the importance of status and hierarchy and thus inequality is the essence of this cultural pattern. (Triandis, 1996; Triandis & Gelfand, 1998). In VC, such as in Korea and China, people stress values of inequality as well as group membership (Triandis, 1995). Accordingly, on the one hand, people believe that individuals in the same group must be treated on a type of group membership basis (Triandis, 1995). On the other hand, in VC, people stress the values of hierarchy, rank, and prestige which are often determined by age, seniority, loyalty, affection, contribution to the group, or some combination of these factors. People believe that individuals in the same group should be treated differentially on the basis of such factor(s). Therefore, in VC, if a leader provides a special treatment with high-ranking subordinates, but provides a formal treatment with low-ranking subordinates, subordinates would perceive fairness from the leader. Thus, subordinates would accept the leader as legitimate, when a leader treats subordinates differentially (in- and out-group basis) in the same group.

In VC, people essentially believe that group resources should be distributed based on a group membership basis but also on a differential basis. Leadership-oriented behaviors (e.g., delegation and negotiating latitude) can be resources to subordinates. From a differentiation perspective, such resources should be distributed on the basis of the rank in the hierarchy. If a leader distributes his or her resources toward subordinates equally or homogeneously in the same group, subordinates especially those with highly ranked in the hierarchy would view such a behavioral pattern as unfair and would not accept the leader as legitimate because they are not preferentially treated. Chen, Meindl, and Hunt (1997) suggest that in China individuals with a VC support the differential reward allocation reform. This suggests that if a leader behaves or distributes resources on a differential basis, subordinates in the same group would accept the leader. However, these authors did not test whether, in China, leader behaviors vary within groups - i.e., whether leaders show behaviors on a differential basis. Therefore, the following proposition needs to be viewed as one theoretical assertion.

Proposition 2

In vertical collectivism, subordinates are more likely to accept the leader behavioral pattern based on a VDL approach involving delegation than an IL or an ALS approach as legitimate.

2.3. Acceptance of Leader in Horizontal Individualism (HI)

HI is characterized by a cultural pattern where an autonomous or an independent self is postulated, but the individual is equal in status with others (Singelis et al., 1995: 245). In this pattern, people want to be unique and distinct from groups and are highly self-reliant, but they are not interested in becoming distinguished or in having high status. In HI, such as in Sweden or Australia, people stress the values of equality and independence. People believe that they are all equal in status and that they are unique and distinct from groups and highly self-reliant (Singelis et al., 1995; Triandis and Gelfand, 1998). In this cultural pattern, a person needs to give something in order to get something in return. Therefore, when an individual receives benefits from another individual, he or she must give some benefits in return. If an individual breaks this exchange rule, he or she would not be accepted as an exchange partner. In a similar way, subordinates in a group believe that their leader should treat them as an independent. If a leader treats the subordinates independently and provides some benefits with each subordinate, the subordinates will accept the leader as legitimate and give some benefits in return.

In HI, people also believe that group resources should be distributed on an independent basis. Self-worth support behaviors can be resources to subordinates. Accordingly, if a leader shows such behaviors to each individual subordinate depending on how much the leader gets some benefits from the subordinate, each subordinate perceives that he or she is treated on an independent basis. In this case, subordinates will accept the leader as legitimate. Crouch and Yetton (1988), from a study of Australian managers and subordinates, suggested that manager-subordinate dyads with high task contacts and friendly behaviors show high performance, whereas manager-subordinate dyads with low task contacts and low level of friendliness show low performance. However, the authors did not test whether in Australia, a leader's behavior (task contacts and friendliness) varies between dyads - i.e., whether interdependence between leaders and subordinates exists. Therefore, the following proposition needs to be viewed as one theoretical assertion.

Proposition 3

In horizontal individualism, subordinates are more likely to accept the leader behavioral pattern based on an IL approach involving support for self-worth than an ALS or a VDL approach as legitimate.

2.4. Acceptance of Leader in Vertical Individualism (VI)

VI is characterized by a cultural pattern, in which individuals see the self as autonomous or independent, but individuals see each other as different, and thus inequality is the essence of this pattern (Singelis et al., 1995: 245). In this pattern, people want to become distinguished and acquire status. In VI, such as in the United States, people believe that they should be treated as being independent and that they should be distinguished from others in status (Singelis et al., 1995). They also believe that the more they give, the more they get (Triandis, 1995). Therefore, when an individual receives benefits from another individuals, he or she must give some benefits with the same value in return. If an individual breaks this exchange rule, he or she would not be accepted as an exchange partner. In a similar way, subordinates in such groups believe that a leader should treat them on an independent and equity basis. That is, a leader should treat each subordinate independently depending on how much each subordinate provides some benefits to the leader (Singelis et al., 1995).

In VI, people also believe that group resources should be distributed on an independent and equity basis. Self-worth support behaviors can be resources to subordinates. Accordingly, if a leader shows such behaviors to each individual subordinate depending on how much the leader gets something benefits from the subordinate, each subordinate perceives that he or she is treated on an independent basis and equity basis. Therefore, subordinates will accept the leader as legitimate. We view the IL approach as acceptance of the leader in Individualism (horizontal and vertical). Our view corresponds with Triandis' argument, "it should be understood that even vertical individualistic culture are rather horizontal, because all individualistic cultures,⋯, are horizontal" (1995: 46). Dansereau et al. (1995) analyzed the data from a public university, manufacturing firms, a supply firm, and a hospital in the United States and found that leader behavior varies only between dyads - i.e., interdependence between leaders and subordinates exists at the dyad level of analysis. These findings suggest that when a leader treats subordinates on a one-to-one or dyadic basis, subordinates may accept the leader.

Proposition 4

In vertical individualism, subordinates are more likely to accept the leader behavioral pattern based on an IL approach involving support for self-worth than an ALS or a VDL approach as legitimate.

3. DISCUSSION

In this paper, we have suggested that it is useful to integrate different concepts or theories at different levels of analysis. To show an integration of different concepts or theories, we considered leadership theories at multiple levels of analysis and conceptualized culture at a higher level of analysis and suggested one way culture can interact with leadership. In summary, we proposed that a leader may behave toward subordinates in the same group on the basis of (1) a consistent style, (2) the differentiation of in- and out-group, and (3) one-to-one dyad. Focusing on the notion of interdependence (acceptance of leader) and independence (lack of acceptance), we proposed that leaders' behavioral patterns may be accepted by followers as legitimate (or leaders and followers become interdependent) depending on subordinates' shared beliefs of the nature of leader treatment. Some theorists of culture have argued that culture may directly influence leader behaviors or behavioral patterns and that leader behaviors might be consistent with culture (e.g., Erez & Earley, 1993; Offermann & Hellmann, 1997). Nevertheless, it has been generally accepted that national culture includes various subcultures which differ from the culture and that other factors such as individual characteristics (Bass, 1990; Yukl, 1998), followers (e.g., Dansereau et al., 1975; Graen & Scandura, 1987; Graen & Uhi-Bien, 1995), and various aspects of situations (Vroom & Jago, 1988) influence leader behaviors. Therefore, various leader behaviors or behavioral patterns can exist in the same culture, which differs from a completely deterministic view of culture. In addition, a number of leadership theorists view culture as a key factor that may moderate the relationship between leader behavior and leadership effectiveness (Ayman, 1993; Bass, 1990; Dorfman et al., 1997; Hartog et al., 1999; House, 1995; House et al., 1999; Triandis, 1993). Accordingly, we view culture as a moderator.

In the review of Hofstede's (2001) second edition, Smith (2002) emphasized a need for a more fine-grained understanding of what goes on within cultures. Culture at a society level can influence regional culture or organizational culture. However, there can be variations across regions within the same society or country. Vandello and Cohen (1999) found that within the United States, the South shows relatively more collectivism, the Great Plains and Mountain West shows more individualism, and Hawaii shows the most collectivism. In a similar way, although culture at a society level may influence organizational culture, organizational culture may differ among organizations within the same country. For example, some organizations may emphasize a value of individualistic culture (e.g., equal exchange), but other organizations may emphasize a value of collectivist culture (e.g., membership). In the former organizations, if a leader behaves toward subordinates on a membership basis, subordinates will not accept the leader's behavioral pattern as legitimate. On the other hand, if a leader behaves toward subordinates on a one-to-one or dyadic basis, subordinates will accept the leader's behavioral pattern as legitimate. Therefore, we can hypothesize that organizational culture may also moderate the relationship between a leader's behavioral pattern and acceptance of the leader (i.e., interdependence between leaders and followers). Clearly, this hypothesis needs empirical testing in the future.

In this paper, we considered only three leadership approaches (i.e., ALS, VDL, and IL) because our focus is on interdependence between leaders and followers. However, other leadership approaches can be considered. For example, Yammarino et al. (1997) suggested that a transformational leader may behave followers on the basis of (1) his or her own style (individual differences), (2) the differentiation of in- and out-group, or (3) one-to-one dyadic basis. Therefore, followers in different cultures may accept their transformational leaders depending on a leader's behavioral pattern - i.e., ALS, VDL, or IL.

Testing under what context (culture) a leader is accepted or not is complex. However, we defined acceptance of the leader as interdependence between leaders and followers and lack of acceptance as lack of interdependence between leaders and followers. Therefore, to test the propositions presented in this paper, the degree of interdependence needs to be assessed. One way to test for interdependence or lack of interdependence is with within and between analysis (WABA, Dansereau et al., 1984) - i.e., by assessing the variation of within-entities (e.g., groups) and between-entities (Dansereau & Yammarino, 2000; Schriesheim et al, 1995; Schriesheim et al., 2000; Yammarino, 1998). That is, if within-groups variation is significantly greater than between-groups variation, interdependence between leaders and followers exists. Likewise, if between-groups variation is significantly greater than within-groups variation, interdependence between leaders and followers also exists. In a similar way, if between-dyads variation is significantly greater than within-dyads variation, interdependence between leaders and followers exists. For example, in a HC culture (e.g., Japan), if between-groups variation of leader behavior is significantly greater than within-groups variation, leaders and followers are interdependent - i.e., leaders are accepted by followers.

In conclusion, we have proposed a multiple level theory of leadership. We hope that by considering a leader's behavioral patterns, acceptance of leader, and cultural patterns, future research will test whether the propositions in this paper hold. If not, we hope that the ideas in this paper are a first step in attempting to develop a multiple level theory of leadership that specifies the relationship between leader behavior and acceptance of the leader at specific levels in different cultures.

REFERENCES

Ayman, R. (1993). Leadership perception: The role of gender and culture. In M. M. Chemers & R. Ayman (Eds.), *Leadership theory and research*(pp.137-166). SanDiego: Academic Press.

Ayman, R,. Chemers, M.M., & Fiedler, F. (1995). The contingency model of leadership effectiveness: Its levels of analysis. *Leadership Quarterly*, 6, 147-167.

Bass, B.M. (1990). *Bass andS togdill's handbook of leadership: Theory, research, and managerial application*(3rd ed.). NewYork: Free Press.

Chen, C.C., Meindl, J.R., & Hunt, R.G. (1997). Testing the effects of horizontal and vertical collectivism: A study of rewards allocation preferences in China. *Journal of Cross-Cultural Psychology*, 28, 23-43.

Crouch, A., & Yetton, P. (1988). Manager-subordinate dyads: Relationships among tasks and social contact, manager friendliness and subordinate performance in management groups. *Organizational Behavior and Human Decision Processes*, 41, 65-82.

Dansereau, F. (1995). A dyadic approach to leadership: Creating and nurturing the approach under fire. *Leadership Quarterly*, 6, 479-490.

Dansereau, F., Alutto, J.A., & Yammarino, F.J. (1984). *Theory testing in organizational behavior: The varient paradigm.* Englewood Cliffs, NJ: Prentice Hall.

Dansereau, F., Graen, G.B., & Haga, W.J. (1975). A vertical dyad linkage approach to leadership in formal organizations. *Organizational Behavior and Human Performance*, 13, 46-78.

Dansereau, F., & Yammarino, F.J. (2000). Within and between analysis: The varient paradigm as an underlying approach to theory building and testing. In K.J. Klein & S.W.J. Kozlowski (Eds.), *Multilevel theory, research, and methods in organizations: Foundations, extensions, and new directions* (pp.425-466).San Francisco: Jossey-Bass.

Dansereau, F., Yammarino, F.J., Markham, S.E., Alutto, J.A., Newman, J., Dumas, M., Nachman, S., Naughton, T. Kim, K., Al-Kelabi, S., Lee, S., & Keller, T. (1995). Individualized leadership: A new multiple level approach. *Leadership Quarterly*, 6, 413-450.

Dienesch, R.M., & Liden, R.C. (1986). Leader-member exchange model of leadership: A critique and further development. *Academy of Management Review*, 11, 618-634.

Dorfman, P.W., Howell, J.P., Lee, J.K., Tate, U., & Bautista, A. (1997). Leadership in Western and Asian countries: Commonalities and differences in effective leadership processes across cultures. *Leadership Quarterly*, 8, 233-274.

Eden, D. (1990). Pygmalion without interpersonal contrast effects: Whole groups gain from raising manager expectations. *Journal of Applied Psychology*, 75, 394-398.

Erez, M., & Earley, P.C. (1993). *Culture, self-identity, and work.* NewYork: Oxford University Press.

Fiedler, F.E. (1967). *Atheory of leadership effectiveness.* New York: McGraw-Hill.

Fleishman, E.A. (1957). A leader behavior description for industry. In R.M. Stogdill & A.E. Coons (Eds.), *Leader behavior: Its description and measurement.* Columbus: Ohio State University, Bureau of Business Research.

Fleishman, E.A. (1998). Consideration and structure: Another look at their role in leadership research. In F. Dansereau & F.J. Yammarino (Eds.), Leadership: *The multiple-level approaches* (pp.51-60). Stamford, CT: JAI Press.

Graen, G.B., Liden, R.C., & Hoel, W. (1982). Role of leadership in the employee withdrawal process. *Journal of Applied Psychology*, 67, 868-872.

Graen, G.B., & Scandura, T.A. (1987). Toward a psychology of dyadic organizing. In L.L. Cummings & B. M. Staw (Eds.), *Research in organizational behavior* (pp.175-208). Greenwich, CT: JAI Press.

Graen, G.B., & Uhl-Bien, M. (1985). Relationship-based approach to leadership: Development of leader-member exchange (LMX) theory of leadership over 25 years: Applying a multi-level multi-domain perspective. *Leadership Quarterly*, 6, 219-247.

Hartog, D.N. D., House, R.J., Hanges, P.J., Ruiz-Quintanilla, S.A., et al. (1999). Culture specific and cross-culturally generalizable implicit leadership theories: Are attributes of charismatic/ transformational leadership universally endorsed? *Leadership Quarterly*, 10, 219-256.

Hofstede, G. (1980). *Culture's consequences.* Beverly Hills. CA: Sage.

Hofstede, G. (2001). *Cultures' consequences: Comparing, values, behaviours, institutions, and organisations across nations.* Thousand Oaks, CA: Sage.

House, R.J. (1995). Leadership in the 21st century: Aspecul ative enquiry. In Howard, A.(Ed.), *The changing nature of work.* San Francisco: Jossey Bass.

House, R.J., Hanges, P.J., Ruiz-Quintanilla, S.A., Dorfman, P.W., Javidan, M., Dickson, M., Gupta, V., et al. (1999). Cultural influences on leadership and organization: Project GLOBE. In W. H. Mobley, M.J. Gessner, & V. Arnold (Eds.), *Advances in Global Leadership* (pp.171-233). Stamford, CT: JAI Press.

Kagitcibasi, C. (1997). Individualism and collectivism. In J.W. Berry, M.H. Segall, & C. Kagitcibasi (Eds.), *Handbook of cross-cultural psychology* (2nd, pp.1-50). Boston: Allyn & Bacon.

Kagitcibasi, C., & Berry, J. W. (1989). Cross-cultural psychology: Current research and trends. *Annual Review of Psychology*, 40, 493-531.

Kerr, S., & Jermier, J. (1978). Substitutes for leadership: Their meaning and measurement. *Organizational Behavior and Human Performance*, 22, 374-403.

Kim, U., Triandis, H. C., Kagitcibasi, C., Choi, S., & Yoon, G. (1994). *Individualism and collectivism: Theory, method, and applications*. Newbury Park, CA: Sage.

Liden, R.C., & Maslyn, J.M. (1998). Multidimensionality of leader-member exchange: An empirical assessment through scale development. *Journal of Management*, 24, 43-72.

Likert, R. (1961). *New patterns of management*. New York: McGraw-Hill.

Markus, H.R., & Kitayama, S. (1991). Culture and self: Implications for cognition, emotion and motivation. *Psychological Review*, 98, 224-253.

Misumi, J. (1995). The development in Japan of the performance-maintenance (PM) theory of leadership. Journal of Social Issues, 51, 213-228.

Misumi, J., & Peterson, M.F. (1985). The performance-maintenance (PM) theory of leadership: Review of a Japanese research program. *Administrative Science Quarterly*, 30, 198-223.

Mumford, M.D. (1998). Situations, interactions and followers: The case of individualized leadership. In F. Dansereau & F. J. Yammarino (Eds.), *Leadership: The multiple level approaches* (pp.421-427). Stamford, CT: JAI Press.

Mumford, M.D., Dansereau, F., & Yammarino, F. J. (2000). Followers, motivations, and level of analysis: The case of individualized leadership. *Leadership Quarterly*, 11, 313-340.

Offermann, L.R., & Hellmann, P.S. (1997). Culture's consequences for leadership behavior: National values in action. *Journal of Cross Cultural Psychology*, 28, 342-351.

Pascal, R.T., & Athos, A.G. (1981). *The art of Japanese management*. New York: Simon & Schuster.

Podsakoff, P.M., & MacKenzie, S.B. (1998). An examination of substitutes for leadership within a levels-of-analysis framework. In F. Dansereau & F.J. Yammarino (Eds.), *Leadership: The multiple-level approaches* (pp.215-258). Stamford, Connecticut: JAI Press.

Roberts, K.H., Hulin, C.L., & Rousseau, D.M. (1978). *Developing an interdisciplinary science of organizations*. San Francisco: Jossey-Bass.

Rousseau, D. (1985). Issues of level in organizational research: Multilevel and cross-level perspectives. In L.L. Cummings & B.M. Staw (Eds.), *Research in organizational behavior* (pp.1-37). Greenwich, CT: JAI Press.

Scandura, T.A. (1999). Rethinking leader-member exchange: An organizational justice perspective. *Leadership Quarterly*, 10, 25-40.

Schein, E.H. (1992). *Organizational culture and leadership* (2nd, Ed.). San Francisco: Jossey-Bass.

Schriesheim, C.A., Cogliser, C.C., & Neider, L.L. (1995). Is it trustworthy? A multiple levels of analysis reexamination of an Ohio leadership study with implications for future research. *Leadership Quarterly*, 6, 111-145.

Schriesheim, C.A., Castro, S.L., & Cogliser, C.C. (1999). Leader-member exchange (LMX) research: A comprehensive review of theory, measurement, and data-analytic practices. *Leadership Quarterly*, 10, 63-113.

Schriesheim, C.A., Castro, S.L., & Yammarino, F.J. (2000). Investigating contingencies: An examination of the impact of span of supervision and upward controllingness and leader-member exchange using traditional and multivariate within- and between-entities analysis. *Journal of Applied Psychology*, 85, 659-677.

Schrieshiem, C.A., Neider, L.L., & Scandura, T.A. (1998). Delegation and leader-member exchange: Main effects, moderators, and measurement issues. *Academy of Management Journal*, 41, 298-318.

Schwartz, S.H. (1990). Individualism-collectivism: Critique and proposed refinements. *Journal of Cross-Cultural Psychology*, 21, 139-157.

Singelis, T.M., Triandis, H.C., Bhawuk, D., & Gelfand, M.J. (1995). Horizontal and vertical dimensions of individualism and collectivism: A theoretical and measurement refinement. *Cross-Cultural Research*, 29, 240-275.

Smith, P.B. (2002). Culture's consequences: Something old and something new. *Human Relations*, 55, 119-135.

Stogdill, R.M., & Coons, A.E. (1957). *Leader behavior: Its description and measurement.* Columbus: Ohio State University, Bureau of Business Research.

Triandis, H.C. (1990). Cross-cultural studies of individualism and collectivism. In J. Berman (Ed.), *Nebraska Symposium on Motivation* (pp.41-133). Lincoln: University of Nebraska Press.

Triandis, H.C. (1993). Collectivism and individualism as cultural syndromes. *Cross-Cultural Research*, 27, 155-180.

Triandis, H.C. (1994). *Culture and social behavior.* New York: McGraw-Hill.

Triandis, H.C. (1995). *Individualism and collectivism.* Boulder, CO: Westview Press.

Triandis, H.C. (1996). The psychological measurement of cultural syndromes. *American Psychologist*, 51, 407-415.

Triandis, H.C., & Gelfand, M.J. (1998). Converging measurement of horizontal and vertical individualism and collectivism. *Journal of Personality and Social Psychology*, 74, 118-128.

Vandello, J.A., & Cohen, D. (1999). Patterns of individualism and collectivism across the United States. *Journal of Personality and Social Psychology*, 77, 279-292.

Vroom, V.H., & Jago, A.G. (1988). *The new leadership: Managing participation in organizations.* Englewood Cliffs, NJ: Prentice-Hall.

Wayne, S.J., Shore, L.M., & Liden, R.C. (1997). Perceived organizational support and leader-member exchange: A social exchange perspective. *Academy of Management Journal*, 40, 82-111.

Weick, K.E. (1978). *The social psychology of organizing.* Reading, Mass.: Addison-Wesley.

Yammarino, F.J. (1998). Multivariate aspects of the varient/WABA approach: A discussion and leadership illustration. *Leadership Quarterly*, 9, 203-227.

Yammarino, F.J., Dubinsky, A.J., Comer, L.B., & Jolson, M.A. (1997). Women and transformational and contingent reward leadership: A multiple-levels-of-analysis perspective. *Academy of Management Journal*, 40, 205-222.

Yukl, G. (1998). *Leadership in organizations* (4thed.). Englewood Cliffs, NK: Prentice-Hall.

부 록

참고문헌

찾아보기

참고문헌

■ 국내문헌

김경수, 김공수, 김순영(2006), 상황적 리더십이론의 검증: 변수 간 관계와 분석수준을 중심으로, 경영학연구, 35(6), 1823-1851.

김경수, 김공수, 조용현 (2007), "작업집단에서 상사의 편애에 대한 부하의 지각: 개별화된 리더십을 중심으로." 인사조직연구, 15(1), 175-200.

김경수, 김공수, 최광신, 김순영 (2000), "허시와 블랜챠드의 상황적 리더십 이론의 재고찰," 인사관리연구, 24(1), 289-317. 24권 1호, 289-317.

김경수, 노현재, 김인숙, 김광숙, 양동민 (2013). 조직에서의 위계적 리더십: Pelz 효과의 재검증, 조직과 인사관리연구, 37(1), 171-204.

김경수, 배현숙, 양동민 (2015), 리더의 배려행동이 부하의 성과에 미치는 영향: 부하의 역량 및 도덕성의 조절효과 검증, 조직과 인사관리연구, 39(1), 93-118.

김경수, 서명구, 김광숙, 배현숙, 조용석, 김형진, 양동민 (2014), 카리스마적 리더십이 부하의 자발적 수용에 미치는 영향: 3way 상호작용효과 검증, 조직과 인사관리연구, 38(3), 33-67.

김경수, 서미례, 김병주, 막래효, 조영만, 장정하 (2004), 명장의 리더십, 경영학연구, 33(5), 1355-1396.

김경수, 오승희 (2017). 부하의 역량과 도덕성이 부하의 성과에 미치는 영향: 상사 배려행동의 매개효과 검증, 경영컨설팅 연구, 17(3), 23-34.

김경수, 정홍술, 최광신 (1999), "개별화된 리더십: 교수-학생의 교환관계에 관한 연구," 인사·조직연구, 7(1), 83-126.

김경수, 최광신, 정홍술 (1999). 개별화된 리더쉽: 교수-학생의 교환관계에 관한 연구. 인사·조직연구, 7(1), 83-126.

김경수, 프레드 댄스로, 이경근, 조용현, 김인숙, 노현재, 김광숙, 양동민 (2013). 상사의 행동에 대한 부하의 체계적인 오해에 관한 연구. 조직과 인사관리연구, 37(3), 227-257.

박오수, 임유신, 고동운 (2008), 부하체면에 영향을 미치는 상사행위의 구성개념 및 측정에 관한 연구, 조직과 인사관리연구, 16(3), 109-159.

오승희 (2018), 진성리더십의 허와 실: 분석수준을 중심으로. 전남대학교 박사학위논문.

오승희, 김경수 (2018), 리더의 딜레마: 구조주도행동의 부정적효과 검증, 대한경영학회지, 31(2), 265-284.

이경근·조용현 (2013), 상사의 비인격적 감독이 조직시민행동과 이직의도에 미치는 영향: 자부심과 존중감의 역할, 조직과 인사관리연구, 37(4), 65-92.

한규석, 최송현, 정욱, 배재창 (2004), 한국사회에서의 사람 판단의 준거: 된 사람과 난 사람의 평가를 중심으로, 한국심리학회지, 18(1), 23-39.

■ 국외문헌

Agote, L., Aramburu, N., and Lines, R. (2016), Authentic leadership perception, trust in the leader, and followers' emotions in organizational change processes. *Journal of Applied Behavioral Science*, 52(1), 35-63.

Aldag, R.J. & Brief, A.P. (1981), *Managing organizational behavior*. St Paul, MN: West Publishing.

Avolio, B.J. and Gardner, W.L. (2005), Authentic leadership development: Getting to the root of positive forms of leadership. *The Leadership Quarterly*, 16(3), 315-338.

Avolio B.J., Gardner W.L., and Walumbwa F.O. (2007), *Authentic Leadership Questionnaire.* http://www.mindgarden.com

Bandura, A. (1977), *Social learning theory*. Englewood Cliffs, N.J.: Prentice-Hall.

Bandura, A. (1986), *Social foundations of thought and action*. Englewood Cliffs, NJ: Prentice-Hall.

Bass, B.M. 1(990), *Bass and Stogdill's handbook of leadership: Theory, research, a managerial application* (3rd ed.), New York : Free Press.

Bass, B.M. (1981), *Stogdill's Handbook of Leadership*, New York: Free Press.

Bass, B.M. (1985), *Leadership and performance beyond expectations*, New York: Free Press.

Bass, B.M. (1988), Evolving perspectives on charismatic leadership. In J.A. Conger & R.N. Kanungo (Eds.) *Charismatic leadership* (pp.40-77), San Francisco: Josey-Bass.

Bass, B.M. (1999), On the taming of charisma: A reply to Janice Beyer, *The Leadership Quarterly*, 10, 541-553.

Bass, B.M., & Steidlmeier, P. (1999), Ethics, character, and authentic transformational leadership behavior, *The Leadership Quarterly*, 10, 181-217.

Blanchard, K.H., Zigarmi, P., & Zigarmi, D. (1985), *Leadership and the one minute manager*, New York: William Morrow.

Blank, W., Weitzel, J.R., & Green, S.G. (1990), A test of situational leadership theory, *Personnel Psychology*, 43, 579-597.

Boyatzis, R.E. (1982), *The competent manager: a model for effective performance*, London: Wiley.

Chen, J.C. (2005), Leadership effectiveness, leadership style and employee readiness, *Leadership and Organization Development Journal*, 26(4), 280-288.

Chen, T., Hwang, S. & Liu, Y. (2009), Employee trust, commitment and satisfaction as moderators of the effects of idealized and consideration leadership on voluntary performance: A structural equation investigation, *International Journal of Management*, 26(1), 127-141.

Choi, Y., & Mai-Dalton, R.R. (1998), On the leadership function of self-sacrifice, *The Leadership Quarterly*, 9, 475-501.

Choi, Y., & Mai-Dalton, R.R. (1999), The model of followers' responses to self-sacrificial leadership: An empirical test, *The Leadership Quarterly*, 10, 397-421.

Christensen, C.M. (1997), Making strategy: Learning by doing, *Harvard Business Review*, 75(6), 141-156.,

Conger, J.A. (1989), *The charismatic leader: Behind the mystique of exceptional leadership*, San Francisco: Jossey-Bass.

Conger, J.A. (1993), Max Weber's conceptualization of charismatic authority: Its influence on organizational research, *The Leadership Quarterly*, 4, 277-288.

Conger, J.A. (1999), Charismatic and transformational leadership in organizations: An insider's perspective on these developing streams of research, *The Leadership Quarterly*, 10, 145-179.

Conger, J.A., & Kanungo, R.N. (1988), Behavioral dimensions of charismatic leadership. In J.A. Conger, & R.N. Kanungo (Eds.), *Charismatic leadership* (pp.40-77), San Francisco: Jossey-Bass.

Conger, J.A., & Kanungo, R.N. (1994), Charismatic leadership in organizations: Perceived behavioral attributes and their measurement, *Journal of Organizational Behavior*, 15, 439-452.

Conger, J.A., & Kanungo, R.N. (1998), *Charismatic leadership in organizations*, Thousand Oaks: CA. Sage.

Conger, J.A., Kanungo, R.N., Menson, S.T., & Mathur, P. (1997), Measuring charisma: Dimensionality and validity of Conger-Kanungo scale of charismatic leadership, *Canadian Journal of Administrative Science*, 12, 290-302.

Crandal, R. (1973), The measurement of self-esteem and related constructs, pp.80-82 in J.P. Robinson & P.R. Shaver (Eds), *Measures of social psychological attitude*, Revised edition. Ann Arbor: ISR.

Daft, R.L., & Lane, P.G. (2008). *The leadership experience* (5th ed). Mason, OH: South-Western Cengage Learning.

Dansereau, F. (1995), A dyadic approach to leadership: Creating and nurturing the approach under fire, *The Leadership Quarterly*, 6, 479-490.

Dansereau, F., Alutto, J.A., & Yammarino, F. (1995), Individualized leadership: A new multiple-level approach, *The Leadership Quarterly*, 6, 413-450,

Dansereau, F., Yammarino, F., Markham, S.E., Alutto, J.A., Newman, J., Dumas, M., Nachman, S., Naughton, T., Kim, K., Al-Kelabi, S., Lee, S., and Keller, T. (1995), Individualized leadership: A new multiple level approach. *The Leadership Quarterly*, 6(3), 413-450.

Dansereau, F., Alutto, J. A., & Yammarino, F. (1984), *Theory testing in organizational behavior: The varient approach*, NJ: Englewood Cliffs, Prentice-Hall.

Dansereau, F., Graen, G., & Haga, J. (1975), A vertical dyad linkage approach to leadership within formal organizations: A longitudinal investigation of the role making process, *Organizational Behavior and Human Performance*, 13, 46-78.

Derue, D.S., Nahrgang, J.D., Wellman, N., & Hamphrey, S. (2011), Trait and behavioral theories of leadership: An integration and meta-analytic test of their relative validity, *Personnel Psychology*, 64, 7-52.

DiLiello, T.C., & Houghton, J.D. (2006), Maximizing organizational leadership capacity for the future: Toward a model of self-leadership, innovation and creativity, *Journal of Managerial Psychology*, 21(4), 319-337.

Fallatah, F., Laschinger, H.K., and Read, E.A. (2017), The effects of authentic leadership, organizational identification, and occupational coping self-efficacy on new graduate nurses' job turnover intentions in Canada. *Nursing Outlook*, 65(2), 172-183.

Fernandez, C.F., & Vecchio, R.P., (1997), Situational leadership theory revisited: A test of an across-jobs perspective, *The Leadership Quarterly*, 8, 67-84.

Fiedler, F.E. (1964), A contingency model of leadership effectiveness. *Advanced Experimental Social Psychology*, 1, 149-190.

Fiedler, F.E. (1967), *A theory of leadership effectiveness*, New York: McGraw-Hill.

Fleishman, E.A. (1957), A leader behavior description for industry, In R. M. Stogdill & A. E. Coons (Eds.), *Leader behavior: Its description and measurement* (pp.103-119). Columbus : Bureau of Business Research, Ohio State University.

Friedland, W.H. (1964), For a sociological concept of charisma, *Social Forces*, 43, 18-26.

Fleishman, E.A. (1998), Consideration and structure: Another look at their role in leadership research, In F. Dansereau & F.J. Yammarino (Eds.), Leadership: *The multiple-level approaches* (pp.51-60), Stamford, CT:J AI Press.

Gardner, W.L., & Avolio, B.J. (1998), The charismatic relationship: A dramaturgical perspective, *Academy of Management Review*, 23, 32-58.

Gardner, W.L., Avolio, B.J., Luthans, F., May, D.R., and Walumbwa, F.O. (2005), Can you see the real me? A self-based model of authentic leader and follower development, *The Leadership Quarterly*, 16(3), 343-372.

Giallonardo, L.M., Wong, C.A., and Iwasiw, C.L. (2010), Authentic leadership of preceptors: Predictor of new graduate nurses' work engagement and job satisfaction, *Journal of Nursing Management*, 18(8), 993-1003.

Gibson, C.B., Randel, A.E., & Earley, P.C. (2000), Understanding group efficacy, *Group and Organization Management*, 25, 67-97

Gist. (1987), Self-efficacy: Implications for organizational behavior and human resource management, *Academy of Management Review*, 12, 472-485.

Graeff, C.L. (1997), Evolution of situational leadership theory: A critical review, *The Leadership Quarterly*, 8, 153-170.

Graen, G., and Cashmann, J. (1975), A role-making model of leadership in formal organizations: A development approach, In J.G. Hunt & L.L. Larson (Eds.), (pp.143-199), Kent, OH: Kent State University Press.

Graen, G., Liden, R., and W. Hoel, W. (1982), Role of leadership in the employee withdrawal process, *Journal of Applied Psychology*, 67, 868-872.

Harter, S. (1986), Processes underlying the construction, maintenance, and enhancement of the self concept in children, In J. Suls & A.G. Greenwald (Eds.), *Psychological perspectives on the self* (Vol. 3, pp.137-181), Hillsdale, NJ: Erlbaum.

Harter, S. (2002), Authenticity. In C.R. Snyder and S.J. Lopez (Eds.), *Handbook of positive psychology* (pp.382-394), London: Oxford University Press.

Heffernan, M.M., and Flood, P.C. (2000), An Exploration of the relationship between managerial competencies organizational characteristic and performance in an Irish organization, *Journal of European Industrial Training*, 128-136.

Hersey, P., & Blanchard, K.H. (1969), Life cycle theory of leadership, *Training and Development Journal*, 23, 26-34.

Hersey, P., & Blanchard, K.H. (1982), *Management of organization behavior: Utilizing human resource* (4th ed.), Englewood Cliffs, NJ: Prentice-Hall.

Hitt, M.A., Ireland, R.D., & Hoskisson, R.E.(1995), *Strategic management: Competitiveness and globalization concepts*, St. Paul, MN: West Publishing Company.

Hock-Peng, S., Nahrgang, J.D. & Morgeson, F,P. (2008), Understanding why they don't see eye to eye: An examination of leader-member exchange agreement, *Journal of applied psychology*, 94(4), 1048-1057.

Holtz, B.C., & Harold, C.M. (2012). Effects of leadership consideration and structure on employee perceptions of justice and counterproductive work behavior, *Journal Of Organizational Behavior*, 34(4), 492-519.

House, R.J. (1971), A path-goal theory of leader effectiveness, *Administrative Science Quarterly*, 16, 321-338.

House, R.J. (1977), A 1976 theory of charismatic leadership. In J.G. Hunt & L.L. Larson (Eds.), *Leadership: The cutting edge* (pp.189-207), Carbondale: Southern Illinois University Press.

House, R.J. (1999), Weber and the neo-charismatic leadership paradigm: A response to Beyer, *The Leadership Quarterly*, 10, 563-574.

House, R.J. & Howell, J.M. (1992), Personality and charismatic leadership, *The Leadership Quarterly*, 3, 81-108.

Howell, J.M. (1988), Two faces of charisma: Socialized and personalized leadership in organizations, In J.A. Conger & R.N. Kanungo (Eds.), *Charismatic leadership: The elusive factor in organizational effectiveness* (pp.213-236), San Francisco: Jossey-Bass.

Howell, J.M., & Avolio, B.J. (1992), The ethics of charismatic leadership: Submission or liberation? *The Executive*, 6(2), 43-54.

Howell, J.M., & Sharmir, B. (2005), The role of followers in the charismatic leadership process: relationships and their consequences, *Academy of Management Review*, 30, 96-112.

Ireland, R.D., & Hitt, M.A. (1999), Achieving and maintaining strategic competitiveness in the 21st century: The role of strategic leadership. *Academy of Management Executive*, 13(1), 43-57.

Jacobson, C., & House, R.J. (2001), Dynamics of charismatic leadership: a process theory, simulation model, and tests, *The Leadership Quarterly*, 12, 75-112.

Johnson, J.R. (1999), Leadership and self-determination: Focus on Autism and other Developmental Disabilities, 14(1), 4-16.

Johnson, R. E., Venus, M., Lanaj, K., Mao, C., & Chang, C.-H. (2012, June 25), Leader identity as an antecedent of the frequency and consistency of transformational, consideration, and abusive leadership behaviors, *Journal of Applied Psychology*, Advance online publication. doi: 10.1037/ a0029043.

Judge, T.A., Piccolo, R.F., & Ilies, R. (2004), The Forgotten ones? The validity of consideration and initiating structure in leadership research, *Journal of Applied Psychology*, 89(1), 36-51.

Katz, D. and Kahn, R.L. (1952), Some Recent Findings in Human Relations Research in Industry, In G.E. Swanson, T.M. Newcomb and E.L. Hartley (Eds.), *Readings in Social Psychology*, New York: Holt.

Kernis, M.H. and Goldman, B.M. (2006), A multicomponent conceptualization of authenticity: Theory and research, In M. P. Zanna (Ed.), *Advances in experimental social psychology*, (Vol. 38, pp.283-357). San Diego: Academic Press.

Kernis, M.H. (2003), Toward a conceptualization of optimal self-esteem, *Psychological Inquiry*, 14(1), 1-26.

Kim, K., Dansereau, F., Kim, I.S., & Kim K.S. (2004), A multiple level theory of leadership: The impact of culture as a moderator, *Journal of Leadership and Organizational Studies*, 11(1), 78-92.

Kim, K., Dansereau, F., & Kim. I. (2002), Extending the concept of charismatic leadership, an illustration using bass's(1990), In Bruce J. Avolio & Francis J. Yammarino (Eds.), *Transformational and Charismatic Leadership, The Road Ahead 2* (pp.143-172), Oxford UK, Elsevier Science Ltd.

Konradt, U., & Andreβ en, P. (2009), Self-leadership in organizational teams: A multilevel analysis of moderators and mediators, *European Journal of Work And Organizational Psychology*, 18(3): 322-346.

Lambert, L.S., Tepper, B.J., Carr, J.C., Holt, D.T., Barelka, A.J. (2012), Forgotten but not gone: An examination of fit between leader consideration and initiating structure needed and received, *Journal of Applied Psychology*, 97, 913-930.

Lanaj, K., Johnson, R.E., & Lee, S.M. (2016), Benefits of transformational behaviors for leaders: A daily investigation of leader behaviors and need fulfillment, *Journal of Applied Psychology*, 101(2), 237-251.

Lampert, S.I., & Rosenberg, L.J. (1975), Word of mouth activity as information search: A reappraisal, *Journal of the Academy of Marketing Science*, 3(4), 337-354.

Likert, R. (1961), *New patterns of management*, New York: McGraw-Hill.

Likert, R. (1967), *The human organization: Its management and value*, New York: McGraw-Hill.

Linden, R.C., and Maslyn, J.M. (1998), Multidimensionality of leader-member exchange: An empirical assessment through scale development, *Journal of Management*, 24(1), 43-72.

MacCoby, M. (1976), *The games man*, New York: Simon and Schuster.

Manz, C.C. (1990), How to become a super leader, *Executive Excellence*, 7(6): 10-13.

Manz, C.C. (1992), Gorbachev: An Anatomy of Leadership, Superleadership, or Nonleadership, *Human Resource Development*, 3: 187-190.

Manz, C.C., & Neck, C.P. (2004), *Mastering self-leadership: empowering yourself for personal excellence* (3rd ed.), Pearson Prentice-Hall, Upper Saddle River, NJ.

Manz, C.C., & Sims, H.P. (1989), *Super leadership: Leading others to lead themselves*, New York: Prentice Hall Press.

Manz, C.C., & Sims, H.P. (1991), Superleadership: beyond the myth of heroic leadership, *Organizational Dynamics*, 19: 18-35.

Markham, S.E., & Markham, I.S. (1995), Self-management and self-leadership reexamined: a levels of analysis perspective, *The Leadership Quarterly*, 6(3), 343-359.

Mumford, M.D., Dansereau, F., & Yammarino, F.J. (2000), Followers, motivations, and level of analysis: The case of individualized leadership, *The Leadership Quarterly*, 11, 313-340.

Northouse, P.G. (2013), *Leadership: Theory and practice* (6th ed.), Los Angeles, CA: Sage.

Pearce, C., & Manz, C. (2004), Self and Shared leadership, *Executive Excellence*, 21(7), 6-8.

Pierce, J.L., Gardner, D.G., Dunham, R.B., & Cummings, L.L. (1993), Moderation by organization based self-esteem of role condition- employee response relationships, *Academy of Management Journal*, 32, 622-648.

Rego, A., Sousa, F., Marques, C., and Pina e Cunha, M. (2012), Authentic leadership promoting employees' psychological capital and creativity. *Journal of Business Research*, 65(3), 429-437.

Randolph, W.A., & Blackburn, R.S. (1989), *Managing organization behavior*, Homewood, IL: Irwin.

Reddin, W.J. (1967), The 3-D management style theory, *Training and Development Journal*, 21, 8-17.

Rockstuhl, T., Soon, A., Dulebohn, J.H., & Shore, L.M. (2011), Leader-member exchange and culture: A meta-analysis of correlates of lmx across 23 countries, *Journal of Applied Psychology*, 97(6), 1097-1130.

Ronthy, M. (2014), *Leader intelligence: How you can develop your leader intelligence with the help of your soul, heart, and mind*, Stockholm, Sweden: Amfora Future Dialogue AB.

Ryan, R.M. and Deci, E.L.(2003), On assimilating identities to the self: A self determination theory perspective on internalization and integrity within cultures. In M.R. Leary and J.P. Tangney (Eds.), *Handbook of self and identity* (pp.253-272), New York: Guilford Press.

Sashkin, M.(1988), The visionary leader, in J.A. Conger and R.A. Kanungo (eds.), *Charismatic Leadership: the Elusive Factor in Organisational Effectiveness* (pp.122-160), San Francisco: Jossey-Bass.

Scandura, T.A.(1999), Rethinking leader-member exchange: An organizational justice perspective, *The Leadership Quarterly*, 10, 25-40.

Schriesheim, C.A., Castro, S.L., & Cogliser, C.C. (1999), Leader-member exchange(LMX) research: A comprehensive review of theory, measurement, and data-analytic practices, *The Leadership Quarterly*, 10, 63-113.

Schriesheim, C.A. and Liu, Y. (2018), Distinguished scholars invited essay: Becoming a good sport and a better performer: A social information processing view of authentic leadership, *Journal of Leadership and Organizational Studies*, 25(2), 141-152.

Shamir, B., House, R.J., & Arthur, M.B. (1993), The motivational effects of charismatic leadership: A self-concept based theory, *Organization Science*, 4, 577-594.

Shamir, B., & Howell, J.M.(1999), Organizational and contextual influences on the emergence and effectiveness of charismatic leadership, *The Leadership Quarterly*, 10, 257-283.

Snyder, N.H., Dowd, J.J., Jr., & Houghton, D.M. (1994), *Vision, values and courage: Leadership for quality management*, New York: Free Press.

Stogdill, R., & Coons, A. (1957), Leader behavior: Its description and measurement, *Research Monograph*, No.88. Columbus: Ohio State University, Bureau of Business Research.

Spencer, L., and Spencer, S. (1993), *Competence at work: models for superior performance*, New York: John Wiley & Sons, Inc.

Tichy, N.M., & Devanna, M.A. (1986), *The transformational leader*, New York: Wiley.

Triandis, H.C. (1990), Cross-cultural studies of individualism and collectivism. In J. Berman (Ed.), *Nebraska Symposium on Motivation* (pp.41-133), Lincoln: University of Nebraska Press.

Triandis, H.C. (1995), *Individualism and collectivism*, Boulder, CO: Westview Press.

Triandis, H.C. (1996), The psychological measurement of cultural syndromes, *American Psychologist*, 51, 407-415.

Triandis, H.C., & Gelfand, M.J. (1998), Converging measurement of horizontal and vertical individualism and collectivism, *Journal of Personality and Social Psychology*, 74, 118-128.

Walumbwa, F.O., Peterson, S.J., Avolio, B.J., and Hartnell, C.A. (2010), An investigation of the relationships among leader and follower psychological capital, service climate, and job performance, *Personnel Psychology*, 63(4), 937-963.

Waldman, D.A., & Yammarino, F.J. (1999), CEO charismatic leadership: Levels-of-management and levels-of-analysis effects, *Academy of Management Review*, 24, 266-285.

Wallis, N.C., Yammarino, F.J., & Feyerherm, A. (2011), Individualized leadership: A qualitative study of senior executive leaders, *The Leadership Quarterly*, 22(1), 182-206.

Wang, H., Sui, Y., Luthans, F. Wang, D., and Wu, Y. (2014), Impact of authentic leadership on performance: Role of followers' positive psychological capital and relational processes,

Journal of Organizational Behavior, 35(1), 5-21.

Weber, M. (1947). *The theory of social and economic organization*, Free Press, New York.

Weber, M. (1968). *Economy and society*, (R. Guenther & C. Wittich Eds.) New York: Bedminster (Original work published 1925).

Weinstein, B.S., Middlestadt, S.E., Mashal, H.H., & Barrattesani, K.A. (1982), Student perception of differential teacher treatment in open traditional classroom, *Journal of Educational Psychology*, 75, 678-692.

Winter, D.G. (1973), *The power motive*, New York: The Free Press.

Winter, D.G. (1992), Power motivation revisited. In C.P. Smith (Ed.), *Motivation and personality: Handbook of thematic content analysis* (pp.301-310), Cambridge: Cambridge University Press.

Yukl, G. (1971), Toward a behavioral theory of leadership, *Organizational Behavior and Human Performance*, 6(4), 414-440.

Yukl, G. (1989), Managerial leadership: A review of theory and research, *Journal of Management*, 15(2), 251-290.

Yukl, G. (1999), An evaluation of conceptual weaknesses in transformational and charismatic leadership theories, *The Leadership Quarterly*, 10, 285-305.

Yukl, G.(1998), *Leadership in organizations*, NJ: Prentice-Hall.

Zaccaro, S.J. (2002), Organizational leadership and social intelligence. In R. E. Riggio, S. E. Murphy, & F.J. Pirozzolo (Eds.), LEA's organization and management series, *Multiple intelligences and leadership* (pp.29-54), Mahwah, NJ, US: Lawrence Erlbaum Associates Publishers.

Zaccaro, S.J., Rittmna, A.L., & MArks, M.A. (2001), Team leadership, *The Leadership Quarterly*, 12, 451-483.

찾아보기

저자 약력

연세대학교 사회학과를 졸업하고, 연세대학교 대학원 경영학과에서 경영학 석사를 취득했으며, 미국 뉴욕주립대(State University of New York at Buffalo)에서 경영학 박사학위를 취득했다. 현재 전남대학교 경영학과 교수로 재직하고 있다. 주요 저서로는, 일류사원, 일류경영, 일류기업(1996), 지식경영을 위한 기업의 조직설계방안(2002), Extending the Concept of Charismatic Leadership(2002), An Additional View of Multi-level Construct Validation(2004), 감성지능 개발을 통한 삶의 질 향상(2010), 인사조직론(2011), 조직행동론 : 분석수준 관점(2019), 리더십 : 분석수준관점(2019) 등이 있으며, 주요 논문으로는 개별화된 리더십(1999), 기대-유의성 이론의 타당성 연구(2003), 명장의 리더십(2004), 작업집단에서 상사의 편애에 대한 부하의 지각(2004), A multiple level theory of leadership(2004), 상황적 리더십이론의 검증 : 변수 간 관계와 분석수준을 중심으로(2006), Who may become followers of charismatic leaders and under what circumstances?(2009), 상사의 행동에 대한 부하의 체계적인 오해에 관한 연구(2013), 조직에서의 위계적 리더십 : Pelz 효과의 재검증(2013), 카리스마적 리더십이 부하의 자발적 수용에 미치는 영향(2014), 상사와 부하의 교환관계 : 유인과 기여의 두 가지 모형에 대한 검증(2014), 상사의 행동이 부하의 공정성 지각과 성과에 미치는 영향(2015), 리더의 배려 행동이 부하의 성과에 미치는 영향 : 부하의 역량 및 도덕성의 조절효과 검증(2015), 부하의 역량과 도덕성이 부하의 성과에 미치는 영향 : 상사배려행동의 매개효과 검증(2017), 리더의 딜레마 : 구조주도행동의 부정적 효과 검증(2018), 노조윤리가 노조몰입에 미치는 영향(2018) 등이 있다. 리더십과 모티베이션, 커뮤니케이션, 조직개발, 경영전략, 조직문화, 조직구조와 설계, 경영혁신, 팀 빌딩이 주요관심사이며 조직행동에서 다루는 다분석수준에 관련된 이슈들이 주요 연구대상이다.

리더십 : 분석수준 관점

2019년 2월 20일 인쇄
2019년 2월 25일 발행

저 자 | 김경수
펴낸이 | 정병석

펴낸곳 | 전남대학교출판문화원
주 소 | 61186 광주광역시 북구 용봉로 77
전 화 | (062) 530-0571~3
팩 스 | (062) 530-0579
등 록 | 1981. 5. 21. 제53호
홈페이지 | http://www.cnup.co.kr
이메일 | cnup0571@hanmail.net

값 25,000 원

ISBN 978-89-6849-609-7 (93320)

이 도서의 국립중앙도서관 출판예정도서목록(CIP)은 e-CIP홈페이지(http://www.nl.go.kr/ecip)와
국가자료공동목록시스템(http://www.nl.go.kr/kolisnet)에서 이용하실 수 있습니다.
(CIP제어번호: CIP2019006671)